国家出版基金项目
NATIONAL PUBLICATION FOUNDATION
“十三五”国家重点图书
出版规划项目

中国濒危语言志
汉语方言系列

总主编 曹志耘
主编 张振兴 邢向东

# 广东电白旧时正话

陈云龙 著

创于1897
商务印书馆
The Commercial Press

**图书在版编目（CIP）数据**

广东电白旧时正话/陈云龙著.—北京：商务印书馆，2019
（中国濒危语言志）
ISBN 978-7-100-17520-3

Ⅰ.①广…　Ⅱ.①陈…　Ⅲ.①官话—介绍—茂名　Ⅳ.①H172

中国版本图书馆CIP数据核字（2019）第100217号



**广东电白旧时正话**

陈云龙　著

出版发行：商务印书馆
地　　址：北京王府井大街36号
邮政编码：100710

印　　刷：北京雅昌艺术印刷有限公司

开　　本：787×1092　1/16　　印　　张：21 1/4
版　　次：2019年6月第1版　　印　　次：2019年6月北京第1次印刷
书　　号：ISBN 978-7-100-17520-3

定　　价：120.00元

华楼门楼　华楼村 /2017.4/ 陈云龙 摄

田垌　华楼村 /2017.4/ 陈云龙 摄

旧屋　华楼村 /2017.4/ 陈云龙 摄

摄录工作现场　电白县城水东 /2015.8/ 廖小曼 摄

# 序

我的老家在浙江金华。我在老家生活的年代是20世纪六七十年代。那时候人们白天黑夜地干，酷暑寒冬地干，但就是吃不饱饭。山上光秃秃的，地上光秃秃的，简直成了不毛之地。如今40年过去了，回到家乡，只见茂林修竹，清流激湍，芳草鲜美，落英缤纷，俨然人间仙境。进山的小路早已被草木掩没，没有刀斧开路，则寸步难行。

在我家附近的塔石乡，有一个叫“大坑”的畲族村子，坐落在一条山沟里，有50多人。畲族相传发源于广东潮州凤凰山，明代以来逐渐北迁，从广东到福建，从福建到浙江、江西、安徽等地。数百年来，畲族尽管不断迁徙，散落中国东南各地，然而始终保持着他们共同的语言——畲话。1981年，我在山东大学上学期间，曾经一个人跑到大坑去，拿着日本人编制的调查表记录他们的畲话。当时村里男女老少，基本上人人会讲畲话。但时至今日，很多人已不会讲或讲不好畲话了，25岁以下无一人会讲。照此发展下去，估计几十年后，大坑人沿袭千年之久的母语将彻底消亡。

自然环境的破坏可以修复，但语言的消亡无法挽回，不可再生。

根据联合国教科文组织的《世界濒危语言地图》(2018)，在世界现存的约6700种语言中，有40%的语言濒临灭绝，平均每两个星期就有一种语言消亡。中国有130多种语言，其中有68种使用人口在万人以下，有48种使用人口在5000人以下，有25种使用人口不足1000人，有的语言只剩下十几个人甚至几个人会说了。汉语方言尽管使用人数众多，但许多小方言、方言岛也在迅速衰亡。即使是那些还在使用的大方言，其语言结构和表达功能也已大大萎缩，或多或少都变成“残缺”的语言了。

冥冥之中，我们成了见证历史的人。

然而，作为语言学工作者，绝不应该坐观潮起潮落。事实上，联合国教科文组织早在1993年就确定当年为“抢救濒危语言年”，同时启动“世界濒危语言计划”，连续发布“世界濒危语言地图”(联合国已确定2019年为“国际本土语言年”)。二十多年来，国际上先后成立了上百个抢救濒危语言的机构和基金会，各种规模和形式的濒危语言抢救保护项目在世界各地以及网络上展开。我国学者在20世纪90年代已开始关注濒危语言问题，自21世纪初以来，开展了多项濒危语言、方言调查研究课题，出版了一系列重要成果，例如孙宏开先生主持的“中国新发现语言研究丛书”、张振兴先生等主持的“中国濒危语言方言研究丛书”、鲍厚星先生主持的“濒危汉语方言研究丛书”（湖南卷）等。为了全面、及时抢救保存中国语言方言资源，教育部、国家语委于2015年启动了规模宏大的“中国语言资源保护工程”。在语保工程里，专门设立了濒危语言方言调查项目，迄今已调查76个濒危语言点和60个濒危汉语方言点。对于濒危语言方言点，除了一般调查点的基本调查内容以外，还要求对该语言或方言进行全面系统的调查，并编写濒危语言志书稿。随着工程的实施，语保工作者奔赴全国各地，帕米尔高原、喜马拉雅山区、藏彝走廊、滇缅边境、黑龙江畔、海南丛林都留下了他们的足迹和身影。一批批鲜活的田野调查语料、音视频数据和口头文化资源汇聚到中国语言资源库，一些从未被记录过的语言、方言在即将消亡前留下了它们的声音。

为了更好地利用这些珍贵的语言文化遗产，在教育部语言文字信息管理司的领导下，商务印书馆和中国语言资源保护研究中心组织申报了国家出版基金项目“中国濒危语言志”，并有幸获得批准。该项目计划在两年内按统一规格、以EP同步方式编写出版30卷志书，其中少数民族语言20卷，汉语方言10卷。自项目启动以来，语信司领导高度重视，亲自指导志书的编写出版工作，各位主编、执行编委以及北京语言大学、中国传媒大学的工作人员认真负责，严格把关，付出了大量心血，商务印书馆则配备了精兵强将以确保出版水准。这套丛书可以说是政府、学术界和出版社三方紧密合作的结果。在投入这么多资源、付出这么大努力之后，我们有理由期待一套传世精品的出现。

当然，艰辛和困难一言难尽，不足和遗憾也在所难免。让我们感到欣慰的是，在这些语言、方言即将隐入历史深处的时候，我们赶到了它们身边，倾听它们的声音，记录它们的风采。尽管我们无力回天，但已经尽了最大的努力，让时间去检验吧。

曹志耘

2018年10月

于浙江师范大学

# 目录

# 第一章 导论

# 第一节

# 调查点概况

电白县位于广东省西南部，现隶属于茂名市，地处东经110° 54′—111° 29′，北纬21° 22′—21° 59′之间，东西长约65公里，南北长约80公里，海岸线长约220公里。县境东部与阳江管辖的阳西县交界，东北部毗邻阳春市，北部及西北连接高州市，西部紧靠茂名市，西南部与湛江管辖的吴川市接壤，南部濒临南海。

近年来，电白行政区划变动较大。2001年，国务院批准设立茂名市茂港区，辖原电白之羊角、坡心、七迳、小良、沙院和南海六镇。2003年，有三个镇撤并，分别是：大衙镇并入林头镇，龙山镇并入博贺镇，爵山镇并入电城镇。2012年，设广东茂名滨海新区，电白之电城、博贺等沿海镇划入。2014年，原茂港区和电白县合并设立茂名市电白区。

电白面海背山，整体地势由东北向西南倾斜，境内有山地、丘陵、平原三种主要地貌。北部和西部有山岭，比较大的有青鹅顶岭、浮山岭、望夫山等。中部主要为丘陵，当地叫岭头或坡，适宜种植荔枝、龙眼等经济作物。低洼之地则为田，当地叫田垌，用来种植水稻、花生等农作物。南部主要为平原，一直延伸到海边。电白有漫长的海岸线，近海有放鸡岛等小型岛屿。

电白唐虞时代属南交地，夏商周时为扬州之南裔，春秋战国时代为百越地。秦朝设南海郡，电白属其西境。秦末，赵佗盘踞岭南，建南越国，电白为其辖境。三国时，地属吴国。吴黄武五年（226年）吴国把交州的南海、苍梧、高凉、郁林四郡分出来，设置广州，电白隶广州高凉郡高凉县地。南北朝时从高凉郡析置海昌郡，海昌郡辖地在今电白县树仔镇、电城镇北部。隋开皇九年（589年），并海昌郡置电白县，始称电白。从唐到清，电白基本隶属高州。民国属广东南路行政专员公署。1948年后，隶属湛江地区。1983年湛江地区撤销，电白县隶属茂名市。

电白神电卫（今电城）始建于明洪武二十四年（1391年），辖高州、宁州（吴川）、双鱼（阳江）、信宜、阳春5个千户所。明成化三年（1467年），电白县移治于神电卫，卫县合一，神电卫成了电白政治、军事、教育的中心。1939年，为避日军侵扰，县治迁往霞洞镇。1947年，迁回电城。1950年12月起迁往水东，水东是现在的县城。

电白是6世纪民族英雄、俚人首领冼太夫人的出生地。冼太夫人原名冼百合，高凉山兜丁村人（今电城北部的山兜丁村），生于南朝梁普通三年（522年），卒于隋仁寿元年（601年）。冼氏世代为俚人首领，辖地千里，统领部落数十万户。梁大同元年（535年），冼太夫人与高凉太守冯宝结婚。陈永定二年（558年），冯宝去世，夫人独自担当起号令俚僚的重任，俚族势力进一步扩大。陈祯明三年（589年），陈为隋所灭，岭南各郡推夫人为首领，号曰圣母，冼氏成了岭南的首领。唐开元后，俚人逐渐淡出历史记载。冼氏俚族的长期强势存在，反映了当时电白百越人口占有绝对优势，对当地的语言及文化习俗有深刻影响。

冼夫人之后，电白县境仍有较多越人及瑶民。清光绪《重修电白县志》（1887）：唐宋以前，壮瑶杂处。《电白县志》（2000）称：隋唐时代，县东、东北及中部地区主要是瑶族、侗族人聚居。西南沿江、沿海一带则主要是俚族、壮族人聚居。明清时代，瑶人仍有一定的人数和势力。电白县及附近瑶民活动在《电白县志·大事记》（2000）中多有记载。直至清光绪年初"悉化为民"，与汉人同化了。据2010年第六次人口普查，今电白总人口约为140.9万，绝大多数为汉族。

汉人最早进入电白的时间和规模，没有见到翔实的材料。有资料可考的进入时间是从宋到明末。多数人是从福建的莆田、晋江、闽县、福州来的。例如，据清光绪《电白县乡土志》（1903）记载，崇祯十五年（1642年），福建道士杨天锡率乡48户24姓72人航海迁居电白县鹩哥寨。据1990年的统计，电白县有姓氏257个，其中万人以上的姓氏31个。《电白县志·部分姓氏来源》（2000）探寻了主要姓氏的源头，这些姓氏绝大多数来自福建莆田等地，这与电白大范围流通闽语相吻合。

另一类比较大规模的移民是神电卫的官兵。洪武年间（1368—1398年），驻电白海防的神电卫有兵员7900余人。至永乐年间（1403—1424年），电白县编入军户的有1000余户。明代前期实行世袭军户制，父死子继，兄终弟及，后改为招募制。明正统中期（1440年左右），驻神电卫的卫兵都是从外地招募来的。神电卫常去招兵的地方是浙江省，其次是福建省。这些卫兵编成户所驻于神电卫城内外，其后代留居电白。

原大衙镇（现并入林头镇）位于电白县的中部，是一个比较小的镇。其东北是观珠镇，东南是麻岗镇，南部是旦场镇，西部及西北部是林头镇。原大衙镇辖1个居委会和13个管区。13个管区分别是禾塘坡、塘村、塘迳、大坡、石民、龙记、板桥、乌垷、华楼、尖角山、大角、大群、大衙等。大衙是方言种类较多的镇，分布了黎话、白话、哎话、狗屎正话（旧时正）、马兰话、山瑶话等多种方言。

华楼，也叫华楼迳或华楼大村，位于原大衙镇的西南面。华楼大村包括华楼堡、塘尾、村尾、村头、村中间、石角、新屋、合丫河、老里塘、榕树仔等自然村。华楼地理位置较偏，距离镇城较远，尤其是在交通不发达的时代，到镇上赶集都要走很长的路；距离县城就更远，无论是去老县城还是新县城都不容易。现在，交通条件大为改善，一条宽阔的水泥大路从村边经过，几条高速公路的枢纽离村不远。华楼是电白正话的代表点，也是本书记录的方言点。

# 第二节

# 电白方言

## 一　电白方言及其归属

关于电白方言，旧县志有所论及。清光绪十三年（1887年）《重修电白县志·卷三》（下称《光绪志》）：

唐宋以前，壮瑶杂处，语多难辨。前明军卫留居电城，今城中人语曰“旧时正”；海旁声音近雷琼，曰“海话”；山中声音近潮嘉，曰“山话”。

民国三十五年（1946年）《电白新志稿·语言》（下称《民国志》）所论甚详：

电白语言，比诸他县，较为复杂，确而论之，亦可分为三系：一曰海语系，二曰客语系，三曰越语系。

……

电白县城，原为明代之神电卫，由中原调来归都指挥所统之兵，称曰卫兵，其子孙繁殖于城之内，即今之黎马蓝各族；其语言因其地而言曰“城语”，因其时而言曰“旧时正”，即明代之正音，因其语言与今之普通话相近，故斯篇附述之。

……

以上两种县志反映了电白县方言（语言）的历史状况。《光绪志》指出在唐宋以前电白的主要居民是壮族和瑶族，流通的是壮语和瑶语。《光绪志》和《民国志》提及的汉语方言共有海话（海语）、客家话（山话、客语）、粤语（越语）、旧时正话（城语）四种。《光绪志》没有提到粤话，大概因为粤话进入电白比较晚，在清朝可能还没有进入或影响不大。

电白现在的方言显得异常复杂，有黎话（属闽语）、海话（属闽语）、福建话（属闽语）、客话（属粤语）、白语（属粤语）、阳江话（属粤语）、咸水白（属粤语）、山瑶话（属粤语）、马兰话（属粤语）、哎话（属客家话）、饶平话（属客家话）、四邑话（属粤语）、狗屎正话（属官话）等多种方言名称。分属闽、客、粤、官四个系统。从《中国语言地图集》（第2版）（2012）来看，电白的闽语属雷州片，粤语属高阳片，客家话属粤西片。

电白海话主要分布在东部及南部沿海的爵山（现并入电城镇）、马踏、电城、岭门（大榜）、麻岗、龙山（现并入博贺镇）、旦场等镇，陈村（归水东镇管辖）、林头、观珠、望夫等镇有少量分布。黎话主要分布在西部及西南部的水东、陈村（归水东镇管辖）、南海（现为街道）、沙院、小良、七迳、坡心、羊角、林头、霞洞等镇，大衙、观珠、黄岭、旦场、麻岗、龙门等镇有少量分布。海话以电城为代表，黎话以霞洞为代表。县城水东作为新县城，其黎话来源较杂，不作为代表。海话和黎话都属闽语，是现电白县第一大方言，讲这种话的人达80多万。客家话分布在东、北部山区的那霍、罗坑、望夫、黄岭、沙琅、观珠等镇，霞洞西部、大衙（现并入林头镇）中部、马踏、林头也有较多分布，岭门、麻岗、旦场、曙光农场有少量分布。客家话以沙琅话为代表，讲客家话的有28万左右。粤语主要分布在山羊、七迳、林头、博贺等镇，另有少量散布各地。讲粤语的人有16万。马兰话主要分布在原大衙镇的龙记管区。原大衙镇大群管区的棉花地村、林头镇的山猪坡和槟榔花村、马踏镇石鼓湾管区也有分布，讲马兰话的人总数为6000左右。讲山瑶话的只有两个村：一个是原大衙镇蓑衣田村，大约200人；一个是马踏镇连河管区河子口村，大约100人。马踏山瑶话来自大衙镇塘村，与蓑衣田的山瑶话同源。但是，其来源地塘村今已不讲山瑶话，改讲客家话了。

## 二　正话的形成与流布

旧时正话（下称“正话”）在《光绪志》和《民国志》中叫“旧时正”，村民也叫“古时正”。“正”即“正音”或“标准音”，“旧时正”的含义是“古代的标准音”，也就是古代的通语或官话。因为最早在电白县城流通，所以也叫“城话”。因为“旧时”与粤语“狗屎”谐音，又被戏称为“狗屎正”。《中国语言地图集》（第2版）没有记载正话，李新魁等的《广东的方言》（1994）也没有提及这种方言。

正话是在神电卫（现在叫“电城”）这个城池中形成并发展壮大的，也是从这里流播出去的。神电卫早期为单纯的军事城池。外来驻防的卫兵带来了正话，这个时期可称其为“军话”。后来县治迁入，卫县合一。因县治的迁入，异地为官的官员带来了官话，巩固了正话的地位，其官话性质得以加强。雍正三年（1725年），神电卫撤销，电城成了单纯的县城，长达200多年。这使正话成为纯粹的官话，淡化了其“军话”身份，这也是正话不称为“军话”的原因。现在的正话虽已羼杂进异质成分，但仍然保留了大量明代官话的特点，是明代官话的“直系后裔”，是活着的明代官话。

当地人把这种话叫“旧时正”，是对该方言的体认和标识，是因将其与官话对比，感觉词汇及读音多接近官话。我们不知“旧时正”的叫法起于何时，但这个命名是对其来源及性质的概括。现电城尚有少数老人会讲正话。据李锦源老人（1916年生）介绍，尽管当时的口头交际语言已经是海话（属闽语），他读书时的教学语言仍为正话。据调查，不仅县城如此，下面镇、村的教学语言也是正话，老派发音人陈孔文读书时学的就是正话。另外，在调查中得知当时的官员都说这种话，想当官的必须学说这种话，正话是名副其实的官话。

总之，卫兵与官员带来的官话是正话的源头，神电卫这个城池给正话的形成和发展提供了生存空间，县治的迁入使正话成为当地的“官话”和教学语言，从而使正话得以延续几百年，保存至今。

后来，神电卫多次受到倭寇、山贼、瑶民的袭扰，城中居民不堪骚乱，纷纷逃到北部山区。雍正三年（1725年）撤销神电卫及所属卫所，原各卫所官兵归附近州县管理。这些外逃的居民和被遣散的官兵仍然讲正话，正话也随之散布县内各地，留传至今。

现在正话分布在电白中部山村：原大衙镇（现归并到林头镇）华楼村委会的华楼大村；大群村委会的山塘、铺贝自然村；大角村委会的出米地村；乌坭村委会的秧坡地村（较少人讲）；马踏镇的秀田村委会的石桥、西河村；石鼓湾村委会的青麻园村；旦场镇平湖村委会的平湖、白石岭、白石坑、杨屋等村（部分）；麻岗镇热水村委会的陈垌、班戏坡村。

据发音人提供的数据粗略统计，正话的使用人口数如下：华楼2560、山塘400、铺贝800、出米地400、石桥300、西河280、青麻园130、平湖400、白石岭400、白石坑100、杨屋100、陈垌300、班戏坡100，总计6270人，远远达不到《电白方言志》讲的“三万人”。

## 三　正话与明代官话的关系和异同

明代官话就是正话的源方言。我们将正话与《中原音韵》和《洪武正韵》（下称《正韵》）进行比较，以发现它们的异同之处。由于《正韵》是明洪武八年（1375年）编成的一部官韵，与正话形成的时间一致。另外，一般认为《正韵》反映了南方官话的特点，这在地域上也与正话接近，因此，《正韵》与正话有更多的可比性。今普通话是古代官话的直接后裔，与正话有亲缘关系，也是重要的比较对象。还有现在的官话方言与正话同源异流，也可作为正话的比较对象。

通过比较可以发现，正话保留了较多官话特点。

语音上，以下内容与《正韵》相同：全浊声母清化；微母与明母不同；喉牙音二等没有腭化；蟹摄开口三四等与止摄混并；鱼模分韵；灰韵独立；效摄开口一二等有别；山摄喉牙音开口一二等混并，合口一二等有别；宕江摄混并；宕江摄庄组开口变合口；梗曾混并；通摄牙喉音三等读同一等；浊上变去；保留入声韵和入声调。

词汇上保留了部分官话词语。例如：脸部叫“脸”，不叫“面”；说“看”，不说“睇”；雌性用“母”，不用“乸”；泛称物为“东西”，不叫“嘢”“物”；回去说“回”，不说“返”“转”；睡觉说“睡”，不说“瞓”；站立说“站”，不说“徛”；近指代词用“这”，不用“嗰”；第三人称代词用“他”，不用“佢”“伊”；等等。

语法方面，也可找到官话的特征，如处置句与被动句同用介词“把”表示。被动句“碗被他打破了”说为“碗把他打烂诶”。处置句也用“把”，例如：“你把牛牵去了”。在没有语境制约的情况下，分不清是被动还是处置，例如：“我把他打身死”可以理解为“我被他打了”，也可以理解为“我打了他”。这与近代官话是一致的。“把”表处置不用举例，“把”表被动的例证如：“这明明是天赐我两个横财，不取了他的，倒把别人取了去。”（《元曲选·杀狗劝夫》）这个现象在现代官话方言也能见到，例如：孝感方言“我把他害了”可以理解为“我将他害了”，也可以理解为“我被他害了”。

当然，正话也有较多非官话成分。语音上，入声调的分化不以声母的清浊为条件，而是以韵摄为条件，同一韵摄的入声字无论清浊都读一个调：博 = 薄 [pɔk$^{214}$]。这个现象不仅与官话不同，在正话周围的方言中也找不到相同的现象。[a][ɐ] 在复韵母中对立：拜 [pai$^{55}$] ≠ 辈 [pɐi$^{55}$]，这显然是受了粤语的影响。有些点受到当地闽语影响，例如：报，山塘读 [pɔ$^{55}$]，豪韵字读 [ɔ] 是闽语的特征。词汇上，更多向周围的强势方言靠拢，例如：物美叫“靓”，合适说“啱”，大姑叫“姉奶”等，这些都是粤语词语。语法上，高频介词“凑⁼”，相当于普通话“子”的词缀“仔”等，这些都是粤语的语法内容。

以上异同现象仅是举例，更多的异同现象要参看本书“语音”“词汇特点”“语法”“话语材料”等章节。正话与近代官话的同质内容决定正话的官话性质，正话中的异质内容反映正话自身演变和接触演变情况。确定同质和异质之处，探讨同质或异质的原因和理据，是耐人寻味的研究内容，也是濒危方言盛衰的重要观察点。

# 第三节

# 华楼正话使用现状

## 一　华楼正话介绍

华楼大村都姓陈，祖籍福建，其先祖见几公从闽来到电白时，最早住在新居堂（现位于马踏镇，也写作“菁居堂”），他的第三代世孙壁山公于康熙年间迁往电城南门。由于在电城生活过，因此习得了正话。第四代世孙普荣公于雍正六年（1728年），也就是神电卫撤销后不久，迁到华楼迳村（见《陈氏式珧公部分族谱》，又见于一世祖《碑记》）。正话也就是在这个时候来到华楼的。经过200多年的发展，华楼陈姓已繁衍成为一个大族，正话也得以延续保存至今。

华楼大村作为正话代表点，主要是因为使用人口较多，知名度较高。其官话特征的保留却不如其他点，受到粤语较大影响。例如：溪母合口部分字，石桥等点多读[$k^h$]，华楼读[f]。科，石桥读[$k^hɔ^{33}$]，华楼读[$fɔ^{33}$]。溪母开口字，华楼读[h]，石桥等点多读[$k^h$]。开，石桥读[$k^hai^{33}$]，华楼读[$hai^{33}$]。宕、江庄组字，山塘等点读[uaŋ][uak]，华楼读[ɔŋ][ɔk]。仓，山塘读[$ts^huaŋ^{33}$]，华楼读[$ts^hɔŋ^{33}$]。学，山塘读[$huak^{214}$]，华楼读[$hɔk^{214}$]。靴，山塘、石桥、出米地读[$hiɔ^{33}$]，华楼读[$he^{33}$]。另外，其他点有些特殊音变，华楼没有。四，石桥读[$ɬn^{55}$]，华楼读[$ɬi^{55}$]。字，石桥读[$n^{55}$]，华楼读[$tsi^{55}$]。之，石桥读[$kŋ^{33}$]，华楼读[$tsi^{33}$]。

## 二　华楼正话与周边方言的关系

华楼正话周边有白话、黎话、海话、哎话、马兰话、山瑶话，可归纳为粤语、闽语、客家话等方言种类。这些方言以自然村为单位杂处，总体上对华楼正话形成包围之势。其东面是迳仔（说粤语）、程屋仔（说客家话），东南面是邱屋山（说客家话），南面是礼儒塘

（说闽语）、石仔岭（说粤语）、将军岭（说闽语），西南面是林头镇的油行、苦藤（皆说客家话），西面是林头镇的林屋（说粤语），西北面是林头镇的南瓜塘（说客家话），北面是高琅（说闽语）、竹仔琅（说粤语），东北面是禾塘岭（说粤语）。从人数众寡及方言势力看，闽、粤、客呈压倒态势，因此，正话人要学习周边方言，一般都会讲周边闽、粤、客方言。

粤语并不是电白的强势方言（方言点及使用人数都不多），却对正话冲击最大，冲击的主要途径是教学、行政和传媒。很长时间以来粤语一直是教学语言，这使得正话使用者从小就习得了粤语。在改革开放之前，国家虽有公务人员讲普通话的要求，但是贯彻得并不严格。广东的公务人员尤其是基层公务人员多讲粤语，这导致正话使用者要会说粤语，至少要会听粤语。广东的媒体主要使用粤语，电白人习惯看粤语节目，这是华楼人学会粤语的途径之一。另外，还有一些文化形式，如鬼仔戏、大戏都使用粤语演唱，也有潜移默化的影响。华楼附近讲粤语的村子并不多，华楼人的粤语多是通过上述途径习得。

## 三　华楼正话的濒危现状

关于正话的濒危现状，我们设计了包括44个问题的调查提纲，从方言的名称、使用环境、使用者、使用域、使用频率、方言情感等角度做了调查。从调查看，在村里正话还是主要交际用语，进村后听到的多是正话。在集市、聚会闲聊、家庭交流等场合，人们多讲正话。不但中老年人使用，青年、小孩绝大多数都会说。说话、数数、背乘法口诀、祭拜、讨价还价等日常生活用语还是用正话。在某些文化活动中，如哭丧，也使用正话。周围讲其他方言的人也有部分人能说华楼正话。

正话原是权威方言，名副其实的官话，官员必须会说会用。正话也是教学语言，县内各级学校都使用正话教学。正话以前在县城流通，但对整个电白都有影响，尤其是教学上。不仅县城学校使用正话教学，远离县城的学校也使用正话。现在的正话退出了行政领域，也失去了教学语言的资格。从县志记载来看，两种书所论方言的顺序不同，反映了方言地位的变化。《光绪志》把“旧时正”放在第一位置，说明它是权威方言，而《民国志》把“旧时正”放在最后“附述之”，说明正话已经从权威方言变成弱势方言了。

从分布范围看，正话的大本营——电城（包括附城）已经不讲正话了，只有少数老人还残存一些记忆。电城的交际用语已为海话取代。正话从中心城市走向偏远乡村，从集中走向分散。正话的分布点也是有减无增。从历史记录来看，民国有的讲正话的镇、村今天没有了，民国没有正话的地方今天没有产生新的正话点。正话的使用范围呈缩小趋势，不少过去使用正话的村落放弃了正话。华楼大村是正话的代表点，讲正话的人最集中，但是所属村尾村在中华人民共和国成立前还讲正话，现在已经完全改讲粤语。瑚璋塘村是从山塘分化出来的黎姓村落，原讲正话，后因为所娶媳妇多讲客家话，村里的交际语言已改为客家话。麻岗镇的调王村以前讲正话，现在只有老人会说，交际语言已改为粤语。马踏镇的石鼓湾村委会有个鸭塘湖村，中华人民共和国成立之初从青麻园村分出去，现在已不说正话。据西河人说，观珠镇的坡尾村以前讲正话，现在讲客家话。

正话的使用场合也在缩小。首先，正话只在村中使用，村外不使用。在对外交际时，华楼人要迎合交际对象的方言习惯，交际对象说什么话就对他说什么方言。这有两个原因：一是正话使用人口少，且失去了过去官话的权威影响力，外村人听不懂；二是说这种话会招致外村人嘲笑，前面说过正话被当地人谐称为“狗屎正”。在村里，正话、粤语、闽语等方言同时交替使用。华楼大村是正话的根据地，正话是华楼村的祖语，但是所娶媳妇多为说其他方言的。有些媳妇学会了正话，但也有相当数量的媳妇坚持使用自己的方言，长期以来粤语、闽语、客家话都可在村中使用。在粤语、闽语、客家话的冲击下，有很多场合已不使用正话。1949年前后学校的教学语言是粤语，改革开放后是普通话，教师讲课、学生读书都不用正话。村里演大戏、木偶戏都使用粤语。唱山歌、儿歌和讲故事用粤语或闽语。因此，调查正话的长篇语料比较困难，开始找的几个老年发音人都不会用正话讲故事，收录的故事原本是用闽语讲述，由陈海花用正话转述。办丧事请道公做斋，道公说的也是粤语。在家里，正话也不是唯一的方言。男人之间往往用正话，夫妻之间一般是丈夫迁就妻子的母语。有的小孩能同时学会爸爸和妈妈的方言，也有的孩子只会妈妈的方言。有的时候，各说各的方言，你说正话，我说闽语，反正大家都能说，都听得懂。

方言流行地域的萎缩意味着使用者的减少。原讲正话后改讲其他方言的村落，其成员及其后代不再使用正话。现在仍使用正话的村落也有小孩不会说了，而且这样的小孩越来越多。正话使用者呈代际减少，其首要原因是母亲方言的影响，有些个性强的母亲不让小孩说正话，一直使用母亲的方言。也有的小孩离开家乡，在其他方言环境长大，因正话不是母语，使用不熟练、不地道。

在方言情感方面，尽管知道正话的原名叫“旧时正”“古时正”，村民也因为正话曾经是官话而感到自豪，但是大多数村民对正话的衰落和濒危持无所谓的态度，还接受了带有嘲弄和侮辱意味的“狗屎正”这个名称。村民也有“祖语”意识，老辈对晚辈正话的变异也颇多指责。在多人谈话中，老年女性发音人黎秀华一直纠结青年男性发音人“村”字的读音，认为青男把“村”读[$ts^hien^{33}$]，音不正，要求青男改正。对附近村子放弃正话改说客家话，认为是“背祖”。但这只是笑谈，并不是强烈的语言情感，更不会左右后代对方言的选择。当我们问道：“你觉得你的方言好听吗？有用吗？”大多数人觉得没什么用，不好听。但是老年男性（以下简称老男）发音人陈将文给我们讲了一个正话有用的故事：有华楼人到武汉出差，要去解放路，向警察问路，首先用粤语问，警察听不懂，又用闽语问，警察说不知道，最后，华楼人有点失望，用正话自言自语，“解放路都不知道！”这时警察听懂了，并告诉他怎样去。这个华楼人很得意，觉得正话有用。当然，这只是说明了正话与普通话接近的一面，并不能说明正话具有普通话的功能。当我们问道："正话会消亡，你们会不会感到可惜？"村民大多认同正话会消亡，但也无可奈何，顺其自然。

以上介绍了正话的使用情况，主要例举使用事实和具体表现，下面再对其濒危状况进行归纳和总结。正话的濒危主要表现在以下几个方面。

（一）方言地位降低。正话原是电白县城——电城中使用的语言，直到20世纪三四十年代都保持着权威方言的地位。抗日战争期间，电白县城从电城迁至山区的霞洞，后又转迁到水东（今县城），正话在电城逐渐被海话取代，退出交际领域。20世纪初直至改革开放前，官话（普通话）对广东的影响力降低，粤语成为电白的官话和教学语言，再加上正话的变异，与普通话的差异加大，人们很难将正话与普通话相提并论。正话的辉煌不再，逐步成为濒危方言。正话被人讥笑为"狗屎正"，反映了它的弱势。

（二）方言竞争。大衙镇有7种具体方言，华楼周边有正话、粤语、闽语、客家话、普通话等方言，华楼人对这些方言都能说会用，在村里和家里也是多方言交叉使用。多种方言的地位也是不平等的，其中粤语是权威方言（与政治关联），闽语是强势方言（人多）。20世纪90年代以来，普通话对青少年的影响日益增强。权威方言和强势方言的双重夹击必然导致正话使用频率降低，使用地域缩小，使用地人数减少，最终走向衰亡。

（三）不同母语人的婚姻。华楼村的媳妇多讲粤语、闽语、客家话，这些新嫁入的媳妇一般使用自己的方言，教小孩说自己的母语，个性强的女性不喜欢自己的孩子讲正话，这种现象越来越多，导致不少小孩不会或不使用正话。家庭交际语言改变，会导致正话退出家庭这个交际领域。如果这样的家庭多了，一两代之后，正话会逐渐式微。不同母语人的婚姻改变家庭交际方言的格局和势力，使家庭从单一方言变成双方言，影响濒危方言的使用频率和强度，并影响下一代是否成为濒危方言继承人。

（四）教学语言。正话过去是教学语言，得以强势四五百年；失去教学语言的地位以后，便逐渐衰落。教学语言对方言的存废起着至关重要的作用。教学语言从启蒙教育开始，在人的语言尚未成形的时候，给小孩脑中植入了一种教学用方言，这种影响是根深蒂固的。教学语言的反复强化，使教学语言成为思维语言，导致母语方言边缘化。教学语言的功利作用导致方言情感淡漠，甚至代际传承断裂。从方言的系统看，教学语言的成分很容易进入方言，影响方言的纯度，导致方言的变异。

# 第四节

# 研究现状

## 一　研究记录

正话作为一种濒危小方言，很少为人关注，即使是电白人也不一定知道，学界更是忽略它的存在。很多大型的广东方言学著作都没有提到正话，因此，正话的记录和研究并不多，主要有以下论著。

（一）[清]光绪十三年（1887年）《重修电白县志》卷三中，正话称为“旧时正”。

（二）民国三十五年（1946年）《电白县新志稿·语言》全面论述了电白方言，还列表反映了电白诸方言的分布地点、混杂情况和使用人口。书中，正话称为“城语”和“旧时正”。

（三）戴由武等著《电白方言志》（1994）第六章“电白旧时正话”。

（四）《电白县志》（2000）专设《方言》一节，有正话内容。

（五）陈云龙《广东电白旧时正话》（2003）。

（六）陈云龙《从“旧时正话”看明代官话》（2005）。

（七）陈云龙《旧时正话的语法特点》（2006）。

（八）陈云龙《旧时正话研究》（2006）。

（九）张惠英《从〈旧时正话研究〉说起》（2014）。

## 二　研究文献综述

正话的记录和研究大致可分为志书记录和本体研究两部分。

正话最早的记载见于《光绪志》，提及了名称，分析了命名的由来以及流通地点，也转引了《广东新语》等书中的一些方言词。这是旧县志的习惯做法。

《民国志》记载了电白各种方言，还附有分布表。其论述很详尽、专业，这在地方志中并不多见。分布表依据使用人口的多少排序："海语系"排在最前；"客语系"次之；"越语系"放在最后；"城语"没有独立的位置，只是"兼"在其他方言分布区域。这实际上揭示了方言的强弱对比，说明在当时的电白，闽语是强势方言，粤语并不是强势方言，正话是弱势方言。《民国志》最后简单介绍了正话，分析其名称，指出其分布地点，也反映了正话排序的变化。再结合分布表，可以看出正话淹没于其他强势方言之中的濒危状况。不过，《民国志》的记载和论述是社会学性质的，没有触及方言本体，没有语音、词汇、语法的记载和研究。

《电白县志》（2000）专设《方言》一节，记录了正话的语音、词汇和语法内容，基本上是转引戴著的部分内容，错漏较多。戴著第一次对正话进行本体研究，其中介绍了正话的来源、分布、流变、使用人口等现状，归纳了音系，列举了词语和语法例句，也有正话同其他方言的语音比较。但是，与闽、粤、客等方言比较，正话的研究比较简略，不够深入。有关正话的分布及使用人口的统计不够准确。

陈云龙系列论著对正话进行了全面研究，论证了正话的官话性质，整理了同音字表、单字音表及与中古音比较表，概括了正话语言特点，揭示了内部差异，记录了一部分词语和语法例句以及部分长篇语料。

张惠英文属专题研究性质，利用陈云龙《旧时正话研究》和《马兰话研究》中的语料，研究了"阿"的多用功能。同时，文章强调正话与底层语言的关系，为正话的研究提出了一个新的视角。

正话从来源看，早期由神电卫的卫兵带来，属于"军话"。军话的研究受到方言学界的重视，从单点研究到多点综合比较研究，有较多的论文、专著。其中邱学强《军话研究》可谓是集大成之作。作者考察了军话的分布，涉及浙、粤、琼、桂诸省诸多军话，但是遗憾的是，建于电白的"神电卫"被忽略了，保存至今的"旧时正"被忽略了。黄晓东《汉语军话概述》（2007）根据来源及语言特性，认为正话应属于军话。该文看到正话早期现象，但忽略了正话长期作为官话的事实。

2015年，"中国语言资源保护工程"将正话列入濒危方言，调查录制了1000个单字音，1200个词语，50个例句，多人话语对话20分钟，话语讲述4篇，歌谣3首，长篇故事5个，谚语70余条，地方普通话9篇。其中多人会话由老男（本书中老男为"老年男性"的简称）、老女（本书中老女为"老年女性"的简称）、青男（本书中青男为"青年男性"的简称）参与，讲述分老男、老女、青男、青女（本书中青女为"青年女性"的简称），地方普通话分老男、老女、青女。以上所有调查均有录像、录音，多数音像材料有文字和音标转写，所有材料都收进"中国语言资源有声数据库"。此次调查有几个突破：第一，口语语料丰富，获取了长达几个小时的口语录音；第二，分老、青、男、女，反映了正话的层次差异；第三，有录音、录像，建立声像数据库，便于长期保存和高效利用；第四，首次调查正话人讲普通话，有利于研究地方普通话以及历代官话在不同地域的变异；第五，注重地方文化调查，强调方言与文化的关系，使方言的研究更为深入。

濒危方言是特殊的语言个案，都有深入甚至精细研究的价值。正话有了一些初步的研究，现有成果主要集中在对正话面貌的客观描写以及正话语料的全面收集方面，其语言要素的语言学研究及其作为濒危方言的特性研究还不够，还有继续研究的课题，如华楼正话特殊音变研究、华楼正话与南方官话对比研究、华楼正话的濒危方言视角研究、华楼正话与周边方言的接触研究等。

# 第五节

# 调查说明

2015年，国家语言文字工作委员会启动“中国语言资源保护工程”项目，正话作为濒危方言进入首批调研项目。2015年8月，以陈云龙、吴东恒、廖小曼为主要成员的调研团队对电白华楼正话进行了多次调查研究，跟本书稿内容直接相关的田野调查有6次。第一次是2015年7月，调查完整的字音。第二次是2016年2月，调查“年例”习俗。第三次是2016年3月，调查日常用语和语法例句1000句。第四次是2016年7月，调查词汇6000条。第五次是2017年1月，补拍风物照片。第六次是2017年5月，完整调查《汉语方言语法调查例句》248句，核实长篇语料的记音及转写，补记文化词语。这一次发现《哭丧歌》可以用正话唱，拍摄了风物图片。在调查过程中，先后得到以下发音合作人的帮助和支持。

陈广义，1924年3月出生，小学文化，村里庙祝公，大衙镇华楼村人，不曾长时间外出。除正话外，还会闽语、粤语、客家话。正话发音人。

陈孔文，1927年2月出生，初中文化，农民，大衙镇华楼村人，不曾长时间外出。除正话外，还会闽语、粤语、客家话。正话发音人。

陈将文，1944年3月出生，初中文化，农民、木工，大衙镇华楼村人，不曾长时间外出。除正话外，还会闽语、粤语、客家话。正话发音人。

陈昌其，1962年11月出生，初中文化，退伍军人，大衙镇华楼村人，除当兵期间外，不曾长时间外出。除正话外，还会闽语、粤语、客家话、普通话。调查联系人。

陈海花，1987年2月出生，现读高中，大衙镇华楼村人，除正话外，还会闽语、粤语、普通话。正话发音人。

黎秀华，1953年3月出生，初中文化，村委会干部，大衙镇山塘人，嫁入华楼村，不曾长时间外出。主要讲正话、闽语、粤语、客家话、普通话。正话发音人。

陈水晶，1991年7月出生，中专文化，大衙镇华楼村人，在附近的茂名市读过书，2009年以来外出打工，除正话外，还会闽语、粤语、普通话。正话发音人。

伍尚林，1956年9月出生，大专文化，教师，马踏镇石桥村人，一直在马踏镇中心小学任教。除正话外，还会海话、粤语、客家话、普通话。正话发音人。

# 第二章 语音

华楼是正话的代表点，我们调查了老派和新派的音系。老派我们先后调查了二位发音人：陈孔文、陈将文。他们的读音略有差异。以下整理华楼老派读音，以陈将文的发音为主，陈孔文与陈将文不同之处随文指出，陈孔文的读音标注“（孔读）”。

本节及后文使用符号说明如下：

[ ]　国际音标符号，在读音举例及表格中不加该符号，直接写音标。

｜　单竖线，用于例字间隔。

～　省字符号，代替重复出现的字或音节。

＝　等号，表示读音相同。

≠　表示读音不相同。

# 第一节

# 声韵调

## 一 声母（共20个，包括零声母）

| | | | | |
|---|---|---|---|---|
| p 波布白斧 | $p^h$ 坡普跑平 | m 麻明埋味 | f 飞发夫科 | w 华祸或王 |
| t 多帝当知 | $t^h$ 梯天塔拖 | n 泥拿能奶 | ɬ 所四生瑞 | l 罗来力靓 |
| ts 左支庄贞 | $ts^h$ 初妻粗床 | ȵ 软儿任让 | s 梳诗身树 | z 爷惠要日 |
| k 哥家鸡公 | $k^h$ 棵区求昆 | ŋ 鹅蚁误钩 | h 何希候合 | |
| ∅ 阿二暗鸭 | | | | |

说明：

① [n]可以拼洪、细音韵母；[ȵ]只拼细音韵母。在细音前，[n]和[ȵ]对立，如：泥[ni$^{213}$]≠宜[ȵi$^{213}$]、你[ni$^{31}$]≠语[ȵi$^{31}$]。

② [ɬ]是舌尖清边擦音，可以拼洪、细音韵母，与[s]对立。例如：丝[ɬi$^{33}$]≠诗[si$^{33}$]、四[ɬi$^{55}$]≠示[si$^{55}$]、蓑[ɬɔ$^{33}$]≠梭[sɔ$^{33}$]、姓[ɬeŋ$^{55}$]≠圣[seŋ$^{55}$]。

③ [ts $ts^h$ s]与齐齿呼韵母相拼时，实际音值为[tʃ $tʃ^h$ ʃ]。

## 二 韵母（共68个韵母，包括自成音节的[ŋ]）

| | | |
|---|---|---|
| ɨ 二耳 | i 易披四微 | u 乌布夫五 |
| a 阿他花华 | ia 者家 | ua 瓜挂寡夸 |
| e 靴螺朵惹 | | |
| ɔ 波科初祸 | iɔ □～脚：搓脚 | |
| ai 挨拜坏该 | iai 踩 | uai 乘块怪拐 |
| ɐi 杯威梅倍 | | uɐi 龟规贵归 |

| | | |
|---|---|---|
| ɔi 堆内水锐 | iɔi 锥乳 | |
| | iu □呼鸡声 | |
| au 貌包咬有 | iau 交救教九 | |
| ɐu 欧偷周豆 | | |
| eu 标消娇窑 | ieu 姚尧饶 | |
| ou 奥报告到 | | |
| am 担三咸南 | | |
| ɐm 深林针枕 | iɐm 今钦琴心 | |
| em 点剑尖盐 | iem 染严 | |
| ɔm 嘣爆炸声□狗叫声 | | |
| an 山单帆还 | | uan 关冠晚 |
| ɐn 本晕真人 | iɐn 宾贫君 | uɐn 滚裙困村 |
| en 边酸尊建 | ien 软愿 | |
| ɔn 官嫩钝碗 | | |
| aŋ 帮当江王 | iaŋ 章相香娘 | uaŋ 光广况 |
| ɐŋ 灯争生盟 | | uɐŋ 框横轰 |
| eŋ 冰靓星英 | | |
| ɔŋ 庄仓双窗 | | |
| oŋ 风通中熊 | ioŋ 浓热闹蛹 | |
| ap 鸭答合杂 | | |
| ɐp 粒汁集入 | iɐp 立习急级 | |
| ep 蝶贴接叶 | iep 业 | |
| | it 滴一～仔：一点点 | |
| at 压八发达 | | uat 刮挖滑猾 |
| ɐt 物律乞忽 | iɐt 吃橘日笔 | uɐt 骨屈掘 |
| et 灭血雪热 | | |
| ɔt 泼率卒戌（孔读） | | |
| | | iak 着脚药雀 |
| ɐk 北得黑或 | | |
| ek 力逼滴翼 | | |
| ɔk 恶薄索若 | iɔk 略雀啄 | uɔk 国郭廓 |
| ok 木服菊玉 | iok 唧 | |
| ŋ 吴误梧 | | |

说明：

① [ɨ]比[i]略低略后。

② [aŋ]中的[a]实际音值是[ɑ]。

③ [eŋ][ek]中的[e]，实际音值比[e]略高，实际音值为[ɪ]。

④ [oŋ][ok]中的[o]实际音值比[o]略高。

⑤“眨”的韵母实际读为[iap]，但[iap]与[iɐp]不对立，记为[iɐp]。

## 三 声调（单字调6个）

| | | | |
|---|---|---|---|
| 阴平[33] | 高开婚猪三飞天抽 | 阳平[213] | 穷娘寒才唐平人陈 |
| 上声[31] | 古走比口手马五女 | | |
| 去声[55] | 近盖共是正汉害大 | | |
| 长入[214] | 八拔博薄切月合袜 | 短入[5] | 急及德特麦竹七俗 |

说明：

①阳平是曲折调，调值比普通话上声的升幅略低。

②去声调值在[45]和[55]之间摆动，本文记为[55]。

③阳平和长入的调型相同，都是降升调，但是长入的升幅略高。阳平记为[213]，长入记为[214]，以示区别。

④老派阳平读[213]，新派读[22]。

⑤老派长入读[214]，新派读短入[2]。

# 第二节

# 单字音表

**说明：**

一　本表按照第二章声韵调表次序排列，以韵母和声调为纬，以声母为经。舒声韵与入声韵分开排列。

二　表中写不出字的声韵调组合用数码符号如“①”等表示，需要注释的字加粗。数码圆圈及加粗字均在表下加注，先注释加粗字，后释数码圆圈。

三　将齐齿呼韵母[iai iɔ iɔi ieu iem ien ioŋ iep iok]与相应的开口呼韵母[ai ɔ ɔi eu em en oŋ ep ok]合为一个表，理由见说明“六”。其他齐齿呼韵母仍独立。

四　以下四个韵母没有列入表格：

[it] 一滴 $nit^5$ 仔：一点点

[iu] □□ $tsiu^{55}tsiu^{55}$：呼鸡声

[ɔm] 嘣：爆炸声

[ŋ] 吴误梧

五　部分拟声词的读音超出老派音系，没有列入表中。

六　正话音系的特点：没有撮口呼韵母；[u]做韵头的合口呼韵母除臻摄合口字外只与喉牙音声母相拼；[k $k^h$ h]可拼齐齿呼韵母；齐齿呼韵母[iai iɔ iɔi ieu iem ien ioŋ iep iok]只与声母[ȵ]相拼；唇音声母不与[m][p]尾韵母相拼；入声调与元音关联，入声韵母的元音为[a ɔ e]的读[214]调；入声韵母的元音为[ɐ o ɪ（音位处理为[e]）]的读[5]调；不送气的塞音、塞擦音声母[p][t][ts][k]不与阳平相拼。

## 表2-1　单字音表之一

| 韵 调 声 | ɨ | i | u | a | ia | ua | e |
|---|---|---|---|---|---|---|---|
| | 阴阳上去<br>平平声声<br>33 213 31 55 | 阴阳上去<br>平平声声<br>33 213 31 55 | 阴阳上去<br>平平声声<br>33 213 31 55 | 阴阳上去<br>平平声声<br>33 213 31 55 | 阴阳上去<br>平平声声<br>33 213 31 55 | 阴阳上去<br>平平声声<br>33 213 31 55 | 阴阳上去<br>平平声声<br>33 213 31 55 |
| p | | 悲　比鼻 | **娒**　补布 | 爸　把霸 | | | |
| $p^h$ | | 批皮鄙屁 | 敷菩普铺 | 爬　　怕 | | | |
| m | | **劘**眉米味 | 巫模舞戊 | **粑**麻马骂 | | | **孖** |
| f | | | 夫扶府妇 | 花　　化 | | | |
| w | | | 乌吴五芋 | 蛙华　话 | | | |
| t | | 低　底弟 | 都　赌杜 | 　　打大 | | | 爹　朵 |
| $t^h$ | | 梯题体替 | 　徒土吐 | 他 | | | 　　　**唾** |
| n | | 呢泥女 | 　奴努怒 | **黏**哪　那 | | | **呢** |
| ɬ | | 西　死四 | 苏②　素 | **挲卅** | | | 些　写泻 |
| l | | **剺**离李利 | **撸**卢鲁路 | 拉　　③ | | | 　腡　**裂** |
| ts | | 猪　紫箸 | 租　祖做 | 渣　　诈 | 　　者 | | 遮　姐借 |
| $ts^h$ | | 妻除齿处 | 粗　　醋 | 叉茶 | | | 车邪且 |
| ȵ | | 儿　语义 | | | **掠** | | |
| s | | 书时鼠是 | 　　数数 | 沙　洒 | | | 赊蛇舍射 |
| z | | 衣于雨异 | | 　　也 | | | 椰　野夜 |
| k | | 鸡　几寄 | 姑　古顾 | 加　假嫁 | **家** | 瓜　寡褂 | |
| $k^h$ | | 区奇起去 | 枯　苦裤 | ④卡 | | 夸　垮挂 | 　茄 |
| ŋ | | ①　蚁 | 误 | ⑤牙瓦**閕** | | | |
| h | | 墟　喜戏 | | 虾霞**哈**下 | | | 靴 |
| ø | 　　耳二 | | | 阿　哑**啊** | | | 椏 |

注释：

劘 $mi^{33}$ 削

剺 $li^{33}$ 破开：～鸡肠

娒 $pu^{33}$ ～奶：大姑、大姨

撸 $lu^{33}$ 用畚箕捞鱼

粑 $ma^{33}$ 蒸炸食物的通称

黏 $na^{33}$ 粘贴

挲 $ɬa^{33}$ 摸

卅 $ɬa^{213}$ 三十：年～晚

閕 $ŋa^{55}$ 叉开脚

哈 $ha^{31}$ 叹词，表示征询

啊 $a^{55}$ 叹词，表示惊讶

掠 $ȵia^{33}$ 拿

家 $kia^{33}$ 分～

孖 $me^{33}$ 成双成对

唾 $t^he^{55}$ 吐：～口水

呢 $ne^{33}$ 语气词，表示提示：～，你的笔不在那里吗？

裂 $le^{55}$ 裂缝

① $ŋi^{33}$ 用刀磨割

② $ɬu^{213}$ ～话：回绝

③ $la^{55}$ 晒谷时翻动

④ $k^ha^{33}$ 拉 $^=$ ～～：说人没有人样

⑤ $ŋa^{33}$ 甜～～：很甜

## 表2-2 单字音表之二

| 韵 调 声 | ɔ\iɔ | ai\iai | uai | ɐi | uɐi | ɔi\iɔi | au |
|---|---|---|---|---|---|---|---|
| | 阴阳上去<br>平平声声<br>33 213 31 55 | 阴阳上去<br>平平声声<br>33 213 31 55 | 阴阳上去<br>平平声声<br>33 213 31 55 | 阴阳上去<br>平平声声<br>33 213 31 55 | 阴阳上去<br>平平声声<br>33 213 31 55 | 阴阳上去<br>平平声声<br>33 213 31 55 | 阴阳上去<br>平平声声<br>33 213 31 55 |
| p | 波 | 　　摆拜 | | 杯　　贝 | | | 包　饱豹 |
| $p^h$ | 坡婆　破 | 　排派 | | 胚赔　配 | | | 抛刨跑炮 |
| m | 摸魔　磨 | 　埋买卖 | | **米**梅美妹 | | | 　茅卯貌 |
| f | 科　火货 | 　　　块 | | 飞肥悔废 | | | |
| w | 窝禾我祸 | 　淮　坏 | | 威回尾卫 | | | |
| t | 多　躲惰 | 　　　代 | | | | 堆　　碓 | |
| $t^h$ | 拖驼妥 | 胎台　太 | | | | 推　腿退 | |
| n | 　**醪踒**糯 | **奶**⑤乃耐 | | **里**　　腻 | | 　　　内 | 闹 |
| ɬ | 蓑锁　① | **揌**⑥玺 | | 　　　细 | | 腮　　岁 | ⑬ |
| l | 啰罗攞② | **⿰禾盡**来　赖 | | | | **镭**雷　泪 | 捞痨 |
| ts | 　　左坐 | 灾　宰寨 | | 　　　**制** | | 追　嘴醉 | **㷮**　找罩 |
| $ts^h$ | 初锄楚错 | 猜才采蔡 | | | | 吹锤取脆 | 抄巢吵 |
| ȵ | ③　　④ | ⑦　踩⑧ | | | | 锥　乳 | |
| s | 梭　傻 | 　　　赛 | | 筛 | | 虽谁水税 | 筲⑭　潲 |
| z | | | | | | 　　　锐 | 忧油有又 |
| k | 哥　果过 | 该　改盖 | 乖　拐怪 | ⑪ | 龟　鬼桂 | 　　　**圿** | 胶　搞**觉** |
| $k^h$ | 棵**瞌** | **开**　凯概 | 　槐⑨**块** | 　　启 | 亏葵　溃 | | 　⑮ |
| ŋ | 鹅俄我饿 | 　挨矮艾 | 　⑩　**外** | 哀危　艺 | | 呆　　**外** | 　肴咬 |
| h | 　河　贺 | 开鞋海害 | | **⿸尸昌**⑫ | | | 敲**姣**烤**孝** |
| ∅ | 屙蚝噢 | 埃爱 | | 唉 | | | 　　**拗**坳 |

注释：

醪nɔ$^{213}$浑浊
踒nɔ$^{31}$扭伤
瞌k$^{h}$ɔ$^{213}$睡～～声：打呼
奶nai$^{33}$面称母亲
揌ɬai$^{33}$浪费
⿰禾盡lai$^{33}$最小
开k$^{h}$ai$^{33}$又读
块k$^{h}$uai$^{55}$又读

外ŋuai$^{55}$又读
米mɐi$^{33}$计量单位
里nɐi$^{33}$哪～
制tsɐi$^{55}$车刹
⿸尸昌hɐi$^{33}$女阴
镭lɔi$^{33}$铜～：铜钱
圿kɔi$^{55}$垢～：人体的污垢
外ŋɔi$^{55}$又读

㷮tsau$^{33}$干燥
觉kau$^{55}$睡～
姣hau$^{213}$发～：淫荡
孝hau$^{55}$又读
拗au$^{31}$折断
① ɬɔ$^{55}$修理
② lɔ$^{55}$喉咙～：喉咙难受
③ ȵiɔ$^{33}$～脚：搓脚

④ ȵiɔ$^{55}$ ～～：呼猪声

⑤ nai$^{213}$ ～肚：不消化

⑥ ɬai$^{213}$ 眼～～：欲睡状

⑦ ȵiai$^{33}$ 搓揉：～脚

⑧ ȵiai$^{55}$ 嚼：牛～草

⑨ k$^{h}$uai$^{31}$ 丢

⑩ ŋuai$^{213}$ 身～～：身体差

⑪ kɐi$^{33}$ □ neŋ$^{33}$ ～：疤痕

⑫ hɐi$^{213}$ 痒

⑬ ɬau$^{33}$ 冷～～：很冷

⑭ sau$^{213}$ 差劲

⑮ k$^{h}$au$^{213}$ ～皮：刮皮

## 表2-3　单字音表之三

| 韵 / 调 / 声 | iau | ɐu | eu\ieu | ou | am | ɐm | iɐm |
|---|---|---|---|---|---|---|---|
| | 阴平 阳平 上声 去声<br>33 213 31 55 | 阴平 阳平 上声 去声<br>33 213 31 55 | 阴平 阳平 上声 去声<br>33 213 31 55 | 阴平 阳平 上声 去声<br>33 213 31 55 | 阴平 阳平 上声 去声<br>33 213 31 55 | 阴平 阳平 上声 去声<br>33 213 31 55 | 阴平 阳平 上声 去声<br>33 213 31 55 |
| p | | | 标　表 | 煲　宝报 | | | |
| p$^{h}$ | | | 飘嫖　票 | 　袍抱 | | | |
| m | 　　① | ⑤谋某茂 | 猫苗秒庙 | 毛毛冇帽 | | | |
| f | | 　浮否埠 | | | | | |
| w | | | | | | | |
| t | | 兜　抖豆 | 丢　**鸟**钓 | 刀　倒到 | 担　胆淡 | 　　⑩⑪ | |
| t$^{h}$ | 　　② | 偷头敨透 | 挑条　粜 | 滔桃讨套 | 贪谭　探 | ⑫　　**朣** | |
| n | | ⑥⑦纽 | 　　**鸟**尿 | **獳**　脑 | **喃**男**揇**踊 | ⑬**脍恁**⑭ | |
| ɬ | 修 | 羞　**擞**秀 | 消　小笑 | 臊　嫂扫 | 三⑧ | 心 | **心** |
| l | ③**流柳** | 褛楼柳漏 | 　疗了料 | 捞劳老 | 　蓝览舰 | 　林　**林** | |
| ts | | 周　走袖 | 焦　　赵 | 遭　早灶 | ⑨　斩站 | 针　枕浸 | |
| ts$^{h}$ | 秋 | 抽酬丑臭 | 超朝 | 操曹草糙 | 参蚕惨渗 | 侵　沉⑮ | |
| ȵ | 爪　爪皱 | | 　姚 | | | | ⑰淫饮任 |
| s | | 收仇手兽 | 烧韶少绍 | | 衫 | 森　婶甚 | |
| z | | | 妖尧舀要 | | | | 音 |
| k | 交　九舅 | 沟　狗够 | 娇　缴轿 | 高　稿告 | 甘　感鉴 | | 今　锦禁 |
| k$^{h}$ | ④球巧 | 阄　　寇 | 　桥窍 | 　　　靠 | 堪 | 　**蠄**砍 | 襟琴槛 |
| ŋ | | 勾牛藕 | | 　熬　傲 | **啱**岩 | ⑯ | |
| h | 　　　孝 | 丘喉口后 | 嚣　晓 | 　豪好号 | 　咸喊 | 钦含**砍**馅 | |
| Ø | | 欧　呕沤 | 叫 | 　　　奥 | | 庵　**揞**暗 | |

注释：

爪ȵiau$^{33}$带齿耙

爪ȵiau$^{31}$爪子

流liau$^{213}$又读

柳liau$^{31}$又读

擞ɬɐu$^{31}$～脚：抖脚

鸟teu$^{31}$交合

鸟neu$^{31}$啄木～

了leu$^{31}$～结

毛mou$^{33}$毛发

獳nou$^{33}$嫌弃；生气；恨

喃nam$^{33}$～斋：道士念经

揇nam$^{31}$张开拇指和中指的长度

踰nam$^{55}$跨越

啱ŋam$^{33}$合适

腪t$^{h}$ɐm$^{55}$哄

脍nɐm$^{213}$软

恁nɐm$^{31}$思考

林lɐm$^{55}$地名：～头

蠄k$^{h}$ɐm$^{213}$～螃：蜘蛛

砍hɐm$^{31}$又读

揞ɐm$^{31}$用手覆盖

心ɬiɐm$^{33}$又读

① miau$^{31}$“未有”的合音

② t$^{h}$iau$^{31}$倒：～茶

③ liau$^{33}$十一～：六指儿

④ k$^{h}$iau$^{33}$竹～～：竹弯曲

⑤ mɐu$^{33}$脸～～：脸浮肿

⑥ nɐu$^{33}$泥～：泥鳅

⑦ nɐu$^{213}$样子呆板

⑧ ɬam$^{213}$傻

⑨ tsam$^{33}$ ～遮$^{=}$：蝉

⑩ tɐm$^{31}$ ～水笔：蘸水钢笔

⑪ tɐm$^{55}$耳～：耳垂

⑫ t$^{h}$ɐm$^{33}$品尝

⑬ nɐm$^{33}$ ～口：抿嘴

⑭ nɐm$^{55}$ ～水：积水

⑮ ts$^{h}$ɐm$^{55}$ ～草：除草

⑯ ŋɐm$^{33}$ ～头：额头前突

⑰ ȵiɐm$^{33}$一～仔：一撮

## 表2-4　单字音表之四

| 韵 调 声 | em\iem | an | uan | ɐn | iɐn | uɐn | en\ien |
|---|---|---|---|---|---|---|---|
| | 阴阳上去<br>平平声声<br>33 213 31 55 | 阴阳上去<br>平平声声<br>33 213 31 55 | 阴阳上去<br>平平声声<br>33 213 31 55 | 阴阳上去<br>平平声声<br>33 213 31 55 | 阴阳上去<br>平平声声<br>33 213 31 55 | 阴阳上去<br>平平声声<br>33 213 31 55 | 阴阳上去<br>平平声声<br>33 213 31 55 |
| p | | 班　板办 | | 奔　本笨 | 宾　扁 | | 鞭　　变 |
| p$^{h}$ | | 攀③④盼 | | 　　　喷 | 　贫品 | | 篇　　骗 |
| m | | 　蛮　漫 | | 蚊民敏闷 | | | ⑦棉免面 |
| f | | 翻烦反饭 | | 分坟粉粪 | | | |
| w | | 弯环晚万 | | 温文稳问 | | | |
| t | 　　点店 | 丹　　旦 | | 敦　顿盾 | | | 颠　短电 |
| t$^{h}$ | 添甜　垫 | 滩坛坦炭 | | 吞臀　褪 | | | 天田 |
| n | 拈鲇　念 | 　难难 | | 　　　⑤ | | | 奶年暖 |
| ɬ | | 　　散伞 | | 新旬笋信 | | 孙 | 先旋选线 |
| l | 　廉敛① | 栏兰懒烂 | | 　邻卵论 | | | ⑧连脸练 |
| ts | 尖　　占 | 　　盏赞 | | 津　准进 | | | 煎　剪箭 |
| ts$^{h}$ | 签潜　② | 餐残铲灿 | | 亲陈诊趁 | | 村蠢　寸 | 千钱喘串 |
| ȵ | 　阎染焰 | | | | 　　忍润 | | 　　软愿 |
| s | 　蝉闪 | 山　　汕 | | 身神　顺 | | 　　　顺 | 　船鳝扇 |
| z | 阉盐厣厌 | | | 因人引认 | | | 烟然远燕 |

续表

| 韵 调 声 | em\iem | an | uan | ɐn | iɐn | uɐn | en\ien |
|---|---|---|---|---|---|---|---|
| | 阴平 阳平 上声 去声 33 213 31 55 | 阴平 阳平 上声 去声 33 213 31 55 | 阴平 阳平 上声 去声 33 213 31 55 | 阴平 阳平 上声 去声 33 213 31 55 | 阴平 阳平 上声 去声 33 213 31 55 | 阴平 阳平 上声 去声 33 213 31 55 | 阴平 阳平 上声 去声 33 213 31 55 |
| k | 兼　捡剑 | 肝　简干 | | 　　　⑥ | 巾　紧近 | 君　滚棍 | 肩　卷见 |
| $k^h$ | **谦**钳 | 刊　　看 | 关　　惯 | | **均**勤 | 昆裙捆困 | 圈拳遣劝 |
| ŋ | | 安颜眼岸 | | 仁银 | **奀** | | |
| h | 谦嫌险欠 | **悭**韩旱汗 | | 欣痕恳恨 | **熏** | | 掀贤显现 |
| ø | | 安还　案 | | | | | |

注释：

厣 zem$^{31}$田螺盖

谦 k$^h$em$^{33}$又读

栏 lan$^{33}$猪～

悭 han$^{33}$节省

裖 t$^h$ɐn$^{55}$脱衣

仁 ŋɐn$^{33}$泥豆～：花生仁

均 k$^h$iɐn$^{33}$又读

奀 ŋiɐn$^{33}$瘦小

熏 hiɐn$^{33}$又读

奶 nen$^{33}$乳房

① lem$^{55}$五～：阳桃

② ts$^h$em$^{55}$～心虫：吃秧虫

③ p$^h$an$^{213}$攀爬

④ p$^h$an$^{31}$～下来：摔下来

⑤ nɐn$^{55}$“那阵”的合音

⑥ kɐn$^{55}$冰冷

⑦ men$^{33}$～开：掀开

⑧ len$^{33}$卷曲

## 表2-5　单字音表之五

| 韵 调 声 | ɔn | aŋ | iaŋ | uaŋ | ɐŋ | uɐŋ | eŋ |
|---|---|---|---|---|---|---|---|
| | 阴平 阳平 上声 去声 33 213 31 55 | 阴平 阳平 上声 去声 33 213 31 55 | 阴平 阳平 上声 去声 33 213 31 55 | 阴平 阳平 上声 去声 33 213 31 55 | 阴平 阳平 上声 去声 33 213 31 55 | 阴平 阳平 上声 去声 33 213 31 55 | 阴平 阳平 上声 去声 33 213 31 55 |
| p | 般　　半 | 帮　绑谤 | | | 崩　⑧**凭** | | 兵　丙病 |
| $p^h$ | 潘盘　叛 | 　旁　③ | 　　④ | | 　朋 | | **凭**平聘 |
| m | ①瞒满② | **芒**忙 | 　　　⑤ | | **掹**盟猛孟 | | 　明　命 |
| f | 欢桓款 | 方房访放 | | | | | |
| w | 　　碗缓 | 汪王网旺 | | | 晃横 | | |
| t | 　　　钝 | 当　党荡 | 　⑥ | | 灯　等登 | | 丁　顶定 |
| $t^h$ | | 汤塘躺趟 | | | ⑨腾 | | 听停艇 |
| n | 嫩 | 　囊　裆 | ⑦娘 | | 　能愣⑩ | | ⑬宁⑭ |
| ɬ | 孙旬 | 桑　　丧 | 箱　想象 | | 生省擤 | | 星　醒姓 |
| l | 　轮卵论 | 　狼朗浪 | 　粮两量 | | 　　冷 | | **灵**铃岭令 |

续 表

| 韵/调/声 | ɔn | aŋ | iaŋ | uaŋ | ɐŋ | uɐŋ | eŋ |
|---|---|---|---|---|---|---|---|
| | 阴平 阳平 上声 去声 33 213 31 55 | 阴平 阳平 上声 去声 33 213 31 55 | 阴平 阳平 上声 去声 33 213 31 55 | 阴平 阳平 上声 去声 33 213 31 55 | 阴平 阳平 上声 去声 33 213 31 55 | 阴平 阳平 上声 去声 33 213 31 55 | 阴平 阳平 上声 去声 33 213 31 55 |
| ts | 尊　　俊 | | 将　蒋丈 | | 争　　赠 | | 精　井静 |
| tsʰ | 村秦蠢寸 | | 枪墙抢唱 | | 撑层　撑 | | 清情请称 |
| ȵ | | | 　　　让 | | | | |
| s | 　　　顺 | | 商偿赏上 | | | | 声城　胜 |
| z | 　匀 | | 央羊养样 | | | | 英营影应 |
| k | 官　管贯 | 缸　讲降 | 疆 | 光　广 | 耕　耿更 | | 京　景敬 |
| kʰ | | 慷　　抗 | 　强强 | 　　　况 | 　哽　⑪ | 框狂 | 卿琼顷庆 |
| ŋ | 　玩 | 　昂仰戆 | | | 　⑫　硬 | | 　凝 |
| h | | 糠杭　项 | 香响向 | | 坑衡肯幸 | | 兴形　幸 |
| ø | | | | | 莺 | | |

注释：

村 $ts^hɔn^{33}$ 又读

芒 $maŋ^{33}$ ～果

凭 $pɐŋ^{55}$ 依靠：～泥墙

揾 $mɐŋ^{33}$ 拔；拉

凭 $p^heŋ^{33}$ 椅～：椅靠背

灵 $leŋ^{33}$ ～水：机灵

① $mɔn^{33}$ ～巾：腰巾

② $mɔn^{55}$ 舌苔

③ $p^haŋ^{55}$ 谷～：秕谷

④ $p^hiaŋ^{31}$ 瓦器碎片

⑤ $miaŋ^{55}$ 覆盖

⑥ $tiaŋ^{213}$ "怎样"的合音

⑦ $niaŋ^{33}$ 植物黏液

⑧ $pɐŋ^{31}$ ～口仔：兔唇

⑨ $t^hɐŋ^{33}$ 磊：把碗～起来

⑩ $nɐŋ^{55}$ ～屎：用力大便

⑪ $k^hɐŋ^{55}$ 厉害

⑫ $ŋɐŋ^{213}$ 猪头～：腮腺炎

⑬ $neŋ^{33}$ ～□ $kɐi^{33}$：疤

⑭ $neŋ^{31}$ 鱼篓

## 表2-6　单字音表之六

| 韵/调/声 | ɔŋ | oŋ\ioŋ | ap | ɐp | iɐp | ep\iep | at | uat | ɐt | iɐt |
|---|---|---|---|---|---|---|---|---|---|---|
| | 阴平 阳平 上声 去声 33 213 31 55 | 阴平 阳平 上声 去声 33 213 31 55 | 长入 短入 214 5 | 长入 短入 214 5 | 长入 短入 214 5 | 长入 短入 214 5 | 长入 短入 214 5 | 长入 短入 214 5 | 长入 短入 214 5 | 长入 短入 214 5 |
| p | | 　　捧泵 | | | | | 八 | | 　不 | 　笔 |
| pʰ | | 　蓬　碰 | | | | | | | | 　匹 |
| m | | 矇蒙懵梦 | | | | | 袜 | | 　乜 | 　密 |
| f | | 风冯　凤 | | | | | 发 | | 　佛 | |
| w | | | | | | | 滑 | | 　核 | |

续表

| 韵 / 调 / 声 | ɔŋ | oŋ\ioŋ | ap | ɐp | iɐp | ep\iep | at | uat | ɐt | iɐt |
|---|---|---|---|---|---|---|---|---|---|---|
| | 阴阳上去<br>平平声声<br>33 213 31 55 | 阴阳上去<br>平平声声<br>33 213 31 55 | 长短<br>入入<br>214 5 | 长短<br>入入<br>214 5 | 长短<br>入入<br>214 5 | 长短<br>入入<br>214 5 | 长短<br>入入<br>214 5 | 长短<br>入入<br>214 5 | 长短<br>入入<br>214 5 | 长短<br>入入<br>214 5 |
| t | | 东　懂动 | 答 | 　跌 | 　④ | 蝶 | 达 | | 　突 | |
| $t^h$ | | 通同桶痛 | 塔 | | | 贴 | 佔 | | 　凸 | |
| n | | 黷农　② | 纳 | 　粒 | | 聂 | ⑤ | | | |
| ɬ | | 松崇　宋 | 圾 | 　涩 | | 涉 | 撒 | | 　虱 | |
| l | | 窿龙垄弄 | 腊 | 　笠 | 　立 | | 辣 | | 　律 | |
| ts | 庄　　葬 | 宗　总重 | 杂 | 　集 | | 接 | 扎 | | 　侄 | |
| $ts^h$ | 窗床厂创 | 葱虫宠铳 | 插 | 　辑 | 　习 | 妾 | 擦 | ⑥ | 　七 | |
| ȵ | | 　浓蛹 | | | 眨 | 业 | | | | |
| s | 双　　爽 | | 煠 | 　十 | | 摄 | 杀 | | 　膝 | |
| z | | 翁熊拥用 | | 　入 | | 叶 | | | 　一 | |
| k | | 公　巩共 | 鸽 | 　蛤 | 　急 | 夹 | 虼 | 刮 | | 　橘 |
| $k^h$ | 　恐 | ③穷孔控 | | 　容 | 　吸 | 狭 | | | 　咳 | 　吃 |
| ŋ | | | | 　岋 | | | 啮 | | | 　⑦ |
| h | | 空红　烘 | 合 | 　恰 | | 协 | 瞎 | | 　乞 | |
| ø | 　① | 壅　擁甕 | 鸭 | 　罯 | | | 压 | | 　一 | |

注释：

恐$k^h$ɔŋ$^{213}$害怕

黷noŋ$^{33}$饭煳；锅巴

浓ȵioŋ$^{213}$热闹

壅oŋ$^{33}$埋葬

擁oŋ$^{31}$推

圾ɬap$^{214}$垃～

蛤kɐp$^{5}$青蛙

容$k^h$ɐp$^{5}$：盖住

岋ŋɐp$^{5}$不平衡

罯ɐp$^{5}$～药：敷药

眨ȵiɐp$^{214}$～眼

狭$k^h$ep$^{214}$～爱：小气

佔$t^h$at$^{214}$赖账

虼kat$^{214}$～蚻：蟑螂

啮ŋat$^{214}$牛～草：牛吃草

① ɔŋ$^{213}$应$^{=}$～：一种蛙，叫声一声应$^{=}$，一声□ɔŋ$^{213}$

②noŋ$^{55}$钻

③$k^h$oŋ$^{33}$串：一～葡萄

④tiɐp$^{5}$猪脚～：猪脚趾甲

⑤nat$^{214}$白～：白癜风

⑥$ts^h$uat$^{214}$男阴

⑦ŋiɐt$^{5}$～牙：磨牙

## 表2–7　单字音表之七

| 韵 / 调 / 声 | uɐt | | et | | ɔt | | iak | | ɐk | | ek | | ɔk | | iɔk | | uɔk | | ok\iok | |
|---|---|---|---|---|---|---|---|---|---|---|---|---|---|---|---|---|---|---|---|---|
| | 长入 | 短入 | 长入 | 短入 | 长入 | 短入 | 长入 | 短入 | 长入 | 短入 | 长入 | 短入 | 长入 | 短入 | 长入 | 短入 | 长入 | 短入 | 长入 | 短入 |
| | 214 | 5 | 214 | 5 | 214 | 5 | 214 | 5 | 214 | 5 | 214 | 5 | 214 | 5 | 214 | 5 | 214 | 5 | 214 | 5 |
| p | | | 别 | | 钵 | | | | | 北 | | 逼 | 薄 | | | | | | | 卜 |
| $p^h$ | | | 撇 | | 泼 | | | | | ③ | | 劈 | 粕 | | | | | | | 醭 |
| m | | | 灭 | | 末 | | | | | 墨 | | 擘 | 莫 | | | | | | | 目 |
| f | | | | | 阔 | | | | | ④ | | | 缚 | | | | | | | 福 |
| w | | | | | 活 | | | | | 画 | | | 镬 | | | | | | | |
| t | | | 夺 | | | ① | | | | 德 | | 滴 | 度 | | 啄 | | | | | 独 |
| $t^h$ | | | 铁 | | | | | | | | | 踢 | 托 | | | | | | | 秃 |
| n | | | 孽 | | | | | | | ⑤ | | | ⑦ | | | | | | | ⑨ |
| ɬ | | | 雪 | | | 戌 | | 鹊 | | 塞 | | 息 | | | | | | | | 宿 |
| l | | | 烈 | | 捋 | | ② | | | 簕 | | 力 | 落 | | | | | | | 六 |
| ts | | | 节 | | | 卒 | 着 | | | 则 | | 积 | 作 | | 酌 | | | | | 竹 |
| $ts^h$ | | | 切 | | | | | | | 贼 | | 尺 | 镯 | | | | | | | 触 |
| ȵ | | | | | | | | | | | | | | | | | | | | 嘟 |
| s | | | 舌 | | | | | | | | | 识 | 索 | | | | | | | 叔 |
| z | | | 热 | | | | 药 | | | | | | | | 若 | | | | | |
| k | | 骨 | 杰 | | 割 | | 脚 | | | 隔 | | 击 | 角 | | | | 国 | | | 谷 |
| $k^h$ | | 屈 | 揭 | | | | | | | 克 | | ⑥ | 确 | | 却 | | | | | 曲 |
| ŋ | | | | | | | | | | 额 | | | 岳 | | | | | | | |
| h | | | 血 | | 擢 | | | | | 黑 | | | 学 | | | | | | | 哭 |
| ø | | | 籺 | | | | | | | 握 | | 亿 | 恶 | | | ⑧ | | | | 屋 |

注释：

籺 et$^{214}$ 糯米有馅食物

捋 lɔt$^{214}$ 又读

卒 tsɔt$^{5}$ 又读

擢 hɔt$^{214}$ ～刀布：鐾刀布

簕 lɐk$^{5}$ 刺

擘 mek$^{5}$ 掰

粕 $p^h$ɔk$^{214}$ 渣：蔗～

醭 $p^h$ok$^{5}$ 食物发霉长毛

嘟 ȵiok$^{5}$ 动

① tɔt$^{5}$ 肥～～：很胖

② liak$^{214}$ 用刀刮木使圆滑

③ $p^h$ɐk$^{5}$ ～门：简易门

④ fɐk$^{5}$ 树枝反弹打人

⑤ nɐk$^{5}$ 用指甲掐

⑥ $k^h$ek$^{5}$ 用棍翻松柴草

⑦ nɔk$^{214}$ 吸气

⑧ iɔk$^{5}$ 打～：打嗝

⑨ nok$^{5}$ 在身上搓出污垢

# 第三节

# 变调　异读　合音

## 一　变调

旧时正话的连读变调不多，也不是很严格，主要涉及上声字。

（一）两个不同音节的上声字连读，前字不变调。例如：冷水 lɐŋ$^{31}$sɔi$^{31}$|影仔 zeŋ$^{31}$tsɐi$^{31}$|狗屎 kɐu$^{31}$si$^{31}$|老虎 lou$^{31}$fu$^{31}$。只有两个相同音节的上声相拼，前一个上声[31]调可变[13]调，后字不变。例如：

讲讲 kaŋ$^{31\text{-}13}$kaŋ$^{31}$

敨敨 tʰɐu$^{31\text{-}13}$tʰɐu$^{31}$

等等 tɐŋ$^{31\text{-}13}$tɐŋ$^{31}$

恁恁想想 nɐm$^{31\text{-}13}$nɐm$^{31}$

洗洗 ɬi$^{31\text{-}13}$ɬi$^{31}$

打打脉把把脉 ta$^{31\text{-}13}$ta$^{31}$mɐk$^{5}$

（二）如果三个上声连读，第二个上声可变[13]调。例如：

讲讲仔 kaŋ$^{31}$kaŋ$^{31\text{-}13}$tsɐi$^{31}$

扁倒手背着手 piɐn$^{31}$tou$^{31\text{-}13}$sɐu$^{31}$

这种例子很少，大多数三个上声连读不变调。例如：

冷滚水冷开水 lɐŋ$^{31}$kuɐn$^{31}$sɔi$^{31}$

左手鬼左撇子 tsɔ$^{31}$sɐu$^{31}$kuɐi$^{31}$

老虎母母老虎 lou$^{31}$fu$^{31}$mu$^{31}$

讲古仔讲故事 kaŋ$^{31}$ku$^{31}$tsɐi$^{31}$

（三）“我”“你”与“爸”组合时可读[13]调：

“我爸”之“我”读 ŋɔ$^{13}$。

“你爸”之“你”读 nɪ$^{13}$。

## 二　异读

旧时正话没有系统的文白异读，一字同时具有文白两读的很少，但是有些同一音韵地位的字存在两种不同的读音，可以理解为两个层次。其中一个为口语音，另一个口语中不常用，可看作读书音。还有一点要说明，当地的教学语言主要是粤语，因此，读书音是粤语音，而不是传统理解的官话音。

### （一）同字异读

同字异读的不多，也不是严格意义的文白异读，没有系统的语音对应规律。有些异读有语境限制；有些异读限制条件并不严格，可自由变读。例如：在老年男性的发音里，“心”既可听到读[ɬiɐm$^{33}$]，也可听到读[ɬɐm$^{33}$]；“一”既可听到读[zɐt$^{5}$],也可听到读[ɐt$^{5}$]。找不到明确的语境限制。下面例举异读字，有条件限制的用小字标注，可自由选用的不标注条件。例如：

知～道 ti$^{33}$——～识 tsi$^{33}$——～青 tsi$^{55}$

集鸟停树上 tsap$^{214}$——～中 tsɐp$^{5}$

烘热 hoŋ$^{55}$——炙烤 haŋ$^{55}$

家分～ kia$^{33}$——大～ ka$^{33}$

毛头～ mou$^{33}$——～主席 mou$^{213}$

毒有～ tok$^{5}$——～鱼 tou$^{55}$

春～天 ts$^{h}$uɐn$^{33}$——卵 ts$^{h}$ɐn$^{33}$

拉～车 lai$^{33}$——拖～机 la$^{33}$

跌～跤 tɐp$^{5}$——～打丸 tet$^{214}$

交～税 kiau$^{33}$——～椅 kau$^{33}$

奶母亲，面称 nai$^{33}$——背称 nai$^{31}$

芒光～ maŋ$^{213}$——～果 maŋ$^{33}$

规～定 k$^{h}$uɐi$^{33}$——圆～ kuɐi$^{33}$

鸟～仔 teu$^{33}$——啄木～ neu$^{31}$——teu$^{31}$ 男子性行为

兄堂～ heŋ$^{33}$（孔读）——～弟 hoŋ$^{33}$

跳～下来 t$^{h}$eu$^{213}$——～舞 t$^{h}$eu$^{55}$

螺田～ le$^{213}$——～丝 lɔ$^{213}$

浮～在水面 p$^{h}$u$^{213}$——～水石 fu$^{213}$——～水莲 fɐu$^{213}$

朵 te$^{31}$——tɔ$^{31}$

笠 liɐp$^{5}$——lɐp$^{5}$

中～间 toŋ$^{33}$——～药 tsoŋ$^{33}$

文~辈 wɐn$^{213}$——~凭 mɐn$^{213}$

引~火 zɐn$^{31}$——炮~ ȵiɐn$^{31}$

### （二）同音字异读

同音字异读指中古音韵地位相同的字，此类异读反映了两个读音层次。例如：

序 tsɔi$^{55}$——绪 si$^{55}$

眉 mi$^{213}$——霉 mɐi$^{213}$

教 kiau$^{55}$——觉睡~ kau$^{55}$

趼 kan$^{31}$——坚 ken$^{33}$

笔 piɐt$^{5}$——必 pet$^{214}$

秩 tet$^{214}$——侄 tsɐt$^{5}$

一 zɐt$^{5}$——乙 zet$^{214}$

熊 zoŋ$^{213}$——雄 hoŋ$^{213}$

蓑 ɬɔ$^{33}$——梭 sɔ$^{33}$

## 三　合音

旧时正话有少数合音。具体如下：

乜人 mɐt$^{5}$zɐn$^{213}$→[乜人] mɐn$^{31}$

这时候 tsi$^{55}$si$^{213}$hɐu$^{55}$→[这时候] tsɐu$^{31}$

有用 mou$^{31}$zoŋ$^{55}$→甭 moŋ$^{55}$

未有 mi$^{55}$zau$^{31}$→[未有] miau$^{31}$

怎样 tem$^{213}$ziaŋ$^{55}$→[怎样] tiaŋ$^{213}$

这样 tsi$^{55}$ziaŋ$^{55}$→[这样] tseŋ$^{55}$

那样 na$^{55}$ziaŋ$^{55}$→ [那样]neŋ$^{55}$

那阵 na$^{55}$tsɐn$^{55}$→ [那阵]nɐn$^{55}$

滴仔 nit$^{5}$tsɐi$^{31}$→ [滴仔]nia$^{31}$

# 第四节

# 新老差异

以下对比，横线之前是老派读法，横线之后是新派读法，不再一一标记。

## 一　有规律对应差异

（一）部分擦音字老派读清边擦音[ɬ]，新派读擦音[s]。例如：

所 ɬɔ$^{31}$——sɔ$^{31}$　　涉 ɬep$^{214}$——sep$^{2}$

些 ɬe$^{33}$——se$^{33}$　　相 ɬiaŋ$^{55}$——siaŋ$^{55}$

惜 ɬek$^{5}$——sek$^{5}$　　霜 ɬaŋ$^{33}$——siaŋ$^{33}$

事 ɬi$^{55}$——si$^{55}$

（二）部分日母字老派读[ȵ]，新派读[z]。例如：

儿 ȵi$^{213}$——zi$^{22}$　　弱 ȵiak$^{214}$——zak$^{2}$

义 ȵi$^{55}$——zi$^{55}$

（三）部分见组二等字老派有[i]介音，新派没有。例如：

家 kia$^{33}$——ka$^{33}$　　孝 hiau$^{55}$——hau$^{55}$

交 kiau$^{33}$——kau$^{33}$

（四）部分匣母开口三等字老派读[h]（孔读），新派读[z]。例如：

县 hen$^{55}$——zen$^{55}$　　现 hen$^{55}$——zen$^{55}$

刑 heŋ$^{213}$——zeŋ$^{22}$

（五）臻摄开口三等帮组和见组部分字老派有[i]介音，新派没有。例如：

鬓 piɐn$^{33}$——pɐn$^{33}$　　近 kiɐn$^{55}$——kɐn$^{55}$

贫 pʰiɐn$^{213}$——pʰɐn$^{22}$　　吉 kiɐt$^{5}$——kɐt$^{5}$

紧 kiɐn$^{31}$——kɐn$^{31}$　　密 miɐt$^{5}$——mɐt$^{5}$

匹 $p^h$iɐt$^5$——$p^h$ɐt$^5$

（六）部分臻摄开口三等字，合口一、三等舌齿音字老派读[ɔn]或[uɐn]（孔读），新派读[ɐn]或[ien]。例如：

孙 ɬɔn$^{33}$——ɬɐn$^{33}$

论 lɔn$^{55}$——lɐn$^{55}$

顺 suɐn$^{55}$——sɐn$^{55}$

嫩 nɔn$^{55}$——nɐn$^{55}$

纯 ɬɔn$^{213}$——ɬɐn$^{22}$

邻 lɔn$^{213}$——lɐn$^{22}$

村 ts$^h$uɐn$^{33}$——ts$^h$ien$^{33}$

（七）宕合一“郭廓”，曾合一“国”，老派读合口呼，新派读开口呼。例如：

国 kuɔk$^{214}$——kɔk$^2$

郭 kuɔk$^{214}$（孔读）——kɔk$^2$

（八）华楼新派入声调类与老派相同，都是咸摄、山摄、宕摄、江摄的入声为一类，深摄、臻摄、曾摄、梗摄和通摄的入声为一类。老派的长入调[214]新派读为[2]，长入变短入。老派长入与短入的区别，新派变成低入与高入的区别。例如：

跌 tet$^{214}$——tet$^2$

博 pɔk$^{214}$——pɔk$^2$

蝶 tep$^{214}$——tep$^2$

薄 pɔk$^{214}$——pɔk$^2$

八 pat$^{214}$——pat$^2$

驳 pɔk$^{214}$——pɔk$^2$

拔 pat$^{214}$——pat$^2$

雹 pɔk$^{214}$——pɔk$^2$

（九）阳平调、老派读曲折调[213]、新派读低平调[22]。例如：

坟 fɐn$^{213}$——fɐn$^{22}$

赔 $p^h$ɐi$^{213}$——$p^h$ɐi$^{22}$

犁 li$^{213}$——li$^{22}$

桃 $t^h$ou$^{213}$——$t^h$ou$^{22}$

## 二　其他零星差异（依据老男、青男单字读音整理）

心 ɬiɐm$^{33}$——ɬɐm$^{33}$

锄 ts$^h$ɔ$^{213}$——ts$^h$i$^{22}$

耳 i$^{31}$——zi$^{31}$

渠 k$^h$uɐi$^{213}$——ts$^h$i$^{22}$

季 kuɐi$^{55}$——ki$^{55}$

柱 ts$^h$i$^{31}$——tsi$^{31}$

螺 le$^{213}$——lɔ$^{22}$

开 hai$^{33}$——k$^h$ai$^{33}$

暗 am$^{55}$——an$^{55}$

制 tsɐi$^{55}$——tsi$^{55}$

哑 a$^{31}$——ŋa$^{31}$

递 $t^h$i$^{55}$——ti$^{55}$

藕 ŋɐu$^{31}$——ɐu$^{31}$

外 ŋuai$^{55}$——ŋai$^{55}$/wai$^{55}$

恶 ɔk$^{214}$——ŋɔk$^2$

挂 k$^h$ua$^{55}$——kua$^{55}$

握 at$^{214}$——ŋak$^2$

规 k$^h$uɐi$^{33}$——kuɐi$^{33}$

谢 tse$^{55}$——se$^{55}$

被 pi$^{55}$——pɐi$^{55}$

类 lɔi$^{55}$——lɐi$^{55}$
造 tsou$^{55}$——tseu$^{55}$
摇 zeu$^{213}$——ŋou$^{22}$
袖 tsɐu$^{55}$——sɐu$^{55}$
愁 sɐu$^{213}$——ts$^{h}$ɐu$^{22}$
休 hiau$^{33}$——zau$^{33}$
及 k$^{h}$iɐp$^{5}$——kɐp$^{5}$
宽 fɔn$^{33}$——k$^{h}$ɔn$^{33}$
顽 ŋan$^{213}$——wan$^{22}$
惯 kuan$^{55}$——kɔn$^{55}$
铅 zen$^{213}$——ts$^{h}$ien$^{33}$
恩 zɐn$^{33}$——ɐn$^{33}$
引隐 zɐn$^{31}$——ȵiɐn$^{31}$

魂 wɐn$^{213}$——hɔn$^{22}$
艺 ŋɐi$^{55}$——ŋi$^{55}$
尝 siaŋ$^{213}$——ts$^{h}$iaŋ$^{22}$
棒 foŋ$^{55}$——p$^{h}$aŋ$^{55}$
项 haŋ$^{55}$——siaŋ$^{55}$
剥 mɔk$^{5}$——pɔk$^{5}$
肯 hɐŋ$^{31}$——hɐn$^{31}$
侧 tsɐk$^{5}$——ts$^{h}$ɐk$^{5}$
庆 heŋ$^{55}$——k$^{h}$eŋ$^{55}$
迎 ŋeŋ$^{213}$——zeŋ$^{22}$
劈 p$^{h}$ek$^{5}$——p$^{h}$ek$^{2}$
熊 zoŋ$^{213}$——soŋ$^{22}$
影 eŋ$^{31}$——zeŋ$^{31}$

## 三　新派差异来源及发展方向

陈孔文的正话保留了较多近代官话的语音特点，陈将文的读音多来源于粤语，陈水晶的读音既源于粤语也源于普通话。

### （一）受粤语影响

以上差异（一）“所”“霜”是生母字，“涉”是禅母字，周边粤语读[s]，例如：“所”，电白羊角粤语（下称“羊角粤语”）读[sɔ$^{35}$]。

以上差异（三）是见组二等字读音的差异，老派保留[i]介音与近代官话相同，与普通话也相同，只不过普通话的声母腭化了，而正话没有腭化。新派没有[i]介音，与粤语相同。例如：“交”，羊角粤语读[kau$^{55}$]。

以上差异（四）是匣母读音的差异，匣母本为浊喉擦音，清化为清喉擦音[h]，老派保留这个阶段的读音，与近代官话一致，普通话在此基础上进一步腭化为[ɕ]。新派读零声母与粤语相同。例如：“县”，羊角粤语读零声母[in$^{22}$]。

以上差异（五）及“零星差异”中“心”的读音是古三等字的介音的差异，老派保留介音，与近代官话相同，新派丢掉介音，与粤语相同，如：“心”，广州话读[sɐm$^{55}$]；“贫”，广州话读[p$^{h}$ɐn$^{21}$]。

以上差异（六）是臻摄合口的读音差异，老派读[uɐn]或[ɔn]，[uɐn]保留合口呼，与近代官话接近，[ɔn]应该是[uɐn]的演变。新派读[ɐn]与广州话一致，例如：“论”，羊角粤语读[lɐn$^{21}$]。

以上差异（七）曾、宕合口呼有没有[u]介音的差异，老派保留与普通话一致，广州话也保留[u-]介音，只不过有人处理为唇化声母[k$^{w}$]。新派读法与粤西周边粤语一致，例如：“国”，羊角粤语读[kɔk$^{3}$]。

以上差异（八）是入声调的差异，电白老派的长入调是曲折调[214]，且分类与粤语不同，新派把老派的长调[214]改为短调[2]，也可以看作是粤语的影响，应为粤语的入声都是短调。当然，也有可能是老派长调的弱化。

“耳”老派读[ɨ$^{31}$]，是典型的零声母。今普通话读[ɚ$^{214}$]，也是零声母。将正话同普通话比较，不仅声母相同，而且韵母也符合音变轨迹，去掉翘舌成分，元音非常接近。新派[zi$^{31}$]，声母有明显的摩擦，是零声母的条件变体。两者读音明显不同。新派读法与粤语相同。羊角粤语读[ȵi$^{35}$]，广州话读[ji$^{13}$]。

“藕”是疑母字，正话应该是保留古读。现在年轻人说粤语有一种趋势就是将[ŋ]声母丢掉，如：“我”说[ɔ$^{13}$]。新派读“藕”为[ɐu$^{31}$]反映了粤语演变的趋势。

“被”是止摄字。正话止摄唇音字没有像粤语那样裂变为复元音，仍读单元音[i]，新派读[pɐi$^{55}$]，韵母[ɐi]与粤语的[ei]很接近，都是复元音韵母，应该是粤语的影响所致。

**（二）受普通话影响**

“挂”“规”“侧”三字是送气不送气的差异，其中“挂”“规”是见母字，本应该读不送气，但是，正话读成送气，这是受粤语的影响，粤语普遍送气。这种读法是老派的读音，说明这种影响由来已久。新派读成不送气，同普通话一致了，显然是受普通话的影响。“侧”是庄母字，本应该读不送气，正话老派正是这样读。粤语普遍也不送气，正话和粤语的读法符合古音。但是这个字在普通话中读送气，新派的读法与普通话一致。

“开”“庆”“宽”老派分别读[hai$^{33}$] [heŋ$^{55}$] [fɔn$^{33}$]，溪母开口擦化读[h]，合口擦化为[f]，这是粤语的特征，说明老派受粤语的影响。新派全部读[k$^{h}$]，与普通话相同，说明新派受普通话影响。

“季”“艺”的韵母分别是[uɐi][ɐi]，这是受粤语影响的结果，粤语蟹摄三四等韵母及止摄合口见系字韵母读[uɐi][ɐi]。新派读[i]，与普通话相同，是受普通话影响的结果。

“暗”“岩”“肯”异读反映的是阳声韵尾的变化，正话阳声韵尾三分：[-m] [-n] [-ŋ]。“暗”“岩”是咸摄字，老派读[-m]尾。“肯”是曾摄字，属后鼻韵尾，正话读[ŋ]尾，与古音相合。新派“暗”“肯”都读[n]尾，与普通话一致。古[m]普通话变读[n]尾。“肯”在普通话中属于不规则音变。新派受普通话的影响。

“铅”是以母字，正话读[zen$^{213}$]，与古音对应。普通话读[ts$^{h}$ien$^{33}$]，声母与声调都与古音不对应，属不规则音变。新派读[ts$^{h}$ien$^{33}$]，显然是普通话的读音。

“外”“顽”都是疑母合口字，正话读[ŋ]，与古音合。普通话疑母全部变读零声母。新派分别读[wai$^{22}$] [wan$^{22}$]，与普通话合。

“谢”“袖”都是邪母字，正话邪母字老派读塞擦音[ts ts$^{h}$]，与粤语相同。新派读擦音[s]，与普通话相同，只是普通话腭化为[ɕ]，正话没有腭化，没有[ɕ]声母，故读[s]。

“愁”是船母字，正话船禅母字多读擦音[s]，“愁”读[sɐu$^{213}$]。这个读法与粤语相同。新派读[ts$^{h}$ɐu$^{22}$]，读塞擦音声母，与普通话相同。

“项”是匣母江摄字，是见系二等字，正话老派没有腭化，仍读[h]。普通话腭化为[ɕ]，新派读[s]，是将普通话的[ɕ]转读为[s]。

新派异读来源于粤语和普通话，主要原因是教学语言的影响，陈孔文读书时的教学语言是正话，陈将文读书时的教学语言是粤语，陈海花、陈水晶读书时的教学语言是普通话。新派就是在学习粤语和普通话的读音并把它们转移到正话中的。第二个原因就是当地强势方言（权威方言）的影响。陈孔文的教学语言是正话，但是他的话也受了粤语的影响，只能解释为在生活中受粤语这个强势方言的影响，在习得粤语时将粤语读音转移到正话中。

随着普通话和粤语的强势推广，新派正话将会出现更多的普通话和粤语的成分。当老派退出历史舞台，新的新派出现，正话有可能面目全非，旧时的正话逐渐向强势方言靠拢，正话将变得毫无活力，这样的方言还会存在下去吗？

# 第五节

# 古今语音比较表

说明：

一　以下比较古音以中国社会科学院语言研究所的《方言调查字表》为据。

二　以下声母、韵母和声调比较反映中古音在旧时正话读音的规律和大势，与表中读音不相符合的少数现象单独说明，正话日常不用、明显误读和发音人不认识的字不纳入比较。

三　声母表以中古四十声母为参照，音标符号标记中古声母在正话中的读音，音标之后是例字及其读音。

四　韵母表依据中古十六摄分等呼为参照，音标符号标记古十六摄不同等呼在正话中的读音，音标之后是例字及其读音。

五　声母例外字：狒 $mi^{55}$ | 春 $tso\eta^{33}$ | 锥 $\eta_{\circ}i\text{ɔ}i^{33}$ | 岑 $k^{h}i\text{ɐ}m^{213}$ | 粒 $n\text{ɐ}p^{5}$；韵母例外字：压 $at^{214}$ | 品 $p^{h}i\text{ɐ}n^{31}$ | 塑 $\text{ɬɔ}k^{214}$ | 猎 $let^{214}$；声调例外字：鹅 $\text{ŋɔ}^{33}$ | 馒 $man^{55}$ | 林 $l\text{ɐ}m^{55}$ | 癸 $ku\text{ɐ}i^{55}$。

## 表2–8　古今声母比较表

| | | 清 | | 全浊 | |
|---|---|---|---|---|---|
| | | 全清 | 次清 | 平 | 仄 |
| 帮系 | 帮组 | 帮 p　兵 peŋ$^{33}$ | 滂 p$^{h}$　拼 p$^{h}$eŋ$^{213}$ | 並 p$^{h}$　瓶 p$^{h}$eŋ$^{213}$ | p　病 peŋ$^{55}$ |
| | 非组 | 非 f　分 fɐn$^{33}$<br>p　斧 pu$^{31}$ | 敷 f　纷 fɐn$^{33}$ | 奉 f　坟 fɐn$^{213}$ | f　佛 fɐt$^{5}$ |
| 端系 | 端组 | 端 t　都 tu$^{33}$ | 透 t$^{h}$　土 t$^{h}$u$^{31}$ | 定 t$^{h}$　图 t$^{h}$u$^{213}$ | t　肚 tu$^{55}$ |
| | 泥组 | | | | |
| | | | | | |
| | 精组 | 精 ts　灾 tsai$^{33}$ | 清 ts$^{h}$　猜 ts$^{h}$ai$^{33}$ | 从 ts$^{h}$　才 ts$^{h}$ai$^{213}$ | ts　在 tsai$^{55}$<br>ts$^{h}$　贼 ts$^{h}$ɐk$^{5}$ |
| 知系 | 知组 | 知 ts　张 tsiaŋ$^{33}$<br>t　知 ti$^{33}$ | 彻 ts$^{h}$　畅 ts$^{h}$iaŋ$^{55}$ | 澄 ts$^{h}$　长 ts$^{h}$iaŋ$^{213}$ | ts　丈 tsiaŋ$^{55}$ |
| | 庄组 | 庄 ts　斋 tsai$^{33}$ | 初 ts$^{h}$　钗 ts$^{h}$ai$^{33}$ | 崇 ts$^{h}$　柴 ts$^{h}$ai$^{213}$ | ts　寨 tsai$^{55}$<br>s　士 si$^{55}$ |
| | 章组 | 章 ts　之 tsi$^{33}$ | 昌 ts$^{h}$　齿 ts$^{h}$i$^{31}$ | 船 s　仇 sɐu$^{213}$ | s　示 si$^{55}$<br>ɬ　术 ɬɐt$^{5}$ |
| | 日母 | | | | |
| 见系 | 见组 | 见 k　饥 ki$^{33}$<br>k$^{h}$　级 k$^{h}$iɐp$^{5}$ | k$^{h}$　欺 k$^{h}$i$^{33}$<br>h　墟 hi$^{33}$<br>f　块 fai$^{55}$ | 群 k$^{h}$　奇 k$^{h}$i$^{213}$ | k　技 ki$^{55}$ |
| | 晓组 | | | | |
| | 影组 | 影 ∅　欧 ɐu$^{33}$<br>z　妖 zeu$^{33}$<br>w　乌 wu$^{33}$<br>ŋ　爱 ŋai$^{55}$ | | | |

| 次浊 | 清 | 浊（平） | 浊（仄） | | |
|---|---|---|---|---|---|
| | | 平 | 仄 | | |
| 明m 名meŋ$^{213}$ | | | | 帮组 | 帮系 |
| 微w 问wɐn$^{213}$<br>m 闻mɐn$^{213}$ | | | | 非组 | |
| | | | | 端组 | 端系 |
| 泥n 年nen$^{213}$ | | | | 泥组 | |
| 来l 连len$^{213}$ | | | | | |
| | 心ɬ 鳃ɬai$^{33}$<br>s 赛sai$^{55}$<br>tsʰ 速tsʰok$^{5}$ | 邪tsʰ 辞tsʰi$^{213}$<br>ɬ 旋ɬen$^{213}$ | ts 巳tsi$^{55}$<br>s 俗sok$^{5}$<br>ɬ 遂ɬɔi$^{55}$ | 精组 | |
| | | | | 知组 | 知系 |
| | 生s 师si$^{33}$<br>ɬ 所ɬɔ$^{31}$<br>tsʰ 产tsʰan$^{31}$ | | | 庄组 | |
| | 书s 诗si$^{33}$<br>ɬ 释ɬek$^{5}$<br>tsʰ 始tsʰi$^{31}$ | 禅s 仇sɐu$^{213}$<br>tsʰ 垂tsʰɔi$^{213}$<br>ɬ 纯ɬɔn$^{213}$ | s 绍seu$^{55}$<br>ts 折tset$^{214}$<br>ɬ 瑞ɬɔi$^{55}$ | 章组 | |
| 日ȵ 儿ȵi$^{213}$<br>z 如zi$^{213}$<br>Ø 二ɨ$^{55}$ | | | | 日母 | |
| 疑ŋ 鹅ŋɔ$^{33}$<br>ȵ 语ȵi$^{31}$<br>z 鱼zi$^{213}$<br>w 五wu$^{31}$ | | | | 见组 | 见系 |
| | 晓h 虾ha$^{33}$<br>f 火fɔ$^{31}$<br>kʰ 况kʰuaŋ$^{55}$ | 匣h 河hɔ$^{213}$<br>f 胡fu$^{213}$<br>w 和wɔ$^{213}$<br>z 完zen$^{213}$ | h 下ha$^{55}$<br>k 解kai$^{31}$<br>kʰ 杏kʰeŋ$^{55}$<br>w 镬wɔk$^{214}$ | 晓组 | |
| 云z 远zen$^{213}$<br>w 芋wu$^{55}$<br>ȵ 炎ȵiem$^{213}$<br>以z 爷ze$^{213}$<br>w 维wɐi$^{213}$<br>ȵ 姚ȵieu$^{213}$ | | | | 影组 | |

## 表2-9 古今韵母比较表之一

| 韵摄 | 读音 | 一等 | | | 二等 | | | |
|---|---|---|---|---|---|---|---|---|
| | | 帮系 | 端系 | 见系 | 帮系 | 泥组 | 知庄组 | 见系 |
| 果开 | ɔ<br>a<br>e | | 多tɔ$^{33}$<br>大ta$^{55}$ | 哥kɔ$^{33}$<br>阿a$^{33}$ | | | | |
| 果合 | ɔ<br>e | 波pɔ$^{33}$ | 坐tsɔ$^{55}$<br>朵te$^{31}$ | 过kɔ$^{55}$ | | | | |
| 假开 | a<br>e<br>ia | | | | 把pa$^{31}$ | 拿na$^{33}$ | 查ts$^{h}$a$^{213}$ | 加ka$^{33}$<br>桠e$^{33}$<br>家kia$^{33}$ |
| 假合 | ua<br>ɔ<br>a | | | | | | 傻sɔ$^{31}$<br>耍sa$^{31}$ | 瓜kua$^{33}$<br>蜗wɔ$^{33}$<br>瓦ŋa$^{31}$ |
| 遇合 | u<br>i<br>ɔ | 补pu$^{31}$<br>错ts$^{h}$ɔ$^{55}$ | 都tu$^{33}$ | 姑ku$^{33}$ | | | | |
| 蟹开 | ai<br>ɐi<br>i<br>a | 贝pɐi$^{55}$<br>罢pa$^{55}$ | 戴tai$^{55}$ | 开hai$^{33}$ | 拜pai$^{55}$ | 奶nai$^{31}$ | 债tsai$^{55}$<br>洒sa$^{31}$ | 佳kai$^{33}$ |
| 蟹合 | ɐi<br>ɔi<br>ua<br>uɐi<br>uai | 杯pɐi$^{33}$ | 堆tɔi$^{33}$ | 盔k$^{h}$uɐi$^{33}$ | | | | 乖kuai$^{33}$ |
| 止开 | i<br>ɐi | | | | | | | |
| 止合 | ɔi<br>uɐi<br>ɐi<br>i | | | | | | | |
| 效开 | ou<br>au<br>iau<br>eu<br>ieu | 保pou$^{31}$ | 刀tou$^{33}$ | 高kou$^{33}$ | 包pau$^{33}$ | 闹nau$^{55}$ | 找tsau$^{31}$ | 觉kau$^{55}$<br>交kiau$^{33}$ |
| 流开 | u<br>ɐu<br>iau<br>eu | 母mu$^{31}$<br>茂mɐu$^{55}$ | 偷t$^{h}$ɐu$^{33}$ | 狗kɐu$^{31}$ | | | | |

| 三四等 | | | | | | | | 读音 | 韵摄 |
|---|---|---|---|---|---|---|---|---|---|
| 帮系 | 端组 | 泥组 | 精组 | 庄组 | 知章组 | 日母 | 见系 | | |
| | | | | | | | 茄 kʰe$^{213}$ | ɔ<br>a<br>e | 果开 |
| | | | | | | | 靴 he$^{33}$ | ɔ<br>e | 果合 |
| | | | 姐 tse$^{31}$ | | 爹 te$^{33}$ | 惹 ze$^{31}$ | 也 za$^{31}$<br>爷 ze$^{213}$ | a<br>e<br>ia | 假开 |
| | | | | | | | | ua<br>ɔ<br>a | 假合 |
| 夫 fu$^{33}$ | | 庐 lu$^{213}$<br>女 ni$^{31}$ | 徐 tsʰi$^{213}$ | 数 su$^{55}$<br>初 tsʰɔ$^{33}$ | 猪 tsi$^{33}$ | 如 zi$^{213}$ | 芋 wu$^{55}$<br>居 ki$^{33}$ | u<br>i<br>ɔ | 遇合 |
| 闭 pi$^{55}$ | 低 ti$^{33}$ | 泥 ni$^{213}$ | 祭 tsi$^{55}$ | | 世 si$^{55}$ | | 艺 ŋɐi$^{55}$<br>鸡 ki$^{33}$ | ai<br>ɐi<br>i<br>a | 蟹开 |
| 肺 fɐi$^{55}$ | | | 岁 ɬɔi$^{55}$ | | 税 sɔi$^{55}$ | | 桂 kuɐi$^{55}$ | ɐi<br>ɔi<br>ua<br>uɐi<br>uai | 蟹合 |
| 辈 pi$^{55}$<br>碑 pɐi$^{33}$ | 地 ti$^{55}$ | 离 li$^{213}$ | 紫 tsi$^{31}$ | 师 si$^{33}$<br>筛 sɐi$^{33}$ | 指 tsi$^{31}$ | 儿 ȵi$^{213}$ | 饥 ki$^{33}$<br>毅 ŋɐi$^{55}$ | i<br>ɐi | 止开 |
| 飞 fɐi$^{33}$<br>微 mi$^{213}$ | | 累 lɔi$^{55}$ | 嘴 tsɔi$^{31}$ | 帅 sɔi$^{55}$ | 水 sɔi$^{31}$ | | 龟 kuɐi$^{33}$<br>毁 fɐi$^{31}$ | ɔi<br>uɐi<br>ɐi<br>i | 止合 |
| 标 peu$^{33}$ | 雕 teu$^{33}$ | 尿 neu$^{55}$ | 蕉 tseu$^{33}$ | 赵 tseu$^{55}$ | 烧 seu$^{33}$ | 饶 ȵieu$^{213}$ | 轿 keu$^{55}$ | ou<br>au<br>iau<br>eu<br>ieu | 效开 |
| 妇 fu$^{55}$<br>彪 peu$^{33}$ | 丢 teu$^{33}$ | 刘 lɐu$^{213}$ | 酒 tsɐu$^{31}$ | 瘦 sɐu$^{55}$ | 手 sɐu$^{31}$ | 柔 zɐu$^{213}$ | 九 kɐu$^{31}$<br>救 kiau$^{55}$<br>纠 keu$^{33}$ | u<br>ɐu<br>iau<br>eu | 流开 |

## 表2–10 古今韵母比较表之二

| 摄 | | 一等 | | | 二等 | | | |
|---|---|---|---|---|---|---|---|---|
| | | 帮系 | 端系 | 见系 | 帮系 | 泥组 | 知庄组 | 见系 |
| 咸开 | am<br>ap<br>em<br>ep<br>iem<br>iep<br>ɐm | | 贪 tʰam$^{33}$<br>答 tap$^{214}$ | 感 kam$^{31}$<br>合 hap$^{214}$<br><br><br><br><br>庵 ɐm$^{33}$ | | | 衫 sam$^{33}$<br>闸 tsap$^{214}$ | 监 kam$^{33}$<br>甲 kap$^{214}$ |
| 咸合 | an<br>at | | | | | | | |
| 深开 | ɐm<br>ɐp<br>iɐm<br>iɐp | | | | | | | |
| 山开 | an<br>at<br>ɔn<br>ɔt<br>en<br>et | | 单 tan$^{33}$<br>达 tat$^{214}$ | 看 kʰan$^{55}$<br><br>赶 kɔn$^{31}$<br>割 kɔt$^{214}$ | 班 pan$^{33}$<br>八 pat$^{214}$<br><br>抹 mɔt$^{214}$ | | 山 san$^{33}$<br>杀 sat$^{214}$ | 闲 han$^{213}$<br>辖 hat$^{214}$<br><br><br>苋 hen$^{55}$ |
| 山合 | en<br>et<br>ɔn<br>ɔt<br>an<br>at<br>uan<br>uat<br>ien | <br><br>搬 pɔn$^{33}$<br>泼 pʰɔt$^{214}$ | 断 ten$^{55}$<br>夺 tet$^{214}$<br>卵 lɔn$^{31}$ | 完 zen$^{213}$<br><br>官 kɔn$^{33}$<br>阔 fɔt$^{214}$<br><br><br><br>括 kuat$^{214}$ | | | <br><br><br><br>闩 ɬan$^{33}$<br>刷 ɬat$^{214}$ | <br><br><br><br>顽 ŋan$^{213}$<br><br>关 kuan$^{33}$<br>刮 kuat$^{214}$ |
| 臻开 | ɐn<br>ɐt<br>ɔn<br>iɐn<br>iɐt | | 吞 tʰɐn$^{33}$ | 垦 hɐn$^{31}$<br><br><br>跟 kiɐn$^{33}$ | | | | |
| 臻合 | ɐn<br>ɐt<br>uɐn<br>uɐt<br>ɔn<br>ɔt<br>iɐn<br>iɐt | 本 pɐn$^{31}$<br>不 pɐt$^{5}$ | 墩 tɐn$^{31}$<br>突 tɐt$^{5}$<br><br><br>尊 tsɔn$^{33}$<br>卒 tsɔt$^{5}$ | 昏 fɐn$^{33}$<br>忽 fɐt$^{5}$<br>滚 kuɐn$^{31}$<br>骨 kuɐt$^{5}$ | | | | |

| 三四等 | | | | | | | | | |
|---|---|---|---|---|---|---|---|---|---|
| 帮系 | 端组 | 泥组 | 精组 | 庄组 | 知章组 | 日母 | 见系 | | 摄 |
| | 点 tem$^{31}$<br>蝶 tep$^{214}$ | 廉 lem$^{213}$<br>业 ȵiep$^{214}$ | 尖 tsem$^{33}$<br>接 tsep$^{214}$ | | 占 tsem$^{33}$<br>涉 ɬep$^{214}$ | 染 ȵiem$^{31}$ | 剑 kem$^{55}$<br>劫 kep$^{214}$ | am<br>ap<br>em<br>ep<br>iem<br>iep<br>ɐm | 咸开 |
| 凡 fan$^{213}$<br>法 fat$^{214}$ | | | | | | | | an<br>at | 咸合 |
| | | 林 lɐm$^{213}$<br>立 liɐp$^{5}$ | 侵 tsʰɐm$^{33}$<br>集 tsɐp$^{5}$<br>心 ɬiɐm$^{33}$<br>习 tsʰiɐp$^{5}$ | 森 sɐm$^{33}$<br>涩 ɬɐp$^{5}$ | 深 sɐm$^{33}$<br>湿 sɐp$^{5}$ | 任 ȵiɐm$^{55}$ | 今 kiɐm$^{33}$<br>急 kiɐp$^{5}$ | ɐm<br>ɐp<br>iɐm<br>iɐp | 深开 |
| 鞭 pen$^{33}$<br>别 pet$^{214}$ | 眠 men$^{213}$<br>篾 met$^{214}$ | 连 len$^{213}$<br>列 let$^{214}$ | 仙 ɬen$^{33}$<br>薛 ɬet$^{214}$ | | 展 tsen$^{31}$<br>哲 tset$^{214}$ | 燃 zen$^{213}$<br>热 zet$^{214}$ | 茧 kan$^{31}$<br>件 ken$^{55}$<br>杰 ket$^{214}$ | an<br>at<br>ɔn<br>ɔt<br>en<br>et | 山开 |
| 翻 fan$^{33}$<br>发 fat$^{214}$ | | 恋 len$^{55}$<br>劣 let$^{214}$ | 宣 ɬen$^{33}$<br>雪 ɬet$^{214}$ | | 砖 tsen$^{33}$<br>说 set$^{214}$ | 软 ȵien$^{31}$ | 玄 hen$^{213}$<br>血 het$^{214}$ | en<br>et<br>ɔn<br>ɔt<br>an<br>at<br>uan<br>uat<br>ien | 山合 |
| 槟 pɐn$^{33}$<br>匹 pʰɐt$^{5}$<br>宾 piɐn$^{33}$<br>笔 piɐt$^{5}$ | | 鳞 lɐn$^{213}$<br>邻 lɔn$^{213}$ | 亲 tsʰɐn$^{33}$<br>七 tsʰɐt$^{5}$ | 衬 tsʰɐn$^{55}$<br>虱 sɐt$^{5}$ | 真 tsɐn$^{33}$<br>质 tsɐt$^{5}$ | 人 zɐn$^{213}$<br>日 zɐt$^{5}$<br>忍 ȵiɐn$^{31}$ | 银 ŋɐn$^{213}$<br>乞 hɐt$^{5}$<br>斤 kiɐn$^{33}$<br>吉 kiɐt$^{5}$ | ɐn<br>ɐt<br>ɔn<br>iɐn<br>iɐt | 臻开 |
| 分 fɐn$^{33}$<br>佛 fɐt$^{5}$ | | 律 lɐt$^{5}$<br>轮 lɔn$^{213}$ | 遵 tsɔn$^{33}$<br>戌 ɬɔt$^{5}$ | 率 ɬɐt$^{5}$ | 唇 sɐn$^{213}$<br>术 sɐt$^{5}$<br>春 tsʰuɐn$^{33}$<br>顺 sɔn$^{55}$ | 润 ȵiɐn$^{55}$ | 群 kʰuɐn$^{213}$<br>屈 kʰuɐt$^{5}$<br>军 kiɐn$^{33}$<br>橘 kiɐt$^{5}$ | ɐn<br>ɐt<br>uɐn<br>uɐt<br>ɔn<br>ɔt<br>iɐn<br>iɐt | 臻合 |

### 表2-11　古今韵母比较表之三

| | | 一等 | | | | 二等 | | | |
|---|---|---|---|---|---|---|---|---|---|
| 摄 | | 帮系 | 端泥组 | 精组 | 见系 | 帮系 | 泥组 | 知庄组 | 见系 |
| 宕开 | aŋ<br>ak<br>ɔŋ<br>ɔk<br>iɔk<br>iaŋ<br>iak | 帮 paŋ$^{33}$<br>博 pɔk$^{214}$ | 汤 t$^{h}$aŋ$^{33}$<br>落 lɔk$^{214}$ | 葬 tsɔŋ$^{55}$<br>作 tsɔk$^{214}$ | 钢 kaŋ$^{33}$<br>各 kɔk$^{214}$ | | | | |
| 宕合 | aŋ<br>ɔk<br>uaŋ<br>uɔk | | | | 光 kuaŋ$^{33}$<br>郭 kuɔk$^{214}$ | | | | |
| 江开 | aŋ<br>ɔŋ<br>ɔk | | | | | 邦 paŋ$^{33}$<br>雹 pɔk$^{214}$ | | 窗 ts$^{h}$ɔŋ$^{33}$<br>镯 ts$^{h}$ɔk$^{214}$ | 江 kaŋ$^{33}$<br>觉 kɔk$^{214}$ |
| 曾开 | ɐŋ<br>ɐk<br>eŋ<br>ek | 崩 pɐŋ$^{33}$<br>北 pɐk$^{5}$ | 灯 tɐŋ$^{33}$<br>得 tɐk$^{5}$ | 曾 tsɐŋ$^{33}$<br>则 tsɐk$^{5}$ | 肯 k$^{h}$ɐŋ$^{31}$<br>刻 k$^{h}$ɐk$^{5}$ | | | | |
| 曾合 | ek<br>oŋ<br>uɔk<br>ɐk | | | | 弘 hoŋ$^{213}$<br>国 kuɔk$^{214}$<br>或 wɐk$^{5}$ | | | | |
| 梗开 | ɐŋ<br>ɐk<br>eŋ<br>ek<br>iɐt | | | | | 彭 p$^{h}$ɐŋ$^{213}$<br>白 pɐk$^{5}$ | 冷 lɐŋ$^{31}$ | 争 tsɐŋ$^{33}$<br>责 tsɐk$^{5}$ | 更 kɐŋ$^{33}$<br>革 kɐk$^{5}$ |
| 梗合 | oŋ<br>eŋ<br>ek<br>uɐŋ<br>ɐk | | | | | | | | 宏 hoŋ$^{213}$<br>轰 k$^{h}$uɐŋ$^{33}$<br>获 wɐk$^{5}$ |
| 通合 | oŋ<br>ok<br>ioŋ<br>iok | 蓬 p$^{h}$oŋ$^{213}$<br>扑 p$^{h}$ok$^{5}$ | 东 toŋ$^{55}$<br>独 tok$^{5}$ | 葱 ts$^{h}$oŋ$^{33}$<br>族 tsok$^{5}$ | 公 koŋ$^{33}$<br>谷 kok$^{5}$ | | | | |

| 三四等 | | | | | | | | | |
|---|---|---|---|---|---|---|---|---|---|
| 帮系 | 端组 | 泥组 | 精组 | 庄组 | 知章组 | 日母 | 见系 | | 摄 |
| | | 略 liɔk$^{214}$<br>良 liaŋ$^{213}$<br>掠 liak$^{214}$ | 雀 tsiɔk$^{214}$<br>象 ɬiaŋ$^{55}$<br>削 ɬiak$^{214}$ | 装 tsɔŋ$^{33}$ | 酌 tsiɔk$^{214}$<br>张 tsiaŋ$^{33}$<br>着 tsiak$^{214}$ | 若 zɔk$^{214}$<br>让 ȵiaŋ$^{55}$<br>弱 ȵiak$^{214}$ | 跃 zɔk$^{214}$<br>疆 kiaŋ$^{33}$<br>脚 kiak$^{214}$ | aŋ<br>ak<br>ɔŋ<br>ɔk<br>iɔk<br>iaŋ<br>iak | 宕开 |
| 方 faŋ$^{33}$<br>缚 fɔk$^{214}$ | | | | | | | 筐 k$^{h}$uaŋ$^{33}$ | aŋ<br>ɔk<br>uaŋ<br>uɔk | 宕合 |
| | | | | | | | | aŋ<br>ɔŋ<br>ɔk | 江开 |
| 冰 peŋ$^{33}$<br>逼 pek$^{5}$ | | 陵 leŋ$^{213}$<br>力 lek$^{5}$ | 即 tsek$^{5}$ | 测 ts$^{h}$ɐk$^{5}$<br>色 sek$^{5}$ | 蒸 tseŋ$^{33}$<br>织 tsek$^{5}$ | 仍 neŋ$^{213}$ | 应 zeŋ$^{33}$<br>亿 zek$^{5}$ | ɐŋ<br>ɐk<br>eŋ<br>ek | 曾开 |
| | | | | | | | 域 zek$^{5}$ | ek<br>oŋ<br>uɔk<br>ɐk | 曾合 |
| 盟 mɐŋ$^{214}$<br>觅 mɐk$^{5}$<br>丙 peŋ$^{31}$<br>碧 pek$^{5}$ | 丁 teŋ$^{33}$<br>滴 tek$^{5}$ | 领 leŋ$^{31}$<br>历 lek$^{5}$ | 精 tseŋ$^{33}$<br>积 tsek$^{5}$ | | 成 ts$^{h}$eŋ$^{213}$<br>石 sek$^{5}$ | | 经 keŋ$^{33}$<br>击 kek$^{5}$<br>吃 k$^{h}$iɐt$^{5}$ | ɐŋ<br>ɐk<br>eŋ<br>ek<br>iɐt | 梗开 |
| | | | | | | | 兄 hoŋ$^{33}$<br>琼 k$^{h}$eŋ$^{213}$<br>疫 ek$^{5}$ | oŋ<br>eŋ<br>ek<br>uɐŋ<br>ɐk | 梗合 |
| 风 foŋ$^{33}$<br>福 fok$^{5}$ | | 龙 loŋ$^{213}$<br>六 lok$^{5}$ | 从 ts$^{h}$oŋ$^{213}$<br>促 ts$^{h}$ok$^{5}$ | 嵩 ɬoŋ$^{33}$<br>缩 ɬok$^{5}$ | 中 tsoŋ$^{33}$<br>粥 tsok$^{5}$ | 绒 zoŋ$^{213}$<br>肉 zok$^{5}$ | 弓 koŋ$^{33}$<br>菊 kok$^{5}$<br>蛹 ȵioŋ$^{31}$<br>嘟 ȵiok$^{5}$ | oŋ<br>ok<br>ioŋ<br>iok | 通合 |

## 表2-12 古今声调比较表

| | | | 阴平33 | 阳平213 | 上声31 | 去声55 | 长入214 | 短入5 |
|---|---|---|---|---|---|---|---|---|
| 古平声 | 清 | | 高开婚 | | | | | |
| | 浊 | 全浊 | | 穷寒陈 | | | | |
| | | 次浊 | | 鹅人云 | | | | |
| 古上声 | 清 | | | | 古口好 | | | |
| | 浊 | 全浊 | | | | 近厚父 | | |
| | | 次浊 | | | 五女有 | | | |
| 古去声 | 清 | | | | | 盖抗汉 | | |
| | 浊 | 全浊 | | | | 共害病 | | |
| | | 次浊 | | | | 岸让用 | | |
| 古入声 | 咸山宕江 | 清 | | | | | 跌八博驳 | |
| | | 浊 | | | | | 蝶拔薄雹 | |
| | 深臻曾梗通 | 清 | | | | | | 急质德百竹 |
| | | 浊 | | | | | | 及侄特白轴 |

# 第六节

# 音韵特点

华楼正话是明朝传入电白的官话，既有继承也有发展；它和今之北京话同是官话，但又同源异流；它在粤、闽、客等方言环境中生存，受到周围方言的影响，又保留自己独立的个性。因此，对其特点的把握，应从三个角度着眼：古今对比的角度，与官话对比的角度，与周围方言对比的角度。

## 一　声母特点

（一）全浊声母今读清声母，塞音、塞擦音依声调的平仄分化，平声送气，仄声不送气。平声字如：婆 pʰɔ$^{213}$ ｜排 pʰai$^{213}$ ｜陪 pʰɐi$^{213}$ ｜柴 tsʰai$^{213}$ ｜奇 kʰi$^{213}$ ｜头 tʰɐu$^{213}$ ｜勤 kʰiɐn$^{213}$ ｜堂 tʰaŋ$^{213}$ ｜同 tʰoŋ$^{213}$ ｜甜 tʰem$^{213}$ ｜贫 pʰiɐn$^{213}$。仄声字如：坐 tsɔ$^{55}$ ｜步 pu$^{55}$ ｜肚 tu$^{55}$ ｜代 tai$^{55}$ ｜在 tsai$^{55}$ ｜弟 ti$^{55}$ ｜盗 tou$^{55}$ ｜被～子 pi$^{55}$ ｜键 ken$^{55}$ ｜动 toŋ$^{55}$ ｜丈 tsiaŋ$^{55}$。邪母字的分化也符合这条规律，举例见声母特点（五）。

（二）精、知、照组今读塞擦音声母没有分别，都为[tsʰ]。例如：焦＝朝＝招 tseu$^{33}$ ｜就＝宙＝骤 tsɐu$^{55}$ ｜津＝珍＝真 tsɐn$^{33}$ ｜进＝镇＝振 tsɐn$^{55}$ ｜将＝张＝章 tsiaŋ$^{33}$ ｜徐＝除 tsʰi$^{213}$ ｜足＝烛 tsok$^{5}$。

（三）心母字多读[ɬ]。例如：蓑 ɬɔ$^{33}$ ｜些 ɬe$^{33}$ ｜苏 ɬu$^{33}$ ｜腮 ɬɔi$^{33}$ ｜洗 ɬi$^{31}$ ｜四 ɬi$^{55}$ ｜扫 ɬou$^{55}$ ｜小 ɬeu$^{31}$ ｜三 ɬam$^{33}$ ｜孙 ɬɔn$^{33}$ ｜桑 ɬaŋ$^{33}$ ｜相 ɬiaŋ$^{33}$ ｜星 ɬeŋ$^{33}$ ｜送 ɬoŋ$^{55}$。部分心母字读[s]，读[s]的字多非口语字。例如：梭 sɔ$^{33}$ ｜卸 se$^{55}$ ｜赛 sai$^{55}$ ｜须 si$^{33}$ ｜珊 san$^{33}$。

（四）生、书母字多读[s]。例如：沙 sa$^{33}$ ｜梳 sɔ$^{33}$ ｜数 su$^{31}$ ｜筛 sai$^{33}$ ｜使 si$^{31}$ ｜衰 sɔi$^{33}$ ｜瘦 sɐu$^{55}$ ｜衫 sam$^{33}$ ｜森 sɐm$^{33}$ ｜山 san$^{33}$ ｜杀 sat$^{214}$ ｜爽 sɔŋ$^{31}$ ｜色 sek$^{5}$ ｜舍 se$^{55}$ ｜书 si$^{33}$ ｜屎 si$^{31}$ ｜世 si$^{55}$ ｜水 sɔi$^{31}$ ｜烧 seu$^{33}$ ｜收 sɐu$^{33}$ ｜婶 sɐm$^{31}$ ｜湿 sɐp$^{5}$ ｜扇 sen$^{55}$ ｜说 set$^{214}$ ｜

身sɐn$^{33}$｜伤siaŋ$^{33}$｜声seŋ$^{33}$｜识sek$^{5}$｜叔sok$^{5}$。少数生、书母字读[ɬ]。例如：所ɬɔ$^{31}$｜生ɬɐŋ$^{33}$｜搜ɬɐu$^{33}$｜狮ɬi$^{33}$｜释ɬek$^{5}$｜淑ɬok$^{5}$。

（五）邪母字多读塞擦音，平声多读送气音，仄声多读不送气音。例如：邪tsʰe$^{213}$｜祠tsʰi$^{213}$｜随tsʰɔi$^{213}$｜寻tsʰɐm$^{213}$｜习tsʰiɐp$^{5}$｜祥tsʰiaŋ$^{213}$｜松tsʰoŋ$^{213}$｜谢tse$^{55}$｜续tsok$^{5}$｜巳tsi$^{55}$｜袖tsɐu$^{55}$｜橡tsiaŋ$^{55}$｜席tsek$^{5}$｜诵tsoŋ$^{55}$。少数字读[ɬ]或[s]。例如：穗ɬɔi$^{55}$｜旋ɬen$^{213}$｜俗sok$^{5}$｜寺si$^{55}$。

（六）日母字今读[ȵ]或[z]。例如：儿ȵi$^{213}$｜饶ȵieu$^{213}$｜染ȵiem$^{31}$｜任ȵiɐm$^{55}$｜软ȵien$^{31}$｜忍ȵiɐn$^{31}$｜润ȵiɐn$^{55}$｜让ȵiaŋ$^{55}$｜惹ze$^{31}$｜如zi$^{213}$｜柔zɐu$^{213}$｜入zɐp$^{5}$｜燃zen$^{213}$｜热zet$^{214}$｜人zɐn$^{213}$｜日zɐt$^{5}$｜若zɔk$^{214}$｜肉zok$^{5}$。二[ɨ$^{55}$]读零声母。

（七）分尖团。精组细音读[ts tsʰ ɬ]，见组细音读[k kʰ h]。例如：蕉tseu$^{33}$≠叫keu$^{55}$｜秋tsʰiau$^{33}$≠丘hɐu$^{33}$｜修ɬiau$^{33}$≠休hiau$^{33}$｜酒tsɐu$^{31}$≠九kiau$^{31}$｜就tsɐu$^{55}$≠旧kiau$^{55}$｜侵tsʰɐm$^{33}$≠钦kʰiɐm$^{33}$｜集tsɐp$^{5}$≠及kʰiɐp$^{5}$｜践tsen$^{55}$≠件ken$^{55}$｜千tsʰen$^{33}$≠牵hen$^{33}$｜津tsɐn$^{33}$≠巾kiɐn$^{33}$｜相ɬiaŋ$^{33}$≠香hiaŋ$^{33}$｜将tsiaŋ$^{33}$≠疆kiaŋ$^{33}$｜精tseŋ$^{33}$≠京keŋ$^{33}$｜井tseŋ$^{31}$≠颈keŋ$^{31}$。

（八）禅母和船母多读擦音[s]。例如：社se$^{55}$｜暑si$^{31}$｜时si$^{213}$｜是si$^{55}$｜谁sɔi$^{213}$｜仇sɐu$^{213}$｜受sɐu$^{55}$｜甚sɐm$^{55}$｜十sɐp$^{5}$｜禅sem$^{213}$｜善sen$^{55}$｜辰sɐn$^{213}$｜尝siaŋ$^{213}$｜上siaŋ$^{55}$｜成seŋ$^{213}$｜石sek$^{5}$｜熟sok$^{5}$｜蛇se$^{213}$｜射se$^{55}$｜示si$^{55}$｜舌set$^{214}$｜船sen$^{213}$｜神sɐn$^{213}$｜实sɐt$^{5}$｜绳seŋ$^{33}$｜剩seŋ$^{55}$｜赎sok$^{5}$。禅母有一些字读塞擦音[tsʰ]，平声送气，仄声不送气。例如：臣tsʰɐn$^{213}$｜垂tsʰɔi$^{213}$｜植tsek$^{5}$。禅母和船母有个别字读[ɬ]，例如：纯ɬɔn$^{213}$｜瑞ɬɔi$^{55}$｜涉ɬep$^{214}$｜术ɬɐt$^{5}$。

（九）古疑母在今洪音及少数细音字前读[ŋ]。例如：牙ŋa$^{213}$｜吴ŋu$^{213}$｜碍ŋai$^{31}$｜涯ŋai$^{213}$｜毅ŋɐi$^{55}$｜咬ŋau$^{31}$｜岩ŋam$^{213}$｜眼ŋan$^{31}$｜迎ŋeŋ$^{213}$｜蚁ŋi$^{31}$。少数合口一等字读[w]。例如：五wu$^{31}$｜晚wan$^{31}$｜外wai$^{55}$。在今细音字前读[ȵ]或[z]。例如：疑ȵi$^{213}$｜语ȵi$^{31}$｜义ȵi$^{55}$｜尧ȵieu$^{213}$｜严ȵiem$^{213}$｜业ȵiep$^{214}$｜愿ȵien$^{55}$｜鱼zi$^{213}$｜言zen$^{213}$｜月zet$^{214}$｜玉zok$^{5}$。[ŋ]与[ȵ]对立：蚁ŋi$^{31}$≠语ȵi$^{31}$。

（十）个别见母字和匣母字读[ŋ]，例如：勾钩ŋɐu$^{33}$｜互ŋu$^{55}$（孔读）。

## 二　韵母特点

（一）效摄开口一等与开口二等今读韵母不同，一等读[ou]，二等读[au]，晓组多读[iau]。例如：褒pou$^{33}$≠包pau$^{33}$｜保pou$^{31}$≠饱pau$^{31}$｜报pou$^{55}$≠豹pau$^{55}$｜毛～主席mou$^{213}$≠茅mau$^{213}$｜帽mou$^{55}$≠貌mau$^{55}$｜操tsʰou$^{33}$≠抄tsʰau$^{33}$｜早tsou$^{31}$≠找tsau$^{31}$｜躁

tsou$^{55}$ ≠罩 tsau$^{55}$ ｜高 kou$^{33}$ ≠胶 kau$^{33}$ ｜稿 kou$^{31}$ ≠搞 kau$^{31}$ ｜好喜～ hou$^{55}$ ≠效 hiau$^{55}$。

（二）含元音[a]的韵母与含元音[ɐ]的韵母对立。[a]出现在假摄开口二等、蟹摄开口一二等、效摄开口二等、咸摄开口一二等及合口三等、山摄开口一二等及合口二等、宕摄开合口一三等、江摄帮组和见系。[ɐ]出现在蟹摄合口一二三四等、止摄合口三等见系非组、流摄开口一三等、深摄开口三等、臻摄开口一三等及合口一三等帮组端组见系、曾摄开口一三等、梗摄开合口二等。[a]可独立做韵母，[ɐ]必须带韵尾。以[a]为韵腹的韵母和以[ɐ]为韵腹的韵母对立只出现在开口呼和合口呼，没有齐齿呼的对立。例如：拜 pai$^{55}$ ≠ 辈 pɐi$^{55}$ ｜ 坏 wai$^{55}$ ≠ 卫 wɐi$^{55}$ ｜ 乖 kuai$^{33}$ ≠ 闺 kuɐi$^{33}$ ｜ 怪 kuai$^{55}$ ≠ 桂 kuɐi$^{55}$ ｜ 貌 mau$^{55}$ ≠ 茂 mɐu$^{55}$ ｜ 卯 mau$^{31}$ ≠ 亩 mɐu$^{31}$ ｜ 罩 tsau$^{55}$ ≠ 昼 tsɐu$^{55}$ ｜ 抄 tsʰau$^{33}$ ≠ 抽 tsʰɐu$^{33}$ ｜ 蓝 lam$^{213}$ ≠ 林 lɐm$^{213}$ ｜ 参 tsʰam$^{33}$ ≠ 侵 tsʰɐm$^{33}$ ｜ 三 ɬam$^{33}$ ≠ 心 ɬɐm$^{33}$ ｜ 杂 tsap$^{214}$ ≠ 集 tsɐp$^{5}$ ｜ 寒 han$^{213}$ ≠ 痕 hɐn$^{213}$ ｜ 蛮 man$^{213}$ ≠ 民 mɐn$^{213}$ ｜ 餐 tsʰan$^{33}$ ≠ 亲 tsʰɐn$^{33}$ ｜ 班 pan$^{33}$ ≠ 奔 pɐn$^{33}$ ｜ 帮 paŋ$^{33}$ ≠ 崩 pɐŋ$^{33}$ ｜当 taŋ$^{33}$ ≠灯 tɐŋ$^{33}$ ｜桑 ɬaŋ$^{33}$ ≠生 ɬɐŋ$^{33}$。

（三）照二、照三字声母读音相同，但在某些韵中韵母有别。《方言调查字表》中照二、照三同时出现的韵有鱼、虞、支、脂、之、尤、侵、真、阳、东等韵。其中，照二、照三组字韵母相同的有：脂、之、尤、侵、真等韵。不同的几个韵是：

1.遇摄三等鱼韵，庄初崇生韵母为[ɔ]，章昌船书韵母为[i]。例如：梳 sɔ$^{33}$ ≠书 si$^{33}$ ｜阻 tsɔ$^{31}$ ≠煮 tsi$^{31}$ ｜楚 tsʰɔ$^{31}$ ≠处 tsʰi$^{55}$。

2.遇摄三等虞韵，庄初崇生读[u]，章昌船书读[i]。例如：数～字 su$^{55}$ ≠树 si$^{55}$。

3.止摄开口三等支韵，庄初崇生读[ɐi]，章昌船书读[i]。例如：筛 sɐi$^{33}$ ≠施 si$^{33}$。

4.宕摄开口三等阳韵，庄初崇生读[ɔŋ]，章昌船书读[iaŋ]。例如：庄 tsɔŋ$^{33}$ ≠ 章 tsiaŋ$^{33}$ ｜爽 sɔŋ$^{31}$ ≠赏 siaŋ$^{31}$ ｜创 tsʰɔŋ$^{55}$ ≠唱 tsʰiaŋ$^{55}$。

（四）古合口今多读开口呼或齐齿呼。例如：朵 te$^{31}$ ｜ 蓑 ɬɔ$^{33}$ ｜ 过 kɔ$^{55}$ ｜ 靴 he$^{33}$ ｜ 取 tsʰi$^{31}$ ｜ 须 si$^{33}$ ｜ 竖 si$^{55}$ ｜ 拘 ki$^{33}$ ｜ 区 hi$^{33}$ ｜ 于 zi$^{213}$ ｜ 堆 tɔi$^{33}$ ｜ 雷 lɔi$^{213}$ ｜ 端 ten$^{33}$ ｜ 夺 tet$^{214}$ ｜ 完 zen$^{213}$ ｜ 恋 len$^{55}$ ｜ 劝 kʰen$^{55}$ ｜ 盾 tɐn$^{55}$ ｜ 论 lɐn$^{55}$ ｜ 军 kiɐn$^{33}$ ｜ 弘 hoŋ$^{213}$ ｜ 域 zek$^{5}$。

（五）少数开、合口三四等字（多与[ȵ] [ɬ] [k kʰ h]相拼）有介音[i]。例如：心 ɬiɐm$^{33}$ ｜ 急 kiɐp$^{5}$ ｜ 九 kiau$^{31}$ ｜ 休 hiau$^{33}$ ｜ 斤 kiɐn$^{33}$ ｜ 疆 kiaŋ$^{33}$ ｜ 香 hiaŋ$^{33}$ ｜ 脚 kiak$^{214}$ ｜ 染 ȵiem$^{31}$ ｜ 姚 ȵieu$^{213}$ ｜ 任 ȵiɐm$^{55}$ ｜ 军 kiɐn$^{33}$ ｜ 橘 kiɐt$^{5}$ ｜ 秋 tsʰiau$^{33}$ ｜ 奖 tsiaŋ$^{31}$ ｜ 着 tsiak$^{214}$ ｜ 姜 kiaŋ$^{33}$。多数开口三四等字无介音[i]。例如：些 ɬe$^{33}$ ｜ 爹 te$^{33}$ ｜ 标 peu$^{33}$ ｜ 苗 meu$^{213}$ ｜ 笑 ɬeu$^{55}$ ｜ 牛 ŋeu$^{213}$ ｜ 检 kem$^{31}$ ｜ 侵 tsʰɐm$^{33}$ ｜ 鞭 pen$^{33}$ ｜ 别 pet$^{214}$ ｜ 列 let$^{214}$ ｜ 篾 met$^{214}$ ｜ 肩 ken$^{33}$ ｜ 卷 ken$^{31}$ ｜ 音 zɐm$^{33}$ ｜ 惹 ze$^{31}$ ｜ 也 za$^{31}$ ｜ 有 zau$^{31}$ ｜ 热 zet$^{214}$ ｜ 玉 zok$^{5}$。

（六）臻摄开口一等部分字有[i]介音。例如：跟根 kiɐn$^{33}$。

## 三　声调特点

入声依韵摄分为两类。咸摄、山摄、宕摄、江摄的入声为一类，调值为[214]。深摄、臻摄、曾摄、梗摄和通摄的入声为一类，调值为[5]。两类入声可根据其长短的差别分别叫长入和短入。因其不受声母清浊的影响，不叫阴入和阳入。长入和短入还表现为主要元音的不同：长入的主要元音是[a ɔ e]，短入的主要元音是[ɐ i u]。正话所有点入声调类及调值相同。华楼新派略有不同，与上述长入相对应的是2，也是短入，长入与短入的区别变成低入与高入的区别。例表如下：

### 表2-13　正话入声分类表

| 摄 | 咸 | | 山 | | 宕 | | 江 | | 深 | | 臻 | | 曾 | | 梗 | | 通 | |
|---|---|---|---|---|---|---|---|---|---|---|---|---|---|---|---|---|---|---|
| 清浊 | 清 | 浊 | 清 | 浊 | 清 | 浊 | 清 | 浊 | 清 | 浊 | 清 | 浊 | 清 | 浊 | 清 | 浊 | 清 | 浊 |
| 例字 | 跌 | 蝶 | 八 | 拔 | 博 | 薄 | 驳 | 雹 | 急 | 及 | 质 | 侄 | 德 | 特 | 百 | 白 | 竹 | 轴 |
| 调类 | 长入 | | | | | | | | 短入 | | | | | | | | | |
| 老派 | tet$^{214}$ | tep$^{214}$ | pat$^{214}$ | pat$^{214}$ | pɔk$^{214}$ | pɔk$^{214}$ | pɔk$^{214}$ | pɔk$^{214}$ | kiɐp$^{5}$ | kiɐp$^{5}$ | tsɐt$^{5}$ | tsɐt$^{5}$ | tɐk$^{5}$ | tɐk$^{5}$ | pɐk$^{5}$ | pɐk$^{5}$ | tsok$^{5}$ | tsok$^{5}$ |
| 调类 | 低入 | | | | | | | | 高入 | | | | | | | | | |
| 新派 | —$^{2}$ | —$^{2}$ | —$^{2}$ | —$^{2}$ | —$^{2}$ | —$^{2}$ | —$^{2}$ | —$^{2}$ | — | — | — | — | — | — | — | — | — | — |

注：与华楼老派读音相同的用横线表示，声韵相同、调值不同的在横线右上角标注调值。

# 第三章　同音字汇

## 一　说明

（一）本表按照华楼正话老派的语音系统排列，先按韵母顺序排列，同韵母的字根据声母顺序排列，同声母的再根据声调顺序排列。

1. 韵母的顺序是：

ɨ　i　u　a　ia　ua　e　ɔ　iɔ　ai　iai　uai　ɐi　uɐi　ɔi　iɔi
iu　au　iau　ɐu　eu　ieu　ou　am　ɐm　iɐm　em　iem　ɔm　an　uan　ɐn
iɐn　uɐn　en　ien　ɔn　aŋ　iaŋ　uaŋ　ɐŋ　uɐŋ　eŋ　ɔŋ　oŋ　ioŋ　ap　ɐp
iɐp　ep　iep　it　at　uat　ɐt　iɐt　uɐt　et　ɔt　iak　ɐk　ek　ɔk　iɔk
uɔk　ok　iok　ŋ

2. 声母的顺序是：

p　$p^h$　m　f　w　t　$t^h$　n　ɬ　l　ts　$ts^h$　ȵ　s　z　k　$k^h$　ŋ　h　Ø

3. 声调的顺序是：

阴平[33]　阳平[213]　上声[31]　去声[55]　长入[214]　短入[5]

（二）表中符号说明如下：

方框“□”表示有音无字。

字的右上角加等号表示同音字。此体例也适用于其他章节。

字右下角加小字“文”“白”表示文白异读。

汉字加方括号[ ]表示合音。此体例也适用于其他章节。

字的右下角加数字，表示其他异读。一般用“1”表示最常用或最口语化的读音，“2”次之，依此类推。另外，陈孔文的读音加“（孔读）”说明。

## 二　同音字表

ɨ

ø　[31]耳 [55]二贰

i

p　[33]悲蜱牛虱陂堤坝卑 [31]彼比髀大～：大腿 [55]蓖蔽敝弊币毙箅被臂避庇痹备鼻篦秘泌□白～：苍白

$p^h$　[33]批～改□租披□削 [213]皮疲脾琵枇 [31]鄙 [55]譬屁

m　[33]劘削 [213]弥1靡眉楣微迷谜 [31]米1大～ [55]痱未味沕～水：潜水

t　[33]低知白的表确定语气和“的字结构” [31]底抵 [55]弟帝蒂第递地

$t^h$　[33]梯 [213]堤题提蹄啼 [31]体 [55]替涕剃隶

n　[33]眯～眼□□nɐŋ213～：蜻蜓呢疑问语气词 [213]尼泥 [31]女你 [55]弥2阿～陀佛□这

ɬ　[33]西丝狮需须2必～（孔读）[31]洗死 [55]细2（孔读）四肆事戍婿

l　[33]剺～鸡肠：用剪刀等顺势破开鸡肠 [213]黎犁离璃梨狸篱厘□直～～：很直 [31]礼吕旅履李里1理鲤 [55]丽例厉励虑滤荔利痢吏

ts　[33]猪诸诛蛛株朱珠知文：～识蜘支枝肢姿资咨滋艾～病脂胭～芝 [31]煮主止趾址紫纸只～有旨指子枇杷～籽姊～妹 [55]著箸筷子驻注住蛀铸济经～祭际实～制～度智致稚至痔字置治志自巳这知文：～青

$ts^h$　[33]雏妻痴 [213]除徐厨齐脐1～带池驰迟慈辞词祠1持瓷饲 [31]取2娶此耻齿始似1柱 [55]处趣砌刺赐翅次厕似2（孔读）

ȵ　[213]儿宜仪谊疑尔而 [31]语 [55]议义2（孔读）□木～：树梢叶□狗～牙：狗龇牙

s　[33]书舒输施斯撕私师尸司思诗 [213]时匙钥～薯脐2肚～殊□～胶圈：橡皮筋蜍蟾～祠2 [31]暑鼠使史驶署 [55]试竖树绪世誓势逝是氏豉～油：酱油示视市伺寺士柿序叙似3老年女性读音

z　[33]伊医衣依 [213]愉余馀豫鱼渔如儒愚娱盂移夷姨于如～果 [31]雨宇羽禹与以已椅 [55]倚易异肄愈喻裕预豫御义1□～气：（轮胎）慢慢漏气

k　[33]居车2：～马炮鸡饥肌几2～乎基机讥 [31]举已纪几1～个企屋～：家 [55]矩巨拒距据锯句具惧俱计继髻技妓记忌既寄痣

$k^h$　[33]区驱溪欺 [213]祈骑其棋期旗岐蜞黄～：蚂蟥 [31]企～业起2（孔读）[55]去契地～

ŋ　[33]□用刀磨割 [31]蚁

h　[33]虚墟集市嘘～尿：把尿熙希稀 [31]许喜岂起1 [55]系係戏器弃气汽

u

p　[33]姉～奶：大姑；大姨 [31]补斧 [55]布步部簿伏1孵

$p^h$　[33]铺～设敷～药 [213]葡蒲菩瓠～瓜浮1～在水面 [31]谱普甫捕脯 [55]铺店面

m　[33]巫诬2 [213]模～型摹 [31]抚舞侮武鹉母拇 [55]暮慕墓募务雾戊

f　[33]夫肤俘呼乎 [213]符扶芙胡湖狐壶浮3～水石 [31]府腑俯虎浒户苦1 [55]

父腐辅付赋傅赴附沪戽护库2裤2妇负富副

w [33]乌污诬呜猫发怒时的叫声 [213]吴1蜈1 [31]五伍午 [55]互1悟芋

t [33]都 [213]嘟~口：努嘴 [31]堵赌 [55]妒杜肚度渡镀

$t^h$ [213]徒屠途图 [31]土 [55]吐兔杜2~甫

n [213]奴努 [55]怒

ɬ [33]苏酥须胡~ [213]□~话：回绝 [55]素诉

l [33]撸用畚箕捞鱼 [213]庐卢炉芦鸬驴 [31]鲁橹虏卤 [55]路赂露鹭

ts [33]租 [31]祖组 [55]做

$ts^h$ [33]粗 [55]醋

s [31]数动 [55]数名

k [33]姑孤蛄~蝇：苍蝇鸪 [31]古股鼓牯牛~：公牛估2猜 [55]固锢雇顾

$k^h$ [33]箍枯估1~计 [31]苦2（孔读）[55]库1裤1

ŋ [213]吴2梧蜈2（孔读）[55]互2（孔读）误

a

p [33]巴芭疤爸□~鼻：塌鼻子 [31]把给予 [55]霸罢坝

$p^h$ [213]爬琶杷耙 [55]怕吧表疑问

m [33]粑蒸炸食物的统称摸扶马~虎吗 [213]麻~烦痳 [31]马码□~黑：晚上 [55]骂妈

f [33]花 [55]化

w [33]蛙 [213]华 [55]话

t [31]打 [55]大

$t^h$ [33]他她它

n [33]□粘贴 [213]拿哪 [55]那

ɬ [33]挲摸 [213]□~黑：黄昏卅三十

l [33]拉2拖~机 [213]□发鸡~：夜盲 [31]□~□□$k^ha^{33}k^ha^{33}$：指人没有人样 [55]□拨弄

ts [33]楂山~渣揸剂一~药□癞~：疥疮 [55]诈炸鹧

$ts^h$ [33]差叉杈钗 [213]茶搽查

s [33]沙纱挲~牛：黄牛 [31]洒耍

z [31]也2（孔读）

k [33]家2文：大~傢2加嘉□~紧：拥抱 [31]假贾旮~旯：腋窝 [55]架驾嫁价

$k^h$ [33]□□$la^{31}$~~：指人没有人样

ŋ [33]□甜~~：很甜 [213]牙芽衙蚜 [31]雅瓦 [55]閜叉开脚

h [33]虾哈瘕搕~：哮喘□波罗蜜中的条状物 [213]霞 [31]哈语气词，表示征询 [55]下夏霞~洞（地名）厦

ø [33]阿~爸亚~洲鸦 [31]哑 [55]啊叹词，表示惊讶

ia

n [31]□一~：一点儿

l [31]□~舌头：伸舌头

ts [31]者

ȵ [33]掠拿；抓

k [33]家1白：分~傢1

ua

k [33]瓜□提拿 [31]寡剐 [55]挂1~仔卦

$k^h$ [33]夸跨 [31]垮 [55]挂2心~：挂念

e

p [33]□引诱小孩拉屎尿声

m [33]孖成双成对孭背咩羊~

f [213]□屙～□fe[55]：拉稀 [55]□屙□fe[213]～：拉稀

t [33]爹 [31]朵2（孔读）

tʰ [55]唾～口水：吐口水

n [33]呢提示语气词：～，你的笔不在那里吗？

ɬ [33]些 [31]写 [55]泻

l [213]螺1田～腡骡 [31]□～蔗泼：吐甘蔗渣 [55]裂1缝隙：手指～

ts [33]遮□□tsam[33]～：蝉 [31]姐 [55]借谢蔗□～～：呼鸭声

tsʰ [33]车1单～ [213]斜邪 [31]且扯笪陡

s [33]奢赊 [213]蛇□眼～来～去：眼睛左右看 [31]舍～得 [55]卸射麝舍宿～社

z [213]爷耶椰 [31]也1惹野 [55]夜

kʰ [213]茄

h [33]靴

ø [33]椏树～诶语气词

ɔ

p [33]波菠玻 [55]簸2

pʰ [33]坡 [213]婆 [55]破

m [33]摩摸 [213]魔磨动词 [55]磨名词

f [33]科 [31]火伙 [55]货课

w [33]锅窝 [213]禾和 [31]我2（孔读）[55]祸

t [33]多 [31]躲朵1 [55]惰堕

tʰ [33]拖 [213]驼驮砣舵 [31]妥

n [33]□搓：～衫裤 [213]醪～水：浑水 [31]踒扭伤 [55]糯

ɬ [33]蓑 [31]锁琐所 [55]□修理

l [33]啰 [213]螺2～丝罗锣箩螃蟧～：蜘蛛□～～：呼狗声 [31]攞拿 [55]旯旮～：腋窝□喉咙～：喉咙不舒服□～柚：柚子

ts [31]左阻 [55]坐座助

tsʰ [33]搓差参～初 [213]锄 [31]楚础 [55]锉错措

s [33]梭唆梳疏蔬□在地上爬 [31]傻

k [33]歌哥 [31]果裹 [55]过个

kʰ [33]棵颗 [213]瞌睡～～声：鼾声

ŋ [33]鹅1[213]蛾俄鹅2烧～ [31]我1 [55]饿

h [213]河何荷 [55]贺□害羞

ø [33]阿～胶屙哦 [213]蚝牡蛎 [55]噢语气词，表惊觉

iɔ

ȵ [33]□～脚：搓脚 [55]□～～：呼猪声

ai

p [31]摆 [55]拜稗败

pʰ [213]排牌簰 [55]派

m [213]埋 [31]买 [55]卖

f [55]块1快筷

w [213]淮 [55]外1～国坏

t [55]待怠戴代袋带

tʰ [33]胎台风～：台风 [213]台苔抬 [55]态贷太泰钛～煲：铝锅

n [33]奶2面称母亲□～肚：肚子不消化 [31]乃奶1背称母亲；伯母 [55]耐奈捺

ɬ [33] 擸浪费 [213]□眼～～：昏昏欲睡 [31]玺徙

l [33]拉1～车䙝最小的□血流血～：血流纵横的样子 [213]来 [55]赖癞～渣：疥疮

ts [33]灾栽斋剂2冲～ [31]宰滓 [55]载在再债寨□程度副词：多～，很多

tsʰ [33]猜差出～ [213]才材财裁柴 [31]采彩睬踩2□歪 [55]菜蔡

s [55]赛晒□炫耀

k　[33]该皆阶佳街 [31]改解 [55]盖介芥界届戒□~死：拼命

kʰ　[33]开2（孔读）[31]凯 [55]丐概溉慨

ŋ　[33]哎~话：客家话 [213]涯崖捱 [31]碾踩；碾 [55]碍艾外3 ~家：媳妇家

h　[33]开1 [213]孩揩械鞋 [31]海蟹 [55]亥害

Ø　[33]挨埃 [31]矮 [55]蔼爱想；要

iai

ȵ　[33]□搓揉 [31]踩1 [55]□啃、嚼

uai

k　[33]乖 [31]拐轨 [55]怪

kʰ　[213]槐 [31]□丢 [55]块2

ŋ　[213]□~~：身体很差，精神很弱 [55]外2 ~地

ɐi

p　[33]杯碑跛~脚：瘸子□~北：糟糕 [55]贝倍辈背闭

pʰ　[33]胚坯土~ [213]培陪赔裴 [55]沛配佩

m　[33]咪麦克风米2长度单位 [213]梅枚媒煤脢~肉：猪腰间的一条瘦肉 [31]每美 [55]妹昧寐

f　[33]恢灰□~头：胆小鬼非飞□勤吃懒~：好吃懒做妃挥辉徽 [213]肥 [31]悔毁匪悔 [55]废费会1开~；~计

w　[33]煨威 [213]回桅为维惟遗唯苇违围 [31]萎委纬伟尾 [55]卫位畏慰胃谓汇会2 ~做

n　[33]里词尾，表处所，河~□一~：一些□一~：一片（肉）[55]腻

ɬ　[55]细1

l　[33]来哆~咪（音阶）

ts　[55]制车刹

s　[33]筛

z　[213]□差劲

k　[33]□□neŋ³³ ~：疤

kʰ　[31]启

ŋ　[33]哀 [213]危伪 [55]艺毅魏

h　[33]屌女阴 [213]□痒 [31]嗨语气词，表示厌烦

Ø　[55]唉语气词，表示意外的惊讶：~，是你啊！

uɐi

k　[33]圭闺龟归规2圆~ [31]轨鬼诡 [55]桂癸季柜贵跪鳜

kʰ　[33]魁规1 ~定亏窥盔 [213]奎携逵葵傀渠 [55]桧秦~溃愧贿

ɔi

t　[33]堆 [55]对碓队□~命：拼命满足要求

tʰ　[33]推 [31]腿 [55]退

n　[55]内

ɬ　[33]腮鳃虽须1必~ [55]岁嗦瑞遂隧

l　[33]□裤头~：裤衩儿□沙~帽：礼帽镭铜~：铜钱□用畚箕捞鱼 [213]雷蕾花~ [31]儡垒累积~ [55]累连~类泪

ts　[33]追 [31]嘴 [55]罪最缀赘醉坠聚

tsʰ　[33]催崔吹炊蛆1 [213]随垂槌锤捶 [31]取1 [55]碎脆翠粹啜吸吃（面条）

s　[33]衰 [213]谁 [31]水 [55]税帅睡

z　[55]惠慧锐

iɔi

ȵ　[33]锥 [31]乳

iu

ts [213]□～～：呼鸡声

$ts^h$ [31]□打阿～：打喷嚏

au

p [33]包胞鲍□烘～～：很热 [31]饱 [55]豹爆

$p^h$ [33]抛 [213]刨 [31]跑 [55]泡炮

m [213]茅矛 [31]卯 [55]貌

n [55]闹

ɬ [33]□冷～～：很冷 [55]□冇□ŋau$^{55}$冇～：无聊

l [33]捞2～饭 [213]痨

ts [33]熷干燥 [31]找 [55]罩皂棹船桨

$ts^h$ [33]抄钞□牛用角顶人 [213]巢 [31]炒吵

s [33]筲 [213]□差劲；次 [55]潲

z [33]忧优幽 [213]尤邮由油游犹悠柚鱿 [31]有友酉 [55]又右佑幼鹞纸～：风筝

k [33]胶交2～椅 [31]绞狡搅搞饺 [55]较2比～铰～剪觉3睡～

$k^h$ [213]□刮皮

ŋ [33]嗷～呜：猫发怒时的叫声 [213]肴 [31]咬 [55]□冇～冇□ɬau$^{55}$：无聊

h [33]敲烤 [213]姣发～：淫荡 [31]巧 [55]孝2（孔读）

ø [31]拗1折断 [55]坳拗2～颈：抬杠

iau

$p^h$ [31]□～枚子：以手做枪的一种游戏

m [31]□"未有"的合音

$t^h$ [31]□倒。～茶：倒茶

ɬ [33]修羞 [55]秀2（孔读）

l [33]□十一～：六指儿 [213]流2（孔读）[31]柳2了2时态助词

$ts^h$ [33]秋

ȵ [33]爪1带齿的耙子□手指弯曲，伸不直□～水：从井里或河里取水□花草枯萎 [31]爪2狗～ [55]皱绉

k [33]交1～税郊 [31]九久灸韭2（孔读）纠2 [55]较1教校～对舅咎救究旧柩

$k^h$ [33]□弯曲；竹～～ [213]求球

h [55]校酵孝1～仔效

ɐu

m [33]□脸～～：脸浮肿 [213]谋牡 [31]某亩 [55]茂贸冒谬

f [213]浮2～力 [31]否 [55]阜埠

t [33]兜篼猪～：猪食槽 [31]斗量器岛□～头裤：掩腰裤 [55]斗～争豆逗痘窦窝

$t^h$ [33]偷 [213]头投 [31]敨 [55]透

n [33]□泥～：泥鳅 [213]□样子呆板 [31]纽扭

ɬ [33]羞□狗甩干身上的水 [31]擞～脚：抖脚 [55]秀1绣锈嗽

l [33]褛 [213]楼流1刘留榴硫琉馏骝马～：猴子□马～强：螳螂 [31]柳1 [55]漏陋

ts [33]周舟州洲邹 [31]走酒□"这时候"的合音 [55]奏就袖昼宙骤咒

$ts^h$ [33]抽搊 [213]囚泅绸稠筹酬 [31]丑 [55]凑～数臭嗅□和；跟；给；向

s [33]收 [213]愁仇 [31]首守手 [55]瘦受兽寿授售

k [33]沟鸠斑～ [31]狗苟笱捕鱼器垢～圿：皮肤上的污垢韭1 [55]够

$k^h$ [33]阄 [55]叩构购扣寇

ŋ [33]勾蹲钩□生～～：鲜沽的样子 [213]牛 [31]藕偶

h [33]丘邱 [213]侯喉猴骰色子 [31]口 [55]

后厚候

Ø　[33]欧瓯殴□金～：用草纸卷成的纸筒，迷信者焚化供死者在阴间当钱用□～盖：簸箕 [31]呕 [55]沤怄

eu

p　[33]标彪表2手～猋液体喷射 [31]表1裱

pʰ　[33]飘 [213]瓢嫖 [55]票漂

m　[33]猫喵 [213]锚苗描 [31]藐渺秒 [55]庙妙

t　[33]刁雕貂丢鸟1～仔 [31]鸟2交合 [55]钓吊调掉

tʰ　[33]挑 [213]条调～和跳1～下来 [55]粜跳2～舞

n　[31]鸟3文：啄木～ [55]尿

ɬ　[33]消肖宵霄销硝萧箫梢 [31]小 [55]笑

l　[33]□～菜：将菜从锅里铲出来 [213]燎辽聊撩镣寮 [31]了1 [55]寥料镣鹩～哥：八哥儿嫽玩

ts　[33]焦蕉椒朝早上昭招诏 [31]剿 [55]醮赵兆照

tsʰ　[33]超锹 [213]朝～代潮

s　[33]烧 [213]韶 [31]少不多 [55]绍邵少～年

z　[33]妖邀腰要～求 [213]窑绕～线 [31]扰绕围～舀 [55]要重～耀

k　[33]骄娇 [31]缴纠1 [55]轿叫

kʰ　[213]乔侨桥荞 [55]窍□刻～：抬杠

h　[33]嚣□掀 [31]晓

Ø　[55]叫叫喊

ieu

ȵ　[213]饶（孔读）姚（孔读）尧（孔读）

ou

p　[33]煲煮 [31]保堡宝 [55]报暴

pʰ　[213]袍 [31]抱

m　[33]毛1头～ [213]毛2～主席 [31]冇1不；没 [55]帽冇2别；不要

t　[33]刀叨 [31]倒祷 [55]到道稻盗导毒白，～鱼：以毒物毒杀鱼

tʰ　[33]滔 [213]掏桃逃淘陶萄涛 [31]讨 [55]套

n　[33]獳生气 [31]恼脑

ɬ　[33]臊搜 [31]嫂 [55]扫

l　[33]捞1搅拌褛～巾：披巾黸锅底灰 [213]劳牢 [31]老佬 [55] □～水：用两个碗互倒以便快速把热水弄凉

ts　[33]遭糟 [31]早枣蚤 [55]灶造

tsʰ　[33]操 [213]曹槽 [31]草 [55]躁糙

k　[33]高膏篙羔糕 [31]稿搞 [55]告

kʰ　[55]靠酷

ŋ　[213]熬 [55]傲

h　[213]豪壕毫耗 [31]好形容词 [55]浩好动词号□白颈～：眼镜蛇

Ø　[55]袄懊奥

am

t　[33]耽担动词頕抬头啗衔 [31]胆 [55]担名词淡

tʰ　[33]贪 [213]潭谭谈痰 [55]探

n　[33]喃～斋：道公佬念咒 [213]南男 [31]揽1抱揇拇指与中指张开的距离腩～肉：五花肉 [55]踹跨越

ɬ　[33]三 [213]□傻

l　[213]篮蓝 [31]览揽2包～榄橄～冧～篷头：秃宝盖头 [55]滥缆舰

ts [33]□～□$tse^{33}$：蝉 [31]斩 [55]暂站～立；车～渐

$ts^h$ [33]参搀杉□～胁：撑腰 [213]蚕馋惭 [31]惨□盘；碟 [55]渗

s [33]衫

k [33]甘柑监 [31]感敢减橄 [55]监国子～

$k^h$ [33]勘

ŋ [33]啱合适 [213]岩

h [213]咸 [31]喊

## ɐm

t [31]□蘸□脚～仔：腿肚子顿～脚：跺脚扰击：～胸□榕木～：榕树的气根 [55]□～百银：差不多一百两银子□耳～：耳垂

$t^h$ [33]□品尝 [55]髧哄；骗

n [33]□～口：无牙抿嘴状□～吃：贪吃 [213]脍烂：肉没有煮～ [31]恁思考□舀 [55]□～水：水田积水

ɬ [33]心2

l [213]林淋临 [55]林～头（地名）

ts [33]砧针斟 [31]枕 [55]浸

$ts^h$ [33]侵2 [213]寻沉 [55]□～草：除草侵1

s [33]森深 [31]沈审婶 [55]甚

z [33]音阴1荫

$k^h$ [213]蠄～蟧：蜘蛛蟾～蜍 [31]砍2

ŋ [33]□～头：额头前突

h [33]钦2 [213]含函衔 [31]砍1龕棵冚～唪呤：笼统，全部 [55]坎撼陷

ø [33]阴2庵鹌～鹑□～煲仔：药罐子颔～□$lut^5$：下巴□躲藏 [31]揞用手盖住 [55]暗

## iɐm

ɬ [33]心1

ȵ [33]□一～仔：一撮 [213]淫壬 [31]饮动词饮名词，米汤 [55]任纴

k [33]今金□～钉：按图钉 [31]锦 [55]禁妗襟以手按物

$k^h$ [33]襟钦1 [213]琴禽擒岑 [31]槛

## em

t [213]怎 [31]点 [55]店

$t^h$ [33]添 [213]甜 [55]垫

n [33]拈白～佬：扒手 [213]鲇黏 [55]念验

l [213]廉镰帘□薄～：鲢鱼 [31]敛□舔□掭笔 [55]殓□瓣

ts [33]尖沾瞻占～卦粘～米 [55]占～据

$ts^h$ [33]歼纤签籤□刺杀 [55]□～心虫：吃秧苗的虫

s [213]蟾蝉禅 [31]陕闪

z [33]淹阉 [213]盐 [31]靥田螺盖掩 [55]厌艳

k [33]兼搛 [31]检捡俭 [55]剑

$k^h$ [33]谦2（孔读）[213]钳

h [213]嫌谦1 [31]险 [55]欠

## iem

ȵ [213]炎阎檐严 [31]染 [55]焰

## ɔm

p [31]□炸弹爆炸声

h [55]□～～：狗叫声

## an

p [33]班斑颁 [31]板版 [55]扮瓣办

$p^h$ [33]攀 [213]□攀爬 [31]□～下来：摔下来

[55]盼□牛～□$an^{31}$须：络腮胡子

m [213]蛮 [55]慢馒万蔓鳗

f [33]藩翻番1 [213]烦繁 [31]反 [55]患贩饭范犯

w [33]弯湾 [213]还动词，归～环 [31]晚挽皖鲩草～：草鱼 [55]幻宦万缓1

t [33]丹单 [55]诞旦但弹子～蛋疍～家

$t^h$ [33]滩推瘫 [213]檀坛弹～琴 [31]坦毯 [55]炭叹

n [213]难困～ [55]难灾～

ɬ [31]散形容词 [55]伞散动词汕

l [33]栏1牛～ [213]兰拦栏2～干 [31]懒 [55]烂栏3棚～：阁楼

ts [31]盏 [55]赞赚

$ts^h$ [33]餐 [213]残缠潺～水：泉水 [31]铲产 [55]灿

s [33]珊山删闩 [55]汕地名：～头

k [33]干～湿肝竿杆艰间1中～奸 [31]简拣谏茧趼笕枧 [55]干～部间2～断涧

$k^h$ [33]刊 [55]看

ŋ [213]颜顽□～粉：擀面□笔～：卷笔刀 [31]眼 [55]岸雁

h [33]悭节省 [213]寒韩闲 [31]罕旱 [55]汉汗焊翰

ø [33]安鞍 [213]还副词，再 [31]□牛盼$^=$～须：络腮胡子 [55]按案晏白天

uan

k [33]关冠1鸡～□减去碗中饭 [55]冠1～军惯

ɐn

p [33]奔槟 [31]本 [55]笨

$p^h$ [31]□小孩跑来跑去吵闹 [55]喷

m [33]蚊文一～钱：一块钱□1～巾：汗巾 [213]文～凭民门纹闻 [31]敏抿□"乜人"的合音□扑克牌的Q [55]闷

f [33]分芬吩纷昏婚熏1 [213]焚坟 [31]粉 [55]愤粪奋份训

w [33]温瘟 [213]文魂馄浑云晕 [31]稳允尹 [55]问韵运

t [33]敦吨墩脸～骨：颧骨 [31]墩桥～□积水 [55]炖盾遁顿颠簸；跌伤

$t^h$ [33]吞饨 [213]豚臀 [55]褪退

n [55]□"那阵"的合音

ɬ [33]辛新薪 [213]巡1～田循旬1询 [31]笋榫 [55]信讯迅

l [213]邻1鳞磷轮1伦仑沦 [31]卵 [55]论1

ts [33]津珍真臻 [31]准□悭～：节省 [55]尽进晋镇阵振震圳水沟俊

$ts^h$ [33]亲春白：卵椿伸2递 [213]陈尘臣存1秦1 [31]诊疹 [55]趁衬

s [33]身申伸1～手呻 [213]神娠辰晨唇醇 [55]舜慎1肾顺1

z [33]恩1因姻殷 [213]寅人仁1～义匀1 [31]引1隐瘾颖2（孔读） [55]印刃认孕闰

k [55]□冰冷

ŋ [33]恩2（孔读）仁2泥豆～：花生仁 [213]银

h [33]欣 [213]痕 [31]很 [55]恨限□累

iɐn

p [33]彬宾鬓 [31]扁匾

$p^h$ [213]贫频 [31]品

ȵ [31]忍引2嫩芽 [55]润

k [33]斤巾筋跟根君军茎 [31]紧仅谨菌

[55]近肜鸡～：鸡肫
kʰ [33]钧均2（孔读）[213]勤芹
ŋ [33]奀瘦小
h [33]熏2（孔读）

uɐn

ɬ [33]孙2（孔读）
tsʰ [33]村1春文：～天 [31]蠢 [55]寸1
s [55]顺2
k [33]军君 [31]滚混 [55]棍郡□骗
kʰ [33]昆坤均1 [213]群裙 [31]捆 [55]困

en

p [33]鞭边 [55]辨辩变便辫□东～：东边
pʰ [33]编篇偏 [55]骗片遍普～
m [33]□掀开 [213]绵棉眠 [31]免勉娩 [55]缅面
t [33]颠癫端 [31]典短 [55]电殿奠佃断锻段缎甸
tʰ [33]天 [213]田填团鹑
n [33]奶3乳房□～倒脚：踮脚 [213]年 [31]暖捻捏
ɬ [33]仙鲜先宣酸 [213]旋 [31]选癣损冼～太夫人□～仔：竹钉损 [55]线算蒜羡
l [33]□卷曲□打翻～斗：翻跟斗□～地：在地下翻滚 [213]连联怜莲 [31]脸□～心菜：包心菜 [55]恋链练乱□□lɐu⁵⁵～：三番两次
ts [33]煎专砖毡绒制品遵1尊1 [31]剪展转～暖 [55]箭溅贱践荐钱钻战传自～转鬼～风：旋风
tsʰ [33]迁千川穿 [213]钱前全泉传～达 [31]喘 [55]串窜篡
s [213]船 [31]鳝 [55]扇善膳
z [33]烟冤渊咽□扑克牌的A [213]然燃延筵言研完丸圆员缘沿铅袁辕园援元原源 [31]演远 [55]县1堰怨院谚燕宴宛砚现2发～
k [33]肩坚绢娟捐 [31]卷～起来 [55]见件键建健眷倦券卷试～拳
kʰ [33]圈 [213]拳权乾 [31]遣 [55]劝2（孔读）
h [33]轩掀牵 [213]贤弦玄悬 [31]显犬 [55]苋现1～钱宪献县2（孔读）蠄红～：泥鳅劝1

ien

ȵ [31]软阮 [55]愿

ɔn

p [33]搬般 [55]半伴拌搅～机
pʰ [33]潘番2～禺 [213]盘盆 [55]判叛
m [33]□2（孔读）～巾：汗巾 [213]瞒 [31]满 [55]□舌头～：舌苔
f [33]宽欢 [213]桓 [31]款
w [31]碗腕 [55]缓2（孔读）换
t [55]钝
n [55]嫩
ɬ [33]孙1 [213]旬2（孔读）纯巡2（孔读）
l [213]轮2（孔读）邻2（孔读）[31]卵2（孔读）[55]论2（孔读）
ts [33]尊2（孔读）遵2（孔读）[55]俊（孔读）
tsʰ [33]村2（孔读）[213]秦2（孔读）存2（孔读）[55]寸2（孔读）
s [55]慎2（孔读）
z [213]匀2（孔读）

k [33]官棺倌观冠2 [31]管馆赶 [55]贯惯灌罐观冠2

ŋ [213]玩（孔读）

aŋ

p [33]帮邦梆锄头 [31]榜绑㖫冚~吟：全部 [55]谤傍湴稀泥磅

pʰ [213]旁螃 [55]□谷~：秕子□鸭~：小鸭子

m [33]芒1~果 [213]忙芒2光~茫忘亡

f [33]方芳荒慌谎 [213]房防妨肪 [31]仿坊访纺 [55]放

w [33]汪 [213]王黄簧皇蝗 [31]枉往网 [55]望旺

t [33]当 [31]党档挡 [55]荡当典~□~地：看风水

tʰ [33]汤烫1~伤劏宰杀 [213]堂棠螳唐糖塘 [31]躺 [55]趟烫2~衫裤盪~板：泥板

n [213]囊箢~：箢黄瓤 [55]裆裤~

ɬ [33]桑丧霜孀 [31]嗓

l [213]郎廊狼浪 [31]朗呤冚㖫~：全部□~口：漱口 [55]浪晾

k [33]冈岗刚纲缸江扛 [31]讲港 [55]钢杠降汞

kʰ [33]慷 [55]抗

ŋ [213]昂 [31]仰 [55]戆疯

h [33]糠康匡赵~胤 [213]行银~航杭 [55]巷项烘白：炙烤

iaŋ

pʰ [33]砰象声词，金属落地声 [31]□较大的瓦器碎片

m [55]□遮盖

t [213]□“怎样”的合音

n [33]娘1夫~婆：妇女□植物黏液 [213]娘2母亲

ɬ [33]相互~箱厢湘镶 [31]想 [55]相看~像2~头：像章

l [213]良凉量1粮梁粱 [31]两辆 [55]亮谅量2

ts [33]将~来浆张章樟刚~来到 [31]蒋桨奖长掌 [55]橡丈仗杖酱将大~匠帐胀障瘴象像1佛~涨

tsʰ [33]枪昌倡 [213]墙长肠场常详祥 [31]抢 [55]畅唱

ȵ [55]让壤酿

s [33]商伤 [213]尝裳偿 [31]赏 [55]上~面尚

z [33]央秧殃 [213]烊洋羊杨阳扬疡 [31]养痒 [55]样

k [33]疆僵姜姓；生~缰

kʰ [213]强~大 [31]强勉~

h [33]香乡 [31]享响饷 [55]向

uaŋ

k [33]光□冷~~：很冷 [31]广

kʰ [213]□纱~：用于绕线的轮 [55]旷扩况矿

ɐŋ

p [33]崩绷 [31]□~口仔：兔唇 [55]凭3倚靠

pʰ [33]烹□一~：一庹 [213]朋彭膨棚庞凭2文~

m [33]掹拔 [213]盲虻萌盟 [31]猛莽蟒 [55]孟□量词，截。断~砖：断砖

w [33]晃~头：摇头 [213]横

t [33]登灯 [31]等戥 [55]凳邓

tʰ [33]□磊：把碗~起来 [213]腾滕藤

n [213]能□～□ni33：蜻蜓 [31]愣吓倒我一～：吓得我一跳 [55]□～屎：用力大便

ɬ [33]生牲笙甥 [31]省 [55]擤

l [31]冷 [55]□狗相～：狗交配

ts [33]曾姓增憎僧争筝睁挣狰脚后跟□磨的上下两块分别叫上～、下～□髻 [55]赠

tsʰ [33]撑～船 [213]曾～经层橙 [55]撑顶起来

k [33]更三～庚羹耕□～痂：结痂迳鼻梁～：鼻梁 [31]梗耿 [55]更

kʰ [31]肯1哽 [55]□□lɐu33～：算子□厉害

ŋ [213]□猪头～：腮腺炎 [55]硬

h [33]坑亨烘3臭～～：很臭 [213]衡恒□搐～：绷紧 [31]垦恳肯2 [55]杏1幸

ø [33]莺罂瓶子 [31]□～脚：硌脚

uɐŋ

kʰ [33]框筐轰 [213]狂 [55]□～倒：绊倒

eŋ

p [33]冰兵 [31]丙秉饼 [55]病柄并

pʰ [33]拼1凭1椅～：椅靠背 [213]平评瓶屏萍苹频 [55]并～且聘拼2～音

m [213]鸣明名铭冥 [55]命

w [31]永2（孔读）泳2（孔读）

t [33]丁钉疔叮掟扔 [31]顶鼎 [55]锭订定淀□地方

tʰ [33]听厅 [213]亭停庭蜓□□lɐu213～：故意 [31]艇挺

n [33]拎拿□果蒂 [213]宁仍 [31]□鱼篓[55]□“那样”的合音

ɬ [33]星腥 [31]醒 [55]姓性鉎锈

l [33]零2孤～～灵2～水：机灵铃2车～ [213]陵棱菱凌铃1马～薯零1～分灵1～活 [31]领岭 [55]令另靓美

ts [33]蒸精晶贞侦征正2～月 [31]井整 [55]证症静净郑正1～话政□“这样”的合音

tsʰ [33]称～重清青 [213]澄惩丞情晴呈程逞乘埕坛 [31]请 [55]称相～秤

s [33]升声 [213]绳城诚成承 [55]胜剩盛圣

z [33]应1～该鹰婴樱鹦英缨牛□pan55～须：络腮胡子□～□ɔŋ213：一种蛙，叫声一声应⁼，一声□ɔŋ213 [213]蝇盈赢营荧萤形1型1刑1 [31]影映颖1泳1永1 [55]应2答～

k [33]京荆惊鲸经 [31]境景警颈 [55]敬竟镜径劲

kʰ [33]卿倾 [213]琼□澄 [31]顷 [55]庆杏2（孔读）

ŋ [213]迎凝

h [33]兴～起轻兄1堂～ [213]行走形2（孔读）型2（孔读）刑2（孔读）桁 [55]兴高～

ɔŋ

ts [33]庄装赃桩妆 [55]葬壮状撞藏西～

tsʰ [33]仓苍疮舱窗 [213]藏床 [31]闯厂

s [33]双 [31]爽

kʰ [213]恐害怕

ø [213]□□zeŋ33～：一种蛙，叫声一声应⁼，一声～

oŋ

p [31]捧 [55]泵

pʰ [213]篷蓬 [55]碰□发胀

m [33]朦～眼：眼睛小 [213]蒙 [31]懵□～……～……：越……越…… [55]梦甭“有用”的合音

f [33]风枫疯丰封峰蜂锋 [213]冯逢缝 [31]棒 [55]讽凤奉俸

t [33]东冬中1～间 [31]董懂 [55]动冻栋洞垌水田戙竖立

$t^h$ [33]通 [213]同铜桐筒童瞳□迁就 [31]桶捅统 [55]痛□～仔：棍子

n [33]□蛤～：蝌蚪齈饭～：锅巴 [213]农脓浓1 [55]□钻入

ɬ [33]松～开嵩 [213]崇 [55]送宋餸菜

l [33]窿洞 [213]隆笼聋龙咙砻 [31]拢陇垄笼～仔：小木箱 [55]弄

ts [33]棕鬃宗综中2～学忠终踪钟盅舂 [31]总种谷～肿 [55]纵重好～种～植仲杜～诵颂讼

$ts^h$ [33]聪葱匆忽充囱冲涌河～：河汊衷 [213]虫从丛松～木重～复 [31]宠 [55]铳

z [33]翁雍 [213]熊融茸容蓉镕庸荣戎绒 [31]拥勇涌 [55]用

k [33]公蚣工功攻弓躬宫恭供□凸 [31]拱～门巩 [55]供贡共□～脓：溃脓拱～起身：爬起来

$k^h$ [33]□量词，朵 [213]穷 [31]孔恐吼 [55]控

h [33]空胸凶腔兄2 [213]虹红洪鸿雄弘宏 [55]烘文：热

Ø [33]瓮葬 [31]擁推□～火：生火 [55]蕹瓮

ioŋ

ȵ [213]浓2热闹；人多 [31]蛹黄蜂～

ap

t [214]答搭踏沓□一～屋：一座房屋

$t^h$ [214]塌塔

n [214]纳□铁～：码钉

ɬ [214]圾垃～

l [214]腊蜡垃～圾

ts [214]杂闸铡习2袭集白：鸟停歇

$ts^h$ [214]插□撮箕（装垃圾用）□～菌：野生蘑菇

s [214]煠放入沸水中略煮

k [214]鸽甲□脱～：脱臼胛佮合伙

h [214]盒合洽喝

Ø [214]鸭押

ɐp

t [5]耷垂头跌1～跤□重～～：很重

$t^h$ [5]□擦水

n [5]粒□～口：闭嘴埝凹

ɬ [5]涩□□zem[213]～骨：肋骨□～碎：琐碎

l [5]立1笠1□套□～～乱乱：杂乱

ts [5]集文执汁

s [5]湿十什拾

z [5]揖入□静～～：很静

k [5]蛤青蛙

$k^h$ [5]容盖住

ŋ [5]岋不平衡□点头□鱼上钩

h [5]恰

Ø [5]罯～药：敷药

iɐp

t [5]□猪脚～：猪脚趾甲

n [5]□瘪：车胎～□撮取

l [5]立2（孔读）笠2（孔读）

$ts^h$ [5]缉辑习1

ȵ [214]眨～眼：眨眼

k [5]急及2

$k^h$ [5]级吸及1

ep

t [214]叠碟蝶谍

tʰ [214]贴帖

n [214]捏聂

ɬ [214]涉□~牙：塞牙

ts [214]接折褶

tsʰ [214]妾

s [214]摄

z [214]叶页腌胁

k [214]劫挟狭1~窄夹蝎

kʰ [214]狭2~隘：小气

h [214]协

iep

ȵ [214]业蹑~手~脚：指手画脚

it

n [5]□~~仔：一点点

at

p [214]八拔

m [214]袜抹

f [214]发法乏伐

w [214]滑猾挖罚筏

t [214]达笪竹~：竹床

tʰ [214]仛赖账

n [214]□白~：白癜风

ɬ [214]撒萨刷□□ŋat214~：小气

l [214]辣邋~遢：脏□镬~：锅底灰

ts [214]札轧蚻蛇~：蟑螂

tsʰ [214]擦察

s [214]杀

k [214]蛇~蚻：蟑螂

ŋ [214]啮牛吃草□~□ɬat214：小气

h [214]辖核2~对

ø [214]压握~手

uat

tsʰ [214]□男阴

k [214]括刮

ɐt

p [5]不□撮取

m [5]密1蜜乜什么物

f [5]佛窟沸忽

w [5]核1果~□熏□青~~：很青□~路：绕路

t [5]突凸

tʰ [5]□阻挡□~下去：滑下去

ɬ [5]膝悉术率2~领述恤戌1□用手卡住脖子

l [5]率1比~律□脚~头：膝盖甩碰~皮：蹭破皮

ts [5]卒1窒堵塞疾侄质□擦

tsʰ [5]漆出七赤

s [5]虱实失室塞

z [5]日一1

h [5]讫乞

ø [5]一2

iɐt

p [5]笔毕

pʰ [5]匹□打水~：打水漂儿

m [5]密2

k [5]吉橘□粪箕~：指小孩夭折。在当地，小孩夭折后，装在粪箕里，用扁担一头扛着去埋

kʰ [5]吃食蚀

ŋ [5]□～牙：磨牙

uɐt

tʰ [5]□矮～～：很矮

k [5]骨掘

kʰ [5]屈倔

et

p [214]别鳖必

pʰ [214]撇

m [214]灭篾

t [214]夺跌2～打丸秩

tʰ [214]铁脱

ɬ [214]薛泄雪

l [214]列烈裂2～开捋劣猎

ts [214]蜇海～折1～断浙节截绝捷□～旮旯：挠胳肢窝

tsʰ [214]彻撤切

s [214]舌设说折2～本

z [214]热悦阅月越曰粤穴乙逸

k [214]杰决诀结洁□～花：摘花碣石～：龙眼品种名

kʰ [214]揭缺竭

h [214]歇血

ø [214]糍有馅的糯米食品

ɔt

p [214]钵钹勃

pʰ [214]拨泼

m [214]末沫没

f [214]阔

w [214]活

t [5]□肥～～：很胖

ɬ [5]率1戌2（孔读）

l [5]捋2（孔读）

ts [5]卒2（孔读）

s [5]□唆使

k [214]割葛

h [214]擢～刀布：鐾刀布

iak

ɬ [214]削 [5]鹊

l [214]略掠□用刀刨木使圆滑

ts [214]雀1麻～着到：～墟

ȵ [214]弱1溺

z [214]药

k [214]脚却

ɐk

p [5]北百柏伯白泊梁山～□杯＝～：糟糕

pʰ [5]拍魄□～门仔：简易门

m [5]墨默麦脉觅□玄孙□大头～：头大的人

f [5]□树枝反弹打人

w [5]惑划画或

t [5]得德特

n [5]□用指甲掐□白～～：很白

ɬ [5]□一～肩头：一边肩膀

l [5]簕刺□瘦～～：很瘦

ts [5]则侧泽择宅

tsʰ [5]贼拆策册测

k [5]格革隔

kʰ [5]刻2用刀～克（孔读）□～□kʰeu⁵⁵：抬杠□打紧～：打死结

ŋ [5]逆额

h　[5]黑赫吓客刻1时～

∅　[5]轭

ek

p　[5]逼碧璧壁

$p^h$　[5]僻辟劈

m　[5]擘撕；掰

t　[5]滴嫡笛敌狄籴趯驱赶

$t^h$　[5]踢剔□笔画名称：挑

ɬ　[5]息熄媳惜昔适释锡析

ts　[5]即直值职织殖植责积迹脊籍藉席夕只量词绩寂蛰

$ts^h$　[5]赤尺戚

s　[5]色识式饰石

z　[5]忆亿抑翼域益亦译易液腋疫役

k　[5]极击激戟屐

$k^h$　[5]□挑；拨

ɔk

p　[214]博膊薄驳接雹剥1～削□堤坝 [5]簸1

$p^h$　[214]朴扑仆粕蔗～：甘蔗渣

m　[214]莫膜幕寞剥2～皮

f　[214]缚

w　[214]镬锅获龌～龊：肮脏

t　[214]度量

$t^h$　[214]托

n　[214]□吸气

ɬ　[214]索朔塑欶吸□散散～～：零零散散

l　[214]落烙骆洛络乐1娱～

ts　[214]作凿昨捉桌卓

$ts^h$　[214]镯龊龌～：肮脏

z　[214]若诺约跃

k　[214]各阁搁角觉1郭桷～子：椽

$k^h$　[214]确霍觉2

ŋ　[214]鄂颚鳄岳乐2音～

h　[214]鹤学壳

∅　[214]恶

iɔk

t　[214]啄□剁

ts　[214]酌

$ts^h$　[214]嚼□口～：口里没味雀2孔～

ȵ　[214]虐

∅　[5]□打～：打嗝

uɔk

k　[214]郭廓（孔读）国

ok

p　[5]卜□金～：柚子

$p^h$　[5]醭食物变质长毛

m　[5]木目穆牧

f　[5]福幅蝠复腹覆服伏2

t　[5]独读笃督毒文搦用锐器刺豚底：镬～涿一～屎

$t^h$　[5]秃□手□tsɐn³³～：胳膊肘儿

n　[5]□搓揉

ɬ　[5]宿肃缩淑粟蟀

l　[5]鹿禄六陆绿辘睩□鸡窝碌一～：一节

ts　[5]族竹筑2（孔读）逐轴祝粥足续烛嘱俗1触1

$ts^h$　[5]速畜蓄促束1筑1触2（孔读）搐～气：抽噎

s　[5]叔熟俗2束2（孔读）赎属蜀足百～：蜈蚣

z　[5]沃肉郁育辱玉狱欲浴旭

k　[5]谷菊掬局焗闷鞠□~印：盖印□抓住

$k^h$　[5]曲

h　[5]哭

∅　[5]屋

iok

ȵ　[5]啷动：~手

ŋ

∅　[33]嗯应答声 [31]梧~州嗯不乐意的应答声

# 第四章 词汇特点

# 第一节

# 特别词

所谓“特别词语”，是指词形、词义相对特殊的词语，在其他方言相对较少出现。作为濒危方言，正话词汇受周边方言影响较大，因此，多数特别词语也具有区域共性。特别词语不局限于特征词，是一个相对宽泛的概念。

一　正话对连襟的称呼比较特殊，有以下称谓：

**偷狗** t$^{h}$ɐu$^{33}$kɐu$^{31}$ 连襟。

**两偷** liaŋ$^{31}$t$^{h}$ɐu$^{33}$ “偷狗”的又称。

**乔兄乔弟** k$^{h}$iau$^{213}$hoŋ$^{33}$k$^{h}$iau$^{213}$ti$^{55}$ 源于三国时期吴国孙权娶大乔、周瑜娶小乔的故事。

**两乔** liaŋ$^{31}$k$^{h}$eu$^{213}$ 乔兄乔弟的简称。

**两襟** liaŋ$^{31}$k$^{h}$iɐm$^{33}$ “连襟”的又称。

二　对父母的叫法比较特殊，有以下叫法：

**二叔** ɨ$^{55}$sok$^{5}$ 本指排行第二的叔叔，可面称父亲。发音人陈孔文也被孩子这样称呼。

**三爹** ɬam$^{33}$te$^{33}$ 本指排行第三的伯父，可面称父亲。

**阿哥** a$^{33}$kɔ$^{33}$ 本指兄长，可面称父亲。

**阿伯** a$^{33}$pɐk$^{5}$ 本指伯父，可面称父亲。

**埔爹** pu$^{33}$te$^{33}$ 本指伯父，可面称父亲。

**阿嫂** a$^{33}$ɬou$^{31}$ 本指嫂子，可面称母亲。

**阿姨** a$^{33}$zi$^{213}$ 本指母亲的妹妹，可面称母亲。

**阿婶** a$^{33}$ɬɐm$^{31}$ 本指叔叔的老婆，也可称呼中年女性，可面称母亲。

**阿奶** a$^{33}$nai$^{31}$ “奶”不是祖母，而是指母亲。这在粤西很普遍。

**阿埔奶** a$^{33}$pu$^{55}$nai$^{31}$ 本指比父亲大的姑姑、比母亲大的姨，常用于面称母亲。

以上称谓现象学界多认为是讳称，即因为迷信等原因降格称呼父母，以免父母与子女相克，以求平安。但是，其他地方的讳称多为个别家庭、个别现象，而在粤西具有普遍性，至今中老年多如此称呼，青少年受官话或其他方言影响叫“爸”“妈”。因此，怀疑此现象与当地的文化习俗有关系。

三　华楼盛产荔枝、龙眼等水果。荔枝品名区分细致，从不同角度强调了荔枝的生态特点。例如：

**白蜡** pɐk$^{5}$lap$^{214}$ 该品种主要产于广东的电白一带，果实呈近心形或卵圆形，中等大小，果肉为白蜡色，中早熟品种，产量较高，多汁，清甜，是优质品种。

**黑叶** hɐk$^{5}$zep$^{214}$ 该品种树叶颜色深，所以叫黑叶，又叫乌叶，龟裂片不锋利，果实呈歪心形，味清甜，是比较普及的品种。

**白糖罂** pɐk$^{5}$t$^{h}$aŋ$^{213}$ɐŋ$^{33}$ “罂”意为瓶子，罐子，是电白常用词语。这个品种的荔枝非常甜，一颗荔枝就像一个白糖罐。这是电白的特色品种。其果实略平圆，龟裂片较锋利。

**妃子笑** fɐi$^{33}$tsi$^{31}$ɬeu$^{55}$ 又名**肉荷包** zok$^{5}$hɔ$^{213}$pau$^{33}$，名称起源于杜牧《过华清宫》诗句“一骑红尘妃子笑，无人知是荔枝来”。这个品种果实大，皮色不均，偏青，味酸甜。

**糯米糍** nɔ$^{55}$mi$^{31}$tsi$^{213}$ 优质品种。果实大，果核小，呈偏心脏形，歪柄，鲜红色泽间有蜡黄色，龟裂片不锋利，果肉白色，半透明，晚熟。

**桂味** kuɐi$^{55}$mi$^{55}$ 优质品种，市场价比其他品种略贵。因有桂花香味而得名，果壳龟裂片锋利，果肉结实，肉质爽脆清甜。

**三月红** ɬam$^{33}$zet$^{214}$hoŋ$^{213}$ 早熟品种，阴历三月就成熟，果实呈心形，味甜中带酸，肉尽有余渣。

**振凤** tsɐn$^{55}$foŋ$^{55}$ 迟熟品种，原产于广西浦北县，果树高大，果皮紫红色，龟裂片较大，果肉白蜡色，味清甜。

**红皮** hoŋ$^{213}$p$^{h}$i$^{213}$ 该品种壳为红色，果实大，果形不圆。

**跌死狗** tɐp$^{5}$ɬi$^{31}$kɐu$^{31}$ “跌”意为砸，比喻该果实个头大，扔出去可以把狗砸死。该品种味酸。

以下为龙眼品种：

**石碣** sek$^{5}$ket$^{214}$ 龙眼的传统品种，果实小，核大，味清甜。

**储量** ts$^{h}$i$^{213}$liaŋ$^{213}$ 龙眼优良品种，也是新品种，果实大，果核小，结果早，产量高，原产于广东高州。

**大乌仁** ta$^{55}$wu$^{33}$zɐn$^{213}$ 龙眼品种名，特点是果核大。因为龙眼核是黑色的，所以叫大乌仁。

有器物因荔枝生产而得名。例如：

**荔枝梯** li$^{55}$tsi$^{33}$t$^{h}$i$^{33}$ 一般称“人字梯”“双面梯”，因为主要用于摘荔枝而得名。

四　有较多的“做”字词

所谓“做”字词是“做”加名词或形容词等构成的动词性词语或短语。其他方言中也常见该类词，如：“做官”“做七”“做人”“做手脚”“做客”“做梦”“做鬼”“做伴”“做人情”等，这些词正话也有，但是正话还有其他方言较少见到的组合。下面例举正话中比较特殊的“做”字词语。

**做六月** $tsu^{55}lok^{5}zet^{214}$ 夏收

**做十月** $tsu^{55}s\text{ɐ}p^{5}zet^{214}$ 秋收

**做马骝仔** $tsu^{55}ma^{31}l\text{ɐ}u^{213}ts\text{ɐ}i^{31}$ 耍猴

**做过火** $tsu^{55}k\text{ɔ}^{55}f\text{ɔ}^{31}$ 熄火

**做霍乱** $tsu^{55}k^{h}\text{ɔ}k^{214}len^{55}$ 发生霍乱

**做礼** $tsu^{55}li^{31}$ 作揖

**做米** $tsu^{55}mi^{31}$ 脱谷壳

**做钱** $tsu^{55}ts^{h}en^{213}$ 挣钱

**做福** $tsu^{55}fok^{5}$ 祭祀土地公

**做赌博** $tsu^{55}tu^{31}p\text{ɔ}k^{214}$ 赌博

**做嫽** $tsu^{55}leu^{55}$ 开玩笑

**做好** $tsu^{55}hou^{31}$ 拉关系

**做烂** $tsu^{55}lan^{55}$ ①把东西弄坏；②浪费

**做娇** $tsu^{55}keu^{33}$ 撒娇

**做齐** $tsu^{55}ts^{h}i^{22}$ 同心；一致

五　其他特别词语

**三子** $\text{ɬ}am^{33}tsi^{33}$ 猴子叫“三子”，也叫“三仔”。广东多数地方称猴子为“马骝”，华楼比较特殊。

□ $ts^{h}uat^{214}$ 男阴。

**偷牛星** $t^{h}\text{ɐ}u^{33}\text{ŋ}\text{ɐ}u^{213}\text{ɬ}e\text{ŋ}^{33}$ 启明星，学名金星，是太阳的行星之一。偷牛贼常常在这个时间偷牛。一来因启明星升起，有一定的亮度，便于下手；二来因此时尚未天亮，人们一般处于深度睡眠状态，不易察觉。所以叫“偷牛星”。这个词也反映了偷牛是农村的普遍现象。

**浮水石** $fu^{213}s\text{ɔ}i^{31}sek^{5}$ 能在水上浮起的一种石头。这是一种由火山喷发出的岩石，主要由玻璃质构成，偶然含少量结晶质的矿物。块状，大小不一，本人所见的长为20厘米左右。表面粗糙，有大小不等的细孔，灰白色。质硬而松脆，易砸碎，断面粗糙有小孔。当地多用于擦脚，去脚皮。

**扛** kaŋ$^{33}$ ①抬：扛轿。②端：端饭碗叫“扛碗”，上菜叫“扛餸”。把供品放到供台也叫“扛起供台”。第二个义项比较特殊。

**漏** lɐu$^{55}$ 这是个高频动词，义项较多。①渗出、流出：漏雨叫“漏水”，流口水叫“漏口水”，出汗叫“漏汗”，出血叫“漏血”，吹口哨叫“漏风”，尿流出来可说“我尿漏诶”。②掉落：落花叫“花漏”，流产叫“漏仔”，跌价叫“漏价”，谚语有“天崩当簸箕漏”。③丢失：也可说“打漏”，掉钱叫“打漏钱”，遗失在街上叫“漏在街里”。

**恐** kʰɔŋ$^{213}$ 主要有两个义项：①害怕。②担心。别怕叫“有恐”，怕死说“恐死”，做噩梦说“睡恐梦”。故事《两姊妹》中“恐它来吃她”意即“害怕它来吃她”。

**瓜**= kua$^{33}$ ①拿。②提；挎。提篮子说“瓜=篮仔”，拿起来说“瓜=起来”，“放阿肩头瓜=倒去田里”，“瓜=”即“挎”。

**放** faŋ$^{55}$ 义项较多，比较特殊的有：①砍、杀：砍树说“放木”，一刀砍去说“一刀放去”。②摔打：打一巴掌说“一巴掌放去”。

□ kʰuai$^{31}$ 扔、丢。掷骰子说“□色子”，打扑克甩牌说“□牌”，丢荒地叫“□荒地”。《哭丧歌》“我娘□男□阿女”，意即丢下小孩。

**起** hi$^{31}$ 义项很多，比较特殊的是相当于普通话的动词“上”这个义项。上床叫“起床”，上车叫“起车”，上楼叫“起楼”，上路叫“起路”，上高速公路叫“起高速”，爬树叫“起木”，到大城市去说“起去上高”，涨价叫“起价”。

**贺**= hɔ$^{55}$ 害羞，也可说“恐贺=”“怕贺=”。含羞草说“贺=草”，“他一害羞，脸就通红通红”说成“她一恐贺=，脸就红红”。

**浓** ȵioŋ$^{213}$ 有多个义项，其中“人多；热闹”意其他方言比较少见，如“做年例好多人，好浓”。还可以做动词用，台上很多人说“浓台”。浓，《广韵》女容切，娘母钟韵平声，与正话读音对应。意义上，“热闹”是“密、多、稠”的引申。

# 第二节

# 古语词

所谓古语词是指古代汉语中使用，在古书中有记载，并在正话中保存使用的词语。这里的“古”相对宽泛，可以指上古，也可以是中古、近古。与普通话相同的古语词这里不论或少论，例如：禾、吃、敨、屙、索、细等。正话中有较多古语词与周边粤语、闽语、客家话相同，这部分词无法回避。古汉语的释义和用例参照《汉语大词典》。

**戏牙** hi$^{55}$ŋa$^{213}$ 指联系戏剧演出的中介，为戏班寻找演出需求，为需要演出者联系戏班。当地因为有“演戏给神看”的风俗，大型节日都要在庙堂对面搭建戏台，请戏班演戏。因此，戏剧活动很盛行，“戏牙”就很有市场。古汉语“牙”有“中介人”之意，“牙人”“牙商”指居于买卖双方之间，从中撮合，以获取佣金的人。《旧唐书·食货志下》：“有自贸易不用市牙者，验其私簿，无私簿者，投状自集。”还可加上行业名称组成复合词。《水浒传》第三八回：“等鱼牙主人不来，未曾敢卖动，因此未有好鲜鱼。”另外，“牛牙郎[ŋɐu$^{213}$ŋa$^{213}$laŋ$^{213}$]”指买卖牛的中介。

**庙祝** meu$^{55}$tsok$^{5}$ 管理寺庙者。其主要职责是管理寺庙，村民来祭拜时，也帮着唱念祝祷。这是一个古老的词语。祝，为一人立于祭坛前张口祈祷之形，为主持祭祀之人，古代多有用例。如《礼记·曾子问》：“祫祭于祖，则祝迎四庙之主。”郑玄注：“祝，接神者也。”后称庙祝，指寺庙管理者。宋陆游《老学庵笔记》卷二：“江渎庙西厢有壁画犊车。庙祝指以示予曰：‘此郭家车子也。’”元郑廷玉《看钱奴》第三折：“小道是东岳泰安州庙祝。”

**三牲** ɬam$^{33}$ɬɐŋ$^{33}$ 祭祀用品，包括鸡、猪肉、鱼。三者齐备叫“一副三牲”。到庙里祭拜时，三牲放在祭台上，做“年例”（见本章第三节）的时候三牲一般用拜公篮装着，摆放在家门口或路边，以飨神灵。这个词古已有之，指牛、羊、猪各一。《孝经·纪孝行》：“虽日用三牲之养，犹不为孝也。”邢昺疏：“三牲，牛、羊、豕也。”三牲也是祭品，古代的“一牢”指祭祀时牛、羊、猪各用一只。民间祭祀一般没有那么大的排场和实力，改用鸡、鱼、猪肉，但仍然沿用“三牲”之名，俗称“小三牲”。

**搐气** $ts^hok^5hi^{55}$ 抽噎。古汉语意为“抽搐”。《汉书·贾谊传》：“天下之势方病大瘇，一胫之大几如要，一指之大几如股，平居不可屈信，一二指搐，身虑亡聊。”明李时珍《本草纲目·木一·乌药》：“小儿慢惊，昏沉或搐，乌药磨水，灌之。”

**天青** $t^hen^{33}ts^he\eta^{33}$ 晴天。正话不用“晴”字。“青”古有“蓝色”意，如《荀子·劝学》：“青，取之于蓝而青于蓝。”又有“青天”一词，指蓝天。《庄子·田子方》：“夫至人者，上窥青天，下潜黄泉，挥斥八极，神气不变。”

**木** $mok^5$ 树。大树叫“大木”，砍树叫“放木”，爬树叫“起木”，树林叫“木林”，树桩叫“木头”，具体树名叫“龙眼木”“荔枝木”等。“木”是两汉以前的词语。其字形就是树的象形。《诗·小雅·角弓》：“毋教猱升木，如涂涂附。”“升木”就是爬树。成语有“缘木求鱼”“十年树木”等。

**集** $tsap^{214}$ 鸟停歇。“鸟不停歇”说“雀冇集”。这是在调查鸟类词时，发音人有感因环境的破坏，很多候鸟都不在附近停歇时说的话。正话“集”有两读：“鸟停树上”意属白读；“集中”意是文读，为 [$ts\text{ɐ}p^5$]。“集”字是鸟停树上的象形。《诗·唐风·鸨羽》“肃肃鸨羽，集于苞栩”，范仲淹《岳阳楼记》“沙鸥翔集”，两个“集”都是鸟停歇的意思。

**臭** $ts^h\text{ɐ}u^{55}$ 难闻的气味。“臭丸”指樟脑油的味道，“臭熟”指馊味，“臭腥”指鱼腥味。此类意义普通话都不用“臭”表示。古汉语中“臭”的意义范围比正话广，可以泛指气味，包括香味。《诗·大雅·文王》“上天之载，无声无臭”里指气味。《易·系辞上》“同心之言，其臭如兰”里是香味。《孔子家语·六本》“与不善人居，如入鲍鱼之肆，久而不闻其臭”里指腥味。普通话“臭”的语义范围比正话还要小，只指粪便及与之相似的味道。“臭”的词义范围演变，总体趋势是缩小，正话处于古代汉语到普通话的过渡阶段，不可表示香味，但也不局限粪便之味，指的是难闻之气，即古文中的“恶臭”。

**度身** $t\text{ɔ}k^{214}s\text{ɐ}n^{33}$ 量身高，量体裁衣。“度”古有“丈量”意。《孟子·梁惠王上》：“度，然后知长短。”正话保留了这一用法。

**翼** $zek^5$ 翅膀。鸡翅膀叫“鸡～”，飞蛾叫“白～仔”。民间故事《牛郎与织女》“好似生倒翼咁式”，译为“好像长了翅膀似的”。普通话只在词组中保留“翼”的古义，如：比翼双飞、羽翼丰满等。这是古语词。《易·明夷》“明夷于飞，垂其翼”，王粲《登楼赋》“兽狂顾以求群兮，鸟相鸣而举翼”，都是“翅膀”之意。

**湴** $pa\eta^{55}$ 烂泥。可单用，也见于“泥湴”“湴蛇”等词语及谚语“雨撒惊蛰，湴瓮爆裂”中。当地地名也常用此字，例如：横湴。古汉语“湴”的意义为“深泥也”，见于“湴河”一词，谓陷入泥淖之中，星命家用来比喻遭逢厄运。《唐六典·太常寺·太卜署》“凡禄命之义六”，唐李林甫等注：“一曰禄，二曰命，三曰驿马，四曰纳音，五曰涖河，六曰月之宿也。”俞樾《茶香室续钞·涖河》：“涖河之义，正谓如行泥淖中。”

**髀** pi³¹ 大腿，可组合为“大髀”“鸡髀”等词，裤脚也可叫“裤髀”，还有引申义为双轮车的车辕，叫“车髀”。古汉语“髀”有“大腿”意。《说文》：“髀，股也。”李斯《上书秦始皇》：“夫击瓮扣缶，弹筝搏髀而歌呜呜快耳者，真秦之声也。”“拊髀”记录拍大腿的体态动作，表示激动、赞赏等心情。

**姣** hau²¹³ 指女性淫荡，一般不单用。淫荡之女叫“姣婆”，女人风骚叫“发姣”。古汉语中，“姣”有“淫”意。《左传·襄公九年》：“弃位而姣，不可谓贞。”杜预注：“姣，淫之别名。”

**走** tsɐu³¹ 跑。快跑叫“快走”，逃跑叫“逃走”。与此相对应，行走叫“行”（详下）。“走”还可用于跑的引申义，例如：“走生日”，指因讨债、超生等原因外出躲避，或指动物发情求偶，这里的“走”是抽象的跑或逃跑。受普通话影响，有时“走”也表行走意。“前头走来个肥肥仔”，“走”即行走。“走”还有“离开”意，如“他跳起尾班车走诶”。“走”字的古字形即人奔跑之状。古汉语有“疾趋、奔跑”意，《韩非子·五蠹》：“田中有株，兔走，触株折颈而死。”

**行** heŋ²¹³ 行走。可单用：“我们一头行一头讲”。也可组成复合词或词组。走路叫“行路”，慢慢走叫“慢慢行”。还可表示抽象的行走，走运叫“行时”。也可用于时钟的钟摆移动：“这个钟有准，行快三分。”古汉语有“行走”意。《诗·唐风·杕杜》：“独行踽踽，岂无他人？不如我同父。”

**牛螕** ŋɐu²¹³pi³³ 牛身上的虱子。古汉语意为“牛虱”。《说文·虫部》：“螕，啮牛虫也。”《玉篇》：“螕，牛虱也。”元应曰：“今牛、马、鸡、狗，皆有螕也。”

**陂头** pi³³tʰɐu²¹³ 河坝。古汉语有“堤岸”意。《诗·陈风·泽陂》：“彼泽之陂，有蒲与荷。”毛传：“陂，泽障也。”

**沕水** mi⁵⁵sɔi³¹ 潜泳。古汉语意为“潜藏也”。贾谊《吊屈原文》：“袭九渊之神龙兮，沕深潜以自珍。”

**黄蜞** waŋ²¹³kʰi²¹³ 蚂蟥。古汉语为“水蛭”名。《集韵》：“蜞，虫名，水蛭也。通作蟇。”顾起元《客座赘语·纪虫》：“（虫）在水中者曰蜞，又曰蛭，俗曰马蝗。”

**镬** wɔk²¹⁴ 锅，特指固定在灶上的锅。“镬”是常用高频词，可以组成“镬头”“镬仔”“镬耳”“镬扫”“镬盖”“镬屎”等词语。古汉语为“无足鼎”，古时煮肉及鱼腊之器。《周礼·天官·亨人》：“亨人掌共鼎镬以给水火之齐。”“镬”与“鼎”属同义词，区别在于“鼎”有足，“镬”无足。

**缚** fɔk²¹⁴ 绑。绑起来叫“缚倒”，系鞋带叫“缚鞋带”。民间故事《两姊妹》“攞阿皮带缚诶她去”。可引申为拴。拴牛叫“缚牛”。“缚”还可用作名词，指用来捆绑的绳子之类，绑粽子的绳子叫“粽缚”。古汉语意为捆绑。《史记·淮阴侯列传》：“于是有缚广武君而致戏下者。”

**脢肉** mɐi²¹³zok⁵ 猪脊左右的两条瘦肉（不是附着在脊柱上的瘦肉）。《说文》：“脢，背肉也。”《易·咸》：“咸其脢，无悔。”

**窦** tɐu⁵⁵ 窠穴，大致与普通话的“窝”相当。“鸡母窦”指母鸡下蛋的窝，“蜂窦”是蜂窝。谚语有“龙床不如狗窦”，“狗窦”即狗窝，喻指贫穷的家。摇篮也可说“窦仔”。古汉语意为洞或孔穴，“狗窦”指狗进出的洞。《礼记·礼运》：“（礼义）所以达天道，顺人情之大窦也。”未见“窠穴”意的用例。窠穴应为洞穴引申义。

**挲** ɬa³³ 摸。例如：“留细蚊仔挲挲这个狗仔”，意为“让小孩摸摸这个小狗”。古汉语意为摸。蒲松龄《聊斋志异·黎氏》：“谢四望无人，近身侧，遽挲其腕。”

**叫** eu⁵⁵ 呼喊。“有叫梅香来吃”“你聋诶哦！叫你有应啊”都是“呼喊”意。“叫他屙屁把他闻”，“叫”表示命令。叫，《广韵》古吊切，见母啸韵去声。正话韵母声调相符，声母不符。可以考虑为声母脱落。也有人以为字当作“讴”或“吆”，义虽合，但这两字都是平声字，正话是去声，声调不合。古汉语意为“呼喊”。杜甫《早秋苦热堆案相仍》：“束带发狂欲大叫，簿书何急来相仍。”

**攞** lɔ³¹ 高频词，含义和用法很多：①娶。娶媳妇叫“攞新人”。②讨要。讨债叫“攞回钱”。③抓取。打扑克牌时抓牌叫“攞牌”。④索要。“攞钱冇钱，攞屋冇屋”。⑤赚取。“靠阿牛攞吃”。⑥自找。“裍裤屙屁攞事做”。⑦用。“攞阿皮带缚诶她去”。古汉语或写作木旁。《广韵》来可切，来母哿韵上声。有“捋”“拎”意。李文蔚《燕青博鱼》第三折“穿的那衣服，拖天扫地的，一脚踹着，不险些儿绊倒了，攞起衣服来，走！走！走！”中，“攞”意为拿。黄谷柳所著以香港粤语为背景的《虾球传·渡船》“用他们来保境安民，岂不是等于捉虫入粪门，自己攞来痛？”中，“攞”意为自找。

**毒** tou⁵⁵ 毒杀。不单用，可用于“毒鱼”“毒狗”“毒老鼠”等组合中。《广韵》徒沃切，定母沃韵入声。正话读音与《广韵》不对应，但是据潘悟云，正话音属于“毒”入声一读的演变，即经历了*lugs > dugs > du > dᵊuu > dəu > MC dɑu这样一个音变过程。这个读音的“毒”古汉语用作动词，意为“毒杀”。《山海经·西山经》“有白石焉，其名曰礜，可以毒鼠”，《新唐书·长孙无忌传》“皇太子建成毒王，王病，举府危骇”，与正话合。

**垢圿** kɐu³¹kɔi⁵⁵ 洗澡时皮肤上擦出来的污垢。垢，《广韵》古厚切，见母厚韵上声；圿，《广韵》古黠切，见母黠韵入声，正话声调不合。古汉语“垢圿”有“污垢”意，特指皮肤的污垢。《山海经·西山经》“钱来之山，其上多松，其下多洗石”郭璞注：“澡洗可以磢体去垢圿。”正话保留古词古义。

**拗** au$^{31}$①折断，如“拗蔗”“拗柴”“拗荔枝”。②违逆，这个意义读去声。“拗颈”意为“抬杠”，“拗倒冇把人做”意为“执拗着不给别人做”，都有违背他人意愿之义，是“违反”的引申义。这两个义项都与古汉语相合。《乐府诗集·横吹曲辞五·折杨柳枝歌》“上马不捉鞭，反拗杨柳枝”，拗即折断。《古今韵会举要》于教切，影母效韵去声，与正话读去声合。韩愈《答孟郊》“古心虽自鞭，世路终难拗”，拗即违逆。

**悭** han$^{33}$节俭、吝啬。省钱叫“悭钱”，吝啬叫“悭准$^{=}$”。《广韵》苦闲切，溪母山韵平声。古汉语意为吝啬。《宋书·王玄谟传》：“刘秀之俭吝，呼为老悭。”姚孝锡《闲居》诗：“耽书真是癖，惜酒近成悭。”

**喃** nam$^{33}$见于“喃斋”，意为道士念咒。道士叫“喃呒佬”。古汉语“喃”不单用，见于“喃喃”“呢喃”等双音词，是拟声词。“喃喃”是低语声，“呢喃”是鸟鸣声。方言“道士念咒”是低语声的引申义。

**欶** ɬɔk$^{214}$吮吸。吸烟叫“欶熟烟”，吸气叫“欶气”，吮吸手指叫“欶手指”，吸鼻涕叫“欶鼻”。古汉语意为“吮吸”。唐韩愈、孟郊《纳凉联句》：“车马获同驱，酒醪欣共欶。”

**罂** ɐŋ$^{33}$泛化指瓶罐之类。“罂仔”即瓶子，“酒罂”指酒瓶，“奶罂”是奶瓶，骨灰盒叫“骨灰罂”。“罂”还可用作量词：一罂醋。正话不用“瓶”字，词义范围与普通话的“瓶”也不完全等同。热水瓶叫“滚水壶”，不叫“罂”。古汉语意为小口大腹的瓦器或木器，用以盛酒或水。《墨子·备城门》：“用瓦木罂，容十升以上者，五十步而十，盛水且用之。”

**鱼笱** zi$^{213}$kɐu$^{31}$一种大型尖圆形捕鱼器。古汉语意为口小腹大的捕鱼器。《诗·邶风·谷风》：“毋逝我梁，毋发我笱。”“笱”“梁”都是捕鱼的设备。

**猪篼** tsi$^{33}$tɐu$^{33}$猪食槽。“篼”古有“饲马器”意。《说文·竹部》：“篼，食马器也。”与古汉语用法相比，正话略有引申，不是喂马，而是喂猪；不是竹制，而是石制。还可引申为其他容器，如“便盆”叫“屎篼”。

**褪** tʰɐn$^{55}$脱。脱衣服叫“褪衫裤”，脱鞋叫“褪鞋”。还引申为解下。故事《两姊妹》：“又快快褪下皮带。”正话还有“后退”意，倒车叫“褪车”。古汉语“褪”有两个读音：①《字汇》吐困切，透母慁韵去声；②没有反切，读[tui$^{51}$]。正话与第一个读音合。古汉语指衣装因宽松而脱出。欧阳修《浣溪沙》词之一“束素美人羞不打，却嫌裙慢褪纤腰”，也有“后退”意。沈与求《泛舟阻风》诗：“十篙八九褪，逆势何乃尔？”

**佮** kap$^{214}$ ①聚合。“佮手佮脚”指合力，“佮份”指凑钱。②交往。“佮伙计”指交朋友。③做形容词，指关系好，相处融洽。“他两个人好佮”。古汉语意为聚合。《说文·人部》：“佮，合也。”《中国谚语资料·一般谚语》：“耐可佮天下，勿可佮厨下。”

**壅** oŋ$^{33}$ ①堆肥。农谚“犁田过冬，好过担粪壅”。②埋。埋人叫“壅人”，把东西埋在地底下叫“壅东西”。故事《两哥弟》：“又捡那个狗去壅诶了。”“壅”在古汉语中的主要义项是堵塞。《国语·周语上》“川壅而溃，伤人必多”中引申为“在植物根部培土，堆肥”。《管子·轻重甲》：“次日大雨且至，趣芸壅培。”

**埕** $ts^{h}eŋ^{213}$ 小口大肚的坛子，如“酒埕”“油埕”等词。当地还有一种鱼的做法，叫“一夜情”，“情”是“埕”的谐音，即放在“埕”中腌制一晚，第二天取食，故名。未见古音记录。《通雅·器用》：“大瓮，今俗曰坛、曰埕。”李文蔚《燕青博鱼》第二折：“隔壁三家醉，开埕十里香，可知多主顾，称咱活杜康。”

**鸟** $teu^{31}$《广韵》有两个义项。①男阴：鸟仔。②男子性行为。古汉语只见第一个义项：冯梦龙《古今谭概·容悦·洗鸟》“大学士万安老而阴痿，徽人倪进贤以药剂汤洗之，得为庶吉士，授御史。时人目为洗鸟御史”。第二个义项没有记载，概为粗口而回避。

**晏** $an^{55}$ 中午，白天。中午叫“晏昼”，上午叫“上晏”，下午叫“下晏”。还可引申为“中饭”意。吃中饭叫“吃晏”，做中饭叫“煲晏”。古汉语“晏”有“晴朗”意。《淮南子·缪称训》“晖目知晏，阴谐知雨”汉高诱注：“晖目，鸩鸟也。晏，无云也。天将晏静，晖目先鸣。”与“雨”相对，意为“晴朗”。正话为引申义。

**捻** $nen^{31}$ 揉捏。“捻纺”即揉碎。古汉语为“以指捻物也”，即搓揉。贺铸《芳草渡》词：“羞泪下，捻青梅，低声问道几时回。”

**粜米** $t^{h}eu^{55}mi^{31}$ 卖米。此词正在丢失，年轻人已不知有此词，只说“卖米”。古汉语义同，如《管子·轻重丁》：“齐西水潦而民饥，齐东丰庸而粜贱。”聂夷中《咏田家》：“二月卖新丝，五月粜新谷。”

**籴米** $tek^{5}mi^{31}$ 买米。此词正在丢失，年轻人多说“买米”。古汉语意为“买进米”。《公羊传·庄公二十八年》“臧孙辰告籴于齐”汉何休注：“买谷曰籴。”颜之推《颜氏家训·治家》：“遣婢籴米，因尔逃窜。”

**伏窦** $pu^{55}tɐu^{55}$ ①孵小鸡；②母鸡抱窝。伏，《广韵》扶富切，奉目宥韵去声。意为“孵化”。《广韵·去宥》：“伏，鸟抱子，又音服。”《庄子·庚桑楚》：“越鸡不能伏鹄卵。”《汉书·五行志中之上》：“丞相府史家雌鸡伏子，渐化为雄。”另，本字不是“孵”字，声调不合。

**着（著）** $tsiak^{214}$ ①点亮：“阿灯又着啰”；②适恰：“这个公仔死倒好有着时”；③符合：“着心水”即“称心”；④正确：“算着”；⑤表结果：“寻着”即找到；⑥到达：“着墟”“大衙墟三六九一着”。“着”的古汉语义项较多，有“燃烧”意。《齐民要术·大小麦》“火既着，即以扫帚扑灭之，仍打之”有“适恰、值得”意。王道父《道父山歌》：“种田不收一年辛，取妇不着一生贫。”又王实甫《西厢记》第五本第二折：“那风风流流的姐姐，似这等女子，张珙死也死得着了。”“着”还可做动态助词，用在动词后，表示动作的目的或结果。陆龟蒙《送豆卢处士谒宋丞相序》：“未尝干求诸侯，故没没然无一人道着名字。”正话继承了古汉语，又有所引申。

**肥** fɐi$^{213}$ 兼指人畜。胖子叫“肥佬”，肥肉叫“肥猪肉”。另外，正话“肥”还有“肥沃”“肥料”意。“肥田”指肥沃的田。“下肥”指撒肥料。古汉语即可用于牲畜，也可用于指人，如：《礼记·礼运》“四体既正，肤革充盈，人之肥也”。白居易《旱热》诗之二：“肥者不禁热，喘急汗如浆。”今普通话，人用“胖”，动物用“肥”，这种区别是后起的。“胖”较早的用例见于明代。《水浒传》第六回：“当中坐着一个胖和尚，生的眉如漆刷，脸似墨装。”

**把** pa$^{31}$ 给予、赠送。给钱叫“把钱”，送给别人叫“把人”，给面子叫“把脸”。古汉语也有此义。《京本通俗小说·拗相公》：“轿夫只许你两个……却要把四个人的夫钱。”《儒林外史》第五回：“况他又心慈，见那些穷亲戚，自己吃不成，也要把人吃；穿不成的，也要把人穿。”

**炊** ts$^{h}$ɔi$^{33}$ 蒸。“炊饭”即蒸饭，“炊面包”即蒸馒头等面食，“炊大粑”即蒸熟的米食。古汉语的“炊”有“烧火煮熟食物”意。《战国策·秦策一》：“嫂不为炊。”高诱注：“不炊饭也。”特指蒸熟。潘荣陛《帝京岁时纪胜·春盘》：“新春日献辛盘，虽士庶之家，亦必割鸡豚，炊面饼。”

**生** ɬɐŋ$^{33}$ ①活、活的。活鱼叫“生鱼”，树种下后活不了说“栽下冇得生”。②长。长高叫“生高”，“他鼻公高高，生倒似番鬼佬”。“她生得正⁼丑”，即她长得这么难看。③植物生长。“嫩叶生出来”。④发生疾病。“生疮”意为长疮，“生双鹅”意为双侧扁桃腺发炎，“生鸡胸”发佝偻病。还有一些常见义项，如“生孩子”“不熟”等义项与普通话及其他方言多相同，这里从略。

# 第三节

# 民俗文化词

**年例** nen$^{213}$li$^{55}$ 以村为单位祭祖团聚的节日。这是当地一个特殊的民俗节日。当地村民也过春节，但是更重视年例，其热闹程度、酒筵的丰盛以及参与人数之多都非春节可比。年例的日期每个村不一样，一般集中在春节前后的时间，但可以是一年中的任何一天。华楼村的年例是正月初四。这一天，村民都要回村，在村中举行盛大的祭祖活动。按民间习俗，要将本村祭祀的神灵公请出庙堂，绕村出游，以求福祛灾。村民则在自家门口排放祭品，燃放鞭炮，焚香祭拜，送上红包。最后要请公看戏，即将公像摆放在戏台对面，连续几天演戏。村民则在自家大摆筵席，招待亲友。少则数台，多则几十台；耗资少则几千，多则数万。婚丧酒宴，来宾要送上厚礼，年例则无须送礼，或是象征性地送点水果即可。来往的客人主要是亲戚、朋友、同学，也可以是朋友的朋友，同学的同学。上门都是客，来者都欢迎。随着生活水平的提高，亲朋多自驾车前往，交通堵塞成为常态，为此，村中要成立阵容庞大的治安队伍，维护年例的秩序。另外，过年例要做几台甚至几十台酒筵，开销很大，部分家庭有经济压力。举行年例庆典，村民接待宾客叫“做年例[tsu$^{55}$nen$^{213}$li$^{55}$]”，也叫“做初四[tsu$^{55}$ts$^{h}$ɔ$^{33}$ɬi$^{55}$]”。参加年例宴席叫“吃年例[k$^{h}$iɐt$^{5}$nen$^{213}$li$^{55}$]”。

**公** koŋ$^{33}$ 民间泛指膜拜的神灵。可以是祖先，也可以是其他神灵。灶王爷叫“灶头公”，门神叫“门神公”，关武帝叫“武圣公”，连雷州的石狗也叫“石狗公”。神灵庙叫“公庙”，祭拜祖先或神灵叫“拜公”。

**等公** tɐŋ$^{31}$koŋ$^{33}$ 民间指恭候神灵。即把神从五福庙里请出来，挨家挨户巡游。乡民摆上祭品，在家门口恭候。年例结束后，要将“公”送回五福庙，村民恭送。等公也可成为“年例”的代称。目前只在华楼村听到这个词。

图 1　等公　华楼 /2017.2.4/ 陈云龙 摄

**接公** tsep$^{214}$koŋ$^{33}$ 民间做年例时，将神像从五福庙中请出巡游并摆放看戏的过程和仪式。正月初三要沐浴斋戒，用柚子叶煮水洗澡，擦洗神轿。初四早上去五福庙接神。接神时，先由神职人员抛掷杯珓：当杯珓一个阴面一个阳面时，表示神同意了；如果都是阴面或都是阳面，表示神不同意，就要反复抛掷，直至出现一阴一阳。神同意了，方可由德高望重者去“捧公 [poŋ$^{31}$koŋ$^{33}$]”，即将神从神坛抱出，放到华丽的“公轿 [koŋ$^{33}$keu$^{55}$]”上。与此同时，年轻漂亮的信男善女则在外恭敬等候，等神上轿了，就把神护送到戏台对面的座位上“看戏”。

**送公** ɬoŋ$^{55}$koŋ$^{33}$ 民间习俗，年例结束后要将神送回庙里。送公同样庄重热闹，一般由接公的队伍负责，全体村民都要出来恭送，同样要燃放鞭炮，敲锣打鼓。最后由长者将神像抱回五福庙摆放好，大家顶礼膜拜。“送公”意味着年例的结束。

**做初二** tsu$^{55}$ts$^{h}$ɔ$^{33}$ɨ$^{55}$ 每个农历双月初二杀猪祭祀土地公的民间风俗。这个风俗有个来源，传说天帝要招土地公上天，问他对人间还有什么留恋，土地公说，还想喝一碗“全猪汤 [ts$^{h}$en$^{213}$tsi$^{33}$t$^{h}$aŋ$^{33}$]”，即用整头猪的肉及内脏煮的汤。天帝听说后一脚把他踢回了人间。因此，人们在每个双数月份的初二就给他做全猪汤。以前每个村有公产，买猪的钱由公产出。现在买猪的钱由各家各户凑集，杀完猪以后，用猪肉及内脏煮汤，祭祀土地公，然后将猪肉分给村民。

**游神** zau²¹³sɐn²¹³ 民间习俗，由德高望重者组织，俊男靓女组成仪仗。男着长衫，女穿旗袍；男戴礼帽，女着凤冠。举彩旗华扇，撑红伞擎帷幔，用“公轿”抬着“公”的塑像，推着香炉，挨家挨户祈福禳灾，接受村民的膜拜。一路鞭炮声不绝，香火旺炽，热闹非凡。这个过程叫“游神”。

图 2 游神 华楼 /2016.2/ 陈云龙 摄

**看花** kʰan⁵⁵fa³³ 当地迷信说法。将人比作一棵树，树的花开花落、繁茂凋零反映了人的生死祸福。传说这棵树在阴间，人们想了解自己或家人的凶吉祸福情况，要请问花婆去看，这叫看花，也叫问花。从事问花职业的女性叫问花婆，也叫下花婆；男性叫问花佬。问花婆通过所谓的阴魂附体，进入阴间察看花树的生长情况，附会人的健康祸福。比如，说树上有虫，把花吃了，人就会生病。问花婆把虫除掉了，病就好了。看花也常探问已故家人在阴间的情况，问花婆可以模仿死者的声音、神情，与生者对话。

**牛踏脚** ŋɐu²¹³tap²¹⁴kiak²¹⁴ 非整数生日，也就是小生日，正话叫“牛踏脚”，广州话叫“牛一”。为什么叫“牛一”？有一种说法是“生”拆字而来，“生”可析为“牛”“一”，且“牛”在“一”上，踏步前行，就像人一岁一岁长大，故名。这个说法有一定道理，但是也有可能跟“牛”图腾文化有关，也就是与早期居民（如瑶族）的“牛”崇拜有关。

**五福庙** wu³¹fok⁵meu⁵⁵ 全称“五福境主庙”，民间敬奉土地神的华楼陈姓专用庙。每年双月初二都有祭祀活动，年例的祭祀更隆重，平时每家有事也独自敬奉。也叫“小庙”。

**做一** tsu⁵⁵zɐt⁵ 做大寿，正话叫“做一”。一般五十以上的生日满整数才做寿。如六十大寿就是在满六十岁那年做，但是算六十一岁，因此叫“做一”。这与大多数地方“做九不做十”的风俗不同。

**出炮** tsʰɐt⁵pʰau⁵⁵ 添丁礼仪。在过去一年生了男丁的家庭，新年初二这一天，在鞭炮上绑上钱币，多为小额，也有少数五十、一百的大额。乡亲尤其是小孩，知道哪家添丁，初二那天一早就会聚集哪家门口，一来祝贺，二来抢绑有钱币的鞭炮。当人聚集到一定的数量，添丁的人家就会将鞭炮撒向人群，人们疯抢，欢声笑语，热闹非凡。这是华楼添丁的庆祝仪式，同周围挂灯的习俗不同。

**关圣庙** kuan$^{33}$seŋ$^{55}$meu$^{55}$ 是华楼庙宇之一，供奉关公，供周围村民祭拜，不限于陈姓。该庙位于村口，也叫“大庙”。

**福头** fok$^{5}$t$^{h}$ɐu$^{213}$ 祭祀活动的主持人。例如：做每一个双月初二啊，都是他做福头。

**岭头** leŋ$^{31}$t$^{h}$ɐu$^{213}$ 即丘陵，也叫“坡”。与“田垌”相对。田垌是水田，岭头为旱地。田垌种水稻，岭头种果树。岭头多是电白的地形特征，也是电白广种荔枝的条件。当地地名多用“坡”命名，如禾塘坡、大坡、坡心、豆坡、北溪坡、车仔坡、山猪坡等。

**粑** ma$^{33}$ 蒸炸食物的通称，是当地流行的食物。粽子叫“古粽粑”，年糕叫“炊大粑 [ts$^{h}$ɔi$^{33}$ta$^{55}$ma$^{33}$]”，发糕叫“发粑”，葱炸又叫“葱粑”，饺子不是当地食物，当地人指称该种食物为“饺子粑”。这个名称相当于客家话的“粄”，江西赣语的“粑”，闽语的“粿”。

**粇** et$^{214}$ 糯米做的有馅食物。

**先祖堂** sen$^{33}$tsu$^{31}$t$^{h}$aŋ$^{213}$ 祭祀支房祖先的祠堂，规模较小，也是办丧事的地方，族人去世后放在这里停放、收殓、祭拜。也叫“香火厅 [hiaŋ$^{33}$fɔ$^{31}$t$^{h}$eŋ$^{33}$]”。

**豆饼** tɐu$^{55}$peŋ$^{31}$ 当地的豆腐品种，用卤水调制（不用石膏），小块压榨。豆饼味道鲜美，是当地名菜。

图 3　豆饼　华楼 /2017.4/ 陈云龙 摄

图 4　蚝炸　华楼 /2017.4/ 陈云龙 摄

**蚝炸** ɔ$^{213}$tsa$^{55}$ 当地食物名，用小蚝拌面粉油炸而成，香脆可口。类似做法的食物还有牛肺炸、芋头炸、豆饼炸、番薯炸、鱼炸、狗儿炸（小鱿鱼）、葱炸等。这类词的结构是修饰成分“炸”放在后面，被修饰成分放在前面。

**盖仔粑** kai$^{55}$tsɐi$^{31}$ma$^{33}$ 当地著名小吃，米粉、芋头等做成的食物。先将米磨成粉浆，导入浅圆形竹器蒸熟，然后划割成小方块，配上花生粉食用。这种竹器叫“盖仔”，所以把这种食物叫“盖仔里”。“盖仔”原用篾制，现在多为金属制品。此种食物在粤西很普遍，其他地方多叫“簸箕炊”。

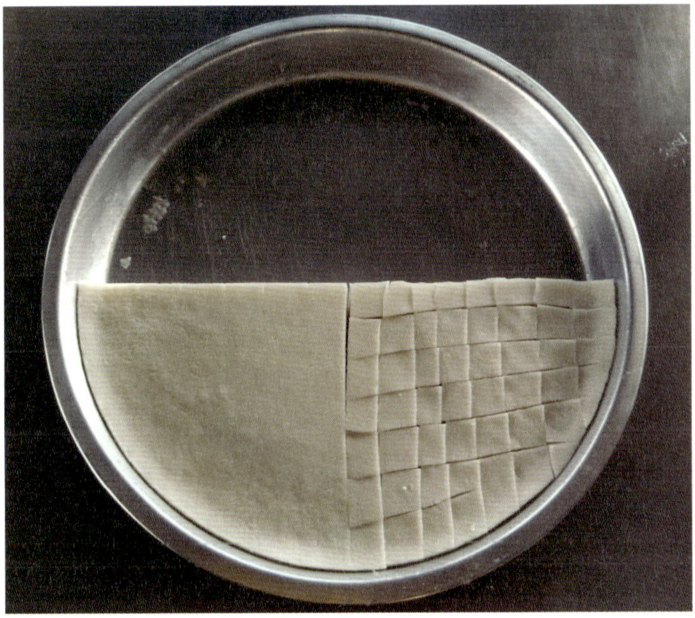

图 5　盖仔粑　华楼 /2017.4/ 陈云龙 摄

**烧猪** seu³³tsi³³ 当地食物，一般选用小型猪种，放在专用烤炉烧烤，烤熟后全身暗红，皮焦脆。清明节流行用一整只烧猪祭祖。婚庆节日也常用作菜肴。一般将烧猪切成小块，红皮朝上摆放在盘内，配以白糖、甜酱蘸食，香甜可口。

**龙眼燶** loŋ²¹³ŋan³¹tsau³³ 带壳的干龙眼。当地盛产龙眼，为了便于长期保存，当地将新鲜龙眼带壳晒干，叫龙眼燶。龙眼燶与元肉不同。元肉是用新鲜龙眼制成的龙眼肉，去壳去核。

**三眼过** ɬam³³ŋan³¹kɔ⁵⁵ 当地旧式房屋名称。"眼"是用于房间的量词，三眼即一排三间的平房，中间为厅，左右为房。在房的一侧或两侧可建厨房、猪栏等。建筑材质多为土坯或火砖。规模大、房间多的叫"五眼过""七眼过"。

图 6　三眼过　华楼 /2017.4/ 陈云龙 摄

图 7　五眼过半装　华楼 /2017.4/ 陈云龙 摄

**五眼过半装** wu$^{31}$ŋan$^{31}$kɔ$^{55}$pɔn$^{55}$tsɔŋ$^{33}$ 当地旧式房屋名称，有五间房，是过去比较好的房屋。

**利市钱** li$^{55}$si$^{55}$ts$^{h}$en$^{213}$ 当地贴在门楣上的吉祥字条，上书“丁财两旺”“心想事成”等吉祥用语。图 8 是齐备的门面张贴，有对联、横批、门神、利市钱。

**堡** pou$^{31}$ 四周围起来的防御性建筑。明清时代电白匪患猖獗，因此当地多有“堡”这类建筑。华楼原名华楼堡，现在还有一个自然村叫华楼堡。在村口原有一堡，四面筑坚固高墙，墙角有碉楼，环堡种刺竹，作为第一道堡垒。盗贼至则村民入堡躲避、抵御。现在隐约可见堡的痕迹。

**天井** t$^{h}$en$^{33}$tseŋ$^{31}$ 旧式建筑中在屋内的屋顶留出的露天部分，主要用来采光。

图 8　利市钱　华楼 /2017.4/ 陈云龙 摄

图 9　天井　云浮 /2017.4/ 陈云龙 摄

图 10　簕竹　华楼 /2017.4/ 陈云龙 摄

图 11　鬼仔戏　茂名 /2016.12/ 陈云龙 摄

**簕竹** lɐk$^{5}$tsok$^{5}$ 多刺的竹子，成丛分布，多种于建筑物周围，起一定的防御作用。

**鬼仔戏** kuɐi$^{31}$tsɐi$^{31}$hi$^{55}$ 粤西普遍流行的木偶戏。也叫“木头碌[mok$^{5}$t$^{h}$ɐu$^{213}$lok$^{5}$]”。木头碌是一节木头的意思。因为木偶戏的人物造型是用一段木头雕刻而成，然后戴帽穿衣，由艺人操纵表演，故有此通俗称谓。木偶戏一般由一人演唱，即唱念做打都由一人完成。木偶戏都用粤语演唱。此演出在粤西很受欢迎，年例、神诞、婚庆、求财、入火等喜庆时刻多邀请戏班演出。年例时一般对着“公”演，没有人看也要演下去，因为民间认为是演给神看的。随着现代歌舞的兴起，看木偶戏的人渐趋减少，木偶戏也渐趋式微。

**灶仔** tsou$^{55}$tsɐi$^{31}$ 一种大型的炉子，铁制，华楼村民经常要大摆筵宴，需要有大型炉子蒸煮食物。具有灶的功能，又比灶小，所以称灶仔。“灶仔”还可指小型灶。当地节日众多，婚丧又要大摆筵宴，所以这种大型的炉子很普及。

图 12　灶仔　华楼 /2017.4/ 陈云龙 摄

**牛棚** ŋɐu$^{213}$p$^{h}$ɐŋ$^{213}$ 当地牛栏建于室外，用四根石柱支撑，上覆稻草，既可防日晒雨淋，又可供牛食用。牛饿则举头抽食，饱则卧地休息，非常科学，也适应南方的气候特点。也有室内的，叫“牛屋[ŋɐu$^{213}$ok$^{5}$]”。

图 13　牛棚　廉江 /2017.4/ 陈云龙 摄

图 14　拜公篮　华楼 /2017.4/ 陈云龙 摄

**吃粥台** $k^hi\text{ɐ}t^5tsok^5t^hai^{213}$ 饭桌。为什么不叫“吃饭台”？这可能有两个原因，一是当地曾经历过只吃得上粥、吃不上饭的困难年代，这在调查时多次听到发音人提及，甚至粥也是水多米少。这个词记录了这段历史。二是电白以福建移民居多，闽人吃饭叫“吃糜”，所谓“糜”是不黏稠的稀饭。正话没有这个词，便用同义词“粥”表示。

**拜公篮** $pai^{55}ko\text{ŋ}^{33}lam^{213}$ 盛放祭品的专用篮子。现在见到的多为塑料制品，红色，圆形，有盖，有提手。每家必备，因为村中祭祀活动很多，拜公篮使用频率很高。这种篮子在城市中很少见。

**粪箕□** $f\text{ɐ}n^{55}ki^{33}ki\text{ɐ}t^5$ 小孩夭折后，装在粪箕里，用扁担一头扛着去埋。指小孩夭折，也成为咒小孩的詈语。

**猪笠** $tsi^{33}l\text{ɐ}p^5$ 装猪的大眼儿竹篓。笠，古代指斗笠，方言中多指关禽畜的笼子。梁启超《中国外交方针私议》九：“及其既入笠，从而招之，则永世不能以自拔。”

图 15　猪笠　华楼 /2017.4/ 陈云龙 摄

## 第四节

# 关系词

所谓“关系词”是指正话与相关方言共有的词语。正话作为明代传入的官话方言，在广东电白粤、闽、客诸方言的环境中生存流变，与周边方言发生关系，因此，关系词主要从与官话相同或与周边方言相同这两个方面进行考察。从正话的词汇情况看，正话受粤语影响大，因此，周边方言主要选择粤语进行比较，适当考察闽、客关系词。

关系词的判断从词素、词义和读音等方面考察。词素、词义与官话相同而与周边方言不同的可视为官话关系词，与粤语相同而与官话、闽、客不同的则视为粤语关系词。如果词素、词义相同，就从读音判断。读音与普通话有对应关系：相同或相近，则为官话关系词；与粤语相同则为粤语关系词。

关系词是考察方言接触演变、强弱变化以及濒危趋向的视角，关系词的多寡影响方言性质和方言走向。

## 一　官话关系词

官话关系词主要与普通话进行比较，适当参照其他官话方言。以下词语或语素与官话相同，读音与普通话对应，而与周围方言不同。来源于正话其他点的词随文说明。客家话、闽语、粤语的记音为本地读音。例如：

### （一）词素相同

**东西**toŋ$^{33}$ɬi$^{33}$泛指物。购物叫“买东西”，抢劫叫“抢东西”，旧货叫“旧东西”。“东西”也可指人，相当于普通话的“家伙”，一般是贬义，如“有人讲得过这个东西”。“东西”还可指“礼物”，如“你心意我领诶，东西我冇爱”。粤语、客家话叫“嘢”，闽语叫“物”。

**晚**wan$^{31}$夜晚。正话用“晚”，见于“年卅晚”“哭晚”等词。还可引申为晚餐，吃晚饭叫“吃晚”。还可表示“最小的”之意，最小的儿子叫“晚仔”。但是，正话称夜晚为“马⁼黑头”，来晚说“来迟”。与普通话不完全等同，但与周边方言不同。粤语用“黑”，客家话、闽语用“暗”。

**看** $k^han^{55}$ 以视线接触人或事物，正话用“看”。可单用，也见于“看书”“好看”“看病”“看得起”“看风水”等词，可引申为“看守”，如：“看屋”。还可虚化为表尝试，如“尝尝看过”，这些都与普通话对应。粤语、客家话用“睇”，闽语用“□[$k^ham^{22}$]”或“瞑”。

**脸** $len^{31}$ 面部，正话用“脸”，可单用，也见于“洗脸”“大花脸”“你头我脸”“脸熟”“像脸”等词。还可虚化为面子，“有脸”表示“有面子”等意。普通话用“面”的地方，正话也用“脸”，如：对面叫“对脸”。其他方言都用“面”。

**母** $mu^{31}$ “雌性”意的词素，正话用“母”。可表示“雌性”意，如“鸡母”“马母”“老虎母”等。可表示“大”意，如：“刀母”“牙母”“蛄蝇母”，还有习惯用法，如“姜母”。“雌性”意与普通话相同，其他义项是其他方言相应词素的转写。粤语、客家话用“乸”，闽语用“婆”。

**站** $tsan^{55}$ 站立，正话用“站”，罚站叫“站堂”等。还可表示“立放”意，“站扫”是竹制大扫把。还用于汉字偏旁名称，“单站人”即单人旁，可引申为“陡峭”意，如“这个坡好站”。与普通话的“站”“立”相当。其他方言都用“徛”。也有“车站”意。

**蛋** $tan^{55}$ 禽类的“卵”，石桥点称“蛋”，与普通话相同。华楼点只有“蛋糕”这个新词用。另外，零分叫“零鸡蛋”，这可能保留了曾经用“蛋”的痕迹。其他情况下用“春”。粤语、客家话用“春”，闽语用“卵”。

**回** $wɐi^{213}$ 表示“返回”的动词，正话用“回”。回家叫“回屋”，回娘家叫“回外家”。“吃倒回诶，我将凑⁼你慢慢梳啊”，“回”即回来。送别的时候，客人说：“你回啊！”“回”即回去。也可说“回来”：“买两个牛回来”。粤语用“返”，客家话、闽语用“转”。

**睡** $sɔi^{55}$ 睡觉，正话用“睡”，也说“睡觉”。打瞌睡叫“春眼睡”，卧铺叫“睡铺”，躺椅叫“睡椅”，做梦叫“睡梦”。粤语用“瞓[$fɐn^{21}$]”，客家话也用“睡”，闽语用“瞌[$k^hɔi^{55}$]”。

**锅** $wɔ^{33}$ 炒菜的炊具，铺贝、石桥点用“锅”。华楼点同粤语、客家话一样用“镬”，闽语用“鼎”。

**耍** $ɬa^{31}$ “玩耍”。平湖点用“耍”。华楼点只有“耍把戏”还用“耍”，其他情况下与当地粤语、客家话相同，都用“嫽”，闽语用“□[$lam^{33}$]”。

**他** $t^ha^{33}$ 第三人称代词，正话用“他”。粤语、客家话用“渠”，闽语用“伊”。

**这** $tsi^{55}$ 近指代词，正话用“这”。粤语用“嗰”，客家话用“个”，闽语用“□[$za^{55}$]”。

**那** $na^{55}$ 远指代词，正话用“那”。粤语用“□[$nu^{55}$]”，客家话用“□[$nai^{53}$]”，闽语用

“□[$ha^{55}$]”。

**们** $mɐn^{213}$ 代词复数词缀，正话用“们”。粤语用“哋”，客家话用“人”，闽语用“侬”。华楼点受粤语影响，也用“哋”。

**刚** $tsiaŋ^{33}$ 表示“刚才”意的副词，正话用“刚”，可以重叠为“刚刚”。例如：“刚买阿鞋穿起来打脚”“冇知，刚讲完，两个牛角真是漏下来诶”。粤语用“啱”，客家话用“正”，闽语用“那⁼[$na^{55}$]”。

**桌** $tsɔk^{214}$ 桌子，石桥点用“桌”。华楼点与粤语、客家话相同，用“台”，闽语用“床”。

**个** $kɔ^{55}$ 个体量词，如“一个月”“哪个”“夫妻两个”“成个”“个把”等。“一个”可只说“个”，如“甭个钟头，又犁完那块田诶”。又如“个箩个”是一个箩放一个（小孩）的意思。粤语、客家话用“只”，闽语用“其”。

**下** $ha^{55}$ 由高往低的动作，正话用“下”。卸货叫“下货”，放盐叫“下盐”，施肥叫“下肥”。还有“下车”“下地”“下堂”“睡下”“吃冇下”等词。粤语、闽语、客家话都用“落”。正话与普通话一致。

**布伞** $pu^{55}ɬan^{55}$ 挡雨的工具，也简称“伞”。与普通话相同，不同于粤语。粤语叫“雨遮”或简称“遮”。不过，“伞”读去声，而不是像普通话那样读上声。这有可能是另一种形式的避讳。粤语通过换用同音字“遮”避讳，正话通过改变声调避讳，避免与“散”谐音。

**（二）语音对应**

**我** $wɔ^{31}$ 第一人称代词，正话老派用“我”，读[$wɔ^{31}$]，粤语、客家话、闽语也都是用“我”，但是读音不同，粤语读[$ŋɔ^{35}$]，客家话读[$ŋai^{213}$]，闽语读[$va^{31}$]。正话与普通话有对应关系，读音接近，与其他方言声韵不对应，读音相差较大。

**五** $wu^{31}$ 基数词“五”，正话读[$wu^{31}$]，粤语读[$m^{13}$]，客家话读[$ŋ^{31}$]，闽语读五[$ŋeu^{31}$]。正话与普通话相同，与其他方言不同。

**二** $ɨ^{55}$ “二”，老派读[$ɨ^{55}$]，是典型的零声母。今普通话读[$ɚ^{51}$]，也是零声母。将正话同普通话比较，不仅声母相同，而且韵母也符合音变轨迹，去掉翘舌成分，元音非常接近。正话“二”的读音折射了正话与官话对应，保留了官话的特征。[ɨ]韵母的字还有“耳”字。

**芽** $za^{213}$ “豆芽”之“芽”，正话山塘点读[$za^{213}$]，粤语读[$ŋa^{21}$]，客家话读[$ŋa^{22}$]，闽语读[$ŋɛ^{22}$]。正话与普通话读音接近，与周围方言不同。

## 二　粤语关系词

粤语关系词指语素或语义与粤语相同而与普通话不同的词语。粤语主要指当地白话。这类词语较多，下面举例说明。

**煲** pou$^{33}$ ① 锅、罐，做名词用，也叫“罂煲”，也可根据材质叫“瓦煲”“钛煲”等。② 煮、炖，做动词用。煮饭叫“煲饭”，煮汤叫“煲汤”，烧开水叫“煲滚水”，煎药叫“煲药”。③引申为过日子，“他一个人过”说“他自己煲”。“煲”是粤语特征词，尤其是“煲汤”一词广为知晓。普通话一般说“煮”，正话与粤语相同。

**孖** me$^{33}$ ①成双成对，双胞胎叫双孖仔、双孖妹。②做动词，一般指两人同用共享。同床睡叫孖铺，在同一个桌子上吃饭叫孖台。“孖”是粤语特征词，普通话没有这个词。正话受粤语影响。

**靓** leŋ$^{55}$ 漂亮、美好。英俊男生叫“靓仔”，漂亮女孩叫“靓妹”，好米叫“靓米”，豪宅叫“靓屋”，打扮叫“扮靓”。“靓”可以用于人，也可指物；可以形容外表，亦可表示内在。“靓”是粤语特征词。正话与粤语相同。

**啱** ŋam$^{33}$ ①符合、适恰：啱心水；你将调啱阿埏；啱冇啱你阿口味啊？ ② 合得来：马骝呢就冇凑⁼阿狮子啱。③恰巧：“碰啱”是碰巧；正⁼啱，他也姓王。“正⁼啱”即这么巧，“啱”是粤语特征词，华楼正话受粤语影响，使用频率高。

**郁** ȵiok$^{5}$ 普通话“动”，正话叫“郁”，动手叫“郁手”，别动叫“冇郁”，拿不动叫“拎冇郁”，她动不动就发脾气叫“她郁郁就发性”。这个词是粤语特征词。

**躟** lai$^{33}$ 最小的，最后的。最小的儿子叫“躟仔”，最小的叔叔叫“躟叔”，最后一名叫“躟名”，小拇指叫“手指躟”。谚语有“做女冇做大，做仔冇做躟”。“躟”是粤语特征词，正话与粤语相同。

**条** $t^{h}$eu$^{213}$ 量词，一般用于条状物，但是搭配的名词，正话多有不同于普通话之处。一个村子叫“一条村”，一张100元的钞票叫“大条钱”。扑克牌也用“条”，三个二叫“三条二”。谚语有“三个夫娘婆成条墟”，“墟”为集市，也用“条”做量词。其他比较特殊的搭配还有一条鞭炮、一条火柴、一条题目、一条钥匙、一条柱子等。

**纸** tsi$^{31}$ ①纸张；②纸币。第二个义项比较特殊。泛称时用“钱”，如“有钱”“冇钱”“收钱”“本钱”。但是，纸币叫“银纸”，也简称“纸”。五六千块钱叫“五六千文纸”，“鸡蛋一块钱一个”说“阿鸡春一文纸个”。粤语有这个义项，《广州方言词典》收有“银纸”“港纸”“大纸”等词。正话与粤语相同。

**银** ŋɐn$^{213}$ ①一种金属，即金银之“银”；②钱。第二个义项如：钱包叫“银包”，硬币叫“银仔”，一百块钱的老派叫法为“百银”。“银”是中国古代的货币，辛亥革命后改为纸币，因此，官话“银”也有“货币”意，如“银行”“银圆”，但是，货币的统称已经改为“钱”。粤语“银”的“货币”意保存的较多,《广州方言词典》收有“银纸”“银仔”“花红银”“碎银”“银包”等。正话应该是受粤语的影响。

**担** tam$^{33}$ ①挑；②撑举，撑伞说“担伞”；③搬，搬凳子说“担凳”。后两个义项粤语常见，《广州方言词典》有“担遮”“担大旗”“担凳来呢处坐”等用例。正话与粤语相同。

**壳** hɔk$^{214}$ ①较硬的外皮；②勺子，也称“壳仔”“瓠壳”。第二个义项的用例如：盛饭用的勺子叫“饭壳”，舀水用的“水壳”。“壳仔”还可做量词用，一勺汤叫“一壳仔汤”。普通话用“瓢”或“勺子”。粤语用“壳”，《广州方言词典》收有“饭壳”“粥壳”“油壳”等词语。正话与粤语相同。

**恶** ɔk$^{214}$ ①凶恶；②难、不易。第二个义项用例如：难办叫“恶做”，难受叫“恶抵”。“冇有单位，攞老婆是恶攞的”，“恶攞”即难找。不易沟通说“好恶讲话”。粤语有此义，《广州方言词典》收了“恶做”“恶开口”“恶捱”等词。闽语也有此义，《雷州方言词典》也收了“恶受”“恶抵”等词。

**叹** t$^{h}$an$^{55}$ ①赞扬：人熊叹那个田基佬。②享受：叹空调。普通话没有此义。正话同粤语。《广州方言词典》收有该词，但没有使用“叹”字，意为“受用，享受”，例词有“叹茶”“叹世界”等。正话与粤语相同。

**台** t$^{h}$ai$^{213}$ 桌子，也写作“枱”。圆桌子叫圆台，八仙桌叫四方台，长案叫长台，办公桌叫合作台，上桌叫坐台，课桌叫台仔。台也可做量词，一桌酒席叫一台酒。台是粤语特征词。正话与粤语同。

**上水** siaŋ$^{55}$sɔi$^{31}$ 猪内脏，一般为统称，有时也区分“上水”“下水”。“上水”指猪心、猪肺、猪肝等，“下水”指猪肠、猪肚等。普通话叫“下水”，正话与粤语相同。

**葱菜** ts$^{h}$oŋ$^{33}$ts$^{h}$ai$^{55}$ 蔬菜。菜地叫“葱菜地”。普通话叫“蔬菜”，正话与粤语相同。

**仙桃** ɬen$^{33}$t$^{h}$ou$^{213}$ 杧果。杧果树叫“仙桃木”。普通话叫“杧果”，正话与粤语相同。

**趁墟** ts$^{h}$ɐn$^{55}$hi$^{33}$ 赶集。正话叫“趁墟”，也说“去墟”。趁墟还可表示“逛街、游玩”意。普通话叫“赶集”，正话与粤语相同。

**龌龊** wɔk$^{214}$ts$^{h}$ɔk$^{214}$ 脏。普通话叫“肮脏”，正话与粤语相同。

**菜头** ts$^{h}$ai$^{55}$t$^{h}$ɐu$^{213}$ 萝卜。胡萝卜叫“红菜头”，萝卜干叫“菜头熷”，礤床叫“菜头刨”。普通话叫“萝卜”，正话与粤语相同。

**㸰牛** sa$^{33}$ŋɐu$^{213}$ 黄牛。与粤语相同。

**抵力** ti$^{31}$lek$^{5}$ ①辛苦；②不舒服。均与粤语相同。

**帮手** paŋ$^{33}$sɐu$^{31}$ 即普通话的“帮忙”。请你帮个忙说“请你帮帮手”，还有成语“帮手帮脚”。正话与粤语相同。

**翕** hɐm$^{31}$ 用于树木的量词。一棵树叫“一翕木”，长篇语料中有“我栽倒几翕棵桂味（木）”的用例。普通话用“棵”，粤语普遍用“翕”。正话与粤语同。

**马蹄子** ma$^{31}$t$^{h}$i$^{213}$tsi$^{31}$ 普通话称“荸荠”，粤语普遍叫“马蹄”。正话同粤语，但是多了个“子”。

## 三　官、粤同现词

所谓官粤同现指官话词与粤语词在正话中同时存在，都在使用。

**菜** $ts^hai^{55}$、**餸** $ɬoŋ^{55}$ 粤语有“菜”有“餸”。原本有区别：“菜”指蔬菜或未做熟的菜肴。“餸”指做熟的送饭用的菜肴，本字是“送”，原为动词“送饭”，后指送饭的菜，还专门造了一个俗字“餸”，并且泛化指所有的“菜”，有取代“菜”的趋势。普通话不说“餸”。正话“菜”“餸”并用。买菜也叫“买餸”，餸脚也叫“菜脚”，吃剩的菜叫“隔餐菜”。招待客人常说客气话“冇乜的餸”。正话的“餸”来源于粤语。

**洗身** $ɬi^{31}sɐn^{33}$、**冲凉** $ts^hoŋ^{33}liaŋ^{213}$ 洗去身上的污垢。普通话叫“洗澡”，而且有久远的历史，唐代就有用例，如于鹄《过凌霄洞天谒张先生祠》诗：“炼蜜敲石炭，洗澡乘瀑泉。”《汉语大词典》没有收“洗身”一词。柳州官话也叫“洗身”，正话同柳州官话。正话也说“冲凉”。澡盆叫洗身盆，也叫“冲凉盆”。“冲凉”是粤语特征词，正话受粤语影响。

## 四　闽、客关系词

**蚝** $ɔ^{213}$ 牡蛎。正话说“蚝”，读[$ɔ^{213}$]，有“蚝炸”“蚝油”等组合。粤语、闽语用“蚝”，但是粤语读[$hou^{21}$]，闽语读[$ɔ^{22}$]。正话与闽语合，是闽语关系词。

**颔** $ɐm^{33}$ 正话“脖子”叫“颔□[$lut^5$]”，大脖子叫“大颔”。“颔”是古语词，闽语保留这个用法，《厦门方言词典》有“颔头：脖子”。《雷州方言词典》有“颔下：下巴和脖子相连的部分”。正话与闽语同。另，广州话“脖子”说“下巴”，读[$ha^{22}p^ha^{21}$]，与正话不同。

**那⁼** $na^{55}$ 表示动作在某一条件下出现，如“喝杯茶那⁼讲”。又如“阿公一到位以后，阿戏班佬那⁼得做戏的”。“那⁼”后也可以接形容词：“爱几多那⁼够啊？”表示时间不久也可用“那⁼”，如“阿花那⁼红，就把人儿捡诶”。“那⁼”的这种用法来自粤西闽语，《雷州方言词典》写作“乃”，解释为“相当于副词‘才’”，例证有“等侬来齐乃开会”。正话与闽语一致。要强调的是，正话本身的“将”也保留（详见助词“将”）。与闽语“那⁼”同现。

**□** $kɐn^{55}$ 指冰冷的感觉。打铁时“淬火”也叫“□水”，意即放在冷水中快速冷却。《厦门方言词典》有“□[$gan^{21}$]①寒冷；使冷：水□；□霜。②淬火：□钢”。《雷州方言词典》有“浈 $kaŋ^{21}$ 冷：天寒天浈，去塍做工欠穿加几条衫”“浈水，淬水”。正话义及义项与闽语均相同。查《广州方言词典》《实用广州话分类词典》，未发现相关词条。可见，该词受闽语影响。

**燶** $tsau^{33}$ 干燥。天旱说“天燶”，扭干水叫“扭燶”，干柴叫“燶柴”，旱烟袋叫“燶包烟筒”，树木干枯也叫“燶”。“燶”还可指晒干的食物，干菜叫“菜燶”。“燶”是客家话的特征词，《梅县方言研究》：“燶，干燥。”还收了“燶虾仁”“燶樵”“燶壳”等其他词语。粤语用“干”，闽语用“干”“洘”。正话受客家话影响。

**嫽** leu$^{55}$ 玩。“去玩”说“去嫽”，“到公园去玩”说“去公园嫽”。谚语有“细蚊仔嫽泥沙”，喻不认真对待。开玩笑说“做嫽”，散步、逛街、串门都可以说“去嫽”，玩具叫“嫽具”。当地粤语也有此词语，但是，《广州方言词典》没有查到相同词条，《实用广州话分类词典》收“嫽”字，但词义不同。查《客家话通用词典》，主要客家话方言点如梅州、兴宁、惠州、曲江、武平、连城都说“嫽”。《汉语方言特征词研究·客家方言特征词》将“嫽”列为“粤客关系特征词”。姑且认为“嫽”是客语关系词。

**爱** ai$^{55}$ ①做动词，相当于普通话的“要”，如“你心意我领诶，东西我冇爱”。②做能愿动词，“爱”后接谓词性词语或短语：“我爱去书房”“爱杯珓转，将得去等公”。③表示将要。“快爱落水诶啰”意为“将要下雨了”。闽语有此用法，《厦门方言词典》：“要；应该：集体活动逐个爱参加。”粤语只有动词用法，没有能愿动词的用法。《广州方言词典》：“要：你爱唔爱呢本书？”因此，可以认为正话“爱”的用法来源于闽语。

**镭** lɔi$^{33}$ 旧时铜钱，见于“铜镭”这个词。查《闽南方言大词典》：“镭，旧指铜钱，今泛指金钱。”与正话同。正话读阴平，不读阳平，也与闽南语一致。粤语、客家话未见该词。

**痣** ki$^{55}$ “痣”是章古母字，正话声母读[k]，与古官话及粤语、客家话不符。查闽南语相同。章母字可读[k]是闽语的语音特点，正话受闽语影响。

# 第五章　分类词表

## 说明

1. 词汇表共收词或短语共7000条左右。

2. 第一节收录《中国语言资源调查手册·汉语方言》中的词汇条目，根据电白华楼旧时正话的实际情况有所删减。共14类，1190余条（不含同义词），均附音频。音频目录与《中国语言资源调查手册·汉语方言》词汇条目一致。（本方言不说的除外；同义词共用一个音频条目）

3. 第二节收词以《汉语方言词语调查条目表》（《方言》2003年第1期）为基础，根据电白华楼旧时正话的实际情况有所增删，共29类，5200余条，均不附音频。第一节已收的词条不在第二节出现（部分量词例外，因为这些量词还可以和其他名词组合）。

4. 每个词条一般先列方言说法，再标注方言读音，最后注释。不同义项加"① ②"等表示，并用"；"隔开。

5. 一般实物性的名词词形及词义都与普通话相同的词语只记录字形、字音，不做注释。抽象名词、形容词、动词以及一些语法性的词语，尽量注释，必要时加上例句。在例句中，该词条用"～"号代替。字的右上角加"="号的表示写的是同音字。方框"□"表示有音无字的音节。

6. 同义词第一条顶格排，并在注音后注释，其他各条退一格排列，不注释。一个词条的内容超过一行时，回行缩二格排列。

7. 凡第四章已收词语，前加"*"号，只写方言说法和音标，不做说明或解释。

8. 量词在注音之后组成含有这个量词的数量词组，其后的名词表示该量词的主要适用范围以及与名词的组合情况，如可用于多个对象，则在其后例举多个名词，名词之间用分号"；"隔开。如果量词比较特殊，则用小字注释。

# 第一节

# 《中国语言资源调查手册·汉语方言》

一　天文地理
二　时间方位
三　植物
四　动物
五　房舍器具
六　服饰饮食
七　身体医疗
八　婚丧信仰
九　人品称谓
十　农工商文
十一　动作行为
十二　性质状态
十三　数量
十四　代副介连词

## 一　天文地理

热头 zet$^{214}$tʰɐu$^{213}$ 太阳

　日头 zɐt$^{5}$tʰɐu$^{213}$

月光 zet$^{214}$kuaŋ$^{33}$ 月亮

天星 tʰen$^{33}$ɬeŋ$^{33}$ 星星

云 wɐn$^{213}$

风 foŋ$^{33}$

风台 foŋ$^{33}$tʰai$^{33}$ 台风

天眨眼 tʰen$^{33}$ȵiɐp$^{214}$ŋan$^{31}$ 闪电

　火蛇 fɔ$^{31}$se$^{213}$

雷公 lɔi$^{213}$koŋ$^{33}$ 雷

水 sɔi$^{31}$ 雨

落水 lɔk$^{214}$sɔi$^{31}$ 下雨

淋水 lɐm$^{213}$sɔi$^{31}$ 淋

晒 sai$^{55}$

落雪 lɔk$^{214}$ɬet$^{214}$ 雪；下雪

冰 peŋ$^{33}$

落雹 lɔk$^{214}$pɔk$^{214}$ 冰雹

落霜 lɔk$^{214}$ɬaŋ$^{33}$ 霜；下霜

雾 mu$^{55}$

雾水 mu$^{55}$sɔi$^{31}$ 露水

天弓 tʰen$^{33}$koŋ$^{33}$ 虹

天狗吃日 tʰen$^{33}$kɐu$^{31}$kʰiɐt$^{5}$zɐt$^{5}$ 日食

天狗吃月 tʰen$^{33}$kɐu$^{31}$kʰiɐt$^{5}$zet$^{214}$ 月食

天气 tʰen$^{33}$hi$^{55}$

　天时 tʰen$^{33}$si$^{213}$

* 天青 tʰen$^{33}$tsʰeŋ$^{33}$

天好 $t^hen^{33}hou^{31}$ 天晴
天阴 $t^hen^{33}zɐm^{33}$ 阴天
天旱 $t^hen^{33}han^{31}$ 旱
浸 $tsɐm^{55}$ 涝
天光 $t^hen^{33}kuaŋ^{33}$ 天亮
田 $t^hen^{213}$ 水田
坡 $p^hɔ^{33}$ 旱地；丘陵
田基 $t^hen^{213}ki^{33}$ 田埂
路 $lu^{55}$ ①道路；②胡同
岭 $leŋ^{31}$ 山
山 $san^{33}$ ①大山；②偏远
岭坑 $leŋ^{31}hɐŋ^{33}$ 山谷
江 $kaŋ^{33}$
河 $hɔ^{213}$
河仔 $hɔ^{213}tsɐi^{31}$ 小溪
水坑 $sɔi^{31}hɐŋ^{33}$ 水沟
水圳仔 $sɔi^{31}tsɐn^{55}tsɐi^{31}$
湖 $fu^{213}$
塘 $t^haŋ^{213}$ 水塘
水窟 $sɔi^{31}fɐt^{5}$ 水坑儿
发大水 $fat^{214}ta^{55}sɔi^{31}$ 洪水
发水涝 $fat^{214}sɔi^{31}lou^{33}$
发河涝 $fat^{214}hɔ^{213}lou^{33}$
水浸 $sɔi^{31}tsɐm^{55}$ 淹
河□ $hɔ^{213}pɔk^{214}$ 河堤
坝□ $pa^{55}pɔk^{214}$ 大坝
地牛翻身 $ti^{55}ŋɐu^{213}fan^{33}sɐn^{33}$ 地震
窿 $loŋ^{33}$ 洞
裂 $le^{55}$ 缝
石牯头 $sek^{5}ku^{31}t^hɐu^{213}$ 石头
石牯 $sek^{5}ku^{31}$
泥 $ni^{213}$ 泥土，统称
*湴 $paŋ^{55}$
红毛泥 $hoŋ^{213}mou^{213}ni^{213}$ 水泥
河沙 $hɔ^{213}sa^{33}$ 沙
沙仔 $sa^{33}tsɐi^{31}$
砖 $tsen^{33}$
瓦 $ŋa^{31}$
煤 $mɐi^{213}$
火水 $fɔ^{31}sɔi^{31}$ 煤油
火屎炭 $fɔ^{31}si^{31}t^han^{55}$ 炭
火灰 $fɔ^{31}fɐi^{33}$ 灰
烟尘 $zen^{33}ts^hɐn^{213}$ 灰尘
火 $fɔ^{31}$
火烟 $fɔ^{31}zen^{33}$ 烟
火烧屋 $fɔ^{31}seu^{33}ok^{5}$ 失火
水 $sɔi^{31}$
冷水 $lɐŋ^{31}sɔi^{31}$ 凉水
热水 $zet^{214}sɔi^{31}$
滚水 $kuɐn^{31}sɔi^{31}$ 开水
吸石 $hep^{214}sek^{5}$ 磁铁

## 二　时间方位

时 $si^{213}$ 时候
乜时候 $mɐt^{5}si^{213}hɐu^{55}$ 什么时候
如今 $zi^{213}kiɐm^{33}$ 现在
旧早 $zi^{31}tsou^{31}$ 以前
今后 $kiɐm^{33}hɐu^{55}$ 以后
一世人 $zɐt^{5}si^{55}zɐn^{213}$ 一辈子
今年 $kiɐm^{33}nen^{213}$
明年 $meŋ^{213}nen^{213}$
下年 $ha^{55}nen^{213}$
后年 $hɐu^{55}nen^{213}$
旧年 $kiau^{55}nen^{213}$ 去年

前年 tsʰen$^{213}$nen$^{213}$
闲时年 han$^{213}$si$^{213}$nen$^{213}$ 往年
年头 nen$^{213}$tʰɐu$^{213}$ 年初
　年初 nen$^{213}$tsʰɔ$^{33}$
年尾 nen$^{213}$wɐi$^{31}$ 年底
今日 kiɐm$^{33}$zɐt$^{5}$ 今天
明朝日 meŋ$^{213}$tseu$^{33}$zɐt$^{5}$ 明天
后日 hɐu$^{55}$zɐt$^{5}$ 后天
大后日 ta$^{55}$hɐu$^{55}$zɐt$^{5}$ 大后天
昨日 tsɔk$^{214}$zɐt$^{5}$ 昨天
前日 tsʰen$^{213}$zɐt$^{5}$ 前天
大前日 ta$^{55}$tsʰen$^{213}$zɐt$^{5}$ 大前天
通日 tʰoŋ$^{33}$zɐt$^{5}$ 整天
日日 zɐt$^{5}$zɐt$^{5}$ 每天
朝早头 tseu$^{33}$tsou$^{31}$tʰɐu$^{213}$ 早晨
上晏 siaŋ$^{55}$an$^{55}$ 上午
晏昼 an$^{55}$tsɐu$^{55}$ 中午
下晚 ha$^{55}$wan$^{31}$ 下午
　下晏 ha$^{55}$an$^{55}$
□黑 ɬa$^{213}$hɐk$^{5}$ 傍晚
　*晚 wan$^{31}$
日间头 zɐt$^{5}$kan$^{33}$tʰɐu$^{213}$ 白天
　日头 zɐt$^{5}$tʰɐu$^{213}$
马$^{=}$夜头 ma$^{31}$ze$^{55}$tʰɐu$^{213}$ 夜晚
　马$^{=}$黑头 ma$^{31}$hɐk$^{5}$tʰɐu$^{213}$
　黑 hɐk$^{5}$
半夜 pɔn$^{55}$ze$^{55}$
正月 tseŋ$^{33}$zet$^{214}$
年初一 nen$^{213}$tsʰɔ$^{33}$zɐt$^{5}$ 大年初一
正月十五 tseŋ$^{33}$zet$^{214}$sɐp$^{5}$wu$^{31}$ 元宵节
清明 tsʰeŋ$^{33}$meŋ$^{213}$
五月初五 wu$^{31}$zet$^{214}$tsʰɔ$^{33}$wu$^{31}$ 端午
　五月节 wu$^{31}$zet$^{214}$tset$^{214}$
七月十四 tsʰɐt$^{5}$zet$^{214}$sɐp$^{5}$si$^{55}$ 相当于其他地方的七月十五
八月十五 pat$^{214}$zet$^{214}$sɐp$^{5}$wu$^{31}$ 中秋
冬 toŋ$^{33}$ 冬至
十二月 sɐp$^{5}$ɨ$^{55}$zet$^{214}$ 腊月
年三十晚 nen$^{213}$ɬam$^{33}$sɐp$^{5}$wan$^{31}$ 大年三十
　年卅晚 nen$^{213}$ɬa$^{213}$wan$^{31}$
通书 tʰoŋ$^{33}$si$^{33}$ 历书
农历 noŋ$^{213}$lek$^{5}$
　旧历 kiau$^{55}$lek$^{5}$
新历 ɬɐn$^{33}$lek$^{5}$ 公历
星期日 seŋ$^{33}$kʰi$^{213}$zɐt$^{5}$ 星期天
　礼拜日 li$^{31}$pai$^{55}$zɐt$^{5}$
地方 ti$^{55}$faŋ$^{33}$
乜的地方 mɐt$^{5}$ti$^{33}$ti$^{55}$faŋ$^{33}$ 什么地方
屋企 ok$^{5}$ki$^{31}$ 家里
城里 seŋ$^{213}$nɐi$^{33}$
村下 tsʰuɐn$^{33}$ha$^{55}$ 乡下
上高 siaŋ$^{55}$kou$^{33}$ 上面
下底 ha$^{55}$ti$^{31}$ 下面
大边 ta$^{55}$pen$^{55}$ 左边，旧时官场以左为尊，坟墓也是以左为尊，因此得名
　左向 tsɔ$^{31}$hiaŋ$^{55}$
细边 ɬɐi$^{55}$pen$^{55}$ 右边，旧时官场以右为卑，坟墓也是以右为卑，因此得名
　右向 zɐu$^{55}$hiaŋ$^{55}$
中间 toŋ$^{33}$kan$^{33}$
前头 tsʰen$^{213}$tʰɐu$^{213}$ 前面
后头 hɐu$^{55}$tʰɐu$^{213}$ 后面
　后背 hɐu$^{55}$pɐi$^{55}$
尾头 wɐi$^{31}$tʰɐu$^{213}$ 末尾

包尾pau$^{33}$wɐi$^{31}$
对脸tɔi$^{55}$len$^{31}$ 对面
面前头men$^{55}$ts$^{h}$en$^{213}$t$^{h}$ɐu$^{213}$ 面前
背底头pɐi$^{55}$ti$^{31}$t$^{h}$ɐu$^{213}$ 背后
里头li$^{31}$t$^{h}$ɐu$^{213}$ 里面
外面wai$^{55}$men$^{55}$
下底ha$^{55}$ti$^{31}$
边头皮pen$^{33}$t$^{h}$ɐu$^{213}$p$^{h}$i$^{213}$ 旁边
边头pen$^{33}$t$^{h}$ɐu$^{213}$
边里pen$^{33}$nɐi$^{33}$
上高siaŋ$^{55}$kou$^{33}$ 上
下底ha$^{55}$ti$^{31}$ 下
边头pen$^{33}$t$^{h}$ɐu$^{213}$（桌子）边儿
角头kɔk$^{214}$t$^{h}$ɐu$^{213}$（桌子）角儿
起去hi$^{31}$k$^{h}$i$^{55}$ 上去
下来ha$^{55}$lai$^{213}$
入去zɐp$^{5}$k$^{h}$i$^{55}$ 进去
出来ts$^{h}$ɐt$^{5}$lai$^{213}$
出去ts$^{h}$ɐt$^{5}$k$^{h}$i$^{55}$
回wɐi$^{213}$ 回来
起hi$^{31}$ 起来

## 三　植物

* 木mok$^{5}$
木mok$^{5}$ 木头
松木ts$^{h}$oŋ$^{213}$mok$^{5}$ 松树
柏木pɐk$^{5}$mok$^{5}$ 柏树
杉木ts$^{h}$am$^{33}$mok$^{5}$ 杉树
ts$^{h}$am$^{31}$mok$^{5}$
柳木lɐu$^{31}$mok$^{5}$ 柳树
竹tsok$^{5}$ 竹子
竹笋tsok$^{5}$ɬɐn$^{31}$ 笋
叶zep$^{214}$ 叶子
花fa$^{33}$
花蕾fa$^{33}$lɔi$^{213}$
梅花mɐi$^{213}$fa$^{33}$
牡丹花mau$^{213}$tan$^{33}$fa$^{33}$
莲花len$^{213}$fa$^{33}$ 荷花
草ts$^{h}$ou$^{31}$
藤t$^{h}$ɐŋ$^{213}$
簕lɐk$^{5}$ 刺
果子kɔ$^{31}$tsi$^{31}$ 水果
苹果p$^{h}$eŋ$^{213}$kɔ$^{31}$
桃仔t$^{h}$ou$^{213}$tsɐi$^{31}$ 桃
雪梨ɬet$^{214}$li$^{213}$ 梨
沙梨sa$^{33}$li$^{213}$
李子li$^{31}$tsi$^{31}$
杏k$^{h}$eŋ$^{55}$
橘仔kiɐt$^{5}$tsɐi$^{31}$ 橘子
□柚lɔ$^{55}$zau$^{213}$ 柚子
光柿kuaŋ$^{33}$si$^{55}$ 柿子
方柿faŋ$^{33}$si$^{55}$
涩子ɬɐp$^{5}$tsi$^{31}$
石榴sek$^{5}$lɐu$^{213}$
红枣hoŋ$^{213}$tsou$^{31}$ 枣儿
栗lɐt$^{5}$ 栗子
核桃wɐt$^{5}$t$^{h}$ou$^{213}$
白果pɐk$^{5}$kɔ$^{31}$ 银杏
蔗tse$^{55}$ 甘蔗
木耳mok$^{5}$ɨ$^{31}$
□菌ts$^{h}$ap$^{214}$kiɐn$^{55}$ 野生蘑菇
坡菌p$^{h}$ɔ$^{33}$kiɐn$^{55}$
香菇hiaŋ$^{33}$ku$^{33}$
禾wɔ$^{213}$ 水稻
谷kok$^{5}$ 稻谷
禾草wɔ$^{213}$ts$^{h}$ou$^{31}$ 稻草

面麦 men$^{55}$mɐk$^{5}$ 麦子

麦苗 mɐk$^{5}$meu$^{213}$ 麦秸

禾仔 wɔ$^{213}$tsɐi$^{31}$ 小米

高粱粟 kou$^{33}$liaŋ$^{213}$ɬok$^{5}$ 高粱

包粟 pau$^{33}$ɬok$^{5}$ 玉米

棉仔 men$^{213}$tsɐi$^{31}$ 棉花

油籽菜 zau$^{213}$tsi$^{31}$ts$^{h}$ai$^{55}$ 油菜

油麻 zau$^{213}$ma$^{213}$ 芝麻

向日葵 hiaŋ$^{55}$zɐt$^{5}$k$^{h}$uɐi$^{213}$

蚕豆 ts$^{h}$an$^{213}$tɐu$^{55}$

芽兰豆 ŋa$^{213}$lan$^{213}$tɐu$^{55}$ 豌豆

泥豆 ni$^{213}$tɐu$^{55}$ 花生

黄豆 waŋ$^{213}$tɐu$^{55}$

绿豆 lok$^{5}$tɐu$^{55}$

豆角 tɐu$^{31}$kɔk$^{214}$ 豇豆

白芽菜 pɐk$^{5}$ŋa$^{213}$ts$^{h}$ai$^{55}$ 大白菜

椰子菜 ze$^{213}$tsi$^{31}$ts$^{h}$ai$^{55}$ 包心菜。因形状像椰子而得名

菠菜 pɔ$^{33}$ts$^{h}$ai$^{55}$

芹菜 k$^{h}$iɐn$^{213}$ts$^{h}$ai$^{55}$

生菜心 ɬɐŋ$^{33}$ts$^{h}$ai$^{55}$ɬiɐm$^{33}$ 莴笋

韭菜 kɐu$^{31}$ts$^{h}$ai$^{55}$

盐$^{=}$荽 zem$^{213}$ɬi$^{33}$ 香菜

　盐$^{=}$菜 zem$^{213}$ts$^{h}$ai$^{55}$

葱 ts$^{h}$oŋ$^{33}$

蒜仔 ɬen$^{55}$tsɐi$^{31}$ 蒜

姜母 kiaŋ$^{33}$mu$^{31}$ 姜

洋葱头 ziaŋ$^{213}$ts$^{h}$oŋ$^{33}$t$^{h}$ɐu$^{213}$ 洋葱

辣椒 lat$^{214}$tseu$^{33}$

茄瓜 k$^{h}$e$^{213}$kua$^{33}$

　马□瓜 ma$^{31}$ts$^{h}$uat$^{214}$kua$^{33}$ 茄子，特指长形的品种。因为长得像马的生殖器，故名

　矮瓜 ai$^{31}$kua$^{33}$ 茄子

番茄 fan$^{33}$k$^{h}$e$^{213}$ 西红柿

*菜头 ts$^{h}$ai$^{55}$t$^{h}$ɐu$^{213}$

红菜头 hoŋ$^{213}$ts$^{h}$ai$^{31}$t$^{h}$ɐu$^{213}$ 胡萝卜

青瓜 ts$^{h}$eŋ$^{33}$kua$^{33}$ 青皮有刺的黄瓜品种

　黄瓜 waŋ$^{213}$kua$^{33}$ 黄白皮的黄瓜品种

丝瓜 ɬi$^{33}$kua$^{33}$ 包括无棱和有棱两种，有棱的常见

金瓜 kiɐm$^{33}$kua$^{33}$ 南瓜

*马蹄子 ma$^{31}$t$^{h}$i$^{213}$tsi$^{31}$

番薯 fan$^{33}$si$^{213}$ 红薯

　大薯 ta$^{55}$si$^{213}$

马铃薯 ma$^{31}$leŋ$^{213}$si$^{213}$ 土豆

芋头 wu$^{55}$t$^{h}$ɐu$^{213}$

淮山 wai$^{213}$san$^{33}$ 山药

莲藕 len$^{213}$ŋɐu$^{31}$ 藕

## 四　动物

老虎 lou$^{31}$fu$^{31}$

马骝 ma$^{31}$lɐu$^{213}$ 猴子

　*三仔 ɬam$^{33}$tsɐi$^{31}$

　*三子 ɬam$^{33}$tsi$^{33}$

蛇 se$^{213}$

老鼠 lou$^{31}$si$^{31}$

飞鹌 fɐi$^{33}$ɐm$^{33}$ 大蝙蝠

　飞鼠 fɐi$^{33}$si$^{31}$ 蝙蝠

鸟仔 teu$^{33}$tsɐi$^{31}$ 鸟儿

麻雀仔 ma$^{213}$ts$^{h}$iɔk$^{214}$tsɐi$^{31}$ 麻雀

　屋角头 ok$^{5}$kɔk$^{214}$t$^{h}$ɐu$^{213}$

阿鹊 a$^{33}$ɬiak$^{5}$ 喜鹊

　喜鹊 hi $^{31}$ɬiak$^{5}$

乌鸦 wu$^{33}$a$^{33}$

白鸽 pɐk$^{5}$kap$^{214}$ ①统称鸽子；②毛白色的鸽子

翼 zek$^{5}$ 翅膀

爪 ȵiau$^{33}$ 爪子

尾 wɐi$^{31}$ 尾巴

窦 tɐu$^{55}$ 窝

虫 tsʰoŋ$^{213}$ 昆虫

蝴蝶 fu$^{213}$tep$^{214}$

能⁼□ nɐŋ$^{213}$ni$^{33}$ 蜻蜓

糖蜂 tʰaŋ$^{213}$foŋ$^{33}$ 蜜蜂

蜂糖 foŋ$^{33}$tʰaŋ$^{213}$ 蜂蜜

□遮⁼ ɐm$^{33}$tse$^{33}$ 蝉

  □遮⁼ tsɐm$^{33}$tse$^{33}$

蚂蚁 ma$^{31}$ŋi$^{31}$

红蟮 hoŋ$^{213}$hen$^{31}$ 蚯蚓

蚕 tsʰam$^{213}$

蠄蟧 kʰam$^{213}$lɔ$^{213}$ 蜘蛛

  □□ lak$^{214}$kʰiak$^{214}$

蚊仔 mɐn$^{33}$tsɐi$^{31}$ 蚊子

蛄蝇 ku$^{33}$zeŋ$^{213}$ 苍蝇

狗虱 kɐu$^{31}$sɐt$^{5}$ 跳蚤

虱母 sɐt$^{5}$mu$^{31}$ 虱子

鱼 zi$^{213}$ 鱼儿

鲤鱼 li$^{31}$zi$^{213}$

大头鳙 ta$^{55}$tʰɐu$^{213}$ɬoŋ$^{213}$ 鳙鱼

鲫鱼 tsɐk$^{5}$zi$^{213}$

圆鱼 zen$^{213}$zi$^{213}$ 甲鱼

鱼鳞 zi$^{213}$lɐn$^{213}$ 鳞

虾 ha$^{33}$

  虾公 ha$^{33}$koŋ$^{33}$

蟹 hai$^{31}$ 螃蟹

蛤 kɐp$^{5}$ 青蛙

  蛤母 kɐp$^{5}$mu$^{31}$

蟾蜍 kʰɐm$^{213}$si$^{213}$ 癞蛤蟆

马 ma$^{31}$

驴 lu$^{213}$

牛 ŋɐu$^{213}$

牛公 ŋɐu$^{213}$koŋ$^{33}$ 公牛

牛母 ŋɐu$^{213}$mu$^{31}$ 母牛

掌牛 tsiaŋ$^{31}$ŋɐu$^{213}$ 放牛

羊咩 ziaŋ$^{213}$me$^{33}$ 羊

猪 tsi$^{33}$

猪家郎 tsi$^{33}$ka$^{33}$laŋ$^{213}$ 种猪

猪牯 tsi$^{33}$ku$^{31}$ 公猪

  猪公 tsi$^{33}$koŋ$^{33}$

猪母 tsi$^{33}$mu$^{31}$ 母猪

猪仔 tsi$^{33}$tsɐi$^{31}$ 猪崽

猪栏 tsi$^{33}$lan$^{33}$ 猪圈

养猪 ziaŋ$^{31}$tsi$^{33}$

猫 miau$^{33}$

猫公 miau$^{33}$koŋ$^{33}$ 公猫

猫母 miau$^{33}$mu$^{31}$ 母猫

狗 kɐu$^{31}$

狗公 kɐu$^{31}$koŋ$^{33}$ 公狗

狗母 kɐu$^{31}$mu$^{31}$ 母狗

吠 fɐi$^{55}$ 狗叫

  狗喊 kɐu$^{31}$ham$^{31}$

兔仔 tʰu$^{55}$tsɐi$^{31}$ 兔子

鸡 ki$^{33}$

鸡公头 ki$^{33}$koŋ$^{33}$tʰɐu$^{213}$ 打鸣的公鸡

鸡母 ki$^{33}$mu$^{31}$ 母鸡

鸡啼 ki$^{33}$tʰi$^{213}$ 公鸡打鸣

  鸡喊 ki$^{33}$ham$^{31}$

生 ɬɐŋ$^{33}$ 下（蛋）

* 伏 pu$^{55}$

鸭 ap$^{214}$

鹅 ŋɔ$^{33}$

阉猪春 zem$^{33}$tsi$^{33}$ts$^{h}$ɐn$^{33}$ 阉割公猪

阉花肠 zem$^{33}$fa$^{33}$ts$^{h}$iaŋ$^{213}$ 阉割母猪

阉鸡 zem$^{33}$ki$^{33}$ ①阉割的公鸡；②阉割公鸡

喂猪 wɐi$^{55}$tsi$^{33}$

劏猪 t$^{h}$aŋ$^{33}$tsi$^{33}$ 杀猪

劏鱼 t$^{h}$aŋ$^{33}$zi$^{213}$ 杀鱼

## 五 房舍器具

村 ts$^{h}$uɐn$^{33}$ 村庄

巷仔 haŋ$^{55}$tsɐi$^{31}$ 胡同

墟街 hi$^{33}$kai$^{33}$ 街道

做屋 tsu$^{55}$ok$^{5}$ 造房子

　起屋 hi$^{31}$ok$^{5}$

　容屋 k$^{h}$ɐp$^{5}$ok$^{5}$

屋 ok$^{5}$ 房子

屋间 ok$^{5}$kan$^{33}$ 房间

屋间 ok$^{5}$kan$^{33}$ 卧室

茅屋 mau$^{213}$ok$^{5}$ 茅屋

灶面前 tsou$^{55}$men$^{55}$ts$^{h}$en$^{213}$ 厨房

灶 tsou$^{55}$

　灶头 tsou$^{55}$t$^{h}$ɐu$^{213}$

* 镬 wɔk$^{214}$

　镬头 wɔk$^{214}$t$^{h}$ɐu$^{213}$

饭罂煲 fan$^{55}$ɐm$^{33}$(m<ŋ)pou$^{33}$ 饭锅

镬头 wɔk$^{214}$t$^{h}$ɐu$^{213}$ 菜锅

粪坑 fɐn$^{55}$hɐŋ$^{33}$ ①厕所；②蓄粪池

架桁 ka$^{55}$heŋ$^{213}$ 檩

柱头 ts$^{h}$i$^{31}$t$^{h}$ɐu$^{213}$ 柱子

大门 ta$^{55}$mɐn$^{213}$

门槛 mɐn$^{213}$k$^{h}$iɐm$^{31}$

光窗 kuaŋ$^{33}$ts$^{h}$ɔŋ$^{33}$ 窗

梯 t$^{h}$i$^{33}$ 梯子

扫把 ɬou$^{55}$pa$^{31}$ 扫帚

扫地 ɬou$^{55}$ti$^{55}$

垃圾 lap$^{214}$ɬap$^{214}$

家具 ka$^{33}$ki$^{55}$

　家俬 ka$^{33}$ɬi$^{33}$

* 东西 toŋ$^{33}$ɬi$^{33}$

床 ts$^{h}$ɔŋ$^{213}$

枕头 tsɐm$^{31}$t$^{h}$ɐu$^{213}$

　软枕 ȵien$^{31}$tsɐm$^{31}$

被 pi$^{55}$ 被子

棉被胎 men$^{213}$pi$^{55}$t$^{h}$ai$^{33}$ 棉絮

床单 ts$^{h}$ɔŋ$^{213}$tan$^{33}$

床垫 ts$^{h}$ɔŋ$^{213}$t$^{h}$em$^{55}$ 褥子

席 tsek$^{5}$ 席子

蚊帐 mɐn$^{33}$tsiaŋ$^{55}$

台仔 t$^{h}$ai$^{213}$tsɐi$^{31}$ 桌子

柜 kuɐi$^{55}$ 柜子

拖桶 t$^{h}$ɔ$^{33}$t$^{h}$oŋ$^{31}$ 抽屉

长台 ts$^{h}$iaŋ$^{213}$t$^{h}$ai$^{213}$ 案子

椅仔 zi$^{31}$tsɐi$^{31}$ 椅子

　交椅 kau$^{33}$zi$^{31}$

凳仔 tɐŋ$^{55}$tsɐi$^{31}$ 凳子

　凳 tɐŋ$^{55}$

薄刀 p$^{h}$ɔk$^{214}$tou$^{33}$ 菜刀

瓠壳 p$^{h}$u$^{213}$hɔk$^{214}$ 瓢

瓮 oŋ$^{55}$ 缸

* 埕 ts$^{h}$eŋ$^{213}$

* 罂 ɐŋ$^{33}$

　罂仔 ɐŋ$^{33}$tsɐi$^{31}$ 瓶子；罐子

盖 kai$^{55}$ 盖子

碗 wɔn$^{31}$

箸 tsi$^{55}$ 筷子

匙羹 si$^{213}$kɐŋ$^{33}$ 汤匙

柴 tsʰai$^{213}$ 柴火

火柴 fɔ$^{31}$tsʰai$^{213}$

锁 ɬɔ$^{31}$

锁匙 ɬɔ$^{31}$si$^{213}$ 钥匙

水壶 sɔi$^{31}$fu$^{213}$ 暖水瓶

　滚水壶 kuɐn$^{31}$sɔi$^{31}$fu$^{213}$

洗脸盆 ɬi$^{31}$len$^{31}$pʰɔn$^{213}$ 脸盆

洗脸水 ɬi$^{31}$len$^{31}$sɔi$^{31}$

手巾 sɐu$^{31}$kiɐn$^{33}$ 毛巾

手巾仔 sɐu$^{31}$kiɐn$^{33}$tsɐi$^{31}$ 手绢

咸枧 ham$^{213}$kan$^{31}$ 肥皂

梳 sɔ$^{33}$ 梳子

针 tsɐm$^{33}$ 缝衣针

铰剪 kau$^{55}$tsen$^{31}$ 剪子

蜡烛 lɐp$^{5}$tsok$^{5}$

电火 ten$^{55}$fɔ$^{31}$ 手电筒

* 布伞 pu$^{55}$ɬan$^{55}$

单车 tan$^{33}$tsʰe$^{33}$ 自行车

## 六　服饰饮食

衫裤 sam$^{33}$fu$^{55}$ 衣服

穿 tsʰen$^{33}$

褪 tʰɐn$^{55}$ 脱

缚 fɔk$^{214}$ 系

衬衫 tsʰɐn$^{55}$sam$^{33}$

笠褂 lɐp$^{5}$kua$^{55}$ 背心

论$^{=}$衫 lɐn$^{55}$sam$^{33}$ 毛衣

棉衫 men$^{213}$sam$^{33}$ 棉衣

衫袖 sam$^{33}$tsɐu$^{55}$ 袖子

衫袋 sam$^{33}$tai$^{55}$ 口袋

　荷包 hɔ$^{213}$pau$^{33}$

裤 fu$^{55}$ 裤子

短裤 ten$^{31}$fu$^{55}$

　半□裤 pɔn$^{55}$tʰɐm$^{31}$fu$^{55}$

裤髀 fu$^{55}$pi$^{31}$ 裤腿

　裤筒 fu$^{55}$tʰoŋ$^{213}$

　裤脚 fu$^{55}$kiak$^{214}$

帽 mou$^{55}$ 帽子

鞋 hai$^{213}$ 鞋子

袜 mat$^{214}$ 袜子

围巾 wɐi$^{213}$kiɐn$^{33}$

　颈巾 keŋ$^{31}$kiɐn$^{33}$

围裙 wɐi$^{213}$kʰuɐn$^{213}$

尿布 neu$^{55}$pu$^{55}$

　来尿布 lai$^{213}$neu$^{55}$pu$^{55}$

　裙 kʰuɐn$^{213}$

纽 nɐu$^{31}$ 扣子

系纽 ki$^{55}$nɐu$^{31}$ 扣

戒指 kai$^{55}$tsi$^{31}$

手索 sɐu$^{31}$ɬɔk$^{214}$ 镯子

　手镯 sɐu$^{31}$tsʰɔk$^{214}$

剃头 tʰi$^{55}$tʰɐu$^{213}$ 理发

　飞头 fɐi$^{33}$tʰɐu$^{213}$

梳头 sɔ$^{33}$tʰɐu$^{213}$

饭 fan$^{55}$ 米饭

粥 tsok$^{5}$ 稀饭

面粉 men$^{55}$fɐn$^{31}$

面 men$^{55}$ 面条

粉 fɐn$^{31}$ 面儿

馒头 man$^{55}$tʰɐu$^{213}$

面包 men$^{55}$pau$^{33}$ ①包子；②泛指蒸、烤的

面食

饺子 kiau$^{31}$tsi$^{31}$

饺子粑 kiau$^{31}$tsi$^{31}$ma$^{33}$

云吞 wɐn$^{213}$t$^{h}$ɐn$^{33}$ 馄饨

馅 ham$^{55}$ 馅儿

心 ɬiɐm$^{33}$

油炸鬼 zau$^{213}$tsa$^{55}$kuɐi$^{31}$

油条 zau$^{213}$t$^{h}$eu$^{213}$

豆浆 tɐu$^{55}$tsiaŋ$^{33}$

豆腐花 tɐu$^{55}$fu$^{55}$fa$^{33}$ 豆腐脑儿

汤圆 t$^{h}$aŋ$^{33}$zen$^{213}$

糯米丸 nɔ$^{55}$mi$^{31}$zen$^{213}$ 元宵

粽 tsoŋ$^{55}$ 粽子

古粽粑 ku$^{31}$tsoŋ$^{55}$ma$^{33}$

大粑 ta$^{55}$ma$^{33}$ 年糕

茶心 ts$^{h}$a$^{213}$ɬiɐm$^{33}$ 点心

*餸 ɬoŋ$^{55}$

*菜 ts$^{h}$ai$^{55}$

菜熷 ts$^{h}$ai$^{55}$tsau$^{33}$ 干菜

豆腐 tɐu$^{55}$fu$^{55}$

猪红 tsi$^{33}$hoŋ$^{213}$ 猪血（讳称）

猪血 tsi$^{33}$het$^{214}$

猪脚 tsi$^{33}$kiak$^{214}$

猪蹄 tsi$^{33}$t$^{h}$i$^{213}$

猪脷 tsi$^{33}$li$^{55}$（讳称）

猪舌头 tsi$^{33}$set$^{214}$t$^{h}$ɐu$^{213}$

猪湿 tsi$^{33}$sɐp$^{5}$ 猪肝（讳称）

*上水 siaŋ$^{55}$sɔi$^{31}$

*下水 ha$^{55}$sɔi$^{31}$

鸡春 ki$^{33}$ts$^{h}$ɐn$^{33}$ 鸡蛋

皮蛋 p$^{h}$i$^{213}$tan$^{55}$ 松花蛋

猪油 tsi$^{33}$zau$^{213}$

泥豆油 ni$^{213}$tɐu$^{55}$zau$^{213}$ 花生油

豆油 tɐu$^{55}$zau$^{213}$

豆豉油 tɐu$^{55}$si$^{55}$zau$^{213}$ 酱油

豉油 si$^{55}$zau$^{213}$

盐 zem$^{213}$

醋 ts$^{h}$u$^{55}$

酒尾 tsɐu$^{31}$wɐi$^{31}$

烟仔 zen$^{33}$tsɐi$^{31}$ 香烟

熟烟 sok$^{5}$zen$^{33}$ 旱烟

烧酒 seu$^{33}$tsɐu$^{31}$

白酒 pɐk$^{5}$tsɐu$^{31}$

酒糟 tsɐu$^{31}$tsou$^{33}$ 江米酒

茶叶 ts$^{h}$a$^{213}$zep$^{214}$

冲茶 ts$^{h}$oŋ$^{33}$ts$^{h}$a$^{213}$ 沏

雪条 ɬet$^{5}$t$^{h}$eu$^{213}$ 冰棍儿

煮饭 tsi$^{31}$fan$^{55}$

煲饭 pou$^{33}$fan$^{55}$ 做饭

炒菜 ts$^{h}$au$^{31}$ts$^{h}$ai$^{55}$ 做菜

做餸 tsu$^{55}$ɬoŋ$^{55}$

*煲 pou$^{33}$

煎 ts$^{h}$en$^{33}$

炸 tsa$^{55}$

蒸 tseŋ$^{33}$

*炊 ts$^{h}$ɔi$^{33}$

□ ȵiai$^{33}$ 揉

碾 ŋan$^{213}$ 擀

吃朝 k$^{h}$iɐt$^{5}$tseu$^{33}$ 吃早饭

吃晏 k$^{h}$iɐt$^{5}$an$^{55}$ 吃中饭

吃晚 k$^{h}$iɐt$^{5}$wan$^{31}$ 吃晚饭

吃 k$^{h}$iɐt$^{5}$

喝 hap$^{214}$ 喝（酒）

喝 hap$^{214}$ 喝（茶）

欶 ɬɔk$^{214}$ 抽（烟）

舀 zeu$^{31}$ 盛（饭）

夹 kep$^{214}$ ～菜

　搛 kem$^{33}$

斟 tsɐm$^{33}$ ～酒

颈渴 keŋ$^{31}$hɔt$^{214}$ 渴

肚饿 tu$^{55}$ŋɔ$^{55}$ 饿

哽 kʰɐŋ$^{31}$ 噎

## 七　身体医疗

头壳 tʰɐu$^{213}$hɔk$^{214}$ 头

头毛 tʰɐu$^{213}$mou$^{33}$ 头发

辫 pen$^{55}$ 辫子

田螺转 tʰen$^{213}$le$^{213}$tsen$^{55}$（头发）旋

　头毛转 tʰɐu$^{213}$mou$^{33}$tsen$^{55}$

额堂 ŋɐk$^{5}$tʰaŋ$^{213}$ 额头

样 ziaŋ$^{55}$ 相貌

　相 ɬiaŋ$^{55}$

*脸 len$^{31}$

眼 ŋan$^{31}$ 眼睛

眼仁 ŋan$^{31}$ŋɐn$^{33}$ 眼珠儿

　眼核 ŋan$^{31}$wɐt$^{5}$

眼汁 ŋan$^{31}$tsɐp$^{5}$ 眼泪

眼眉毛 ŋan$^{31}$mi$^{213}$mou$^{33}$ 眉毛

　眼眉 ŋan$^{31}$mi$^{213}$

耳仔 i$^{31}$tsɐi$^{31}$ 耳朵

鼻 pi$^{55}$ ①鼻子；②鼻涕

　鼻公 pi$^{55}$koŋ$^{33}$

鼻水 pi$^{55}$sɔi$^{31}$ 鼻涕

擤 ɬɐŋ$^{55}$

口 hɐu$^{31}$ 嘴巴

口唇 hɐu$^{31}$sɐn$^{213}$ 嘴唇

口水 hɐu$^{31}$sɔi$^{31}$

舌头 set$^{214}$tʰɐu$^{213}$

*牙 ŋa$^{213}$

*颔□ ɐm$^{33}$lut$^{5}$

　下颚 ha$^{55}$ŋɔk$^{214}$ 下巴

须 ɬu$^{33}$ 胡子

颈骨 keŋ$^{31}$kuɐt$^{5}$ 脖子

喉咙 hɐu$^{213}$loŋ$^{213}$

肩头 kan$^{33}$tʰɐu$^{213}$ 肩膀

　肩膊 ken$^{33}$pɔk$^{214}$

手骨 sɐu$^{31}$kuɐt$^{5}$ 胳膊

手 sɐu$^{31}$

大边手 ta$^{55}$pen$^{55}$sɐu$^{31}$ 左手

　左手 tsɔ$^{31}$sɐu$^{31}$

细边手 ɬɐi$^{55}$pen$^{55}$sɐu$^{31}$ 右手

　右手 zau$^{55}$sɐu$^{31}$

　正手 tseŋ$^{55}$sɐu$^{31}$

拳头 kʰen$^{213}$tʰɐu$^{213}$

手指头 sɐu$^{31}$tsi$^{31}$tʰɐu$^{213}$ 手指

手指公头 sɐu$^{31}$tsi$^{31}$koŋ$^{33}$tʰɐu$^{213}$ 大拇指

吃指 kʰiɐt$^{5}$tsi$^{31}$ 食指

正指 tseŋ$^{55}$tsi$^{31}$ 中指

　中指 tsoŋ$^{33}$tsi$^{31}$

□盐指 tɐm$^{31}$zem$^{213}$tsi$^{31}$ 无名指

襶指 lai$^{33}$tsi$^{31}$ 小拇指

　手指襶 sɐu$^{31}$tsi$^{31}$lai$^{33}$

手甲 sɐu$^{31}$kap$^{214}$ 指甲

脚骨 kiak$^{214}$kuɐt$^{5}$ 腿

脚 kiak$^{214}$

脚律⁼头 kiak$^{214}$lɐt$^{5}$tʰɐu$^{213}$ 膝盖

背脊 pɐi$^{55}$tsek$^{5}$ 背

肚 tu$^{55}$ 肚子

肚脐沟 tu$^{55}$si$^{213}$kɐu$^{33}$ 肚脐

奶 nen$^{33}$ 乳房

屎窟 si$^{31}$fɐt$^{5}$ 屁股

屎窟窿 si$^{31}$fɐt$^{5}$loŋ$^{33}$ 肛门

* □ ts$^{h}$uat$^{214}$

屌 hɐi$^{33}$ 女阴

鸟屌 teu$^{31}$hɐi$^{33}$ 肏

□屎 ts$^{h}$uat$^{214}$si$^{31}$ 精液

　□涎 ts$^{h}$uat$^{214}$san$^{213}$

来红 lai$^{213}$hoŋ$^{213}$ 来月经（婉称）

　身龌龊 sɐn$^{33}$wɔk$^{214}$ts$^{h}$ɔk$^{214}$

屙屎 ɔ$^{33}$si$^{31}$ 拉屎

屙尿 ɔ$^{33}$neu$^{55}$ 撒尿

屙屁 ɔ$^{33}$p$^{h}$i$^{55}$ 放屁

病诶 peŋ$^{55}$e$^{33}$ 病了

冷倒 lɐŋ$^{31}$tou$^{31}$ 着凉

咳 k$^{h}$ɐt$^{5}$ 咳嗽

发烧 fat$^{214}$seu$^{33}$

　发高烧 fat$^{214}$kou$^{33}$seu$^{33}$

震 tsɐn$^{55}$ 发抖

肚痛 tu$^{55}$t$^{h}$oŋ$^{55}$ 肚子疼

肚屙 tu$^{55}$ɔ$^{33}$ 拉肚子

发冷 fat$^{214}$lɐŋ$^{31}$ 患疟疾

　手发冷 sɐu$^{31}$fat$^{214}$lɐŋ$^{31}$

□倒汗 sep$^{214}$tou$^{31}$han$^{55}$ 中暑

　□倒 ts$^{h}$eu$^{31}$tou$^{31}$

肿 tsoŋ$^{31}$

贡⁼脓 koŋ$^{55}$noŋ$^{213}$ 化脓

　发脓 fat$^{214}$noŋ$^{213}$

能⁼鸡⁼ nɐŋ$^{33}$kɐi$^{33}$ 疤

癣 ɬen$^{31}$

痣 ki$^{55}$

卜⁼ pok$^{5}$ 疙瘩

臭马汗 ts$^{h}$ɐu$^{55}$ma$^{31}$han$^{55}$ 狐臭

看病 k$^{h}$an$^{55}$peŋ$^{55}$ 治病

　医病 zi$^{33}$peŋ$^{55}$

打脉 ta$^{31}$mɐk$^{5}$ 诊脉

打干针 ta$^{31}$kan$^{33}$tsɐm$^{33}$ 针灸

打针 ta$^{31}$tsɐm$^{33}$

吊针 teu$^{55}$tsɐm$^{33}$ 打吊瓶

吃药 k$^{h}$iɐt$^{5}$ziak$^{214}$

茶 ts$^{h}$a$^{213}$ 汤药（讳称）

病轻 peŋ$^{55}$heŋ$^{33}$

　病够好诶 peŋ$^{55}$kɐu$^{55}$hou$^{31}$e$^{33}$

## 八　婚丧信仰

做媒 tsu$^{55}$mɐi$^{213}$ 说媒

媒人婆 mɐi$^{213}$zɐn$^{213}$p$^{h}$ɔ$^{213}$ ①统称媒人；

　　②女媒人

相看 ɬiaŋ$^{33}$k$^{h}$an$^{55}$ 相亲

　看人 k$^{h}$an$^{55}$zɐn$^{213}$

过礼 kɔ$^{55}$li$^{31}$ 订婚

　订婚 teŋ$^{55}$fɐn$^{33}$

嫁妆 ka$^{55}$tsɔŋ$^{33}$

结婚 ket$^{214}$fɐn$^{33}$

攞老婆 lɔ$^{31}$lou$^{31}$p$^{h}$ɔ$^{213}$ 娶妻子

　攞新人 lɔ$^{31}$ɬɐn$^{33}$zɐn$^{213}$

嫁 ka$^{55}$ ①女子出嫁；②父母嫁女

拜堂 pai$^{55}$t$^{h}$aŋ$^{213}$

新郎哥 ɬɐn$^{33}$laŋ$^{213}$kɔ$^{33}$ 新郎

　新家郎 ɬɐn$^{33}$ka$^{33}$laŋ$^{213}$

　新人哥 ɬɐn$^{33}$zɐn$^{213}$kɔ$^{33}$

新人 ɬɐn$^{33}$zɐn$^{213}$ 新娘子

大肚婆 ta$^{55}$tu$^{55}$p$^{h}$ɔ$^{213}$ 孕妇

　挂仔婆 kua$^{55}$tsɐi$^{31}$p$^{h}$ɔ$^{213}$

挂仔 kua$^{55}$tsɐi$^{31}$ 怀孕

呕仔 ɐu$^{55}$tsɐi$^{31}$ 害喜

养仔 ziaŋ$^{31}$tsɐi$^{55}$ ①分娩；②养育子女

漏仔 lɐu$^{55}$tsɐi$^{31}$ 流产

双孖仔 sɔŋ$^{33}$me$^{33}$tsɐi$^{31}$ 男双胞胎

　双孖妹 sɔŋ$^{33}$me$^{33}$mɐi$^{55}$ 女双胞胎

坐月 tsɔ$^{55}$zet$^{214}$ 坐月子

吃奶 k$^{h}$iɐt$^{5}$nen$^{33}$ 吃奶

隔奶 kɐk$^{5}$nen$^{33}$ 断奶

出月 ts$^{h}$ɐt$^{5}$zet$^{214}$ 满月

*牛踏脚 ŋɐu$^{213}$tap$^{214}$kiak$^{214}$

*做一 tsu$^{55}$zɐt$^{5}$

死 ɬi$^{31}$

过老 kɔ$^{55}$lou$^{31}$ 死（讳称）

　走 tsɐu$^{31}$

　去 k$^{h}$i$^{55}$（讳称）

寻死 ts$^{h}$ɐm$^{213}$ɬi$^{31}$ 自杀

断气 ten$^{55}$hi$^{55}$ 咽气

收殓 sɐu$^{33}$lem$^{55}$ 入殓

　寄棺 ki$^{55}$kɔn$^{33}$

棺材 kɔn$^{33}$ts$^{h}$ai$^{213}$

　寿板 sɐu$^{55}$pan$^{31}$

　长生 ta$^{h}$iaŋ$^{213}$ɬɐŋ$^{33}$ 生前做的棺材

出葬 ts$^{h}$ɐt$^{5}$tsɔŋ$^{55}$ 出殡

死身亭 ɬi$^{31}$sɐn$^{33}$t$^{h}$eŋ$^{213}$ 灵位

　灵屋 leŋ$^{213}$ok$^{5}$

　玉亭 zok$^{5}$t$^{h}$eŋ$^{213}$

坟山 fɐn$^{213}$san$^{33}$ 坟墓

铲山 ts$^{h}$an$^{31}$san$^{33}$ 上坟

纸钱 tsi$^{31}$ts$^{h}$en$^{213}$ 纸钱

　银宝 ŋɐn$^{213}$pou$^{31}$

天 t$^{h}$en$^{33}$ 老天爷

菩萨 p$^{h}$u$^{213}$ɬɐt$^{214}$

观音 kɔn$^{33}$zɐm$^{33}$

灶头公 tsou$^{55}$t$^{h}$ɐu$^{213}$koŋ$^{33}$ 灶王爷

　灶公 tsou$^{55}$koŋ$^{33}$

庙 meu$^{55}$ 寺庙

祠堂 si$^{213}$t$^{h}$aŋ$^{213}$

　先祖堂 ɬen$^{33}$tsu$^{31}$t$^{h}$aŋ$^{213}$ 祠堂

　香火屋 hiaŋ$^{33}$fɔ$^{31}$ok$^{5}$

和尚佬 wɔ$^{213}$siaŋ$^{55}$lou$^{31}$ 和尚

尼姑婆 ni$^{213}$ku$^{33}$p$^{h}$ɔ$^{213}$ 尼姑

道公佬 tou$^{55}$koŋ$^{33}$lou$^{31}$ 道士

算命 ɬen$^{213}$meŋ$^{55}$

运气 wɐn$^{55}$hi$^{55}$

　运数 wɐn$^{55}$su$^{55}$

保佑 pou$^{31}$zau$^{55}$

　保护 pou$^{31}$fu$^{55}$

## 九　人品称谓

人 zɐn$^{213}$

男子佬 nam$^{213}$tsi$^{31}$lou$^{31}$ 男人

夫娘婆 fu$^{33}$niaŋ$^{33}$p$^{h}$ɔ$^{213}$ 女人

独头佬 tok$^{5}$t$^{h}$ɐu$^{213}$lou$^{31}$ 年老单身汉

　单身仔 tan$^{33}$sɐn$^{33}$tsɐi$^{31}$ 年轻单身汉

　独头仔 tok$^{5}$t$^{h}$ɐu$^{213}$tsɐi$^{31}$

老姑婆 lau$^{31}$ku$^{33}$p$^{h}$ɔ$^{213}$ 老姑娘

　姑婆鬼 ku$^{33}$p$^{h}$ɔ$^{213}$kuɐi$^{31}$

虾仔 ha$^{33}$tsɐi$^{31}$ 婴儿

细蚊仔 ɬɐi$^{55}$mɐn$^{33}$tsɐi$^{31}$ 小孩

男仔 nam$^{213}$tsɐi$^{31}$ 男孩

　仔 tsɐi$^{31}$

妹仔 mɐi$^{55}$tsɐi$^{31}$ 女孩

　妹 mɐi$^{55}$

老大公仔 lou$^{31}$ta$^{55}$koŋ$^{33}$tsɐi$^{31}$ ①老人；②长辈

老大人 lou$^{31}$ta$^{55}$zɐn$^{213}$
亲戚 tsʰɐn$^{33}$tsʰɐt$^{5}$
朋友 pʰɐŋ$^{213}$zau$^{31}$
隔离屋 kɐk$^{5}$li$^{213}$ok$^{5}$ 邻居
隔离邻舍 kɐk$^{5}$li$^{213}$lɐn$^{213}$se$^{55}$
客人 hɐk$^{5}$zɐn$^{213}$
人客 zɐn$^{213}$hɐk$^{5}$
做田佬 tsu$^{55}$tʰen$^{213}$lou$^{31}$ 农民
生意佬 ɬɐŋ$^{33}$zi$^{55}$lou$^{31}$ 商人
做手艺佬 tsu$^{55}$sɐu$^{31}$ŋɐi$^{55}$lou$^{31}$ 手艺人
泥水佬 ni$^{213}$sɔi$^{31}$lou$^{31}$ 泥水匠
木匠佬 mok$^{5}$tsiaŋ$^{55}$lou$^{31}$ 木匠
车衣佬 tsʰe$^{33}$zi$^{33}$lou$^{31}$ 裁缝
剃头佬 tʰi$^{55}$tʰɐu$^{213}$lou$^{31}$ 理发师
厨倌 tsʰi$^{213}$kɔn$^{33}$ 厨师
师傅 ɬi$^{33}$fu$^{55}$
徒弟 tʰu$^{213}$ti$^{55}$
乞吃佬 hɐk$^{5}$kʰiɐt$^{5}$lou$^{31}$ ①乞丐统称；②成年男乞丐
老举$^{=}$ lou$^{31}$ki$^{31}$ 妓女
流氓 lɐu$^{213}$mɐŋ$^{213}$
烂仔 lan$^{55}$tsɐi$^{31}$
贼佬 tsʰɐk$^{5}$lou$^{31}$ 贼；扒手
白拈佬 pɐk$^{5}$nem$^{33}$lou$^{31}$
贼 tsʰɐk$^{5}$
眼盲佬 ŋan$^{31}$mɐŋ$^{213}$lou$^{31}$ 盲人
耳聋佬 ɨ$^{31}$loŋ$^{213}$lou$^{31}$ 耳聋的人
哑佬 a$^{31}$lou$^{31}$ 哑巴
哑仔 a$^{31}$tsɐi$^{31}$
背隆佬 pɐi$^{55}$loŋ$^{33}$lou$^{31}$ 驼背的人
跛脚佬 pɐi$^{33}$kiak$^{214}$lou$^{31}$ 瘸子
摆脚佬 pai$^{31}$kiak$^{214}$lou$^{31}$
戆佬 ŋaŋ$^{55}$lou$^{31}$ 疯子
傻仔 sɔ$^{213}$tsɐi$^{31}$ 傻子
□仔 ɬam$^{213}$tsɐi$^{31}$
傻鬼 sɔ$^{31}$kuɐi$^{31}$
番薯仔 fan$^{33}$si$^{213}$tsɐi$^{31}$ 笨蛋
大番薯 ta$^{55}$fan$^{33}$si$^{213}$
阿公 a$^{33}$koŋ$^{33}$ 爷爷（呼称）
公 koŋ$^{33}$
阿婆 a$^{33}$pʰɔ$^{213}$ 奶奶（呼称）
婆 pʰɔ$^{213}$
姐公 tse$^{31}$koŋ$^{33}$ 外祖父（叙称）
姐婆 tse$^{31}$pʰɔ$^{213}$ 外祖母（叙称）
老子奶 lou$^{31}$tsi$^{31}$nai$^{31}$ 父母（叙称）
阿爸阿妈 a$^{33}$pa$^{33}$a$^{33}$ma$^{55}$
爸奶 pa$^{55}$nai$^{31}$
老子 lou$^{31}$tsi$^{31}$ 父亲（叙称）
奶 nai$^{31}$ 母亲（叙称）
阿爸 a$^{33}$pa$^{33}$ 爸爸（呼称）
阿叔 a$^{33}$sok$^{5}$
*阿哥 a$^{33}$kɔ$^{33}$
*⿰女甫爹 pu$^{33}$te$^{33}$
*阿伯 a$^{33}$pɐk$^{5}$
*二叔 ɨ$^{55}$sok$^{5}$
*三爹 ɬam$^{33}$te$^{33}$
*阿奶 a$^{33}$nai$^{33}$（呼称）
*阿婶 a$^{33}$ɬɐm$^{31}$
*阿嫂 a$^{33}$ɬou$^{31}$
*⿰女甫奶 pu$^{33}$nai$^{31}$
*阿姨 a$^{33}$zi$^{213}$
阿姐 a$^{33}$tse$^{31}$
阿妈 a$^{33}$ma$^{55}$ 妈妈
妈妈 ma$^{33}$ma$^{55}$
契父爷 kʰi$^{55}$fu$^{55}$ze$^{213}$ 继父（叙称）

后抵奶hɐu$^{55}$ti$^{31}$nai$^{31}$ 继母（叙称）
后来奶hɐu$^{55}$lai$^{213}$nai$^{31}$（叙称）
外父wai$^{55}$fu$^{55}$ 岳父（叙称）
外父佬wai$^{55}$fu$^{55}$lou$^{31}$ 岳父（叙称）
外父婆wai$^{55}$fu$^{55}$pʰɔ$^{213}$ 岳母（叙称）
家公ka$^{33}$koŋ$^{33}$ 公公（叙称）
家婆ka$^{33}$pʰɔ$^{213}$ 婆婆（叙称）
阿爹a$^{33}$te$^{33}$ 伯父（呼称）
伯爹pɐk$^{5}$te$^{33}$（呼称）
阿奶a$^{33}$nai$^{31}$ 伯母（呼称）
伯奶pɐk$^{5}$nai$^{31}$（呼称）
阿叔a$^{33}$sok$^{5}$ ①叔父（呼称）；②称呼中年男人
穲叔lai$^{33}$sok$^{5}$ 排行最小的叔父（呼称）
晚叔man$^{31}$sok$^{5}$
阿婶a$^{33}$ɬɐm$^{31}$ ①叔母（呼称）；②称呼中年妇女
姉奶pu$^{33}$nai$^{31}$ 大姑（呼称）
阿姑a$^{33}$ku$^{33}$ 小姑（呼称）
姉爹pu$^{33}$te$^{33}$ 大姑父（呼称）
姑爷ku$^{33}$ze$^{213}$ 小姑夫（呼称）
阿舅a$^{33}$kiau$^{55}$ 舅舅（比母亲小，呼称）
舅爹kiau$^{55}$te$^{33}$ 舅舅（比母亲大，呼称）
阿妗a$^{33}$kiɐm$^{55}$（比母亲小，呼称）
舅奶kiau$^{55}$nai$^{31}$ 舅妈（比母亲大，呼称）
姉奶pu$^{33}$nai$^{31}$ 姨（比母亲大，呼称）
阿姨a$^{33}$zi$^{213}$ 姨（比母亲小，呼称）
姉爹pu$^{33}$te$^{33}$ 姨父（比母亲大，呼称）
姨爹zi$^{213}$te$^{33}$ 姨夫（比母亲小，呼称）
哥弟kɔ$^{33}$ti$^{55}$ 兄弟
姉妹tsi$^{31}$mɐi$^{55}$ ①兄弟姐妹；②姐妹
阿哥a$^{33}$kɔ$^{33}$ 哥哥（呼称）
阿嫂a$^{33}$ɬou$^{31}$ 嫂子（呼称）
兄弟hoŋ$^{33}$ti$^{55}$ 弟弟（叙称）
细佬ɬɐi$^{55}$lou$^{31}$
小弟ɬeu$^{31}$ti$^{55}$
细婶ɬɐi$^{55}$ɬɐm$^{31}$ 弟媳（叙称）
阿姐a$^{33}$tse$^{31}$ 姐姐（呼称）
姐夫tse$^{31}$fu$^{33}$（叙称）
大姐夫ta$^{55}$tse$^{31}$fu$^{33}$
小妹ɬeu$^{31}$mɐi$^{55}$ 妹妹（叙称）
小妹夫ɬeu$^{31}$mɐi$^{55}$fu$^{33}$ 妹夫（叙称）
叔伯哥弟sok$^{5}$pɐk$^{5}$kɔ$^{33}$ti$^{55}$ 堂兄弟（叙称）
两表liaŋ$^{31}$peu$^{31}$ 表兄弟（叙称）
婶嫂ɬɐm$^{31}$ɬou$^{31}$ 妯娌（叙称）
两婶嫂liaŋ$^{31}$ɬɐm$^{31}$ɬou$^{31}$
*偷狗tʰɐu$^{33}$kɐu$^{31}$
*两乔liaŋ$^{31}$kʰeu$^{213}$
*两偷liaŋ$^{213}$tʰɐu$^{33}$
*两襟liaŋ$^{31}$kʰiɐm$^{33}$
*乔兄乔弟kʰeu$^{213}$hoŋ$^{33}$kʰeu$^{31}$ti$^{55}$
仔tsɐi$^{31}$ 儿子（叙称）
媳妇ɬek$^{5}$fu$^{55}$ 儿媳妇（叙称）
夫娘女fu$^{33}$niaŋ$^{33}$ni$^{31}$ 女儿（叙称）
夫娘婆fu$^{33}$niaŋ$^{33}$pʰɔ$^{213}$
阿郎a$^{33}$laŋ$^{213}$ 女婿（叙称）
孙仔ɬɔn$^{33}$tsɐi$^{31}$ 孙子（叙称）
息仔ɬɐt$^{5}$tsɐi$^{31}$ 重孙（叙称）
侄仔tsɐt$^{5}$tsɐi$^{31}$ 侄子（叙称）
外甥ŋai$^{55}$ɬɐŋ$^{33}$ 外甥（叙称）
外甥仔ŋai$^{55}$ɬɐŋ$^{33}$tsɐi$^{31}$ 外甥（叙称）
外甥ŋai$^{5}$ɬɐŋ$^{33}$ 外孙（叙称）
公婆koŋ$^{33}$pʰɔ$^{213}$ 夫妻
老公lou$^{31}$koŋ$^{33}$ 丈夫
老婆lou$^{31}$pʰɔ$^{213}$ 妻子
名meŋ$^{213}$ 名字

花名 fa$^{33}$meŋ$^{213}$ 绰号

## 十　农工商文

做工 tsu$^{33}$koŋ$^{33}$ 干活儿

事 ɬi$^{55}$ 事情

插田 ts$^{h}$ap$^{214}$t$^{h}$en$^{213}$ 插秧

割禾 kɔt$^{214}$wɔ$^{213}$ 割稻

栽菜 tsai$^{33}$ts$^{h}$ai$^{55}$ 种菜

犁 li$^{213}$

梆头 paŋ$^{33}$t$^{h}$ɐu$^{213}$ 锄头

镰 lem$^{213}$ 镰刀

柄 peŋ$^{55}$ 把儿

担湿 tam$^{33}$sɐp$^{5}$ 扁担

箩 lɔ$^{213}$ 箩筐

筛 sɐi$^{33}$ 筛子

粪箕 fɐn$^{55}$ki$^{33}$ 挑土用

簸箕 pɔ$^{55}$ki$^{33}$

　　盖 kai$^{55}$

盐车仔 zem$^{213}$ts$^{h}$e$^{33}$tsɐi$^{31}$ 独轮车。因为卖盐的人用这种车装盐叫卖，故名

　　鸡公车 ki$^{33}$koŋ$^{33}$ts$^{h}$e$^{33}$

车辘 ts$^{h}$e$^{33}$lok$^{5}$ 轮子

　　车板 ts$^{h}$e$^{33}$pan$^{31}$

碓 tɔi$^{55}$

碓□窟 tɔi$^{55}$hɐm$^{31}$fɐt$^{5}$ 臼

　　□ k$^{h}$ɐm$^{31}$（孔读）

石磨 sek$^{5}$mɔ$^{55}$ 磨

收成 sɐu$^{33}$seŋ$^{213}$ 年成

走江湖 tsɐu$^{31}$kaŋ$^{33}$fu$^{213}$

打工 ta$^{31}$koŋ$^{33}$

斧头 pu$^{55}$t$^{h}$ɐu$^{213}$ 斧子

钳 k$^{h}$em$^{213}$ 钳子

螺丝笔 lɔ$^{213}$ɬi$^{33}$piɐt$^{5}$ 螺丝刀

锤 ts$^{h}$ɔi$^{213}$ 锤子

　　铁锤 t$^{h}$et$^{214}$ts$^{h}$ɔi$^{213}$ 锤子

洋钉 ziaŋ$^{213}$teŋ$^{33}$ ①统称钉子；②小钉子

　　钉仔 teŋ$^{33}$tsɐi$^{31}$

　　铁钉 t$^{h}$et$^{214}$teŋ$^{33}$

索 ɬɔk$^{214}$ 绳子

棍 kuɐn$^{55}$ 棍子

做生意 tsu$^{55}$ɬɐŋ$^{33}$zi$^{55}$ 做买卖

铺 p$^{h}$u$^{55}$ 商店

饭铺 fan$^{55}$p$^{h}$u$^{55}$ 饭馆

　　饭店 fan$^{55}$tem$^{55}$

旅店 li$^{31}$tem$^{55}$ 旅馆

贵 kuɐi$^{55}$

　　抵钱 ti$^{31}$ts$^{h}$en$^{213}$ ①贵；②值钱

平 p$^{h}$eŋ$^{213}$ 便宜

着数 tsiak$^{214}$su$^{55}$ ①合算；②便宜

　　抵 ti$^{31}$

　　抵买 ti$^{31}$mai$^{31}$

打折 ta$^{31}$tset$^{214}$ 折扣

折本 set$^{214}$pɐn$^{31}$ 亏本

钱 ts$^{h}$en$^{213}$

　　*银 ŋɐn$^{213}$

散钱 ɬan$^{31}$ts$^{h}$en$^{213}$ 零钱

银仔 ŋɐn$^{213}$tsɐi$^{31}$ 硬币

本 pɐn$^{31}$ 本钱

工钱 koŋ$^{33}$ts$^{h}$en$^{213}$ 工资

路费 lu$^{55}$fɐi$^{55}$

使 si$^{31}$ 花

赚 tsan$^{55}$

捞钱 lou$^{33}$ts$^{h}$en$^{213}$ 挣钱

　　*做钱 tsu$^{55}$ts$^{h}$en$^{213}$

欠 hem$^{55}$

算盘 sen$^{213}$p$^{h}$ɔn$^{213}$

秤 ts$^{h}$eŋ$^{55}$

称 ts$^{h}$eŋ$^{55}$

*趁墟 ts$^{h}$ɐn$^{55}$hi$^{33}$

墟 hi$^{33}$ 集市

庙会 meu$^{55}$fɐi$^{55}$

书房 si$^{33}$faŋ$^{213}$ 学校

　学校 hɔk$^{214}$hiau$^{55}$

教室 kiau$^{55}$sɐt$^{5}$

　课室 fɔ$^{55}$sɐt$^{5}$

去书房 k$^{h}$i$^{55}$si$^{33}$faŋ$^{213}$ 上学

放学 faŋ$^{55}$hɔk$^{214}$

考试 hau$^{31}$si$^{55}$

书包 si$^{33}$pau$^{33}$

簿仔 pu$^{55}$tsɐi$^{31}$ 本子

铅笔 zen$^{213}$piɐt$^{5}$

水笔 sɔi$^{31}$piɐt$^{5}$ 钢笔

圆子笔 zen$^{213}$tsi$^{31}$piɐt$^{5}$ 圆珠笔

毛笔 mou$^{33}$piɐt$^{5}$

墨 mɐk$^{5}$

墨砚 mɐk$^{5}$zen$^{55}$ 砚台

信 ɬɐn$^{55}$

公仔画 koŋ$^{33}$tsɐi$^{31}$wɐk$^{5}$ 连环画

揞眼仔 ɐm$^{31}$ŋan$^{31}$tsɐi$^{31}$ 捉迷藏

跳索 t$^{h}$eu$^{213}$ɬɔk$^{214}$ 跳绳

鸡毛燕 ki$^{33}$mou$^{33}$zen$^{55}$ 毽子

纸鹞 tsi$^{31}$zeu$^{55}$ 风筝

舞狮子 mu$^{31}$ɬi$^{33}$tsi$^{31}$ 舞狮

炮 p$^{h}$au$^{55}$ 鞭炮

唱歌 ts$^{h}$iaŋ$^{55}$kɔ$^{33}$

　唱歌仔 ts$^{h}$iaŋ$^{55}$kɔ$^{33}$tsɐi$^{31}$

做戏 tsu$^{55}$hi$^{55}$ 演戏

锣鼓 lɔ$^{213}$ku$^{31}$

二□ ɨ$^{55}$e$^{33}$ 二胡

横箫 wɐŋ$^{213}$ɬeu$^{33}$ 笛子

　箫 ɬeu$^{33}$

猜拳喊码 ts$^{h}$ai$^{33}$k$^{h}$en$^{213}$ham$^{31}$ma$^{31}$ 划拳

走棋 tsɐu$^{31}$k$^{h}$i$^{213}$ 下棋

打百分 ta$^{31}$pɐk$^{5}$fɐn$^{33}$ 打扑克

打麻雀 ta$^{31}$ma$^{213}$ts$^{h}$iak$^{214}$ 打麻将

　摸麻雀 mɔ$^{33}$ma$^{213}$ts$^{h}$iak$^{214}$

弄法 loŋ$^{55}$fat$^{213}$ 变魔术

　做把戏 tsu$^{55}$pa$^{31}$hi$^{55}$

　耍把戏 ɬa$^{31}$pa$^{31}$hi$^{55}$

讲古仔 kaŋ$^{31}$ku$^{31}$tsɐi$^{31}$ 讲故事

打古仔 ta$^{31}$ku$^{31}$tsɐi$^{31}$ 猜谜语

嫽 leu$^{55}$ 玩儿

过家 kɔ$^{55}$ka$^{33}$ 串门儿

探亲戚 t$^{h}$am$^{55}$ts$^{h}$ɐn$^{33}$ts$^{h}$ɐt$^{5}$ 走亲戚

## 十一　动作行为

*看 k$^{h}$an$^{55}$

听 t$^{h}$eŋ$^{33}$ ～老人讲

闻 mɐn$^{213}$ 嗅：～花香

*欶 ɬɔk$^{214}$

撑开 ts$^{h}$ɐŋ$^{55}$hai$^{33}$ 睁

眯 ni$^{33}$ 闭：～眼

眨 ȵiɐp$^{214}$ ～眼

擘 mek$^{5}$ 张：～口

□ nɐp$^{5}$ 闭：～口

咬 ŋau$^{31}$ ①咬：狗～人；②衔：喜鹊你～我尾，我～你尾

□ ȵiai$^{55}$ ①嚼：牛～草；②啃：吃骨头～倒“咯咯”响

吞 t$^{h}$ɐn$^{33}$ 咽：～口水

□lem$^{31}$舔

含ham$^{213}$

□口tsep$^{5}$hɐu$^{31}$亲嘴

欶ɬɔk$^{214}$吮吸

吐t$^{h}$u$^{31}$～痰

呕ɐu$^{31}$吐：呕～

打阿□ta$^{31}$at$^{5}$ts$^{h}$iu$^{31}$打喷嚏

拎neŋ$^{33}$提；拿

　掠ȵia$^{33}$拿；抓

*把pa$^{31}$

摸mɔ$^{33}$

　*挲ɬa$^{33}$

伸sɐn$^{33}$

爪ȵiau$^{33}$挠

□nɐk$^{5}$掐

扭nɐu$^{31}$拧：～螺丝

扭nɐu$^{31}$拧：～毛巾

挼nɔ$^{33}$捻

　*捻nen$^{31}$

擘mek$^{5}$掰：～饼仔

擘mek$^{5}$剥：～皮

擘mek$^{5}$撕：～布

*拗au$^{31}$折：～荔枝

掹mɐŋ$^{33}$拔：～菜头

捡kem$^{31}$摘：～荔枝

*站tsan$^{55}$

凭pɐŋ$^{55}$倚：～墙

勾ŋɐu$^{33}$蹲

　勾下ŋɐu$^{33}$ha$^{55}$

坐tsɔ$^{55}$

跳t$^{h}$eu$^{213}$

踇nam$^{55}$迈：～水沟

踩ȵiai$^{31}$

翘k$^{h}$eu$^{213}$

□loŋ$^{55}$弯：～腰

挺t$^{h}$eŋ$^{31}$：～胸

扑p$^{h}$ok$^{5}$趴：～倒睡

　趴pa$^{33}$

趑ɬɔ$^{33}$爬：细蚊仔～地

*行heŋ$^{213}$

*走tsɐu$^{31}$

逃t$^{h}$ou$^{213}$～走

追tsɔi$^{33}$～向织女去

捉tsɔk$^{214}$抓：～贼

揽nam$^{31}$抱：～鸡母

孭me$^{33}$背：～细蚊仔

扶fu$^{213}$搀：～他起来

擁oŋ$^{31}$推：～车

跌tɐp$^{5}$摔：～跤

碰p$^{h}$oŋ$^{55}$撞：～伤

挡taŋ$^{31}$～路

□ɐm$^{33}$（人）躲藏

收sɐu$^{33}$藏（物）

*放faŋ$^{55}$

叠tep$^{214}$摞（书）

*壅oŋ$^{33}$

笭k$^{h}$ɐp$^{5}$盖

压at$^{214}$用石头～

撳kiɐm$^{55}$摁：～门铃

揭tok$^{5}$捅：用棍仔～乌窦

插ts$^{h}$ap$^{214}$～香

揭tok$^{5}$戳：～窿

斩tsam$^{31}$砍：～柴

□tiɔk$^{214}$剁：～肉丸

劘 mi$^{33}$ 削：～皮

裂 let$^{214}$ 板～诶

　爆 pau$^{55}$

　爆裂 pau$^{55}$let$^{214}$

皱 ȵiau$^{55}$ ～眼眉

烂 lan$^{55}$ 腐烂：菜～诶

抹 mat$^{214}$ 擦：～手

□ mok$^{5}$ 倒：把菜脚～去

□ kʰuai$^{31}$ 扔（丢弃）：手巾龌龊诶，拎去～它诶

掟 teŋ$^{33}$ 扔（投掷）：～石头

* 漏 lɐu$^{55}$

滴 tek$^{5}$ ～水

打漏 ta$^{31}$lɐu$^{55}$ 丢失：银包～诶

寻 tsʰɐm$^{213}$ 找：你～乜人

捡 kem$^{31}$ ～十文钱

挂 kua$^{55}$ 提：～篮仔

* 担 tam$^{33}$

担 tam$^{33}$ 扛：～梆头

扛 kaŋ$^{33}$ 抬：～轿

举 ki$^{31}$

撑 tsʰɐŋ$^{55}$ ～伞

撬 keu$^{55}$ ～门

拣 kan$^{31}$ 挑：～菜

捡 kem$^{31}$ 收拾：～屋

折 tsep$^{214}$ 挽：～衫袖

　□ ȵiep$^{214}$

哴 laŋ$^{31}$ 涮：～茶杯

洗 ɬi$^{31}$ ～衫裤

捞 lau$^{33}$ ～饭

* 缚 fɔk$^{214}$

解 kai$^{31}$ ～鞋带

移 zi$^{213}$ 挪：～台仔

操 tsʰɐu$^{33}$ 端：～碗

　扛 kaŋ$^{33}$

跌 tɐp$^{5}$ 摔：碗～烂诶

冲 tsʰoŋ$^{33}$ 掺：～水

　泡 pʰau$^{55}$

烧 seu$^{33}$ ①烧：～成灰；②燃放：～炮；③烤：～猪

拆 tsʰɐk$^{5}$ ～墙

转 tsen$^{31}$ 旋转：鬼～风

捶 tsʰɔi$^{213}$ ～背

打 ta$^{31}$

打跤 ta$^{31}$kau$^{33}$ 打架

敨 tʰɐu$^{31}$ 休息

　歇 het$^{214}$

擘□ mek$^{5}$ɐm$^{33}$ 打哈欠

舂眼睡 tsoŋ$^{33}$ŋan$^{31}$sɔi$^{55}$ 打瞌睡

　捱眼睡 ŋai$^{213}$ŋan$^{31}$sɔi$^{55}$

　□眼睡 ŋɐp$^{5}$ŋan$^{31}$sɔi$^{55}$

睡觉 sɔi$^{55}$kau$^{55}$

　* 睡 sɔi$^{55}$

喉咙响 hɐu$^{213}$loŋ$^{213}$hiaŋ$^{31}$ 打呼噜

　睡瞌瞌声 sɔi$^{55}$kʰɔk$^{214}$kʰɔk$^{214}$seŋ$^{33}$ 打呼噜，描摹打呼噜的声响

　睡倒咯咯声 sɔi$^{55}$tou$^{31}$kɔk$^{2}$kɔk$^{2}$siaŋ$^{33}$

　□猪 tsʰem$^{33}$tsi$^{33}$ 用杀猪时猪的叫声比拟打呼噜的声音

睡梦 sɔi$^{55}$moŋ$^{55}$ 做梦

起身 hi$^{31}$sɐn$^{33}$ 起床

刷牙 ɬat$^{214}$ŋa$^{213}$

* 洗身 ɬi$^{31}$sɐn$^{33}$

　冲凉 tsʰoŋ$^{33}$liaŋ$^{213}$

恁 nɐm$^{31}$ 想：～清楚

想ɬiaŋ$^{31}$ ～吃东西

打算ta$^{31}$ɬen$^{55}$

记得ki$^{55}$tɐk$^{5}$记住：你～我吗？

　记倒ki$^{55}$tou$^{31}$

冇记得mou$^{31}$ki$^{55}$tɐk$^{5}$忘记：饭都～吃

*恐k$^{h}$ɔŋ$^{213}$

信ɬɐn$^{55}$相信

愁ɬɐu$^{213}$发愁

　忧zau$^{33}$

细心ɬɐi$^{55}$ɬiɐm$^{33}$小心：～冇跌倒！

好hou$^{55}$喜欢：～吃辣东西

恼nou$^{31}$讨厌

　厌zem$^{55}$

自在tsi$^{55}$tsai$^{55}$舒服

　舒服si$^{33}$fok$^{5}$

　妥当t$^{h}$ɔ$^{31}$taŋ$^{55}$你哪里冇～？

*抵力ti$^{31}$lek$^{5}$

　恶抵ɔk$^{214}$ti$^{31}$感冒诶，好～

难过nan$^{213}$kɔ$^{55}$

兴heŋ$^{55}$高兴：他好～！

发性fat$^{214}$ɬeŋ$^{55}$生气；发脾气

　激倒kek$^{5}$tou$^{31}$

　獳气nou$^{33}$hi$^{55}$

　激气kek$^{5}$hi$^{55}$生气；憋气

怪kuai$^{55}$责怪

后悔hɐu$^{55}$fɐi$^{31}$

眼热ŋan$^{31}$zet$^{214}$忌妒

　眼浅ŋan$^{31}$ts$^{h}$en$^{31}$

*贺$^{=}$hɔ$^{55}$

　*恐贺$^{=}$k$^{h}$ɔŋ$^{213}$hɔ$^{55}$

丢假teu$^{33}$ka$^{31}$丢脸

虾$^{=}$ha$^{33}$欺负

诈tsa$^{55}$装：～死

　假式ka$^{31}$sek$^{5}$假装：～去警察那里坐坐

　扮pan$^{55}$ ～傻

痛t$^{h}$oŋ$^{55}$ ①疼：～人；②爱惜：～东西

*爱ai$^{55}$

有zau$^{31}$

冇mou$^{31}$没有（动；副）

　冇有mou$^{31}$zau$^{31}$

是si$^{55}$

冇是mou$^{31}$si$^{55}$不是

在tsai$^{55}$

冇在mou$^{31}$tsai$^{55}$不在

知道ti$^{33}$tou$^{55}$

　知ti$^{33}$

冇知道mou$^{31}$ti$^{33}$tou$^{55}$不知道

识sek$^{5}$懂

冇识mou$^{31}$sek$^{5}$不懂

识sek$^{5}$会

冇识mou$^{31}$sek$^{5}$不会

识sek$^{5}$认识

冇识mou$^{31}$sek$^{5}$不认识

得tɐk$^{5}$行

　做得tsu$^{55}$tɐk$^{5}$行，可以。故事《两姊妹》：人熊说用皮带绑住她去拉尿，小妹回答“做得啊”

冇得mou$^{31}$tɐk$^{5}$不行

　冇做得mou$^{31}$tsu$^{55}$tɐk$^{5}$ ①不行；②划不来

肯hɐŋ$^{31}$ ①肯：你～帮我洗头吗；②容易：～高～大

应该zeŋ$^{33}$kai$^{33}$

可以hɔ$^{31}$zi$^{31}$

讲kaŋ$^{31}$说

话wa$^{55}$话语

讲闲口 kaŋ$^{31}$han$^{213}$hɐu$^{31}$ 聊天儿

车风气 tsʰe$^{33}$foŋ$^{33}$hi$^{55}$

讲风气 kaŋ$^{31}$foŋ$^{33}$hi$^{55}$

讲闲话 kaŋ$^{31}$han$^{213}$wa$^{55}$

*叫 eu$^{55}$

喊 ham$^{31}$

喊 ham$^{31}$ 吆喝

哭 hok$^{5}$

骂 ma$^{55}$

吵跤 tsʰau$^{31}$kau$^{33}$ 吵架

争跤 tsɐŋ$^{33}$kau$^{33}$

棍 kuan$^{55}$ 骗：～人

骗 pʰen$^{55}$

膻 tʰɐm$^{55}$ 哄：～两个妹子

车大炮 tsʰe$^{33}$ta$^{55}$pʰau$^{55}$ 撒谎

讲大话 kaŋ$^{31}$ta$^{55}$wa$^{55}$

车大炮 tsʰe$^{33}$ta$^{55}$pʰau$^{55}$ 吹牛

托大脚 tʰɔk$^{214}$ta$^{55}$kiak$^{214}$ 拍马屁

讲笑 kaŋ$^{31}$ɬeu$^{55}$ 开玩笑

做嫽 tsu$^{55}$leu$^{55}$

讲他知 kaŋ$^{31}$tʰa$^{33}$ti$^{33}$ 告诉

冇该 mou$^{31}$kai$^{33}$ 谢谢

多谢 tɔ$^{33}$tse$^{55}$

对冇住 tɔi$^{55}$mou$^{31}$tsi$^{55}$ 对不起

又来 zau$^{55}$lai$^{213}$ 再见

## 十二　性质状态

大 ta$^{55}$ 苹果～

大个 ta$^{55}$kɔ$^{55}$ ①个头大：苹果～；②大：这里的金瓜特别～；③长大：这个荔枝就慢慢～诶

细 ɬɐi$^{55}$ ①体积小：～路；②时间少：月～；③排行低：～姨

细个 ɬɐi$^{55}$kɔ$^{55}$ 小：这里的荔枝～

大条 ta$^{55}$tʰeu$^{213}$ ①粗：～索；②粒大：～盐

粗 tsʰu$^{33}$

细 ɬɐi$^{55}$ ～盐

幼 zau$^{55}$ 细：～盐

长 tsʰiaŋ$^{213}$ 线～

短 ten$^{31}$ 线～

久 kiau$^{31}$ 长：时间～

短 ten$^{31}$：时间～

阔 fɔt$^{214}$ 宽：马路～

阔 fɔt$^{214}$ 宽敞：屋～

狭 kep$^{214}$ 窄：路～

高 kou$^{33}$ ①空间高：飞机飞倒好～；②辈分大：～文

低 ti$^{33}$ ①空间不高：这间屋好～；②辈分小：～文

高 kou$^{33}$ 身高：他～过我

矮 ai$^{31}$ 我～过他

远 zen$^{31}$ 路～

近 kiɐn$^{55}$ 路～

深 sɐm$^{33}$ 水～

浅 tsʰen$^{31}$ 水～

清 tsʰeŋ$^{33}$ ①清澈：水～；②清晰：看冇～

醪 nɔ$^{213}$ 浑：水～

圆 zen$^{213}$

扁 piɐn$^{31}$ ～头

四方 si$^{55}$faŋ$^{33}$ 方：～台

尖 tsem$^{33}$

平 pʰeŋ$^{213}$

*肥 fɐi$^{213}$

瘦 sɐu$^{55}$ ～肉

*肥 fɐi$^{213}$ 猪～

*肥 fɐi$^{213}$ 胖：人～

瘦 sɐu$^{55}$ ①～牛；～佬；②贫瘠：～田

黑 hɐk$^{5}$ ～色

白 pɐk$^{5}$ ～色

红 hoŋ$^{213}$ ～色

黄 waŋ$^{213}$ ～色

蓝 lam$^{213}$ ～色

绿 lok$^{5}$ ～色

紫 tsi$^{31}$ ～色

灰 fɐi$^{33}$ ～色

多 tɔ$^{33}$ 好～人

少 seu$^{31}$ 钱～

重 tsoŋ$^{55}$ ～担

轻 heŋ$^{33}$ ～担

直 tsek$^{5}$ ①不弯曲；②正直：人～人穷

站 tsan$^{55}$ 陡

弯 wan$^{33}$ 弯曲

□ k$^{h}$iau$^{33}$

采$^{=}$ts$^{h}$ai$^{31}$ 歪

厚 hɐu$^{55}$ 木板～

薄 pɔk$^{214}$ 木板～

结 ket$^{214}$ 稠：粥～

稀 hi$^{33}$ 粥～

密 mɐt$^{5}$ 稠密

疏 sɔ$^{33}$ 稀疏；疏远

光 kuaŋ$^{33}$ 亮

黑 hɐk$^{5}$ 暗：房间～

暗 ɐm$^{55}$

烘 hɔŋ$^{55}$ 热：天～

暖 nen$^{31}$ 天～

凉 liaŋ$^{213}$ 天～

冷 lɐŋ$^{31}$ 天～

热 zet$^{214}$ 温度高：～水

冷 lɐŋ$^{31}$ ～水

*熠 tsau$^{33}$

湿 sɐp$^{5}$ 衫裤～净诶

伶俐 leŋ$^{213}$li$^{55}$ 干净

*龌龊 wɔk$^{214}$ts$^{h}$ɔk$^{214}$

利 li$^{55}$ 快：刀～

钝 tɔn$^{55}$ 刀～

快 fai$^{55}$

慢 man$^{55}$

早 tsou$^{31}$

迟 ts$^{h}$i$^{213}$ 晚：来～了

晏 an$^{55}$

黑 hɐk$^{5}$ 晚：天～

松 ɬoŋ$^{33}$

紧 kiɐn$^{31}$

易 zi$^{55}$

容易 zoŋ$^{213}$zi$^{55}$

难 nan$^{213}$

*恶 ɔk$^{214}$

新 ɬɐn$^{33}$

旧 kiau$^{55}$

老 lou$^{31}$ ①年龄大；②不嫩

老大 lou$^{31}$ta$^{55}$ 年老

后生 hɐu$^{55}$ɬɐŋ$^{33}$ 年轻

腍 nɐm$^{213}$ 软

软 ȵien$^{31}$

硬 ŋɐŋ$^{55}$ 坚硬

腍 nɐm$^{213}$ ①柔软；②烂：肉煲～诶

䵜 noŋ$^{33}$ 饭煳了

硬 ŋɐŋ$^{55}$ 结实

烂 lan$^{55}$ 破：碗打～诶

有钱 zau$^{31}$ts$^{h}$en$^{213}$ 富

富 fu$^{55}$

穷 k$^{h}$oŋ$^{213}$

有得闲 mou$^{31}$tɐk$^{5}$han$^{213}$ 忙

得闲 tɐk$^{5}$han$^{213}$ 闲

恨 $^{=}$hɐn$^{55}$ 累

痛 t$^{h}$oŋ$^{55}$ 疼：跌～诶

痒 ziaŋ$^{31}$

□ hɐi$^{213}$

*浓 ȵioŋ$^{213}$

熟 sok$^{5}$ 熟悉

生埠 ɬɐŋ$^{33}$pu$^{55}$ 陌生

味 mi$^{55}$ ①滋味：菜好～；②盐：落～

味道 mi$^{55}$tou$^{55}$

气味 hi$^{55}$mi$^{55}$

咸 ham$^{213}$

淡 tam$^{55}$

酸 ɬen$^{33}$ ①酸味；②挠胳肢窝的感觉

甜 t$^{h}$em$^{213}$ 甜味

苦 fu$^{31}$ ①苦味：药～；②困苦：命～

辣 lat$^{214}$

甜 t$^{h}$em$^{213}$ 鲜美：汤好～

香 hiaŋ$^{33}$

*臭 ts$^{h}$ɐu$^{55}$

臭馊 ts$^{h}$ɐu$^{55}$sɐu$^{33}$ 馊

臭熟 ts$^{h}$ɐu$^{55}$sok$^{5}$

臭腥 ts$^{h}$ou$^{55}$ɬeŋ$^{33}$ 腥

好 hou$^{31}$ 人～

坏 wai$^{55}$ 不好：～人

曳 zai$^{213}$ 差

流 lɐu$^{213}$ 差、不好：～东西

□水 sau$^{213}$sɔi$^{31}$ 差劲；笨

□ sau$^{213}$

水 sɔi$^{31}$

*着 tsiak$^{214}$

*啱 ŋam$^{33}$

错 ts$^{h}$ɔ$^{55}$

*靓 leŋ$^{55}$

丑 ts$^{h}$ɐu$^{31}$ ①难看；②脾气坏：脾气～；③质量不好：东西～

恶看 ɔk$^{214}$k$^{h}$an$^{55}$

勤力 k$^{h}$iɐn$^{213}$lek$^{5}$ ①勤快；②努力

懒 lan$^{31}$

恶 ɔk$^{214}$ 乖、听话

听讲 t$^{h}$eŋ$^{33}$kaŋ$^{31}$ 听话

假恶 ka$^{31}$ɔk$^{214}$ 顽皮

调皮 t$^{h}$eu$^{55}$p$^{h}$i$^{213}$

老实 lou$^{31}$sɐt$^{5}$

傻 sɔ$^{31}$

□ ɬam$^{213}$ 笨

木碌 mok$^{5}$lok$^{5}$

舍得 se$^{31}$tɐk$^{5}$ 大方

大方 ta$^{55}$faŋ$^{33}$

阔佬 fɔt$^{214}$lou$^{31}$

□刷 $^{=}$ŋat$^{214}$ɬat$^{214}$ 小气

爽 sɔŋ$^{31}$ ①直爽；②愉快

硬颈 ŋɐŋ$^{55}$keŋ$^{31}$ ①犟；②固执

## 十三　数量

一 zɐt$^{5}$

*二 i$^{55}$

三 ɬam$^{33}$

四 ɬi$^{55}$

*五 wu$^{31}$

六 lok$^{5}$

七 tsʰɐt$^{5}$

八 pat$^{214}$

九 kiau$^{31}$

十 sɐp$^{5}$

二十 ɨ$^{55}$sɐp$^{5}$

三十 ɬam$^{33}$sɐp$^{5}$

　卅 ɬa$^{213}$ 三十

一百 zɐt$^{5}$pɐk$^{5}$

一千 zɐt$^{5}$tsʰen$^{33}$

一万 zɐt$^{5}$wan$^{55}$

一百零五 zɐt$^{5}$pɐk$^{5}$leŋ$^{213}$wu$^{31}$

一百五十 zɐt$^{5}$pɐk$^{5}$wu$^{31}$sɐp$^{5}$

　一百五 zɐt$^{5}$pɐk$^{5}$wu$^{31}$

第一 ti$^{55}$zɐt$^{5}$

二两 ɨ$^{55}$liaŋ$^{31}$

几个 ki$^{31}$kɔ$^{55}$

两个 liaŋ$^{31}$kɔ$^{55}$ 俩

三个 ɬam$^{33}$kɔ$^{55}$ 仨

个里两个 kɔ$^{55}$nɐi$^{33}$liaŋ$^{31}$kɔ$^{55}$ 个把

　个几两个 kɔ$^{55}$ki$^{31}$liaŋ$^{31}$kɔ$^{55}$

　一两个 zɐt$^{5}$liaŋ$^{31}$kɔ$^{55}$

个 kɔ$^{55}$ 一～人

匹 pʰiɐt$^{5}$ 一～马

个 kɔ$^{55}$ 一～牛

个 kɔ$^{55}$ 一～猪

个 kɔ$^{55}$ 一～狗

个 kɔ$^{55}$ 一～鸡

粒 nɐp$^{5}$ 一～蚊仔

条 tʰeu$^{213}$ 一～鱼

条 tʰeu$^{213}$ 一～蛇

把 pa$^{31}$ 张：一～口

张 tsiaŋ$^{33}$ 一～台

张 tsiaŋ$^{33}$ 一～被

番 fan$^{33}$ 一～席

对 tɔi$^{55}$ 双：一～鞋

把 pa$^{31}$ 一～刀

把 pa$^{31}$ 一～锁

条 tʰeu$^{213}$ 根：一～索绳子

支 tsi$^{33}$ 一～笔

对 tɔi$^{55}$ 副：一～眼镜

个 kɔ$^{55}$ 面：一～镜子

个 kɔ$^{55}$ 块：一～个枧肥皂

架 ka$^{55}$ 一～车

搭 tap$^{214}$ 座：一～屋

条 tʰeu$^{213}$ 座：一～桥

条 tʰeu$^{213}$ 一～河

条 tʰeu$^{213}$ 一～路

*龕 hɐm$^{31}$

梁 kʰoŋ$^{33}$ 朵：一～花

粒 nɐp$^{5}$ 颗：一～珠

粒 nɐp$^{5}$ 一～米

餐 tsʰan$^{33}$ 顿：一～饭

剂 tsa$^{33}$ 一～药

阵 tsɐn$^{55}$ 股：一～香味

行 haŋ$^{213}$ 一～字

文 mɐn$^{33}$ 块：一～钱

　元 zen$^{213}$ 块：一～钱

角 kɔk$^{213}$ 毛：一～钱

　毫 hou$^{213}$ 一～钱

件 ken$^{55}$ 一～事

滴滴仔 nit$^{5}$nit$^{5}$tsɐi$^{31}$ 一点儿：一～东西

滴仔 nit$^{5}$tsɐi$^{31}$ 一些：一～东西

　［滴仔］nia$^{31}$ 些：一～东西

轮 lɐn$^{213}$ 下：打一～

阵仔 tsɐn$^{55}$tsɐi$^{31}$ 一阵：坐一～

餐 tsʰan$^{33}$ 顿：打一～

阵仔tsɐn$^{55}$tsɐi$^{31}$一阵：落一～水

轮lɐn$^{213}$趟：去一～

## 十四　代副介连词

我ŋɔ$^{31}$

　*我wɔ$^{31}$

你ni$^{31}$

你ni$^{31}$您

*他t$^{h}$a$^{33}$

我们ŋɔ$^{31}$mɐn$^{213}$

我们ŋɔ$^{31}$mɐn$^{213}$咱们

　我哋ŋɔ$^{31}$tei$^{31}$

　我里人ŋɔ$^{31}$nɐi$^{33}$zɐn$^{213}$

　我人ŋɔ$^{31}$niɐn$^{31}$

你们ni$^{31}$mɐn$^{213}$

　你里人ni$^{31}$nɐi$^{33}$zɐn$^{213}$

他们t$^{h}$a$^{33}$mɐn$^{213}$

　他里人t$^{h}$a$^{33}$nɐi$^{33}$zɐn$^{213}$

大众家ta$^{55}$tsoŋ$^{33}$ka$^{33}$大家

　大家ta$^{55}$ka$^{33}$

识$^{=}$己sek$^{5}$ki$^{31}$自己

　自己tsi$^{55}$ki$^{31}$

人己zɐn$^{213}$ki$^{31}$人家；人们

　人家zɐn$^{213}$ka$^{33}$

我爸ŋɔ$^{213}$pa$^{33}$

你爸ni$^{213}$pa$^{33}$

他爸t$^{h}$a$^{33}$pa$^{33}$

这个tsi$^{55}$kɔ$^{55}$

那个na$^{55}$kɔ$^{55}$

哪个na$^{213}$kɔ$^{55}$

[乜人] mɐn$^{31}$谁

　乜人mɐt$^{5}$zɐn$^{213}$

这里tsi$^{55}$nɐi$^{33}$这里；这些

那里na$^{55}$nɐi$^{33}$那里；那些

哪里na$^{213}$nɐi$^{33}$ ①问处所：你去～；②虚指：他～识开车；③任指：～都得

[这样] 样tseŋ$^{55}$ziaŋ$^{55}$这样；那么

　[这样] tseŋ$^{55}$

那样na$^{55}$ziaŋ$^{55}$那么：他～拎箸，夹冇起菜

　[那样] neŋ$^{55}$去～久

怎样tem$^{213}$ziaŋ$^{55}$你爱～的？

[这样] tseŋ$^{55}$这么：～多

怎样tem$^{213}$ziaŋ$^{55}$ ①怎么：这个字～写；②虚指：这个人冇～

　怎子tem$^{213}$tsi$^{31}$

　怎样子tem$^{213}$ziaŋ$^{55}$tsi$^{31}$

乜的mɐt$^{5}$ti$^{33}$什么：这个～字？

乜的mɐt$^{5}$ti$^{33}$什么：你讲～啊？

为乜的wɐi$^{213}$mɐt$^{5}$ti$^{33}$为什么：你～爱吃白粉啊？

做乜的tsu$^{55}$mɐt$^{5}$ti$^{33}$干什么：他在～

几多ki$^{31}$tɔ$^{33}$多少

好hou$^{31}$很，非常：～大；～热闹

特别tɐk$^{5}$pet$^{214}$非常

　非常fɐi$^{33}$ts$^{h}$iaŋ$^{213}$

还an$^{213}$更：～好

太t$^{h}$ai$^{55}$～细

最tsɔi$^{55}$～少也爱三千块钱

都tu$^{33}$～来

冚嘭呤ham$^{31}$paŋ$^{31}$laŋ$^{31}$笼统；全部；总共

　一共zɐt$^{5}$koŋ$^{55}$总共：～演四场

一齐zɐt$^{5}$ts$^{h}$i$^{213}$一起：～去嫽

只tsi$^{31}$～去过一轮

啱啱ŋam$^{33}$ŋam$^{33}$刚：～好

*刚tsiaŋ$^{33}$

那$^{=}$na$^{55}$才：花～红，就把人已捡诶扣分

就tsɐu$^{55}$ ①表动作很快发生：吃完饭～去；②表加强肯定：～是；③表迁就：换～换

经常keŋ$^{33}$tsʰiaŋ$^{213}$

长时tsʰiaŋ$^{213}$si$^{213}$经常：他～得罪人

又zau$^{55}$ ①表重复：～来；②表动作相承接，相当于“就”：回到屋企～睡觉诶

还an$^{213}$他～有回屋

再tsai$^{55}$我明日～来

也ze$^{31}$我～是老师

反正fan$^{31}$tseŋ$^{55}$

横直wɐŋ$^{213}$tsek$^{5}$反正：我～都爱去

冇mou$^{31}$没有：昨天我～去

冇mou$^{31}$不：明天我～去

莫mɔ$^{55}$别：你也～去

冇用mou$^{31}$zoŋ$^{55}$不用：牛郎，你～忧心

甭moŋ$^{55}$

快fai$^{55}$ ～去

差滴仔tsʰa$^{33}$nit$^{5}$tsɐi$^{31}$ 差点儿：～跌下去

宁愿leŋ$^{213}$n̡ien$^{55}$宁可：司机～罚款，不愿扣分

留停lɐu$^{213}$tʰeŋ$^{213}$故意：那个人～撞我一下

独能tok$^{5}$nɐŋ$^{213}$

随便tsʰɔi$^{213}$pen$^{55}$ ～看

白pɐk$^{5}$ ～走一轮

肯定hɐŋ$^{31}$teŋ$^{55}$

可能hɔ$^{31}$nɐŋ$^{213}$可能；也许

头走头讲tʰɐu$^{213}$tsɐu$^{31}$tʰɐu$^{213}$kaŋ$^{31}$边走边说

凑tsʰɐu$^{55}$和连词：这个～那个都是我的

凑tsʰɐu$^{5}$ ①和介词：我昨日～他一齐去墟；②替介词：～大家办事

对tɔi$^{55}$他～乜人都好

向hiaŋ$^{55}$往：～东行

凑tsʰɐu$^{5}$向：～他借一本书

按an$^{55}$ ～我看不算错

照tseu$^{55}$

替tʰi$^{55}$ ～他写信

如果zi$^{213}$kɔ$^{31}$

一是zɐt$^{5}$si$^{55}$如果：你～冇答应我，我又凑$^{=}$你离婚

冇理mou$^{31}$li$^{31}$不管：～你去不去，我都爱去

# 第二节

# 《汉语方言词语调查条目表》

| | | |
|---|---|---|
| 一　天文 | 十一　身体 | 二十一　文体活动 |
| 二　地理 | 十二　疾病医疗 | 二十二　动作 |
| 三　时令时间 | 十三　衣服穿戴 | 二十三　位置 |
| 四　农业 | 十四　饮食 | 二十四　代词等 |
| 五　植物 | 十五　红白大事 | 二十五　形容词 |
| 六　动物 | 十六　日常生活 | 二十六　副词介词等 |
| 七　房舍 | 十七　讼事 | 二十七　量词 |
| 八　器具用品 | 十八　交际 | 二十八　数词等 |
| 九　称谓 | 十九　商业交通 | 二十九　熟语 |
| 十　亲属 | 二十　文化教育 | |

## 一　天文

热头 zet$^{214}$tʰɐu$^{213}$ 阳光

热头辣 zet$^{214}$tʰɐu$^{213}$lat$^{214}$ 太阳光强烈

热头花 zet$^{214}$tʰɐu$^{213}$fa$^{33}$ 较弱的太阳光

热头里 zet$^{214}$tʰɐu$^{213}$nɐi$^{33}$ 太阳地

热头出 zet$^{214}$tʰɐu$^{213}$tsʰɐt$^{5}$ 出太阳

热头下地 zet$^{214}$tʰau$^{213}$ha$^{55}$ti$^{55}$ 太阳落山。当地为丘陵地貌，周围没有高山，因此不说“下山”

照倒热头 tseu$^{55}$tou$^{31}$zet$^{214}$tʰɐu$^{213}$ 向阳

西斜晒 ɬi$^{33}$tsʰe$^{213}$sai$^{55}$ 西晒

日头担伞 zɐt$^{5}$tʰɐu$^{213}$tam$^{33}$ɬan$^{55}$ 日晕

月光牙 zet$^{214}$kuaŋ$^{33}$ŋa$^{213}$ 月牙

半月 pɔn$^{55}$zet$^{214}$

月亮圆 zet$^{214}$liaŋ$^{55}$zen$^{213}$ 满月

月亮担伞 zet$^{214}$liaŋ$^{55}$tam$^{33}$ɬan$^{55}$ 月晕

戽斗星 fu$^{55}$tɐu$^{31}$ɬeŋ$^{33}$ 在南天的六颗亮星，

像戽斗形，在天河边

北斗星pɐk$^{5}$tɐu$^{31}$ɬeŋ$^{33}$位于北天七颗很亮的星，当地人觉得像舵形

七宿tsʰɐt$^{5}$ɬok$^{5}$东斗星，在东边出现的七颗亮星，原来有七颗星，现在只有六颗。民间传说，牵牛星太能吃，大家把它赶走了。旧时人们依据七宿星的位置看天亮的时间

*偷牛星tʰɐu$^{33}$ŋɐu$^{213}$ɬeŋ$^{33}$

光星kuaŋ$^{33}$ɬeŋ$^{33}$

天星屎tʰen$^{33}$ɬeŋ$^{33}$si$^{31}$流星

牛郎星ŋɐu$^{213}$laŋ$^{213}$ɬeŋ$^{33}$

织女星tsek$^{5}$ni$^{31}$ɬeŋ$^{33}$

天河tʰen$^{33}$hɔ$^{213}$银河

天上tʰen$^{33}$siaŋ$^{55}$

天脚tʰen$^{33}$kiak$^{214}$天边

影仔zeŋ$^{31}$tsɐi$^{31}$影子

大风ta$^{55}$foŋ$^{33}$

［这样］大风tseŋ$^{55}$ta$^{55}$foŋ$^{33}$狂风

打风台ta$^{31}$foŋ$^{33}$tʰai$^{33}$刮台风

细风ɬɐi$^{55}$foŋ$^{33}$小风

鬼转风kuɐi$^{31}$tsen$^{55}$foŋ$^{33}$旋风

顶头风teŋ$^{31}$tʰɐu$^{213}$foŋ$^{33}$逆风

顺风sɐn$^{55}$foŋ$^{33}$

打风ta$^{31}$foŋ$^{33}$刮风

发风fat$^{214}$foŋ$^{33}$

起风hi$^{31}$foŋ$^{33}$开始刮风

天起云tʰen$^{33}$hi$^{31}$wɐn$^{213}$天上形成黑云

上云siaŋ$^{55}$wɐn$^{213}$

水云sɔi$^{31}$wɐn$^{213}$黑云

天放红tʰen$^{33}$faŋ$^{55}$hoŋ$^{213}$云霞

影倒热头zeŋ$^{31}$tou$^{31}$zet$^{214}$tʰɐu$^{213}$乌云遮住太阳

雷公响lɔi$^{213}$koŋ$^{33}$hiaŋ$^{31}$打雷

雷公打lɔi$^{213}$koŋ$^{33}$ta$^{31}$遭雷打了

火蛇划fɔ$^{31}$se$^{213}$wɐk$^{5}$闪电（动词）

天眨眼tʰen$^{33}$ȵiɐp$^{214}$ŋan$^{31}$

滴水tek$^{5}$sɔi$^{31}$下雨点

细水ɬɐi$^{55}$sɔi$^{31}$小雨

大水ta$^{55}$sɔi$^{31}$大雨

犁地水li$^{213}$ti$^{55}$sɔi$^{31}$适合犁田的雨。犁田的深度一般20至30公分，雨水能够渗透这个厚度，就叫犁地水

大西北水ta$^{55}$ɬi$^{33}$pɐk$^{5}$sɔi$^{31}$暴风雨。因为当地暴风雨常在当地西北方向形成，故名

大风大水ta$^{55}$foŋ$^{33}$ta$^{55}$sɔi$^{31}$

水毛仔sɔi$^{31}$mou$^{33}$tsɐi$^{31}$毛毛雨

牛毛虱ŋɐu$^{213}$mou$^{33}$sɐt$^{5}$

沤水ɐu$^{55}$sɔi$^{31}$连阴雨

热头水zet$^{214}$tʰɐu$^{213}$sɔi$^{31}$太阳雨

雷公水lɔi$^{213}$koŋ$^{33}$sɔi$^{31}$雷阵雨

过云水kɔ$^{55}$wɐn$^{213}$sɔi$^{31}$阵雨

结冰ket$^{214}$peŋ$^{33}$

冰融peŋ$^{33}$zoŋ$^{213}$冰融化

落雾水lɔk$^{214}$mu$^{55}$sɔi$^{31}$下露；起雾

长脚雾tsʰiaŋ$^{213}$kiak$^{214}$mu$^{55}$浓雾

雾收mu$^{55}$sɐu$^{33}$雾散

雾散mu$^{55}$ɬan$^{55}$

好天hou$^{31}$tʰen$^{33}$晴天

天开tʰen$^{33}$hai$^{33}$天放晴

天变tʰen$^{33}$pen$^{55}$变天

天黑tʰen$^{33}$hɐk$^{5}$天暗

落水天lɔk$^{214}$sɔi$^{31}$tʰen$^{33}$雨天

天烘tʰen$^{33}$hoŋ$^{55}$天热

天烘天 tʰen$^{33}$hoŋ$^{55}$tʰen$^{33}$ 热天

天冷 tʰen$^{33}$lɐŋ$^{31}$

天冷天 tʰen$^{33}$lɐŋ$^{31}$tʰen$^{33}$ 冷天

大小暑 ta$^{55}$ɬeu$^{31}$si$^{31}$ 三伏天

翻冷 fan$^{33}$lɐŋ$^{31}$ 变冷

凉爽 liaŋ$^{213}$sɔŋ$^{31}$

天焗 tʰen$^{33}$kok$^{5}$ 闷热

　郁气 wɐk$^{5}$hi$^{55}$

天燥 tʰen$^{33}$tsau$^{33}$ 天干

晒燥 sai$^{55}$tsau$^{33}$ 晒干

烘燥 haŋ$^{55}$tsau$^{33}$ 烘干

转润 tsen$^{31}$ȵiɐn$^{55}$ 天气变得潮湿

转暖 tsen$^{31}$nen$^{31}$ 变暖

回潮 wɐi$^{213}$tsʰou$^{213}$

## 二　地理

田垌 tʰen$^{213}$toŋ$^{55}$ ①田野；②种稻的地方

好田 hou$^{31}$tʰen$^{213}$ 肥沃的田

　肥田 fɐi$^{213}$tʰen$^{213}$

丑田 tsʰɐu$^{31}$tʰen$^{213}$ 贫瘠的田

　瘦田 sɐu$^{55}$tʰen$^{213}$

田坑 tʰen$^{213}$hɐŋ$^{33}$ 田边的水沟

坡田 pʰɔ$^{33}$tʰen$^{213}$ 在坡上的田，只种一季

　半坡田 pɔn$^{55}$pʰɔ$^{33}$tʰen$^{213}$

葱菜地 tsʰoŋ$^{33}$tsʰai$^{55}$ti$^{55}$ 菜地

□荒地 kʰuai$^{31}$faŋ$^{33}$ti$^{55}$ 丢荒地

沙地 sa$^{33}$ti$^{55}$ 沙土地

咸水地 ham$^{213}$sɔi$^{31}$ti$^{55}$ 盐碱地

园 zen$^{213}$

荔枝园 li$^{55}$tsi$^{33}$zen$^{213}$

龙眼园 loŋ$^{213}$ŋan$^{31}$zen$^{213}$

岭头 leŋ$^{31}$tʰɐu$^{213}$ 丘陵

坎 hɐm$^{55}$

岭腰 leŋ$^{31}$zeu$^{33}$ 山腰

岭脚 leŋ$^{31}$kiak$^{214}$ 山脚

岭坑水 leŋ$^{31}$hɐŋ$^{33}$sɔi$^{31}$ 山涧

平坡 pʰeŋ$^{213}$pʰɔ$^{33}$ 山坡

山顶 san$^{33}$teŋ$^{31}$

山窿 san$^{33}$loŋ$^{33}$ 山洞

山坳 san$^{33}$au$^{55}$

山崖 san$^{33}$ŋai$^{213}$

山崩 san$^{33}$pɐŋ$^{33}$ 山坍塌

塌方 tʰap$^{214}$faŋ$^{33}$ 坍塌

沙琅江 sa$^{33}$laŋ$^{31}$kaŋ$^{33}$ 当地河流名

公$^{=}$泡 koŋ$^{33}$pʰau$^{33}$ 水冒泡

河水大 hɔ$^{213}$sɔi$^{31}$ta$^{55}$ 涨水

水转 sɔi$^{31}$tsen$^{55}$ 旋涡

水波 sɔi$^{31}$pɔ$^{33}$ 波浪

起浪 hi$^{31}$laŋ$^{55}$

迳 kɐŋ$^{55}$ ①架在小河的树木，当桥用；②地名：华楼～、～仔坡、塘～；③引申为直挺物：鼻梁～；④架桥：～桥

桥 kʰeu$^{33}$

桥墩 kʰeu$^{213}$tɐn$^{31}$

河滩 hɔ$^{213}$tʰan$^{33}$ 沙滩

*陂头 pi$^{33}$tʰɐu$^{213}$

水圳 sɔi$^{31}$tsɐn$^{55}$ ①水渠；②小溪

水塘 sɔi$^{31}$tʰaŋ$^{213}$ 常年有水的塘

旱塘 han$^{31}$tʰaŋ$^{213}$ 夏季有水的塘

鱼塘 zi$^{213}$tʰaŋ$^{213}$ 养鱼的塘

渡槽 tu$^{55}$tsʰou$^{213}$ 人工水渠

水库 sɔi$^{31}$fu$^{55}$

海 hai$^{31}$

潮水 tsʰeu$^{213}$sɔi$^{31}$

来潮水 lai$^{213}$ts$^{h}$eu$^{213}$sɔi$^{31}$ 涨潮

潮水下 ts$^{h}$eu$^{213}$sɔi$^{31}$ha$^{55}$ 退潮

水井 sɔi$^{31}$tseŋ$^{31}$ 井

井头 tseŋ$^{31}$t$^{h}$ɐu$^{213}$ 井台

挖井 wat$^{214}$tseŋ$^{31}$ 打井

泵水井 poŋ$^{55}$sɔi$^{31}$tseŋ$^{31}$ 压水井

窟 fɐt$^{5}$ 坑

泥湴 ni$^{213}$paŋ$^{55}$ ①泥潭；②烂泥

潺水 ts$^{h}$an$^{213}$sɔi$^{31}$ 泉水

井水 tseŋ$^{31}$sɔi$^{31}$

吊桶 teu$^{55}$t$^{h}$oŋ$^{31}$ 吊水桶

井索 tseŋ$^{31}$ɬɔk$^{214}$ 吊水用的绳子

清水 ts$^{h}$eŋ$^{33}$sɔi$^{31}$

水清 sɔi$^{31}$ts$^{h}$eŋ$^{33}$

醪水 nɔ$^{213}$sɔi$^{31}$ 浑水

水醪 sɔi$^{31}$nɔ$^{213}$ 水混浊

冷滚水 lɐŋ$^{31}$kuɐn$^{31}$sɔi$^{31}$ 冷开水

煮滚水 tsi$^{31}$kuɐn$^{31}$sɔi$^{31}$ 烧开水

入滚水 zɐp$^{5}$kuɐn$^{31}$sɔi$^{31}$ 灌开水

□水 lou$^{55}$sɔi$^{31}$ 用两个碗互倒以便快速把热水弄凉

石仔 sek$^{5}$tsɐi$^{31}$ 小石头

石板 sek$^{5}$pan$^{31}$

鹅春石 ŋɔ$^{33}$ts$^{h}$ɐn$^{33}$sek$^{5}$ 鹅卵石

　马卵石 ma$^{31}$lɐn$^{31}$sek$^{5}$

大粒沙 ta$^{55}$nɐp$^{5}$sa$^{33}$ 粗沙

　粗沙 ts$^{h}$u$^{33}$sa$^{33}$

幼沙 zau$^{55}$sa$^{33}$ 细沙

带沙泥 tai$^{55}$sa$^{33}$ni$^{213}$ 沙土

泥坯 ni$^{213}$p$^{h}$ɐi$^{33}$ 土坯

□垃圾 t$^{h}$iau$^{31}$lap$^{214}$ɬap$^{214}$ 倒垃圾

泥砖 ni$^{213}$tsen$^{33}$ 土坯

砖格 tsen$^{33}$kɐk$^{5}$ 做土砖的模具

火砖 fɔ$^{31}$tsen$^{33}$ 黏土烧制的砖

青砖 ts$^{h}$eŋ$^{33}$tsen$^{33}$ 青色的火砖

红砖 hoŋ$^{213}$tsen$^{33}$ 红色的火砖

墙砖 ts$^{h}$iaŋ$^{213}$tsen$^{33}$ 砌城墙用的大块砖

瓷砖 ts$^{h}$i$^{213}$tsen$^{33}$ 瓷制装饰砖

断□砖 ten$^{55}$k$^{h}$ɐt$^{5}$tsen$^{33}$ 断砖；碎砖

　断□截砖 ten$^{55}$mɐŋ$^{55}$tsen$^{33}$

　砖□截 tsen$^{33}$mɐŋ$^{55}$

大瓦 ta$^{55}$ŋa$^{31}$ 瓦

瓦筒仔 ŋa$^{31}$t$^{h}$oŋ$^{213}$tsɐi$^{31}$ 封瓦缝用的半圆形瓦

细瓦 ɬɐi$^{55}$ŋa$^{31}$ 小块的瓦

　瓦仔 ŋa$^{31}$tsɐi$^{31}$

烂瓦 lan$^{55}$ŋa$^{31}$ 碎瓦；断瓦

　瓦碎 ŋa$^{31}$sɔi$^{55}$

　瓦响□ ŋa$^{31}$hiaŋ$^{31}$p$^{h}$iaŋ$^{31}$

光镜 kuaŋ$^{33}$keŋ$^{55}$ 透光用的玻璃瓦

缸瓦 kaŋ$^{33}$ŋa$^{31}$ 泛指陶瓷

烧石灰石 seu$^{33}$sek$^{5}$fɐi$^{33}$sek$^{5}$ 石灰石

石灰 sek$^{5}$fɐi$^{33}$

生石灰 ɬɐŋ$^{33}$sek$^{5}$fɐi$^{33}$

熟石灰 sok$^{5}$sek$^{5}$fɐi$^{33}$

发石灰 fat$^{214}$sek$^{5}$fɐi$^{33}$ 化石灰

灰水 fɐi$^{33}$sɔi$^{31}$ 石灰水

石灰油 sek$^{5}$fɐi$^{33}$zau$^{213}$ 石灰膏

牛肝石 ŋɐu$^{213}$kan$^{33}$sek$^{5}$ 打火用的石头。牛肝石是一种化石，形色如牛肝，故名

*浮水石 fu$^{213}$sɔi$^{31}$sek$^{5}$

碑记石 pɐi$^{33}$ki$^{55}$sek$^{5}$ 碑石

水晶石 sɔi$^{31}$tseŋ$^{33}$sek$^{5}$ 石英

硫黄 lɐu$^{33}$waŋ$^{213}$

金 kiɐm$^{33}$

鉎ɬeŋ$^{55}$ 锈

铜tʰoŋ$^{213}$

铜鉎tʰoŋ$^{213}$ɬeŋ$^{55}$ 铜绿

铁tʰet$^{214}$

铁鉎tʰet$^{214}$ɬeŋ$^{55}$ 铁锈

上鉎siaŋ$^{55}$ɬeŋ$^{55}$ 生锈

锡ɬek$^{5}$

钛tʰɐi$^{55}$ 铝

铅zen$^{213}$

水银sɔi$^{31}$ŋɐn$^{213}$

玉zok$^{5}$

珍珠tsɐn$^{33}$tsi$^{33}$

汽油hi$^{55}$zau$^{213}$

沥青lek$^{5}$tsʰeŋ$^{33}$ 柏油

沥青纸lek$^{5}$tsʰeŋ$^{33}$tsi$^{31}$ 油毡

城seŋ$^{213}$ 城市

城墙seŋ$^{213}$tsʰiaŋ$^{213}$

拦河lan$^{213}$hɔ$^{213}$ 护城河

城里头seŋ$^{213}$li$^{31}$tʰɐu$^{213}$ 城内

城下底seŋ$^{213}$ha$^{55}$ti$^{31}$ 城外

城门seŋ$^{213}$mɐn$^{213}$

户口fu$^{31}$hɐu$^{31}$

上户口siaŋ$^{55}$fu$^{31}$hɐu$^{31}$

迁户口tsʰen$^{33}$fu$^{31}$hɐu$^{31}$

户口簿fu$^{31}$hɐu$^{31}$pu$^{55}$

粮油簿liaŋ$^{213}$zau$^{213}$pu$^{55}$

老家lou$^{31}$kia$^{33}$ 故乡

山窿san$^{33}$loŋ$^{33}$ 山沟

　山坑san$^{33}$hɐŋ$^{33}$

着墟tsiak$^{214}$hi$^{33}$ 到了墟日

大墟ta$^{55}$hi$^{33}$ 规模大的集市

墟仔hi$^{33}$tsɐi$^{31}$ 规模小的集市

墟散hi$^{33}$ɬan$^{55}$ 集市结束

大路ta$^{55}$lu$^{55}$ 马路

路仔lu$^{55}$tsɐi$^{31}$ 小路

　细路ɬɐi$^{55}$lu$^{55}$

行路heŋ$^{213}$lu$^{55}$ 走路

开岔路hai$^{33}$tsʰa$^{33}$lu$^{55}$ 分岔路

十字路sɐp$^{5}$tsi$^{55}$lu$^{55}$ 十字路口

丁字路teŋ$^{33}$tsi$^{55}$lu$^{55}$

凉亭liaŋ$^{213}$tʰeŋ$^{213}$ 亭子

## 三　时令时间

春天tsʰuɐn$^{33}$tʰen$^{33}$

开春hai$^{33}$tsʰuɐn$^{33}$ 初春

夏天he$^{55}$tʰen$^{33}$

秋天tsʰiau$^{33}$tʰen$^{33}$

冬天toŋ$^{33}$tʰen$^{33}$

立春liɐp$^{5}$tsʰuɐn$^{33}$

雨水zi$^{31}$sɔi$^{31}$

惊蛰keŋ$^{33}$tsek$^{5}$

春分tsʰuɐn$^{33}$fɐn$^{33}$

清明tsʰeŋ$^{33}$meŋ$^{213}$

谷雨kok$^{5}$zi$^{31}$

立夏liɐp$^{5}$he$^{55}$

小满ɬeu$^{31}$mɔn$^{31}$

芒种maŋ$^{213}$tsoŋ$^{55}$

夏至he$^{55}$tsi$^{55}$

小暑ɬeu$^{31}$si$^{31}$

大暑ta$^{55}$si$^{31}$

立秋liɐp$^{5}$tsʰiau$^{33}$

处暑tsʰi$^{55}$tsi$^{31}$

白露pɐk$^{5}$lu$^{55}$

秋分tsʰiau$^{33}$fɐn$^{33}$

寒露 han$^{213}$lu$^{55}$

霜降 ɬaŋ$^{33}$kaŋ$^{55}$

立冬 liɐp$^{5}$toŋ$^{33}$

小雪 ɬeu$^{31}$ɬet$^{214}$

大雪 ta$^{55}$ɬet$^{214}$

冬至 toŋ$^{33}$tsi$^{55}$

小寒 ɬeu$^{31}$han$^{213}$

大寒 ta$^{55}$han$^{213}$

节 tset$^{214}$ 节日

拜年 pai$^{55}$nen$^{213}$

七月七 tsʰɐt$^{5}$zet$^{214}$tsʰɐt$^{5}$ 七夕

九月九 kiau$^{31}$zet$^{214}$kiau$^{31}$ 重阳节

做冬 tsu$^{55}$toŋ$^{33}$ 过冬至节

过节 kɔ$^{55}$tset$^{214}$

过年 kɔ$^{55}$nen$^{213}$

年货 nen$^{213}$fɔ$^{55}$

利市钱 li$^{55}$si$^{55}$tsʰen$^{213}$ 压岁钱

　　衫袋钱 sam$^{33}$tai$^{55}$tsʰen$^{213}$

团圆 tʰen$^{213}$zen$^{213}$

*年例 nen$^{213}$li$^{55}$

　　*初四 tsʰɔ$^{33}$ɬi$^{55}$

*做年例 tsu$^{55}$nen$^{213}$li$^{55}$

　　做初四 tsu$^{55}$tsʰɔ$^{33}$ɬi$^{55}$

*吃年例 kʰiɐt$^{5}$nen$^{213}$li$^{55}$

*初二 tsʰɔ$^{33}$ɨ$^{55}$

*做初二 tsu$^{55}$tsʰɔ$^{33}$ɨ$^{55}$

　　*做福 tsu$^{55}$fok$^{5}$

*全猪汤 tsʰen$^{213}$tsi$^{33}$tʰaŋ$^{33}$

大前年 ta$^{55}$tsʰen$^{213}$nen$^{213}$

大后年 ta$^{55}$hɐu$^{55}$nen$^{213}$

年年 nen$^{213}$nen$^{213}$ 每年

年中间 nen$^{213}$toŋ$^{33}$kan$^{33}$

上半年 siaŋ$^{55}$pɔn$^{55}$nen$^{213}$

下半年 ha$^{55}$pɔn$^{55}$nen$^{213}$

一年 zɐt$^{5}$nen$^{213}$ 一整年

　　整年 tseŋ$^{31}$nen$^{213}$

闰年 zɐn$^{55}$nen$^{213}$

闰月 zɐn$^{55}$zet$^{214}$

月头 zet$^{214}$tʰɐu$^{213}$ 月初

　　月初 zet$^{214}$tsʰɔ$^{33}$

月中间 zet$^{214}$toŋ$^{33}$kan$^{33}$ 月半

月尾 zet$^{214}$wɐi$^{31}$ 月底

　　月底 zet$^{214}$ti$^{31}$

一个月 zɐt$^{5}$kɔ$^{55}$zet$^{214}$

前个月 tsʰen$^{213}$kɔ$^{55}$zet$^{214}$

上个月 siaŋ$^{55}$kɔ$^{55}$zet$^{214}$

这个月 tsi$^{55}$kɔ$^{55}$zet$^{214}$

下个月 ha$^{55}$kɔ$^{55}$zet$^{214}$

下下个月 ha$^{55}$ha$^{55}$kɔ$^{55}$zet$^{214}$ 再下个月

每月 mɐi$^{31}$zet$^{214}$

月细 zet$^{214}$ɬɐi$^{55}$ 月小

月大 zet$^{214}$ta$^{55}$

上旬 siaŋ$^{55}$ɬɐn$^{213}$

中旬 tsoŋ$^{33}$ɬɐn$^{213}$

下旬 ha$^{55}$ɬɐn$^{213}$

日 zɐt$^{5}$ 天

日期 zɐt$^{5}$kʰi$^{213}$

前几日 tsʰen$^{213}$ki$^{31}$zɐt$^{5}$ 前几天

一个星期 zɐt$^{5}$kɔ$^{55}$seŋ$^{33}$kʰi$^{213}$ 一星期

隔日 kɐk$^{5}$zɐt$^{5}$ 次日；第二日

　　第二日 ti$^{55}$ɨ$^{55}$zɐt$^{5}$

一号 zɐt$^{5}$hou$^{55}$ 阳历月的第一天

十号 sɐp$^{5}$hou$^{55}$ 阳历月的第十天

初一 tsʰɔ$^{33}$zɐt$^{5}$ 阴历月的第一天

初十 tsʰɔ$^{33}$sɐp$^{5}$ 阴历月的第十天

天将光 tʰen$^{33}$tsiaŋ$^{33}$kuaŋ$^{33}$ 凌晨

鸡啼 ki$^{33}$tʰi$^{213}$ 公鸡报晓的时候

　鸡喊 ki$^{33}$ham$^{31}$

木=粟=mok$^{5}$ɬok$^{5}$ 天蒙蒙亮

朝间早 tsʰeu$^{33}$kan$^{33}$tsou$^{31}$ 清晨

*晏 an$^{55}$

下晏 ha$^{55}$an$^{55}$ 下午

半日 pɔn$^{55}$zɐt$^{5}$ 半天

大半日 ta$^{55}$pɔn$^{55}$zɐt$^{5}$ 大半天

吃晏前 kʰiɐt$^{5}$an$^{55}$tsʰen$^{213}$ 吃中饭前

吃晏后 kʰiɐt$^{5}$an$^{55}$hɐu$^{55}$ 吃中饭后

煮晚时 tsi$^{31}$wan$^{31}$si$^{213}$ 做晚饭的时候

吃晚时 kʰiɐt$^{5}$wan$^{31}$si$^{213}$ 吃晚饭的时候

断黑 ten$^{55}$hɐk$^{5}$ 天变黑

上半夜 siaŋ$^{55}$pɔn$^{55}$ze$^{55}$

下半夜 ha$^{55}$pɔn$^{55}$ze$^{55}$

鸡啼半夜 ki$^{33}$tʰi$^{213}$pɔn$^{55}$ze$^{55}$ 三更半夜

一夜 zɐt$^{5}$ze$^{55}$ 整夜

　通夜 tʰoŋ$^{33}$ze$^{55}$

日到黑 zɐt$^{5}$tou$^{55}$hɐk$^{5}$ 一天到晚

过日 kɔ$^{55}$zɐt$^{5}$ 过日子

年份 nen$^{213}$fɐn$^{55}$

月份 zet$^{214}$fɐn$^{55}$

闲时 han$^{213}$si$^{213}$ 平时

起头 hi$^{31}$tʰɐu$^{213}$ 起初；当初

一阵仔 zɐt$^{5}$tsɐn$^{55}$tsɐi$^{31}$ 一下子

旧时 kiau$^{55}$si$^{213}$ 古代；过去

　古时 ku$^{31}$si$^{213}$

早起 tsou$^{31}$hi$^{31}$ 起早

几时 ki$^{31}$si$^{213}$ 一向；一直

从细 tsʰoŋ$^{213}$ɬɐi$^{55}$ 从小

前世 tsʰen$^{213}$si$^{55}$

后一代 hɐu$^{55}$zɐt$^{5}$tai$^{55}$ 后世

一点钟 zɐt$^{5}$tem$^{31}$tsoŋ$^{33}$ ①一小时；②一点

十二点钟 sɐp$^{5}$ɨ$^{55}$tem$^{31}$tsoŋ$^{33}$ 十二点

一个字 zɐt$^{5}$kɔ$^{55}$tsi$^{55}$ 五分钟

三个字 ɬam$^{33}$kɔ$^{55}$tsi$^{55}$ 一刻钟

欶筒烟［这样］久 ɬɔk$^{214}$tʰoŋ$^{213}$zen$^{33}$tseŋ$^{55}$kiau$^{31}$ 抽一袋烟的时间

　欶筒熟烟［那样］久 ɬɔk$^{5}$tʰoŋ$^{213}$sok$^{5}$zen$^{33}$neŋ$^{55}$kiau$^{31}$

子时 tsi$^{31}$si$^{213}$

丑时 tsʰɐu$^{31}$si$^{213}$

寅时 zɐn$^{213}$si$^{213}$

卯时 mau$^{31}$si$^{213}$

辰时 sɐn$^{213}$si$^{213}$

巳时 tsi$^{55}$si$^{213}$

午时 wu$^{31}$si$^{213}$

未时 mi$^{55}$si$^{213}$

申时 sɐn$^{33}$si$^{213}$

酉时 zau$^{31}$si$^{213}$

戌时 ɬɐt$^{5}$si$^{213}$

亥时 hai$^{55}$si$^{213}$

## 四　农业

年中好 nen$^{213}$toŋ$^{33}$hou$^{31}$ 丰收

饥荒 ki$^{33}$faŋ$^{33}$

早造 tsou$^{31}$tsou$^{55}$ 春季种植

晚造 wan$^{31}$tsou$^{55}$ 秋季种植

小季 ɬeu$^{31}$kuɐi$^{55}$ 冬季前种植

早春 tsou$^{31}$tsʰuɐn$^{33}$ 春耕

*做田 tsu$^{55}$tʰen$^{213}$

做坡 tsu$^{55}$pʰɔ$^{33}$ 整旱地

做地 tsu$^{55}$ti$^{55}$ 整菜地

*做六月 tsu$^{55}$lok$^{5}$zet$^{214}$

割早禾 kɔt$^{214}$tsou$^{31}$wɔ$^{213}$

*做十月 tsu$^{55}$sɐp$^{5}$zet$^{214}$

办好田 pan$^{55}$hou$^{31}$t$^{h}$en$^{213}$ 整好田

犁田 li$^{213}$t$^{h}$en$^{213}$

犁坡 li$^{213}$p$^{h}$ɔ$^{33}$ 耕种坡田

耙田 p$^{h}$a$^{213}$t$^{h}$en$^{213}$ 整水田

下秧 ha$^{55}$ziaŋ$^{33}$ 下谷种

撒种 ɬat$^{214}$tsoŋ$^{31}$ 下种

搣秧 mɐŋ$^{33}$ziaŋ$^{33}$ 拔秧

开□ hai$^{33}$hɐm$^{31}$ 点种

□草 ts$^{h}$ɐm$^{55}$ts$^{h}$ou$^{31}$ 锄草

搣草 mɐŋ$^{33}$ts$^{h}$ou$^{31}$ 拔草

爪田 ȵiau$^{33}$t$^{h}$en$^{213}$ 耘田

爪草 ȵiau$^{33}$ts$^{h}$ou$^{31}$

巡田 ɬɐn$^{213}$t$^{h}$en$^{213}$ 在田间巡视

淋水 lɐm$^{213}$sɔi$^{31}$ 浇水

放水 faŋ$^{55}$sɔi$^{31}$ 灌水到田里

荫水 zɐm$^{55}$sɔi$^{31}$ 放水浸田

□水 nɐm$^{55}$sɔi$^{31}$ ①田积水；②浸田

放走水 faŋ$^{55}$tsɐu$^{31}$sɔi$^{31}$ 排水

爪水 ȵiau$^{33}$sɔi$^{31}$ 打水

戽水 fu$^{55}$sɔi$^{31}$ 用戽斗排水

舀水 zeu$^{31}$sɔi$^{31}$ 用勺子舀水

□去水 tɐp$^{5}$k$^{h}$i$^{55}$sɔi$^{31}$ 把水擦去

抹水 mat$^{214}$sɔi$^{31}$

泼水 p$^{h}$ɔt$^{214}$sɔi$^{31}$

喷水 p$^{h}$ɐn$^{55}$sɔi$^{31}$ 用水壶洒水

爆角 pau$^{55}$kɔk$^{214}$ 禾苗分蘖

浪花 laŋ$^{55}$fa$^{33}$ 禾苗扬花

出胎 ts$^{h}$ɐk$^{5}$t$^{h}$ai$^{33}$ 禾苗灌浆

勾头 ŋɐu$^{33}$t$^{h}$ɐu$^{213}$ 禾苗结穗

入米 zɐp$^{5}$mi$^{31}$ 禾苗结实

跌禾 tɐp$^{5}$wɔ$^{213}$ 脱粒

打禾 ta$^{31}$wɔ$^{213}$

碾禾 ŋai$^{31}$wɔ$^{213}$

舂米 tsoŋ$^{33}$mi$^{31}$

风谷 foŋ$^{33}$kok$^{5}$ 用风车吹去空谷子

放谷 faŋ$^{55}$kok$^{5}$ 借助自然风吹去空谷子

*做米 tsu$^{55}$mi$^{31}$

车米 ts$^{h}$e$^{33}$mi$^{31}$ 用机器脱谷壳

围头 wɐi$^{213}$t$^{h}$ɐu$^{213}$ 打谷器

打具 ta$^{31}$tsi$^{55}$ 打谷或花生的竹器

打禾机 ta$^{31}$wɔ$^{213}$ki$^{33}$ 脱粒的机器

禾塘 wɔ$^{213}$t$^{h}$aŋ$^{213}$ 打场；场院

掘地 kuɐt$^{5}$ti$^{55}$ 锄地；松土

掘松地 kuɐk$^{5}$ɬoŋ$^{33}$ti$^{55}$ 松土

下肥 ha$^{55}$fɐi$^{213}$ 施肥

屎 si$^{31}$

尿 neu$^{55}$

粪水 fɐn$^{55}$sɔi$^{31}$ 屎尿肥

大粪 ta$^{55}$fɐn$^{55}$ 人的粪便

人屎 zɐn$^{213}$si$^{31}$

猪屎肥 tsi$^{33}$si$^{31}$fɐi$^{213}$ 猪栏里的粪

猪屎猪尿 tsi$^{33}$si$^{31}$tsi$^{33}$neu$^{55}$

淋粪水 lɐm$^{213}$fɐn$^{55}$sɔi$^{31}$ 浇粪

斩柴 tsam$^{31}$ts$^{h}$ai$^{213}$ 砍柴

铲柴 ts$^{h}$an$^{31}$ts$^{h}$ai$^{213}$

捡粪 kem$^{31}$fɐn$^{55}$ 拾粪

捡牛屎 kem$^{31}$ŋɐu$^{213}$si$^{31}$

堆肥 tɔi$^{33}$fɐi$^{213}$ 聚集粪肥

积粪 tsek$^{5}$fɐn$^{55}$

沤粪 ɐu$^{55}$fɐn$^{55}$ 发酵粪

土杂肥 tʰu$^{31}$tsap$^{214}$fɐi$^{213}$ 家肥

垃圾肥 lap$^{214}$ɬap$^{214}$fɐi$^{213}$

火炭黸 fɔ$^{31}$tʰan$^{55}$lou$^{33}$ 锅烟子

镬辣⁼wɔk$^{214}$lat$^{214}$

塘泥 tʰaŋ$^{213}$ni$^{213}$

狗屎 kɐu$^{31}$si$^{31}$

牛屎 ŋɐu$^{213}$si$^{31}$

鸡屎 ki$^{33}$si$^{31}$

肥料 fɐi$^{31}$leu$^{55}$ 化肥

芬兰肥 fɐn$^{33}$lam$^{213}$fɐi$^{213}$ 全称为"芬兰复合肥"，从芬兰进口，故名。是优质肥料，主要用于经济作物的种植。价格较高

钾肥 kap$^{214}$fɐi$^{213}$

磷肥 lɐn$^{213}$fɐi$^{213}$

尿素 neu$^{55}$su$^{55}$

复合肥 fok$^{5}$hap$^{214}$fɐi$^{213}$

过磷酸钙 kɔ$^{55}$lɐn$^{213}$ɬen$^{33}$kai$^{55}$

农药 noŋ$^{213}$ziak$^{214}$

敌敌畏 tek$^{5}$tek$^{5}$wɐi$^{55}$

六六粉 lok$^{5}$lok$^{5}$fɐn$^{31}$

喷药 pʰɐn$^{55}$ziak$^{214}$ 打农药

喷虫 pʰɐn$^{55}$tsʰoŋ$^{31}$ 杀虫

禾草人 wɔ$^{213}$tsʰou$^{31}$zɐn$^{213}$ 稻草人

公粮 koŋ$^{33}$liaŋ$^{213}$ 农业税

交公粮 kiau$^{33}$koŋ$^{33}$liaŋ$^{213}$ 交农业税

地租 ti$^{55}$tsu$^{33}$

田契 tʰen$^{213}$kʰi$^{55}$ 地契

水车 sɔi$^{31}$tsʰe$^{33}$ 抽水车

搞水车 kau$^{31}$sɔi$^{31}$tsʰe$^{33}$ 手摇水车

踩水车 ȵiai$^{31}$sɔi$^{31}$tsʰe$^{33}$ 脚踏水车

牛轭 ŋɐu$^{213}$ɐk$^{5}$

牛仔笠 ŋɐu$^{213}$tsɐi$^{31}$lɐp$^{5}$ 牛笼嘴

牛鼻桊 ŋɐu$^{213}$pi$^{55}$ken$^{55}$ 栓牛鼻子的木棍

牛索 ŋɐu$^{213}$ɬɔk$^{214}$ 套牛的绳子

犁身 li$^{213}$sɐn$^{33}$ 犁的身架

犁脚 li$^{213}$kiak$^{214}$ 犁耙下方的弯曲木

犁头 li$^{213}$tʰɐu$^{213}$ 犁铧

犁横刀 li$^{213}$waŋ$^{213}$tou$^{33}$ 耙子

犁正 li$^{213}$tseŋ$^{55}$ 犁架上的垂直木

犁壁 li$^{213}$pek$^{5}$ 犁头与犁正相接的斜木

犁等盘 li$^{213}$tɐŋ$^{31}$pʰɔn$^{213}$ 连接牛轭和犁之间的木板，上有孔接绳钩

犁古⁼钩 li$^{213}$ku$^{31}$ŋɐu$^{33}$ 连接犁等盘的木头

牛罩藤 ŋɐu$^{213}$tsau$^{55}$tʰɐŋ$^{213}$ 犁等盘的绳子

牛盼⁼□ ŋɐu$^{213}$pʰan$^{55}$an$^{31}$ 将牛轭绑在牛脖子上的绳子，起固定牛轭的作用

耙母 pʰa$^{213}$mu$^{31}$ 犁耙

耙 pʰa$^{213}$

耙齿 pʰa$^{213}$tsʰi$^{31}$ 耙牙

耙站人 pʰa$^{213}$tsan$^{55}$zɐn$^{213}$ 犁耙站人的地方

耙□足 pʰa$^{213}$kiɐp$^{5}$tsok$^{5}$ 犁耙上面的横木耙

耙蜡⁼足 pʰa$^{213}$lap$^{214}$tsok$^{5}$ 犁耙下面的木头

耙□巩⁼pʰa$^{213}$sau$^{33}$koŋ$^{31}$ 固定犁耙的结构

耙□铁 pʰa$^{213}$sau$^{33}$tʰet$^{214}$ 固定耙的铁块

耙爪 pʰa$^{213}$ȵiau$^{33}$ 带齿的耙子

爪 ȵiau$^{33}$ 耙子

耙盪 pʰa$^{213}$tʰaŋ$^{55}$ 耙的结构

风柜 foŋ$^{33}$kuɐi$^{55}$ 扇车

石礙 sek$^{5}$ŋai$^{31}$

礙仔 ŋai$^{31}$tsɐi$^{31}$

磨盘 mɔ$^{55}$pʰɔn$^{213}$

上□ siaŋ$^{55}$tsɐŋ$^{33}$ 磨上面那一块

下□ ha$^{55}$tsɐŋ$^{33}$ 磨下面那一块

磨钩 mɔ$^{55}$ŋɐu$^{33}$ 磨把儿

磨心 mɔ$^{55}$ɬiɐm$^{33}$ 磨脐儿

磨窿 mɔ$^{55}$loŋ$^{33}$ 磨孔

磨手 mɔ$^{55}$sɐu$^{31}$ 磨的把手

磨槽 mɔ$^{55}$ts$^{h}$ou$^{213}$

磨齿 mɔ$^{55}$ts$^{h}$i$^{31}$ 磨的纹路

擁磨 oŋ$^{31}$mɔ$^{55}$ 推磨

下料 ha$^{55}$leu$^{55}$ 把米推进磨孔

谷仓 kok$^{5}$ts$^{h}$ɔŋ$^{33}$

米筛 mi$^{31}$sɐi$^{33}$ 筛米的筛子

糠筛 haŋ$^{33}$sɐi$^{33}$ 筛糠的筛子

罗斗 lɔ$^{213}$tɐu$^{31}$ 筛粉的筛子

　罗仔 lɔ$^{213}$tsɐi$^{31}$

粪筛 fɐn$^{55}$sɐi$^{33}$ 筛粪土的筛子

漏筛 lɐu$^{55}$sɐi$^{33}$ 过滤谷中石子的筛子

碓头 tɔi$^{55}$t$^{h}$ɐu$^{213}$ 碓杵

　碓杵 tɔi$^{55}$ts$^{h}$i$^{31}$

　碓母 tɔi$^{55}$mu$^{31}$

碓心 tɔi$^{55}$ɬiɐm$^{33}$ 碓的横木

舂碓 tsoŋ$^{33}$tɔi$^{55}$

十字榜 sɐp$^{5}$tsi$^{55}$paŋ$^{33}$ 镐

耙 p$^{h}$a$^{213}$ 钉耙

沙闸 sa$^{33}$tsap$^{214}$ 较宽的耙子

沙榜 sa$^{33}$paŋ$^{33}$ 比榜宽大的锄头

榜头仔 paŋ$^{33}$t$^{h}$ɐu$^{213}$tsɐi$^{31}$ 小锄头

□ tsɐm$^{55}$ 除草用的铁锄

粪铲 fɐn$^{55}$ts$^{h}$an$^{31}$ 铲粪的铲子

禾镰 wɔ$^{213}$lem$^{213}$ 镰刀

草镰 ts$^{h}$ou$^{31}$lem$^{213}$ 割草用的镰刀

钩镰 ŋɐu$^{33}$lem$^{213}$ 弯形的镰刀

芋枪 wu$^{55}$ts$^{h}$iaŋ$^{33}$ 挖芋头的铲子

铲 ts$^{h}$an$^{31}$ 铁锹

盖仔 kai$^{55}$tsɐi$^{31}$ 小簸箕

□盖 ɐu$^{33}$kai$^{55}$ 浅圆形簸箕

□仔 ɐu$^{33}$tsɐi$^{31}$ 小浅圆形簸箕

插 ts$^{h}$ap$^{214}$ 装垃圾用的撮箕

　谷插 kok$^{5}$ts$^{h}$ap$^{214}$ 畚斗

　插仔 ts$^{h}$ap$^{214}$tsɐi$^{31}$

垃圾斗 lap$^{214}$ɬap$^{214}$tɐu$^{31}$

箩筐 lɔ$^{213}$k$^{h}$uɐŋ$^{33}$ 没有底的筐

*猪笠 tsi$^{33}$lɐp$^{5}$

*鱼笱 zi$^{213}$kɐu$^{31}$

疏篮 sɔ$^{33}$lam$^{213}$ 篮子

笼 loŋ$^{213}$

笼仔 loŋ$^{213}$tsɐi$^{31}$ 小笼

鸡笼 ki$^{33}$loŋ$^{213}$

圆眼笼 zen$^{213}$ŋan$^{31}$loŋ$^{213}$

禾担枪 wɔ$^{213}$tam$^{55}$ts$^{h}$iaŋ$^{33}$ 担稻草的棍子，两头尖

轿杠 keu$^{55}$kaŋ$^{55}$ 抬轿子的棍子

棺材杠 kɔn$^{33}$ts$^{h}$ai$^{213}$kaŋ$^{55}$ 抬棺材的大木棍

担 tam$^{55}$ 担子

担担 tam$^{33}$tam$^{55}$ 挑担子

喷雾器 p$^{h}$ɐn$^{55}$mu$^{55}$hi$^{55}$

水衣纸 sɔi$^{31}$zi$^{33}$tsi$^{31}$ 农用薄膜

## 五　植物

米粮 mi$^{31}$liaŋ$^{213}$ 粮食

主粮 tsi$^{31}$liaŋ$^{213}$ 水稻等

杂粮 tsap$^{214}$liaŋ$^{213}$ 番薯、玉米等

包粟骨 pau$^{33}$ɬok$^{5}$kuɐt$^{5}$ 玉米棒

包粟粒 pau$^{33}$ɬok$^{5}$nɐp$^{5}$ 玉米粒

包粟丝 pau$^{33}$ɬok$^{5}$ɬi$^{33}$ 玉米丝

包粟衣 pau$^{33}$ɬok$^{5}$zi$^{33}$ 玉米衣

薏米 zi$^{55}$mi$^{31}$

早禾 tsou$^{31}$wɔ$^{213}$ 早稻

晚季禾 wan$^{31}$kuɐi$^{55}$wɔ$^{213}$ 晚稻

尾季禾 wɐi$^{31}$kuɐi$^{55}$wɔ$^{213}$

禾草堆 wɔ$^{213}$ts$^{h}$ou$^{31}$tɔi$^{33}$ 柴草垛

禾草把 wɔ$^{213}$ts$^{h}$ou$^{31}$pa$^{31}$

草索 ts$^{h}$ou$^{31}$ɬɔk$^{214}$ 草绳

禾线 wɔ$^{213}$ɬen$^{55}$ 稻穗

禾头 wɔ$^{213}$t$^{h}$ɐu$^{213}$ 稻茬

稗子草 pai$^{55}$tsi$^{31}$ts$^{h}$ou$^{31}$ 稻中的杂草

稗子 pai$^{55}$tsi$^{31}$

谷□ kok$^{5}$p$^{h}$aŋ$^{55}$ 空谷

米 mi$^{31}$ 大米

糠 haŋ$^{33}$

肉糠 zok$^{5}$haŋ$^{33}$ 精细的糠，人可食

米皮糠 mi$^{31}$p$^{h}$i$^{213}$haŋ$^{33}$

幼糠 zau$^{55}$haŋ$^{33}$

统糠 t$^{h}$oŋ$^{31}$haŋ$^{33}$ 谷壳打的糠，粗糙

糠次 haŋ$^{33}$ts$^{h}$i$^{55}$

糠头 haŋ$^{33}$t$^{h}$ɐu$^{213}$

落糠 lɔk$^{214}$haŋ$^{33}$ 筛下来的糠

车米糠 ts$^{h}$e$^{33}$mi$^{31}$haŋ$^{33}$ 车米出的糠

糯米 nɔ$^{55}$mi$^{31}$

粘米 tsem$^{33}$mi$^{31}$

早禾米 tsou$^{31}$wɔ$^{213}$mi$^{31}$ 早稻米

晚季米 wan$^{31}$kuɐi$^{55}$mi$^{31}$ 晚稻米

靓米 leŋ$^{55}$mi$^{31}$ 好米

白米 pɐk$^{5}$mi$^{31}$

糙米 ts$^{h}$ou$^{55}$mi$^{31}$ 磨出来的米

坡禾 p$^{h}$ɔ$^{33}$wɔ$^{213}$ 坡田种的稻子

棉仔核 men$^{213}$tsɐi$^{31}$wɐt$^{5}$ 棉籽

棉花蕾 men$^{213}$fa$^{213}$lɔi$^{213}$ 棉花桃儿

麻 ma$^{213}$

麻骨 ma$^{213}$kuɐt$^{5}$ 麻秆

麻叶 ma$^{213}$zep$^{214}$

蓖麻 pi$^{55}$ma$^{213}$

白麻 pɐk$^{5}$ma$^{213}$ 做衣用的麻

黄麻 waŋ$^{213}$ma$^{213}$ 做衣用的麻

大麻 ta$^{55}$ma$^{213}$ 打绳索用的麻

菠萝麻 pɔ$^{33}$pɔ$^{213}$ma$^{213}$ 菠萝叶制的麻

剑麻 kem$^{55}$ma$^{213}$

木薯 mok$^{5}$si$^{213}$ 一种长圆形的薯类

薯苗 si$^{213}$meu$^{213}$ 番薯藤

番薯藤 fan$^{33}$si$^{213}$t$^{h}$ɐŋ$^{213}$

番薯熷 fan$^{33}$si$^{213}$tsau$^{33}$ 番薯干

*葱菜 ts$^{h}$oŋ$^{33}$ts$^{h}$ai$^{55}$

菜骨 ts$^{h}$ai$^{55}$kuɐt$^{5}$ 菜梗

菜叶 ts$^{h}$ai$^{55}$zep$^{214}$

菜根 ts$^{h}$ai$^{55}$kiɐn$^{33}$

菜米 ts$^{h}$ai$^{55}$mi$^{31}$ ①菜籽；②菜种

菜心 ts$^{h}$ai$^{55}$ɬiɐm$^{33}$ ①菜中间的嫩叶；②一种绿叶青菜

芋仔 wu$^{55}$tsɐi$^{31}$ 芋头品种名，个头不大，入口有麻感

香芋 hiaŋ$^{33}$wu$^{55}$ 芋头品种名，个头较大，味似板栗，芳香可口，故名香芋

水芋 sɔi$^{31}$wu$^{55}$ 芋头品种名，个头大，开白色花，因长在水中，故名水芋

红芽芋 hoŋ$^{213}$ŋa$^{213}$wu$^{55}$ 芋头品种名，是广东农家常种品种，个头不大，粉而黏、口感好

莲子 len$^{213}$tsi$^{31}$

莲叶 len$^{213}$zep$^{214}$ 荷叶

莲托 len$^{213}$t$^{h}$ɔk$^{214}$ 莲蓬

慈姑 si$^{213}$ku$^{33}$

泥豆仁 ni$^{213}$tɐu$^{55}$ŋɐn$^{33}$ 花生米

　泥豆米 ni$^{213}$tɐu$^{55}$mi$^{31}$

泥豆衣 ni$^{213}$tɐu$^{55}$zi$^{33}$ 花生皮

泥豆壳 ni$^{213}$tɐu$^{55}$hɔk$^{214}$ 花生壳

黑豆 hɐk$^{5}$tɐu$^{55}$

红豆 hoŋ$^{213}$tɐu$^{55}$ 一般用于煮糖水

红豆仔 hoŋ$^{213}$tɐu$^{55}$tsɐi$^{31}$ 小红豆

饭豆 fan$^{55}$tɐu$^{55}$ 白豆

四季豆 si$^{55}$kuɐi$^{55}$tɐu$^{55}$

油豆 zau$^{213}$tɐu$^{55}$

豆苗 tɐu$^{55}$meu$^{213}$ 豆秸

豆芽 tɐu$^{55}$ŋa$^{213}$

丝瓜瓤 ɬi$^{33}$kua$^{33}$naŋ$^{213}$ 丝瓜老熟去壳后的茎瓤，常用作洗刷用具

苦瓜 fu$^{31}$kua$^{33}$

冬瓜 toŋ$^{33}$kua$^{33}$

葫芦瓜 pʰu$^{33}$lu$^{213}$kua$^{33}$ 葫芦

瓠瓜 pʰu$^{213}$kua$^{33}$ 瓠子

佛手瓜 fɐt$^{5}$sɐu$^{31}$kua$^{33}$ 佛手

葱叶 tsʰoŋ$^{33}$zep$^{214}$

葱骨 tsʰoŋ$^{33}$kuɐt$^{5}$ 葱梗

木葱 mok$^{5}$tsʰoŋ$^{33}$ 大而硬的葱

火葱 fɔ$^{31}$tsʰoŋ$^{33}$ 小而辣的葱

葱仔 tsʰoŋ$^{33}$tsɐi$^{31}$ 小葱

蒜仔头 ɬen$^{55}$tsɐi$^{31}$tʰɐu$^{213}$ 蒜头

单头蒜子 tan$^{33}$tʰɐu$^{213}$ɬen$^{55}$tsi$^{31}$ 不能分瓣的蒜头

蒜仔苗 ɬen$^{55}$tsɐi$^{31}$meu$^{213}$ 蒜苗

蒜仔根 ɬen$^{55}$tsɐi$^{31}$kiɐn$^{33}$

木蒜 mok$^{5}$ɬen$^{55}$ 蒜名

青苗蒜 tsʰeŋ$^{33}$meu$^{213}$ɬen$^{55}$ 色青的蒜

黄苗蒜 waŋ$^{213}$meu$^{213}$ɬen$^{55}$ 色黄的蒜，软香

蒜米 ɬen$^{55}$mi$^{31}$ 蒜泥

藠头 kʰeu$^{55}$tʰɐu$^{31}$

韭菜花 kɐu$^{31}$tsʰai$^{55}$fa$^{33}$ 韭菜芯

韭菜黄 kɐu$^{31}$tsʰai$^{55}$waŋ$^{213}$ 嫩黄色的韭菜。韭菜经软化栽培变黄的产品。韭菜隔绝光线，完全在黑暗中生长，因无阳光供给，不能进行光合作用，无法合成叶绿素，就会变成黄色

苋菜 hen$^{55}$tsʰai$^{55}$

红苋菜 hoŋ$^{213}$hen$^{55}$tsʰai$^{55}$

白苋菜 pɐk$^{5}$hen$^{55}$tsʰai$^{55}$

沙姜 sa$^{33}$kiaŋ$^{33}$ 一年生草本植物，姜科，没有生姜辛辣，当地常用来煮鸡汤

风姜 foŋ$^{33}$kiaŋ$^{33}$ 生姜品种，味香，辛辣

铁姜 tʰet$^{214}$kiaŋ$^{33}$ 生姜品种，果实硬

圆椒 zen$^{213}$tseu$^{33}$ 柿子椒

尖椒 tsem$^{33}$tseu$^{33}$ 长尖型辣椒

辣椒仔 lat$^{214}$tseu$^{33}$tsɐi$^{31}$ 野生小辣椒，个小

米碎椒 mi$^{31}$ɬɔi$^{55}$tseu$^{33}$ 朝天椒

辣椒粉 lat$^{214}$tseu$^{33}$fɐn$^{31}$

辣椒熷 lat$^{214}$tseu$^{33}$tsau$^{33}$ 干辣椒

胡椒 fu$^{213}$tseu$^{33}$

胡椒粉 fu$^{213}$tseu$^{33}$fɐn$^{31}$

芥菜 kai$^{55}$tsʰai$^{55}$

玻璃菜 pɔ$^{33}$li$^{213}$tsʰai$^{55}$ 菠菜

白菜 pɐk$^{5}$tsʰai$^{55}$

生菜 ɬɐŋ$^{33}$tsʰai$^{55}$ 叶用莴苣的俗称

坡芹 pʰɔ$^{33}$kʰiɐn$^{213}$ 在旱地生长的芹菜

水芹 sɔi$^{31}$kʰiɐn$^{213}$ 在水边生长的芹菜

西洋菜 ɬi$^{33}$ziaŋ$^{213}$tsʰai$^{55}$ 学名豆瓣菜，因原产国外，故名西洋菜。当地常用于和

骨头一起煮汤

菜头叶 tsʰai$^{55}$tʰɐu$^{213}$zep$^{214}$ 萝卜缨儿

菜头苗 tsʰai$^{55}$tʰɐu$^{213}$meu$^{213}$ 萝卜秧

菜头熷 tsʰai$^{55}$tʰɐu$^{213}$tsau$^{33}$ 萝卜干

窿心 loŋ$^{33}$ɬiɐm$^{33}$（萝卜）糠了

芥蓝 kai$^{55}$lan$^{213}$ 花菜

□心菜 len$^{31}$ɬiɐm$^{33}$tsʰai$^{55}$ 卷心菜

蕹菜 oŋ$^{55}$tsʰai$^{55}$

苦麦菜 kʰu$^{31}$mɐk$^{5}$tsʰai$^{55}$

香菇□ hiaŋ$^{33}$ku$^{33}$neŋ$^{33}$ 香菇蒂

冬菇 toŋ$^{33}$ku$^{33}$

蘑菇 mɔ$^{213}$ku$^{33}$ 种植的菌菇

金针菇 kiɐm$^{33}$tsɐm$^{33}$ku$^{33}$

土茯苓 tʰu$^{31}$fok$^{5}$leŋ$^{213}$

鸭仔菜 ap$^{214}$tsɐi$^{31}$tsʰai$^{55}$ 浮萍。因为鸭子爱吃而得名

水浮莲 sɔi$^{31}$fɐu$^{213}$len$^{213}$ 一种漂浮性水生植物，叶肥厚，有垂直的根。繁殖力强，往往覆盖整个水面。原产于南美洲亚马孙河流域

木林 mok$^{5}$lɐm$^{213}$ 树林

木苗 mok$^{5}$meu$^{213}$ 树苗

木身 mok$^{5}$sɐn$^{33}$ 树干

木杈 mok$^{5}$tsʰa$^{33}$ 树杈

木尾 mok$^{5}$wɐi$^{31}$ 树梢

木顶 mok$^{5}$teŋ$^{31}$

木□ mok$^{5}$ȵi$^{55}$ 树梢叶

木根 mok$^{5}$kiɐn$^{33}$ 树根

□ niaŋ$^{33}$ 植物黏液

木□ mok$^{5}$niaŋ$^{33}$ 树脂

木桠 mok$^{5}$e$^{33}$ 树枝

木叶 mok$^{5}$zep$^{214}$ 树叶

木皮 mok$^{5}$pʰi$^{213}$ 树皮

木头 mok$^{5}$tʰɐu$^{213}$ 树桩

木荫 mok$^{5}$zɐm$^{33}$ 树荫

木节 mok$^{5}$tset$^{214}$ 树节

木窿 mok$^{5}$loŋ$^{33}$ 树洞

松木叶 tsʰoŋ$^{213}$mok$^{5}$zep$^{214}$ 松针

松木子 tsʰoŋ$^{213}$mok$^{5}$tsi$^{31}$ 松球

松木米 tsʰoŋ$^{213}$mok$^{5}$mi$^{31}$ 松米

松木□ tsʰoŋ$^{213}$mok$^{5}$niaŋ$^{33}$ 松香

杉木叶 tsʰam$^{33}$mok$^{5}$zep$^{214}$ 杉针

簕 lɐk$^{5}$ 杉针

蚕桑木 tsʰɐm$^{213}$ɬaŋ$^{33}$mok$^{5}$ 桑树

蚕桑子 tsʰɐm$^{213}$ɬaŋ$^{33}$tsi$^{31}$ 桑葚儿

蚕桑叶 tsʰɐm$^{213}$ɬaŋ$^{33}$zep$^{214}$ 桑叶

樟木 tsiaŋ$^{33}$mok$^{5}$ 樟树

茶叶木 tsʰa$^{213}$zep$^{214}$mok$^{5}$ 茶树

荆棘藤 keŋ$^{33}$tsek$^{5}$tʰɐŋ$^{213}$ 荆条

桐油木 tʰoŋ$^{213}$zau$^{213}$mok$^{5}$ 桐油树

桐油子 tʰoŋ$^{213}$zau$^{213}$tsi$^{31}$ 桐子

桐油 tʰoŋ$^{213}$zau$^{213}$

时⁼胶木 si$^{213}$kau$^{33}$mok$^{5}$ 橡胶树

时⁼胶□ si$^{213}$kau$^{33}$niaŋ$^{55}$ 橡胶液

时⁼胶 si$^{213}$kau$^{33}$ 橡胶

苦楝木 kʰu$^{31}$len$^{55}$mok$^{5}$ 苦楝树

榕木 zoŋ$^{213}$mok$^{5}$ 榕树，常绿乔木，树冠宽大，生命力强，景观用树。树根伸展会破坏路面房屋，因此，当地有“榕树不容人”之说，家庭院落很少栽种

大叶榕木 ta$^{55}$zep$^{214}$zoŋ$^{213}$mok$^{5}$

细叶榕木 ɬɐi$^{55}$zep$^{214}$zoŋ$^{213}$mok$^{5}$

榕木□ zoŋ$^{213}$mok$^{5}$tɐm$^{33}$ 气根

葵木 kʰuɐi$^{213}$mok$^{5}$ 棕榈树

葵叶 k$^{h}$uɐi$^{213}$zep$^{214}$ 棕榈树叶

葵骨 k$^{h}$uɐi$^{213}$kuɐt$^{5}$ 棕榈树叶梗

葵木丝 k$^{h}$uɐi$^{213}$mok$^{5}$ɬi$^{33}$ 棕榈丝

羊咩木 ziaŋ$^{213}$me$^{33}$mok$^{5}$ 因为羊爱吃这种树的树叶而得名

鹤木 hɔk$^{214}$mok$^{5}$ 当地一种高大的树，因过去鹤集筑巢而得名

尤加利 zau$^{213}$ka$^{33}$li$^{55}$ 小叶桉树

脱皮桉 t$^{h}$et$^{214}$p$^{h}$i$^{213}$an$^{33}$ 桉树品种。因树皮脱落而得名

白银木 pɐk$^{5}$ŋɐn$^{213}$mok$^{5}$ 当地树名，皮白

百侧木 pɐk$^{5}$tsɐk$^{5}$mok$^{5}$ 当地树名，木质硬，可做模具、公章

台湾相思木 t$^{h}$ai$^{213}$wan$^{33}$ɬiaŋ$^{33}$ɬi$^{33}$mok$^{5}$ 当地树名，木质细硬，有韧劲，常用于做家具

黄皮子木 waŋ$^{213}$p$^{h}$i$^{213}$tsi$^{31}$mok$^{5}$ 黄皮树

龙眼木 loŋ$^{213}$ŋan$^{31}$mok$^{5}$ 龙眼树

菠萝木 pɔ$^{33}$lɔ$^{213}$mok$^{5}$ 波罗蜜树

仙桃木 ɬen$^{33}$t$^{h}$ou$^{213}$mok$^{5}$ 杧果树

五□木 wu$^{31}$lem$^{55}$mok$^{5}$ 阳桃树

芙蓉木 fu$^{213}$zoŋ$^{213}$mok$^{5}$ 芙蓉树。民间认为用其树叶煮青皮鸭蛋可散瘀

黄榄木 waŋ$^{213}$lam$^{31}$mok$^{5}$ 橄榄树

椰子木 ze$^{213}$tsi$^{31}$mok$^{5}$ 椰树

栽木 tsai$^{33}$mok$^{5}$ 种树

放木 faŋ$^{55}$mok$^{5}$ 砍树

起木 hi$^{31}$mok$^{5}$ 爬树

木料 mok$^{5}$leu$^{55}$

竹壳 tsok$^{5}$hɔk$^{214}$

竹节 tsok$^{5}$tset$^{214}$

竹筒 tsok$^{5}$t$^{h}$oŋ$^{213}$

竹根 tsok$^{5}$kiɐn$^{33}$

竹叶 tsok$^{5}$zep$^{214}$

竹篾 tsok$^{5}$met$^{214}$ 篾片

篾青 met$^{214}$ts$^{h}$eŋ$^{33}$ 用竹子的外皮做成的篾条

篾白 met$^{214}$pɐk$^{5}$ 篾黄

破篾 p$^{h}$ɔ$^{55}$met$^{214}$ 劈开竹，制成竹片

竹椏 tsok$^{5}$e$^{33}$ 竹枝；竹鞭

箭竹 tsen$^{55}$tsok$^{5}$ 凤尾竹

花头黄竹 fa$^{33}$t$^{h}$ɐu$^{213}$waŋ$^{213}$tsok$^{5}$ 竹名，叶蔬不长

黄竹 waŋ$^{213}$tsok$^{5}$ 皮色黄的竹子

*簕竹 lɐk$^{5}$tsok$^{5}$

石竹 sek$^{5}$tsok$^{5}$ 质硬，建筑用的竹

单竹 tan$^{33}$tsok$^{5}$ 高大，编竹器用的竹

油漆 zau$^{213}$ts$^{h}$ɐt$^{5}$

油 zau$^{213}$ 刷（油漆）

粪箕藤 fɐn$^{55}$ki$^{33}$t$^{h}$ɐŋ$^{213}$ 当地藤名，做粪箕用

□藤 p$^{h}$an$^{213}$t$^{h}$ɐŋ$^{213}$ 藤缠绕

藤爬 t$^{h}$ɐŋ$^{213}$p$^{h}$a$^{213}$ 藤蔓延

核 wɐt$^{5}$ 果核

□ neŋ$^{33}$ 果蒂

枇杷子 p$^{h}$i$^{213}$p$^{h}$a$^{213}$tsi$^{31}$ 枇杷

鸡心子 ki$^{33}$ɬiɐm$^{33}$tsi$^{31}$ 鸡心状柿子

柿饼 si$^{55}$peŋ$^{31}$

槟榔 pɐn$^{33}$laŋ$^{213}$ 棕榈科槟榔树的果实。当地未见种植，也不吃，但是，门楣常见有挂干的槟榔，民间认为有趋吉避祸的作用

□柚 lɔ$^{55}$zau$^{213}$ 外地产良种柚子

金卜$^{-}$ kiɐm$^{33}$pok$^{5}$ 本地生柚子

甜橘 t$^{h}$em$^{213}$kiɐt$^{5}$ 橘子

金橘 kiɐm$^{33}$kiɐt$^{5}$ ①一种小个金黄色橘子，

带皮吃；②金橘蜜饯；③盆栽金橘树，过年时，家中常购置，以图大吉大利

橘仔衣 kiɐt$^{5}$tsɐi$^{31}$zi$^{33}$ 橘烙

膜 mɔk$^{214}$

柑子 kam$^{33}$tsi$^{31}$ 较软，用手可以剥开

橙子 ts$^{h}$ɐŋ$^{213}$tsi$^{31}$ 个头大，要用刀切开吃

木冬瓜 mok$^{5}$toŋ$^{33}$kua$^{33}$ 木瓜，一种水果，树生，皮黄

龙眼 loŋ$^{213}$ŋan$^{31}$

龙眼肉 loŋ$^{213}$ŋan$^{31}$zok$^{5}$ 新鲜龙眼的肉

元肉 zen$^{213}$zok$^{5}$ 干龙眼肉

* 龙眼熷 loŋ$^{213}$ŋan$^{31}$tsau$^{33}$

* 石碣 sek$^{5}$ket$^{214}$

* 储量 ts$^{h}$i$^{213}$liaŋ$^{213}$

* 大乌仁 ta$^{55}$wu$^{33}$zɐn$^{213}$

荔枝 li$^{55}$tsi$^{33}$

荔枝熷 li$^{55}$tsi$^{33}$tsau$^{33}$ 干荔枝

* 白蜡 pɐk$^{5}$lap$^{214}$

* 黑叶 hɐk$^{5}$zep$^{214}$

* 红皮 hoŋ$^{213}$p$^{h}$i$^{213}$

* 白糖罂 pɐk$^{5}$t$^{h}$aŋ$^{213}$ɐŋ$^{33}$

* 妃子笑 fɐi$^{33}$tsi$^{31}$ɬeu$^{55}$

* 跌死狗 tɐp$^{5}$ɬi$^{31}$kɐu$^{31}$

* 糯米糍 nɔ$^{55}$mi$^{31}$ts$^{h}$i$^{213}$

* 桂味 kuɐi$^{55}$mi$^{55}$

* 振风 tsɐn$^{55}$foŋ$^{55}$

* 肉荷包 zok$^{5}$hɔ$^{213}$pau$^{33}$

拗荔枝 au$^{31}$li$^{55}$tsi$^{33}$ 折摘荔枝

* 仙桃 ɬen$^{33}$t$^{h}$ou$^{213}$

菠萝麻 pɔ$^{33}$lɔ$^{213}$ma$^{213}$ ①菠萝；②菠萝叶做的麻

菠萝 pɔ$^{33}$lɔ$^{213}$ 波罗蜜，也叫大树菠萝

包 pau$^{33}$ 波罗蜜中的食用部分，外面是果肉，里面是核

核 wɐt$^{5}$ 波罗蜜果实中的核

虾 $^{=}$ha$^{33}$ 波罗蜜中的条状物

□ niaŋ$^{33}$ 波罗蜜的黏液

丁 teŋ$^{33}$ 波罗蜜壳上的刺

□ lem$^{55}$ 瓣

五□ wu$^{31}$lem$^{55}$ 阳桃。阳桃有五瓣。故名

黄榄 waŋ$^{213}$lam$^{31}$ 橄榄

黄皮子 waŋ$^{213}$p$^{h}$i$^{213}$tsi$^{31}$ 当地水果名，个小，卵圆形，皮暗黄，味酸甜

西瓜 ɬi$^{33}$kua$^{33}$

瓜核 kua$^{33}$wɐt$^{5}$ 瓜子

瓜米 kua$^{33}$mi$^{31}$

擘瓜米 mek$^{5}$kua$^{33}$mi$^{31}$ 嗑瓜子

瓜瓤 kua$^{33}$naŋ$^{213}$ 瓜肉

结沙 ket$^{214}$sa$^{33}$ 西瓜瓤呈沙样成熟状

瓜皮 kua$^{33}$p$^{h}$i$^{213}$

甜瓜 t$^{h}$em$^{213}$kua$^{33}$ 白皮瓜，也叫香瓜

蔗粕 tse$^{55}$p$^{h}$ɔk$^{214}$ 甘蔗渣

蔗尾 tse$^{55}$wɐi$^{31}$ 甘蔗梢部

蔗头 tse$^{55}$t$^{h}$ɐu$^{213}$ 甘蔗根部

黑蔗 hɐk$^{5}$tse$^{55}$ 果用的蔗

竹蔗 tsok$^{5}$tse$^{55}$ 细长的甘蔗品种，当地常用于煮糖水或榨汁

腊蔗 lap$^{5}$tse$^{55}$ 皮黄的一种蔗

番蔗 fan$^{33}$tse$^{55}$ 榨糖用的蔗

蕉子 tseu$^{33}$tsi$^{31}$ 香蕉

高脚蕉 kou$^{33}$kiak$^{214}$tseu$^{33}$ 高香蕉树结的蕉，北方称芭蕉

矮脚蕉 ai$^{31}$kiak$^{214}$tseu$^{33}$ 矮香蕉树结的蕉，即一般所指的香蕉

山蕉 san$^{33}$tseu$^{33}$ 野生芭蕉

粉蕉 fɐn$^{31}$tseu$^{33}$ 一种短圆的香蕉品种

杨梅 zaŋ$^{213}$mɐi$^{213}$

罗檬 lɔ$^{213}$moŋ$^{33}$ 柠檬

椰子 ze$^{213}$tsi$^{31}$

姑娘 ku$^{33}$niaŋ$^{33}$ 桃金娘

草莓 tsʰou$^{31}$mɐi$^{213}$

胭脂子 zen$^{33}$tsi$^{33}$tsi$^{31}$ 樱桃

芽 ŋa$^{213}$

含蕾 hɐm$^{213}$lɔi$^{213}$ 蓓蕾

花瓣 fa$^{33}$pen$^{55}$

花心 fa$^{33}$ɬiɐm$^{33}$ 花蕊

花粉 fa$^{33}$fɐn$^{31}$

出引 tsʰɐt$^{5}$zɐn$^{31}$（荔枝）出蕾

爆芽 pau$^{55}$ŋa$^{213}$ 出芽

　出芽 tsʰɐt$^{5}$ŋa$^{213}$

开花 hai$^{33}$fa$^{33}$

花漏 hua$^{33}$lɐu$^{55}$ 花落

□ȵiau$^{33}$（花）枯萎

拗花 au$^{31}$fa$^{33}$ 连枝一起采摘

　捡花 kem$^{31}$fa$^{33}$

□花 nɐk$^{5}$fa$^{33}$ 摘花（用指甲掐断）

　□花 ket$^{214}$fa$^{33}$

环割 wan$^{213}$kɔt$^{214}$ 在树外皮割开一个圈，控制水分

环□ wan$^{213}$mɔk$^{214}$ 割岔杆以控制出蕾

桂花 kuɐi$^{55}$fa$^{33}$

菊花 kok$^{5}$fa$^{33}$

水仙花 sɔi$^{31}$ɬen$^{33}$fa$^{33}$

茉莉花 mɔk$^{5}$li$^{55}$fa$^{33}$

牵牛花 hen$^{33}$ŋɐu$^{213}$fa$^{33}$

杜鹃花 tu$^{55}$ken$^{33}$fa$^{33}$

芙蓉木花 fu$^{213}$zoŋ$^{213}$mok$^{5}$fa$^{33}$ 木芙蓉

万年青 wan$^{55}$nen$^{213}$tsʰeŋ$^{33}$

仙人掌 ɬen$^{33}$zɐn$^{213}$tsiaŋ$^{31}$

蒲公英 pʰu$^{213}$koŋ$^{33}$zeŋ$^{33}$

葵米 kʰuɐi$^{213}$mi$^{31}$ 葵花子儿

贺$^{=}$草 hɔ$^{55}$tsʰou$^{31}$ 含羞草

艾草 ŋai$^{55}$tsʰou$^{31}$

　艾 ŋai$^{55}$

五月艾 wu$^{31}$zet$^{214}$ŋai$^{55}$ 艾草名。艾草一般在农历五月成熟，端午节有插艾的习俗，因此把这种艾草叫五月艾

红艾 hoŋ$^{213}$ŋai$^{55}$ 艾草名。叶茎呈暗红色。常用于艾灸

茅根 mau$^{213}$kiɐn$^{33}$

织草 tsek$^{5}$tsʰou$^{31}$ 织席子的草

马尾草 ma$^{31}$wɐi$^{31}$tsʰou$^{31}$ 狗尾巴草

青苔 tsʰeŋ$^{33}$tʰai$^{213}$

芦荟 lu$^{213}$fɐi$^{55}$

凉粉草 liaŋ$^{213}$fɐn$^{31}$tsʰou$^{31}$

凤鸡尾 foŋ$^{55}$ki$^{33}$wɐi$^{31}$ 蕨

## 六　动物

动物 toŋ$^{55}$mɐt$^{5}$

家畜 ka$^{33}$tsʰok$^{5}$ 牲畜

走生 tsɐu$^{31}$ɬeŋ$^{33}$ 动物发情

养仔 ziaŋ$^{31}$tsɐi$^{31}$ 动物产子

摆尾 pai$^{31}$wɐi$^{31}$ 摇尾

毛 mou$^{33}$

马公 ma$^{31}$koŋ$^{33}$ 公马

马母 ma$^{31}$mu$^{31}$ 母马

马仔 ma$^{31}$tsɐi$^{31}$ 小马

牵马 hen$^{33}$ma$^{31}$

骑马 kʰi$^{213}$ma$^{31}$

牛头 ŋɐu$^{213}$tʰɐu$^{213}$ 种牛

牛□ ŋɐu$^{213}$tsʰuat$^{214}$ 牛鞭

水牛 sɔi$^{31}$ŋɐu$^{213}$

*牂牛 sa$^{33}$ŋɐu$^{213}$

牛仔 ŋɐu$^{213}$tsɐi$^{31}$ 牛犊

牛角 ŋɐu$^{213}$kɔk$^{214}$

牛奶 ŋɐu$^{213}$nen$^{33}$

牛吃草 ŋɐu$^{213}$kʰiɐt$^{5}$tsʰou$^{31}$

牛□草 ŋɐu$^{213}$ȵiai$^{55}$tsʰou$^{31}$ 牛嚼草

养牛 ziaŋ$^{31}$ŋɐu$^{213}$

趯牛 tek$^{5}$ŋɐu$^{213}$ 赶牛

牛喊 ŋɐu$^{213}$ham$^{31}$ 牛叫

牛棍 ŋɐu$^{213}$kuɐn$^{55}$ 赶牛的鞭子

配种 pʰɐi$^{55}$tsoŋ$^{31}$ 牲畜交配

　打种 ta$^{31}$tsoŋ$^{31}$

□ tsʰau$^{33}$ 牛用角顶

骆驼 lɔk$^{214}$tʰɔ$^{213}$

骆驼卜⁼lɔk$^{214}$tʰɔ$^{213}$pok$^{5}$ 骆驼峰

羊仔 ziaŋ$^{213}$tsɐi$^{31}$ 羊羔

羊公 ziaŋ$^{213}$koŋ$^{33}$ 公羊

羊母 ziaŋ$^{213}$mu$^{31}$ 母羊

羊咩头 ziaŋ$^{213}$me$^{33}$tʰɐu$^{213}$ 种羊

狗仔 kɐu$^{31}$tsɐi$^{31}$ 小狗儿

哈马狗 ha$^{55}$ma$^{31}$kɐu$^{31}$ 宠物狗

戇狗 ŋaŋ$^{55}$kɐu$^{31}$ 疯狗

癫狗病 ten$^{33}$kɐu$^{31}$peŋ$^{55}$ 狂犬病

打狗针 ta$^{31}$kɐu$^{31}$tsɐm$^{33}$ 打预防狂犬病针

狗挖泥 kɐu$^{31}$wat$^{214}$ni$^{213}$ 狗用前爪刨地

　狗爪地 kɐu$^{31}$ȵiau$^{33}$ti$^{55}$

狗相□ kɐu$^{31}$ɬiaŋ$^{33}$lɐŋ$^{55}$ 狗交配

　□□ lɐŋ$^{55}$tʰoŋ$^{213}$

擞水 ɬɐu$^{31}$sɔi$^{31}$ 狗甩干身上的水

狗□牙 kɐu$^{31}$ȵi$^{55}$ŋa$^{213}$ 狗龇牙

猫喊 miau$^{33}$ham$^{31}$ 猫叫

家猫 kia$^{33}$miau$^{33}$ 家养猫

山猫 san$^{33}$miau$^{33}$ 野猫

大阉猪 ta$^{55}$zem$^{33}$tsi$^{33}$ 不生小猪的母猪

猪项⁼tsi$^{33}$haŋ$^{55}$ 小母猪；阉割的母猪

猪牯仔 tsi$^{33}$ku$^{31}$tsɐi$^{31}$ 小公猪

牵猪种 hen$^{33}$tsi$^{33}$tsoŋ$^{31}$ 猪交配

肉猪 zok$^{5}$tsi$^{33}$ 肉用猪

生仔 ɬɐŋ$^{33}$tsɐi$^{31}$（猪）产仔

卖猪 mai$^{55}$tsi$^{33}$

买猪 mai$^{31}$tsi$^{33}$

鸡公仔 ki$^{33}$koŋ$^{33}$tsɐi$^{31}$ 小鸡公

鸡项⁼ki$^{33}$haŋ$^{55}$ 还未生蛋的母鸡

鸡仔 ki$^{33}$tsɐi$^{31}$ 小鸡儿

阉鸡 zem$^{33}$ki$^{33}$ ①阉割的公鸡；②阉割公鸡

*伏窦 pu$^{55}$tɐu$^{55}$

伏窦鸡 pu$^{55}$tɐu$^{55}$ki$^{33}$ 抱窝鸡

鸡毛 ki$^{33}$mou$^{33}$

鸡翼毛 ki$^{33}$zek$^{5}$mou$^{33}$ 鸡翎

踩鸡母 ȵiai$^{31}$ki$^{33}$mu$^{31}$ 鸡交配

鸡化地 ki$^{33}$fa$^{55}$ti$^{55}$ 鸡爬土

生春 ɬɐŋ$^{33}$tsʰɐn$^{33}$ 下蛋

鸬鸭 lu$^{213}$ap$^{214}$ 黑色的鸭

田鸭 tʰen$^{213}$ap$^{214}$ 麻色的鸭

半田鸬 pɔn$^{55}$tʰen$^{213}$lu$^{213}$ 母田鸭和公鸬鸭杂交的品种

鸭头 ap$^{214}$tʰɐu$^{213}$ 公鸭

　鸭公 ap$^{214}$koŋ$^{33}$

鸭母 ap$^{214}$mu$^{31}$ 母鸭

鸭项⁼ap$^{214}$haŋ$^{55}$ 未生小鸭的母鸭

鸭母仔 ap$^{214}$mu$^{31}$tsɐi$^{31}$ 小母鸭

鸭□ ap$^{214}$pʰaŋ$^{55}$ 小鸭
　鸭仔 ap$^{214}$tsɐi$^{31}$
踩鸭 ȵiai$^{31}$ap$^{214}$ 鸭交配
鹅仔 ŋɔ$^{33}$tsɐi$^{31}$ 小鹅儿
鹅记⁼ ŋɔ$^{33}$ki$^{55}$ 鹅额头
野兽 ze$^{31}$sou$^{55}$
老虎母 lou$^{31}$fu$^{31}$mu$^{31}$ 母老虎
狮子 ɬi$^{33}$tsi$^{31}$
豹仔 pau$^{55}$tsɐi$^{31}$ 豹
熊 zoŋ$^{213}$
狼 laŋ$^{213}$
狐狸 fu$^{213}$li$^{213}$
鹿 lok$^{5}$
长颈鹿 tsʰiaŋ$^{213}$keŋ$^{31}$lok$^{5}$
梅花鹿 mɐi$^{213}$fa$^{33}$lok$^{5}$
大笨象 ta$^{55}$pɐn$^{55}$tsiaŋ$^{55}$ 大象
象鼻 tsiaŋ$^{55}$pi$^{55}$
箭猪 tsen$^{55}$tsi$^{33}$ 豪猪
山猪 san$^{33}$tsi$^{33}$ 野猪
猫狸 miau$^{33}$li$^{213}$ 据说是家猫外出变的野猫
果子狸 kɔ$^{31}$tsi$^{31}$li$^{213}$
穿山甲 tsʰen$^{33}$san$^{33}$kap$^{214}$
刺猬 tsʰi$^{55}$wɐi$^{55}$
□鼠 kiɐt$^{5}$si$^{31}$ 当地老鼠名
大尾鼠 ta$^{55}$wɐi$^{31}$si$^{31}$ 松鼠
老鼠笼 lou$^{31}$si$^{31}$loŋ$^{213}$
老鼠夹 lou$^{31}$si$^{31}$kep$^{214}$
老鼠药 lou$^{31}$si$^{31}$ziak$^{214}$
装老鼠 tsɔŋ$^{33}$lou$^{31}$si$^{31}$ 用老鼠笼诱捕老鼠
毒老鼠 tou$^{55}$lou$^{31}$si$^{31}$ 毒杀老鼠
毒蛇 tok$^{5}$se$^{213}$
蝻蛇 nam$^{213}$se$^{213}$ 蟒蛇
　琴蛇 kʰiɐm$^{213}$se$^{213}$ 因蛇皮可做琴而得名
白颈号⁼ pɐk$^{5}$keŋ$^{31}$hou$^{55}$ 眼镜蛇
薄⁼基⁼甲⁼ pɔk$^{5}$ki$^{33}$kap$^{214}$ 金环蛇、银环蛇的合称
金包铁 kiɐm$^{33}$pau$^{33}$tʰet$^{214}$ 金环蛇
银包铁 ŋɐn$^{213}$pau$^{33}$tʰet$^{214}$ 银环蛇
五步蛇 wu$^{31}$pu$^{55}$se$^{213}$
黄肚仔 waŋ$^{213}$tu$^{55}$tsɐi$^{31}$ 毒蛇名，小，肚黄
竹叶青 tsok$^{5}$zep$^{214}$tsʰeŋ$^{33}$
过山猋 kɔ$^{55}$san$^{33}$peu$^{33}$ 眼镜王蛇
湴蛇 paŋ$^{55}$se$^{213}$ 水蛇
草花蛇 tsʰou$^{31}$fa$^{33}$se$^{213}$ 皮花，无毒
狗母蛇 kɐu$^{31}$mu$^{31}$se$^{213}$ 蜥蜴
　对母蛇 tɔi$^{55}$mu$^{31}$se$^{213}$
雷公狗 lɔi$^{213}$koŋ$^{33}$kɐu$^{31}$ 当地一种变色小蜥蜴，当遭遇危险时，头部会变成红色
换壳 wɔn$^{55}$hɔk$^{214}$ 蛇蜕皮
捉蛇 tsɔk$^{214}$se$^{213}$ 抓蛇
*翼 zek$^{5}$
嘴甲 tsɔi$^{31}$kap$^{214}$ 鸟嘴
叮 tiaŋ$^{33}$ 鸟类啄物
鸟仔窦 teu$^{33}$tsɐi$^{31}$tɐu$^{55}$ 鸟窝
鸟仔做窦 teu$^{33}$tsɐi$^{31}$tsu$^{55}$tɐu$^{55}$ 鸟筑巢
鸟笼 teu$^{33}$loŋ$^{213}$
乌鸦嘴 wu$^{33}$a$^{33}$tsɔi$^{31}$ 说话不吉利
禾花雀 hɔ$^{213}$fa$^{33}$tsiak$^{214}$ 当地鸟名，比麻雀略大，肥硕，背部毛麻色，腹部毛黄色，一般在晚稻扬花结实的季节出现，啄食稻谷，故名。旧时当地人喜捕食这种鸟，因此，该鸟濒临绝迹。广东省政府已将该鸟列为重点保护的野生动物，严禁捕食

孔雀 kʰoŋ$^{31}$tsʰiɔk$^{214}$

鹦鹉 zeŋ$^{33}$mu$^{31}$

燕仔 zen$^{55}$tsɐi$^{31}$ 燕子

燕仔啗泥 zen$^{55}$tsɐi$^{31}$tam$^{33}$ni$^{213}$ 燕子衔泥

大雁 ta$^{33}$an$^{55}$

斑鸠 pan$^{33}$kiau$^{33}$

黑鸽 hɐk$^{5}$kap$^{214}$ 黑色鸽子

鹌鹑 am$^{33}$tʰen$^{213}$

鹧鸪 tsa$^{55}$ku$^{33}$

啄木鸟 tiɔk$^{214}$mok$^{5}$neu$^{31}$

鹩哥 leu$^{33}$kɔ$^{33}$ 八哥儿

白鹤 pɐk$^{5}$hɔk$^{214}$ ①鹤；②白色的鹤

黄鹤 waŋ$^{213}$hɔk$^{214}$ 黄色的鹤

夜鹤 ze$^{55}$hɔk$^{214}$ 黑色的鹤

鹰 zeŋ$^{33}$ 老鹰

麻鹰婆 ma$^{213}$zeŋ$^{33}$pʰɔ$^{213}$ 老鹰

猫头鹰 meu$^{33}$tʰɐu$^{213}$zeŋ$^{33}$

眼盲鹞 ŋan$^{31}$maŋ$^{213}$zeu$^{213}$ 夜鹰

尖鸟嘴 tsem$^{33}$teu$^{33}$tsɔi$^{31}$ 当地鸟名，春夏常见，花白色，比麻雀大，二两左右重。叫声似“天刮水”，往往也能预报天将下雨

北公北婆 mɐk$^{5}$koŋ$^{33}$mɐk$^{2}$pʰɔ$^{213}$ 当地鸟名，是一种候鸟，个头较大，黑花色，叫声似“北公北婆”，故名

钓鱼鹰 teu$^{55}$zi$^{213}$zeŋ$^{33}$ 当地鸟名，一种水鸟，嘴长，色花白，四季都能见到，近水居，捕鱼为食

白面水鸡 pɐk$^{5}$men$^{55}$sɔi$^{31}$ki$^{33}$ 当地鸟名，冬季常见，因其常在水中觅食，两颊及腹部毛白色，背部毛灰色，故称。比鸽子略小。以前当地喜捕食，市场常见销售。现已列为保护动物，禁止捕猎销售

麻□仔 ma$^{213}$mi$^{55}$tsɐi$^{31}$ 当地鸟名，个头似麻雀大小，麻色

叽喳 tsi$^{55}$tsa$^{31}$ 当地鸟名，又名报春鸟，春至则鸣。尾长，毛黄色，叫声响彻郊野，故名

牛屎鸟 ŋɐu$^{213}$si$^{31}$teu$^{33}$ 当地鸟名。黑白色，个头不大，喜在牛粪中跳跃，啄食粪中昆虫及草实，故名

山鸡 san$^{33}$ki$^{33}$ 野鸡

水鸭 sɔi$^{31}$ap$^{214}$ 野鸭

*集 tsap$^{214}$

鸟仔枪 teu$^{33}$tsɐi$^{31}$tsʰiaŋ$^{33}$ 鸟枪

沙子枪 sa$^{33}$tsi$^{31}$tsʰiaŋ$^{33}$ 猎枪

虫须 tsʰoŋ$^{213}$ɬu$^{33}$

蚕丝 tsʰam$^{213}$ɬi$^{33}$

呕丝 ɐu$^{31}$ɬi$^{33}$ 吐丝

蚕仔 tsʰam$^{213}$tsɐi$^{31}$ 小蚕

蚕茧 tsʰam$^{213}$kan$^{31}$

结蛾 ket$^{214}$ŋɔ$^{213}$ 结茧

樟木蚕 tsiaŋ$^{33}$mok$^{5}$tsʰam$^{213}$ 吃樟树叶的蚕

蚕春 tsʰam$^{213}$tsʰɐn$^{33}$ 蚕子

蚕米 tsʰam$^{213}$mi$^{31}$

蚕蛹 tsʰam$^{213}$ȵioŋ$^{31}$ 茧中的蚕体

蚕蛾 tsʰam$^{213}$ŋɔ$^{213}$ 蚕蛹演变的昆虫

蠄蟧网 kʰɐm$^{213}$lɔ$^{213}$waŋ$^{31}$ 蜘蛛网

白蚁 pɐk$^{5}$ŋi$^{31}$

大髀狗 ta$^{55}$pi$^{31}$kɐu$^{31}$ 土鳖

耕⁼狗 kaŋ$^{33}$kɐu$^{31}$ 蝼蛄

红蟮 hoŋ$^{213}$hen$^{31}$ 蚯蚓

屎蟮 si$^{31}$hen$^{31}$

雾水螺 mu$^{55}$sɔi$^{31}$le$^{213}$ 蜗牛

　地牛 ti$^{55}$ŋɐu$^{213}$

百足 pɐk$^{5}$sok$^{5}$ 蜈蚣

槟榔蝎 paŋ$^{33}$laŋ$^{213}$kep$^{214}$ 蝎子

偷檐蛇 t$^{h}$ɐu$^{33}$ȵiem$^{213}$se$^{213}$ 壁虎，常在屋檐觅食，因此得名。因“檐”与“盐”粤语同音，故谐音“偷盐蛇”

米虫 mi$^{31}$ts$^{h}$oŋ$^{213}$ 大米中的虫

猪仔虫 tsi$^{33}$tsɐi$^{31}$ts$^{h}$oŋ$^{213}$ 肉虫

蚜虫 ŋa$^{213}$ts$^{h}$oŋ$^{213}$

□心虫 ts$^{h}$em$^{55}$ɬiɐm$^{33}$ts$^{h}$oŋ$^{213}$ 吃秧的秧苗、花蕾的昆虫，危害很大。因为吃了花蕾，秧就不能结果；吃了秧苗，秧就不能结实，就没有收成

毛虫 mou$^{33}$ts$^{h}$oŋ$^{213}$ 毛毛虫

蛄蝇母 ku$^{55}$zeŋ$^{213}$mu$^{31}$ 大苍蝇

绿头蛄蝇 lok$^{5}$t$^{h}$ɐu$^{213}$ku$^{55}$zeŋ$^{213}$

粪坑虫 fɐn$^{55}$hɐŋ$^{33}$ts$^{h}$oŋ$^{213}$ 蛆

山蚊 san$^{33}$mɐn$^{33}$ 花蚊子

花蚊 fa$^{33}$mɐn$^{33}$

蛄蝇笪 ku$^{55}$zeŋ$^{213}$tat$^{214}$ 苍蝇拍

蚊仔虫 mɐn$^{33}$tsɐi$^{31}$ts$^{h}$oŋ$^{213}$ 孑孓

□仔 ŋɐt$^{5}$tsɐi$^{31}$ 很小的血吸虫

臭木虱 ts$^{h}$ɐu$^{55}$mok$^{5}$sɐt$^{5}$ 臭虫

　木虱 mok$^{5}$sɐt$^{5}$

蟋蟀 ɬit$^{5}$ɬok$^{5}$

灶头鸡 tsou$^{55}$t$^{h}$ɐu$^{213}$ki$^{33}$ 灶蟋蟀

虼蚻 kat$^{214}$tsat$^{214}$ 蟑螂

*牛蜱 ŋɐu$^{213}$pi$^{33}$

牛蝇 ŋɐu$^{213}$zeŋ$^{213}$

马骝强⁼ ma$^{31}$lɐu$^{213}$k$^{h}$iaŋ$^{213}$ 螳螂

黄蜂 waŋ$^{213}$foŋ$^{33}$ 马蜂

黄蜂蛹 waŋ$^{213}$foŋ$^{33}$ȵioŋ$^{31}$ 蜜蜂蛹

叨人 tɐu$^{33}$zɐn$^{213}$ ①马蜂蜇人；②蚊虫叮咬

蜂窦 foŋ$^{33}$tɐu$^{55}$ 蜂窝

火叶⁼虫 fɔ$^{31}$zep$^{214}$ts$^{h}$oŋ$^{213}$ 萤火虫

白翼仔 pɐk$^{5}$zek$^{5}$tsɐi$^{31}$ 灯蛾

屙血仔 ɔ$^{33}$het$^{214}$tsɐi$^{31}$ 金龟子

春虫 ts$^{h}$uɐn$^{33}$ts$^{h}$oŋ$^{213}$ 蝗虫的幼虫

屙屁虫 ɔ$^{33}$p$^{h}$i$^{55}$ts$^{h}$oŋ$^{213}$ 一种昆虫，大拇指甲大小，褐色，味臭

打瓢虫 ta$^{31}$p$^{h}$iau$^{33}$ts$^{h}$oŋ$^{213}$ 圆形突起的甲虫，体小，体色鲜艳，甲壳有黑色斑点

喷屎公 p$^{h}$ɐn$^{55}$si$^{31}$koŋ$^{33}$ 蜣螂

草蜢 ts$^{h}$ou$^{31}$mɐŋ$^{31}$ 蚱蜢

大头蜢 ta$^{55}$t$^{h}$ɐu$^{213}$mɐŋ$^{31}$ 蝗虫

鱼头 zi$^{213}$t$^{h}$ɐu$^{213}$

鱼尾 zi$^{213}$wɐi$^{31}$

鱼簕 zi$^{213}$lɐk$^{5}$ 鱼刺

鱼泡 zi$^{213}$p$^{h}$au$^{55}$ 鱼鳔儿

鱼肚 zi$^{213}$tu$^{55}$ ①鱼腹部；②鱼鳔制作的食品

鱼□鳃 zi$^{213}$ŋɐŋ$^{213}$ɬɔi$^{33}$ 鱼鳃

鱼涎 zi$^{213}$san$^{213}$ 鱼的黏液

鱼春 zi$^{213}$ts$^{h}$ɐn$^{33}$ 鱼子

鱼苗 zi$^{213}$meu$^{213}$ 小鱼

　鱼仔 zi$^{213}$tsɐi$^{31}$

钓鱼 teu$^{55}$zi$^{213}$

钓 teu$^{55}$ 钓鱼钩儿

钓篙 teu$^{55}$kou$^{33}$ 钓鱼竿儿

钓泡 teu$^{55}$p$^{h}$au$^{55}$ 浮标

吃钓 k$^{h}$iat$^{5}$teu$^{55}$ 咬钩

□ ŋɐp$^{5}$ 鱼上钩

撸鱼 lu$^{33}$zi$^{213}$ 用粪箕捞鱼

□neŋ$^{31}$ 鱼篓儿

　鱼栏 zi$^{213}$lan$^{33}$

鱼网 zi$^{213}$waŋ$^{31}$

撒网 ɬat$^{214}$waŋ$^{31}$

收网 sɐu$^{33}$waŋ$^{31}$

□tsʰɐt$^{5}$ 捞鱼网

毒鱼 tou$^{55}$zi$^{213}$ 毒杀鱼

电鱼 ten$^{55}$zi$^{213}$ 用电打鱼

薄□鱼 pɔk$^{214}$lem$^{213}$zi$^{213}$ 鲢鱼，色白，据说有病的人不能吃

草鲩 tsʰou$^{31}$wan$^{31}$ 草鱼

鳜花鱼 kuɐi$^{55}$fa$^{33}$zi$^{213}$ 鳜鱼

白带丝 pɐk$^{5}$tai$^{55}$ɬi$^{33}$ 带鱼

鲳鱼 tsʰɔŋ$^{33}$zi$^{213}$

白鲳 pɐk$^{5}$tsʰɔŋ$^{33}$ 银色鲳鱼

鲇鱼 nem$^{213}$zi$^{213}$

斑鱼 pan$^{33}$zi$^{213}$ 黑鱼

　章公 tsiaŋ$^{33}$koŋ$^{33}$

墨鱼 mɐk$^{5}$zi$^{213}$

鱿鱼 zau$^{213}$zi$^{213}$

塘虱 tʰaŋ$^{213}$sɐk$^{5}$ 一种鲇鱼类的鱼，色深

金鱼 kiɐm$^{33}$zi$^{213}$

章鱼 tsiaŋ$^{33}$zi$^{213}$ 八爪鱼

鲨鱼 sa$^{33}$zi$^{213}$

鳄鱼 ŋɔk$^{214}$zi$^{213}$

苦条仔 kʰu$^{31}$tʰeu$^{213}$tsɐi$^{31}$ 一种海鱼，瘦长形

泥扭 ni$^{213}$nɐu$^{33}$ 泥鳅

黄鳝 waŋ$^{213}$sen$^{31}$ 鳝鱼

　鳝仔 sen$^{31}$tsɐi$^{31}$

虾肉 ha$^{33}$zok$^{5}$ 虾仁

虾米 ha$^{33}$mi$^{31}$ 干虾米

虾须 ha$^{33}$ɬu$^{33}$

虾壳 ha$^{33}$hɔk$^{214}$ 虾皮

虾春 ha$^{33}$tsʰɐn$^{33}$ 虾卵，干制调味品

田螺 tʰen$^{213}$le$^{213}$ 螺蛳

厣 zem$^{31}$ 田螺盖

毛螺 mou$^{213}$le$^{213}$ 一种海螺，螺壳上有毛

指甲螺 tsi$^{31}$kap$^{214}$le$^{213}$ 一种长形、长得像指甲的螺

沙白螺 sa$^{33}$pɐk$^{5}$le$^{213}$ 壳呈白色的螺，个较大

福寿螺 fok$^{5}$sɐu$^{55}$le$^{213}$

钉螺 teŋ$^{33}$le$^{213}$ 钉形的螺

血螺 het$^{214}$le$^{213}$ 壳和肉呈红色的螺

花簋 fa$^{33}$tset$^{214}$ 一种海螺

鲍鱼 pau$^{55}$zi$^{213}$ 也叫石决明，生于海中，实际上是一种螺，背部有壳，壳上有孔，无足，腹部贴海中石上爬行，遇险则紧贴石上，很难拔下来。属名贵海鲜

海参 hai$^{31}$tsʰam$^{33}$

胎母 tʰai$^{33}$mu$^{31}$ 海蜇

蚌 pʰaŋ$^{31}$

蟛蜞 pʰaŋ$^{213}$kʰi$^{213}$ 一种小蟹

赤蟹 tsʰek$^{5}$hai$^{31}$ 红蟹

狗羊 kɐu$^{31}$ziaŋ$^{213}$ 蟹名，壳硬

蟹膏 hai$^{31}$kou$^{33}$ 蟹黄

蟹钳 hai$^{31}$kʰem$^{213}$ 蟹螯

*蚝 ɔ$^{213}$

龟 kuɐi$^{33}$ 乌龟

草龟 tsʰou$^{31}$kuɐi$^{33}$ 淡水乌龟品种名，背壳黑褐色，腹甲棕黄色，杂食，可养殖。草龟需要晒壳

石龟 sek$^{5}$kuɐi$^{33}$ 淡水乌龟品种名，背壳灰棕色，腹甲黄色，杂食，可养殖。野生品种禁捕

金钱龟 kiɐm$^{33}$tsʰen$^{213}$kuɐi$^{33}$ 淡水乌龟品种名，背壳呈金黄色，有“川”字黑纹，腹甲为黑色。是珍贵品种，已列入国家二级保护动物名录

鳄龟 ŋɔk$^{214}$kuɐi$^{33}$ 淡水乌龟品种名，为外来品种，据说是现存最古老的爬行动物。体形大，棕褐色，背部有锯齿状尖锐甲壳，像鳄鱼背，因此叫鳄龟。攻击性强，能咬断手指头。当地炒作其价格，故多有养殖

海龟 hai$^{31}$kuɐi$^{33}$

蛤□ kɐp$^{5}$noŋ$^{33}$ 蝌蚪

应□ zeŋ$^{33}$ɔŋ$^{213}$ 一种蛙：叫声一声“应⁼”，一声“□ ɔŋ$^{213}$”

*黄蜞 waŋ$^{213}$kʰi$^{213}$

## 七　房舍

屋仔 ok$^{5}$tsɐi$^{31}$ 小屋

草屋 tsʰou$^{31}$ok$^{5}$ 草木房

茅寮 mau$^{213}$leu$^{213}$ 草棚

瓦屋 ŋa$^{31}$ok$^{5}$ 平房

楼 lɐu$^{213}$ 楼房

靓屋 leŋ$^{55}$ok$^{5}$ 洋房

疍家棚 tan$^{55}$ka$^{33}$pʰɐŋ$^{213}$ 疍家搭建在水边的阁楼式木房

*堡 pou$^{31}$

华楼堡 wa$^{213}$lɐu$^{213}$pou$^{31}$ 华楼又名

塔 tʰap$^{214}$

*三眼过 ɬam$^{33}$ŋan$^{31}$kɔ$^{55}$

五眼过 wu$^{31}$ŋan$^{31}$kɔ$^{55}$ 一排五间的屋

*四檐齐 ɬi$^{55}$n̥iem$^{213}$tsʰi$^{213}$

假四檐 ka$^{31}$ɬi$^{55}$n̥iem$^{213}$ 当地房屋名

*五眼过半装 wu$^{31}$ŋan$^{31}$kɔ$^{55}$pɔn$^{55}$tsɔŋ$^{33}$

国字屋 kuɔk$^{214}$tsi$^{55}$ok$^{5}$ 四合院

正屋 tseŋ$^{55}$ok$^{5}$ 主屋

横屋 wɐŋ$^{213}$ok$^{5}$ 厦屋

基础 ki$^{33}$tsʰɔ$^{31}$ 地基

砌墙 tsʰi$^{55}$tsʰiaŋ$^{213}$

盪墙 taŋ$^{55}$tsʰiaŋ$^{213}$ 给墙体抹上水泥沙

批盪 pʰi$^{33}$taŋ$^{55}$

扫灰水 ɬou$^{55}$fɐi$^{33}$sɔi$^{31}$

装门 tsʰɔŋ$^{33}$mɐn$^{213}$ 安装门

升梁 seŋ$^{33}$liaŋ$^{213}$ 上梁

入火 zɐp$^{5}$fɔ$^{31}$ 当地进入新宅的仪式。先请地理先生选择吉日。到了吉日，提着煤油灯，担着粮油，燃放鞭炮，进入新宅。在宅内每个房门的门楣上，张贴利市钱，在每个房间都点上煤油灯，以求吉利。亲朋要来庆贺，主人则摆酒宴请

姜太公在此 kiaŋ$^{33}$tʰai$^{55}$koŋ$^{33}$tsai$^{55}$tsʰi$^{31}$ 写于红纸条上开工建房时，贴于墙基四周用于避邪

进宅大吉 tsɐn$^{55}$tsɐk$^{5}$ta$^{55}$kiɐt$^{5}$ 写于红纸条上，贴于墙基四周用于避邪

篱墙 li$^{213}$tsʰiaŋ$^{213}$ 篱笆墙

飞墙 fɐi$^{33}$tsʰiaŋ$^{213}$ 房屋两侧的高墙

二十四墙 i$^{55}$sɐp$^{5}$ɬi$^{55}$tsʰiaŋ$^{213}$ 二十四公分厚的墙

十八墙 sɐp$^{5}$pat$^{214}$tsʰiaŋ$^{213}$ 十八公分厚的墙

舂墙 tsoŋ$^{33}$tsʰiaŋ$^{213}$ 夯筑的墙

屋脊 ok$^{5}$tsek$^{5}$ 房脊

屋脊顶 ok$^{5}$tsek$^{5}$teŋ$^{31}$ 房顶

天面 tʰen$^{33}$men$^{55}$ 晒台

檐滴水 ȵiem$^{213}$tek$^{5}$sɔi$^{31}$ 房檐儿

鸡翼 ki$^{33}$zek$^{5}$ 左右房檐儿

屋梁 ok$^{5}$liaŋ$^{213}$ 梁

正梁 tseŋ$^{55}$liaŋ$^{213}$

桷子 kɔk$^{213}$tsi$^{31}$ 椽子

柱头石 ts$^{h}$i$^{31}$t$^{h}$ɐu$^{213}$sek$^{5}$ 柱下石

柱头墩 ts$^{h}$i$^{31}$t$^{h}$ɐu$^{213}$tɐn$^{31}$

檐阶 ȵiem$^{213}$kai$^{33}$ 门口的台阶儿

檐头 ȵiem$^{213}$t$^{h}$ɐu$^{213}$

步级 pu$^{55}$k$^{h}$iɐp$^{5}$ 上楼的台阶

屋首 ok$^{5}$sɐu$^{31}$ 屋头

厅 t$^{h}$eŋ$^{33}$ 客厅

廊仔 laŋ$^{213}$tsɐi$^{31}$ 走廊

阳台 ziaŋ$^{213}$t$^{h}$ai$^{213}$

后门 hɐu$^{55}$mɐn$^{213}$

横门 wɐŋ$^{213}$mɐn$^{213}$ 边门

屋间门 ok$^{5}$kan$^{33}$mɐn$^{213}$ 房间门

单脚门 tan$^{33}$kiak$^{214}$mɐn$^{213}$ 单扇门

两脚门 liaŋ$^{31}$kiak$^{214}$mɐn$^{213}$ 双扇门

拍门仔 p$^{h}$ɐk$^{5}$mɐn$^{213}$tsɐi$^{31}$ 简易门

门板 mɐn$^{213}$pan$^{31}$ 门的开闭部分

门冒头 mɐn$^{213}$mou$^{55}$t$^{h}$ɐu$^{213}$ 门楣

门脚 mɐn$^{213}$kiak$^{214}$ 门墩

门杠 mɐn$^{213}$kaŋ$^{55}$ 门闩

门角头 mɐn$^{213}$kɔk$^{214}$t$^{h}$ɐu$^{213}$ 门后

门帘 mɐn$^{213}$lem$^{213}$

门口 mɐn$^{213}$hɐu$^{31}$ ①门的出入口及其周围地方；②院子，当地没有“院子”概念

光窗底 kuaŋ$^{33}$ts$^{h}$ɔŋ$^{33}$ti$^{31}$ 窗台

窗板 ts$^{h}$ɔŋ$^{33}$pan$^{31}$ 窗扇

窗栏 ts$^{h}$ɔŋ$^{33}$lan$^{213}$ 窗栅栏

窗帘 ts$^{h}$ɔŋ$^{33}$lem$^{213}$

棚栏 p$^{h}$ɐŋ$^{213}$lan$^{55}$ 阁楼

天窗 t$^{h}$en$^{33}$ts$^{h}$ɔŋ$^{33}$ 开在屋顶的窗户

*天井 t$^{h}$en$^{33}$tseŋ$^{31}$

漏水 lɐu$^{55}$sɔi$^{31}$ 漏雨

捡屋 kem$^{31}$ok$^{5}$ 捡漏

楼上 lɐu$^{213}$siaŋ$^{55}$

楼下 lɐu$^{213}$ha$^{55}$

楼梯 lɐu$^{213}$t$^{h}$i$^{33}$ 固定的上楼通道

梯横 t$^{h}$i$^{33}$wɐŋ$^{33}$ 梯子的横木

*荔枝梯 li$^{55}$tsi$^{33}$t$^{h}$i$^{33}$

救火 kiau$^{55}$fɔ$^{31}$

救火车 kiau$^{55}$fɔ$^{31}$ts$^{h}$e$^{33}$

双连灶 sɔŋ$^{33}$len$^{55}$tsou$^{55}$ 可以放两口锅的灶

打灶 ta$^{31}$tsou$^{55}$ 做灶台

灶尾窿 tsou$^{55}$wɐi$^{31}$loŋ$^{33}$ 灶口

*灶仔 tsou$^{55}$tsɐi$^{31}$

火梯 fɔ$^{31}$t$^{h}$i$^{33}$ 炉子

磨屋 mɔ$^{55}$ok$^{5}$ 磨坊

*牛棚 ŋɐu$^{213}$p$^{h}$ɐŋ$^{213}$

牛屋 ŋɐu$^{213}$ok$^{5}$ 室内的牛栏

猪栏 tsi$^{33}$lan$^{33}$ 猪圈

*猪篼 tsi$^{33}$tɐu$^{33}$

羊栏 ziaŋ$^{213}$lan$^{33}$ 羊圈

狗窿 kɐu$^{31}$loŋ$^{33}$ 狗洞

鸡□ ki$^{33}$lok$^{5}$ 鸡窝

*窦 tɐu$^{55}$

鸡母窦 ki$^{33}$mu$^{31}$tɐu$^{55}$ 母鸡下蛋的窝

鸡笼 ki$^{33}$loŋ$^{213}$

鸡罩 ki$^{33}$tsau$^{55}$

## 八　器具用品

衣柜 zi$^{33}$kuɐi$^{55}$

碗柜 wɔn$^{31}$kuɐi$^{55}$ 放碗、筷、油、盐等的柜子

拢⁼仔 loŋ$^{31}$tsɐi$^{31}$ 小木箱；手提箱

  拢⁼loŋ$^{31}$

角铁 kɔk$^{214}$tʰet$^{214}$ 箱牌

甲万 kap$^{214}$man$^{55}$ 保险柜

台仔 tʰai$^{213}$tsɐi$^{31}$ 小桌子

圆台 zen$^{213}$tʰai$^{213}$ 圆桌

四方台 si$^{55}$faŋ$^{33}$tʰai$^{213}$ 方桌

八仙台 pat$^{214}$ɬen$^{33}$tʰai$^{213}$ 八仙桌

合作台 hap$^{214}$tsɔk$^{214}$tʰai$^{213}$ 办公桌

*吃粥台 kʰiɐt$^{5}$tsok$^{5}$tʰai$^{213}$

睡椅 sɔi$^{55}$zi$^{31}$ 躺椅

交脚椅 kau$^{33}$kiak$^{214}$zi$^{31}$ 交椅

藤椅 tʰɐŋ$^{213}$zi$^{31}$

竹椅 tsok$^{5}$zi$^{31}$

沙发椅 sa$^{33}$fat$^{214}$zi$^{31}$ 沙发

合椅 hap$^{214}$zi$^{31}$ 叠椅

  折椅 tsep$^{214}$zi$^{31}$

椅凭 zi$^{31}$pʰeŋ$^{33}$ 椅子背儿

扶手 fu$^{213}$sɐu$^{31}$

长凳 tsʰiaŋ$^{213}$tɐŋ$^{55}$ 板凳

独凳 tok$^{5}$tɐŋ$^{55}$ 方凳

鸭母凳 ap$^{214}$mu$^{31}$tɐŋ$^{55}$ 小板凳。因为低矮，像母鸭的高度，故名

跪膝 kuɐi$^{55}$ɬɐt$^{5}$ 蒲团

  垫 tʰem$^{55}$

灯 tɐŋ$^{33}$

  火 fɔ$^{31}$

灯盏 tɐŋ$^{33}$tsan$^{31}$ 油灯；灯盏

灯芯草 tɐŋ$^{33}$ɬiɐm$^{33}$tsʰou$^{31}$ 点油灯用的一种植物干茎

火油 fɔ$^{31}$zau$^{213}$ 灯油

火水灯 fɔ$^{31}$sɔi$^{31}$tɐŋ$^{33}$ 煤油灯

竹笋灯 tsok$^{5}$sɐn$^{31}$tɐŋ$^{33}$ 有玻璃罩的煤油灯

灯口 tɐŋ$^{33}$hɐu$^{31}$ 灯罩

灯仔 tɐŋ$^{33}$tsɐi$^{31}$ 简易煤油灯

太平灯 tʰai$^{55}$pʰeŋ$^{213}$tɐŋ$^{33}$ 一种四方形的喜庆用灯

汽灯 hi$^{55}$tɐŋ$^{33}$ 通过加压等手段制作的一种特别亮的油灯，过去村里演戏或喜庆活动时使用

过 kɔ$^{55}$（灯）熄灭

手照 sɐu$^{31}$tseu$^{55}$ 马灯

  马灯 ma$^{31}$tɐŋ$^{33}$

灯笼 tɐŋ$^{33}$loŋ$^{213}$

蜡烛 lɐp$^{214}$tsok$^{5}$

电灯 ten$^{55}$tɐŋ$^{33}$

灯头 tɐŋ$^{33}$tʰɐu$^{213}$

灯泡 tɐŋ$^{33}$pʰau$^{55}$

火□ fɔ$^{31}$tsʰek$^{5}$ 日光灯

  光管 kuaŋ$^{33}$kɔn$^{31}$

电线 ten$^{55}$ɬen$^{55}$

开关 hai$^{33}$kuan$^{33}$

电胆 ten$^{55}$tam$^{31}$ 手电筒的灯泡

电油 ten$^{55}$zau$^{213}$ 电池

电火㞘 ten$^{55}$fɔ$^{31}$tok$^{5}$ 手电筒的后盖

橙⁼tsʰɐŋ$^{213}$ 手电筒照射

收音机 sɐu$^{33}$zɐm$^{33}$ki$^{33}$

电脑 ten$^{55}$nou$^{31}$

上网 siaŋ$^{55}$waŋ$^{31}$

空调 hoŋ$^{33}$tʰeu$^{213}$

遥控器 zeu$^{213}$hoŋ$^{55}$hi$^{55}$

洗衣机 ɬi$^{31}$zi$^{33}$ki$^{33}$

冰箱 peŋ$^{33}$ɬiaŋ$^{33}$

床板 tsʰɔŋ$^{213}$pan$^{31}$ 铺板
床母 tsʰɔŋ$^{213}$mu$^{31}$ 床沿
床头 tsʰɔŋ$^{213}$tʰɐu$^{213}$
床尾 tsʰɔŋ$^{213}$wɐi$^{31}$
床笪 tsʰɔŋ$^{213}$tat$^{214}$ 竹床
　竹笪 tsok$^{5}$tat$^{214}$
蚊帐钩 mɐn$^{33}$tsiaŋ$^{55}$ŋɐu$^{33}$ 帐钩
蚊帐帘 mɐn$^{33}$tsiaŋ$^{55}$lem$^{213}$ 帐檐儿
毡仔 tsen$^{33}$tsɐi$^{31}$ 毯子
被单 pi$^{55}$tan$^{33}$ 被里
被面 pi$^{55}$men$^{55}$
被套 pi$^{55}$tʰou$^{55}$
被仔 pi$^{55}$tsɐi$^{31}$ 婴儿被
草席 tsʰou$^{31}$tsek$^{5}$
竹席 tsok$^{5}$tsek$^{5}$
枕头套 tsɐm$^{31}$tʰɐu$^{213}$tʰou$^{55}$
枕头巾 tsɐm$^{31}$tʰɐu$^{213}$kiɐn$^{33}$ 枕巾
枕芯 tsɐm$^{31}$ɬiɐm$^{33}$ 枕头芯儿
木棉花 mok$^{5}$men$^{213}$fa$^{33}$ 木棉树长出的棉绒，当地用作枕芯材料
尤单叶 zau$^{213}$tan$^{33}$zep$^{214}$ 尤加利叶，当地用作枕芯材料
梳头凳 sɔ$^{33}$tʰɐu$^{213}$tɐŋ$^{55}$ 老式梳妆台
　梳头端⁼ sɔ$^{33}$tʰɐu$^{213}$ten$^{33}$
梳妆台 sɔ$^{33}$tsɔŋ$^{33}$tʰai$^{213}$ 新式梳妆台
镜 keŋ$^{55}$ 镜子
照镜 tseu$^{55}$keŋ$^{55}$ 照镜子
望远镜 waŋ$^{55}$zen$^{31}$keŋ$^{55}$
梳仔 sɔ$^{33}$tsɐi$^{31}$ 小梳子
篦 pi$^{55}$ 篦子
搽头油 tsʰa$^{213}$tʰɐu$^{213}$zau$^{213}$ 发油
头毛线 tʰɐu$^{213}$mou$^{33}$ɬen$^{55}$ 头绳
　毛绒 mou$^{33}$zoŋ$^{213}$
时⁼胶圈 si$^{213}$kau$^{33}$kʰen$^{33}$ 橡皮筋
缩丝 ɬok$^{5}$ɬi$^{33}$ 松紧带
尿桶 neu$^{55}$tʰoŋ$^{31}$ 马桶
　尿瓮 neu$^{55}$oŋ$^{55}$
瓷篼 tsʰi$^{213}$tɐu$^{33}$ 蹲便池
　屎篼 si$^{31}$tɐu$^{33}$
尿煲 neu$^{31}$pou$^{33}$ 夜壶
火盆 fɔ$^{31}$pʰɔn$^{213}$
　火笼 fɔ$^{31}$loŋ$^{213}$
暖水壶 nen$^{31}$sɔi$^{31}$fu$^{213}$ 保温杯
煲水壶 pou$^{33}$sɔi$^{31}$fu$^{213}$ 烧水壶
　水煲 sɔi$^{31}$pou$^{33}$
吊衫架 teu$^{55}$sam$^{33}$ka$^{55}$ 衣架
　衫架 sam$^{33}$ka$^{55}$
蚊仔香 mɐn$^{33}$tsɐi$^{31}$hiaŋ$^{33}$ 蚊香
臭丸 tsʰɐu$^{55}$zen$^{213}$ 卫生球
鼓风机 ku$^{31}$foŋ$^{33}$ki$^{33}$
风箱 foŋ$^{33}$ɬiaŋ$^{33}$
火叉 fɔ$^{31}$tsʰa$^{33}$ 把柴草送进灶的工具
火钳 fɔ$^{31}$kʰem$^{213}$
耙蘯仔 pʰa$^{213}$tʰaŋ$^{55}$tsɐi$^{31}$ 相当于火铲
□火棍 la$^{55}$fɔ$^{31}$kuɐn$^{55}$ 拨火棍
柴片 tsʰai$^{213}$pen$^{55}$ 硬柴
柴碌 tsʰai$^{213}$lok$^{5}$ 成段的硬柴
木丫 mok$^{5}$e$^{33}$ 当柴烧的干树枝
泥豆苗 ni$^{213}$tɐu$^{55}$meu$^{213}$ 花生叶蔓
木糠 mok$^{5}$haŋ$^{33}$ 锯末
刨口 pʰau$^{213}$hɐu$^{31}$ 刨花
　木碎 mok$^{5}$ɬɔi$^{55}$
　火口柴 fɔ$^{31}$hɐu$^{31}$tsʰai$^{213}$
斧仔口 pu$^{31}$tsɐi$^{31}$hɐu$^{31}$ 用斧头削下的木片

火柴头 fɔ$^{31}$tsʰai$^{213}$tʰɐu$^{213}$

火柴盒 fɔ$^{31}$tsʰai$^{213}$hap$^{214}$

□火柴 tsʰet$^{214}$fɔ$^{31}$tsʰai$^{213}$ 划火柴

煤饼 mɐi$^{213}$peŋ$^{31}$ 蜂窝煤

煤气 mɐi$^{213}$hi$^{55}$

烟通 zen$^{33}$tʰoŋ$^{33}$ 烟囱

镬头 wɔk$^{214}$tʰɐu$^{213}$ 大锅

镬仔 wɔk$^{214}$tsɐi$^{31}$ 小锅

镬耳 wɔk$^{214}$ɨ$^{31}$ 锅耳

铁镬 tʰet$^{214}$wɔk$^{214}$ 铁锅

钛煲 tʰai$^{55}$pou$^{33}$ 铝锅

瓦罂煲 ŋa$^{213}$ɐm$^{33}$(m<ŋ)pou$^{33}$ 砂锅；陶锅

瓦煲 ŋa$^{31}$pou$^{33}$

罂煲仔 ɐm$^{33}$(m<ŋ)pou$^{33}$tsɐi$^{31}$ ①小锅；②药罐子

饭罂煲 fan$^{55}$ɐm$^{33}$pou$^{33}$ 饭锅

罂煲架 ɐm$^{33}$pou$^{33}$ka$^{55}$ 承放锅的架子

打边炉 ta$^{31}$pen$^{33}$lu$^{213}$ 吃火锅

镬铲 wɔk$^{214}$tsʰan$^{31}$ 锅铲

　镬扫 wɔk$^{214}$ɬou$^{55}$ 炊帚

　镬刷 wɔk$^{214}$ɬat$^{214}$

镬盖 wɔk$^{214}$kai$^{55}$ 锅盖

饼印 peŋ$^{31}$zɐn$^{55}$ 饼模子

粑印 ma$^{33}$zɐn$^{55}$ 粑模

碗头 wɔn$^{31}$tʰɐu$^{213}$ 大碗

碗口 wɔn$^{31}$hɐu$^{31}$

□口 pɐŋ$^{31}$hɐu$^{31}$ 碗缺口

喰口盅 laŋ$^{31}$hɐu$^{31}$tsoŋ$^{33}$ 刷牙用茶杯

茶盅 tsʰa$^{213}$tsoŋ$^{33}$ 喝茶用茶杯

□ tsʰam$^{31}$ 碟子

　碟 tep$^{214}$

钵头 pɔt$^{214}$tʰɐu$^{213}$ 钵

钵头仔 pɔt$^{214}$tʰɐu$^{213}$tsɐi$^{31}$ 小钵

*壳 hɔk$^{214}$

壳仔 hɔk$^{214}$tsɐi$^{31}$ 勺子

饭壳 fan$^{55}$hɔk$^{214}$ 大饭勺

舀汤壳 zeu$^{31}$tʰaŋ$^{33}$hɔk$^{214}$ 汤勺

调仔 tʰeu$^{213}$tsɐi$^{31}$ 调羹

钛羹 tʰɐi$^{55}$kɐŋ$^{33}$ 铁勺子

箸笼 tsi$^{55}$loŋ$^{213}$ 筷笼

茶托 tsʰa$^{213}$tʰɔk$^{214}$

酒杯 tsɐu$^{31}$pɐi$^{33}$

酒壶 tsɐu$^{31}$fu$^{213}$

盘 pʰɔn$^{213}$ 盘子

罂盖 ɐŋ$^{33}$kai$^{55}$ 瓶盖

容紧 kʰɐp$^{5}$kiɐn$^{31}$ 盖住

窒 tsɐt$^{5}$ ①瓶塞儿；②堵塞

酒罂 tsɐu$^{31}$ɐŋ$^{33}$ 酒瓶

花罂 fa$^{33}$ɐŋ$^{33}$ 花瓶

酒埕 tsɐu$^{31}$tsʰeŋ$^{213}$ 酒坛子

饭捞 fan$^{55}$lau$^{33}$ 笊篱

筲箕 sau$^{33}$ki$^{33}$ 装饭用的竹器

菜头刨 tsʰai$^{55}$tʰɐu$^{213}$pʰau$^{213}$ 礤床

　菜头擦 tsʰai$^{55}$tʰɐu$^{213}$tsʰat$^{214}$

刀 tou$^{33}$

刀口 tou$^{33}$hɐu$^{31}$

刀背 tou$^{33}$pɐi$^{55}$

入柄 zɐp$^{5}$peŋ$^{55}$ 装柄

磨刀 mɔ$^{213}$tou$^{33}$

磨刀石 mɔ$^{213}$tou$^{33}$sek$^{5}$

擢 hɔt$^{214}$ 把刀放在铁石上简单磨

刀母 tou$^{33}$mu$^{31}$ 砍柴刀

砧板 tsɐm$^{33}$pan$^{31}$

水桶 sɔi$^{31}$tʰoŋ$^{31}$

桶箍 tʰoŋ$^{31}$kʰu$^{33}$ 加固桶的篾圈或铁圈

菜笼 tsʰai$^{55}$loŋ$^{213}$ 蒸笼

蒸笼 tseŋ$^{33}$loŋ$^{213}$

□ leu$^{33}$ 箅子

□汤 ⁼leu$^{33}$tʰaŋ$^{33}$

炊□ tsʰɔi$^{33}$kʰɐŋ$^{55}$ 蒸架

水瓮 sɔi$^{31}$oŋ$^{55}$ 水缸

米瓮 mi$^{31}$oŋ$^{55}$ 米缸

米筒 mi$^{31}$tʰoŋ$^{213}$ 量米筒

潲水 sau$^{55}$sɔi$^{31}$ 泔水

潲水瓮 sau$^{55}$sɔi$^{31}$oŋ$^{55}$ 泔水缸

抹台布 mat$^{214}$tʰai$^{213}$pu$^{55}$ 抹布

漏斗 lɐu$^{55}$tɐu$^{31}$

拖扫 tʰɔ$^{33}$ɬou$^{55}$ 拖把

钛桶 tʰai$^{55}$tʰoŋ$^{31}$ 铝桶

电饭煲 ten$^{55}$fan$^{55}$pou$^{33}$

自来水 tsi$^{55}$lai$^{213}$sɔi$^{31}$

家生 ka$^{33}$ɬɐŋ$^{33}$ 工具

刨 pʰau$^{213}$ 刨子

□ liak$^{214}$ 用刀刨木使圆滑

锯 ki$^{55}$ 锯子

大锯 ta$^{55}$ki$^{55}$

锯仔 ki$^{55}$tsɐi$^{31}$ 小锯

锯片 ki$^{55}$pʰen$^{55}$ 锯条

锯牙 ki$^{55}$ŋa$^{213}$ 锯齿

锉 tsʰɔ$^{55}$ ①锉；②用锉磨金属器具

凿 tsɔk$^{214}$ 凿子

凿头 tsɔk$^{214}$tʰɐu$^{213}$ 大凿子

凿仔 tsɔk$^{214}$tsɐi$^{31}$ 小凿子

板凿 pan$^{31}$tsɔk$^{214}$ 锛子

榫头 sɐn$^{31}$tʰɐu$^{213}$

榫眼 sɐn$^{31}$ŋan$^{31}$ 榫眼

眼 ŋan$^{31}$

尺 tsʰek$^{5}$

曲尺 kʰok$^{5}$tsʰek$^{5}$

卷尺 ken$^{31}$tsʰek$^{5}$

折尺 tsep$^{214}$tsʰek$^{5}$ 木用折叠尺

木尺 mok$^{5}$tsʰek$^{5}$

皮尺 pʰi$^{213}$tsʰek$^{5}$

米尺 mɐi$^{33}$tsʰek$^{5}$ 一米长的尺

墨斗 mɐk$^{5}$tɐu$^{31}$

墨斗线 mɐk$^{5}$tɐu$^{31}$ɬen$^{55}$

弹线 tʰan$^{213}$ɬen$^{55}$ 用墨斗画线

牙钳 ŋa$^{213}$kʰem$^{213}$ 老虎钳

铁锤仔 tʰet$^{214}$tsʰɔi$^{213}$tsɐi$^{31}$ 小铁锤

扳手 pan$^{31}$sɐu$^{31}$

铁线 tʰet$^{214}$ɬen$^{55}$ 铁丝

洋线 ziaŋ$^{213}$ɬen$^{55}$

螺丝钉 lɔ$^{213}$ɬi$^{33}$teŋ$^{33}$

螺丝 lɔ$^{213}$ɬi$^{33}$ 螺丝钉；螺丝

螺母 lɔ$^{213}$mu$^{31}$ 螺丝头

选⁼仔 ɬen$^{31}$tsɐi$^{31}$ 竹钉

竹钉 tsok$^{5}$teŋ$^{33}$

铁□ tʰet$^{214}$nap$^{214}$ 码钉

揿钉 kiɐm$^{55}$teŋ$^{33}$ ①钉钉子；②图钉

敲钉 hau$^{33}$teŋ$^{33}$

搣钉 mɐŋ$^{33}$teŋ$^{33}$ 拔钉

起钉 hi$^{31}$teŋ$^{33}$

锥仔 ȵiɔi$^{33}$tsɐi$^{31}$ 钻子

锥眼 ȵiɔi$^{33}$ŋan$^{31}$ 钻洞

合页 hap$^{214}$zep$^{214}$ 铰链

砂纸 sa$^{33}$tsi$^{31}$

泥刀 ni$^{213}$tou$^{33}$ 瓦刀

灰匙 fɐi$^{33}$si$^{213}$ 抹子

盪板 tʰaŋ$^{55}$pan$^{31}$ 泥板

灰桶 fɐi$^{33}$tʰoŋ$^{31}$ 灰兜子

铁猫 tʰet$^{214}$meu$^{33}$ 打铁的砧子

　铁砧 tʰet$^{214}$tsɐm$^{33}$

打铁 ta$^{31}$tʰet$^{214}$

□水 kɐn$^{55}$sɔi$^{31}$ 淬火

钢凿 kaŋ$^{55}$tsɔk$^{214}$ 錾子

剃头刀 tʰi$^{55}$tʰɐu$^{213}$tou$^{33}$

飞剪 fɐi$^{33}$tsen$^{31}$ 推子

剃头毛剪 tʰi$^{55}$tʰɐu$^{213}$mou$^{33}$tsen$^{31}$ 理发剪

擢刀布 hɔt$^{214}$tou$^{33}$pu$^{55}$ 鐾刀布

剃头凳 tʰi$^{55}$tʰɐu$^{213}$tɐŋ$^{55}$ 老式理发椅

剃头椅 tʰi$^{55}$tʰɐu$^{213}$zi$^{31}$ 新式理发椅

车衣车 tsʰe$^{33}$zi$^{33}$tsʰe$^{33}$ 缝纫机

烫斗 tʰaŋ$^{55}$tɐu$^{31}$ 熨斗

弹弓 tʰan$^{213}$koŋ$^{33}$ 弹棉花的弓子

槌谷 ⁼tsʰɔi$^{213}$kok$^{5}$ 打弓弦的锤子

碾盘 ŋan$^{213}$pʰɔn$^{213}$ 压棉胎的工具

纱□ sa$^{33}$kʰuaŋ$^{213}$ 纺线轮

纺纱车 faŋ$^{31}$sa$^{33}$tsʰe$^{33}$ 纺车

织布机 tsek$^{5}$pu$^{55}$ki$^{33}$

布梭 pu$^{55}$sɔ$^{33}$ 梭

　猋梭 peu$^{33}$sɔ$^{33}$

脸盆架 len$^{31}$pʰɔn$^{213}$ka$^{55}$

洗身盆 ɬi$^{31}$sɐn$^{33}$pʰɔn$^{213}$ 澡盆

　冲凉盆 tsʰoŋ$^{33}$liaŋ$^{213}$pʰɔn$^{213}$

洗脚钵 ɬi$^{31}$kiak$^{214}$pɔt$^{214}$ 女用盆

脚桶 kiak$^{214}$tʰoŋ$^{31}$ 脚盆

痰盅 tʰam$^{213}$tsoŋ$^{33}$ 痰盂

枧 kan$^{31}$ 肥皂

香枧 hiaŋ$^{33}$kan$^{31}$ 香皂

枧粉 kam$^{31}$fɐn$^{31}$ 洗衣粉

泡沫 pʰau$^{55}$mɔt$^{214}$

洗头水 ɬi$^{31}$tʰɐu$^{213}$sɔi$^{31}$ 洗发液

竹篙 tsok$^{5}$kou$^{33}$ 晒衣服用

三角杈 ɬam$^{33}$kɔk$^{214}$tsʰa$^{33}$ 三根木头组成承放竹篙的架子

杈仔 tsʰa$^{33}$tsɐi$^{31}$ 衣杈

牙膏 ŋa$^{213}$kou$^{33}$

捻牙膏 nen$^{31}$ŋa$^{213}$kou$^{33}$ 挤牙膏

牙刷 ŋa$^{213}$ɬat$^{214}$

□脚布 tsɐt$^{5}$kiak$^{214}$pu$^{55}$ 擦脚布

银包 ŋɐn$^{213}$pau$^{33}$ 钱包

私章 si$^{33}$tsiaŋ$^{33}$ 图章

糨糊 tsiaŋ$^{55}$fu$^{213}$

针鼻 tsɐm$^{33}$pi$^{55}$ 针鼻儿

针尾 tsɐm$^{33}$wɐi$^{31}$ 针尖

串针 tsʰen$^{55}$tsɐm$^{33}$ 穿针

顶针 teŋ$^{31}$tsɐm$^{33}$

线 ɬen$^{55}$

棉线 men$^{213}$ɬen$^{55}$

麻线 ma$^{213}$ɬen$^{55}$

尼龙线 ni$^{213}$loŋ$^{213}$ɬen$^{55}$

线头 ɬen$^{55}$tʰɐu$^{213}$

线心 ɬen$^{55}$ɬiɐm$^{33}$ 线轴

驳线 pɔk$^{214}$ɬen$^{55}$ 接线

耳挖仔 ɨ$^{31}$wat$^{214}$tsɐi$^{31}$ 耳挖子

钩仔 ŋau$^{33}$tsɐi$^{31}$ 钩子

鸡毛扫 ki$^{33}$mou$^{33}$ɬou$^{55}$ 鸡毛掸子

葵扇 kʰuɐi$^{213}$sen$^{55}$ 扇子

纸扇 tsi$^{31}$sen$^{55}$ 折叠扇

拂扇 pʰɔt$^{214}$sen$^{55}$ 扇扇子

□仔 tʰoŋ$^{55}$tsɐi$^{31}$ 拐杖

死⁼踢⁼棍 ɬi$^{31}$tʰek$^{5}$kuɐn$^{55}$ 弯头手杖

棍 kuɐn$^{55}$ 棍棒

草纸 tsʰou$^{31}$tsi$^{31}$ 手纸

屎□ si$^{31}$men$^{31}$ 旧时擦屁股用的篾黄

布伞柄 pu$^{55}$ɬan$^{55}$peŋ$^{55}$ 伞柄

折伞 tsep$^{214}$ɬan$^{55}$ 折叠伞

布伞骨 pu$^{55}$ɬan$^{55}$kuɐt$^{5}$ 伞骨

打开布伞 ta$^{31}$hai$^{33}$pu$^{55}$ɬan$^{55}$ 开伞

收起布伞 sɐu$^{33}$hi$^{31}$pu$^{55}$ɬan$^{55}$ 收伞

担伞 tam$^{33}$ɬan$^{55}$ 打伞

蓑衣 ɬɔ$^{33}$zi$^{33}$

水衣 sɔi$^{31}$zi$^{33}$ 雨衣

钟 tsoŋ$^{33}$ 时钟

闹钟 nau$^{55}$tsoŋ$^{33}$

校钟 kau$^{55}$tsoŋ$^{33}$ 调整时钟

对钟 tɔi$^{55}$tsoŋ$^{33}$ 校准时间

摆钟 pai$^{31}$tsoŋ$^{33}$ 有钟摆的钟

吊钟 teu$^{55}$tsoŋ$^{33}$ 挂钟

链 len$^{55}$ 发条

上链 siaŋ$^{55}$len$^{55}$ 扭紧发条

站扫 tsan$^{55}$ɬou$^{55}$ 大扫把

麻袋 ma$^{213}$tai$^{55}$

　麻包 ma$^{213}$pau$^{33}$

尼龙袋 ni$^{213}$loŋ$^{213}$tai$^{55}$ 化纤编织的袋子，多用于装化肥

布袋 pu$^{55}$tai$^{55}$

网袋 waŋ$^{31}$tai$^{55}$ 有网眼的袋子

胶袋 kau$^{33}$tai$^{55}$ 塑料袋

## 九　称谓

张三李四 tsiaŋ$^{33}$ɬam$^{33}$li$^{31}$ɬi$^{55}$ 对人的泛称

　乜人乜人 mɐt$^{5}$zɐn$^{213}$mɐt$^{5}$zɐn$^{213}$

佬 lou$^{31}$ 人，不够尊敬的称呼

大人 ta$^{55}$zɐn$^{213}$ 成年人

妹仔婆 mɐi$^{55}$tsɐi$^{31}$pʰɔ$^{213}$ 未婚女人

阿公 a$^{33}$koŋ$^{33}$ 对老年男性的面称

铲屎窟 tsʰan$^{31}$si$^{31}$fɐt$^{5}$ 人老了走不了路，靠屁股移行，旧时詈称老年男性

老倌 lou$^{31}$kɔn$^{33}$ 老年男性，中性词

婆 pʰɔ$^{213}$ 老年妇女

阿奶 a$^{33}$nai$^{31}$ 对老年妇女的呼称

铲屎窟婆仔 tsʰan$^{31}$si$^{31}$fɐt$^{5}$pʰɔ$^{213}$tsɐi$^{31}$ 旧时詈称老年女性

石女 sek$^{5}$ni$^{31}$ 不能生小孩的女人

后生仔 hɐu$^{31}$ɬɐŋ$^{33}$tsɐi$^{31}$ 小伙子

后生妹 hɐu$^{55}$ɬɐŋ$^{33}$mɐi$^{55}$ 闺女

心肝□ ɬiɐm$^{33}$kan$^{33}$neŋ$^{33}$ 宝贝

*孖 me$^{33}$

龙凤胎 loŋ$^{213}$foŋ$^{55}$tʰai$^{33}$

高佬 kou$^{33}$lou$^{31}$ 个高的人

矮仔 ai$^{31}$tsɐi$^{31}$ 矮子

肥佬 fɐi$^{213}$lou$^{31}$ 胖子

瘦佬 sɐu$^{55}$lou$^{31}$ 瘦子

　瘦鬼 sɐu$^{55}$kuɐi$^{31}$

　熷柴 tsau$^{33}$tsʰai$^{213}$ 用干柴比喻瘦人

靓仔 leŋ$^{55}$tsɐi$^{31}$ 英俊小伙子；小伙子

靓妹 leŋ$^{55}$mɐi$^{55}$ 美女；大姑娘

丑鬼 tsʰɐu$^{31}$kuɐi$^{31}$ 貌丑的人

大眼佬 ta$^{55}$ŋan$^{31}$lou$^{31}$ 眼睛大的人

大喊 ta$^{55}$ham$^{31}$ 声音大的人

眼睡虫 ŋan$^{31}$sɔi$^{55}$tsʰoŋ$^{213}$ 瞌睡虫

酒鬼 tsɐu$^{31}$kuɐi$^{31}$ 嗜酒之人

烟鬼 zen$^{33}$kuɐi$^{31}$ 烟瘾重的人

龌龊鬼 wɔk$^{214}$tsʰɔk$^{214}$kuɐi$^{31}$ 肮脏的人

大头麦 ⁼ta$^{55}$tʰɐu$^{213}$mɐk$^{5}$ 头大的人

烂哭鬼 lan$^{55}$hok$^{5}$kuɐi$^{31}$ 爱哭的人

带头人 tai$^{55}$tʰɐu$^{213}$zɐn$^{213}$ 领头人

城市佬 seŋ$^{213}$si$^{55}$lou$^{31}$ 城里人

村下佬 tsʰuɐn$^{33}$ha$^{55}$lou$^{31}$ 乡下人

农村佬 noŋ$^{213}$tsʰuɐn$^{33}$lou$^{31}$

屋企佬 ok$^{5}$ki$^{31}$lou$^{31}$ 一家人；老乡

识⁼己人 sek$^{5}$ki$^{31}$zɐn$^{213}$ 自己人

生埠人 ɬɐŋ$^{33}$pu$^{55}$zɐn$^{213}$ 外地人

本地人 pɐn$^{31}$ti$^{55}$zɐn$^{213}$

番鬼佬 fan$^{33}$kuɐi$^{31}$lou$^{31}$ 外国人

外国佬 wai$^{55}$kuɔk$^{214}$lou$^{31}$

捞佬 lau$^{33}$lou$^{31}$ 旧时对北方人的贬称

北方人 pɐk$^{5}$faŋ$^{33}$zɐn$^{213}$ 中性词

长命人 tsʰiaŋ$^{213}$meŋ$^{55}$zɐn$^{213}$ 长寿人

短命鬼 ten$^{31}$meŋ$^{55}$kuɐi$^{31}$ 短命人

替死鬼 tʰi$^{55}$ɬi$^{31}$kuɐi$^{31}$ 替罪羊

懵懂鬼 moŋ$^{31}$toŋ$^{31}$kuɐi$^{31}$ 糊涂人

细胆鬼 ɬɐi$^{55}$tam$^{31}$kuɐi$^{31}$ 胆小鬼

灰头 fɐi$^{33}$tʰɐu$^{213}$

大懒蛇 ta$^{55}$lan$^{31}$se$^{213}$ 懒人

吵□鬼 tsʰau$^{31}$la$^{55}$kuɐi$^{31}$ 调皮鬼

咸湿佬 ham$^{213}$sɐp$^{5}$lou$^{31}$ 色狼

*姣 hau$^{213}$

姣婆 hau$^{213}$pʰɔ$^{213}$ 荡妇

夫娘婆相 fu$^{33}$niaŋ$^{33}$pʰɔ$^{213}$ɬiaŋ$^{55}$ 男人具有女人一样的相貌或言行

夫娘婆公 fu$^{33}$niaŋ$^{33}$pʰɔ$^{213}$koŋ$^{33}$ 女汉子

伙计 fɔ$^{31}$ki$^{55}$ ①朋友；②伙伴；③雇工

啱伙计 ŋam$^{33}$fɔ$^{31}$ki$^{55}$ 好朋友

同年 tʰoŋ$^{213}$nen$^{213}$ 同庚

内行 nɔi$^{55}$haŋ$^{213}$

外行 wai$^{55}$haŋ$^{213}$

半桶水 pɔn$^{55}$tʰoŋ$^{31}$sɔi$^{31}$ 指人学艺不精，功夫还不到家

媒人公 mɐi$^{213}$zɐn$^{213}$koŋ$^{33}$ 男媒人

介绍人 kai$^{55}$seu$^{55}$zɐn$^{213}$ 媒人

做中仔 tsu$^{55}$tsoŋ$^{33}$lou$^{31}$ 中介人

媳妇仔 ɬek$^{5}$fu$^{55}$tsɐi$^{31}$ 童养媳

守寡婆 sɐu$^{55}$kua$^{31}$pʰɔ$^{213}$ 寡妇

寡妇婆 kua$^{31}$fu$^{55}$pʰɔ$^{213}$

守寡佬 sɐu$^{55}$kua$^{31}$lou$^{31}$ 鳏夫

带归仔 tai$^{55}$kuɐi$^{33}$tsɐi$^{31}$ 再婚所带儿子

带归妹 tai$^{55}$kuɐi$^{33}$mɐi$^{55}$ 再婚所带女儿

上门佬 siaŋ$^{55}$mɐn$^{213}$lou$^{31}$ 入赘男人

老妓婆 lou$^{31}$ki$^{55}$pʰɔ$^{213}$ 年老妓女

老妓妹 lou$^{31}$ki$^{55}$mɐi$^{55}$ 年轻妓女

老契 lou$^{31}$kʰi$^{55}$ 姘夫

契家佬 kʰi$^{55}$ka$^{33}$lou$^{31}$

老契婆 lou$^{31}$kʰi$^{55}$pʰɔ$^{213}$ 姘妇

情妇女 tsʰeŋ$^{213}$fu$^{55}$ni$^{31}$

野仔 ze$^{31}$tsɐi$^{31}$ 私生子

坐栏佬 tsɔ$^{55}$lan$^{33}$lou$^{31}$ 囚犯

孤寒鬼 ku$^{33}$han$^{31}$kuɐi$^{31}$ 吝啬鬼

败家仔 pai$^{55}$ka$^{33}$tsɐi$^{31}$

赌博鬼 tu$^{31}$pɔk$^{214}$kuɐi$^{31}$ 赌鬼

乞吃婆 hɐt$^{5}$kʰiɐt$^{5}$pʰɔ$^{213}$ 成年女乞丐

乞吃仔 hɐt$^{5}$kʰiɐt$^{5}$tsɐi$^{31}$ 年轻男乞丐

乞吃妹 hɐt$^{5}$kʰiɐt$^{5}$mɐi$^{55}$ 年轻女乞丐

走江湖佬 tsɐu$^{31}$kaŋ$^{33}$fu$^{213}$lou$^{31}$ 走江湖的人

扛棍佬 kaŋ$^{33}$kuɐn$^{55}$lou$^{31}$ 骗子

恶霸 ɔk$^{214}$pa$^{55}$

老大 lou$^{31}$ta$^{55}$ 黑社会头子

夜摸 zɛ$^{55}$mɔ$^{33}$ 夜里入室偷窃的贼

土匪 tʰu$^{31}$fɐi$^{31}$

大贼 ta$^{55}$tsʰɐk$^{5}$ 强盗

仇人 sɐu$^{213}$zɐn$^{213}$

恩人 zɐn$^{33}$zɐn$^{213}$

有钱佬 zau$^{31}$tsʰen$^{213}$lou$^{31}$ 富人

有钱人 zau$^{31}$tsʰen$^{213}$zɐn$^{213}$

穷鬼 kʰoŋ$^{213}$kuɐi$^{31}$ 穷人

穷人 kʰoŋ$^{213}$zɐn$^{213}$

马仔 ma$^{31}$tsɐi$^{31}$ 手下人

跟班 kiɐn$^{33}$pan$^{33}$

有用鬼 mou$^{31}$zoŋ$^{55}$kuɐi$^{31}$ 废物

丑命人 tsʰɐu$^{31}$meŋ$^{55}$zɐn$^{213}$ 苦命人

贱骨头 tsen$^{55}$kuɐt$^{5}$tʰɐu$^{213}$ 不识抬举的人

吃斋佬 kʰiɐt$^{5}$tsai$^{33}$lou$^{31}$ 吃斋的人

工人 koŋ$^{33}$zɐn$^{213}$

做工佬 tsu$^{55}$koŋ$^{33}$lou$^{31}$ 雇工

打工仔 ta$^{31}$koŋ$^{33}$tsɐi$^{31}$

长工 tsʰiaŋ$^{213}$koŋ$^{33}$

日工 zɐt$^{5}$koŋ$^{33}$ 短工

散工 ɬan$^{31}$koŋ$^{33}$ 零工

老板 lou$^{31}$pan$^{31}$ 业主

老板婆 lou$^{31}$pan$^{31}$pʰɔ$^{213}$ 老板娘

屋主 ok$^{5}$tsi$^{31}$ 房东

学徒 hɔk$^{214}$tʰu$^{213}$

客仔 hɐk$^{5}$tsɐi$^{31}$ 顾客

摆摊佬 pai$^{31}$tʰan$^{33}$lou$^{31}$ 摊贩

小贩 ɬeu$^{31}$fan$^{55}$

先生 ɬen$^{33}$ɬɐŋ$^{33}$ ①教书先生；②中医师；③风水师等从事迷信活动的人

医生 zi$^{33}$ɬɐŋ$^{33}$

赤脚医生 tsʰek$^{5}$kiak$^{214}$zi$^{33}$ɬɐŋ$^{33}$

老师 lou$^{31}$si$^{33}$ 新式称呼

学生仔 hɔk$^{214}$ɬɐŋ$^{33}$tsɐi$^{31}$ 学生

同学 tʰoŋ$^{213}$hɔk$^{214}$

兵仔 peŋ$^{33}$tsɐi$^{31}$ 士兵

当兵 taŋ$^{33}$peŋ$^{33}$ 参加

警察 keŋ$^{31}$tsʰat$^{214}$

箍桶佬 kʰu$^{33}$tʰoŋ$^{31}$lou$^{31}$ 桶匠

工仔 koŋ$^{33}$tsɐi$^{31}$ 小工；副工

包公头 pau$^{33}$koŋ$^{33}$tʰɐu$^{213}$

打锡佬 ta$^{31}$ɬek$^{5}$lou$^{31}$ 锡匠

打铜佬 ta$^{31}$tʰoŋ$^{213}$lou$^{31}$ 铜匠

打银佬 ta$^{31}$ŋɐn$^{213}$lou$^{31}$ 银匠

打铁佬 ta$^{31}$tʰet$^{214}$lou$^{31}$ 铁匠

补镬佬 pu$^{31}$wɔk$^{214}$lou$^{31}$ 补锅的人

担盐佬 tam$^{33}$zem$^{213}$lou$^{31}$ 挑盐走卖的人

刣猪佬 tʰaŋ$^{33}$tsi$^{33}$lou$^{31}$ 屠户

搬运佬 pɔn$^{33}$wɐn$^{55}$lou$^{31}$ 搬运工

打担脚佬 ta$^{31}$tam$^{33}$kiak$^{214}$lou$^{31}$ 脚夫；挑夫

扛轿佬 kaŋ$^{33}$keu$^{55}$lou$^{31}$ 轿夫

开车佬 hai$^{33}$tsʰe$^{33}$lou$^{31}$ 司机

驶车佬 si$^{31}$tsʰe$^{33}$lou$^{31}$

撑船佬 tsʰɐŋ$^{33}$sen$^{213}$lou$^{31}$ 艄公

筲箕冧佬 sau$^{33}$ki$^{33}$tok$^{5}$lou$^{31}$ 筲箕冧村人

中间人 toŋ$^{33}$kan$^{33}$zɐn$^{213}$

牛中 ŋɐu$^{213}$tsoŋ$^{33}$ 买卖牛的中介

*牛牙郎 ŋɐu$^{213}$ŋa$^{213}$laŋ$^{213}$

猪牙郎 tsi$^{33}$ŋa$^{213}$laŋ$^{213}$ 买卖猪的中介人

捉鱼佬 tsɔk$^{214}$zi$^{213}$lou$^{31}$ 渔民

疍家佬 tan$^{55}$ka$^{33}$lou$^{31}$ 生活在船上的人

疍家婆 tan$^{55}$ka$^{33}$pʰɔ$^{213}$ 生活在船上的女人

疍家妹 tan$^{55}$ka$^{33}$mɐi$^{55}$ 生活在船上的女孩

疍家仔 tan$^{55}$ka$^{33}$tsɐi$^{31}$ 生活在船上的男孩

管家 kɔn$^{31}$ka$^{33}$

大叔 ta$^{55}$sok$^{5}$ 做大事时请的临时管家

奶婆 nen$^{33}$pʰɔ$^{213}$ 奶妈

奶母 nai$^{31}$mu$^{31}$

保姆 pou$^{31}$mu$^{31}$

妹仔 mɐi$^{55}$tsɐi$^{31}$ ①女儿；②旧时的丫鬟；③旧时的童养媳

仆人 p$^{h}$ok$^{5}$zɐn$^{213}$

捡仔婆 kem$^{31}$tsɐi$^{31}$p$^{h}$ɔ$^{213}$ 接生婆

看地佬 k$^{h}$an$^{55}$ti$^{55}$lou$^{31}$ 风水先生

风水先生 foŋ$^{33}$sɔi$^{31}$ɬen$^{33}$ɬɐŋ$^{33}$

算命佬 ɬen$^{55}$meŋ$^{55}$lou$^{31}$ 算命先生

看相佬 k$^{h}$an$^{55}$ɬiaŋ$^{55}$lou$^{31}$ 看相的

问花婆 wɐn$^{55}$fa$^{33}$p$^{h}$ɔ$^{213}$ 巫婆

下花婆 ha$^{55}$fa$^{33}$p$^{h}$ɔ$^{213}$

问花佬 wɐn$^{55}$fa$^{33}$lou$^{31}$ 男巫

哭姑 hok$^{5}$ku$^{33}$ 在葬礼上代人哭的妇女

*庙祝 meu$^{55}$tsok$^{5}$

送信佬 ɬoŋ$^{55}$ɬɐn$^{55}$lou$^{31}$ 邮差

搭客佬 tap$^{214}$hɐk$^{5}$lou$^{31}$ 开摩托载人营业者

卖狗皮膏药佬 mai$^{55}$kɐu$^{31}$p$^{h}$i$^{213}$kou$^{33}$ziak$^{214}$lou$^{31}$ 卖狗皮膏药的人

嫽马骝佬 leu$^{55}$ma$^{31}$lɐu$^{213}$lou$^{31}$ 耍猴的人

捡破烂佬 kem$^{31}$p$^{h}$ɔ$^{55}$lan$^{55}$lou$^{31}$ 捡破烂的男人

捡破烂婆 kem$^{31}$p$^{h}$ɔ$^{55}$lan$^{55}$p$^{h}$ɔ$^{213}$ 捡破烂的女人

守门狗 sɐu$^{31}$mɐn$^{213}$kɐu$^{31}$ 门卫的贬称

养猪佬 ziaŋ$^{31}$tsi$^{33}$lou$^{31}$ 饲养员

打猎佬 ta$^{31}$let$^{214}$lou$^{31}$ 猎人

做官佬 tsu$^{55}$kɔn$^{33}$lou$^{31}$ 官员

清官 ts$^{h}$eŋ$^{33}$kɔn$^{33}$

贪官 t$^{h}$am$^{33}$kɔn$^{33}$

新手仔 ɬɐn$^{33}$sɐu$^{31}$tsɐi$^{31}$ 新手

老师傅 lou$^{31}$ɬi$^{33}$fu$^{55}$ 老手

卖票佬 mai$^{55}$p$^{h}$eu$^{55}$lou$^{31}$ 售票员

人贩 zɐn$^{213}$fan$^{55}$ 人贩子

## 十 亲属

文辈 wɐn$^{213}$pɐi$^{55}$ 辈分

高文 kou$^{33}$wɐn$^{213}$ 长辈

前辈 ts$^{h}$en$^{213}$pɐi$^{55}$

太公 t$^{h}$ai$^{55}$koŋ$^{33}$ 曾祖父

太婆 t$^{h}$ai$^{55}$p$^{h}$ɔ$^{213}$ 曾祖母

姐公太 tse$^{31}$koŋ$^{33}$t$^{h}$ai$^{55}$ 曾外祖父

姐婆太 tse$^{31}$p$^{h}$ɔ$^{213}$t$^{h}$ai$^{55}$ 曾外祖母

舅公 kiau$^{55}$koŋ$^{33}$ 舅爷爷

妗婆 kiɐm$^{55}$p$^{h}$ɔ$^{213}$ 舅奶奶

姑婆公 ku$^{33}$p$^{h}$ɔ$^{213}$koŋ$^{33}$ 姑爷爷

姑婆 ku$^{33}$p$^{h}$ɔ$^{213}$ 姑奶奶

姨婆公 zi$^{213}$p$^{h}$ɔ$^{213}$koŋ$^{33}$ 姨爷爷

姨婆 zi$^{213}$p$^{h}$ɔ$^{213}$ 姨奶奶

像脸 tsiaŋ$^{55}$len$^{31}$ 长得像

排文辈 p$^{h}$ai$^{213}$wɐn$^{213}$pɐi$^{55}$ 排辈分

同文 t$^{h}$oŋ$^{213}$wɐn$^{213}$ 平辈

大婆 ta$^{55}$p$^{h}$ɔ$^{213}$ 大老婆

阿细 a$^{33}$ɬɐi$^{55}$ 小老婆

二奶 i$^{55}$nai$^{31}$ 现代说法

大伯 ta$^{55}$pɐk$^{5}$ 大伯子

大伯母 ta$^{55}$pɐk$^{5}$mu$^{31}$

细叔 ɬɐi$^{55}$sok$^{5}$ 小叔子

细婶 ɬɐi$^{55}$sɐm$^{31}$ 小叔子之妻

大娘姐 ta$^{55}$niaŋ$^{213}$tse$^{31}$ 大姑子

细姑 ɬɐi$^{55}$ku$^{33}$ 小姑子

细姑爷 ɬɐi$^{55}$ku$^{33}$ze$^{213}$ 小姑子之夫

大舅佬 ta$^{55}$kiau$^{55}$lou$^{31}$ 大舅子

舅仔 kiau$^{55}$tsɐi$^{31}$ 小舅子

细舅 ɬɐi$^{55}$kiau$^{55}$

阿姐 a$^{33}$tse$^{31}$ 大姨子

细姨ɬɐi$^{55}$zi$^{213}$小姨子

大哥ta$^{55}$kɔ$^{33}$ ①哥哥；②最大的哥哥

二哥ɨ$^{55}$kɔ$^{33}$

大嫂ta$^{55}$ɬou$^{31}$嫂子

大姐ta$^{55}$tse$^{31}$ ①姐姐；②最大的姐姐

大姐夫ta$^{55}$tse$^{31}$fu$^{33}$姐夫

叔伯大哥sok$^{5}$pɐk$^{5}$ta$^{55}$kɔ$^{33}$堂兄

　堂兄tʰaŋ$^{213}$heŋ$^{33}$

叔伯兄弟sok$^{5}$pɐk$^{5}$hoŋ$^{33}$ti$^{55}$堂弟

　堂弟tʰaŋ$^{213}$ti$^{55}$

叔伯姊妹sok$^{5}$pɐk$^{5}$tsi$^{31}$mɐi$^{55}$堂姊妹

叔伯大姐sok$^{5}$pɐk$^{5}$ta$^{55}$tse$^{31}$堂姐

叔伯小妹sok$^{5}$pɐk$^{5}$ɬeu$^{31}$mɐi$^{55}$堂妹

表哥peu$^{31}$kɔ$^{33}$表兄

表嫂peu$^{31}$ɬou$^{31}$

表弟peu$^{31}$ti$^{55}$

表姊妹peu$^{31}$tsi$^{31}$mɐi$^{55}$

表姐peu$^{31}$tse$^{31}$

表妹peu$^{31}$mɐi$^{55}$

低文ti$^{33}$wɐn$^{213}$晚辈

　晚辈wan$^{31}$pɐi$^{55}$

仔女tsɐi$^{31}$ni$^{31}$子女

仔孙tsɐi$^{31}$ɬɔn$^{33}$子孙

大仔ta$^{55}$tsɐi$^{31}$大儿子

第二仔ti$^{55}$ɨ$^{55}$tsɐi$^{31}$二儿子

细仔ɬɐi$^{55}$tsɐi$^{31}$小儿子

晚仔wan$^{31}$tsɐi$^{31}$最后生的儿子

　𥢆仔lai$^{33}$tsɐi$^{31}$

招驸马tseu$^{33}$fu$^{55}$ma$^{31}$新婚上门女婿

上门佬siaŋ$^{55}$mɐn$^{213}$lou$^{31}$女人丧夫后上门的丈夫

孙媳妇ɬɔn$^{33}$ɬek$^{5}$fu$^{55}$

孙女ɬɔn$^{33}$ni$^{31}$

孙郎ɬɔn$^{33}$laŋ$^{213}$孙女婿

息女ɬɐt$^{5}$ni$^{31}$重孙女

麦⁼mɐk$^{5}$玄孙

外孙女wai$^{55}$ɬuɐn$^{33}$ni$^{31}$

外甥嫂wai$^{55}$ɬeŋ$^{33}$ɬou$^{31}$外甥媳妇

外甥女wai$^{55}$ɬeŋ$^{33}$ni$^{31}$

外甥郎wai$^{55}$ɬeŋ$^{33}$laŋ$^{213}$外甥女婿

侄女tsɐt$^{5}$ni$^{31}$

外家孙仔ŋai$^{55}$ka$^{33}$ɬuɐn$^{33}$tsɐi$^{31}$内侄

外家孙女ŋai$^{55}$ka$^{33}$ɬuɐn$^{33}$ni$^{31}$内侄女

亲家tsʰɐn$^{33}$ka$^{33}$

亲家婆tsʰɐn$^{33}$ka$^{33}$pʰɔ$^{213}$亲家母

亲家公tsʰɐn$^{33}$ka$^{33}$koŋ$^{33}$

捡来养的kem$^{31}$lai$^{213}$ziaŋ$^{31}$ti$^{33}$养子

乞仔hɐt$^{5}$tsɐi$^{31}$

过房仔kɔ$^{55}$faŋ$^{213}$tsɐi$^{31}$过继来的儿子

冇孝仔mou$^{31}$hiau$^{55}$tsɐi$^{31}$逆子

过房老子kɔ$^{55}$faŋ$^{213}$lou$^{31}$tsi$^{213}$养父

外家ŋai$^{55}$kia$^{33}$娘家，媳妇家

男家nam$^{213}$kia$^{33}$

女家ni$^{31}$kia$^{33}$

结拜ket$^{214}$pai$^{55}$

结拜兄弟ket$^{214}$pai$^{55}$hoŋ$^{33}$ti$^{55}$

相认爸ɬiaŋ$^{33}$zɐn$^{55}$pa$^{33}$干爸

相认奶ɬiaŋ$^{33}$zɐn$^{55}$nai$^{31}$干妈

相认仔ɬiaŋ$^{33}$zɐn$^{55}$tsɐi$^{31}$干儿子

相认女ɬiaŋ$^{33}$zɐn$^{55}$ni$^{31}$干女儿

姓ɬeŋ$^{55}$

号名hou$^{55}$meŋ$^{213}$取名

## 十一　身体

身体sɐn$^{33}$tʰi$^{31}$

身材 sɐn$^{33}$tsʰai$^{213}$

脑 nou$^{31}$

头壳顶 tʰɐu$^{213}$hɔk$^{214}$teŋ$^{31}$ 头顶

光头 kuaŋ$^{33}$tʰɐu$^{213}$ 秃头

光顶 kuaŋ$^{33}$teŋ$^{31}$ 秃顶

□头 ŋɐm$^{33}$tʰɐu$^{213}$ 额头向前凸

后枕 hɐu$^{55}$tsɐm$^{31}$ 后脑勺

□吃窝 nɐm$^{213}$kʰiɐt$^{5}$wɔ$^{33}$ 后脑窝

　净吃窟 tseŋ$^{55}$kʰiɐt$^{5}$fɐt$^{5}$

　后枕窟 hɐu$^{55}$tsɐm$^{31}$fɐt$^{5}$

脱头毛 tʰet$^{214}$tʰɐu$^{213}$mou$^{33}$ 掉头发

鬓仔 piɐn$^{33}$tsɐi$^{31}$ 鬓角

□ tsɐŋ$^{33}$ 髻

　髻 ki$^{55}$

毛罩 mou$^{33}$tsau$^{55}$ 刘海儿

罂煲公 ɐm$^{33}$(m<ŋ)pou$^{33}$koŋ$^{33}$ 小孩后脑勺留的一撮头发

白皮 pɐk$^{5}$pʰi$^{213}$ 头屑

脉门 mɐk$^{5}$mɐn$^{213}$ 囟门；把脉；穴位

太阳窟 tʰai$^{55}$ziaŋ$^{213}$fɐt$^{5}$ 太阳穴

下脸 ha$^{55}$len$^{31}$ 脸蛋儿

瓜米脸 kua$^{33}$mi$^{31}$len$^{31}$ 瓜子脸

四方脸 ɬi$^{55}$faŋ$^{33}$len$^{31}$ 国字脸

马脸 ma$^{31}$len$^{31}$ 长脸

圆脸 zen$^{213}$len$^{31}$

脸墩骨 len$^{31}$tɐn$^{33}$kuɐt$^{5}$ 颧骨

烧酒窟 seu$^{33}$tsɐu$^{31}$fɐt$^{5}$ 酒窝

人中 zɐn$^{213}$tsoŋ$^{33}$

牙交骨 ŋa$^{213}$kau$^{33}$kuɐt$^{5}$ 腮帮子

深眼 sɐm$^{33}$ŋan$^{31}$ 眼睛凹陷

矇眼 moŋ$^{33}$ŋan$^{31}$ 眼睛小

眼窟 ŋan$^{31}$kʰuɐt$^{5}$（孔读）眼眶

　眼眶 ŋan$^{31}$kʰuɐŋ$^{33}$

白仁 pɐk$^{5}$ŋɐn$^{33}$ 白眼珠儿

黑仁 hɐk$^{5}$ŋɐn$^{33}$ 黑眼珠儿

公仔头 koŋ$^{33}$tsɐi$^{31}$tʰɐu$^{213}$ 瞳仁儿

眼尾 ŋan$^{31}$wɐi$^{31}$ 眼角儿（靠耳）

眼头 ŋan$^{31}$tʰɐu$^{213}$ 大眼角（靠鼻）

眼屎 ŋan$^{31}$si$^{31}$

眼皮 ŋan$^{31}$pʰi$^{213}$

单眼皮 tan$^{33}$ŋan$^{31}$pʰi$^{213}$

双眼皮 sɔŋ$^{33}$ŋan$^{31}$pʰi$^{213}$

眼泡 ŋan$^{31}$pʰau$^{55}$

眼毛 ŋan$^{31}$mou$^{33}$ 睫毛

皱纹 ȵiau$^{55}$wɐn$^{213}$

眼利 ŋan$^{31}$li$^{55}$ 眼尖（视力好）

眼花 ŋan$^{31}$fa$^{33}$ 视觉模糊

漏鼻水 lɐu$^{55}$pi$^{55}$sɔi$^{31}$ 流清水鼻涕

漏鼻 lɐu$^{55}$pi$^{55}$ 流鼻涕

　漏鼻□ lɐu$^{55}$pi$^{55}$ɔ$^{33}$ ①脓鼻涕；②流脓鼻涕

欶鼻 ɬɔk$^{214}$pi$^{55}$ 吸鼻涕

鼻屎 pi$^{55}$si$^{31}$ 干鼻涕

鼻毛 pi$^{55}$mou$^{33}$

鼻尖 pi$^{55}$tsem$^{33}$ 鼻子尖儿

鼻梁迳 pi$^{55}$liaŋ$^{213}$kɐŋ$^{55}$ 鼻梁儿

鼻高 pi$^{55}$kou$^{33}$ 高鼻子

□鼻 pa$^{33}$pi$^{55}$ 塌鼻子

大鼻公 ta$^{55}$pi$^{55}$koŋ$^{33}$ 大蒜鼻子

钩鼻 ŋɐu$^{33}$pi$^{55}$

红鼻 hoŋ$^{213}$pi$^{55}$ 酒糟鼻子

鼻公窿 pi$^{55}$koŋ$^{33}$loŋ$^{33}$ 鼻孔

鼻利 pi$^{55}$li$^{55}$ 鼻子灵（嗅觉好）

鼻冇利 pi$^{55}$mou$^{31}$li$^{55}$ 鼻子不灵

挖鼻 wat$^{214}$pi$^{55}$ 抠鼻子

漏口水 lɐu55hɐu31sɔi31 流口水
喷口水 phɐn55hɐu31sɔi31 吐口水
舌头尖 set214thɐu213tsem33 舌尖
□舌头 lia31set214thɐu213 伸舌头
舌头□ set214thɐu213mɔn55 舌苔
奶牙 nen33ŋa213 乳牙
当门牙 taŋ33mɐn213ŋa213 门牙
大牙 ta55ŋa213 槽牙
　牙母 ŋa213mu31
狗牙 kɐu31ŋa213 犬牙
飘牙 pheu33ŋa213 向外突的牙
板牙 pan31ŋa213 大门牙
缺牙 khet214ŋa213 缺牙齿
牙裂 ŋa213le55 牙缝
牙屎 ŋa213si31 牙垢
牙肉 ŋa213zok5 牙龈
虫吃牙 tshoŋ213khiɐt5ŋa213 虫牙
换牙 wɔn55ŋa213
搵牙 mɐŋ33ŋa213 拔牙
镶牙 ɬiaŋ33ŋa213
金牙 kiɐm33ŋa213
耳窿 ɨ31loŋ33 耳朵眼儿
耳屎 ɨ31si31
耳□ ɨ31tɐm55 耳垂
　耳砣 ɨ31thɔ213
装风耳 tsɔŋ33foŋ33ɨ31 招风耳
大耳□ ta55ɨ31tɐm55 大耳垂
耳背 ɨ31pɐi55 听力不好
耳利 ɨ31li55 听力好
喉榄 hɐu213lam31 喉结
　榄核 lam31wɐt5
牛盼⁼□须 ŋɐu213phan55an31ɬu33 络腮胡子
下颚须 ha55ŋɔk214ɬu33 下巴须
上颚须 siaŋ55ŋɔk214ɬu33 上唇胡须
八字须 pat214tsi55ɬu33 八字胡
羊咩须 ziaŋ213me33ɬu33 山羊胡子
肩头骨 kan33thɐu213kuɐt5 肩胛骨
鸡仔 ki33tsɐi31 臂肌
手□曲 sɐu31au33khok5 胳膊肘
　手睁突 sɐu31tsɐŋ33thok5
　手托 sɐu31thɔk214
旮旯 ka31lɔ55 胳肢窝；树枝丫间
□旮旯 tset5ka31lɔ55 挠胳肢窝
手颈 sɐu31keŋ31 手腕
手指节 sɐu31tsi31tset214 指头关节
手指裂 sɐu31tsi31le55 手指缝儿
手趼 sɐu31kan31 手茧子
起趼 hi31kan31 形成茧子
手甲仁 sɐu31kap214ŋɐn33 指甲心儿
手指尾 sɐu31tsi31wɐi31 手指头肚儿
捻拳头 nen31khen213thɐu213 握拳
手巴掌 sɐu31pa33tsiaŋ31 手掌
　手掌 sɐu33tsiaŋ31
手巴掌心 sɐu31pa33tsiaŋ31ɬiɐm33 手心
巴掌背 pa33tsiaŋ31pɐi55 手背
　手背 sɐu31pɐi55
虎口 fu31hɐu31 拇指与食指之间
*大髀 ta55pi31
下□脚 ha55mɐŋ55kiak214 小腿
大髀裂 ta55pi31le55 大腿根儿
脚筒骨 kiak214thoŋ213kuɐt5 小腿；胫骨
脚□仔 kiak214tɐm55tsɐi31 腿肚子
□□骨 pɐi33kau55kuɐt5 膝盖骨
脚趾 kiak214tsi31

脚趾公头 kiak$^{214}$tsi$^{31}$koŋ$^{33}$t$^{h}$ɐu$^{213}$ 脚拇趾

脚公头 kiak$^{214}$koŋ$^{33}$t$^{h}$ɐu$^{213}$

脚趾仔 kiak$^{214}$tsi$^{31}$tsɐi$^{31}$ 除脚拇趾外的其他脚趾

脚甲 kiak$^{214}$kap$^{214}$ 脚趾甲

脚静头 kiak$^{214}$tsɐŋ$^{33}$t$^{h}$ɐu$^{213}$ 脚后跟

脚眼 kiak$^{214}$ŋan$^{31}$ 脚踝

脚盘面 kiak$^{214}$p$^{h}$ɔn$^{213}$men$^{55}$ 脚背

脚背 kiak$^{214}$pɐi$^{55}$

脚板 kiak$^{214}$pan$^{31}$ 脚掌

脚板心 kiak$^{214}$pan$^{31}$ɬiɐm$^{33}$ 脚心

鸭母蹄 ap$^{214}$mu$^{31}$t$^{h}$i$^{213}$ 平脚板

鸭母脚 ap$^{214}$mu$^{31}$kiak$^{214}$

脚尖 kiak$^{214}$tsem$^{33}$ 脚掌前部

脚腕 kiak$^{214}$wɔn$^{31}$

打白脚 ta$^{31}$pɐk$^{5}$kiak$^{214}$ 打赤脚

打净脚板 ta$^{31}$tseŋ$^{55}$kiak$^{214}$pan$^{31}$

脚印 kiak$^{214}$zɐn$^{55}$

脚步 kiak$^{214}$pu$^{55}$

屎窟臀 si$^{31}$fɐt$^{5}$t$^{h}$ɐn$^{213}$ 屁股蛋儿

屎窟花 si$^{31}$fɐt$^{5}$fa$^{33}$ 屁股

屎窟裂 si$^{31}$fɐt$^{5}$le$^{55}$ 屁股沟儿

蛤□尾 kɐp$^{5}$noŋ$^{33}$wɐi$^{31}$ 尾骨

光屎窟 kuaŋ$^{33}$si$^{31}$fɐt$^{5}$ 光屁股

裤裆底 fu$^{55}$naŋ$^{55}$ti$^{31}$ 胯下

鸠仔 kɐu$^{33}$tsɐi$^{31}$ 男阴

屇窿 hɐi$^{33}$loŋ$^{33}$ 阴道

＊鸟 teu$^{31}$

胸头 hoŋ$^{33}$t$^{h}$ɐu$^{213}$ 胸脯

胸口 hoŋ$^{33}$hɐu$^{31}$ 心口儿

褪净衫 t$^{h}$ɐn$^{55}$tseŋ$^{55}$sam$^{33}$ 打赤膊

□□骨 zem$^{213}$ɬɐp$^{5}$kuɐt$^{5}$ 肋骨

奶头 nen$^{33}$t$^{h}$ɐu$^{213}$ 乳头

奶房 nen$^{33}$p$^{h}$aŋ$^{213}$ 乳房

奶汁 nen$^{33}$tsɐp$^{5}$ 奶水

肚仔 tu$^{55}$tsɐi$^{31}$ 小肚子

小肚 ɬeu$^{31}$tu$^{55}$

腰骨 zeu$^{33}$kuɐt$^{5}$ 腰

腰 zeu$^{33}$

背脊骨 pɐi$^{55}$tsek$^{5}$kuɐt$^{5}$ 脊梁骨

胛扇骨 kap$^{214}$sen$^{55}$kuɐt$^{5}$ 扇骨

手指脶 sɐu$^{31}$tsi$^{31}$le$^{213}$ 指纹

脶 le$^{213}$

斗 tɐu$^{31}$ 封闭性脶，像斗形

粪箕脶 fɐn$^{55}$ki$^{33}$le$^{213}$ 非封闭脶，像箕形

箕 ki$^{33}$

汗毛 han$^{55}$mou$^{33}$

毛眼 mou$^{33}$ŋan$^{31}$ 汗毛眼儿

骨油 kuɐt$^{5}$zau$^{213}$ 骨髓

筋 kiɐn$^{33}$

血 het$^{214}$

血筋 het$^{214}$kiɐn$^{33}$ 血管

内脏 nɔi$^{55}$tsɔŋ$^{55}$ 五脏

肠 ts$^{h}$iaŋ$^{213}$

大肠 ta$^{55}$ts$^{h}$iaŋ$^{213}$

肠仔 ts$^{h}$iaŋ$^{213}$tsɐi$^{31}$ 小肠

盲肠 mɐŋ$^{213}$ts$^{h}$iaŋ$^{213}$

肺 fɐi$^{55}$

肝 kan$^{33}$

心 ɬiɐm$^{33}$

肾 sɐn$^{55}$

屁 p$^{h}$i$^{55}$

响屁 hiaŋ$^{31}$p$^{h}$i$^{55}$

□屁 niɐp$^{5}$p$^{h}$i$^{55}$ 不响的屁

## 十二　疾病医疗

医院 zi$^{33}$zen$^{55}$

留医 lɐu$^{213}$zi$^{33}$ 住院

起病 hi$^{31}$peŋ$^{55}$ 发病；生病

细病 ɬɐi$^{55}$peŋ$^{55}$ 小病

　轻病 heŋ$^{33}$peŋ$^{55}$

大病 ta$^{55}$peŋ$^{55}$ 重病

病好重 peŋ$^{55}$hou$^{31}$tsoŋ$^{55}$ 病重

病好诶 peŋ$^{55}$hou$^{31}$e$^{33}$ 病好了

病根 peŋ$^{55}$kiɐn$^{33}$

翻病 fan$^{33}$peŋ$^{55}$ 病复发

叫医生 eu$^{55}$zi$^{33}$ɬɐŋ$^{33}$ 请医生

药 ziak$^{214}$ 统称

头轮药 tʰɐu$^{213}$lɐn$^{213}$ziak$^{214}$ 头道药

中药 tsoŋ$^{33}$ziak$^{214}$

草药 tsʰou$^{31}$ziak$^{214}$

药丸 ziak$^{214}$zen$^{213}$ ①跌打丸；②西药

西药 ɬi$^{33}$ziak$^{214}$

毒药 tok$^{5}$ziak$^{214}$

补药 pu$^{31}$ziak$^{214}$

开药单 hai$^{33}$ziak$^{214}$tan$^{33}$ 开药方子

密方 mɐt$^{5}$faŋ$^{33}$ 偏方儿

　秘方 pi$^{55}$faŋ$^{33}$

捡药 kem$^{31}$ziak$^{214}$ 抓中药

买药丸 mai$^{31}$ziak$^{214}$zen$^{213}$ 买西药

药材铺 ziak$^{214}$tsʰai$^{213}$pʰu$^{55}$ 药房

药店 ziak$^{214}$tem$^{55}$ 西药房

煲药 pou$^{33}$ziak$^{214}$ 煎药

泌药 pi$^{55}$ziak$^{214}$ 过滤药

药膏 ziak$^{214}$kou$^{33}$ 西药药膏

膏药 kou$^{33}$ziak$^{214}$ 中药药膏

牛皮膏药 ŋɐu$^{213}$pʰi$^{213}$kou$^{33}$ziak$^{214}$ 狗皮膏药

药粉 ziak$^{214}$fɐn$^{31}$ 药面儿

药水 ziak$^{214}$sɔi$^{31}$

糖胶 tʰaŋ$^{213}$kau$^{33}$ 糖浆

喝药 hap$^{214}$ziak$^{214}$ 吃汤药

罯药 ɐp$^{5}$ziak$^{214}$ 上药；敷药

搽药膏 tsʰa$^{213}$ziak$^{214}$kou$^{33}$

黏膏药 nem$^{213}$kou$^{33}$ziak$^{214}$ 贴膏药

擘膏药 mek$^{5}$kou$^{33}$ziak$^{214}$ 揭去膏药

红汞水 hoŋ$^{213}$kaŋ$^{55}$sɔi$^{31}$ 红药水

蓝汞水 lam$^{213}$kaŋ$^{55}$sɔi$^{31}$ 紫药水

万筋油 wan$^{55}$kiɐn$^{33}$zau$^{213}$ 万金油

十滴水 sɐp$^{5}$tek$^{5}$sɔi$^{31}$ 中成药，祛暑剂

人丹 zɐn$^{213}$tan$^{33}$ 中成药名

跌打丸 tet$^{214}$ta$^{31}$zen$^{213}$ 中成药，治创伤

活络油 wɔt$^{214}$lɔk$^{214}$zau$^{213}$

有效 zau$^{31}$hiau$^{55}$ 药见效

纱布 sa$^{33}$pu$^{55}$

胶布 kau$^{33}$pu$^{55}$

针筒 tsɐm$^{33}$tʰoŋ$^{213}$

针头 tsɐm$^{33}$tʰɐu$^{213}$

针水 tsɐm$^{33}$sɔi$^{31}$ 注射液

打屎窟针 ta$^{31}$si$^{31}$fɐt$^{5}$tsɐm$^{33}$ 臀部肌肉注射

联针 len$^{213}$tsɐm$^{33}$ 缝针

揭倒簕 tok$^{5}$tou$^{31}$lɐk$^{5}$ 扎到刺

挑簕 tʰeu$^{33}$lɐk$^{5}$ 挑刺

祛风 kʰi$^{55}$foŋ$^{33}$ 疏散风邪，中医术语

汗 han$^{55}$

漏汗 lɐu$^{55}$han$^{55}$ 出汗

漏冷汗 lɐu$^{55}$lɐŋ$^{31}$han$^{55}$ 盗汗

发汗 fat$^{214}$han$^{55}$ 使出汗

祛湿 kʰi$^{55}$sɐp$^{5}$

祛火 k$^{h}$i$^{55}$fɔ$^{31}$

祛毒 k$^{h}$i$^{55}$tok$^{5}$

烧艾火 seu$^{33}$ŋai$^{33}$fɔ$^{31}$ 艾灸，一种用艾草熏烧患处或穴位的医疗方法

抢救 ts$^{h}$iaŋ$^{31}$kiau$^{55}$

救命 kiau$^{55}$meŋ$^{55}$

吃肥 k$^{h}$iat$^{5}$fɐi$^{213}$ 长胖

生肉 ɬɐŋ$^{33}$zok$^{5}$

瘦诶 sɐu$^{55}$e$^{33}$ 消瘦

麻痹 ma$^{213}$pi$^{55}$

抽筋 ts$^{h}$ɐu$^{33}$kiɐn$^{33}$

过人 kɔ$^{55}$zɐn$^{213}$ 传染

研船 ŋan$^{31}$sen$^{213}$

药蛊 ziak$^{214}$tsoŋ$^{33}$ 擂钵

感冒 kam$^{31}$mou$^{55}$

伤风 siaŋ$^{33}$foŋ$^{33}$

头晕 t$^{h}$ɐu$^{213}$wɐn$^{213}$

头痛 t$^{h}$ɐu$^{213}$t$^{h}$oŋ$^{55}$

鼻塞 pi$^{55}$ɬɐt$^{5}$ 齉鼻儿

揺瘕 mɐŋ$^{33}$ha$^{33}$ 哮喘。瘕，《集韵》“喉病”

气顶 hi$^{55}$teŋ$^{31}$ 气喘；气不顺

痰 t$^{h}$am$^{213}$

痰结 t$^{h}$am$^{213}$ket$^{214}$ 脓痰

痰淡 t$^{h}$am$^{213}$tam$^{55}$

唾痰 t$^{h}$e$^{55}$t$^{h}$am$^{213}$ 吐痰

呕血 ɐu$^{31}$het$^{214}$ 吐血

打□ ta$^{31}$iɔk$^{5}$ ①打嗝；②干哕

脸白□ len$^{31}$pɐk$^{5}$pi$^{55}$ 脸色苍白

打口反 ta$^{31}$hɐu$^{31}$fan$^{31}$ 恶心

爱呕 ai$^{55}$ɐu$^{31}$

假火升 ka$^{31}$fɔ$^{31}$ɬeŋ$^{33}$ 上火

烘倒 hoŋ$^{55}$tou$^{31}$ 发热

发热 fat$^{214}$zet$^{214}$

发肚胀 fat$^{214}$tu$^{55}$tsiaŋ$^{55}$ 肚子胀

□肚 nai$^{213}$tu$^{55}$ 积滞，不消化

消化 ɬeu$^{33}$fa$^{55}$ 消食

屙痢 ɔ$^{33}$li$^{55}$ ①拉痢疾；②痢疾

胸头痛 hoŋ$^{33}$t$^{h}$ɐu$^{213}$t$^{h}$oŋ$^{55}$ 胸口疼

胸焗气 hoŋ$^{33}$kok$^{5}$hi$^{55}$ 胸闷

晕 wɐn$^{213}$ 晕；昏迷

晕车 wɐn$^{213}$ts$^{h}$e$^{33}$

晕船 wɐn$^{213}$sen$^{213}$

□阿身 k$^{h}$au$^{213}$a$^{33}$sɐn$^{33}$ 刮痧

瘟神 wɐn$^{33}$seŋ$^{213}$

*做霍乱 tsu$^{55}$k$^{h}$ɔk$^{214}$len$^{55}$

发人头瘟 fat$^{214}$zɐn$^{213}$t$^{h}$ɐu$^{213}$wɐn$^{33}$ 发瘟

发鸡瘟 fat$^{214}$ki$^{33}$wɐn$^{33}$ 鸡发瘟

发瘟鸡 fat$^{214}$wɐn$^{33}$ki$^{33}$

发牛瘟 fat$^{214}$ŋɐu$^{213}$wɐn$^{33}$ 牛发瘟

发老鼠瘟 fat$^{214}$lou$^{31}$si$^{31}$wɐn$^{33}$ 鼠疫

大春泡 ta$^{55}$ts$^{h}$ɐn$^{33}$p$^{h}$au$^{33}$ 疝气

吐肠头 t$^{h}$u$^{31}$ts$^{h}$iaŋ$^{213}$t$^{h}$ɐu$^{213}$ 肛门或子宫脱垂

出麻仔 ts$^{h}$ɐt$^{5}$ma$^{213}$tsɐi$^{31}$ 出麻疹

出痘 ts$^{h}$ɐt$^{5}$tɐu$^{55}$ 出天花

出水痘 ts$^{h}$ɐt$^{5}$sɔi$^{31}$tɐu$^{55}$

栽牛痘 tsai$^{33}$ŋɐu$^{213}$tɐu$^{55}$ 种痘

种牛痘 tsoŋ$^{55}$ŋɐu$^{213}$tɐu$^{55}$

冷伤 lɐŋ$^{31}$siaŋ$^{33}$ 伤寒

黄疸病 waŋ$^{213}$tam$^{31}$peŋ$^{55}$

麻风 ma$^{213}$foŋ$^{33}$

肝炎 kan$^{33}$ȵiem$^{213}$

肺炎 fɐi$^{55}$ȵiem$^{213}$

胃病 wɐi$^{55}$peŋ$^{55}$

阑尾炎 lan$^{213}$wɐi$^{31}$ȵiem$^{213}$

发痨 fat$^{214}$lau$^{213}$ 痨病

疳积 kam$^{33}$tsek$^{5}$

百日咳 pɐk$^{5}$zɐt$^{5}$k$^{h}$ɐt$^{5}$

线虫 ɬen$^{55}$ts$^{h}$oŋ$^{213}$ 蛔虫

发炎 fat$^{214}$ȵiem$^{213}$

禽流感 k$^{h}$iɐm$^{213}$lɐu$^{213}$kam$^{31}$

艾滋病 ai$^{55}$tsi$^{33}$peŋ$^{55}$

伤倒 siaŋ$^{33}$tou$^{31}$ 受伤

扽伤 tɐn$^{55}$siaŋ$^{33}$ 跌伤足

跌倒 tɐp$^{5}$tou$^{31}$ 跌伤

　跌伤 tet$^{214}$siaŋ$^{33}$

碰倒 p$^{h}$oŋ$^{55}$tou$^{31}$ 撞伤

　碰伤 p$^{h}$oŋ$^{55}$siaŋ$^{33}$

踒倒脚 nɔ$^{31}$tou$^{213}$kiak$^{214}$ 扭伤脚

　踒伤 nɔ$^{31}$siaŋ$^{33}$

踒倒腰 nɔ$^{31}$tou$^{213}$zeu$^{33}$ 扭伤腰

□伤 nok$^{5}$siaŋ$^{33}$ 揉伤

断骨 ten$^{55}$kuɐt$^{5}$ 骨折

驳骨 pɔk$^{214}$kuɐt$^{5}$ 接骨

脱甲 $^{=}$t$^{h}$et$^{214}$kap$^{214}$ 脱臼

烫倒 t$^{h}$aŋ$^{33}$tou$^{31}$ 烫伤

烧倒 seu$^{33}$tou$^{31}$ 烧伤

打穿头壳 ta$^{31}$ts$^{h}$en$^{33}$t$^{h}$ɐu$^{213}$hɔk$^{214}$ 打破头

割倒手 kɔt$^{214}$tou$^{31}$sɐu$^{31}$ 割伤手

起鸡母皮 hi$^{31}$ki$^{33}$mu$^{31}$p$^{h}$i$^{213}$ 起鸡皮疙瘩

起泡 hi$^{31}$p$^{h}$au$^{55}$ ①出水泡；②水泡

生疮 ɬɐŋ$^{33}$ts$^{h}$ɔŋ$^{33}$ ①长肿瘤；②生疮疖

起卜 $^{=}$hi$^{31}$pok$^{5}$ ①包；②起包

硬头疖 ŋɐŋ$^{55}$t$^{h}$ɐu$^{213}$tset$^{214}$ 疖子

疮孭卜 $^{=}$ts$^{h}$ɔŋ$^{33}$me$^{33}$pok$^{5}$ 背上长的疖子

瘤 lɐu$^{213}$

粉瘤 fɐn$^{31}$lɐu$^{213}$ 良性瘤

血瘤 het$^{214}$lɐu$^{213}$ 恶性瘤

发烂脚 fat$^{214}$lan$^{55}$kiak$^{214}$ 脚气；烂脚

　香港脚 hiaŋ$^{33}$kaŋ$^{31}$kiak$^{214}$

鸡眼 ki$^{33}$ŋan$^{31}$ 手脚上的皮肤硬结

碰甩皮 p$^{h}$oŋ$^{55}$lɐt$^{5}$p$^{h}$i$^{213}$ 蹭破皮儿

擦甩皮 ts$^{h}$at$^{214}$lɐt$^{5}$p$^{h}$i$^{213}$

爆筋 pau$^{55}$kiɐn$^{33}$

擉倒骨口 tok$^{5}$tou$^{31}$kuɐt$^{5}$hɐu$^{31}$ 刺个口子

　擉窿 tok$^{5}$loŋ$^{33}$

漏血 lɐu$^{55}$het$^{214}$ 出血；流血

　出血 ts$^{h}$ɐt$^{5}$het$^{214}$

积血 kek$^{5}$het$^{214}$ 瘀血

发黄肿 fat$^{214}$waŋ$^{213}$tsoŋ$^{31}$ 水肿

　坏$^{=}$黄肿 fai$^{55}$waŋ$^{213}$tsoŋ$^{31}$

消肿 ɬeu$^{33}$tsoŋ$^{31}$

烂 lan$^{55}$ 溃疡

发脓 fat$^{214}$noŋ$^{213}$

漏脓 lɐu$^{55}$noŋ$^{213}$ 流脓；化脓

□痂 kɐŋ$^{33}$ka$^{33}$ 结痂

　结痂 ket$^{214}$ka$^{33}$

生猪头□ ɬɐŋ$^{33}$tsi$^{33}$t$^{h}$ɐu$^{213}$ŋɐŋ$^{213}$ 腮腺炎或得腮腺炎

疔疮 teŋ$^{33}$ts$^{h}$ɔŋ$^{33}$

生疔疮 ɬɐŋ$^{33}$teŋ$^{33}$ts$^{h}$ɔŋ$^{33}$ 长疔

痔疮 tsi$^{55}$ts$^{h}$ɔŋ$^{33}$

生癞 ɬɐŋ$^{33}$lai$^{55}$ 生疥疮

癞渣 $^{=}$lai$^{55}$tsa$^{33}$ 疥疮

咸癣 ham$^{213}$ɬen$^{31}$ 生癣

　生癣 ɬɐŋ$^{33}$ɬen$^{31}$

砧板蛆 tsɐm$^{33}$pan$^{31}$ts$^{h}$u$^{33}$ 手癣

手癣 sɐu$^{31}$ɬen$^{31}$

猪尿虫 tsi$^{33}$neu$^{55}$ts$^{h}$oŋ$^{213}$ 一种脚癣，一般过

七天就好

大粪虫 ta$^{55}$fɐn$^{55}$tsʰoŋ$^{213}$ 一种脚癣，肿痛，一般过十天会好

脚癣 kiak$^{214}$ɬen$^{31}$

对门癣 tɔi$^{55}$mɐn$^{213}$ɬen$^{31}$ 对称生的癣，会危及生命

牛皮癣 ŋɐu$^{213}$pʰi$^{213}$ɬen$^{31}$ 银屑癣

鸡屎□ ki$^{33}$si$^{31}$nɐk$^{5}$ 癞痢头

热痱仔 zet$^{214}$mi$^{55}$tsɐi$^{31}$ 痱子

白□ pɐk$^{5}$nat$^{214}$ 白癜风

蛄蝇屎 ku$^{33}$zeŋ$^{213}$si$^{31}$ 雀斑

米头疮 mi$^{31}$tʰɐu$^{213}$tsʰɔŋ$^{33}$ 粉刺

口臭 hɐu$^{31}$tsʰɐu$^{55}$

生双鹅 sɐŋ$^{33}$sɔŋ$^{33}$ŋɔ$^{213}$ 得双侧扁桃腺炎（生鹅口疮）

生单鹅 sɐŋ$^{33}$tan$^{33}$ŋɔ$^{213}$ 得单侧扁桃腺炎（生鹅口疮）

牙痛 ŋa$^{213}$tʰoŋ$^{55}$

□牙 ŋiɐt$^{5}$ŋa$^{213}$ 磨牙

鸭公声 ap$^{214}$koŋ$^{33}$seŋ$^{33}$ 公鸭嗓儿

近视眼 kiɐn$^{55}$si$^{55}$ŋan$^{31}$

老花眼 lou$^{31}$fa$^{33}$ŋan$^{31}$

发鸡盲 fat$^{214}$ki$^{33}$mɐŋ$^{213}$ 夜盲

发鸡□ fat$^{214}$ki$^{33}$la$^{213}$

打吊眼 ta$^{31}$teu$^{55}$ŋan$^{31}$ 斜视

突眼 tɐt$^{5}$ŋan$^{31}$ 眼睛暴突

肿眼泡 tsoŋ$^{31}$ŋan$^{31}$pʰau$^{55}$ 鼓眼泡儿

生赤眼 ɬɐŋ$^{33}$tsɐt$^{5}$ŋan$^{31}$ 畏光

生狗肩 ɬɐŋ$^{33}$kɐu$^{31}$hɐi$^{33}$ 得睑腺炎

生耳罂 ɬɐŋ$^{33}$ɨ$^{31}$ɐŋ$^{33}$ 生中耳炎

生耳堵 ɬɐŋ$^{33}$ɨ$^{31}$tu$^{31}$

耳响 ɨ$^{31}$hiaŋ$^{31}$ 耳鸣

耳聋 ɨ$^{31}$loŋ$^{213}$

鼻炎 pi$^{55}$n̥iem$^{213}$

漏鼻血 lɐu$^{55}$pi$^{55}$het$^{214}$ 流鼻血

发死 fat$^{214}$ɬi$^{31}$ 癫痫

大颔 ta$^{55}$am$^{33}$ 大脖子

黄蜂腰 waŋ$^{213}$foŋ$^{33}$zeu$^{33}$ 水蛇腰

蟾蜍仔 kʰɐm$^{213}$si$^{213}$tsɐi$^{31}$

花柳病 fa$^{33}$lɐu$^{31}$peŋ$^{55}$ 性病

梅毒 mɐi$^{213}$tok$^{5}$

佮阴风 kap$^{214}$zɐm$^{33}$foŋ$^{33}$ 一种性病

残废 tsʰan$^{213}$fɐi$^{55}$ 残疾

半边不遂 pɔn$^{55}$pen$^{33}$pɐt$^{5}$ɬɔi$^{55}$ 中风

风瘫 foŋ$^{33}$tʰan$^{33}$

中风 tsoŋ$^{55}$foŋ$^{33}$

翻瘫 fan$^{33}$tʰan$^{33}$ 瘫痪

八字脚 pat$^{214}$tsi$^{55}$kiak$^{214}$

饭捞脚 fan$^{55}$lau$^{33}$kiak$^{214}$ 内八字脚

哑佬□ a$^{31}$lou$^{31}$kiɐt$^{5}$ 结巴

生鸡胸 ɬɐŋ$^{33}$ki$^{33}$hoŋ$^{33}$ 鸡胸

跛手佬 pɐi$^{33}$sɐu$^{31}$lou$^{31}$ 手残疾

手捞 sɐu$^{31}$lau$^{33}$

艾火窟 ŋai$^{33}$fɔ$^{31}$fɐt$^{5}$ 麻子。像艾灸后留下的疤痕，故名

花面佬 fa$^{33}$men$^{55}$lou$^{31}$

崩口仔 pɐŋ$^{33}$hɐu$^{31}$tsɐi$^{31}$ 豁唇子

缺牙仔 kʰet$^{214}$ŋa$^{213}$tsɐi$^{31}$ 豁牙子

十一□ sɐp$^{5}$zɐt$^{5}$liau$^{33}$ 六指儿

左手佬 tsɔ$^{31}$sɐu$^{31}$lou$^{31}$ 左撇子

左手鬼 tsɔ$^{31}$sɐu$^{31}$kuɐi$^{31}$

独眼佬 tok$^{5}$ŋan$^{31}$lou$^{31}$ 只有一只眼儿的人

□口佬 tsʰai$^{31}$hɐu$^{31}$lou$^{31}$ 歪嘴的人

□头佬 tsʰai$^{31}$tʰɐu$^{213}$lou$^{31}$ 歪头的人

　侧头佬 tsɐk$^{5}$t$^{h}$ɐu$^{213}$lou$^{31}$

大舌头 ta$^{55}$set$^{214}$t$^{h}$ɐu$^{213}$

人参 zɐn$^{213}$ts$^{h}$am$^{33}$

三七 ɬam$^{33}$ts$^{h}$ɐt$^{5}$

山楂 san$^{33}$tsa$^{33}$

天麻 t$^{h}$en$^{33}$ma$^{213}$

党参 taŋ$^{31}$ts$^{h}$am$^{33}$

甘草 kam$^{33}$ts$^{h}$ou$^{31}$

生地 ɬɐŋ$^{33}$ti$^{55}$

当归 taŋ$^{33}$kuɐi$^{33}$

阿胶 ɔ$^{33}$kau$^{33}$

陈皮 ts$^{h}$ɐn$^{213}$p$^{h}$i$^{213}$

柴胡 ts$^{h}$ai$^{213}$fu$^{213}$

海马 hai$^{31}$ma$^{31}$

黄芪 waŋ$^{213}$k$^{h}$i$^{213}$

黄连 waŋ$^{213}$len$^{213}$

雄黄 hoŋ$^{213}$waŋ$^{213}$

薄荷 pɐk$^{5}$hɔ$^{213}$

麝香 se$^{55}$hiaŋ$^{33}$

玉竹 zok$^{5}$tsok$^{5}$

冬虫草 toŋ$^{33}$ts$^{h}$oŋ$^{213}$ts$^{h}$ou$^{31}$

鸡肫皮 ki$^{33}$kiɐn$^{55}$p$^{h}$i$^{213}$ 鸡内金

蒲公英 p$^{h}$u$^{213}$koŋ$^{33}$zeŋ$^{33}$

金银花 kiɐm$^{33}$ŋɐn$^{213}$fa$^{33}$

板兰根 pan$^{31}$lan$^{213}$kiɐn$^{33}$

五味子 wu$^{31}$mi$^{55}$tsi$^{31}$

巴戟 pa$^{33}$kek$^{5}$

砒霜 p$^{h}$i$^{33}$ɬaŋ$^{33}$

片烟 p$^{h}$en$^{55}$zen$^{33}$ 鸦片

## 十三　衣服穿戴

布 pu$^{55}$

土布 t$^{h}$u$^{31}$pu$^{55}$

棉布 men$^{213}$pu$^{55}$

黄麻布 waŋ$^{213}$ma$^{213}$pu$^{55}$

白麻布 pɐk$^{5}$ma$^{213}$pu$^{55}$

丝绸 ɬi$^{33}$ts$^{h}$ɐu$^{213}$

灯芯绒 tɐŋ$^{33}$ɬiɐm$^{33}$zoŋ$^{213}$

的确良 tek$^{5}$k$^{h}$ɔk$^{214}$liaŋ$^{213}$

剪布 tsen$^{31}$pu$^{55}$ 买布

布头 pu$^{55}$t$^{h}$ɐu$^{213}$ 剩下的布

染布 n̥iem$^{31}$pu$^{55}$

长衫 ts$^{h}$iaŋ$^{213}$sam$^{33}$ 长袍

西装 ɬi$^{33}$tsɔŋ$^{33}$

中山装 tsoŋ$^{33}$san$^{33}$tsɔŋ$^{33}$

旗袍 k$^{h}$i$^{213}$p$^{h}$ou$^{213}$

笠衫 lɐp$^{5}$sam$^{33}$ 汗衫

棉褛 men$^{213}$lou$^{33}$ 长棉袄；大衣

　大褛 ta$^{55}$lou$^{33}$

皮架仔 p$^{h}$i$^{213}$ka$^{55}$tsɐi$^{31}$ 皮衣

　皮衫 p$^{h}$i$^{213}$sam$^{33}$

衫 sam$^{33}$ 上衣

　上衫 siaŋ$^{55}$sam$^{33}$

面衫 men$^{55}$sam$^{33}$ 外衣

底衫 ti$^{31}$sam$^{33}$ 内衣

论⁼线 lɐn$^{55}$ɬen$^{55}$ 毛线

补衫衲 pu$^{31}$sam$^{33}$na$^{33}$ 补丁

　补衲 pu$^{31}$na$^{33}$

大襟衫 ta$^{55}$k$^{h}$iɐm$^{33}$sam$^{33}$ 大襟

开胸衫 hai$^{33}$hoŋ$^{33}$sam$^{33}$ 对襟

便衣衫 pen$^{55}$zi$^{33}$sam$^{33}$ 便服

军衣 kiɐn$^{33}$zi$^{33}$ 军装

警服 keŋ$^{31}$fok$^{5}$

工作服 koŋ$^{33}$tsɔk$^{214}$fok$^{5}$

寿衣 sɐu$^{55}$zi$^{33}$

油垢 zau$^{213}$kɐu$^{31}$ 污渍

风领 foŋ$^{33}$leŋ$^{31}$ 领子

领呔 leŋ$^{31}$tʰɐi$^{55}$ 领带

衫尾 sam$^{33}$wɐi$^{31}$ 下摆

长袖 tsʰiaŋ$^{213}$tsɐu$^{55}$

短袖 ten$^{31}$tsɐu$^{55}$

裙 kʰuɐn$^{213}$ 裙子

布里 pu$^{55}$li$^{31}$ 衬裙

兜头裤 tɐu$^{31}$tʰɐu$^{213}$fu$^{55}$ 掩腰裤

裤头带 fu$^{55}$tʰɐu$^{213}$tai$^{55}$ 腰带

皮带 pʰi$^{213}$tai$^{55}$

裤头□ fu$^{55}$tʰɐu$^{213}$lɔi$^{33}$ 裤衩儿

开裆裤 hai$^{33}$naŋ$^{55}$fu$^{55}$

密裆裤 mɐt$^{5}$naŋ$^{55}$fu$^{55}$ 连裆裤

袜连裤 mat$^{214}$len$^{55}$fu$^{55}$ 连袜裤

裤裆 fu$^{55}$naŋ$^{55}$

裤头 fu$^{55}$tʰɐu$^{213}$ 裤腰

衫纽扣 sam$^{33}$nɐu$^{31}$kʰɐu$^{55}$ 用布盘的纽扣

　衫纽 sam$^{33}$nɐu$^{31}$

□纽 pɐt$^{5}$nɐu$^{31}$ 按扣

纽窿 nɐu$^{31}$loŋ$^{33}$ 扣眼儿

扣纽 kʰɐu$^{55}$nɐu$^{31}$ 扣纽扣

拖链 tʰɔ$^{33}$len$^{55}$ 拉链

拖鞋 tʰɔ$^{33}$hai$^{213}$

皮鞋 pʰi$^{213}$hai$^{213}$

草鞋 tsʰou$^{31}$hai$^{213}$

解放鞋 kai$^{31}$faŋ$^{55}$hai$^{213}$

包脚鞋 pau$^{33}$kiak$^{214}$hai$^{213}$ 弓鞋（旧时小脚女人穿的鞋）

布鞋 pu$^{55}$hai$^{213}$

波鞋 pɔ$^{33}$hai$^{213}$ 球鞋

凉鞋 liaŋ$^{213}$hai$^{213}$

高踭鞋 kou$^{33}$tsɐŋ$^{33}$hai$^{213}$ 高跟鞋

靴 he$^{33}$

水鞋 sɔi$^{31}$hai$^{213}$ 雨鞋

木屐 mok$^{5}$kek$^{5}$

号码 hou$^{55}$ma$^{31}$ 鞋的号码

鞋带 hai$^{213}$tai$^{55}$

鞋底 hai$^{213}$ti$^{31}$

鞋面 hai$^{213}$men$^{55}$ 鞋帮儿

鞋踭 hai$^{213}$tsɐŋ$^{33}$ 鞋后跟

鞋舌 hai$^{213}$set$^{214}$ 鞋面中间的布

鞋模 hai$^{213}$mu$^{213}$ 鞋楦子

鞋垫 hai$^{213}$tʰem$^{55}$

做鞋 tsu$^{55}$hai$^{213}$

锥鞋底 ȵiɔi$^{33}$hai$^{213}$ti$^{31}$

联线 len$^{213}$ɬen$^{55}$ 绱鞋

擦皮鞋 tsʰat$^{214}$pʰi$^{213}$hai$^{213}$

线袜 ɬen$^{55}$mat$^{214}$ 棉线袜

　棉袜 men$^{213}$mat$^{214}$

丝袜 ɬi$^{33}$mat$^{214}$

长袜 tsʰiaŋ$^{213}$mat$^{214}$

短袜 ten$^{31}$mat$^{214}$

袜带 mat$^{214}$tai$^{55}$

包脚布 pau$^{33}$kiak$^{214}$pu$^{55}$ 裹脚布

脚绑 kiak$^{214}$paŋ$^{31}$ 裹腿

沙□帽 sa$^{33}$lɔi$^{213}$mou$^{55}$ 礼帽

　荷兰帽 hɔ$^{213}$lan$^{213}$mou$^{55}$

　官帽 kɔn$^{33}$mou$^{55}$

军帽 kiɐn$^{33}$mou$^{55}$

草帽 tsʰou$^{31}$mou$^{55}$

竹帽 tsok$^{5}$mou$^{55}$ 斗笠

帽篷 mou$^{55}$pʰoŋ$^{213}$ 斗笠

鸭母帽 ap$^{214}$mu$^{31}$mou$^{55}$ 帽顶圆的斗笠

哎仔帽 ai$^{213}$tsɐi$^{31}$mou$^{55}$ 客家人戴的斗笠，帽顶是尖的

喷屎公帽 p$^{h}$ɐn$^{55}$si$^{31}$koŋ$^{33}$mou$^{55}$ 鸭舌帽

帽容 mou$^{55}$k$^{h}$ɐp$^{5}$ 帽檐

颈钳 keŋ$^{31}$k$^{h}$en$^{213}$

链 len$^{55}$ 项链

金链 kiɐm$^{33}$len$^{55}$

银链 ŋɐn$^{213}$len$^{55}$

珍珠链 tsɐn$^{33}$tsi$^{33}$len$^{55}$

颈钳 keŋ$^{31}$k$^{h}$em$^{213}$ 颈圈

颈锁 keŋ$^{31}$ɬɔ$^{31}$ 百家锁

扣针 k$^{h}$ɐu$^{55}$tsɐm$^{33}$ 别针儿

毛夹 mou$^{33}$kep$^{214}$ 发夹

扁压 piɐn$^{31}$at$^{214}$ 簪子

耳吊 ɨ$^{213}$tiau$^{55}$ 耳环

耳环 ɨ$^{31}$wan$^{213}$

胭脂 zen$^{33}$tsi$^{31}$

搽胭粉 ts$^{h}$a$^{213}$zen$^{33}$fɐn$^{31}$ 涂胭脂

脸粉 len$^{31}$fɐn$^{31}$

爽身粉 sɔŋ$^{31}$sɐn$^{33}$fɐn$^{31}$

香水 hiaŋ$^{33}$sɔi$^{31}$

喷香水 p$^{h}$ɐn$^{33}$hiaŋ$^{33}$sɔi$^{31}$

花露水 fa$^{33}$lu$^{55}$sɔi$^{31}$

雪花膏 ɬet$^{214}$fa$^{33}$kou$^{33}$

番薯灵 fan$^{33}$si$^{213}$leŋ$^{213}$ 搽裂缝用的护肤品

表仔 peu$^{33}$tsɐi$^{31}$ 手表

手表 sɐu$^{31}$peu$^{33}$

表带 peu$^{33}$tai$^{55}$

挂表 k$^{h}$ua$^{55}$peu$^{33}$ 怀表

装整 tsɔŋ$^{33}$tseŋ$^{31}$ 穿戴；打扮

扮靓 pan$^{55}$leŋ$^{55}$

涂胭脂 t$^{h}$u$^{213}$zen$^{33}$tsi$^{33}$

搽口红 ts$^{h}$a$^{213}$hɐu$^{31}$hoŋ$^{213}$

相头 ɬiaŋ$^{55}$t$^{h}$ɐu$^{213}$ 像章

围裙仔 wɐi$^{213}$k$^{h}$uɐn$^{213}$tsɐi$^{31}$ 兜儿

口水袈 hɐu$^{31}$sɔi$^{31}$ka$^{33}$ 围嘴儿

口兜 hɐu$^{31}$tɐu$^{33}$

褛巾 lau$^{33}$kiɐn$^{33}$ 披巾

□巾 mɔn$^{33}$kiɐn$^{33}$ 汗巾

手笠 sɐu$^{31}$lɐp$^{5}$ 手套

袖套 ts$^{h}$ɐu$^{55}$t$^{h}$ou$^{55}$

眼镜 ŋan$^{213}$keŋ$^{55}$

老花镜 lou$^{31}$fa$^{33}$keŋ$^{55}$

水晶眼镜 sɔi$^{31}$tseŋ$^{33}$ŋan$^{31}$keŋ$^{55}$ 墨镜

胸章 hoŋ$^{33}$tsiaŋ$^{33}$ 徽章

## 十四　饮食

早朝 tsou$^{31}$tseu$^{33}$ 早饭

朝 tseu$^{33}$

晏 an$^{55}$ 午饭

晚 wan$^{31}$ 晚饭

吃小餐 k$^{h}$iɐt$^{5}$ɬeu$^{31}$ts$^{h}$an$^{33}$ 打尖

口头 hɐu$^{31}$t$^{h}$ɐu$^{213}$ 零食

花口 fa$^{33}$hɐu$^{31}$

小口 ɬeu$^{31}$hɐu$^{31}$

夜宵 ze$^{55}$ɬeu$^{33}$

吃夜宵 k$^{h}$iɐt$^{5}$ze$^{55}$ɬeu$^{33}$

饭硬 fan$^{55}$ŋɐŋ$^{55}$

饭烂 fan$^{55}$lan$^{55}$ 饭软

饭生米 fan$^{55}$ɬɐŋ$^{33}$mi$^{31}$ 饭夹生，没熟透

饭生毛 fan$^{55}$ɬɐŋ$^{33}$mou$^{33}$ 饭发霉长毛

饭冷 fan$^{55}$lɐŋ$^{31}$ 冷饭

饭热 fan$^{55}$zet$^{214}$ 热饭

炒热饭 tsʰau$^{31}$zet$^{214}$fan$^{55}$ 把饭加热

捞饭 lau$^{33}$fan$^{55}$ 从稀饭中捞出饭粒

豉油捞饭 si$^{55}$zau$^{213}$lou$^{33}$fan$^{55}$ 酱油拌饭

饭米 fan$^{55}$mi$^{31}$ 半生不熟的饭

粥稀 tsok$^{5}$hi$^{33}$ 稀粥

粥结 tsok$^{5}$ket$^{214}$ 稠粥

番薯粥 fan$^{33}$si$^{213}$tsok$^{5}$

木薯粥 mok$^{5}$si$^{213}$tsok$^{5}$

禾仔粥 wɔ$^{213}$tsɐi$^{31}$tsok$^{5}$ 粟米粥

芋头粥 wu$^{55}$tʰɐu$^{213}$tsok$^{5}$

菜粥 tsʰai$^{55}$tsok$^{5}$ 蔬菜粥

番薯水 fan$^{33}$si$^{213}$sɔi$^{31}$ 水煮番薯（加糖）

番薯条 fan$^{33}$si$^{213}$tʰeu$^{213}$ 水煮番薯条（加盐）

糠粥 haŋ$^{33}$tsok$^{5}$ 米糠加菜煮成的食物

留饭 lɐu$^{213}$fan$^{55}$ 剩下饭

　剩饭 seŋ$^{55}$fan$^{55}$

隔餐饭 kɐk$^{5}$tsʰan$^{33}$fan$^{55}$ 剩下的饭

饭燶 fan$^{55}$noŋ$^{33}$ 锅巴

饮 ȵiɐm$^{31}$ 米汤

　粥饮 tsok$^{5}$ȵiɐm$^{31}$

米糊 mi$^{31}$fu$^{213}$

米粉 mi$^{31}$fɐn$^{31}$

番薯粉 fan$^{33}$si$^{213}$fɐn$^{31}$ 薯粉

木薯粉 mok$^{5}$si$^{213}$fɐn$^{31}$

*粑 ma$^{33}$

*籺 et$^{214}$

粑叶 ma$^{33}$zep$^{214}$ 粽叶

　粽叶 tsoŋ$^{55}$zep$^{214}$

粽缚 tsoŋ$^{55}$fɔk$^{214}$ 粽绳

灰水粽 fɐi$^{33}$sɔi$^{31}$tsoŋ$^{55}$ 碱水粽

三角粽 ɬam$^{33}$kɔk$^{214}$tsoŋ$^{55}$

包粽 pau$^{33}$tsoŋ$^{55}$

发粑 fat$^{214}$ma$^{33}$ 发糕

*糯米糍 nɔ$^{55}$mi$^{31}$tsʰi$^{213}$

糖心糍 tʰaŋ$^{213}$ɬiɐm$^{33}$tsʰi$^{213}$ 一种糯米食物

糯米鸡 nɔ$^{55}$mi$^{31}$ki$^{33}$ 一种油炸糯米食物

松糕 ɬoŋ$^{33}$kou$^{33}$ 一种糯米食物

葱粑 tsʰoŋ$^{33}$ma$^{33}$ 面粉拌葱的油炸食品

　头壳籺 tʰɐu$^{213}$hɔk$^{214}$et$^{214}$

泥豆糖 ni$^{213}$tɐu$^{55}$tʰaŋ$^{213}$ 花生糖

车心辘 tsʰe$^{33}$ɬiɐm$^{33}$lok$^{5}$ 油炸糯米食物，像车轴，中间大，两头小

　狗□辘 kɐu$^{31}$tsʰuat$^{214}$lok$^{5}$

番薯炸 fan$^{33}$si$^{213}$tsa$^{55}$ 番薯拌面粉的油炸食品

狗儿炸 kɐu$^{31}$ȵi$^{213}$tsa$^{55}$ 墨鱼拌面粉的油炸食品

豆饼炸 tɐu$^{55}$peŋ$^{31}$tsa$^{55}$ 豆腐拌面粉的油炸食品

蚝炸 ɔ$^{213}$tsa$^{55}$ 牡蛎拌面粉的油炸食品

葱炸 tsʰoŋ$^{33}$tsa$^{55}$ 葱拌面粉的油炸食品

芋头炸 wu$^{55}$tʰɐu$^{213}$tsa$^{55}$ 芋头拌面粉的油炸食品

牛肺炸 ŋɐu$^{213}$fɐi$^{55}$tsa$^{55}$ 牛肺拌面粉的油炸食品

鱼炸粑 zi$^{213}$tsa$^{55}$ma$^{33}$ 海鱼裹面粉的油炸食品

*盖仔里 kai$^{55}$tsɐi$^{31}$nɐi$^{33}$

绿豆汤 lok$^{5}$tɐu$^{55}$tʰaŋ$^{33}$

芝麻糊 tsi$^{33}$ma$^{213}$fu$^{213}$

爆木$^{=}$ pau$^{55}$mok$^{5}$ 用锅炒的爆米花

炒爆木$^{=}$ tsʰau$^{31}$pau$^{55}$mok$^{5}$ 炒爆米花

粑仔 ma$^{33}$tsɐi$^{31}$ 面疙瘩

面包 men$^{55}$pau$^{33}$ 炊蒸的面食，有馅儿的、

无馅儿的都叫面包

烘饼 haŋ$^{55}$peŋ$^{31}$ 烧饼

蛋糕 tan$^{55}$kou$^{33}$

鸭母丸 ap$^{214}$mu$^{31}$zen$^{213}$ 无馅糯米丸子

大饼 ta$^{55}$peŋ$^{31}$ 月饼

月亮光饼 zet$^{214}$liaŋ$^{55}$kuaŋ$^{33}$peŋ$^{31}$

饼仔 peŋ$^{31}$tsɐi$^{31}$ 饼干

浓糟 noŋ$^{213}$tsou$^{33}$ 酵母

发种 fat$^{214}$tsoŋ$^{31}$

肉 zok$^{5}$

肥肉 fɐi$^{213}$zok$^{5}$

瘦肉 sɐu$^{55}$zok$^{5}$

五花腩 wu$^{31}$fa$^{33}$nam$^{31}$ 五花肉

腩肉 nam$^{31}$zok$^{5}$

半肥瘦 pɔn$^{55}$fɐi$^{213}$sɐu$^{55}$

咸猪肉 ham$^{213}$tsi$^{33}$zok$^{5}$ 腊肉

扣肉 kʰɐu$^{55}$zok$^{5}$

肉片 zok$^{5}$pʰen$^{55}$

肉丝 zok$^{5}$ɬi$^{33}$

猪肉皮 tsi$^{33}$zok$^{5}$pʰi$^{213}$ 肉皮

猪皮 tsi$^{33}$pʰi$^{213}$

圆蹄 zen$^{213}$tʰi$^{213}$ 肘子

猪髀 tsi$^{33}$pi$^{31}$ 猪大腿

前脚 tsʰen$^{213}$kiak$^{214}$ 猪前脚

后脚 hɐu$^{55}$kiak$^{214}$ 猪后脚

猪脚□ tsi$^{33}$kiak$^{214}$tiɐp$^{5}$ 猪脚趾甲

猪脚筋 tsi$^{33}$kiak$^{214}$kiɐn$^{33}$ 蹄筋

猪肚油 tsi$^{33}$tu$^{55}$zau$^{213}$ 板油

猪油仔 tsi$^{33}$zau$^{213}$tsɐi$^{31}$ 猪肠间的油

散油 ɬan$^{31}$zau$^{213}$

脊油 tsek$^{5}$zau$^{213}$ 猪背脊两边的油

牛舌头 ŋɐu$^{213}$set$^{214}$tʰɐu$^{213}$

*胸肉 mɐi$^{213}$zok$^{5}$

肠肚 tsʰiaŋ$^{213}$tu$^{55}$ 肚肠

猪肺 tsi$^{33}$fɐi$^{55}$

猪肠 tsi$^{33}$tsʰiaŋ$^{213}$

猪大肠 tsi$^{33}$ta$^{55}$tsʰiaŋ$^{213}$

粉肠 fɐn$^{31}$tsʰiaŋ$^{213}$ 猪小肠有粉的部分

苦肠 fu$^{31}$tsʰiaŋ$^{213}$ 味苦的猪肠

大肠豚 ta$^{55}$tsʰiaŋ$^{213}$tok$^{5}$ 猪肠头

腊肠 lap$^{214}$tsʰiaŋ$^{213}$ 香肠

猪小肚 tsi$^{33}$ɬeu$^{31}$tu$^{55}$ 猪尿泡

猪鸠仔 tsi$^{33}$kɐu$^{33}$tsɐi$^{31}$ 猪鞭

猪□ tsi$^{33}$tsʰuat$^{214}$

猪镰铁 tsi$^{33}$lem$^{213}$tʰet$^{214}$ 猪胰脏

猪腰子 tsi$^{33}$zeu$^{33}$tsi$^{31}$ 猪肾

骨 kuɐt$^{5}$ 骨头

尾龙骨 wɐi$^{31}$loŋ$^{213}$kuɐt$^{5}$ 尾骨

排骨 pʰai$^{213}$kuɐt$^{5}$

□骨 het$^{214}$kuɐt$^{5}$ 脆骨

牛百片 ŋɐu$^{213}$pɐk$^{5}$pʰen$^{33}$ 牛肚

猪头 tsi$^{33}$tʰɐu$^{213}$

猪脑 tsi$^{33}$nou$^{31}$

猪尾 tsi$^{33}$wɐi$^{31}$

猪颈肉 tsi$^{33}$keŋ$^{31}$zok$^{5}$ 猪脖子肉

*烧猪 seu$^{33}$tsi$^{33}$

鸡头 ki$^{33}$tʰɐu$^{213}$

鸡冠 ki$^{33}$kuan$^{33}$

鸡颈骨 ki$^{33}$keŋ$^{31}$kuɐt$^{5}$ 鸡颈

鸡髀 ki$^{33}$pi$^{31}$ 鸡腿

鸡脚 ki$^{33}$kiak$^{214}$

鸡爪 ki$^{33}$ȵiau$^{33}$ 鸡爪子

鸡翼 ki$^{33}$zek$^{5}$ 鸡翅膀

鸡椎 ki$^{33}$tsɔi$^{33}$ 鸡尾椎

鸡杂 ki$^{33}$tsap$^{214}$

鸡肞 ki$^{33}$kiɐn$^{55}$

鸡血 ki$^{33}$het$^{214}$

鸡肠 ki$^{33}$tsʰiaŋ$^{213}$

鸡春黄 ki$^{33}$tsʰɐn$^{33}$waŋ$^{213}$ 鸡蛋黄

鸡春白 ki$^{33}$tsʰɐn$^{33}$pɐk$^{5}$ 鸡蛋白

双仁春 sɔŋ$^{33}$ŋɐn$^{33}$tsʰɐn$^{33}$ 双黄蛋

软壳春 ȵien$^{31}$hɔk$^{214}$tsʰɐn$^{33}$ 软壳蛋

鸡春花 ki$^{33}$tsʰɐn$^{33}$fa$^{33}$ 未生出的蛋

□春 pʰaŋ$^{55}$tsʰɐn$^{33}$ 变质的蛋

坏鬼 wai$^{55}$kuɐi$^{31}$ 坏蛋（指人）

白斩鸡 pɐk$^{5}$tsam$^{31}$ki$^{33}$ 白切鸡

鸭春 ap$^{214}$tsʰɐn$^{33}$ 鸭蛋

煎鸡春 tsen$^{33}$ki$^{33}$tsʰɐn$^{33}$ 煎鸡蛋

煲鸡春 pou$^{33}$ki$^{33}$tsʰɐn$^{33}$ 煮鸡子儿

蒸鸡春 tsɐŋ$^{33}$ki$^{33}$tsʰɐn$^{33}$ 蛋羹

咸鸡春 ham$^{213}$ki$^{33}$tsʰɐn$^{33}$ 咸鸡蛋

咸鸭春 ham$^{33}$ap$^{214}$tsʰɐn$^{33}$ 咸鸭蛋

咸鱼 ham$^{213}$zi$^{213}$

汤 tʰaŋ$^{33}$

□汤 nɔ$^{213}$tʰaŋ$^{33}$ 浓汤；汁

菜汤 tsʰai$^{55}$tʰaŋ$^{33}$

炖汤 tɐn$^{55}$tʰaŋ$^{33}$ 老火汤

猪肉汤 tsi$^{33}$zok$^{5}$tʰaŋ$^{33}$

鸡春汤 ki$^{33}$tsʰɐn$^{33}$tʰaŋ$^{33}$ 鸡蛋汤

鸡春花 ki$^{33}$tsʰɐn$^{33}$fa$^{33}$ 蛋花

鱼汤 zi$^{213}$tʰaŋ$^{33}$

菜脚 tsʰai$^{55}$kiak$^{214}$ 吃剩的菜

　餸脚 ɬoŋ$^{55}$kiak$^{214}$

隔餐菜 kɐk$^{5}$tsʰan$^{33}$tsʰai$^{55}$ 剩菜

咸菜 ham$^{213}$tsʰai$^{55}$

菜头咸 tsʰai$^{55}$tʰɐu$^{213}$ham$^{213}$ 盐汁萝卜干

黄榄咸 waŋ$^{213}$lam$^{31}$ham$^{213}$ 盐汁橄榄

甜瓜咸 tʰem$^{213}$kua$^{33}$ham$^{213}$ 盐汁黄瓜

咸鱼汁 ham$^{213}$zi$^{213}$tsɐp$^{5}$（煮熟下饭用）

腌菜 zep$^{214}$tsʰai$^{55}$ 腌制的菜

　酸菜 ɬen$^{33}$tsʰai$^{55}$

斋菜 tsai$^{33}$tsʰai$^{55}$ 素菜

豆腐头 tɐu$^{55}$fu$^{55}$tʰɐu$^{213}$ 豆腐渣

盐水 zem$^{213}$sɔi$^{31}$ 卤水（用于做豆饼）

石膏 sek$^{5}$kou$^{33}$（用于做豆腐）

豆腐皮 tɐu$^{55}$fu$^{55}$pʰi$^{213}$ 豆皮

腐竹 fu$^{55}$tsok$^{5}$

* 豆饼 tɐu$^{55}$peŋ$^{31}$

豆饼角 tɐu$^{55}$peŋ$^{31}$kɔk$^{214}$ 豆腐泡儿

　豆腐炸 tɐu$^{55}$fu$^{55}$tsa$^{55}$

豆沙 tɐu$^{55}$sa$^{33}$

豆腐乳 tɐu$^{55}$fu$^{55}$ȵiɔi$^{31}$

　腐乳 fu$^{55}$ȵiɔi$^{31}$

须粉 ɬu$^{33}$fɐn$^{31}$ 绿豆做的粉丝

河粉 hɔ$^{213}$fɐn$^{31}$ 大米做的粉皮

凉粉草 liaŋ$^{31}$fɐn$^{31}$tsʰou$^{31}$ ①做凉粉用的草本植物；②用凉粉草做的凉粉

凉粉 liaŋ$^{213}$fɐn$^{31}$ 冻凝的清凉食物，有黑白两种颜色

藕粉 ŋɐu$^{31}$fɐn$^{31}$

雪耳 ɬet$^{214}$ɨ$^{213}$ 银耳

金针 kiɐm$^{33}$tsɐm$^{33}$ 黄花

海带 hai$^{31}$tai$^{55}$

紫菜 tsi$^{31}$tsʰai$^{55}$

菜色 tsʰai$^{55}$sek$^{5}$ 菜的色相

油 zau$^{213}$

炸猪油 tsa$^{55}$tsi$^{33}$zau$^{213}$ 熬猪油

猪油粕 tsi$^{33}$zau$^{213}$pʰɔk$^{214}$ 猪油渣

结硬 ket$^{214}$ŋɐŋ$^{55}$（猪油）凝固

火油 fɔ$^{31}$zau$^{213}$ 旧时点油灯用的油，一般用花生油

茶籽油 tsʰa$^{213}$tsi$^{31}$zau$^{213}$

菜籽油 tsʰai$^{55}$tsi$^{31}$zau$^{213}$

油麻油 zau$^{213}$ma$^{213}$zau$^{213}$ 芝麻油

榨油 tsa$^{55}$zau$^{213}$

油枯 zau$^{213}$kʰu$^{33}$ 榨油剩下的渣

粗盐 tsʰu$^{33}$zem$^{213}$

　大粒盐 ta$^{55}$nɐp$^{5}$zem$^{213}$

幼盐 zau$^{55}$zem$^{213}$ 精盐

　盐粉 zem$^{213}$fɐn$^{31}$

打豉油 ta$^{31}$si$^{55}$zau$^{213}$ 打酱油

蚝油 ɔ$^{213}$zau$^{213}$ 牡蛎油

豆酱 tɐu$^{55}$tsiaŋ$^{33}$ 豆瓣酱

辣椒酱 lat$^{214}$tseu$^{33}$tsiaŋ$^{55}$ 辣酱

红醋 hoŋ$^{213}$tsʰu$^{55}$ 老醋

白醋 pɐk$^{5}$tsʰu$^{55}$

黄糖 waŋ$^{213}$tʰaŋ$^{213}$ 红糖

片糖 pʰen$^{213}$tʰaŋ$^{213}$ 长条形糖块

糖粉 tʰaŋ$^{213}$fɐn$^{31}$ 红砂糖

白砂糖 pɐk$^{5}$sa$^{33}$tʰaŋ$^{213}$

冰糖 peŋ$^{33}$tʰaŋ$^{213}$

麦芽糖 mɐk$^{5}$ŋa$^{213}$tʰaŋ$^{213}$

木芽糖 mok$^{5}$ŋa$^{213}$tʰaŋ$^{213}$

糖□ tʰaŋ$^{213}$keu$^{33}$ 水果糖

棍仔糖 kuɐn$^{55}$tsɐi$^{31}$tʰaŋ$^{213}$ 棒棒糖

棉花糖 men$^{213}$fa$^{33}$tʰaŋ$^{213}$

糖精 tʰaŋ$^{213}$tseŋ$^{33}$

配料 pʰɐi$^{55}$leu$^{55}$ 作料

桂皮 kuɐi$^{55}$pʰi$^{213}$

八角 pat$^{214}$kɔk$^{214}$

胡椒粉 fu$^{213}$tseu$^{33}$fɐn$^{31}$

味精 mi$^{55}$tseŋ$^{33}$

灵粉 leŋ$^{213}$fɐn$^{31}$ 芡粉

烟叶 zen$^{33}$zep$^{214}$

生烟筒 ɬɐŋ$^{33}$zen$^{33}$tʰoŋ$^{31}$ 水烟袋

熷包烟筒 tsau$^{33}$pau$^{33}$zen$^{33}$tʰoŋ$^{31}$ 旱烟袋

水烟筒 sɔi$^{31}$zen$^{33}$tʰoŋ$^{31}$ 粗大的竹制烟筒，长短不一，里面有水。家庭、商铺等人聚集地常备，抽烟者可取用。常见多人围坐，轮流使用

　大碌竹 ta$^{55}$lok$^{5}$tsok$^{5}$

烟盒 zen$^{33}$hap$^{214}$

烟斗 zen$^{33}$tɐu$^{31}$

敇熟烟 ɬɔk$^{214}$sok$^{5}$zen$^{33}$

点火 tem$^{31}$fɔ$^{31}$

熟烟屎 sok$^{5}$zen$^{33}$si$^{31}$ 烟油子

　烟筒屎 zen$^{33}$tʰoŋ$^{213}$si$^{31}$

烟灰 zen$^{33}$fɐi$^{33}$ 香烟灰

烟灰盅 zen$^{33}$fɐi$^{33}$tsoŋ$^{33}$ 烟灰缸

烟头 zen$^{33}$tʰɐu$^{213}$

刨熟烟 pʰau$^{213}$sok$^{5}$zen$^{33}$ 做黄烟

刨烟机 pʰau$^{213}$zen$^{33}$ki$^{33}$ 做烟机

卷烟仔 ken$^{31}$zen$^{33}$tsɐi$^{31}$ 卷香烟

火刀 fɔ$^{31}$tou$^{33}$ 火镰

火石 fɔ$^{31}$sek$^{5}$ 取火用的石头

打火机 ta$^{31}$fɔ$^{31}$ki$^{33}$

纸媒头 tsi$^{31}$mɐi$^{213}$tʰɐu$^{213}$ 纸媒儿

　纸媒筒 tsi$^{31}$mɐi$^{213}$tʰoŋ$^{31}$

茶水 tsʰa$^{213}$sɔi$^{31}$ 茶

茶粕 tsʰa$^{213}$pʰɔk$^{214}$ 泡过的茶叶

茶□ tsʰa$^{213}$mɔn$^{55}$ 茶垢

浓 noŋ$^{213}$ 茶酽

捡茶 kem$^{31}$ts$^{h}$a$^{213}$ 摘茶

做茶 tsu$^{55}$ts$^{h}$a$^{213}$

白酒 pɐk$^{5}$tsɐu$^{31}$

红米酒 hoŋ$^{213}$mi$^{31}$tsɐu$^{31}$

米酒 mi$^{31}$tsɐu$^{31}$

糖粕酒 t$^{h}$aŋ$^{213}$p$^{h}$ɔk$^{214}$tsɐu$^{31}$ 用蔗渣酿造的酒

熬酒 ŋou$^{213}$tsɐu$^{31}$ 酿酒

酒饼 tsɐu$^{31}$peŋ$^{31}$ 酒曲

饮料 ȵiɐm$^{31}$leu$^{55}$

可乐 hɔ$^{31}$lɔk$^{214}$

汽水 hi$^{55}$sɔi$^{31}$

## 十五　红白大事

牵线 hen$^{33}$ɬen$^{55}$

看日子 k$^{h}$an$^{55}$zɐt$^{5}$tsi$^{31}$ 确定结婚的日子

报日 pou$^{55}$zɐt$^{5}$ 告诉结婚的日子

相 ɬiaŋ$^{55}$ 相貌

岁 ɬɔi$^{55}$ 年龄

谈婚 t$^{h}$am$^{213}$fɐn$^{33}$ 恋爱

封包 foŋ$^{33}$pau$^{33}$ ①礼金；②送礼金

结婚酒 ket$^{214}$fɐn$^{33}$tsɐu$^{31}$ 喜酒

送礼 ɬoŋ$^{55}$li$^{31}$

正位 tseŋ$^{55}$wɐi$^{55}$ 上座

迎亲 ŋeŋ$^{213}$ts$^{h}$ɐn$^{33}$ 接亲

坐轿 tsɔ$^{55}$keu$^{55}$

扛轿 kaŋ$^{33}$keu$^{55}$ 抬轿子

牵新人 hen$^{33}$ɬɐn$^{33}$zɐn$^{213}$ 由子女多、民间认为命好的妇女将新娘从轿子里搀扶出来，进入新房的礼仪

出老猪口 ts$^{h}$ɐt$^{5}$lou$^{31}$tsi$^{33}$hɐu$^{31}$ 嫁闺女。当地旧俗嫁女儿要配较多嫁妆，是一笔不小的费用，因此，多不愿生女孩。将嫁女比作卖猪，反映了重男轻女的社会心理

嫁夫娘婆 ka$^{55}$fu$^{33}$niaŋ$^{33}$p$^{h}$ɔ$^{213}$

送嫁 ɬoŋ$^{55}$ka$^{55}$

搣脸毛 mɐŋ$^{33}$len$^{31}$mou$^{33}$ 用线夹去脸上汗毛，以显年轻美丽。旧时一般女子出嫁前要做的程序。现在已经商业化，在市场可见，有人以此为业赚钱

开脸 hai$^{33}$len$^{31}$

哭晚 hok$^{5}$wan$^{31}$ 哭嫁。晚上哭，一般持续五到十天。此为旧时婚嫁习俗

送嫁姨 ɬoŋ$^{55}$ka$^{55}$zi$^{213}$ 伴娘

扛嫁妆 kaŋ$^{33}$ka$^{55}$tsɔŋ$^{33}$ 过嫁妆

送嫁妆 ɬoŋ$^{55}$ka$^{55}$tsɔŋ$^{33}$

花轿 fa$^{33}$keu$^{55}$ 新娘坐的轿子

黑轿 hɐk$^{5}$keu$^{55}$ 媒人坐的轿子

红牙轿 hoŋ$^{213}$ŋa$^{213}$keu$^{55}$ 高档的轿子

衣轿 zi$^{33}$keu$^{55}$ 简易的轿子

新人房 ɬɐn$^{33}$zɐn$^{213}$faŋ$^{213}$ 新房

过门 kɔ$^{55}$mɐn$^{213}$ 新娘嫁入夫家

上门 siaŋ$^{55}$mɐn$^{213}$ 男入女家

转门 tsen$^{31}$mɐn$^{213}$ 回门

三朝 ɬam$^{33}$tseu$^{33}$ 婚后第三天回门的日子

攞细 lɔ$^{31}$ɬɐi$^{55}$ 娶小老婆

又攞老婆 zau$^{55}$lɔ$^{31}$lou$^{31}$p$^{h}$ɔ$^{213}$ 再娶

嫁二嫁 ka$^{55}$ɨ$^{55}$ka$^{55}$ 再醮

重嫁 ts$^{h}$oŋ$^{213}$ka$^{55}$

填房 t$^{h}$en$^{213}$faŋ$^{213}$

离婚 li$^{213}$fɐn$^{33}$

发姣 fat$^{214}$hau$^{213}$（女人）风骚

咸湿 ham$^{213}$sɐp$^{5}$（男子）下流

花心 fa$^{33}$ɬiɐm$^{33}$（男子）情感不专一

佮佬契 kap$^{214}$lou$^{31}$k$^{h}$i$^{55}$ 偷汉

嫖舍 p$^{h}$eu$^{213}$se$^{55}$ 偷女

包二奶 pau$^{33}$ɨ$^{55}$nai$^{31}$ 背着妻子与非婚女子同居

卖肉 mai$^{55}$zok$^{5}$ 卖淫

爬灰 p$^{h}$a$^{213}$fɐi$^{33}$ 公公与儿媳偷情

受寡 sɐu$^{55}$kua$^{31}$ 守寡

养 ziaŋ$^{31}$ ①生孩子；②喂养；③赡养

添丁 t$^{h}$em$^{33}$teŋ$^{33}$ 生男孩

捡仔 kem$^{31}$tsɐi$^{31}$ 接生

出世 ts$^{h}$ɐt$^{5}$si$^{55}$ 出生

□奶 oŋ$^{213}$nai$^{31}$ 催奶

脐带 ts$^{h}$i$^{213}$tai$^{55}$

血盘 het$^{214}$p$^{h}$ɔn$^{213}$ 胎盘

　包衣 pau$^{33}$zi$^{33}$

难产 nan$^{213}$ts$^{h}$an$^{31}$

落仔 lɔk$^{214}$tsɐi$^{31}$ 打胎

　打胎 ta$^{31}$t$^{h}$ai$^{33}$

凑⁼仔 ts$^{h}$ɐu$^{55}$tsɐi$^{31}$ 带小孩

膶仔 t$^{h}$ɐm$^{55}$tsɐi$^{31}$ 哄小孩

出月 ts$^{h}$ɐt$^{5}$zet$^{214}$ 满月

头胎 t$^{h}$ɐu$^{213}$t$^{h}$ai$^{33}$

喂奶 wɐi$^{55}$nen$^{33}$

奶头 nen$^{33}$t$^{h}$ɐu$^{213}$

嘘尿 si$^{33}$neu$^{55}$ 把尿

　兜尿 tɐu$^{33}$neu$^{55}$

嘘屎 si$^{33}$si$^{31}$ 把屎

　兜屎 tɐu$^{33}$si$^{31}$

来尿 lai$^{213}$neu$^{55}$ 尿床

孭带 me$^{33}$tai$^{55}$ 背小孩的背篼

冇爸仔 mou$^{31}$pa$^{33}$tsɐi$^{31}$ 遗腹子

罪过 tsɔi$^{55}$kɔ$^{55}$

出种 ts$^{h}$ɐt$^{5}$tsoŋ$^{31}$ 遗传

大 ta$^{55}$ 长大

生高 ɬaŋ$^{33}$kou$^{33}$ 长高

识事 sek$^{5}$ɬi$^{55}$ 懂事

奶罂 nen$^{33}$ɐŋ$^{33}$ 奶瓶

牛奶头 ŋɐu$^{213}$nen$^{33}$t$^{h}$ɐu$^{213}$ 奶嘴

窦仔 tɐu$^{55}$tsɐi$^{31}$ 摇篮

□窦仔 ŋou$^{213}$tɐu$^{55}$tsɐi$^{31}$ 摇摇篮

车仔 ts$^{h}$e$^{33}$tsɐi$^{31}$ 婴儿车

生日 ɬɐŋ$^{33}$zɐt$^{5}$

十二朝 sɐp$^{5}$ɨ$^{55}$tseu$^{33}$ 新生儿出生十二日后的喜庆日

做生日 tsu$^{55}$ɬɐŋ$^{33}$zɐt$^{5}$ 过生日

拜寿 pai$^{55}$sɐu$^{55}$ 祝寿

寿星公 sɐu$^{55}$ɬeŋ$^{33}$koŋ$^{33}$ 寿星

长命 ts$^{h}$iaŋ$^{213}$meŋ$^{55}$ 长寿

* 出炮 ts$^{h}$ɐt$^{5}$p$^{h}$au$^{55}$

丧事 ɬaŋ$^{33}$ɬi$^{55}$

人死 zɐn$^{213}$ɬi$^{31}$ 去世了

攞到厅间 lɔ$^{31}$tou$^{31}$t$^{h}$eŋ$^{33}$kan$^{33}$ 老人弥留之际移放于厅间

发丧 fat$^{214}$ɬaŋ$^{33}$ 老人气绝后全家人跪哭

敲锣 hau$^{33}$lɔ$^{213}$ 老人去世后敲响第一声锣

报死 pou$^{55}$ɬi$^{31}$ 把死讯告诉亲友

装厅间 tsɔŋ$^{33}$t$^{h}$eŋ$^{33}$kan$^{33}$ 安放逝者的地方

起长生 hi$^{31}$ts$^{h}$iaŋ$^{213}$ɬɐŋ$^{33}$ 做寿材

灵堂 leŋ$^{213}$t$^{h}$aŋ$^{213}$

做七 tsu$^{55}$ts$^{h}$ɐt$^{5}$ 老人去世后第七天祭祀

喃七 nam$^{33}$ts$^{h}$ɐt$^{5}$ 老人去世后第七天道士超度

守孝 sɐu$^{31}$hiau$^{55}$

戴孝 tai$^{55}$hiau$^{55}$

孝仔 hiau$^{55}$tsɐi$^{31}$

孝孙 hiau$^{55}$ɬɔn$^{33}$

送葬 ɬoŋ$^{55}$tsɔŋ$^{55}$

孝□ hiau$^{55}$tʰoŋ$^{55}$ 哭丧棒

　□仔 tʰoŋ$^{55}$tsɐi$^{31}$

麻衣 ma$^{213}$zi$^{33}$ 孝服

金木 kiɐm$^{33}$mok$^{5}$ 缠上金纸的孝棍

银木 ŋɐn$^{213}$mok$^{5}$ 缠上银纸的孝棍

金欧 kiɐm$^{33}$ou$^{33}$ 金色纸做的纸筒

银欧 ŋɐn$^{213}$ou$^{33}$ 银色纸做的纸筒

花圈 fa$^{33}$kʰen$^{33}$

棺材窟 kɔn$^{33}$tsʰai$^{213}$fɐt$^{5}$ 墓穴

土工佬 tʰu$^{31}$koŋ$^{33}$lou$^{31}$ 殡葬工

　大力佬 ta$^{55}$lek$^{5}$lou$^{31}$

大七 ta$^{55}$tsʰɐt$^{5}$ 一七、三七、五七、尾七几个主要的孝期

头七 tʰɐu$^{213}$tsʰɐt$^{5}$ 守孝的第一个七日

净七 tseŋ$^{55}$tsʰɐt$^{5}$ 守孝的最后一个七日

做七 tsu$^{55}$tsʰɐt$^{5}$

八音 pat$^{214}$zɐm$^{33}$ 乐队

碑记石 pɐi$^{33}$ki$^{55}$sek$^{5}$ 墓碑

碑记 pɐi$^{33}$ki$^{55}$ 碑文

烧 seu$^{33}$ 火葬

骨灰 kuɐt$^{5}$fɐi$^{33}$

骨灰罂 kuɐt$^{5}$fɐi$^{33}$ɐŋ$^{33}$ 骨灰盒

　骨灰盒 kuɐt$^{5}$fɐi$^{33}$hap$^{214}$

浸死 tsɐm$^{55}$ɬi$^{31}$ 淹死

跳塘 tʰeu$^{55}$tʰaŋ$^{213}$ 投水

吊颈 teu$^{55}$keŋ$^{31}$ 上吊

喝农药 hap$^{214}$noŋ$^{213}$ziak$^{214}$

跳楼 tʰeu$^{55}$lɐu$^{213}$

病死 peŋ$^{55}$ɬi$^{31}$

死尸 ɬi$^{31}$si$^{33}$ 尸体

*甕 oŋ$^{33}$

吊连$^{=}$亡 teu$^{55}$len$^{213}$maŋ$^{213}$ 夭折

　有养得到 mou$^{31}$ziaŋ$^{213}$tɐt$^{5}$tou$^{31}$

*粪箕□ fɐn$^{55}$ki$^{33}$kiɐt$^{5}$

吊颈鬼 teu$^{55}$keŋ$^{31}$kuɐi$^{31}$ 民间传说中上吊去世的人变成的鬼

浸死鬼 tsɐm$^{55}$ɬi$^{31}$kuɐi$^{31}$ 当地传说跳河去世的人变成的鬼

　跳河鬼 tʰeu$^{55}$hɔ$^{213}$kuɐi$^{31}$

水鬼 sɔi$^{31}$kuɐi$^{31}$

有头鬼 mou$^{31}$tʰɐu$^{213}$kuɐi$^{31}$ 当地传说中的砍头鬼

水兽 sɔi$^{31}$sɐu$^{55}$ 当地传说的鬼怪，狮头狗形，据说为人溺水去世后所变

人熊姐婆 zɐn$^{213}$zoŋ$^{213}$tse$^{31}$pʰɔ$^{213}$ 当地传说的鬼怪

　人熊 zɐn$^{213}$zoŋ$^{213}$

野鬼 ze$^{31}$kuɐi$^{31}$ 传说中无人认的鬼

大鬼 ta$^{55}$kuɐi$^{31}$ 传说中大人死后变成的鬼

鬼仔 kuɐi$^{31}$tsɐi$^{31}$ 小鬼

　细鬼 ɬɐi$^{55}$kuɐi$^{31}$

妖怪 zeu$^{33}$kuai$^{55}$ 骂人话

　妖精 zeu$^{33}$tseŋ$^{33}$

山笑 san$^{33}$ɬeu$^{55}$ 传说中的山中鬼怪

灾 tsai$^{33}$ 灾难

福 fok$^{5}$

福气 fok$^{5}$hi$^{55}$

好命 hou$^{31}$meŋ$^{55}$ 有福气

　福气好 fok$^{5}$hi$^{55}$hou$^{31}$

运数好 wɐn$^{55}$su$^{55}$hou$^{31}$ 运气好

　行时 heŋ$^{213}$si$^{213}$ 走运

　行运 heŋ$^{213}$wɐn$^{55}$

失时 $sɐt^{5}si^{213}$ 倒霉

湿衰 $sɐp^{5}sɔi^{33}$

衰湿 $sɔi^{33}sɐp^{5}$

碰运 $p^{h}oŋ^{55}wɐn^{55}$ 碰运气

手气 $sɐu^{31}hi^{55}$ 手上的运气

龙 $loŋ^{213}$

凤 $foŋ^{55}$ 凤凰

太祖 $t^{h}ai^{55}tsu^{31}$ 祖宗

土主庙 $t^{h}u^{31}tsi^{31}meu^{55}$ 土地庙

境主庙 $keŋ^{31}tsi^{31}meu^{55}$

佛 $fɐt^{5}$

阿弥陀佛 $ɔ^{55}ni^{55}t^{h}ɔ^{31}fɐt^{5}$

和尚庙 $wɔ^{213}siaŋ^{55}meu^{55}$

尼姑庵 $ni^{213}ku^{33}ɐm^{33}$

关帝庙 $kuan^{33}ti^{55}meu^{55}$

城隍庙 $seŋ^{213}waŋ^{213}meu^{55}$

公庙 $koŋ^{33}meu^{55}$ 祖宗庙

*五福庙 $wu^{31}fok^{5}meu^{55}$

*关圣庙 $kuan^{33}seŋ^{55}meu^{55}$

冼太夫人庙 $ɬen^{31}t^{h}ai^{55}fu^{33}zɐn^{213}meu^{55}$ 当地庙名，供奉冼太夫人

阎罗王 $ȵiem^{213}lɔ^{213}waŋ^{213}$ 阎王

武圣公 $mu^{31}seŋ^{55}koŋ^{33}$ 关公

神仙 $sɐn^{213}ɬen^{33}$

八仙 $pat^{214}ɬen^{33}$

仙女 $ɬen^{33}ni^{31}$

观音盒 $kɔn^{33}zɐm^{33}hap^{214}$ 佛龛

神盒 $sɐn^{213}hap^{214}$

供台 $koŋ^{55}t^{h}ai^{213}$ 供奉祭品的几案

香案 $hiaŋ^{33}an^{55}$

供果 $koŋ^{55}kɔ^{31}$ 上供的食品

果品 $kɔ^{31}p^{h}iɐn^{31}$

*三牲 $ɬam^{33}ɬɐŋ^{33}$

扛起供台 $kaŋ^{33}hi^{31}koŋ^{55}t^{h}ai^{213}$ 上供

蜡烛台 $lɐp^{5}tsok^{5}t^{h}ai^{213}$ 烛台

纸填 $tsi^{31}t^{h}en^{213}$ 供烧纸用的器皿

纸钱炉 $tsi^{31}ts^{h}en^{213}lu^{213}$

香 $hiaŋ^{33}$ 线香

香炉 $hiaŋ^{33}lu^{213}$

香筒 $hiaŋ^{33}t^{h}oŋ^{213}$ 门口插香的竹筒

烧香 $seu^{33}hiaŋ^{33}$

插香 $ts^{h}ap^{214}hiaŋ^{33}$ 把点燃的香插入香炉

求卦 $k^{h}iau^{213}kua^{55}$

揺签 $mɐŋ^{33}ts^{h}em^{33}$ 抽签

签语 $ts^{h}em^{33}ȵi^{31}$ 签诗

解签 $kai^{31}ts^{h}em^{33}$ 解释签语

上上签 $siaŋ^{55}siaŋ^{55}ts^{h}em^{33}$ 最好的签

下签 $ha^{55}ts^{h}em^{33}$ 不好的签

占卦 $tsem^{33}kua^{55}$ 算卦

点指 $tem^{31}tsi^{31}$ 掐算

杯珓 $pɐi^{33}kau^{55}$ 珓

阴杯 $zɐm^{33}pɐi^{33}$ 杯珓平面朝上

阳杯 $ziaŋ^{213}pɐi^{33}$ 杯珓拱面朝上

圣杯 $seŋ^{55}pɐi^{33}$ 掷杯珓的结果为一阴一阳

*喃 $nam^{33}$

喃斋 $nam^{33}tsai^{33}$ 道士做斋

做斋 $tsu^{55}tsai^{33}$

念经 $nem^{55}keŋ^{33}$

风水 $foŋ^{33}sɔi^{31}$

荡风水 $taŋ^{55}foŋ^{33}sɔi^{31}$ 看风水

看风水 $k^{h}an^{55}foŋ^{33}sɔi^{31}$

荡地 $taŋ^{55}ti^{55}$ 事先找墓地

踩青草 $ȵiai^{31}ts^{h}eŋ^{33}ts^{h}ou^{31}$ 临时找墓地

罗庚 $lɔ^{213}kɐŋ^{33}$ 罗盘

八字 pat$^{214}$tsi$^{55}$ 生辰八字

看八字 k$^{h}$an$^{55}$pat$^{214}$tsi$^{55}$ 算命

看相 k$^{h}$an$^{55}$ɬiaŋ$^{55}$

看手相 k$^{h}$an$^{55}$sɐu$^{31}$ɬiaŋ$^{55}$

*看花 k$^{h}$an$^{55}$fa$^{33}$

　问花 wɐn$^{55}$fa$^{33}$

*等公 tɐŋ$^{31}$koŋ$^{33}$

*接公 tsep$^{214}$koŋ$^{33}$

*捧公 poŋ$^{31}$koŋ$^{33}$

*游神 zau$^{213}$sɐn$^{213}$

拜公 pai$^{55}$koŋ$^{33}$ 祭拜祖先神灵

拜大庙 pai$^{55}$ta$^{55}$meu$^{55}$ 拜神

　拜神 pai$^{55}$sɐn$^{213}$

拜菩萨 pai$^{55}$p$^{h}$ɔ$^{213}$ɬat$^{214}$

失魂 sɐt$^{5}$wɐn$^{213}$ 丢了魂

招魂 tseu$^{33}$wɐn$^{213}$ 把魂找回来

投胎 t$^{h}$ɐu$^{213}$t$^{h}$ai$^{33}$

许神 hi$^{31}$sɐn$^{213}$ 许愿

还神 wan$^{213}$sɐn$^{213}$ 还愿

吃斋 k$^{h}$iɐt$^{5}$tsai$^{33}$ 吃素

吃肉 k$^{h}$iɐt$^{5}$zok$^{5}$ 吃荤

大宗 ta$^{55}$tsoŋ$^{33}$ 子孙多的世系

房 faŋ$^{213}$ 同宗的分支

大房 ta$^{55}$faŋ$^{213}$

二房 i$^{55}$faŋ$^{213}$

细房 ɬɐi$^{55}$faŋ$^{213}$

对联 tɔi$^{55}$len$^{33}$

门额 mɐn$^{213}$ŋɐk$^{5}$ 横批

*利市钱 li$^{55}$si$^{55}$ts$^{h}$en$^{213}$

旺相 waŋ$^{55}$ɬiaŋ$^{55}$ 兴旺

风水好旺 foŋ$^{33}$sɔi$^{31}$hou$^{31}$waŋ$^{31}$ 风水好

门神公 mɐn$^{213}$sɐn$^{213}$koŋ$^{33}$ 门神

　门神 mɐn$^{213}$sɐn$^{213}$

家神公 ka$^{33}$sɐn$^{213}$koŋ$^{33}$ 家神

贵人符 kuɐi$^{55}$zɐn$^{213}$fu$^{213}$ 贴在家中的符咒，迷信认为可以祈福去灾

碰鬼 p$^{h}$oŋ$^{55}$kuɐi$^{31}$ 见鬼

眼眉跳 ŋan$^{31}$mi$^{213}$t$^{h}$eu$^{213}$ 眼跳

大吉大利 ta$^{55}$kiɐt$^{214}$ta$^{55}$li$^{55}$

## 十六　日常生活

穿衫裤 ts$^{h}$en$^{33}$sam$^{33}$fu$^{55}$ 穿衣服

褪衫裤 t$^{h}$ɐn$^{55}$sam$^{33}$fu$^{55}$ 脱衣服

换衫裤 wɔn$^{55}$sam$^{33}$fu$^{55}$ 换衣服

笠衫 lɐp$^{5}$sam$^{33}$ 从头上套毛衣

穿鞋 ts$^{h}$en$^{33}$hai$^{213}$

穿袜 ts$^{h}$en$^{33}$mat$^{214}$

褪鞋 t$^{h}$ɐn$^{55}$hai$^{213}$ 脱鞋

缚鞋带 fɔk$^{214}$hai$^{213}$tai$^{55}$ 系鞋带

解鞋带 kai$^{31}$hai$^{213}$tai$^{55}$

踩踭 ȵiai$^{31}$tsɐŋ$^{33}$ 靸鞋

搵后踭起 mɐŋ$^{33}$hɐu$^{55}$tsɐŋ$^{33}$hi$^{31}$ 拔鞋

*度身 tɔk$^{214}$sɐn$^{33}$

做衫裤 tsu$^{55}$sam$^{33}$fu$^{55}$ 做衣服

剪布 tsen$^{31}$pu$^{55}$ 剪裁

打边 ta$^{31}$pen$^{33}$ 绲边

挑边 t$^{h}$eu$^{33}$pen$^{33}$ 缲边

钉衫纽扣 teŋ$^{33}$sam$^{33}$nɐu$^{31}$k$^{h}$ɐu$^{55}$ 钉扣子

　钉纽 teŋ$^{33}$nɐu$^{31}$

绣花 ɬiau$^{55}$fa$^{33}$ 绣花儿

补衫裤 pu$^{31}$sam$^{33}$fu$^{55}$ 打补丁

做被 tsu$^{55}$pi$^{55}$ 缝被子

　联被 len$^{213}$pi$^{55}$

洗衫裤 ɬi$^{31}$sam$^{33}$fu$^{55}$ 洗衣服

擦枧 $ts^{h}at^{214}kan^{31}$ 打肥皂
刷衫裤 $ɬat^{214}sam^{33}fu^{55}$ 刷衣服
过水 $kɔ^{55}sɔi^{31}$ 将衣服放入清水中，将肥皂水漂洗干净
脱色 $t^{h}et^{214}sek^{5}$ 褪色
缩水 $ɬok^{5}sɔi^{31}$ 衣服洗后收缩
扭熂 $nɐu^{31}tsau^{33}$ 捏干
浆衫裤 $tsiaŋ^{33}sam^{33}fu^{55}$ 用米浆洗衣服
晒衫裤 $sai^{55}sam^{33}fu^{55}$ 晒衣服
晾衫裤 $laŋ^{55}sam^{33}fu^{55}$ 晾衣服
收衫裤 $sɐu^{33}sam^{33}fu^{55}$ 把晒干的衣服收回
烫衫裤 $t^{h}aŋ^{55}sam^{33}fu^{55}$ 熨衣服
折衫裤 $tsep^{214}sam^{33}fu^{55}$ 叠衣服
翻转向 $fan^{33}tsen^{31}hiaŋ^{55}$ 翻衣服
联衫裤 $len^{213}sam^{33}fu^{55}$ 补衣服
车衫裤 $ts^{h}e^{33}sam^{33}fu^{55}$ 用缝纫机缝衣服
纳鞋底 $nap^{214}hai^{213}ti^{31}$
戴帽仔 $tai^{55}mou^{55}tsɐi^{31}$ 戴帽子
戴领呔 $tai^{55}leŋ^{31}t^{h}ɐi^{55}$ 打领带
烧火 $seu^{33}fɔ^{31}$ 生火
□火 $oŋ^{31}fɔ^{31}$
起火 $hi^{31}fɔ^{31}$
引火 $zɐn^{31}fɔ^{31}$ 用易燃物把火点燃
火旺 $fɔ^{31}waŋ^{55}$ 火大
*做过火 $tsu^{55}kɔ^{55}fɔ^{31}$
大火 $ta^{55}fɔ^{31}$
细火 $ɬɐi^{55}fɔ^{31}$
火星 $fɔ^{31}ɬeŋ^{33}$
火尾 $fɔ^{31}wɐi^{31}$ 火苗
加柴 $ka^{33}ts^{h}ai^{213}$ 添柴
斩柴 $tsam^{31}ts^{h}ai^{213}$ 砍柴
破柴 $p^{h}ɔ^{55}ts^{h}ai^{213}$ 劈柴
□血 $ts^{h}em^{33}het^{214}$ 放血
刮毛 $kuat^{214}mou^{33}$ 拔毛
□毛 $k^{h}au^{213}mou^{33}$
开肚 $hai^{33}tu^{55}$ 开膛
□猪肚 $ȵiai^{33}tsi^{33}tu^{55}$ 用盐搓揉、洗净猪肚
□鳞 $k^{h}au^{213}lɐn^{213}$ 去鱼鳞
打鳞 $ta^{31}lɐn^{213}$
擘鳃 $mek^{5}ɬɔi^{33}$ 去鱼鳃
养鸡 $ziaŋ^{31}ki^{33}$
刣鸡 $t^{h}aŋ^{33}ki^{33}$ 杀鸡
搣鸡毛 $mɐŋ^{33}ki^{33}mou^{33}$ 拔鸡毛
*籴米 $tek^{5}mi^{31}$ 买米
买米 $mai^{31}mi^{31}$
*粜米 $t^{h}eu^{55}mi^{31}$ 卖米
卖米 $mai^{55}mi^{31}$
打油 $ta^{31}zau^{213}$ 买油
买猪肉 $mai^{31}tsi^{33}zok^{5}$
□碎肉 $tiɔk^{214}ɬɔi^{55}zok^{5}$ 剁肉
斩骨头 $tsam^{31}kuɐt^{5}t^{h}ɐu^{213}$
买餸 $mai^{31}ɬoŋ^{55}$ 买菜
拣菜 $kan^{31}ts^{h}ai^{55}$ 择菜
切菜 $ts^{h}et^{214}ts^{h}ai^{55}$
下盐 $ha^{55}zem^{213}$ 放盐
放味 $faŋ^{55}mi^{55}$
下豉油 $ha^{55}si^{55}zau^{213}$ 放酱油
尝 $siaŋ^{213}$
□菜 $leu^{33}ts^{h}ai^{55}$ 把菜从锅里铲出来
煮汤 $tsi^{31}t^{h}aŋ^{33}$ 做汤
煲汤 $pou^{33}t^{h}aŋ^{33}$
□汤 $tɐp^{5}t^{h}aŋ^{33}$ 舀汤
□汤 $nɐm^{31}t^{h}aŋ^{33}$
吃饭 $k^{h}iɐt^{5}fan^{55}$

扒饭 pʰa²¹³fan⁵⁵ 把饭送入口

吃餸 kʰiɐt⁵ɬoŋ⁵⁵ 吃菜

送饭 ɬoŋ⁵⁵fan⁵⁵ 用菜送饭

吃多［滴仔］菜 kʰiɐt⁵tɔ³³nia³¹tsʰai⁵⁵ 出于礼貌，劝人多吃菜

有吃正⁼多菜 mou⁵⁵kʰiɐt⁵tseŋ⁵⁵tɔ³³tsʰai⁵⁵ 由于菜少等原因，告诫小孩要少吃菜

关⁼少饭 kuan³³seu³¹fan⁵⁵ 减去碗中饭

吃冇下 kʰiɐt⁵mou³¹ha⁵⁵ 吃不下

淘米 tʰou²¹³mi³¹ 洗米

滚 kuɐn³¹ ①沸腾；②涮

炊饭 tsʰɔi³³fan⁵⁵ 蒸饭

焗饭 kok⁵fan⁵⁵ 焖饭

郁饭 wɐt⁵fan⁵⁵

泌饮 pi⁵⁵ȵiɐm³¹ 滤出米汤

煮朝 tsi³¹tseu³³ 做早饭

煮晏 tsi³¹an⁵⁵ 做中饭

煮晚 tsi³¹wan³¹ 做晚饭

朝煲熟诶 tseu³³pou³³sok⁵e³³ 早饭好了

晏煲熟诶 an⁵⁵pou³³sok⁵e³³ 中饭好了

晚煲熟诶 wan³¹pou³³sok⁵e³³ 晚饭好了

端饭 ten³³fan⁵⁵ 端起饭锅

捞粉 lou³³fɐn³¹ 和面

□粉 ȵiai³³fɐn³¹ 揉面

□粉 ŋan²¹³fɐn³¹ 擀面

炊面包 tsʰɔi³³men⁵⁵pau³³ 蒸面食

喝汤 hap²¹⁴tʰaŋ³³

泡饭 pʰau⁵⁵fan⁵⁵ 用汤拌饭吃

吃口头 kʰiɐt⁵hɐu³¹tʰɐu²¹³ 吃零食

吃花口 kʰiɐt⁵fa³³hɐu³¹

吃饱诶 kʰiɐt⁵pau³¹e³³ 吃饱了

拣吃 kan³¹kʰiɐt⁵ 挑食

洗碗 ɬi³¹wɔn³¹

咬冇烂 ŋau³¹mou³¹lan⁵⁵ 嚼不动

熬 ŋou²¹³ 慢火煮

沤 ou⁵⁵ 用水浸泡使熟

煠 sap²¹⁴ 放在开水里煮

汤 tʰaŋ³³ 涮

焖 mɐn⁵⁵ 盖锅小火煮

爆 pau⁵⁵ 用油大火炒

炖 tɐn⁵⁵

腌 zep²¹⁴ 用盐腌制食物

煨 wɐi³³ 把生的食物放在带火的灰里使烧熟

胀到 tsiaŋ⁵⁵tou³¹ 撑着了

口□ hɐu³¹tsʰiɔk²¹⁴ 嘴没味儿

口淡 hɐu³¹tam⁵⁵

冲茶 tsʰoŋ³³tsʰa²¹³

焗茶 kok⁵tsʰa²¹³ 泡茶

□茶 tʰiau³¹tsʰa²¹³ 倒茶

倒茶 tou³¹tsʰa²¹³

斟茶 tsam³³tsʰa²¹³

喝茶 hap²¹⁴tsʰa²¹³

饮茶 ȵiɐm³¹tsʰa²¹³

喝酒 hap²¹⁴tsɐu³¹

喝醉 hap²¹⁴tsɔi⁵⁵

解酒 kai³¹tsɐu³¹ 醒酒

发酒癫 fat²¹⁴tsɐu³¹ten³³ 发酒疯

喝净 hap²¹⁴tseŋ⁵⁵ 干杯

欶烟仔 ɬɔk²¹⁴zen³³tsɐi³¹ 抽香烟

吃白粉 kʰiɐt⁵pɐk⁵fɐn³¹ 吸毒

挨饿 ŋai²¹³ŋɔ⁵⁵

乞吃 hɐt⁵kʰiɐt⁵ 讨饭

吃得咸 kʰiɐt⁵tɐk⁵ham²¹³ 能吃咸

吃得辣 kʰiɐt⁵tɐk⁵lat²¹⁴ 能吃辣

涉$^{=}$牙 ɬep$^{214}$ŋa$^{213}$ 塞牙

擢牙 tok$^{5}$ŋa$^{213}$ 剔牙

攞吃 lɔ$^{31}$kʰiɐt$^{5}$ 谋生

住 tsi$^{55}$ 住宿

洗手 ɬi$^{31}$sɐu$^{31}$

洗脸 ɬi$^{31}$len$^{31}$

喰口 laŋ$^{31}$hɐu$^{31}$ 漱口

辫头毛 pen$^{55}$tʰɐu$^{213}$mou$^{33}$ 梳辫子

梳髻 sɔ$^{33}$ki$^{55}$

剪手甲 tsen$^{31}$sɐu$^{31}$kap$^{214}$ 剪指甲

挖耳屎 wat$^{214}$ɨ$^{31}$si$^{31}$ 掏耳朵

抹身 mat$^{214}$sɐn$^{33}$ 擦澡

*垢圿 kɐu$^{31}$kɔi$^{55}$

垢圿漆 kɐu$^{31}$kɔi$^{55}$tsʰɐt$^{5}$

□垢圿 nok$^{5}$kɐu$^{31}$kɔi$^{55}$ 搓出污垢

□手 nok$^{5}$sɐu$^{31}$ 搓手

火纸 fɔ$^{31}$tsi$^{31}$ 草纸

屎□ si$^{31}$men$^{31}$ 擦屁股用的纸

□屎窟 tsɐt$^{5}$si$^{31}$fɐt$^{5}$ 擦屁股

尿急 neu$^{55}$kiɐp$^{5}$ 内急

月经带 zet$^{214}$keŋ$^{33}$tai$^{55}$

晾凉 laŋ$^{55}$liaŋ$^{213}$ 乘凉

吹凉 tsʰɔi$^{33}$liaŋ$^{213}$

晒日头 sai$^{55}$zɐt$^{5}$tʰɐu$^{213}$ 晒太阳

烘火 haŋ$^{55}$fɔ$^{31}$ 烤火

歇歇将 het$^{214}$het$^{214}$tsiaŋ$^{33}$ 休息一下

敨一敨将 tʰɐu$^{31}$zɐt$^{5}$tʰɐu$^{31}$tsiaŋ$^{33}$

歇歇眼 het$^{214}$het$^{214}$ŋan$^{31}$ 打盹儿

眼睡 ŋan$^{31}$sɔi$^{55}$ 困了

搣懒 mɐŋ$^{33}$lan$^{31}$ 伸懒腰

铺床 pʰu$^{33}$tsʰɔŋ$^{213}$

起床 hi$^{31}$tsʰɔŋ$^{213}$ 上床睡觉

睡下来 sɔi$^{55}$ha$^{55}$lai$^{213}$ 躺下

睡下 sɔi$^{55}$ha$^{55}$

睡晏昼觉 sɔi$^{55}$an$^{55}$tsɐu$^{55}$kau$^{55}$ 睡午觉

睡晏觉 sɔi$^{55}$an$^{55}$kau$^{55}$ 睡午觉

仰倒睡 ŋaŋ$^{31}$tou$^{31}$sɔi$^{55}$ 仰面睡

扑倒睡 pʰok$^{5}$tou$^{31}$sɔi$^{55}$ 趴着睡

趴倒睡 pa$^{33}$tou$^{31}$sɔi$^{55}$

侧倒睡 tsɐk$^{5}$tou$^{31}$sɔi$^{55}$ 侧着睡

睡熟 sɔi$^{55}$sok$^{5}$ 睡着

睡冇熟 sɔi$^{55}$mou$^{31}$sok$^{5}$ 睡不着

讲梦话 kaŋ$^{31}$moŋ$^{55}$wa$^{55}$

睡恐梦 sɔi$^{55}$kʰɔŋ$^{213}$moŋ$^{55}$ 做噩梦

做恐梦 tsu$^{55}$kʰɔŋ$^{213}$moŋ$^{55}$

托梦 tʰɔk$^{214}$moŋ$^{55}$

睡醒 sɔi$^{55}$ɬeŋ$^{31}$ 醒了

睡错枕 sɔi$^{55}$tsʰɔ$^{55}$tsɐm$^{31}$ 落枕

发烧弓 fat$^{214}$seu$^{33}$koŋ$^{33}$ 抽筋

发烧筋 fat$^{214}$seu$^{33}$kiɐn$^{33}$

捱得苦 ŋai$^{213}$tɐk$^{5}$fu$^{31}$ 经受了苦

隔夜 kɐk$^{5}$ze$^{55}$ 过夜

捱夜 ŋai$^{213}$ze$^{55}$ 熬夜

做夜工 tsu$^{55}$ze$^{55}$koŋ$^{33}$ 开夜车

点着灯仔 tem$^{31}$tsiak$^{214}$tɐŋ$^{33}$tsɐi$^{31}$ 点煤油灯

点灯仔火 tem$^{31}$tɐŋ$^{33}$tsɐi$^{33}$fɔ$^{31}$

吹过火 tsʰɔi$^{33}$kɔ$^{55}$fɔ$^{31}$ 吹灭煤油灯

开灯 hai$^{33}$tɐŋ$^{33}$ 开电灯

拉过灯 lai$^{33}$kɔ$^{55}$tɐŋ$^{33}$ 熄电灯

关灯 kuan$^{33}$tɐŋ$^{33}$

鼓门 ku$^{31}$mɐn$^{213}$ 敲门

关门 kuan$^{33}$mɐn$^{213}$ 关闭门

杠门 kaŋ$^{55}$mɐn$^{213}$ 闩门

锁门 ɬɔ$^{31}$mɐn$^{213}$

撬门 keu$^{55}$mɐn$^{213}$

去做工 kʰi$^{55}$tsu$^{55}$koŋ$^{33}$ 上工

上班 siaŋ$^{55}$pan$^{33}$

下班 ha$^{55}$pan$^{33}$

退休 tʰɔi$^{55}$hiau$^{33}$

偷工 tʰɐu$^{33}$koŋ$^{33}$ 偷懒

慢摸 man$^{55}$mɔ$^{33}$ 磨蹭

下地 ha$^{55}$ti$^{55}$ 去到田地做工

　去做田 kʰi$^{55}$tsu$^{55}$tʰen$^{213}$

放工 faŋ$^{55}$koŋ$^{33}$ 收工

　收工 sɐu$^{33}$koŋ$^{33}$

买东西 mai$^{31}$toŋ$^{33}$ɬi$^{33}$

剪手甲 tsen$^{31}$sɐu$^{31}$kap$^{214}$

挖耳仔 wat$^{214}$ɨ$^{31}$tsɐi$^{31}$ 挖耳屎

剃脸 tʰi$^{55}$len$^{31}$ 刮脸

剃须 tʰi$^{55}$ɬu$^{33}$ 刮胡子

染头毛 ȵiem$^{31}$tʰɐu$^{213}$mou$^{33}$ 染头发

看屋 kʰan$^{55}$ok$^{5}$ 看家

□山 tek$^{5}$san$^{33}$ 打猎

铳 tsʰoŋ$^{55}$

火粉 fɔ$^{31}$fɐn$^{31}$ 火药

火引 fɔ$^{31}$ȵiɐn$^{31}$ 鞭炮或炸药的引线

影相 eŋ$^{31}$ɬiaŋ$^{55}$ 照相

晒相 sai$^{33}$ɬiaŋ$^{55}$ 冲洗相片

　洗相 ɬi$^{31}$ɬiaŋ$^{55}$

相片 ɬiaŋ$^{55}$pʰen$^{55}$

相底 ɬiaŋ$^{55}$ti$^{31}$ 底片

影相机 eŋ$^{31}$ɬiaŋ$^{55}$ki$^{33}$ 照相机

全家相 tsʰen$^{213}$ka$^{33}$ɬiaŋ$^{55}$ 全家福

养狗 ziaŋ$^{31}$kɐu$^{31}$

栽花 tsai$^{33}$fa$^{33}$ 养花

公园 koŋ$^{33}$zen$^{213}$

动物园 toŋ$^{55}$mɐt$^{5}$zen$^{213}$

去公园嫽 kʰi$^{55}$koŋ$^{33}$zen$^{213}$leu$^{55}$ 逛公园

分家 fɐn$^{33}$kia$^{33}$

搬屋 pɔn$^{33}$ok$^{5}$ 搬家

养老 ziaŋ$^{31}$lou$^{31}$

## 十七　讼事

衙门 ŋa$^{213}$mɐn$^{213}$

官司 kɔn$^{33}$ɬi$^{33}$

打官司 ta$^{31}$kɔn$^{33}$ɬi$^{33}$

告 kou$^{55}$ 告状

　告状 kou$^{55}$tsɔŋ$^{55}$

报 pou$^{55}$ 告发

原告 zen$^{213}$kou$^{55}$

被告 pi$^{55}$kou$^{55}$

状纸 tsɔŋ$^{55}$tsi$^{31}$

升堂 seŋ$^{33}$tʰaŋ$^{213}$ 坐堂

　坐堂 tsɔ$^{55}$tʰaŋ$^{213}$

退堂 tʰɔi$^{55}$tʰaŋ$^{213}$

审 sɐm$^{31}$ 问案

证明人 tseŋ$^{55}$meŋ$^{213}$zɐn$^{213}$ 证人

人证 zɐn$^{213}$tseŋ$^{55}$

物证 mɐt$^{5}$tseŋ$^{55}$

对证 tɔi$^{55}$tseŋ$^{55}$ 对质

刑事 heŋ$^{213}$ɬi$^{55}$

民事 mɐn$^{213}$ɬi$^{55}$

家务事 ka$^{33}$mu$^{55}$ɬi$^{55}$

律师 lɐt$^{5}$si$^{33}$

服气 fok$^{5}$kʰi$^{55}$ 服

冇服 mou$^{31}$fok$^{5}$ 不服

上诉 siaŋ$^{33}$ɬu$^{55}$

判 pʰɔn$^{55}$ 宣判

　宣判 sen$^{33}$pʰɔn$^{55}$

承认 seŋ$^{31}$zɐn$^{55}$ 招认

口供 hɐu$^{31}$koŋ$^{55}$

讲出来 kaŋ$^{31}$tsʰɐt$^{5}$lai$^{213}$ 供认

点水 tem$^{31}$sɔi$^{31}$ 供出同伙

偷东西 tʰɐu$^{33}$toŋ$^{33}$ɬi$^{33}$ 偷窃

抢东西 tsʰiaŋ$^{31}$toŋ$^{33}$ɬi$^{33}$ 抢劫

吃人 kʰiɐt$^{5}$zɐn$^{213}$ 讹诈

强奸 kʰiaŋ$^{213}$kan$^{33}$

劏人 tʰaŋ$^{33}$zɐn$^{213}$ 杀人

放火 faŋ$^{55}$fɔ$^{31}$ 纵火

绑架 paŋ$^{31}$ka$^{55}$

贩卖 fan$^{55}$mai$^{55}$

收钱 sɐu$^{33}$tsʰen$^{213}$ 收钱；受贿

送钱 ɬoŋ$^{55}$tsʰen$^{213}$ 送钱；行贿

同伙 tʰoŋ$^{213}$fɔ$^{31}$ 同谋

有意犯罪 zau$^{31}$zi$^{55}$fan$^{55}$tsɔi$^{55}$

出错 tsʰɐt$^{5}$tsʰɔ$^{55}$ 误犯

犯法 fan$^{55}$fat$^{214}$

犯罪 fan$^{55}$tsɔi$^{55}$

诬告 wu$^{33}$kou$^{55}$

委屈 wɐi$^{31}$wɐt$^{5}$ 冤枉

　冤枉 zen$^{33}$waŋ$^{31}$

错案 tsʰɔ$^{55}$an$^{55}$ 冤案

牵连 hen$^{33}$len$^{213}$

　连累 len$^{213}$lɔi$^{55}$

捉人 tsɔk$^{214}$zɐn$^{213}$ 逮捕

□身 tsʰau$^{55}$sɐn$^{33}$ 搜查

调查 tʰeu$^{213}$tsʰa$^{213}$

戒 kai$^{55}$ 押解

保 pou$^{31}$ 担保

　担保 tam$^{33}$pou$^{31}$

保出来 pou$^{31}$tsʰɐt$^{5}$lai$^{213}$ 保释

放 faŋ$^{55}$ 释放

犯人车 fan$^{55}$zɐn$^{213}$tsʰe$^{33}$ 囚车

赃 tsɔŋ$^{33}$ 赃物、赃款

罚钱 fat$^{214}$tsʰen$^{213}$ 罚款

斩头 tsam$^{31}$tʰɐu$^{213}$ 斩首

打靶 ta$^{31}$pa$^{31}$ 枪毙

插签 tsʰap$^{214}$tsʰem$^{33}$ 过去在即将枪毙的犯人身上插木板，上写罪名及犯人姓名，以示警戒

　插牌 tsʰap$^{214}$pʰai$^{213}$

打板 ta$^{31}$pan$^{31}$ 打屁股

手铐 sɐu$^{31}$kʰou$^{55}$

脚镣 kiak$^{214}$leu$^{213}$

枷 ka$^{33}$

戴枷 tai$^{55}$ka$^{33}$

缚倒 fɔk$^{214}$tou$^{31}$ 绑起来

　绑倒 paŋ$^{31}$tou$^{31}$

关起 kuan$^{33}$hi$^{31}$ 囚禁起来

　关起来 kuan$^{33}$hi$^{31}$lai$^{213}$

栏 lan$^{33}$ 牢房

坐栏 tsɔ$^{55}$lan$^{33}$ 坐牢

探 tʰam$^{55}$ 探监

逃走 tʰou$^{213}$tsɐu$^{31}$ 逃跑；越狱

告示 kau$^{55}$si$^{55}$

通知 tʰoŋ$^{33}$ti$^{33}$

印 zɐn$^{55}$ 印章

公印 koŋ$^{33}$zɐn$^{55}$ 公章

　公章 koŋ$^{33}$tsiaŋ$^{33}$

私印 ɬi$^{33}$zɐn$^{55}$ 私章

印油 zɐn$^{55}$zau$^{213}$

容印 kʰɐp$^{5}$zɐn$^{55}$ 盖印

□印 kok$^{5}$zɐn$^{55}$

交代 kiau$^{33}$tai$^{55}$

签名 ts$^{h}$em$^{213}$meŋ$^{213}$ ①签名；②画押

打手指拇 ta$^{31}$sɐu$^{31}$tsi$^{31}$mu$^{31}$ 按手印

包公 pau$^{33}$koŋ$^{33}$

上任 siaŋ$^{55}$ȵiɐm$^{55}$

罢官 pa$^{55}$kɔn$^{33}$ 罢免

案卷 an$^{55}$ken$^{55}$

传票 ts$^{h}$en$^{213}$p$^{h}$eu$^{55}$

## 十八　交际

来去 lai$^{213}$k$^{h}$i$^{55}$ 来往

　来往 lai$^{213}$waŋ$^{31}$

*佮 kap$^{214}$

佮倒 kap$^{214}$tou$^{31}$ 合伙儿；加起来

佮朋友 kap$^{214}$p$^{h}$ɐŋ$^{213}$zau$^{31}$ 交朋友

佮伙计 kap$^{214}$fɔ$^{31}$ki$^{55}$ 合伙

啱头 ŋam$^{33}$t$^{h}$ɐu$^{213}$ 关系好

*帮手 paŋ$^{33}$sɐu$^{31}$

散伙 ɬan$^{55}$fɔ$^{31}$

做伴 tsu$^{55}$pɔn$^{55}$

好佮 hou$^{31}$kap$^{214}$ 合得来

冇佮 mou$^{31}$kap$^{214}$ 合不来

冇好 mou$^{31}$hou$^{31}$ 不和

反脸 fan$^{31}$len$^{31}$ 翻脸

断来往 ten$^{55}$lai$^{213}$waŋ$^{31}$ 断交

对头人 tɔi$^{55}$t$^{h}$ɐu$^{213}$zɐn$^{213}$ 冤家

探 t$^{h}$an$^{55}$ 拜访

去村 k$^{h}$i$^{55}$ts$^{h}$uɐn$^{33}$ 回娘家

　回外家 wɐi$^{213}$ŋai$^{55}$ka$^{33}$

回看 wɐi$^{213}$k$^{h}$an$^{55}$ 回拜

鞠躬 kok$^{5}$koŋ$^{33}$

*做礼 tsu$^{55}$li$^{31}$

握手 at$^{214}$sɐu$^{31}$

□头 hɐm$^{31}$t$^{h}$ɐu$^{213}$ 叩头

信纸 ɬɐn$^{55}$tsi$^{31}$

信筒 ɬɐn$^{55}$t$^{h}$oŋ$^{213}$ 信封

邮票 zau$^{213}$p$^{h}$eu$^{55}$

写信 ɬe$^{31}$ɬɐn$^{55}$

封信筒 foŋ$^{33}$ɬɐn$^{55}$t$^{h}$oŋ$^{213}$ 封信封

黏邮票 nem$^{213}$zau$^{213}$p$^{h}$eu$^{55}$ 贴邮票

开信筒 hai$^{33}$ɬɐn$^{55}$t$^{h}$oŋ$^{31}$ 拆信封

打电话 ta$^{31}$ten$^{55}$wa$^{55}$

手机 sɐu$^{31}$ki$^{33}$

广报 kuaŋ$^{31}$pou$^{55}$ 广播

寄声 ki$^{55}$seŋ$^{33}$ 带话

　带话 tai$^{55}$wa$^{55}$

巴结 pa$^{33}$ket$^{214}$

*做好 tsu$^{55}$hou$^{31}$

有脸 zau$^{31}$len$^{31}$ 有面子

冇脸 mou$^{31}$len$^{31}$ 没面子

把脸 pa$^{31}$len$^{31}$ 给面子；看得起

　看得起 k$^{h}$an$^{55}$tɐk$^{5}$hi$^{31}$

看冇起 k$^{h}$an$^{55}$mou$^{31}$hi$^{31}$ 看不起

　看细 k$^{h}$an$^{55}$ɬɐi$^{55}$ 看不起

出丑 ts$^{h}$ɐt$^{5}$ts$^{h}$ɐu$^{31}$ 出洋相

求人 k$^{h}$iau$^{213}$zɐn$^{213}$

答应 tap$^{214}$eŋ$^{55}$

冇应 mou$^{31}$eŋ$^{55}$ 不回答

放过我 faŋ$^{55}$kɔ$^{55}$ŋɔ$^{31}$ 求饶

冇公道 mou$^{31}$koŋ$^{33}$tou$^{55}$ 不公平

摆威风 pai$^{31}$wɐi$^{33}$foŋ$^{33}$ 摆架子

　摆架仔 pai$^{31}$ka$^{55}$tsɐi$^{31}$

扮傻 pan$^{55}$sɔ$^{31}$ 装傻

诈傻 tsa$^{55}$sɔ$^{31}$

诈憨 tsa$^{55}$ŋaŋ$^{55}$

诈懵懂 tsa$^{55}$moŋ$^{31}$toŋ$^{31}$ 装糊涂

讲义气 kaŋ$^{31}$zi$^{55}$hi$^{55}$

冇讲义气 mou$^{31}$kaŋ$^{31}$zi$^{55}$hi$^{55}$ 负义

讲信用 kaŋ$^{31}$ɬɐn$^{55}$zoŋ$^{55}$ 守信用

暗□ ɐm$^{31}$zɐp$^{5}$ 秘密

声气 seŋ$^{33}$hi$^{55}$ 消息

托人 t$^{h}$ɔk$^{214}$zɐn$^{213}$

拉关系 la$^{33}$kuan$^{33}$hi$^{55}$

走后门 tsɐu$^{31}$hɐu$^{55}$mɐn$^{213}$

请 ts$^{h}$eŋ$^{31}$

请帖 ts$^{h}$eŋ$^{31}$t$^{h}$ep$^{214}$

写请帖 ɬe$^{31}$ts$^{h}$eŋ$^{213}$t$^{h}$ep$^{214}$ 下请帖

下帖 ha$^{55}$t$^{h}$ep$^{214}$

接待 tsep$^{214}$tai$^{55}$

主人 tsi$^{31}$zɐn$^{213}$

请客 ts$^{h}$eŋ$^{31}$hɐk$^{5}$

做客 tsu$^{55}$hɐk$^{5}$

陪 p$^{h}$ɐi$^{213}$ 陪客

礼 li$^{31}$ 礼物

送礼 ɬoŋ$^{55}$li$^{31}$

把人 pa$^{31}$zɐn$^{213}$ 送给人

拎起 neŋ$^{33}$hi$^{31}$ 收下

领礼 leŋ$^{31}$li$^{31}$ 收礼

放这里 faŋ$^{55}$tsi$^{55}$nɐi$^{33}$ 留下

回礼 wɐi$^{213}$li$^{31}$

人情 zɐn$^{213}$ts$^{h}$eŋ$^{213}$

客气 hɐk$^{5}$hi$^{55}$

冇客气 mou$^{31}$hɐk$^{5}$hi$^{55}$ 不客气

招呼 tseu$^{33}$fu$^{33}$ 招待

接 tsep$^{214}$ 迎接

接人 tsep$^{214}$zɐn$^{213}$

接车 tsep$^{214}$ts$^{h}$e$^{33}$

送人 ɬoŋ$^{55}$zɐn$^{213}$ 送客

冇送诶 mou$^{31}$ɬoŋ$^{55}$e$^{33}$ 不送了

难为你 nan$^{213}$wɐi$^{213}$ni$^{31}$ 客套话

摆酒 pai$^{31}$tsɐu$^{31}$ 摆酒席

坐台 tsɔ$^{55}$t$^{h}$ai$^{213}$ 入席

扛餸 kaŋ$^{33}$ɬoŋ$^{55}$ 上菜

出餸 ts$^{h}$ɐt$^{5}$ɬoŋ$^{55}$

敬酒 keŋ$^{55}$tsɐu$^{31}$

劝酒 k$^{h}$en$^{55}$tsɐu$^{31}$

干 kan$^{33}$ 干杯

派烟 p$^{h}$ai$^{55}$zen$^{33}$ 分发香烟

散烟 ɬan$^{55}$zen$^{33}$

吃大餐 k$^{h}$iɐt$^{5}$ta$^{55}$ts$^{h}$an$^{33}$ 聚餐

佮份 kap$^{214}$fɐn$^{55}$ 凑钱；凑份子

## 十九　商业交通

执照 tsɐp$^{5}$tseu$^{55}$

税契 sɔi$^{55}$k$^{h}$i$^{55}$

交税 kiau$^{33}$sɔi$^{55}$ 纳税

单据 tan$^{33}$ki$^{55}$ 字据

写单据 ɬe$^{31}$tan$^{33}$ki$^{55}$ 立字据

借据 tse$^{55}$ki$^{55}$ 借条

招牌 tseu$^{33}$p$^{h}$ai$^{213}$ 字号

合同 hap$^{214}$t$^{h}$oŋ$^{213}$

开铺 hai$^{33}$p$^{h}$u$^{55}$ 开铺子

地铺 ti$^{55}$p$^{h}$u$^{55}$ 摊档

摆地铺 pai$^{31}$ti$^{55}$p$^{h}$u$^{55}$ 摆摊子

旺铺 waŋ$^{55}$p$^{h}$u$^{55}$

大排档 ta$^{55}$p$^{h}$ai$^{213}$taŋ$^{55}$ 路边简易餐馆

柜 kuɐi$^{55}$ 柜台

货 fɔ$^{55}$ 商品

吃饭店 k$^{h}$iɐt$^{5}$fan$^{55}$tem$^{55}$ 下馆子

卖布铺 mai$^{55}$pu$^{55}$p$^{h}$u$^{55}$ 布店

杂货店 tsap$^{214}$fɔ$^{55}$tem$^{55}$ 百货店

卖油盐铺 mai$^{55}$zau$^{213}$zem$^{213}$p$^{h}$u$^{55}$ 油盐店

卖米铺 mai$^{55}$mi$^{31}$p$^{h}$u$^{55}$ 粮店

缸瓦铺 kaŋ$^{33}$ŋa$^{31}$p$^{h}$u$^{55}$ 瓷器店

书店 si$^{33}$tem$^{55}$ 文具店

油盐铺 zau$^{213}$zem$^{213}$p$^{h}$u$^{55}$ 粮油店

油行 zau$^{213}$haŋ$^{213}$ 油坊

剃头铺 t$^{h}$i$^{55}$t$^{h}$ɐu$^{213}$p$^{h}$u$^{55}$ 理发店

发廊 fat$^{214}$laŋ$^{213}$

肉铺 zok$^{5}$p$^{h}$u$^{55}$ 卖肉档

车衣铺 ts$^{h}$e$^{33}$zi$^{33}$p$^{h}$u$^{55}$ 裁缝店

银行 ŋɐn$^{213}$haŋ$^{213}$ 钱庄；银行

金铺 kiɐm$^{33}$p$^{h}$u$^{55}$ 打金店

打铁铺 ta$^{31}$t$^{h}$et$^{214}$p$^{h}$u$^{55}$ 铁匠铺

老举店 lou$^{31}$ki$^{31}$tem$^{55}$ 妓院

当铺 taŋ$^{55}$p$^{h}$u$^{55}$

生意 ɬɐŋ$^{33}$zi$^{55}$

开张 hai$^{33}$tsiaŋ$^{33}$ 开业

收水 sɐu$^{33}$sɔi$^{31}$ 停业；倒闭

　执立 tsɐp$^{5}$lɐp$^{5}$

关门 kuan$^{33}$mɐn$^{213}$ 打烊

转手 tsen$^{31}$sɐu$^{31}$

贩 fan$^{55}$ 转手买卖

着数 tsiak$^{214}$su$^{55}$ 合算；便宜

　抵买 ti$^{31}$mai$^{31}$

打折扣 ta$^{31}$tset$^{213}$k$^{h}$ɐu$^{55}$

入货 zɐp$^{5}$fɔ$^{55}$ 进货

下货 ha$^{55}$fɔ$^{55}$ 卸货

冇货 mou$^{31}$fɔ$^{55}$ 缺货

流东西 lɐu$^{213}$toŋ$^{33}$ɬi$^{33}$ ①假货；②劣质货

旧东西 kiau$^{55}$toŋ$^{33}$ɬi$^{33}$ 旧货

盘点 p$^{h}$ɔn$^{213}$tem$^{31}$

整数 tseŋ$^{31}$su$^{55}$ 结账；盘点

买 mai$^{31}$

卖 mai$^{55}$

散卖 ɬan$^{31}$mai$^{55}$ 零售

批发 p$^{h}$i$^{33}$fat$^{214}$

开价 hai$^{33}$ka$^{55}$

讲价 kaŋ$^{31}$ka$^{55}$ 还价

起价 hi$^{31}$ka$^{55}$ 涨价

漏价 lɐu$^{55}$ka$^{55}$ 跌价

　降价 kaŋ$^{55}$ka$^{55}$

冇着数 mou$^{31}$tsiak$^{214}$su$^{55}$ 不合算

呃秤头 ŋɐk$^{5}$ts$^{h}$eŋ$^{55}$t$^{h}$ɐu$^{213}$ 缺斤少两

　呃秤 ŋɐk$^{5}$ts$^{h}$eŋ$^{55}$

博懵 pɔk$^{214}$moŋ$^{31}$ 占便宜

劏客 t$^{h}$aŋ$^{33}$hɐk$^{5}$ 宰客

买净 mai$^{31}$tseŋ$^{55}$ 包圆儿

卖净 mai$^{55}$tseŋ$^{55}$ 卖完

生意好 sɐŋ$^{33}$zi$^{55}$hou$^{31}$ 买卖好

生意冇好 sɐŋ$^{33}$zi$^{55}$mou$^{31}$hou$^{31}$ 买卖不好

薄利多销 pɔk$^{214}$li$^{55}$tɔ$^{33}$ɬeu$^{33}$

连本带利 len$^{213}$pɐn$^{31}$tai$^{55}$li$^{55}$ 毛收入

够本 kɐu$^{55}$pɐn$^{31}$ 保本

分红 fɐn$^{33}$hoŋ$^{213}$ 分红利

赔 p$^{h}$ɐi$^{213}$ 蚀本

垫本 t$^{h}$em$^{55}$pɐn$^{31}$ 贴本

息 ɬek$^{5}$ 利息

借钱 tse$^{55}$ts$^{h}$en$^{213}$ 借款

收钱 sɐu$^{33}$ts$^{h}$en$^{213}$ 收账

把钱 pa$^{31}$ts$^{h}$en$^{213}$ 给钱；出账

欠钱 hem$^{55}$ts$^{h}$en$^{213}$ 欠钱；不够钱

欠债 hem$^{55}$tsai$^{55}$ 背债

欠条 hem$^{55}$t$^{h}$eu$^{213}$ 白条

攞回钱 lɔ$^{31}$wɐi$^{213}$ts$^{h}$en$^{213}$ 讨钱，要账

攞钱 lɔ$^{31}$ts$^{h}$en$^{213}$

还债 wan$^{213}$tsai$^{55}$

顶债 teŋ$^{31}$tsai$^{55}$ 抵债

赊数 se$^{33}$su$^{55}$ 赊账

现钱 hen$^{55}$ts$^{h}$en$^{213}$

贴钱 t$^{h}$ep$^{214}$ts$^{h}$en$^{213}$ 找零钱

仛数 t$^{h}$at$^{214}$su$^{55}$ 赖账

拖狗皮 t$^{h}$ɔ$^{33}$kɐu$^{31}$p$^{h}$i$^{213}$

押 at$^{214}$ 抵押

押金 at$^{214}$kiɐm$^{33}$

存钱 ts$^{h}$ɐn$^{213}$ts$^{h}$en$^{213}$ 存款

当 taŋ$^{55}$ 典当

赎 sok$^{5}$

批 p$^{h}$i$^{33}$ 租

出租 ts$^{h}$ɐt$^{5}$tsu$^{33}$

批屋 p$^{h}$i$^{33}$ok$^{5}$ 租房子

账房 tsiaŋ$^{55}$faŋ$^{213}$

入数 zɐp$^{5}$su$^{55}$ 记账

账簿 tsiaŋ$^{55}$pu$^{55}$ 账本

算数 ɬen$^{55}$su$^{55}$ 算账

对数 tɔi$^{55}$su$^{55}$ 对账

牌仔 p$^{h}$ai$^{213}$tsɐi$^{31}$ 水牌

发票 fat$^{214}$p$^{h}$eu$^{55}$

单据 tan$^{33}$ki$^{55}$ 收据

大条钱 ta$^{55}$t$^{h}$eu$^{213}$ts$^{h}$en$^{213}$ 整钱

铜镭 t$^{h}$oŋ$^{213}$lɔi$^{33}$ 铜板儿

大银圆 ta$^{55}$ŋɐn$^{213}$zen$^{213}$ 银圆

*银 ŋɐn$^{213}$

双毫 sɔŋ$^{33}$hou$^{213}$ 两毛钱

*纸 tsi$^{31}$

一分钱 zɐt$^{5}$fɐn$^{33}$ts$^{h}$en$^{213}$

一毫钱 zɐt$^{5}$hou$^{213}$ts$^{h}$en$^{213}$ 一角钱

一文钱 zɐt$^{5}$mɐn$^{33}$ts$^{h}$en$^{213}$ 一块钱

十元钱 sɐp$^{5}$zen$^{213}$ts$^{h}$en$^{213}$

百银 pɐk$^{5}$ŋɐn$^{213}$ 一百块钱

天平秤 t$^{h}$en$^{33}$p$^{h}$eŋ$^{213}$ts$^{h}$eŋ$^{55}$ 天平

厘戥秤 li$^{31}$tɐŋ$^{31}$ts$^{h}$eŋ$^{55}$ 戥子

磅秤 paŋ$^{55}$ts$^{h}$eŋ$^{55}$

台秤 t$^{h}$ai$^{213}$ts$^{h}$eŋ$^{55}$

秤盘 ts$^{h}$eŋ$^{55}$p$^{h}$ɔn$^{213}$

秤星 ts$^{h}$eŋ$^{55}$ɬeŋ$^{33}$

秤杆 ts$^{h}$eŋ$^{55}$kan$^{33}$

秤钩 ts$^{h}$eŋ$^{55}$ŋɐu$^{33}$

秤砣 ts$^{h}$eŋ$^{55}$t$^{h}$ɔ$^{213}$ 秤锤

秤耳 ts$^{h}$eŋ$^{55}$i$^{31}$ 秤毫

秤旺 ts$^{h}$eŋ$^{55}$waŋ$^{55}$ 秤尾高

秤微 ts$^{h}$eŋ$^{55}$mi$^{213}$ 秤尾低

添秤 t$^{h}$em$^{33}$ts$^{h}$eŋ$^{55}$ 添加使够秤

重秤 tsoŋ$^{55}$ts$^{h}$eŋ$^{55}$ 分量重

轻秤 heŋ$^{33}$ts$^{h}$eŋ$^{55}$ 分量轻

够秤 kɐu$^{55}$ts$^{h}$eŋ$^{55}$ 够重量

斗括 tɐu$^{31}$kuat$^{214}$ 刮板

斗 tɐu$^{31}$ 古时量器，一斗等于十升

加一斗 ka$^{33}$zɐt$^{5}$tɐu$^{31}$ 比标准斗大十分之一的斗

加二斗 ka$^{33}$i$^{55}$tɐu$^{31}$ 比标准斗大十分之二的斗

加三斗 ka$^{33}$ɬam$^{33}$tɐu$^{31}$ 比标准斗大十分之三的斗

米升 mi$^{31}$seŋ$^{33}$ 升

米筒 mi$^{31}$t$^{h}$oŋ$^{213}$ 量米筒

火车路 fɔ$^{31}$ts$^{h}$e$^{33}$lu$^{55}$ 铁路

铁路t$^{h}$et$^{214}$lu$^{55}$

火车fɔ$^{31}$ts$^{h}$e$^{33}$

睡铺sɔi$^{55}$p$^{h}$u$^{55}$卧铺

火车站fɔ$^{31}$ts$^{h}$e$^{33}$tsan$^{55}$

公路koŋ$^{33}$lu$^{55}$

汽车hi$^{55}$ts$^{h}$e$^{33}$

班车pan$^{33}$ts$^{h}$e$^{33}$客车

客车hɐk$^{5}$ts$^{h}$e$^{33}$

货车fɔ$^{55}$ts$^{h}$e$^{33}$

公共汽车koŋ$^{33}$koŋ$^{55}$hi$^{55}$ts$^{h}$e$^{33}$

中巴tsoŋ$^{33}$pa$^{33}$中型公共汽车

小车ɬeu$^{31}$ts$^{h}$e$^{33}$轿车

摩托车mɔ$^{33}$t$^{h}$ɔk$^{214}$ts$^{h}$e$^{33}$

三脚机ɬam$^{33}$kiak$^{214}$ki$^{33}$三轮车

拖拉机t$^{h}$ɔ$^{33}$la$^{33}$ki$^{33}$

手扶仔sɐu$^{31}$fu$^{213}$tsɐi$^{31}$手扶拖拉机

大车ta$^{55}$ts$^{h}$e$^{33}$平板三轮车

双轮车sɔŋ$^{33}$lɐn$^{213}$ts$^{h}$e$^{33}$大板车

荷包车hɔ$^{213}$pau$^{33}$ts$^{h}$e$^{33}$人力车

斗车tɐu$^{31}$ts$^{h}$e$^{33}$建筑用的翻斗车

车仔ts$^{h}$e$^{33}$tsɐi$^{31}$小型车

牛车ŋɐu$^{213}$ts$^{h}$e$^{33}$牛拉的平板车

车髀ts$^{h}$e$^{33}$pi$^{31}$车辕

车头ts$^{h}$e$^{33}$t$^{h}$ɐu$^{213}$ ①车头；②自行车龙头

车床ts$^{h}$e$^{33}$ts$^{h}$ɔŋ$^{213}$车厢

金钱箍kiɐm$^{33}$ts$^{h}$en$^{213}$k$^{h}$u$^{33}$方向盘

车胎ts$^{h}$e$^{33}$t$^{h}$ɐi$^{55}$

气嘴hi$^{55}$tsɔi$^{31}$

漏气lɐu$^{55}$hi$^{55}$

□气zi$^{55}$hi$^{55}$

制tsɐi$^{55}$车刹

铃leŋ$^{33}$自行车铃铛

脚踏kiak$^{214}$tap$^{214}$脚踏板

链len$^{55}$链条

链冚len$^{55}$k$^{h}$ɐm$^{31}$链条盖

泵筒poŋ$^{55}$t$^{h}$oŋ$^{213}$打气筒

泵气poŋ$^{55}$hi$^{55}$打气

搭车tap$^{214}$ts$^{h}$e$^{33}$坐车

起车hi$^{31}$ts$^{h}$e$^{33}$上车

下车ha$^{55}$ts$^{h}$e$^{33}$

船sen$^{213}$

艇t$^{h}$iaŋ$^{31}$小舢板

篷p$^{h}$oŋ$^{213}$帆；篷

桅杆wɐi$^{213}$kan$^{33}$

船舵sen$^{213}$t$^{h}$ɔ$^{213}$舵

摇zeu$^{213}$桨

棹tsau$^{55}$

板梯pan$^{31}$t$^{h}$i$^{33}$跳板

船板sen$^{213}$pan$^{31}$

船桨sen$^{213}$tsiaŋ$^{31}$桨；橹

船篙sen$^{213}$kou$^{33}$篙

篷船p$^{h}$oŋ$^{213}$sen$^{213}$帆船

船舱sen$^{213}$ts$^{h}$ɔŋ$^{33}$

撑船ts$^{h}$ɐŋ$^{33}$sen$^{213}$

摇船zeu$^{213}$sen$^{213}$划船

翻木fan$^{33}$mok$^{5}$翻船

捉鱼船tsɔk$^{214}$zi$^{213}$sen$^{213}$渔船

渡船tu$^{55}$sen$^{213}$

轮船lɐn$^{213}$sen$^{213}$

军舰kiɐn$^{33}$lam$^{55}$

火船fɔ$^{31}$sen$^{213}$机动船

搭船tap$^{214}$sen$^{213}$坐船

过渡kɔ$^{55}$tu$^{55}$坐船过河

渡头tu$^{55}$t$^{h}$ɐu$^{213}$渡口

码头 ma$^{31}$tʰɐu$^{213}$

## 二十　文化教育

入学 zɐp$^{5}$hɔk$^{214}$ 开始上小学

　读书 tok$^{5}$si$^{33}$

逃走 tʰou$^{213}$tsɐu$^{31}$ 逃学

留下 lɐu$^{213}$ha$^{55}$ 关学

幼儿园 zau$^{55}$zi$^{213}$zen$^{213}$

书房仔 si$^{33}$faŋ$^{213}$tsɐi$^{31}$ 私塾

学费 hɔk$^{214}$fɐi$^{55}$

放假 faŋ$^{55}$ka$^{31}$

暑假 si$^{31}$ka$^{31}$

寒假 han$^{213}$ka$^{31}$

农忙假 noŋ$^{213}$maŋ$^{213}$ka$^{31}$

请假 tsʰeŋ$^{31}$ka$^{31}$

教 kiau$^{55}$ 教学

上堂 siaŋ$^{55}$tʰaŋ$^{213}$ 上课

下堂 ha$^{55}$tʰaŋ$^{213}$ 下课

站堂 tsan$^{55}$tʰaŋ$^{213}$ 罚站

　罚站 fat$^{214}$tsan$^{55}$

点名 tem$^{31}$meŋ$^{213}$

点名簿 tem$^{31}$meŋ$^{213}$pu$^{55}$ 点名册

迟到 tsʰi$^{213}$tou$^{55}$

偷鸡 tʰɐu$^{33}$ki$^{33}$ 早退

缺课 kʰet$^{214}$fɔ$^{55}$

留班 lɐu$^{213}$pan$^{33}$ 留级

年级 nen$^{213}$kʰiɐp$^{5}$

讲台 kaŋ$^{31}$tʰai$^{213}$

台仔 tʰai$^{213}$tsɐi$^{31}$ 课桌

凳仔 tɐŋ$^{55}$tsɐi$^{31}$ 板凳

粉板 fɐn$^{31}$pan$^{31}$ 黑板

粉笔 fɐn$^{31}$piɐt$^{5}$

粉笔擦 fɐn$^{31}$piɐt$^{5}$tsʰat$^{214}$ 黑板擦

擦粉板 tsʰat$^{214}$fɐn$^{31}$pan$^{31}$ 擦黑板

棍 kuɐn$^{55}$ 教鞭

堂鞭 tʰaŋ$^{213}$pen$^{33}$ 戒尺

笔记簿 piɐt$^{5}$ki$^{55}$pu$^{55}$ 笔记本

书 si$^{33}$ 课本

书皮 si$^{33}$pʰi$^{213}$ 封面

作文簿 tsɔk$^{214}$wɐn$^{213}$pu$^{55}$ 作文本

作业簿 tsɔk$^{214}$ȵiep$^{214}$pu$^{55}$ 作业本

田字簿 tʰen$^{213}$tsi$^{55}$pu$^{55}$ 大字本

　毛笔簿 mou$^{33}$piɐt$^{5}$pu$^{55}$

字模 tsi$^{31}$mɔ$^{213}$ 字帖

橡皮胶 tsiaŋ$^{55}$pʰi$^{213}$kau$^{33}$ 橡皮

　笔擦 piɐt$^{5}$tsʰat$^{214}$

刀仔 tou$^{33}$tsɐi$^{31}$ 铅笔刀

□笔机 ŋan$^{213}$piɐt$^{5}$ki$^{33}$ 笔刨

　笔□ piɐt$^{5}$ŋan$^{213}$

劘铅笔 mi$^{33}$zen$^{213}$piɐt$^{5}$ 削铅笔

圆规 zen$^{213}$kuɐi$^{33}$

三角板 ɬam$^{33}$kɔk$^{214}$pan$^{31}$

订书机 teŋ$^{33}$si$^{33}$ki$^{33}$ 装订机

书机钉 si$^{33}$ki$^{33}$teŋ$^{33}$ 装订针

复写纸 fok$^{5}$ɬe$^{31}$tsi$^{31}$

蜡纸 lap$^{214}$tsi$^{31}$ 用蜡浸过的纸。打字或刻写后用来做油印的底版

蜡笔 lap$^{214}$piɐt$^{5}$ ①绘画用的有颜色的蜡条；②用来刻蜡纸用的笔，笔尖为钢针

纸压 tsi$^{31}$at$^{214}$ 镇纸

□水笔 tɐm$^{31}$sɔi$^{31}$piɐt$^{5}$ 蘸水钢笔

笔尖 piɐt$^{5}$tsem$^{33}$

笔笠 piɐt$^{5}$lɐp$^{5}$ 笔帽

笔筒 piɐt$^{5}$tʰoŋ$^{213}$ 笔杆

磨墨 mɔ$^{213}$mɐk$^{5}$
墨瓶 mɐk$^{5}$pʰeŋ$^{213}$ 墨盒儿
笔水 piɐt$^{5}$sɔi$^{31}$ 墨水儿
泵墨水 poŋ$^{55}$mɐk$^{5}$sɔi$^{31}$ 吸墨水
　入笔水 zɐp$^{5}$piɐt$^{5}$sɔi$^{31}$
墨汁 mɐk$^{5}$tsɐp$^{5}$
□笔 lem$^{31}$piɐt$^{5}$ 舔笔
潦笔 liau$^{213}$piɐt$^{5}$ 草字
看书 kʰan$^{55}$si$^{33}$
读书 tok$^{5}$si$^{33}$ 朗读
念书 nem$^{55}$si$^{33}$ 背书
　默书 mɐk$^{5}$si$^{33}$
复习 fok$^{5}$tsʰiɐp$^{214}$ 温书
讲课 kaŋ$^{31}$fɔ$^{55}$
提问 tʰi$^{213}$wɐn$^{55}$
回答 wɐi$^{213}$tap$^{214}$
报考 pou$^{55}$hau$^{31}$
考场 hau$^{31}$tsʰiaŋ$^{213}$
入场 zɐp$^{5}$tsʰiaŋ$^{213}$ 进场
考试卷 hau$^{31}$si$^{55}$ken$^{31}$ 考卷
题 tʰi$^{213}$ 题目
作文题 tsɔk$^{214}$wɐn$^{213}$tʰi$^{213}$
改卷 kai$^{31}$ken$^{31}$ 阅卷
剔钩 tʰek$^{5}$ŋɐu$^{33}$ 打钩
打交叉 ta$^{31}$kau$^{33}$tsʰa$^{33}$ 打叉
满分 mɔn$^{31}$fɐn$^{33}$
　百分 pɐk$^{5}$fɐn$^{33}$
零鸡蛋 leŋ$^{213}$ki$^{33}$tan$^{55}$ 零分
放榜 faŋ$^{55}$paŋ$^{31}$ 发榜
第一名 ti$^{55}$zɐt$^{5}$meŋ$^{213}$
尾名 wɐi$^{31}$meŋ$^{213}$
　孻名 lai$^{33}$meŋ$^{213}$ 末名

毕业 piɐt$^{5}$ȵiep$^{214}$
结业 ket$^{214}$ȵiep$^{214}$ 肄业
文凭 mɐn$^{213}$pʰɐŋ$^{213}$ 毕业证
够格 kɐu$^{55}$kɐk$^{5}$ 及格
优秀 zau$^{33}$ɬɐu$^{55}$
良好 liaŋ$^{31}$hou$^{31}$
正笔字 tseŋ$^{55}$piɐt$^{5}$tsi$^{55}$ ①楷书；②繁体字
简笔字 kan$^{31}$piɐt$^{5}$tsi$^{55}$ 简化字
识字 sek$^{5}$tsi$^{55}$ 认字
涂 tʰu$^{213}$ 涂改
写白字 ɬe$^{31}$pɐk$^{5}$tsi$^{55}$ 写别字
装笔字 tsɔŋ$^{33}$piɐt$^{5}$tsi$^{55}$ 斗笔字
错字 tsʰɔ$^{55}$tsi$^{55}$ 错别字
读错音 tok$^{5}$tsʰɔ$^{55}$zɐm$^{33}$ 误读字
打漏字 ta$^{31}$lɐu$^{55}$tsi$^{55}$ 掉字
稿 kou$^{31}$ 草稿
起稿 hi$^{31}$kou$^{31}$ 起稿子
抄稿 tsʰau$^{33}$kou$^{31}$ 誊清
照写 tseu$^{55}$ɬe$^{31}$ 临摹；照抄
　偷抄 tʰɐu$^{33}$tsʰau$^{33}$
笔画 piɐt$^{5}$wɐk$^{5}$
一点 zɐt$^{5}$tem$^{31}$
一横 zɐt$^{5}$wɐŋ$^{213}$
　一画 zɐt$^{5}$wɐk$^{5}$
一竖 zɐt$^{5}$si$^{55}$
一撇 zɐt$^{5}$pʰet$^{214}$
一拖 zɐt$^{5}$tʰɔ$^{33}$ 一捺
一钩 zɐt$^{5}$ŋɐu$^{33}$
一踢= zɐt$^{5}$tʰek$^{5}$ 一挑
单站人 tan$^{33}$tsan$^{55}$zɐn$^{213}$ 立人儿
双站人 sɔŋ$^{33}$tsan$^{55}$zɐn$^{213}$ 双立人儿
四方框 si$^{55}$faŋ$^{33}$kʰuɐŋ$^{33}$ 四框栏儿

宝盖头 pou$^{31}$kai$^{55}$t$^{h}$ɐu$^{213}$ 宝盖儿

冧篷头 lam$^{31}$p$^{h}$oŋ$^{213}$t$^{h}$ɐu$^{213}$ 秃宝盖儿

穿心旁 ts$^{h}$en$^{33}$ɬiɐm$^{33}$p$^{h}$aŋ$^{213}$ 竖心旁

狗爪旁 kɐu$^{31}$ȵiau$^{31}$p$^{h}$aŋ$^{213}$ 反犬旁

狗耳旁 kɐu$^{31}$ȵi$^{31}$p$^{h}$aŋ$^{213}$ ①单耳旁；②双耳旁

假文旁 ka$^{31}$wɐn$^{213}$p$^{h}$aŋ$^{213}$ 反文旁

王字旁 waŋ$^{213}$tsi$^{55}$p$^{h}$aŋ$^{213}$

踢⁼土旁 t$^{h}$ek$^{5}$tu$^{31}$p$^{h}$aŋ$^{213}$ 提土旁

竹字头 tsok$^{5}$tsi$^{55}$t$^{h}$ɐu$^{213}$

火字旁 fɔ$^{31}$tsi$^{55}$p$^{h}$aŋ$^{213}$

四点水 si$^{55}$tem$^{31}$sɔi$^{31}$

三点水 ɬam$^{33}$tem$^{31}$sɔi$^{31}$

两点水 liaŋ$^{31}$tem$^{31}$sɔi$^{31}$

病字头 peŋ$^{55}$tsi$^{55}$t$^{h}$ɐu$^{213}$

雨棚 zi$^{31}$p$^{h}$eŋ$^{213}$ 雨字头

走之旁 tsɐu$^{31}$tsi$^{33}$p$^{h}$aŋ$^{213}$ 走之儿

纽丝旁 nɐu$^{31}$ɬi$^{33}$p$^{h}$aŋ$^{213}$ 绞丝旁

踢⁼手旁 t$^{h}$ek$^{5}$sɐu$^{31}$p$^{h}$aŋ$^{213}$ 提手旁

草字头 ts$^{h}$ou$^{31}$tsi$^{55}$t$^{h}$ɐu$^{213}$

拖船旁 t$^{h}$ɔ$^{33}$sen$^{213}$p$^{h}$aŋ$^{213}$ 建字旁

二十头 ɨ$^{55}$sɐp$^{5}$t$^{h}$ɐu$^{213}$ 革字头

不衣边 pɐt$^{5}$zi$^{33}$pen$^{33}$ ①示字旁；②衣字旁

耳东陈 ɨ$^{31}$toŋ$^{33}$ts$^{h}$ɐn$^{213}$

三画王 ɬam$^{33}$wɐk$^{5}$waŋ$^{213}$ 王字旁

大肚黄 ta$^{55}$tu$^{55}$waŋ$^{213}$ “黄”字

弓长张 koŋ$^{33}$ts$^{h}$iaŋ$^{213}$tsiaŋ$^{33}$

立早章 liɐp$^{5}$tsou$^{31}$tsiaŋ$^{33}$

木仔李 mok$^{5}$tsɐi$^{31}$li$^{31}$

戌画戍点戊中空 ɬɐt$^{5}$wɐk$^{5}$ɬi$^{55}$tem$^{31}$mu$^{55}$tsoŋ$^{33}$ hoŋ$^{33}$ 比较戌、戍、戊三个字的差别

己开已半巳全封 ki$^{31}$hai$^{33}$zi$^{55}$pɔn$^{55}$tsi$^{55}$ts$^{h}$en$^{213}$ foŋ$^{33}$ 比较己、已、巳三个字的差别

画图 wɐk$^{5}$t$^{h}$u$^{213}$ 画画

雕刻 teu$^{33}$hɐk$^{5}$

圆圈 zen$^{213}$k$^{h}$en$^{33}$

四方形 ɬi$^{55}$faŋ$^{33}$zen$^{213}$

三角形 ɬam$^{33}$kɔk$^{214}$zen$^{213}$

## 二十一　文体活动

嫽具 leu$^{55}$ki$^{55}$ 玩具

陀螺 t$^{h}$ɔ$^{213}$lɔ$^{213}$

打陀螺 ta$^{31}$t$^{h}$ɔ$^{213}$lɔ$^{213}$

放纸鹞 faŋ$^{55}$tsi$^{31}$zeu$^{55}$ 放风筝

纸鹞漏 tsi$^{31}$zeu$^{55}$lɐu$^{55}$ 风筝掉落

折飞机 tsep$^{214}$fɐi$^{33}$ki$^{33}$ 叠纸飞机

踢鸡毛燕 t$^{h}$ek$^{5}$ki$^{33}$mou$^{33}$zen$^{55}$ 踢毽子

推箍仔 t$^{h}$ɔi$^{33}$k$^{h}$u$^{33}$tsɐi$^{31}$ 推铁环

捡狗 kem$^{31}$kɐu$^{31}$ 抓子儿

　捡子 kem$^{31}$tsi$^{31}$

弹手甲 t$^{h}$an$^{213}$sɐu$^{31}$kap$^{214}$ 弹指

打玻子 ta$^{31}$pɔ$^{33}$tsi$^{31}$ 打玻璃球

跳飞机 t$^{h}$eu$^{213}$fɐi$^{33}$ki$^{33}$ 跳房子

　跳屋仔 t$^{h}$eu$^{213}$ok$^{5}$tsɐi$^{31}$

　跳海 t$^{h}$eu$^{213}$hai$^{31}$

　跳田 t$^{h}$eu$^{213}$t$^{h}$en$^{213}$

晃索 wɐŋ$^{33}$ɬɔk$^{214}$ 翻绳

滑梯 wat$^{214}$t$^{h}$i$^{33}$ 滑滑梯

打水□ ta$^{31}$sɔi$^{31}$p$^{h}$iɐt$^{5}$ 打水漂

拗手骨 au$^{31}$sɐu$^{31}$kuɐt$^{5}$ 掰手劲

搏脚 pɔk$^{214}$kiak$^{214}$ 踩高跷

吹水泡 ts$^{h}$ɔi$^{33}$sɔi$^{31}$p$^{h}$au$^{55}$ 吹泡泡

做家事 tsu$^{55}$ka$^{33}$ɬi$^{55}$ 过家家

千秋 ts$^{h}$en$^{33}$ts$^{h}$iau$^{33}$ 秋千

晃千秋 wɐŋ$^{33}$ts$^{h}$en$^{33}$ts$^{h}$iau$^{33}$ 荡秋千

弹时胶枪tʰan$^{213}$si$^{213}$kau$^{33}$tsʰiaŋ$^{33}$ 弹弓

估仔ku$^{31}$tsɐi$^{31}$ 谜语

打估仔ta$^{31}$ku$^{31}$tsɐi$^{31}$ 猜谜

出估仔tsʰɐt$^{5}$ku$^{31}$tsɐi$^{31}$ 出谜语

相输ɬiaŋ$^{33}$si$^{33}$ 打赌

* 做赌博tsu$^{55}$tu$^{31}$pɔk$^{214}$

押钱at$^{214}$tsʰen$^{213}$ 下注

麻雀ma$^{213}$tsiak$^{214}$ 麻将

索子ɬɔk$^{214}$tsi$^{31}$ 麻将的条子

万子wan$^{55}$tsi$^{31}$ 麻将的万字牌

筒子tʰoŋ$^{213}$tsi$^{31}$ 麻将的饼

风头子foŋ$^{33}$tʰɐu$^{213}$tsi$^{31}$ 麻将中的“东、南、西、北、中、发、白”

打色子ta$^{31}$ɬek$^{5}$tsi$^{31}$ 掷骰子

□色子kʰuai$^{31}$ɬek$^{5}$tsi$^{31}$

和fu$^{213}$ 和牌

碰pʰoŋ$^{55}$ 三个相同的牌

嵌kʰan$^{33}$ 摸到三个相连的牌

对对和tɔi$^{55}$tɔi$^{55}$fu$^{213}$ 碰碰和

诈和tsa$^{55}$fu$^{213}$ 假和

做厂长tsu$^{55}$tsʰɔŋ$^{31}$tsiaŋ$^{31}$ 打出一张牌导致他人和牌

输si$^{33}$

赢zeŋ$^{213}$

冇赢冇输mou$^{31}$zeŋ$^{213}$mou$^{31}$si$^{33}$ 打平

输净si$^{33}$tseŋ$^{55}$ 输光

骨牌kuɐt$^{5}$pʰai$^{213}$ 牌九

打骨牌ta$^{31}$kuɐt$^{5}$pʰai$^{213}$ 打牌九

百分pɐk$^{5}$fɐn$^{33}$ 扑克牌

拎牌neŋ$^{33}$pʰai$^{213}$ 抓牌

擢牌lɔ$^{31}$pʰai$^{213}$

出牌tsʰɐt$^{5}$pʰai$^{213}$

□牌kʰuai$^{31}$pʰai$^{213}$ 将多张牌一次出完

洗牌ɬi$^{31}$pʰai$^{213}$

过牌kɔ$^{55}$pʰai$^{213}$ 切分牌

鬼kuɐi$^{31}$ 扑克牌的王

大鬼ta$^{55}$kuɐi$^{31}$ 扑克牌的大王

细鬼ɬɐi$^{55}$kuɐi$^{31}$ 扑克牌的小王

王公waŋ$^{213}$koŋ$^{33}$ 扑克牌的K

□mɐn$^{31}$ 扑克牌的Q

妹仔mɐi$^{55}$tsɐi$^{31}$ 扑克牌Q的画面像年轻姑娘脸相，故名

钩仔ŋɐu$^{33}$tsɐi$^{31}$ 扑克牌的J

烟$^{=}$屎$^{=}$zen$^{33}$si$^{31}$ 扑克牌的A

蛤㞎kɐp$^{5}$tok$^{5}$ 扑克牌的红桃，像青蛙的屁股，故名

大花ta$^{55}$fa$^{33}$

盖仔里kai$^{55}$tsɐi$^{31}$nɐi$^{33}$ 扑克牌的方块。盖仔里是当地一种方型食物，所以用来比况

四方ɬi$^{55}$faŋ$^{33}$

狗爪kɐu$^{31}$ȵiau$^{31}$ 扑克牌的梅花，像狗爪的脚印，故名

菜仔tsʰai$^{55}$tsɐi$^{31}$

炮引pʰau$^{55}$ȵiɐn$^{31}$ 鞭炮的引线

炮头pʰau$^{55}$tʰɐu$^{213}$ 大鞭炮

烧炮seu$^{33}$pʰau$^{55}$ 放鞭炮

失蛤$^{=}$sɐt$^{5}$kɐp$^{5}$ 炮不响

赶引kɔn$^{31}$ȵiɐn$^{31}$ 引线烧得快

沤引ɐu$^{55}$ȵiɐn$^{31}$ 引线烧得慢

好靓炮hou$^{31}$leŋ$^{55}$pʰau$^{55}$ 指火炮质量好，很响

断□ten$^{55}$mɐŋ$^{33}$ 鞭炮燃放时断成两截

烟花炮zen$^{33}$fa$^{33}$pʰau$^{55}$ 烟火

火花炮fɔ$^{31}$fa$^{33}$pʰau$^{55}$

烧烟花炮seu$^{33}$zen$^{33}$fa$^{33}$pʰau$^{55}$ 放花炮

老鼠仔炮 lou$^{31}$si$^{31}$tsɐi$^{31}$p$^{h}$au$^{55}$ 像老鼠满地跑的烟火

火箭炮 fɔ$^{31}$tsen$^{55}$p$^{h}$au$^{55}$ 直冲上天的烟火

跌炮 tɐp$^{5}$p$^{h}$au$^{55}$ 摔炮

气球 hi$^{55}$k$^{h}$iau$^{213}$

棋子 k$^{h}$i$^{213}$tsi$^{31}$

棋盘 k$^{h}$i$^{213}$p$^{h}$ɔn$^{213}$

和棋 wɔ$^{213}$k$^{h}$i$^{213}$

象棋 tsiaŋ$^{55}$k$^{h}$i$^{213}$

公头 koŋ$^{33}$t$^{h}$ɐu$^{213}$ 将；帅

公 koŋ$^{33}$

耳子 ɨ$^{31}$tsi$^{31}$ 士

象 tsiaŋ$^{55}$ 相；象

车 ki$^{33}$

马 ma$^{31}$

炮 p$^{h}$au$^{55}$

兵 peŋ$^{33}$

卒 tsɐt$^{5}$

撯卒 tok$^{5}$tsɐt$^{5}$ 拱卒

撯兵 tok$^{5}$peŋ$^{33}$ 拱兵

走卒 tsɐu$^{31}$tsɐt$^{5}$

走耳子 tsɐu$^{31}$ɨ$^{31}$tsi$^{31}$ 走士

走士 tsɐu$^{31}$si$^{55}$

下耳 ha$^{55}$ɨ$^{31}$ 落士

起耳 hi$^{31}$ɨ$^{31}$ 上士

飞象 fɐi$^{33}$tsiaŋ$^{55}$

回象 wɐi$^{213}$tsiaŋ$^{55}$ 落象

将军 tsiaŋ$^{33}$kiɐn$^{33}$

架炮 ka$^{55}$p$^{h}$au$^{55}$ 搭炮架

马后炮 ma$^{31}$hɐu$^{55}$p$^{h}$au$^{55}$

宫期 koŋ$^{33}$k$^{h}$i$^{213}$ 围棋

围棋 wɐi$^{213}$k$^{h}$i$^{213}$

黑子 hɐk$^{5}$tsi$^{31}$

白子 pɐk$^{5}$tsi$^{31}$

搖鸡藤 mɐŋ$^{33}$ki$^{33}$t$^{h}$ɐŋ$^{213}$ 拔河

搖索 mɐŋ$^{33}$ɬɔk$^{214}$

游水 zau$^{213}$sɔi$^{31}$ 游泳

铲水 ts$^{h}$an$^{31}$sɔi$^{31}$ 仰泳

踩水 ȵiai$^{31}$sɔi$^{31}$

*沕水 mi$^{55}$sɔi$^{31}$

拼快 p$^{h}$eŋ$^{33}$fai$^{55}$ 赛跑

打球 ta$^{31}$k$^{h}$iau$^{213}$

赛球 sai$^{55}$k$^{h}$iau$^{213}$ 打球赛

乒乓球 peŋ$^{33}$paŋ$^{33}$k$^{h}$iau$^{213}$

球台 k$^{h}$iau$^{213}$t$^{h}$ai$^{213}$ 球桌

球网 k$^{h}$iau$^{213}$waŋ$^{31}$

球板 k$^{h}$iau$^{213}$pan$^{31}$ 球拍

撇球 p$^{h}$et$^{214}$k$^{h}$iau$^{213}$ 削球

杀球 sat$^{214}$k$^{h}$iau$^{213}$ 扣球

开球 hai$^{33}$k$^{h}$iau$^{213}$ 发球

挡球 taŋ$^{31}$k$^{h}$iau$^{213}$ 接球

篮球 lam$^{213}$k$^{h}$iau$^{213}$

投篮 t$^{h}$ɐu$^{213}$lam$^{213}$

拍球 p$^{h}$ɐk$^{5}$k$^{h}$iau$^{213}$

传球 ts$^{h}$en$^{213}$k$^{h}$iau$^{213}$

运球 wɐn$^{55}$k$^{h}$iau$^{213}$

排球 p$^{h}$ai$^{213}$k$^{h}$iau$^{213}$

足球 tsok$^{5}$k$^{h}$iau$^{213}$

踢足球 t$^{h}$ek$^{5}$tsok$^{5}$k$^{h}$iau$^{213}$

羽毛球 zi$^{33}$mou$^{213}$k$^{h}$iau$^{213}$

皮球 p$^{h}$i$^{213}$k$^{h}$iau$^{213}$ 小孩玩的小球

跳远 t$^{h}$eu$^{213}$zen$^{31}$

跳高 t$^{h}$eu$^{213}$kou$^{33}$

撯球仔 tok$^{5}$k$^{h}$iau$^{213}$tsɐi$^{31}$ 打桌球

顶棍 teŋ$^{213}$kuɐn$^{55}$ 两人单手顶住棍棒的两头较力的游戏

郁跤 wɐt$^{5}$kau$^{33}$ 摔跤

功夫 koŋ$^{33}$fu$^{33}$ 武术

打功夫 ta$^{31}$koŋ$^{33}$fu$^{33}$ 表演武术

熟功夫 sok$^{5}$koŋ$^{33}$fu$^{33}$ 有功夫

打翻□斗 ta$^{31}$fan$^{33}$len$^{33}$tɐu$^{31}$ 翻筋斗

打风车 ta$^{31}$foŋ$^{33}$ts$^{h}$e$^{33}$ 连续翻筋斗

打冇头翻□斗 ta$^{31}$mou$^{31}$t$^{h}$ɐu$^{213}$fan$^{33}$len$^{33}$tɐu$^{31}$ 翻空筋斗

剑 kem$^{55}$

舞剑 mu$^{31}$kem$^{55}$

舞刀 mu$^{31}$tou$^{33}$

舞龙 mu$^{31}$loŋ$^{213}$

长枪 ts$^{h}$iaŋ$^{213}$ts$^{h}$iaŋ$^{33}$ 标枪

定蜡烛 teŋ$^{55}$lap$^{214}$tsok$^{5}$ 倒立

举武石 ki$^{31}$mu$^{31}$sek$^{5}$ 举石锁

* 做马骝仔 tsu$^{55}$ma$^{31}$lɐu$^{213}$tsɐi$^{31}$

爬龙船 p$^{h}$a$^{213}$loŋ$^{213}$sen$^{213}$ 划龙船

打腰鼓 ta$^{31}$zeu$^{33}$ku$^{31}$

打拳头 ta$^{31}$k$^{h}$en$^{213}$t$^{h}$ɐu$^{213}$ 打拳

枪 ts$^{h}$iaŋ$^{33}$ 发射子弹等的武器

手枪 sɐu$^{31}$ts$^{h}$iaŋ$^{33}$

子弹 tsi$^{31}$tan$^{55}$

□机 k$^{h}$ɐu$^{33}$ki$^{33}$ 扣扳机

魔术 mɔ$^{33}$ɬɐt$^{5}$

做杂技 tsu$^{55}$tsap$^{214}$ki$^{55}$ 玩杂要

* 木头碌 mok$^{5}$t$^{h}$ɐu$^{213}$lok$^{5}$

* 鬼仔戏 kuɐi$^{31}$tsɐi$^{31}$hi$^{55}$

明班戏 meŋ$^{213}$pan$^{33}$hi$^{55}$ 粤剧

大戏 ta$^{55}$hi$^{55}$

人戏 zɐn$^{213}$hi$^{55}$

粤剧 zet$^{214}$kek$^{5}$

风箱戏 foŋ$^{33}$ɬiaŋ$^{33}$hi$^{55}$ 在透光小盒中放映的动画

踩台 ȵiai$^{31}$t$^{h}$ai$^{213}$ 观众不满演出而闹事

京剧 keŋ$^{33}$ki$^{55}$

话剧 wa$^{55}$ki$^{55}$

戏院 hi$^{55}$zen$^{55}$

戏台 hi$^{55}$t$^{h}$ai$^{213}$

开台 hai$^{33}$t$^{h}$ai$^{213}$ 开演

散戏 ɬan$^{55}$hi$^{55}$ 散场

戏班佬 hi$^{55}$pan$^{33}$lou$^{31}$ 演员

大花脸 ta$^{55}$fa$^{33}$len$^{31}$

白鼻佬 pɐk$^{5}$pi$^{55}$lou$^{31}$ 丑角

杂脚仔 tsap$^{214}$kiak$^{214}$tsɐi$^{31}$ 跑龙套的

文武生 mɐn$^{213}$mu$^{31}$ɬɐŋ$^{33}$

花旦 fa$^{33}$tan$^{55}$

正花 tseŋ$^{55}$fa$^{33}$ 主角花旦

帮花 paŋ$^{33}$fa$^{33}$ 配角花旦

放电影 faŋ$^{55}$ten$^{55}$zeŋ$^{31}$

* 戏牙 hi$^{55}$ŋa$^{213}$

乐队 ŋɔk$^{214}$tɔi$^{55}$

搣二□ mɐŋ$^{33}$ɨ$^{55}$e$^{33}$ 拉二胡

鼓 ku$^{31}$

腰鼓 zeu$^{33}$ku$^{31}$

鼓槌 ku$^{31}$ts$^{h}$ɔi$^{213}$

打鼓 ta$^{31}$ku$^{31}$ 敲鼓

锣 lɔ$^{213}$

打锣 ta$^{31}$lɔ$^{213}$ 敲锣

吹横箫 ts$^{h}$ɔi$^{33}$wɐŋ$^{213}$ɬeu$^{33}$ 吹笛子

号 hou$^{55}$ 喇叭

吹号 ts$^{h}$ɔi$^{33}$hou$^{55}$ 吹喇叭

笛 tek$^{5}$ 唢呐

吹笛 ts$^{h}$ɔi$^{33}$tek$^{5}$ 吹唢呐

琴 k$^{h}$iɐm$^{213}$

弹琴 t$^{h}$am$^{213}$k$^{h}$iɐm$^{213}$

口琴 hɐu$^{31}$k$^{h}$iɐm$^{213}$

吹口琴 ts$^{h}$ɔi$^{33}$hɐu$^{31}$k$^{h}$iɐm$^{213}$

竹麦⁼ tsok$^{5}$mɐk$^{5}$ 快板

敲竹麦⁼ hau$^{33}$tsok$^{5}$mɐk$^{5}$ 打快板

□机 ŋɐn$^{213}$ki$^{33}$ 哨子

吹□机 ts$^{h}$ɔi$^{33}$ŋɐn$^{213}$ki$^{33}$ 吹哨子

漏风 lɐu$^{55}$foŋ$^{33}$ 吹口哨

歌仔 kɔ$^{33}$tsɐi$^{31}$ 歌曲

歌簿 kɔ$^{33}$pu$^{55}$ 歌本

跳舞 t$^{h}$eu$^{55}$mu$^{31}$

## 二十二　动作

晃头 wɐŋ$^{33}$t$^{h}$ɐu$^{213}$ 摇头

□头 ŋɐp$^{5}$t$^{h}$ɐu$^{213}$ 点头

頕头 tam$^{33}$t$^{h}$ɐu$^{213}$ 抬头

頕手 tam$^{33}$sɐu$^{31}$ 抬手

耷 tɐp$^{5}$ 垂头

扑 p$^{h}$ok$^{5}$

扭回头 nɐu$^{31}$wɐi$^{213}$t$^{h}$ɐu$^{213}$ 回头

扭开脸 nɐu$^{31}$hai$^{33}$len$^{31}$ 脸转过去

□ hɐm$^{31}$ 用头撞

缩头 ɬok$^{5}$t$^{h}$ɐu$^{213}$

□眼 k$^{h}$eŋ$^{213}$ŋan$^{31}$ 瞪眼

盯 teŋ$^{55}$

□眼 ȵiau$^{55}$ŋan$^{31}$ 眯眼

皱眼眉 ȵiau$^{55}$ŋan$^{31}$mi$^{213}$ 皱眉头

打鸟眼 ta$^{31}$teu$^{33}$ŋan$^{31}$ 眯起一只眼看

瞄 meu$^{33}$

看倒 k$^{h}$an$^{55}$tou$^{31}$ 看见

看屋 k$^{h}$an$^{55}$ok$^{5}$ 看家

望 waŋ$^{55}$ ①看远；②看高；③盼望

眼蛇⁼来蛇⁼去 ŋan$^{31}$se$^{213}$lai$^{213}$se$^{213}$k$^{h}$i$^{55}$ 眼睛转来转去

　眼睩睩 ŋan$^{31}$lok$^{5}$lok$^{5}$

漏眼汁 lɐu$^{55}$ŋan$^{31}$tsɐp$^{5}$ 流眼泪

听倒 t$^{h}$eŋ$^{33}$tou$^{31}$ 听见

猪母口 tsi$^{33}$mu$^{31}$hɐu$^{31}$ 努嘴

嘟口 tu$^{31}$hɐu$^{31}$ 嘟嘴

兜倒口 tou$^{33}$tou$^{31}$hɐu$^{31}$ 噘嘴

□口 tɐp$^{5}$hɐu$^{31}$ 咂嘴

喷 p$^{h}$ɐn$^{55}$ 用口喷水

啮 ŋat$^{214}$ 啃

唾痰 t$^{h}$e$^{55}$t$^{h}$am$^{213}$ 吐痰

□蔗粕 le$^{31}$tse$^{55}$p$^{h}$ɔk$^{213}$ 吐甘蔗渣

啜面 ts$^{h}$ɔi$^{33}$men$^{55}$ 吃面条

欶手指 ɬɔk$^{214}$sɐu$^{31}$tsi$^{31}$ 吮手指

吹 ts$^{h}$ɔi$^{33}$

敨气 t$^{h}$ɐu$^{31}$hi$^{55}$ 呼吸；呼出气

敨大气 t$^{h}$ɐu$^{31}$ta$^{55}$hi$^{55}$ 喘气

欶气 ɬɔk$^{214}$hi$^{55}$ 吸气

□气 hɔ$^{31}$hi$^{55}$ 哈气：对镜子～

　□ nɔk$^{214}$

*嘟 ȵiok$^{5}$

嘟手 ȵiok$^{5}$sɐu$^{31}$ 动手

嘟手嘟脚 ȵiok$^{5}$sɐu$^{31}$ȵiok$^{5}$kiak$^{214}$ 动手动脚

□手 wɐk$^{5}$sɐu$^{31}$ 挥手

　□手 ziak$^{5}$sɐu$^{31}$

摇手 zeu$^{213}$sɐu$^{31}$ 摆手

　摆手 pai$^{31}$sɐu$^{31}$

招手 tseu$^{33}$sɐu$^{31}$

放手 faŋ$^{55}$sɐu$^{31}$ 撒手

举手 ki$^{31}$sɐu$^{31}$

伸手 sɐn$^{33}$sɐu$^{31}$

缩手 ɬok$^{5}$sɐu$^{31}$

打掌 ta$^{31}$tsiaŋ$^{31}$ 拍手；鼓掌

拍手 pʰɐk$^{5}$sɐu$^{31}$

插到手 tsʰap$^{213}$tou$^{31}$sɐu$^{31}$ 抄着手

结倒手 kep$^{214}$tou$^{31}$sɐu$^{31}$ 叉着手

扁倒手 piɐn$^{31}$tou$^{31}$sɐu$^{31}$ 背着手

□倒手 kiau$^{213}$tou$^{31}$sɐu$^{31}$ 笼着手

摊开手 tʰan$^{31}$hai$^{213}$sɐu$^{31}$ 打开手掌

伸开手 sɐn$^{33}$hai$^{33}$sɐu$^{31}$ 张开手臂

拍灰 pʰat$^{214}$fɐi$^{33}$ 掸灰

拍净 pʰak$^{214}$tseŋ$^{55}$ 拍干净

掠米 ȵia$^{33}$mi$^{31}$ 抓米

*攞 lɔ$^{31}$

不⁼盐 pɐt$^{5}$zem$^{213}$ 撮盐

□盐 ȵiɐp$^{5}$zem$^{213}$

*瓜⁼kua$^{33}$

捞 lou$^{33}$ 用手搅拌

*放 faŋ$^{55}$

伸 tsʰɐn$^{33}$ 递

跌 tɐp$^{5}$ 砸；摔打

□ tʰaŋ$^{33}$ 叠（碗）

锤 tsʰɔi$^{213}$ 用拳头打

舂 tsoŋ$^{33}$

搧 sen$^{55}$ 用手掌打

古⁼作勾 ku$^{31}$tsɔk$^{214}$ŋɐu$^{33}$ 用指关节敲

捻幼 nen$^{31}$zau$^{55}$ 用手指搓碎

搓索仔 tsʰɔ$^{33}$ɬɔk$^{214}$tsɐi$^{31}$ 搓绳子

□ nɔ$^{33}$ 搓：～衫裤

□圆 nɔ$^{33}$zen$^{213}$ 搓圆

*□ kʰuai$^{31}$

挖 wat$^{214}$ 挖；抠

掘 kuɐt$^{5}$ 挖

铲 tsʰan$^{31}$

□ nɐk$^{5}$ 掐

钳 kʰem$^{213}$

拉车 lai$^{33}$tsʰe$^{33}$

搣 mɐŋ$^{33}$ ①拔；②拉；③抽；④拖

搣直 mɐŋ$^{33}$tsek$^{5}$ 拉直

串 tsʰen$^{55}$ 贯穿

拖 tʰɔ$^{33}$ 拉；拖延

卷 ken$^{31}$

牵 hen$^{33}$ ①搀扶：～他起来；②牵拉：～牛；③牵连：～连到我；④带动：荔枝～动木业

□鼻 len$^{31}$pi$^{55}$ 用草弄人鼻子

□ heu$^{33}$ ①掀：～开门帘；②揭：～开镬

□ men$^{33}$ 掀：～被

耙 pʰa$^{213}$ ～土

指 tsi$^{31}$ 用手指指向

□ kʰek$^{5}$ 挑；拨

□ ŋi$^{33}$ 用刀轻轻磨割

揞 ɐm$^{31}$ 手覆；捂住

窨 kʰɐp$^{5}$ 盖住

封 foŋ$^{33}$ 封闭：～信筒

□ miaŋ$^{33}$ 密封

爪 ȵiau$^{33}$ 用手指或带齿的工具爬

偷 tʰɐu$^{33}$

抢 tsʰiaŋ$^{31}$

打甩手 ta$^{31}$lɐt$^{5}$sɐu$^{31}$ 东西从手上脱落

驳口 pɔk$^{5}$hɐu$^{31}$ 接吻

□紧 ka$^{33}$kiɐn$^{31}$ 拥抱

箍 kʰu$^{33}$

拉手 lai$^{33}$sɐu$^{31}$ 牵手

捧 poŋ$^{31}$

兜 tɐu$^{33}$ 端：～脸盆

搬 pɔn$^{33}$ ～石头

折 tsep$^{214}$ 折叠：～纸

托 tʰɔk$^{214}$ 扛；举

扶 fu$^{213}$ 搀扶：～老大人

摸 ma$^{33}$ 扶靠：～墙

擁近 oŋ$^{31}$kiɐn$^{55}$ 收拢

修 ɬiau$^{33}$ 修理

整 tseŋ$^{31}$

夹 kep$^{214}$ ①夹在腋下；②夹在书里；③夹子

捋 let$^{214}$ 撸（衫袖）

勒 lek$^{5}$ 勒（脖子）

□ɬɐt$^{5}$ 用手卡住脖子

□kʰau$^{213}$ ①刮：～毛；②刨：～皮

刮 kuat$^{214}$

□fɐk$^{5}$ 树枝反弹打人

锯 ki$^{55}$ 锯木头

剘板 kai$^{55}$pan$^{31}$ 锯成板

擢 tok$^{5}$ ①（用尖物）捅：～窿；②扎：～倒刺；③刺激：～鼻；④向前走：～卒；⑤指点：指指～～；⑥剔：～牙

擢穿窿 tok$^{5}$tsʰen$^{33}$loŋ$^{33}$ 捅破

刣 tʰaŋ$^{33}$ 杀；破开

跪 kuɐi$^{55}$

跟 kiɐn$^{33}$ 跟随

*褪 tʰɐn$^{55}$

擘开脚 mek$^{5}$hai$^{33}$kiak$^{214}$ 叉开脚

冲 tsʰoŋ$^{33}$ 冲；闯

碾 ŋai$^{31}$ 碾轧

顿脚 tɐn$^{31}$kiak$^{214}$ 跺脚

□倒脚 nen$^{33}$tou$^{31}$kiak$^{214}$ 踮脚

跷倒脚 kʰiau$^{31}$tou$^{31}$kiak$^{214}$ 跷二郎腿

缩到脚 ɬok$^{5}$tou$^{31}$kiak$^{214}$ 蜷腿

擞脚 ɬɐu$^{31}$kiak$^{214}$ 抖腿

□脚 n̥iɔ$^{33}$kiak$^{214}$ 搓脚

踢 tʰek$^{5}$

蹬被 tɐm$^{31}$pi$^{55}$ 蹬被子

来 lai$^{213}$

去 kʰi$^{55}$

到 tou$^{55}$ 到达

*回 wɐi$^{213}$

回屋 wɐi$^{213}$ok$^{5}$ 回家

*起 hi$^{31}$

*下 ha$^{55}$

□屎窟 koŋ$^{33}$si$^{31}$fɐt$^{5}$ 撅屁股

抻直腰 tsʰɐn$^{33}$tsek$^{5}$zau$^{33}$ 伸腰

参⁼胁 tsʰam$^{33}$zep$^{214}$ 撑腰

撑腰 tsʰɐŋ$^{33}$zeu$^{33}$ 支持

捶背 tsʰɔi$^{213}$pɐi$^{55}$

□去 tsɐt$^{5}$kʰi$^{55}$ 擦掉

擦 tsʰat$^{214}$

冇见诶 mou$^{31}$ken$^{55}$e$^{33}$ 丢失

寻着 tsʰɐm$^{213}$tsiak$^{214}$ 找到

震 tsɐn$^{55}$ 发抖；震动

挎 kʰua$^{55}$ 挂在肩膀上：～书包

撑 tsʰɐŋ$^{33}$ 使劲担起来

撸 lu$^{33}$ ①用畚箕捞鱼；②将骨中肉剔尽

趯 tek$^{5}$ 驱赶：～鸡

挨 ŋai$^{213}$ 忍受

挨得苦 ŋai$^{213}$tɐk$^{5}$fu$^{31}$ 吃得苦

猋 piau$^{33}$ 液体喷射

对命 tɔi$^{55}$meŋ$^{55}$（小孩）为满足自己的愿望，

　　拼命跟父母闹

芥$^{=}$死 kai$^{55}$ɬi$^{31}$ 拼命

*悭 han$^{33}$

　悭准$^{=}$han$^{33}$tsɐn$^{31}$

□下来 p$^{h}$an$^{31}$ha$^{55}$lai$^{213}$ 摔下来

□ p$^{h}$ɐn$^{31}$ 吵闹

□ p$^{h}$an$^{213}$ 攀爬

□ p$^{h}$oŋ$^{55}$ 涨发、蓬松

□ noŋ$^{55}$ 钻洞

斗 tɐu$^{55}$ 对付；打斗

打紧□ ta$^{31}$kiɐn$^{31}$k$^{h}$ɐk$^{5}$ 打死结

　打死□ ta$^{31}$ɬi$^{31}$k$^{h}$ɐk$^{5}$

打生□ ta$^{31}$ɬɐŋ$^{33}$k$^{h}$ɐk$^{5}$ 打活结

　打活□ ta$^{31}$wɔt$^{214}$k$^{h}$ɐk$^{5}$

办 pan$^{55}$ 做；整治

*毒 tou$^{55}$

□水 tɐn$^{31}$sɔi$^{31}$ 积水

萦 zeŋ$^{33}$ 缠绕

入 zɐp$^{5}$ ①灌：～滚水；②进：～场

撚 nen$^{31}$ 捏

雕 t$^{h}$eu$^{33}$ 雕刻图章

摇 ŋɐu$^{213}$ 摇晃

滑倒 wat$^{214}$tou$^{31}$

□下去 t$^{h}$at$^{214}$ha$^{55}$k$^{h}$i$^{55}$ 滑下去

櫼 tsem$^{33}$ 挤：～过去；～在一起

拦 lan$^{213}$ 截住

试 si$^{55}$ 试一试

约 zɔk$^{214}$ 邀（伴）

碰倒 p$^{h}$oŋ$^{55}$tou$^{31}$ 遇见

逗 tɐu$^{55}$ 撩拨（人）

包倒 pau$^{33}$tou$^{31}$ 包起来

擁分 oŋ$^{31}$pɐn$^{33}$ 递；给

　擁 oŋ$^{31}$

分开 fɐn$^{33}$hai$^{33}$

靠 kau$^{55}$ ①依靠：～山吃山；②接近：他屋企～近学校

爬 p$^{h}$a$^{213}$ 向上攀

□地 len$^{33}$ti$^{55}$ 在地上翻滚

拱起身 koŋ$^{55}$hi$^{31}$sɐn$^{33}$ 爬起来

　拱起 koŋ$^{55}$hi$^{31}$

颠倒 ten$^{33}$tou$^{31}$ 倒过来

□倒 k$^{h}$uɐŋ$^{55}$tou$^{31}$ 绊倒

打开 ta$^{31}$hai$^{33}$ 敞开

滚脱 kuɐn$^{31}$t$^{h}$et$^{214}$ 挣脱

断 ten$^{55}$

挡路 taŋ$^{31}$lu$^{55}$

拦车 lan$^{213}$ts$^{h}$e$^{33}$

搞 kau$^{31}$ 做

排队 p$^{h}$ai$^{213}$tɔi$^{55}$

插队 ts$^{h}$ap$^{214}$tɔi$^{55}$

□路 wɐt$^{5}$lu$^{55}$ 绕路

选 ɬen$^{31}$ 选举

使 si$^{31}$ ①用：～箸；②花费：～净钱

得他去 tɐk$^{5}$t$^{h}$a$^{33}$k$^{h}$i$^{55}$ 允许他去

敢 kam$^{31}$

有敢 mou$^{31}$kam$^{31}$

愿 ȵien$^{55}$ 情愿

未 mi$^{55}$ 没有

　未有 mi$^{55}$zau$^{31}$

未得 mi$^{55}$tɐk$^{5}$ 未完；还不行

*做齐 tsu$^{55}$ts$^{h}$i$^{213}$

动脑 toŋ$^{55}$nou$^{31}$ 动脑筋

有脑 mou$^{31}$nou$^{31}$ 没脑子；不会思考

懂事 toŋ$^{31}$ɬi$^{55}$

会 wɐi$^{55}$ 懂得

识得 sek$^{5}$tɐk$^{5}$ 懂了；认得

认倒 zɐn$^{55}$tou$^{31}$ 认得

听识 t$^{h}$eŋ$^{33}$sek$^{5}$ 听懂

识字 sek$^{5}$tsi$^{55}$ 认字

恁计 nɐm$^{31}$ki$^{55}$ 想办法

有恁倒 mou$^{31}$nɐm$^{31}$tou$^{31}$ 没想到

估计 k$^{h}$u$^{33}$ki$^{55}$ 估量

打主意 ta$^{31}$tsi$^{31}$zi$^{55}$

估 ku$^{31}$ 猜

主张 tsi$^{31}$tsiaŋ$^{33}$

怀疑 wɐi$^{213}$ȵi$^{213}$

怕丑 p$^{h}$a$^{55}$ts$^{h}$ɐu$^{31}$ 害羞

恐死 k$^{h}$ɔŋ$^{213}$ɬi$^{31}$ 怕死

恐死鬼 k$^{h}$ɔŋ$^{213}$ɬi$^{31}$kuɐi$^{31}$ 怕死鬼

灰头 fɐi$^{33}$t$^{h}$ɐu$^{213}$ 胆怯者

吓倒 hɐk$^{5}$tou$^{31}$ 吓着

心急 ɬiɐm$^{33}$kiɐp$^{5}$ 着急

挂 k$^{h}$ua$^{55}$ 挂念：～阿妈

放心 faŋ$^{55}$ɬiɐm$^{33}$

等 tɐŋ$^{31}$ 盼望

记起 ki$^{55}$hi$^{31}$ 想起来

　恁起 nɐm$^{31}$hi$^{31}$

獳 nou$^{33}$ 嫌弃；生气；恨

獳气 nou$^{33}$hi$^{55}$ 妒忌

嫌 hem$^{213}$ 嫌弃

得人嫌 tɐk$^{5}$zɐn$^{213}$hem$^{213}$ 讨人嫌

得人爱 tɐk$^{5}$zɐn$^{213}$ai$^{55}$ 讨人喜欢；可爱

恨 hɐn$^{55}$

大细心 ta$^{55}$ɬɐi$^{55}$ɬiɐm$^{33}$ 偏心

怨 zɐn$^{55}$ 抱怨

忍 ȵiɐn$^{31}$ 忍受

闷气 mɐn$^{55}$hi$^{55}$ 怄气

脾气 p$^{h}$i$^{213}$hi$^{55}$

愤气 fɐn$^{55}$hi$^{55}$ 气愤

伤气 siaŋ$^{33}$hi$^{55}$ 生气

伤心 siaŋ$^{33}$ɬiɐm$^{33}$

心乱 ɬiɐm$^{33}$len$^{55}$ 心烦

心痛 ɬiɐm$^{33}$t$^{h}$oŋ$^{55}$ 怜惜；舍不得

有爱 mou$^{31}$ai$^{55}$ 不要；不想

感谢 kam$^{31}$tse$^{55}$

　感激 kam$^{31}$kek$^{5}$

　有该 mou$^{31}$kai$^{33}$

让 ȵiaŋ$^{55}$ 忍让

就 tsɐu$^{55}$ 迁就

上脸 siaŋ$^{55}$len$^{31}$ 娇惯；纵容

　纵惯 tsoŋ$^{55}$kuan$^{55}$

　容纵 loŋ$^{213}$tsoŋ$^{55}$ 纵容

晒赏 sai$^{55}$siaŋ$^{31}$ 炫耀

识水 sek$^{5}$sɔi$^{31}$ 懂事

兴 heŋ$^{55}$ 高兴；得意

开心 hai$^{33}$ɬiɐm$^{33}$

　心乐 ɬiɐm$^{33}$lɔk$^{214}$

笑 ɬeu$^{55}$

*搐气 ts$^{h}$ok$^{5}$hi$^{55}$

决定 ket$^{214}$teŋ$^{55}$

好 hou$^{55}$ 喜欢

　中意 tsoŋ$^{55}$zi$^{55}$

诈倒 tsa$^{55}$tou$^{31}$ 假装

睬 ts$^{h}$ai$^{31}$ 理睬

理 li$^{31}$ 管：～事

发钩=篼= fat$^{214}$ŋɐu$^{33}$tɐu$^{33}$ 发愣

　发木=㞘= fat$^{214}$mok$^{5}$tok$^{5}$

放烂 faŋ$^{55}$lan$^{55}$ 耍赖

发烂 fat$^{214}$lan$^{55}$

强逼 k$^{h}$iaŋ$^{213}$pek$^{5}$ 强迫

逼 pek$^{5}$

舍得 se$^{31}$tɐk$^{5}$

冇舍得 mou$^{31}$se$^{31}$tɐk$^{5}$ 舍不得

冇当知 mou$^{31}$taŋ$^{55}$ti$^{33}$ 不在乎

良心 liaŋ$^{213}$ɬiɐm$^{33}$

冇良心 mou$^{31}$liaŋ$^{213}$ɬiɐm$^{33}$ 没良心

瞒 mɔn$^{213}$ 隐瞒

心机 ɬiɐm$^{33}$ki$^{33}$ 心思；心意

有心机 zau$^{31}$ɬiɐm$^{33}$ki$^{33}$ 有意

贪心 t$^{h}$am$^{33}$ɬiɐm$^{33}$ 贪婪；贪污

声 seŋ$^{33}$ 声音

老古话 lou$^{31}$ku$^{31}$wa$^{55}$ 古话

讲话 kaŋ$^{31}$wa$^{55}$ 说话

讲口 kaŋ$^{31}$hɐu$^{31}$

冇做声 mou$^{31}$tsu$^{55}$seŋ$^{33}$ 不作声；不说话

乱讲 len$^{55}$kaŋ$^{31}$ 瞎说；胡说

乱噏 len$^{55}$ŋɐp$^{5}$

收声 sɐu$^{33}$seŋ$^{33}$ 住嘴

讲讲仔 kaŋ$^{31}$kaŋ$^{31}$tsɐi$^{31}$ 讲一下子

讲古时正 kaŋ$^{31}$ku$^{31}$si$^{213}$tsɐŋ$^{55}$ 讲正话

讲哎 kaŋ$^{31}$ŋai$^{33}$ 讲客家话

讲黎 kaŋ$^{31}$li$^{213}$ 讲闽语

讲白 kaŋ$^{31}$pɐk$^{5}$ 讲粤语

讲马兰 kaŋ$^{31}$ma$^{31}$lan$^{213}$ 讲马兰话

讲山瑶 kaŋ$^{31}$san$^{33}$zau$^{213}$ 讲山瑶话

讲笑话 kaŋ$^{31}$ɬeu$^{55}$wa$^{55}$ 讲笑话；开玩笑

讲笑 kaŋ$^{31}$ɬeu$^{55}$

* 做嫽 tsu$^{55}$leu$^{55}$

讲情 kaŋ$^{31}$ts$^{h}$eŋ$^{213}$ 说情

卜$^{=}$倒耳讲 pok$^{5}$tou$^{31}$ɨ$^{31}$kaŋ$^{31}$ 耳语

入$^{=}$入$^{=}$讲 zɐp$^{5}$zɐp$^{5}$kaŋ$^{31}$ 悄悄讲

解释 kai$^{31}$ɬek$^{5}$

答口 tap$^{214}$hɐu$^{31}$ 搭茬儿

插口 ts$^{h}$ap$^{214}$hɐu$^{31}$ 插嘴

多口 tɔ$^{33}$hɐu$^{31}$ 多嘴

学口 hɔk$^{214}$hɐu$^{31}$ 学人说话

辩 pen$^{55}$ 争辩

劝 k$^{h}$en$^{55}$

刻$^{=}$□ k$^{h}$ɐk$^{5}$k$^{h}$eu$^{55}$ 抬杠

* 拗颈 au$^{55}$keŋ$^{31}$

顶颈 teŋ$^{31}$keŋ$^{31}$ 顶嘴；争吵

劝跤 k$^{h}$en$^{55}$kau$^{33}$ 劝架

咒人 tsɐu$^{55}$zɐn$^{213}$ 诅咒人

受骂 sɐu$^{55}$ma$^{55}$ 挨骂

受批评 sɐu$^{55}$p$^{h}$i$^{33}$p$^{h}$eŋ$^{213}$

啰唆 lɔ$^{33}$sɔ$^{33}$ 唠叨

* 叹 t$^{h}$an$^{55}$

应 zeŋ$^{55}$ 答应

问 wɐn$^{55}$ 询问

鬼使 kuɐi$^{31}$si$^{31}$ 唆使

唆摆 sɔ$^{33}$pai$^{31}$

口硬 hɐu$^{31}$ŋɐŋ$^{55}$ 嘴硬

* 做烂 tsu$^{55}$lan$^{55}$

揌 ɬai$^{33}$ 浪费

惹事 ze$^{31}$ɬi$^{55}$

商量 siaŋ$^{33}$liaŋ$^{213}$

浮 phu$^{213}$ 漂

飞 fɐi$^{33}$ 飘

更正 kɐŋ$^{33}$tseŋ$^{55}$ 纠正

黏 nem$^{213}$ 粘贴

沉 ts$^{h}$ɐm$^{213}$

吊 teu$^{55}$

吊起teu$^{55}$hi$^{31}$悬挂

检查kem$^{31}$ts$^{h}$a$^{213}$

降kaŋ$^{55}$下降

碍ŋai$^{55}$妨碍

爆裂pau$^{55}$le$^{55}$裂开

开裂hai$^{33}$le$^{55}$

## 二十三　位置

地上ti$^{55}$siaŋ$^{55}$

地下ti$^{55}$ha$^{55}$ ①地面之下；②地上：～好龌龊

天上t$^{h}$en$^{33}$siaŋ$^{55}$

天下t$^{h}$en$^{33}$ha$^{55}$

路里lu$^{55}$nɐi$^{33}$路上

墟街hi$^{33}$kai$^{33}$街上

台里t$^{h}$ai$^{213}$nɐi$^{33}$桌上

墙里ts$^{h}$iaŋ$^{213}$nɐi$^{33}$墙上

门里mɐn$^{213}$nɐi$^{33}$门上

椅里zi$^{31}$nɐi$^{33}$椅子上

车里头ts$^{h}$e$^{33}$li$^{31}$t$^{h}$ɐu$^{213}$车上

手里sɐu$^{31}$nɐi$^{33}$手里；手上

心头ɬiɐm$^{33}$t$^{h}$ɐu$^{213}$心里

　心里头ɬiɐm$^{33}$li$^{31}$t$^{h}$ɐu$^{213}$

水里sɔi$^{31}$nɐi$^{33}$

乡里hiaŋ$^{33}$nɐi$^{33}$

镇里tsɐŋ$^{55}$nɐi$^{33}$

路边lu$^{55}$pen$^{33}$

屋顶头ok$^{5}$teŋ$^{31}$t$^{h}$ɐu$^{213}$屋顶上

外底wai$^{55}$ti$^{31}$ ①外面；②野外

床里头ts$^{h}$ɔŋ$^{213}$li$^{31}$t$^{h}$ɐu$^{213}$床里面

床下底ts$^{h}$ɔŋ$^{213}$ha$^{55}$ti$^{31}$床外面

大门里ta$^{55}$mɐn$^{213}$nɐi$^{33}$大门外

门外底mɐn$^{213}$wai$^{55}$ti$^{31}$门外

篱墙外底li$^{213}$ts$^{h}$iaŋ$^{213}$wai$^{55}$ti$^{31}$墙外

窗外底ts$^{h}$ɔŋ$^{33}$wai$^{55}$ti$^{31}$窗户外面

车外底ts$^{h}$e$^{33}$wai$^{55}$ti$^{31}$车外

台角t$^{h}$ai$^{213}$kɔk$^{214}$桌子角上

碗尿wɔn$^{31}$tok$^{5}$碗底

镬尿wɔk$^{214}$tok$^{5}$锅底

瓮尿oŋ$^{55}$tok$^{5}$缸底

正面tseŋ$^{55}$men$^{55}$

背面pɐi$^{55}$men$^{55}$反面

隔篱kɐk$^{5}$li$^{213}$隔壁

邻近lɐn$^{213}$kiɐn$^{55}$附近

四向ɬi$^{55}$hiaŋ$^{55}$周围

东toŋ$^{33}$

南nam$^{213}$

西ɬi$^{33}$

北pɐk$^{5}$

东南toŋ$^{33}$nam$^{213}$

东北toŋ$^{33}$pɐk$^{5}$

西南ɬi$^{33}$nam$^{213}$

西北ɬi$^{33}$pɐk$^{5}$

东西toŋ$^{33}$ɬi$^{33}$

南北nam$^{213}$pɐk$^{5}$

下去ha$^{55}$k$^{h}$i$^{55}$

## 二十四　代词等

我的ŋɔ$^{31}$ti$^{33}$

你的ni$^{31}$ti$^{33}$

他的t$^{h}$a$^{33}$ti$^{33}$

其他的k$^{h}$i$^{213}$t$^{h}$a$^{33}$ti$^{33}$

人己的zɐn$^{213}$ki$^{31}$ti$^{33}$别人的

*这tsi$^{55}$

*那na$^{55}$

这轮 tsi$^{55}$lɐn$^{213}$ 这次
那□ na$^{55}$ɬɐk$^{5}$ 那边
那卜=定= na$^{55}$pok$^{5}$teŋ$^{55}$ 那一块地方
［这样］高 tseŋ$^{55}$kou$^{33}$ 这么高；那么高
［这样］样做 tseŋ$^{55}$ziaŋ$^{55}$tsu$^{55}$ 这样做
那样做 na$^{55}$ziaŋ$^{55}$tsu$^{55}$
怎办 tem$^{213}$pan$^{55}$ 怎么办
别样 pet$^{214}$ziaŋ$^{55}$ 别的
几 ki$^{31}$ 问数量和程度
几岁 ki$^{31}$ɬɔi$^{55}$ 多大
几久 ki$^{31}$kiau$^{31}$ 多久
多少 tɔ$^{33}$seu$^{31}$ 一些：有～
我们两个人 ŋɔ$^{31}$mɐn$^{213}$liaŋ$^{31}$kɔ$^{55}$zɐn$^{213}$ 我们俩
你们两个人 ni$^{31}$mɐn$^{213}$liaŋ$^{31}$kɔ$^{55}$zɐn$^{213}$ 你们俩
他们两个人 tʰa$^{33}$mɐn$^{213}$liaŋ$^{31}$kɔ$^{55}$zɐn$^{213}$ 他们俩
两公婆 liaŋ$^{31}$koŋ$^{33}$pʰɔ$^{213}$ 夫妻俩
　夫妻两个 fu$^{33}$tsʰi$^{33}$liaŋ$^{31}$kɔ$^{55}$
两仔母 liaŋ$^{31}$tsɐi$^{31}$mu$^{31}$ 娘儿俩
两仔爷 liaŋ$^{31}$tsɐi$^{31}$ze$^{213}$ 爷儿俩
父子几个 fu$^{55}$tsi$^{31}$ki$^{31}$kɔ$^{55}$
两婆媳 liaŋ$^{31}$pʰɔ$^{213}$ɬek$^{5}$ 婆媳俩
两婶嫂 liaŋ$^{31}$ɬɐm$^{31}$ɬou$^{31}$ 妯娌俩
两姑嫂 liaŋ$^{31}$ku$^{33}$ɬou$^{31}$ 姑嫂俩
两哥弟 liaŋ$^{31}$kɔ$^{33}$ti$^{55}$ 兄弟俩
　两兄弟 liaŋ$^{31}$hoŋ$^{33}$ti$^{55}$
两郎舅 liaŋ$^{31}$laŋ$^{213}$kiau$^{55}$ 郎舅俩
两姊妹 liaŋ$^{31}$tsi$^{31}$mɐi$^{55}$ 姐妹俩
两兄妹 liaŋ$^{31}$hoŋ$^{33}$mɐi$^{55}$ 兄妹俩
两姐弟 liaŋ$^{31}$tse$^{31}$ti$^{55}$ 姐弟俩
两姑侄 liaŋ$^{31}$ku$^{33}$tsɐt$^{5}$ 姑侄俩
两叔侄 liaŋ$^{31}$sok$^{5}$tsɐt$^{5}$ 叔侄俩
两师徒 liaŋ$^{31}$si$^{33}$tʰu$^{213}$ 师徒俩

## 二十五　形容词

好 hou$^{31}$ ①善：～人；②健康：病～诶；③应承：～，我去
坏 wai$^{55}$ ①不好：～人；②损坏：手机～
坏质 wɐi$^{33}$tsɐt$^{5}$ 坏
差 tsʰa$^{33}$ ①不好：成绩～；②欠：～滴仔
有错 mou$^{31}$tsʰɔ$^{55}$ 不错
有几好 mou$^{31}$ki$^{31}$hou$^{31}$ 不怎么好
一般 zɐt$^{5}$pɔn$^{33}$
*生 ɬɐŋ$^{33}$
生猛 ɬɐŋ$^{33}$mɐŋ$^{31}$ 活生生的
有用 zau$^{31}$zoŋ$^{55}$ 有用处；有效果
有用 mou$^{31}$zoŋ$^{55}$ 没用；没效果
有当用 mou$^{31}$taŋ$^{33}$zoŋ$^{55}$ 不顶事
紧手 kiɐn$^{31}$sɐu$^{31}$ 手头钱少
手头松 sɐu$^{31}$tʰɐu$^{213}$ɬoŋ$^{33}$ 手头钱多
紧要 kiɐn$^{31}$zau$^{55}$ 要紧；重要
番蛮 fan$^{33}$man$^{213}$ 凶恶
蛮力 man$^{213}$lek$^{5}$ 蛮
反骨仔 fan$^{31}$kuɐk$^{5}$tsɐi$^{31}$ 忤逆
恐忙 kʰɔŋ$^{213}$maŋ$^{213}$ 慌张
　恐躁 kʰɔŋ$^{213}$tsʰou$^{55}$
焗 kok$^{5}$ 热、闷
闷 mɐn$^{55}$
□ niɐp$^{5}$ 瘪：车胎～
威 wɐi$^{33}$ 漂亮；厉害
　威水 wɐi$^{33}$sɔi$^{31}$
嚣狸 heu$^{33}$li$^{213}$ 蛮横；凶
老水 lou$^{31}$sɔi$^{31}$ 相貌显老，看上去比实际年龄大
嫩水 nɔn$^{55}$sɔi$^{31}$ 相貌显少，看上去比实际年龄小

弱 ȵiak$^{214}$ 性格～

强 kʰiaŋ$^{213}$

脆 tsʰɔi$^{55}$ ①易碎易折；②爽快利落：快～

韧 ȵiɐŋ$^{55}$ 不易折断

净 tseŋ$^{55}$ 完：吃～

奀 ŋiɐn$^{33}$ 瘦小

瘦细 sɐu$^{55}$ɬɐi$^{55}$

真 tsɐn$^{33}$

假 ka$^{31}$

恶做 ɔk$^{214}$tsu$^{55}$ 难办

难做 nan$^{213}$tsu$^{55}$

横 wɐŋ$^{213}$ 横向

放光 faŋ$^{55}$kuaŋ$^{33}$ 亮泽；光滑

成个 seŋ$^{213}$kɔ$^{55}$ 整个

朦 moŋ$^{213}$ 模糊

□ koŋ$^{33}$ 凸起

突 tɐt$^{5}$

埝 niɐp$^{5}$ 凹

停静 tʰeŋ$^{213}$tseŋ$^{55}$ 安静

背角 pɐi$^{55}$kɔk$^{214}$ 僻静

野 ze$^{31}$

吵 tsʰau$^{31}$ 吵闹

岋 ŋɐp$^{5}$ 不平衡

齐 tsʰi$^{213}$ 整齐；齐全

乱 len$^{55}$ 不整齐

*穲 lai$^{33}$

反 fan$^{31}$

润 ȵiɐn$^{55}$ 潮

满 mɔn$^{31}$

新鲜 ɬɐn$^{33}$ɬen$^{33}$

嫩 nɔn$^{55}$

□ lɔ$^{55}$ 沙哑

声破 seŋ$^{33}$pʰɔ$^{55}$

四齐 si$^{55}$tsʰi$^{213}$ 端正

正 tseŋ$^{55}$ ①端正；②直；③准确；④正面

斜 tsʰe$^{213}$

侧 tsɐk$^{5}$ 倾斜

准 tsɐn$^{31}$ 准确

空 hoŋ$^{33}$

实 sɐt$^{5}$

*□ kɐn$^{55}$ 冰冷

烫 tʰaŋ$^{33}$

时熟 si$^{213}$sok$^{5}$ 熟

滑 wat$^{214}$ 光滑

糙 tsʰou$^{55}$ 粗糙

严 ȵiem$^{213}$ 严格

慢性 man$^{55}$ɬeŋ$^{55}$

大号 ta$^{55}$hou$^{55}$

中等 tsoŋ$^{33}$tɐŋ$^{31}$

方便 faŋ$^{33}$pen$^{55}$

成 seŋ$^{213}$ 成功

爪痒 ȵiau$^{33}$ziaŋ$^{31}$ 挠痒

够胆 kɐu$^{55}$tam$^{31}$ 胆大

大胆 ta$^{55}$tam$^{31}$

冇够胆 mou$^{31}$kɐu$^{55}$tam$^{31}$ 胆小

细胆 ɬɐi$^{55}$tam$^{31}$

谦虚 hem$^{33}$hi$^{33}$

罪过 tsɔi$^{55}$kɔ$^{33}$ 可怜

孤寒 ku$^{33}$han$^{213}$ 寒酸；小气

涩$^{=}$碎 ɬɐp$^{5}$ɬɔi$^{55}$ 琐碎

奥蛮 ou$^{55}$man$^{213}$ 勉强过得去

顺手 sɐn$^{55}$sɐu$^{31}$

硬朗 ŋaŋ$^{55}$laŋ$^{55}$ 结实

着心水 tsiak$^{214}$ɬiɐm$^{33}$sɔi$^{31}$ 称心

喏心水 ŋam33ɬiɐm33sɔi31

猛壮 mɐŋ31tsʰɔŋ55 壮实

揭鼻 tok5pi55（气味）刺鼻

撞鼻 tsɔŋ55pi55

揭眼 tok5ŋan31（光线）刺眼

射眼 se55ŋan31

揭耳 tok5i31（声音）刺耳

揭肉 tok5zok5（毛线）扎肉

□脚 ɐŋ31kiak214（石头）硌脚

扽 tɐn55（车）颠簸

辣痛 lat214tʰoŋ55 药物刺激皮肤的感觉

□ kʰɐŋ55 厉害

毒 tok5 ①有毒；②狠毒；③缺德；④毒药；⑤毒品

阴毒 ɐm33tok5 阴险

灵水 leŋ33sɔi31 机灵

灵活 leŋ213wɔt214 灵巧

戆 ŋaŋ55 疯癫

杯⁼北⁼ pɐi33pɐk5 糟糕

背家火 pɐi55ka33fɔ31

懵懂 moŋ31toŋ31 糊涂

吃坏米 kʰiɐt5wɐi55mi31 孬种

狭隘 kʰep214ai55 气量小

小相 ɬeu31ɬiaŋ55

忠厚 tsoŋ33hɐu55

斯文 ɬi33mɐn213

忠 tsoŋ33 忠厚；忠诚

呖 liɐk5 聪明

稳阵 wɐn31tsɐn55 稳；稳当

粗懒 tsʰu33lan31 粗心

良顺 liaŋ213sɐn55 温柔

贤惠 hen213zɔi55

娇气 keu33hi55

*做娇 tsu55keu33

狡猾 kau31wat214

顺利 sɐn55li55

□□ le33fe33 不整洁

鞋⁼皮⁼ hai213pʰi213 不爱卫生

□ ȵiau33 ①食物不新鲜；②植物枯萎

上醭 siaŋ55pʰok5 食物变质长毛

上毛 siaŋ55mou33

上狗屎毛 siaŋ55kɐu31si31mou33

发醭 fat214pʰok5

拗 au55 执拗：～倒冇把人做

上瘾 siaŋ55zɐn31

过瘾 kɔ55zɐn31

冇□冇□ mou31ŋau55mou31ɬau55 无聊

险 hem31 危险

奇怪 kʰi213kuai5

老土 lou31tʰu31 土气

紧张 kiɐn31tsiaŋ33

颜色 ŋan213sek5

粉红色 fɐn31hoŋ213sek5

深红色 sɐm33hoŋ213sek5

浅蓝色 tsʰen31lam213sek5

深蓝色 sɐm33lam213sek5

天蓝色 tʰen33lam213sek5

草绿色 tsʰou31lok5sek5

浅绿色 tsʰen31lok5sek5

灰白色 fɐi33pɐk5sek5

白□ pɐk5pi55 苍白

深灰色 sɐm33fɐi33sek5

浅灰色 tsʰen31fɐi33sek5

银灰色 ŋɐn213fɐi33sek5

深黄色 sɐm$^{33}$waŋ$^{213}$sek$^{5}$

浅黄色 tsʰen$^{31}$waŋ$^{213}$sek$^{5}$

淡黄色 tan$^{55}$waŋ$^{213}$sek$^{5}$

青色 tsʰeŋ$^{33}$sek$^{5}$

绿豆青 lok$^{5}$tɐu$^{55}$tsʰeŋ$^{33}$ 豆青

金色 kiɐm$^{33}$sek$^{5}$

粉蓝 fɐn$^{31}$lam$^{213}$

猪血红 tsi$^{33}$het$^{214}$hoŋ$^{213}$ 像猪血一样的红色

涩 ɬɐp$^{5}$

□□tsiu$^{35}$tsiu$^{35}$ 呼鸡声

□□lɔ$^{213}$lɔ$^{31}$ 呼狗声

□□meu$^{55}$meu$^{31}$ 呼猫声

□□niɔ$^{55}$niɔ$^{31}$ 呼猪声

□□tsie$^{55}$tsie$^{55}$ 呼鸭声

□ɐu$^{31}$ 驱赶鸡的声音

嗯 ŋ$^{33}$ 应答声

嗯 ŋ$^{31}$ 不乐意应答声

嗯 ŋ$^{35}$ 疑问声

咿咿□□ i$^{33}$i$^{33}$e$^{33}$e$^{33}$ 小孩撒娇声

叽哥$^{=}$哥$^{=}$ki$^{33}$kɔ$^{33}$kɔ$^{33}$ 肚子因饥饿或消化不良发出的声音

的□□ti$^{33}$tɐp$^{2}$tɐp$^{2}$ 咂嘴声

的咯咯 ti$^{33}$kɐk$^{2}$kɐk$^{2}$ 嚼东西的声音

咯咯 kɐk$^{2}$kɐk$^{2}$ 咬骨头声

吱□□tsi$^{33}$tsep$^{2}$tsep$^{2}$ 支支吾吾的声音

哈哈 ha$^{55}$ha$^{55}$ 大笑声

嘿嘿 he$^{33}$he$^{33}$ 奸笑声

□□kʰɔ$^{213}$kʰɔ$^{213}$ 鼾声：睡～～声

哦哈哦哈 ɔ$^{213}$ha$^{55}$ɔ$^{213}$ha$^{55}$ 婴孩的哭声

叮叮 teŋ$^{33}$teŋ$^{33}$ 脚步声

□□tɐm$^{33}$tɐm$^{33}$ 脚踩深水声

哎哟 ai$^{33}$iɔ$^{33}$ 痛叫声

哎呀 ai$^{33}$za$^{33}$ 恍然大悟的叫声

扑扑□pʰok$^{2}$pʰok$^{2}$pʰiaŋ$^{33}$ 弹棉花声

□tsɔ$^{213}$ 划火柴声

□tsɔ$^{33}$ 用水浇灭火声

呱呱 kua$^{33}$kua$^{33}$ 鸟的叫声

咕咕咕 ku$^{213}$ku$^{55}$ku$^{33}$ 鹧鸪的叫声

□□ŋek$^{5}$ŋek$^{5}$ 虫蛀木声

鸭 ap$^{214}$ 母鸭叫声

鸭 ap$^{2}$ 公鸭叫声

□□ep$^{214}$ep$^{214}$ 小鸭叫声

□□hɔm$^{55}$hɔm$^{55}$ 狗叫声

喔喔 o$^{33}$o$^{33}$ 猪叫声

嗷嗷 ŋau$^{33}$ŋau$^{33}$ 猫叫声

嗷□ŋau$^{33}$wu$^{213}$ 猫发怒时的叫声

喔喔喔 e$^{213}$e$^{55}$e$^{33}$ 公鸡鸣声

叽叽叽 ki$^{213}$ki$^{55}$ki$^{33}$

咯哆咯哆 kɔ$^{213}$tɔ$^{55}$kɔ$^{213}$tɔ$^{55}$ 母鸡的叫声

叮叮当当 teŋ$^{33}$teŋ$^{33}$taŋ$^{33}$taŋ$^{33}$ 金属撞击声

□pʰiaŋ$^{33}$ 金属落地声

嘀嗒嗒 ti$^{55}$ta$^{33}$ta$^{33}$ 喇叭声

叮□□teŋ$^{33}$tɐm$^{31}$tɐm$^{31}$ 鼓声

乒乓乓 pʰeŋ$^{33}$pɔŋ$^{33}$pɔŋ$^{33}$ 锣声

嘀嗒 ti$^{55}$ta$^{33}$ 唢呐声

呼呼 hu$^{33}$hu$^{31}$ 摩托车发动声

□tɐm$^{31}$ 重物落地声

□tsuat$^{214}$ 布、纸撕裂声

噼啪啪，嘣 pi$^{55}$pʰa$^{31}$pʰa$^{31}$, poŋ$^{31}$ 鞭炮声

嘀嗒嗒 ti$^{55}$tap$^{214}$tap$^{214}$ 雨声

坡坡 pʰɔ$^{33}$pʰɔ$^{33}$ 大雨声

嘣 pom$^{31}$ 炸弹爆炸声

□□pɐk$^{5}$lɔ$^{213}$ 东西倒地声

哔剥剥 pit$^{5}$pɔt$^{2}$lɔt$^{2}$ 豆腐落地声

哔泼泼 pit$^{5}$p$^{h}$ɔt$^{2}$p$^{h}$ɔt$^{2}$ 玩水声

咄咄 tɔ$^{33}$tɔ$^{33}$ 汽车的喇叭声

　□□ tuɐt$^{5}$tuɐt$^{5}$

咕咕 kok$^{2}$kok$^{2}$ 喝水的声音

□ fiet$^{2}$ 擤鼻子的声音

呼呼 hu$^{33}$hu$^{31}$ 大风吹的声音

呱啦 kua$^{33}$la$^{33}$ 雷声

□□ fe$^{213}$fe$^{55}$ 屙～～：拉稀

## 二十六　副词介词等

刚刚 tsiaŋ$^{33}$tsiaŋ$^{33}$

　喏水 ŋam$^{33}$sɔi$^{31}$

有［滴仔］zau$^{31}$nia$^{31}$ 有点儿

　有滴仔 zau$^{31}$nit$^{5}$tsɐi$^{31}$

够 kɐu$^{55}$ 足够；很：～靓

猛 mɐŋ$^{31}$ 使劲；用力

微 mi$^{213}$ 略：～细

　微中 mi$^{213}$tsoŋ$^{33}$

趁早 ts$^{h}$ɐn$^{55}$tsou$^{31}$

即时 tsek$^{5}$si$^{213}$ 马上

当面 taŋ$^{33}$men$^{55}$

四六路 ɬi$^{55}$lok$^{5}$lu$^{55}$ 到处

　四定$^{=}$ ɬi$^{55}$teŋ$^{55}$

顺便 sɐn$^{55}$pen$^{55}$

究竟 kɐu$^{55}$keŋ$^{55}$

大概 ta$^{55}$k$^{h}$ai$^{55}$

的确 tek$^{5}$k$^{h}$ɔk$^{214}$

做下 tsu$^{55}$ha$^{55}$ 全部；一次性

全部 ts$^{h}$en$^{213}$pu$^{55}$

即是 tsek$^{5}$si$^{55}$ 就是

冚嗙呤 ham$^{31}$paŋ$^{31}$laŋ$^{31}$ 笼统；全部

好彩 hou$^{31}$ts$^{h}$ai$^{31}$ 幸亏；运气好

专门 tsen$^{33}$mɐn$^{213}$ 特地

搏命 pɔk$^{214}$meŋ$^{55}$ 拼命

另自 leŋ$^{55}$tsi$^{55}$ 更加

是爱 si$^{33}$ai$^{55}$ 偏偏；偏要

恁直 nɐm$^{31}$tsek$^{5}$ 想好

再$^{=}$ tsɐi$^{55}$ 表程度深

好再$^{=}$ hou$^{31}$tsai$^{55}$ 太好了

多再$^{=}$ tɔ$^{33}$tsai$^{55}$ 太多啦

乱 len$^{55}$ 胡乱：～讲

头先 t$^{h}$ɐu$^{213}$ɬen$^{33}$ ①先：你去～；②刚才：～有人寻你

　先 ɬen$^{33}$ 你～去

一眼 zɐt$^{5}$ŋan$^{31}$ 乍：～看过去好像

时常 si$^{213}$ts$^{h}$iaŋ$^{213}$ 常常

路来 lu$^{55}$lai$^{213}$ 老来：～捣乱

趁快 ts$^{h}$ɐn$^{55}$fai$^{55}$ 赶快

跟尾 kiɐn$^{33}$wɐi$^{31}$ ①最后；②接着

总是 tsoŋ$^{31}$si$^{55}$ 老是；一直：他～迟到

不又 pɐt$^{5}$zau$^{55}$ 表无可奈何：～借把他？

还爱 an$^{213}$ai$^{55}$ 另外；还要

还凑$^{=}$ an$^{33}$ts$^{h}$ɐu$^{55}$ 另外；加上

把 pa$^{31}$ ①被，表被动；②把，表处置

对倒 tɔi$^{55}$tou$^{31}$ 对着

到 tou$^{55}$ ～哪儿去；～哪天为止？

下 ha$^{55}$ 到：扔～水里

在 tsai$^{55}$ 在；从：～哪儿走？

从 ts$^{h}$oŋ$^{213}$ ～细：从小

用 zoŋ$^{55}$ 你～毛笔写

跟 kɐn$^{33}$ 沿着：～河边走

从细 ts$^{h}$oŋ$^{213}$ɬɐi$^{55}$ 从小：他～就能吃苦

赶 kɔn$^{31}$ 你得天黑以前～到

不是pɐt$^{5}$si$^{55}$还是；或是，表选择

□……□……moŋ$^{31}$…moŋ$^{31}$…一边……一边……

越……越……zet$^{214}$…zet$^{214}$…～行～快

不论pɐt$^{5}$lɐn$^{55}$

不过pɐt$^{5}$kɔ$^{55}$

将tsiaŋ$^{33}$再：吃完饭～去

*那$^{=}$na$^{55}$

过kɔ$^{55}$用于表示动作已经完成

倒tou$^{31}$ ①表结果：破～篾；②表进行：站～，有嘟

着tsiak$^{214}$用于表示动作正在进行

将tsiaŋ$^{33}$用于表示将来

得tɐt$^{5}$用于表示可能

的ti$^{33}$用于“的”字结构和确定语气

呀za$^{33}$唉～：叹词，表示惊讶

呀za$^{213}$语气重的惊讶

哦ɔ$^{55}$表惊讶

唉ɐi$^{55}$表示意外：～，是你啊！

呢ne$^{33}$语气词，表示提示（伴以手指动作）

呢ni$^{33}$语气词，表示疑问

吧p$^{h}$a$^{31}$语气词，表示疑问

了liau$^{31}$语气词，可表完成

嗨hɐi$^{31}$表示厌烦

哈ha$^{31}$表示征询

诶e$^{33}$相当于普通话“了”

## 二十七　量词

个kɔ$^{55}$一～奖章；砖；佛像；手表；箱子；碗；馒头；鼻；耳仔；牙；手指；尸体；仔儿子；大哥；蕉子；锅；炮仔鞭炮；字；橡皮胶橡皮；笔碾铅笔刨；灯泡；戒子；坟山；水瓮；鼓；锣；故事；戏台；袋仔；封包红包；蒜头；算盘；楼梯；舞

条t$^{h}$eu$^{213}$一～河；墨；手巾；香；桥；村；头毛；须；纸；烟；舌头；脚；裤；线；火柴；光管；锁匙；颈链；标语；船；横箫笛子；蔗；坑水沟；镜；橘仔；篮仔；犁；命；藕；牌扑克；题；铁线；柱｜三～二用于扑克牌

张tsiaŋ$^{33}$一～椅子；床；蚊帐；船；纸；渔网；皮；票；银纸钞票

把pa$^{31}$一～秤；椅子；弓；尺；火；伞；梳；斧头

灶tsou$^{55}$一～火

味mi$^{55}$一～药一种草药；一～菜一道菜

孒k$^{h}$oŋ$^{33}$一～葡萄一嘟噜葡萄

串ts$^{h}$en$^{55}$一～葡萄；珠

丫e$^{33}$枝：一～花

部pu$^{55}$一～车

边pen$^{33}$一～手

□ɬɐk$^{5}$边：一～肩膀

盏tsan$^{31}$一～灯

台t$^{h}$ai$^{213}$一～酒；戏；电视机

场ts$^{h}$iaŋ$^{213}$一～雨；比赛；电影；风台；灾｜病一～｜吵一～

番fan$^{33}$一～被；旗

套t$^{h}$ou$^{55}$一～棉衣；家具

支tsi$^{33}$一～枪；蜡烛

蕾lɔi$^{213}$一～蕉子一挂香蕉

梳sɔ$^{33}$一～蕉子一排香蕉

粒nɐp$^{5}$一～子弹；星；钉仔；药丸；泥豆

间kan$^{33}$一～铺；屋；工厂；学校；医院

眼ŋan$^{31}$一～屋：一间房

座tsɔ$^{55}$一～屋；桥；山；码头；塔

领leŋ$^{31}$件：一～衫

脱t$^{h}$et$^{214}$套：一～衫

顶teŋ$^{31}$一～帽

本pɐn$^{31}$一～书；簿仔；戏；电影

篇p$^{h}$en$^{33}$一～文章

页zep$^{214}$一～书

段ten$^{55}$一～文章

副fu$^{55}$一～棋；棺材；百分扑克牌

□nɐi$^{33}$片：一～肉

层ts$^{h}$ɐn$^{213}$一～纸；楼

刀tou$^{33}$一～纸通常一百张为一刀

沓tap$^{214}$一～纸；钱

阵tsɐn$^{55}$一～香水味；风｜落一～水

盘p$^{h}$ɔn$^{213}$一～棋

门mɐn$^{213}$一～亲事；亲戚；课；技术

件ken$^{55}$一～事情；家具

掠ȵia$^{33}$一～米一把米；草

□ȵiɐp$^{5}$一～米一撮米

□仔ȵiɐm$^{33}$tsɐi$^{31}$一～毛一撮毛

对tɔi$^{55}$一～鞋；脚；袜；枕；手镯；箸；手套

双sɔŋ$^{33}$一～眼；手

付fu$^{55}$一～眼镜；三牲；棺材

脚kiak$^{214}$一～鞋一只鞋；一～箸一根筷子

块fai$^{55}$一～田；树叶；脸；皮；砖；板；橡皮；地；姜母

埒lek$^{5}$一～地：一畦地

班pan$^{33}$一～人一伙人；一～车

批p$^{h}$i$^{33}$一～货

窦tɐu$^{55}$一～蜂

揇nam$^{31}$一拃；伸展大拇指与中指或大拇指与食指的长度

□p$^{h}$ɐŋ$^{33}$一庹，即张开双臂的长度

脸len$^{31}$一～土

身sɐn$^{33}$一～土；衫裤；力

肚tu$^{55}$一～气

扇sen$^{55}$一～门

幅fok$^{5}$一～画

□mɐŋ$^{33}$一～木一段木头

碌lok$^{5}$节：一～木；蔗；藕

片p$^{h}$en$^{55}$一～花；口唇

水sɔi$^{31}$一～生意；洗一～衣裳

窑zeu$^{213}$一～陶器；砖

团t$^{h}$en$^{213}$一～泥

堆tɔi$^{33}$一堆雪；泥

□tɐn$^{31}$堆：一～屎

涿tɔk$^{5}$一～尿；屎

口hɐu$^{31}$一～牙；痰；镬；井；气｜吃一～

列let$^{214}$一～火车

笔piɐt$^{5}$一～生意；写～好字

任ȵiɐm$^{55}$做一～官

圈k$^{h}$en$^{33}$打一～麻将

点tem$^{31}$一～雨

盒hap$^{214}$一～火柴

箱ɬiaŋ$^{33}$一～首饰；衫裤

柜kuɐi$^{55}$一～书

炉lu$^{213}$一～灰

包pau$^{33}$一～书；泥豆

袋tai$^{55}$一～干粮

池tsi$^{213}$一～水

担tam$^{55}$一～水

滴tek$^{5}$一～水

罂仔ɐŋ$^{55}$tsɐi$^{31}$一～金鱼；醋；墨水

埕 ts$^{h}$eŋ$^{213}$ 一～酒

瓮 oŋ$^{55}$ 一～醋；酒

桶 t$^{h}$oŋ$^{31}$ 一～汽油

盆 p$^{h}$ɔn$^{213}$ 一～水

壶 fu$^{213}$ 一～茶

镬头 wɔk$^{214}$t$^{h}$ɐu$^{213}$ 一～饭

盘 p$^{h}$ɔn$^{213}$ 一～水果；水

碗 wɔn$^{31}$ 一～饭

杯 pɐi$^{33}$ 一～茶

盅 tsoŋ$^{33}$ 一～烧酒

壳仔 hɔk$^{214}$tsɐi$^{31}$ 一～汤；豉油

匙羹 si$^{213}$kɐŋ$^{33}$ 一～汤

架 ka$^{55}$ 一～刀；梳；飞机；单车

铺 p$^{h}$u$^{31}$ 一～路十里路

排 p$^{h}$ai$^{213}$ 一～炮一挂鞭炮

朵 tɔ$^{31}$ 一～云

声 seŋ$^{33}$ 一～雷

□ lem$^{55}$ 瓣：一～橘仔；蒜头；西瓜

合 hap$^{214}$ 一～蒜叶一根蒜苗

线 ɬen$^{55}$ 一～禾

篮 lam$^{213}$ 一～菜

箩 lɔ$^{213}$ 一～梨；炭；菜头

卜 ⁼pok$^{5}$ 处：一～伤

扎 tsat$^{214}$ 一～银纸

寸 ts$^{h}$uɐn$^{55}$ 一～布

尺 ts$^{h}$ek$^{5}$ 一～布

丈 tsiaŋ$^{55}$ 一～布

亩 mau$^{31}$ 一～田

分 fɐn$^{33}$ 一～田

顷 k$^{h}$eŋ$^{31}$ 一～田

圾 ŋɐp$^{5}$ 一～台阶一级台阶

封 foŋ$^{33}$ 一～信

枚 mɐi$^{33}$ 一～针

［滴仔］nia$^{31}$ 一些：有～事；把～钱

一时仔 zɐt$^{5}$si$^{213}$tsɐi$^{31}$ 一会儿；一阵

多时仔 tɔ$^{33}$si$^{213}$tsɐi$^{31}$ 多一些时间

一下仔 zɐt$^{5}$ha$^{55}$tsɐi$^{31}$ 一下：动～

轮 lɐn$^{213}$ 次、轮、趟：讲一～；做一～官

有轮 zau$^{31}$lɐn$^{213}$ 有一次

轮一轮 lɐn$^{213}$ɐt$^{5}$lɐn$^{213}$ 一次又一次

步 pu$^{55}$ 行一～

趟 t$^{h}$aŋ$^{55}$ 行一～

巴掌 pa$^{33}$tsiaŋ$^{31}$ 掮一～

眼 k$^{h}$an$^{55}$ 看一～

面 men$^{55}$ 见一～

坐 tsɔ$^{55}$ 坐一～

文 mɐn$^{33}$ 元：一～钱；纸

元 zen$^{213}$ 一～钱

## 二十八　数词等

整数 tseŋ$^{31}$su$^{55}$

尾数 wɐi$^{31}$su$^{55}$ 零头

心算 ɬiɐm$^{33}$ɬen$^{55}$

加 ka$^{33}$

减 kam$^{31}$

乘 seŋ$^{213}$

除 ts$^{h}$i$^{213}$

等于 tɐŋ$^{31}$zi$^{33}$

口诀 hɐu$^{213}$ket$^{214}$

十一 sɐp$^{5}$zɐt$^{5}$

十五 sɐp$^{5}$wu$^{31}$

二十一 i$^{55}$sɐp$^{5}$zɐt$^{5}$

三十一 ɬam$^{33}$sɐp$^{5}$zɐt$^{5}$

五十五 wu$^{31}$sɐp$^{5}$wu$^{31}$

一百一十 zɐt5pɐk5zɐt5sɐp5

一百一十个 zɐt5pɐk5zɐt5sɐp5kɔ55

一百一十一 zɐt5pɐk5zɐt5sɐp5zɐt5

两百 liaŋ31pɐk5

两百五十 liaŋ31pɐk5wu31sɐp5

  两百五 liaŋ31pɐk5wu31

  二百五十 ɨ55pɐk5wu31sɐp5

两百五十个 liaŋ31pɐk5wu31sɐp5kɔ55

一千一百 zɐt5tsʰen33zɐt5pɐk5

  一千一 zɐt5tsʰen33zɐt5

  千一 tsʰen33zɐt5

一千一百个 zɐt5tsʰen33zɐt5pɐk5kɔ55

  千一个 tsʰen33zɐt5kɔ55

一千零一十 zɐt5tsʰen33leŋ213zɐt5sɐp5

  千零一十 tsʰen33leŋ213zɐt5sɐp5

一千零一个 zɐt5tsʰen33leŋ213zɐt5kɔ55

  千零一个 tsʰen33leŋ213zɐt5kɔ55

一千九百 zɐt5tsʰen33kiau31pɐk5

一千九百个 zɐt5tsʰen33kiau31pɐk5kɔ55

三千 ɬam33tsʰen33

一万二千 zɐt5wan55ɨ55tsʰen33

  万二 wan55ɨ55

一万二千个 zɐt5wan55ɨ55tsʰen33kɔ55

一万零两百 zɐt5wan55leŋ213liaŋ31pɐk5

零 leŋ213

一号 zɐt5hou55

十号 sɐp5hou55

一个 zɐt5kɔ55

十个 sɐp5kɔ55

第十 ti55sɐp5

第一个 ti55zɐt5kɔ55

第十个 ti55sɐp5kɔ55

两 liaŋ31 两；俩

一斤半 zɐt5kiɐn33pɔn55

  斤半 kiɐn33pɔn55

两斤二两 liaŋ31kiɐn33ɨ55liaŋ31

一成 zɐt5seŋ213

  十分之一 sɐp5fɐn55tsi33zɐt5

  十分一 sɐp5fɐn55zɐt5

百分百 pɐk5fɐn33pɐk5

百几个 pɐk5ki31kɔ55 百把来个

千几个 tsʰen33ki31kɔ55 千把

千数个 tsʰen33su55kɔ55 一千多

万几 wan55ki31 万把

  万把 wan55pa31

里几路 li31ki31lu55 里把路

  里里路 li31nɐi33lu55

  一两里路 zɐt5liaŋ31li31lu55

一两亩田 zɐt5liaŋ31mɐu31tʰen213

好几个 hou31ki31kɔ55 好多个

大把 ta55pa31 大量

  好多 hou31tɔ33 好一些

大几个 ta55ki31kɔ55 五个以上不到十个

十几个 sɐp5ki31kɔ55 十多个

八九个 pat214kiau31kɔ55

左右 tsɔ31zau55 表约数

十个左右 sɐp5kɔ55tsɔ31zau55

一百左右 zɐt5pɐk5tsɔ31zau55

百几个 pɐk5ki31kɔ55 一百多个

半个 pɔn55kɔ55

一半 zɐt5pɔn55

一大半 zɐt5ta55pɔn55 多半儿

一个半 zɐt5kɔ55pɔn55

一滴滴仔 zɐt5nit5nit5tsɐi31 一点点儿

滴滴仔 nit$^{5}$nit$^{5}$tsɐi$^{31}$

## 二十九　熟语

错来错去 tsʰɔ$^{55}$lai$^{213}$tsʰɔ$^{55}$kʰi$^{55}$ 一差三错

一起两得 zɐt$^{5}$hi$^{31}$liaŋ$^{31}$tɐk$^{5}$ 一举两得

三日两夜 ɬam$^{33}$zɐt$^{5}$liaŋ$^{31}$ze$^{55}$ 三天两夜

三句两句 ɬam$^{33}$ki$^{55}$liaŋ$^{31}$ki$^{55}$ 三言两语

有心有意 mou$^{31}$ɬiɐm$^{33}$mou$^{31}$zi$^{55}$ 三心二意

四面八向 ɬi$^{55}$men$^{55}$pat$^{214}$hiaŋ$^{55}$ 四面八方

过年过节 kɔ$^{55}$nen$^{213}$kɔ$^{55}$tset$^{214}$ 四时八节

五零星散 wu$^{31}$leŋ$^{213}$ɬeŋ$^{33}$ɬan$^{55}$ 五零四散

散散□□ ɬan$^{31}$ɬan$^{31}$ɬɔk$^{214}$ɬɔk$^{214}$ 零乱

心上心下 ɬiɐm$^{33}$siaŋ$^{55}$ɬiɐm$^{33}$ha$^{55}$ 七上八下

戆戆颠颠 ŋaŋ$^{55}$ŋaŋ$^{55}$ten$^{33}$ten$^{33}$ 疯疯癫癫

三佮四佮 ɬam$^{33}$kap$^{214}$ɬi$^{55}$kap$^{214}$ 七拼八凑

五味清香 wu$^{31}$mi$^{55}$tsʰeŋ$^{33}$siaŋ$^{33}$ 美味佳肴

臭气熏天 tsʰou$^{55}$hi$^{55}$fɐn$^{33}$tʰen$^{33}$

有咸有腌 mou$^{31}$ham$^{31}$mou$^{31}$zep$^{214}$ 比喻人没有着落

帮手帮脚 paŋ$^{33}$sɐu$^{31}$paŋ$^{33}$kiak$^{214}$ 碍手碍脚

有火有猫 mou$^{31}$fɔ$^{31}$mou$^{31}$miau$^{33}$ 表示家里冷火冷灶，没有生气

懵懵懂懂 moŋ$^{31}$moŋ$^{31}$toŋ$^{31}$toŋ$^{31}$ 表示糊涂

多手多脚 tɔ$^{33}$sɐu$^{31}$tɔ$^{33}$kiak$^{214}$

指指搉搉 tsi$^{31}$tsi$^{31}$tok$^{5}$tok$^{5}$ 指手画脚

颔□财主 am$^{33}$nok$^{5}$tsʰai$^{213}$tsi$^{31}$ 不作声发财

撑船就坎 tsʰɐŋ$^{33}$sen$^{213}$tsɐu$^{55}$hɐm$^{55}$ 比喻做事顺当

□戆□戆 ɬam$^{213}$ŋaŋ$^{55}$ɬam$^{213}$ŋaŋ$^{55}$ 傻里傻气

古灵精怪 ku$^{31}$leŋ$^{213}$tseŋ$^{33}$kuɐi$^{55}$ 古古怪怪

心大心细 ɬiɐm$^{33}$ta$^{55}$ɬiɐm$^{33}$ɬɐi$^{55}$ 拿不定主意

净手净脚 tseŋ$^{55}$sɐu$^{31}$tseŋ$^{55}$kiak$^{214}$ 吃现成饭

见子打子 ken$^{55}$tsi$^{31}$ta$^{31}$tsi$^{31}$ 走一步看一步

讲头评尾 kaŋ$^{31}$tʰɐu$^{213}$pʰeŋ$^{31}$wɐi$^{31}$ 评头品足

讲头晓尾 kaŋ$^{31}$tʰɐu$^{213}$heu$^{31}$wɐi$^{31}$ 领悟力强

佮手佮脚 kap$^{214}$sɐu$^{31}$kap$^{214}$kiak$^{214}$ 齐心

箍头揽颈 kʰu$^{33}$tʰɐu$^{213}$nam$^{31}$keŋ$^{31}$ 比喻亲密

昂头捋须 ŋaŋ$^{33}$tʰɐu$^{213}$let$^{214}$ɬu$^{33}$ 比喻高傲

□眼□鼻 ȵiau$^{33}$ŋan$^{31}$ȵiɐp$^{214}$pi$^{55}$ 使眼色

戆入冇戆出 ŋaŋ$^{55}$zɐp$^{5}$mou$^{31}$ŋaŋ$^{55}$tsʰɐt$^{5}$ 装傻

哥弟叔侄 kɔ$^{33}$ti$^{55}$sok$^{5}$tsɐt$^{5}$ 代指全家人

血流血□ het$^{214}$lɐu$^{213}$het$^{214}$lɔi$^{55}$ 血止不住外流的样子

学口学舌 hɔk$^{214}$hɐu$^{31}$hɔk$^{214}$set$^{214}$ 学人讲话

滚烧热辣 kuɐn$^{31}$seu$^{33}$zet$^{214}$lat$^{214}$ 热食

安是安非 an$^{33}$si$^{55}$an$^{33}$fɐi$^{33}$ 妄加罪名

有数有目 zau$^{31}$su$^{55}$zau$^{31}$mok$^{5}$ 账目清楚

一手一脚 zɐt$^{5}$sɐu$^{31}$zɐt$^{5}$kiak$^{214}$ 亲力亲为

一一二二 zɐt$^{5}$zɐt$^{5}$i$^{55}$i$^{55}$ 清清楚楚

滑头光棍 wat$^{214}$tʰɐu$^{213}$kuaŋ$^{33}$kuɐn$^{55}$ 骗子

有头有□ mou$^{31}$tʰɐu$^{213}$mou$^{31}$neŋ$^{33}$ 喻光棍汉

塘水反底 tʰaŋ$^{213}$sɔi$^{31}$fan$^{31}$ti$^{31}$ 表示要下雨

晃来晃去 wɐŋ$^{33}$lai$^{213}$wɐŋ$^{33}$kʰi$^{55}$

吞吞吐吐 tʰɐn$^{33}$tʰɐn$^{33}$tʰu$^{31}$tʰu$^{31}$ 支支吾吾

讲鬼讲计 kaŋ$^{31}$kuɐi$^{31}$kaŋ$^{31}$ki$^{55}$ 装神弄鬼

狂狂忙忙 kʰuɐŋ$^{213}$kʰuɐŋ$^{213}$maŋ$^{213}$maŋ$^{213}$ 慌慌张张

斜斜□□ tsʰe$^{213}$tsʰe$^{213}$we$^{213}$we$^{213}$ 不端正

有情有意 mou$^{31}$tsʰeŋ$^{213}$mou$^{31}$zi$^{55}$ 无情义

勤吃懒飞 kʰiɐn$^{213}$kʰiɐt$^{5}$lan$^{31}$fɐi$^{33}$ 好吃懒做

□□乱乱 lɐp$^{5}$lɐp$^{5}$len$^{55}$len$^{55}$ 杂乱无章

□□乱 lɐp$^{5}$lɐp$^{5}$len$^{55}$

头青眼站 tʰɐu$^{213}$tsʰeŋ$^{33}$ŋan$^{31}$tsan$^{55}$ 呆头呆脑，两眼发直

你头我脸 ni$^{31}$t$^{h}$ɐu$^{213}$ŋɔ$^{31}$len$^{31}$ 不和睦

蛇声鬼气 se$^{213}$seŋ$^{33}$kuɐi$^{31}$hi$^{55}$ 阴阳怪气

飞象过河 fɐi$^{33}$tsiaŋ$^{55}$kɔ$^{55}$hɔ$^{213}$ 蛮横无理

暗暗入$^{=}$入$^{=}$ɐm$^{31}$ɐm$^{31}$zɐp$^{5}$zɐp$^{5}$ 偷偷摸摸

四方八脸 ɬi$^{55}$faŋ$^{33}$pat$^{214}$len$^{31}$ 面相端正

托大脚 t$^{h}$ɔk$^{214}$ta$^{55}$kiak$^{214}$ 巴结有权势的人

抛浪头 p$^{h}$au$^{33}$laŋ$^{55}$t$^{h}$ɐu$^{213}$ 讲大话吓人

打鼓边 ta$^{31}$ku$^{31}$pen$^{33}$ 讲一个大概的价钱

打脚骨 ta$^{31}$kiak$^{214}$kuɐt$^{5}$ 半路抢劫

大裤裆 ta$^{55}$k$^{h}$u$^{55}$naŋ$^{55}$ 办事拖拉，行动缓慢

大头虾 ta$^{55}$t$^{h}$ɐu$^{213}$ha$^{33}$ 装腔作势的人

托手睁 t$^{h}$ɔk$^{214}$sɐu$^{31}$tsɐŋ$^{33}$ 拖着不办

掠鸡脚 ȵia$^{33}$ki$^{33}$kiak$^{214}$ 抓住把柄

撞大板 tsɔŋ$^{55}$ta$^{55}$pan$^{31}$ 上当受骗

讲烂脚 kaŋ$^{31}$lan$^{55}$kiak$^{214}$ 讲别人的短处

拗手桥 au$^{55}$sɐu$^{31}$k$^{h}$eu$^{213}$ 打官司

# 第六章 语法

# 第一节

# 词法[①]

## 一　构词法

（一）复合式合成词指词根与词根组合构成的词。从结构上来看，复合式合成词相对特殊的情况有以下两种：

1. 逆序词

指与普通话词序相反，修饰成分后置的词语。例如：

鸡公鸡公 ki$^{33}$koŋ$^{33}$

鸡母鸡婆 ki$^{33}$mu$^{31}$

人客客人 zɐn$^{213}$hɐk$^{5}$

菜头咸咸萝卜 ts$^{h}$ai$^{55}$t$^{h}$ɐu$^{213}$ham$^{213}$

黄榄咸咸橄榄 waŋ$^{213}$lam$^{31}$ham$^{213}$

甜瓜咸咸黄瓜 t$^{h}$em$^{213}$kua$^{33}$ham$^{213}$

番薯熷干番薯 fan$^{33}$si$^{213}$tsau$^{33}$

瓦碎碎瓦 ŋa$^{31}$sɔi$^{55}$

木碎木屑 mok$^{5}$ɬɔi$^{55}$

手指擡小手指 sɐu$^{31}$tsi$^{31}$lai$^{33}$

蚝炸炸牡蛎 ɔ$^{213}$tsa$^{55}$

葱炸炸葱饼 ts$^{h}$oŋ$^{33}$tsa$^{55}$

2. 三字词

指三个词根组合成的词（不是词组）。例如：

耙站人站人的犁耙 p$^{h}$a$^{213}$tsan$^{55}$zɐn$^{213}$

灶面前厨房 tsou$^{55}$men$^{55}$ts$^{h}$en$^{213}$

门冒头门楣 mɐn$^{213}$mou$^{55}$t$^{h}$ɐu$^{213}$

檐滴水屋檐 ȵiem$^{213}$tek$^{5}$sɔi$^{31}$

屋脊顶屋顶 ok$^{5}$tsek$^{5}$teŋ$^{31}$

十八墙单砖墙 sɐp$^{5}$pat$^{214}$ts$^{h}$iaŋ$^{213}$

四檐齐四面围住的房屋 ɬi$^{55}$ȵiem$^{213}$ts$^{h}$i$^{213}$

三眼过一排三间的房屋 ɬam$^{33}$ŋan$^{31}$kɔ$^{55}$

---

① 这一章描写华楼正话主要的语法特点。举例主要来源于第七章的“语法例句”、第八章的“话语材料”以及其他话语材料。有少数例句是临时口头调查的。“体貌系统”由于主要与动词相关，本书归于“词法”一节。

白带丝带鱼 pɐk$^{5}$tai$^{55}$ɬi$^{33}$

天眨眼闪电 tʰen$^{33}$ȵiɐp$^{214}$ŋan$^{31}$

雷公响打雷 lɔi$^{213}$koŋ$^{33}$hiaŋ$^{31}$

火蛇划闪电 fɔ$^{31}$se$^{213}$wɐk$^{5}$

其他结构方式与普通话及其他方言多相同，例举材料如下：

1. 偏正结构

细风 ɬɐi$^{55}$foŋ$^{33}$

旧历 kiau$^{55}$lek$^{5}$

水云积雨云 sɔi$^{31}$wɐn$^{213}$

凉亭 liaŋ$^{213}$tʰeŋ$^{213}$

火蛇闪电 fɔ$^{31}$se$^{213}$

村下村 tsʰuɐn$^{33}$ha$^{55}$

田基田塍 tʰen$^{213}$ki$^{33}$

烂瓦破瓦 lan$^{55}$ŋa$^{31}$

水窟 sɔi$^{31}$fɐt$^{5}$

光镜玻璃瓦 kuaŋ$^{33}$keŋ$^{55}$

幼沙细沙 zɐu$^{55}$sa$^{33}$

缩丝松紧带 ɬok$^{5}$ɬi$^{33}$

2. 并列结构

泥湴烂泥 ni$^{213}$paŋ$^{55}$

批盪 pʰi$^{33}$taŋ$^{55}$

葱菜 tsʰoŋ$^{33}$tsʰai$^{55}$

良顺 liaŋ$^{213}$sɐn$^{55}$

田垌 tʰen$^{213}$toŋ$^{55}$

瘦细 sɐu$^{55}$ɬɐi$^{55}$

烟尘 zen$^{33}$tsʰɐn$^{31}$

停静 tʰeŋ$^{213}$tseŋ$^{55}$

3. 主谓结构

天青晴天 tʰen$^{33}$tsʰeŋ$^{33}$

眼浅忌妒 ŋan$^{31}$tsʰen$^{31}$

声破沙哑 seŋ$^{33}$pʰɔ$^{55}$

肚饿饿 tu$^{55}$ŋɔ$^{55}$

眼热忌妒 ŋan$^{31}$zet$^{214}$

颈渴口渴 keŋ$^{31}$hɔt$^{214}$

4. 动宾结构

上云 siaŋ$^{55}$wɐn$^{213}$

入火进宅 zɐp$^{5}$fɔ$^{31}$

落水 lɔk$^{214}$sɔi$^{31}$

跪膝蒲团 kuɐi$^{55}$ɬɐt$^{5}$

放谷 faŋ$^{55}$kok$^{5}$

帮手帮忙 paŋ$^{33}$sɐu$^{31}$

隔日 kɐk$^{5}$zɐt$^{5}$

像脸像 tsiaŋ$^{55}$len$^{31}$

趁墟 tsʰɐn$^{55}$hi$^{33}$

硬颈 ŋɐŋ$^{55}$keŋ$^{31}$

5. 双音节、多音节单纯词

二□二胡 ɨ$^{55}$e$^{33}$（拟声词）

□□不整洁 le$^{33}$fe$^{33}$（联绵词）

垃圾 lap$^{214}$ɬap$^{214}$（联绵词）

伶俐干净 leŋ$^{213}$li$^{55}$（联绵词）

能$^{=}$□蜻蜓 nɐŋ$^{213}$ni$^{33}$（联绵词）

龌龊脏 wɔk$^{214}$tsʰɔk$^{214}$（联绵词）

□遮$^{=}$蝉 tsam$^{33}$tse$^{33}$（联绵词）

死$^{-}$踢$^{-}$棍弯头手杖 ɬi$^{31}$tʰek$^{5}$kuɐn$^{55}$（译音词）

蟾蜍癞蛤蟆 kʰɐm$^{213}$si$^{213}$（联绵词）

甲万保险柜 kap$^{214}$man$^{55}$（译音词）

蠄蟧蜘蛛 kʰam$^{213}$lɔ$^{213}$（联绵词）

（二）派生合成词

指词根加词缀组合而成的词。主要有如下词缀：

1. 阿 [a$^{33}$]

一般用于亲属称谓或名词前。例如：

阿嫂 a$^{33}$ɬou$^{31}$

阿哥 a$^{33}$kɔ$^{33}$

阿人熊当地鬼怪 a$^{33}$zɐn$^{213}$zoŋ$^{213}$

阿姐公外公 a$^{33}$tse$^{31}$koŋ$^{33}$

阿妹仔 a$^{33}$mɐi$^{55}$tsɐi$^{31}$

阿天 a$^{33}$tʰen$^{33}$

阿头 a$^{33}$tʰɐu$^{213}$

阿鸡母 a$^{33}$ki$^{33}$mu$^{31}$

阿县官 a$^{33}$zen$^{55}$kɔn$^{33}$

阿肉 a$^{33}$zok$^{5}$

阿黄娘 a$^{33}$waŋ$^{213}$niaŋ$^{213}$

阿肉汤 a$^{33}$zok$^{5}$tʰaŋ$^{33}$

2. 子 [tsi$^{31}$]、仔 [tsɐi$^{31}$]

（1）“子”有两种用法。

①指果实或颗粒物等，不读轻声，多有实义。例如：

松木子 tsʰoŋ$^{213}$mok$^{5}$tsi$^{31}$

桐油子 tʰoŋ$^{213}$zau$^{213}$tsi$^{31}$

蚕桑子 tsʰɐm$^{213}$ɬaŋ$^{33}$tsi$^{31}$

黄皮子 waŋ$^{213}$pʰi$^{213}$tsi$^{31}$

枇杷子 pʰi$^{213}$pʰa$^{213}$tsi$^{31}$

鸡心子 ki$^{33}$ɬiɐm$^{33}$tsi$^{31}$

马蹄子 ma$^{31}$tʰi$^{213}$tsi$^{31}$

蕉子 tseu$^{33}$tsi$^{31}$

胭脂子樱桃 zen$^{33}$tsi$^{33}$tsi$^{31}$

沙子枪猎枪 sa$^{33}$tsi$^{31}$tsʰiaŋ$^{33}$

玻子玻璃球 pɔ$^{33}$tsi$^{31}$

柑子 kam$^{33}$tsi$^{31}$

莲子 len$^{213}$tsi$^{31}$

②与普通话的“子”尾相同，意义较虚。可以和名词、动词、形容词、代词组合。这样的例子不多，这应该是正话作为官话的特征的遗留。例如：

打子连枷 ta$^{31}$tsi$^{31}$

狮子 ɬi$^{33}$tsi$^{31}$

男子佬 nam$^{213}$tsi$^{31}$lou$^{31}$

老子奶父母 lou$^{31}$tsi$^{31}$nai$^{31}$

猪腰子 tsi$^{33}$zeu$^{33}$tsi$^{31}$

看日子 kʰan$^{55}$zɐt$^{5}$tsi$^{31}$

圆子笔 zen$^{213}$tsi$^{31}$piɐt$^{5}$

索子麻将的条 ɬɔk$^{214}$tsi$^{31}$

万子麻将的“万” wan$^{55}$tsi$^{31}$

筒子麻将的饼 tʰoŋ$^{213}$tsi$^{31}$

风头子麻将的字 foŋ$^{33}$tʰɐu$^{213}$tsi$^{31}$

色子 ɬek$^{5}$tsi$^{31}$

怎子怎么样 tem$^{213}$tsi$^{31}$

（2）仔 [tsɐi$^{31}$]

①大量普通话的子尾正话一般用“仔”表示。正话没有儿化音，普通话的儿尾词也用“仔”表示。例如：

影仔 zeŋ$^{31}$tsɐi$^{31}$
毡仔 tsen$^{33}$tsɐi$^{31}$
兔仔 t$^{h}$u$^{55}$tsɐi$^{31}$
壳仔 hɔk$^{214}$tsɐi$^{31}$
燕仔 zen$^{55}$tsɐi$^{31}$
孙仔 ɬɔn$^{33}$tsɐi$^{31}$
凳仔 tɐŋ$^{55}$tsɐi$^{31}$
热痱仔痱子 zet$^{214}$mi$^{55}$tsɐi$^{31}$

②有些普通话的“子”尾词正话不用“仔”字，直接用单音词或合成词表示。例如：

担担子 tam$^{55}$
镜镜子 keŋ$^{55}$
竹竹子 tsok$^{5}$
凉亭亭子 liaŋ$^{213}$t$^{h}$eŋ$^{213}$
谷谷子 kok$^{5}$
木棍棍子 mok$^{5}$kuɐn$^{55}$
被被子 pi$^{55}$
瓠瓜瓠子 p$^{h}$u$^{213}$kua$^{33}$

③“子”尾与“仔”尾有时可以互换。例如：

猴子，可以叫“三子”[ɬam$^{33}$tsi$^{33}$]，也可以叫“三仔”[ɬam$^{33}$tsɐi$^{31}$]。

“妃子笑”[fɐi$^{33}$tsi$^{31}$ɬeu$^{55}$]，也可叫“妃仔笑”[fɐi$^{33}$tsɐi$^{31}$ɬeu$^{55}$]。

④“仔”表示“小”，既可用于人，也可用于物。例如：

妹仔 mɐi$^{55}$tsɐi$^{31}$
牛仔 ŋɐu$^{213}$tsɐi$^{31}$
石仔 sek$^{5}$tsɐi$^{31}$
刀仔 tou$^{33}$tsɐi$^{31}$
后生仔 hɐu$^{55}$ɬɐŋ$^{33}$tsɐi$^{31}$
蒜仔 ɬen$^{55}$tsɐi$^{31}$
烟仔 zen$^{33}$tsɐi$^{31}$
禾仔 wɔ$^{213}$tsɐi$^{31}$
细蚊仔小孩 ɬɐi$^{33}$mɐn$^{33}$tsɐi$^{31}$
沙仔 sa$^{33}$tsɐi$^{31}$
罂仔瓶子 ɐŋ$^{33}$tsɐi$^{31}$
屋仔 ok$^{5}$tsɐi$^{31}$
叔仔 sok$^{5}$tsɐi$^{31}$
橘仔 kiɐt$^{5}$tsɐi$^{31}$
媳妇仔 ɬek$^{5}$fu$^{55}$tsɐi$^{31}$
墟仔 hi$^{33}$tsɐi$^{31}$

⑤“仔”还可放在时间名词或重叠动词后表示时间短暂。例如：

一时仔 zɐt$^{5}$si$^{213}$tsɐi$^{31}$
讲讲仔讲了一下 kaŋ$^{31}$kaŋ$^{31}$tsɐi$^{31}$
一阵仔 zɐt$^{5}$tsɐn$^{55}$tsɐi$^{31}$
恁恁仔想了一下 nɐm$^{31}$nɐm$^{31}$tsɐi$^{31}$
一下子 zɐt$^{5}$ha$^{55}$tsɐi$^{31}$

3. 佬 [lou$^{31}$]

（1）“佬”可做实词，单用，称谓人，但不够尊敬。“这个佬”相当于“这个家伙”。

（2）“佬”做词缀，用于人，表示从事某一职业、某一地方、某一特征的男性。可放在动宾词组、形容词、名词等后。例如：

乞吃佬乞丐 hɐt$^{5}$k$^{h}$iɐt$^{5}$lou$^{31}$
车衣佬裁缝 ts$^{h}$e$^{33}$zi$^{33}$lou$^{31}$
扛棍佬骗子 kaŋ$^{33}$kuɐn$^{55}$lou$^{31}$
剃头佬 ti$^{55}$t$^{h}$ɐu$^{213}$lou$^{31}$
木匠佬 mok$^{5}$tsiaŋ$^{55}$lou$^{31}$
打铜佬 ta$^{31}$t$^{h}$oŋ$^{213}$lou$^{31}$
补镬佬补锅的 pu$^{31}$wɔk$^{214}$lou$^{31}$
刣猪佬杀猪的 t$^{h}$aŋ$^{33}$tsi$^{33}$lou$^{31}$

撑船佬tsʰɐŋ$^{33}$sen$^{213}$lou$^{31}$
箩箕屎佬箩箕屎村的人sau$^{33}$ki$^{33}$tok$^{5}$lou$^{31}$
打担脚佬挑夫ta$^{31}$tam$^{33}$kiak$^{214}$lou$^{31}$
独头佬老光棍tok$^{5}$tʰɐu$^{213}$lou$^{31}$
和尚佬wɔ$^{213}$siaŋ$^{55}$lou$^{31}$
姓陈佬姓陈的ɬeŋ$^{55}$tsʰɐn$^{213}$lou$^{31}$
农村佬noŋ$^{213}$tsʰuɐn$^{33}$lou$^{31}$

4. 头[tʰɐu$^{213}$]

（1）一般放在名词性词语后，表示凸起或圆状物。可用于物，也可用于人。例如：

陂头堤坝pi$^{55}$tʰɐu$^{213}$
鸡公头ki$^{33}$koŋ$^{33}$tʰɐu$^{213}$
碓头tɔi$^{55}$tʰɐu$^{213}$
牛头ŋɐu$^{213}$tʰɐu$^{213}$
梆头paŋ$^{33}$tʰɐu$^{213}$
镬头锅wɔk$^{214}$tʰɐu$^{213}$
石头sek$^{5}$tʰɐu$^{213}$
渡头渡口tu$^{55}$tʰɐu$^{213}$
洋葱头ziaŋ$^{213}$tsʰoŋ$^{33}$tʰɐu$^{213}$
公仔头瞳仁koŋ$^{33}$tsɐi$^{213}$tʰɐu$^{213}$
蒜头ɬen$^{55}$tʰɐu$^{213}$
肩头肩膀ken$^{33}$tʰɐu$^{213}$
菜头tsʰai$^{213}$tʰɐu$^{213}$
脚律⁼头膝盖kiak$^{214}$lɐt$^{5}$tʰɐu$^{213}$
木头木桩mok$^{5}$tʰɐu$^{213}$
脚静头kiak$^{214}$tsɐŋ$^{33}$tʰɐu$^{213}$

（2）可放在方位名词后表示方位。例如：

前头tsʰen$^{213}$tʰɐu$^{213}$
角头角上kɔk$^{214}$tʰɐu$^{213}$
后头hɐu$^{55}$tʰɐu$^{213}$
里头li$^{31}$tʰɐu$^{213}$
尾头末尾wɐi$^{31}$tʰɐu$^{213}$
边头边上pen$^{33}$tʰɐu$^{213}$

（3）可以用于偏旁名词表述在上的偏旁。例如：

宝盖头pou$^{31}$kai$^{55}$tʰɐu$^{213}$
竹字头tsok$^{5}$tsi$^{55}$tʰɐu$^{213}$
病字头peŋ$^{55}$tsi$^{55}$tʰɐu$^{213}$
冧篷头秃宝盖儿lam$^{31}$pʰoŋ$^{213}$tʰɐu$^{213}$

## 二　数量、方所、指代

### （一）数量

1. 空位表示法

百位以上可能有空位，或缺个位，或缺十位，千位以上还可能缺百位，由此类推。缺个位不标示，缺十位以上一般在缺位用“零”表示。百以上的缺位可用“零”，也可以省略。最高位的系数“一”都可以省略，中间的系数“一”有时也能省略。例如：

110读作一百一zɐt$^{5}$pɐk$^{5}$zɐt$^{5}$，也可读作百一pɐk$^{5}$zɐt$^{5}$。

101读作一百零一zɐt$^{5}$pɐk$^{5}$leŋ$^{213}$zɐt$^{5}$，也可读作百零一pɐk$^{5}$leŋ$^{213}$zɐt$^{5}$。

1110读作一千一百一十zɐt$^{5}$tsʰen$^{33}$zɐt$^{5}$pɐk$^{5}$zɐt$^{5}$sɐp$^{5}$，也可读作千百十tsʰen$^{33}$pɐk$^{5}$sɐp$^{5}$。

1101读作一千一百零一zɐt$^{5}$tsʰen$^{33}$zɐt$^{5}$pɐk$^{5}$leŋ$^{213}$zɐt$^{5}$，也可读作千一百零一tsʰen$^{33}$zɐt$^{5}$pɐk$^{5}$

leŋ$^{213}$zɐt$^{5}$。

1010读作一千零十zɐt$^{5}$ts$^{h}$en$^{33}$leŋ$^{213}$sɐp$^{5}$，也可读作千零十ts$^{h}$en$^{33}$leŋ$^{213}$sɐp$^{5}$。

11110读作一万一千一百一十zɐt$^{5}$wan$^{55}$zɐt$^{5}$ts$^{h}$en$^{33}$zɐt$^{5}$pɐk$^{5}$zɐt$^{5}$sɐp$^{5}$，也可读作万一千一百一wan$^{55}$zɐt$^{5}$ts$^{h}$en$^{33}$zɐt$^{5}$pɐk$^{5}$zɐt$^{5}$。

11010读作一万一千零十zɐt$^{5}$wan$^{55}$zɐt$^{5}$ts$^{h}$en$^{33}$leŋ$^{213}$sɐp$^{5}$，也可读作万一千一十wan$^{55}$zɐt$^{5}$ts$^{h}$en$^{33}$zɐt$^{5}$sɐp$^{5}$。

10100读作一万零一百zɐt$^{5}$wan$^{55}$leŋ$^{213}$zɐt$^{5}$pɐk$^{5}$，也可读作万一百wan$^{55}$zɐt$^{5}$pɐk$^{5}$。

10110读作一万零一百一十zɐt$^{5}$wan$^{55}$leŋ$^{213}$zɐt$^{5}$pɐk$^{5}$zɐt$^{5}$sɐp$^{5}$，也可读作万一百一wan$^{55}$zɐt$^{5}$pɐk$^{5}$zɐt$^{5}$。

10101读作一万一百零一zɐt$^{5}$wan$^{55}$zɐt$^{5}$pɐk$^{5}$leŋ$^{213}$zɐt$^{5}$，也可读作万百零一wan$^{55}$pɐk$^{5}$leŋ$^{213}$zɐt$^{5}$。

2. 约数表示法

（1）数字连用，一般是紧挨着的两个数字，也见间隔的数字连用。例如：

| | |
|---|---|
| 一两个zɐt$^{5}$liaŋ$^{31}$kɔ$^{55}$ | 三四十岁ɬam$^{33}$ɬi$^{55}$sɐp$^{5}$ɬɔi$^{55}$ |
| 八九个pat$^{214}$kiau$^{31}$kɔ$^{55}$ | 两三个晚公liaŋ$^{31}$ɬam$^{33}$kɔ$^{55}$man$^{31}$koŋ$^{33}$ |
| 一两亩zɐt$^{5}$liaŋ$^{31}$mɐu$^{31}$ | 四六路到处ɬi$^{55}$lok$^{5}$lu$^{55}$ |

（2）用“几”字表示。“几”放在数词或量词后，“几”后可接量词，也可直接接名词，也可以不接成分。“几”前还可以加“大”“好”词，表程度加大。例如：

| | |
|---|---|
| 千几个ts$^{h}$en$^{33}$ki$^{31}$kɔ$^{55}$ | 十几个sɐp$^{5}$ki$^{31}$kɔ$^{55}$ |
| 万几wan$^{55}$ki$^{31}$ | 百几个pɐk$^{5}$ki$^{31}$kɔ$^{55}$ |
| 里几路li$^{31}$ki$^{31}$lu$^{55}$ | 好几个hou$^{31}$ki$^{31}$kɔ$^{55}$ |
| 大几个五个以上ta$^{55}$ki$^{31}$kɔ$^{55}$ | 万大几两万一万五以上，接近两万wan$^{55}$ta$^{55}$ki$^{31}$liaŋ$^{31}$wan$^{55}$ |

（3）用“里[nɐi$^{33}$]”表示。“里”相当于普通话的“些、这些”。例如：

| | |
|---|---|
| 我里佬ŋɔ$^{31}$nɐi$^{33}$lou$^{31}$ | 这里话tsi$^{55}$nɐi$^{33}$wa$^{55}$ |
| 他里佬t$^{h}$a$^{33}$nɐi$^{33}$lou$^{31}$ | 这里东西tsi$^{55}$nɐi$^{33}$toŋ$^{33}$ɬi$^{33}$ |

（4）用“滴仔[nit$^{5}$tsɐi$^{31}$]”表示，也可单说“滴[nit$^{5}$]”，还可重叠为“滴滴仔[nit$^{5}$nit$^{5}$tsɐi$^{31}$]”

“一滴滴仔[zɐt$^{5}$nit$^{5}$nit$^{5}$tsɐi$^{31}$]”，表示少量，相当于普通话的“一点儿、一点点儿”。例如：

| | |
|---|---|
| 借滴钱tse$^{55}$nit$^{5}$ts$^{h}$en$^{213}$ | 滴仔都有老nit$^{5}$tsɐi$^{31}$tou$^{33}$mou$^{31}$lou$^{31}$ |
| 有滴的zɐu$^{31}$nit$^{5}$ti$^{33}$ | 买滴仔菜mai$^{31}$nit$^{5}$tsɐi$^{31}$ts$^{h}$ai$^{55}$ |
| 有滴滴水zau$^{31}$nit$^{5}$nit$^{5}$sɔi$^{31}$ | 差滴仔ts$^{h}$a$^{33}$nit$^{5}$tsɐi$^{31}$ |

（5）用“[滴仔][nia$^{31}$]”表示。[滴仔]是“滴仔”的合音，表义相同。例如：

有［滴仔］zau$^{31}$nia$^{31}$

黑［滴仔］hɐk$^{5}$nia$^{31}$

穷［滴仔］k$^{h}$oŋ$^{213}$nia$^{31}$

喝［滴仔］酒 hap$^{214}$nia$^{31}$tsɐu$^{31}$

硬颈［滴仔］有点犟 ŋaŋ$^{55}$keŋ$^{31}$nia$^{31}$

细心［滴仔］ɬɐi$^{55}$ɬiɐm$^{33}$nia$^{31}$

懒［滴仔］lan$^{31}$nia$^{31}$

三十［滴仔］岁 ɬam$^{33}$sɐp$^{5}$nia$^{31}$ɬɔi$^{55}$

快［滴仔］fai$^{55}$nia$^{31}$

3. 数量词搭配

（1）一般情况下，数词、量词都出现，例如：

一条桥 zɐt$^{5}$t$^{h}$eu$^{213}$k$^{h}$eu$^{213}$

三个字十五分钟 ɬam$^{33}$kɔ$^{55}$tsi$^{55}$

三个猪 ɬam$^{33}$kɔ$^{55}$tsi$^{33}$

三个夫娘婆 ɬam$^{33}$kɔ$^{55}$fu$^{33}$niaŋ$^{33}$p$^{h}$ɔ$^{213}$

五个仔 wu$^{31}$kɔ$^{55}$tsɐi$^{31}$

（2）如果数词是“一”时，往往可以省略，例如：

个箩个一个箩放一个。kɔ$^{55}$lɔ$^{213}$kɔ$^{55}$.

个仔放个箩一个小孩放一个箩。kɔ$^{55}$tsɐi$^{31}$faŋ$^{55}$kɔ$^{55}$lɔ$^{213}$.

敕筒烟［这样］久抽一筒烟这么久。ɬɔk$^{214}$t$^{h}$oŋ$^{213}$zen$^{33}$tseŋ$^{55}$kiau$^{31}$.

4. 特殊量词

一□肩头一边肩膀 zɐt$^{5}$ɬɐk$^{5}$kan$^{33}$t$^{h}$ɐu$^{213}$

一揇伸展大拇指与中指或大拇指与食指的长度 zɐt$^{5}$nam$^{31}$

一□肉一片肉 zɐt$^{5}$nɐi$^{33}$zok$^{5}$

一□一庹长 zɐt$^{5}$p$^{h}$ɐŋ$^{33}$

一班人一帮人 zɐt$^{5}$pan$^{33}$zɐn$^{213}$

一碌木头一段木头 zɐt$^{5}$lok$^{5}$mok$^{5}$t$^{h}$ɐu$^{213}$

一梳蕉子一排香蕉 zɐt$^{5}$sɔ$^{33}$tseu$^{33}$tsi$^{31}$

一涿屎一场屎 zɐt$^{5}$tok$^{5}$neu$^{55}$

一味菜一道菜 zɐt$^{5}$mi$^{55}$ts$^{h}$ai$^{55}$

一驾车一部车 zɐt$^{5}$ka$^{55}$ts$^{h}$e$^{33}$

一本戏一出戏 zɐt$^{5}$pɐn$^{31}$hi$^{55}$

一粒星一颗星 zɐt$^{5}$nɐp$^{5}$ɬeŋ$^{33}$

一眼屋一间屋 zɐt$^{5}$ŋan$^{31}$ok$^{5}$

一罂油一瓶油 zɐt$^{5}$ɐŋ$^{33}$zau$^{213}$

一脚鞋一只鞋 zɐt$^{5}$kiak$^{213}$hai$^{213}$

一瓮酒一缸酒 zɐt$^{5}$oŋ$^{55}$tsɐu$^{31}$

一脚箸一根筷子 zɐt$^{5}$kiak$^{213}$tsi$^{55}$

一铺路十里路 zɐt$^{5}$p$^{h}$u$^{55}$lu$^{55}$

一□米一撮米 zɐt$^{5}$ȵiɐp$^{5}$mi$^{31}$

一水生意一笔生意 zɐt$^{5}$sɔi$^{31}$ɬɐŋ$^{33}$zi$^{55}$

一窦蜂一窝蜂 zɐt$^{5}$tɐu$^{55}$foŋ$^{33}$

一□橘子一瓣橘子 zɐt$^{5}$lem$^{55}$kiɐt$^{5}$tsɐi$^{31}$

**（二）方所**

1. 有些方所词相对特殊。例如：

上高上面 siaŋ$^{55}$kou$^{33}$

下底落水外面下雨 ha$^{55}$ti$^{31}$lɔk$^{214}$sɔi$^{31}$

下底下面；外面 ha$^{55}$ti$^{31}$

车外底车外 ts$^{h}$e$^{33}$wai$^{55}$ti$^{31}$

外底外面 wai$^{55}$ti$^{31}$

边头皮边儿上 pen$^{33}$t$^{h}$ɐu$^{213}$p$^{h}$i$^{213}$

篱墙外底墙外 li$^{213}$ts$^{h}$iaŋ$^{213}$wai$^{55}$ti$^{31}$

大边左边 ta$^{55}$pen$^{55}$

细边右边ɬɐi$^{55}$pen$^{55}$

尾头末尾wɐi$^{31}$tʰɐu$^{213}$

包尾最后pau$^{33}$wɐi$^{31}$

2. 普通话用“上”表示的方位正话用“里[nɐi$^{33}$]”表示。例如：

路里路上lu$^{55}$nɐi$^{33}$

椅里椅子上zi$^{31}$nɐi$^{33}$

台里桌上tʰai$^{213}$nɐi$^{33}$

手里手上sɐu$^{31}$nɐi$^{33}$

墙里墙上tsʰiaŋ$^{213}$nɐi$^{33}$

水里水上sɔi$^{31}$nɐi$^{33}$

门里门上mɐn$^{213}$nɐi$^{33}$

## （三）指代

1. 人称代词

（1）人称代词为“我”“你”“他”。正话人称代词与普通话一致。与周围方言比较，第一二人称用字相同，但读音不同。第三人称不同，粤语、哎话用“佢”，闽语用“伊”，正话用“他”。正话人称代词均可做主语、定语和宾语。例如：

我八十几诶。ŋɔ$^{31}$pat$^{214}$sɐp$^{55}$ki$^{31}$e$^{33}$.

我冇朣骗你吧？ ŋɔ$^{31}$mou$^{31}$tʰɐm$^{55}$ni$^{31}$pʰa$^{55}$?

我奶又亡我妈也去世了。ŋɔ$^{31}$nai$^{31}$zau$^{55}$maŋ$^{213}$.

你肯凑⁼我洗么啰？ ni$^{31}$hɐŋ$^{31}$tsʰɐu$^{55}$ŋɔ$^{31}$ɬi$^{31}$mɔ$^{33}$lɔ$^{33}$?

你老子爱要杀你，你知道冇？ ni$^{31}$lou$^{31}$tsi$^{31}$ai$^{55}$sat$^{2}$ni$^{31}$, ni$^{31}$ti$^{33}$tou$^{55}$mou$^{31}$?

她快快走诶了。tʰa$^{33}$fai$^{55}$fai$^{55}$tsɐu$^{31}$e$^{33}$liau$^{31}$.

煮汤把他奶喝。tsi$^{31}$tʰaŋ$^{33}$pa$^{31}$tʰa$^{33}$nai$^{31}$hap$^{214}$.

黄娘请他去阿厅里坐。waŋ$^{213}$niaŋ$^{213}$tsʰeŋ$^{31}$tʰa$^{33}$kʰi$^{55}$a$^{33}$tʰeŋ$^{33}$li$^{31}$tsɔ$^{55}$.

他头又断下地下呢。tʰa$^{33}$tʰɐu$^{213}$zau$^{55}$ten$^{55}$ha$^{55}$ti$^{55}$ha$^{55}$ni$^{33}$.

我吃净它黄豆啊。ŋɔ$^{31}$kʰiɐt$^{5}$tseŋ$^{55}$tʰa$^{33}$a$^{33}$.

（2）人称代词复数老年用“们”表示，中青年多用“哋[tei$^{31}$]”“的[ti$^{33}$]”和“人[ȵiɐn$^{213}$]”表示。没有包括式和排除式的分别，“咱妈”要分别说“你妈”或“我妈”。例如：

我们大家都姓王。ŋɔ$^{31}$mɐn$^{213}$ta$^{55}$ka$^{33}$tu$^{33}$ɬeŋ$^{55}$waŋ$^{213}$.

我们一头行一头讲我们一边走一边说。ŋɔ$^{31}$mɐn$^{213}$zɐt$^{5}$tʰɐu$^{213}$heŋ$^{213}$zɐt$^{5}$tʰɐu$^{213}$kaŋ$^{31}$.

你去头先，我哋等阵仔将去你先去，我们等一下再去。ni$^{31}$kʰi$^{55}$tʰɐu$^{213}$ɬen$^{33}$, ŋɔ$^{31}$tei$^{33}$tɐŋ$^{31}$tsɐn$^{55}$tsɐi$^{31}$tsiaŋ$^{33}$kʰi$^{55}$.

我的又做百年夫妻。ŋɔ$^{31}$ti$^{33}$zau$^{55}$tsu$^{55}$pɐk$^{5}$nen$^{213}$fu$^{33}$tsʰi$^{33}$.

你人就去床里睡ni$^{31}$ȵiɐn$^{213}$tsɐu$^{55}$kʰi$^{55}$tsʰɔŋ$^{213}$nɐi$^{33}$sɔi$^{55}$.

乜的时候去看看你阿奶何时去看咱妈？ mɐt$^{5}$ti$^{33}$si$^{213}$hɐu$^{55}$kʰi$^{55}$kʰan$^{55}$kʰan$^{55}$ni$^{31}$a$^{33}$nai$^{31}$.

2. 指示代词

（1）近指代词为“这[tsi$^{55}$]”，远指代词为“那[na$^{55}$]”。“这”“那”基本不单独做主语和宾语，要和量词、名词等组合做主语和宾语，普通话“这是书”正话说成“这里是书”。复数加“里[nɐi$^{33}$]”表示。例如：

这个是我姐夫。tsi$^{55}$kɔ$^{55}$si$^{55}$ŋɔ$^{31}$tse$^{31}$fu$^{33}$.

这里是书，那里是笔，那里是笔盒。tsi$^{55}$nɐi$^{33}$si$^{55}$si$^{33}$, na$^{55}$nɐi$^{33}$si$^{55}$piɐt$^{5}$, na$^{55}$nɐi$^{33}$si$^{55}$ piɐt$^{5}$ hap$^{214}$.

这个乜的字啊？ tsi$^{55}$kɔ$^{55}$mɐt$^{5}$ti$^{33}$tsi$^{55}$a$^{31}$?

我冇爱要这个，爱要那个。ŋɔ$^{31}$mou$^{31}$ai$^{55}$tsi$^{55}$kɔ$^{55}$, ai$^{55}$na$^{55}$kɔ$^{55}$.

这个好过那个。tsi$^{55}$kɔ$^{55}$hou$^{31}$kɔ$^{55}$na$^{55}$kɔ$^{55}$.

这里木是龙眼木，那里是荔枝木。tsi$^{55}$nɐi$^{33}$mok$^{5}$si$^{55}$loŋ$^{213}$ŋan$^{31}$mok$^{5}$, na$^{55}$nɐi$^{33}$si$^{33}$li$^{55}$tsi$^{33}$ mok$^{5}$.

这里屋冇得那里屋好。tsi$^{55}$nɐi$^{33}$ok$^{5}$mou$^{31}$tɐk$^{5}$na$^{55}$nɐi$^{33}$ok$^{5}$hou$^{31}$.

（2）表处所用“这里[tsi$^{55}$nɐi$^{33}$]”“那里[na$^{55}$nɐi$^{33}$]”。例如：

我来过这里。ŋɔ$^{31}$lai$^{213}$kɔ$^{55}$tsi$^{55}$nɐi$^{33}$.

这里金瓜特别大个。tsi$^{55}$nɐi$^{33}$kiɐm$^{33}$kua$^{33}$tɐk$^{5}$pet$^{214}$ta$^{55}$kɔ$^{55}$.

黄爹一路一直住在这里。waŋ$^{213}$te$^{33}$zɐt$^{5}$lu$^{55}$tsi$^{55}$tsai$^{55}$tsi$^{55}$nɐi$^{33}$.

他担倒打着伞站在那里。tʰa$^{33}$tam$^{33}$tou$^{31}$ɬan$^{55}$tsan$^{55}$tsai$^{55}$na$^{55}$nɐi$^{33}$.

在那里，不在这里。tsai$^{55}$na$^{55}$nɐi$^{33}$, mou$^{31}$tsai$^{55}$tsi$^{55}$nɐi$^{33}$.

你坐这里，他坐那里。ni$^{31}$tsɔ$^{55}$tsi$^{55}$nɐi$^{33}$, tʰa$^{33}$tsɔ$^{55}$na$^{55}$nɐi$^{33}$.

（3）偶尔也用“呢$^{=}$[ni$^{55}$]”做近指代词，相当于“这”。例如：

冇用花呢$^{=}$钱啊不用花这么些钱。mou$^{31}$zoŋ$^{55}$fa$^{33}$ni$^{55}$tsʰen$^{213}$a$^{31}$.

呢$^{=}$阿鱼好靓，你尝尝看过。ni$^{55}$a$^{33}$zi$^{213}$hou$^{31}$leŋ$^{55}$, ni$^{31}$siaŋ$^{213}$siaŋ$^{213}$kʰan$^{55}$kɔ$^{55}$.

呢$^{=}$仔他也去当兵。ni$^{55}$tsɐi$^{31}$tʰa$^{33}$ze$^{31}$kʰi$^{55}$taŋ$^{33}$peŋ$^{33}$.

（4）“这样”合音为［这样］[tseŋ$^{55}$]。但是，其后还可出现“样”字，即可说“［这样］样”。“那样”与普通话相同，有时候也说“［这样］[tseŋ$^{55}$]”。例如：

天哪！我怎样［这样］苦命命苦啊！ tʰen$^{33}$na$^{31}$! ŋɔ$^{31}$tem$^{213}$ziaŋ$^{55}$tseŋ$^{55}$fu$^{31}$meŋ$^{55}$a$^{31}$!

啊！有［这样］的事啰？ a$^{13}$! zau$^{31}$tseŋ$^{55}$ti$^{33}$ɬi$^{55}$lɔ$^{33}$?

怎样［这样］贵啊？ tem$^{213}$ziaŋ$^{55}$tseŋ$^{55}$kuɐi$^{55}$a$^{31}$?

一是［这样］样吵，不如早［滴仔］离婚。zɐt$^{5}$si$^{55}$tseŋ$^{55}$ziaŋ$^{55}$tsʰau$^{31}$, pɐt$^{5}$zi$^{213}$ tsou$^{31}$nia$^{31}$li$^{213}$fɐn$^{33}$.

冇是那样做，是［这样］样做。mou$^{31}$si$^{55}$na$^{55}$ziaŋ$^{55}$tsu$^{55}$, si$^{55}$tseŋ$^{55}$ziaŋ$^{55}$tsu$^{55}$.

他那样拎箸，夹冇起菜。tʰa$^{33}$na$^{55}$ziaŋ$^{55}$neŋ$^{33}$tsi$^{55}$, kep$^{214}$mou$^{31}$hi$^{31}$tsʰai$^{55}$.

［这样］高那么高。tseŋ$^{55}$kou$^{33}$.

3. 疑问代词

正话疑问代词有“乜”“哪”“几”“怎”等。下面具体说明。

（1）乜[mɐt$^{5}$]相当于普通话的“什么”，可以用于人，也可以用于物和时间。问人，后面接“人”字，问物要加“的”构成“乜的”固定格式，“乜的”后面也可接表物名词。问时间可以说“乜的时候”，也可以省略“的”，说“乜时候”。问原因用“为乜的”或“做乜的”。例如：

他冇做，乜人做啊他不做，谁做？ t$^{h}$a$^{33}$mou$^{31}$tsu$^{55}$, mɐt$^{5}$zɐn$^{213}$tsu$^{55}$a$^{31}$?

你寻［乜人］啊？ ni$^{31}$ts$^{h}$ɐm$^{213}$mɐn$^{31}$na$^{31}$?

这支笔是乜人的？ tsi$^{55}$tsi$^{33}$piɐt$^{5}$si$^{55}$mɐt$^{5}$zɐn$^{213}$ti$^{33}$?

你去做乜的啊？ ni$^{31}$k$^{h}$i$^{55}$tsu$^{55}$mɐt$^{5}$ti$^{33}$a$^{33}$?

你去看看，出乜的事诶？ ni$^{31}$k$^{h}$i$^{55}$k$^{h}$an$^{55}$k$^{h}$an$^{55}$, ts$^{h}$ɐt$^{5}$mɐt$^{5}$ti$^{33}$ɬi$^{55}$e$^{33}$?

你为乜的爱吃白粉啦你为什么要吸毒呢？ ni$^{31}$wɐi$^{213}$mɐt$^{5}$ti$^{33}$ai$^{55}$k$^{h}$iɐt$^{5}$pɐk$^{5}$fɐn$^{31}$la$^{33}$?

你做乜的爱讲假话啦？ ni$^{31}$tsu$^{55}$mɐt$^{5}$ti$^{33}$ai$^{55}$kaŋ$^{31}$ka$^{31}$wa$^{55}$la$^{33}$?

（2）哪[na$^{213}$]问处所，也可问人、问物、问时间等。可做宾语、定语、状语。例如：

他去哪里啊？ t$^{h}$a$^{33}$k$^{h}$i$^{55}$na$^{213}$nɐi$^{33}$a$^{33}$?

哪里田螺吃哪里泥。na$^{213}$nɐi$^{33}$t$^{h}$en$^{213}$le$^{213}$k$^{h}$iɐt$^{5}$na$^{213}$nɐi$^{33}$ni$^{213}$.

你在哪个单位做工？ ni$^{31}$tsai$^{55}$na$^{213}$kɔ$^{55}$tan$^{33}$wɐi$^{55}$tsu$^{55}$koŋ$^{33}$?

哪个大老板捐几多钱？ na$^{213}$kɔ$^{55}$ta$^{55}$lou$^{31}$pan$^{31}$ken$^{33}$ki$^{31}$tɔ$^{33}$ts$^{h}$en$^{213}$?

你是哪年来的？ ni$^{31}$si$^{55}$na$^{213}$nen$^{213}$lai$^{213}$ti$^{33}$?

（3）几[ki$^{31}$]可问数量、大小、轻重、时间、排行等。例如：

爱几多那$^{=}$够啊要多少才够？ ai$^{55}$ki$^{31}$tɔ$^{33}$na$^{55}$kɐu$^{55}$a$^{33}$?

你有几个仔女啊？ ni$^{31}$zau$^{31}$ki$^{31}$kɔ$^{55}$tsɐi$^{31}$ni$^{31}$a$^{31}$?

猪肉几多钱斤？ tsi$^{33}$zok$^{5}$ki$^{31}$tɔ$^{33}$ts$^{h}$en$^{213}$kiɐn$^{33}$?

你穿几多号阿鞋啊？ ni$^{31}$ts$^{h}$en$^{33}$ki$^{31}$tɔ$^{33}$hou$^{55}$a$^{33}$hai$^{213}$a$^{31}$?

他今年几多岁啊？ t$^{h}$a$^{33}$kiɐm$^{33}$nen$^{213}$ki$^{31}$tɔ$^{33}$ɬɔi$^{55}$a$^{31}$?

这个东西有几重啊？ tsi$^{55}$kɔ$^{55}$toŋ$^{33}$ɬi$^{33}$zau$^{31}$ki$^{31}$tsoŋ$^{55}$a$^{33}$?

今日几月几号？农历初几？ kiɐm$^{33}$zɐt$^{5}$ki$^{31}$zet$^{214}$ki$^{31}$hou$^{55}$? noŋ$^{213}$lek$^{5}$ts$^{h}$ɔ$^{33}$ki$^{31}$?

你第几的啊？我第五的你老几啊？我老五。ni$^{31}$ti$^{55}$ki$^{31}$ti$^{33}$a$^{31}$? ŋɔ$^{31}$ti$^{55}$wu$^{31}$ti$^{33}$.

（4）怎[tem$^{213}$]问情态方式，也可问原因。一般说“怎样”，快读则合音为［怎样］[tiaŋ$^{213}$]。也可说“怎子”“怎样子”。例如：

怎样做好啊？ tem$^{213}$ziaŋ$^{55}$tsu$^{55}$hou$^{31}$a$^{33}$?

白菜怎样卖？ pɐk$^{5}$ts$^{h}$ai$^{55}$tem$^{213}$ziaŋ$^{55}$mai$^{55}$?

怎样［这样］贵啊？ tem$^{213}$ziaŋ$^{55}$tseŋ$^{55}$kuɐi$^{55}$a$^{31}$?

怎子相会呢？ tem$^{213}$tsi$^{31}$ɬiaŋ$^{33}$fɐi$^{55}$ni$^{33}$?

怎样子做倒它来打果怎样使它结果？ tem$^{213}$ziaŋ$^{55}$tsi$^{31}$tsu$^{55}$tou$^{31}$t$^{h}$a$^{33}$lai$^{213}$ta$^{31}$kɔ$^{31}$?

## 三　性状与程度

（一）用“形＋名”结构表示性状，即“形＋名”结构相当于一个形容词。例如：

坏质坏 wɐi$^{55}$tsɐt$^{5}$

细个小 ɬɐi$^{55}$kɔ$^{55}$

威水漂亮 wɐi$^{33}$sɔi$^{31}$

背角僻静 pɐi$^{55}$kɔk$^{214}$

老水老 lou$^{31}$sɔi$^{31}$

小相小气 ɬeu$^{31}$ɬiaŋ$^{55}$

嫩水年轻 nɔn$^{55}$sɔi$^{31}$

阔佬大方 fɔt$^{214}$lou$^{31}$

（二）形容词重叠有以下三种形式，重叠后均表示程度加深。

1. AA式

这是最常见的形式，可以做谓语、状语、定语等。例如：

红红很红 hoŋ$^{213}$hoŋ$^{213}$

细细很小 ɬɐi$^{55}$ɬɐi$^{55}$

尖尖很尖 tsem$^{33}$tsem$^{33}$

轻轻很轻 heŋ$^{33}$heŋ$^{33}$

长长河很长的河流 ts$^{h}$iaŋ$^{213}$ts$^{h}$iaŋ$^{213}$hɔ$^{213}$

短短棍很短的棍子 ten$^{31}$ten$^{31}$kuɐn$^{55}$

他鼻公高高很高 t$^{h}$a$^{33}$pi$^{55}$koŋ$^{33}$kou$^{33}$kou$^{33}$

你恁着着很确定将讲 ni$^{31}$nɐm$^{31}$tsiak$^{214}$tsiak$^{214}$tsiaŋ$^{33}$kaŋ$^{31}$

前面走个肥肥仔前面走过来个胖胖的小孩。 ts$^{h}$en$^{213}$men$^{55}$tsɐu$^{31}$kɔ$^{55}$fɐi$^{213}$fɐi$^{213}$tsɐi$^{31}$.

2. AABB式

齐齐整整 ts$^{h}$i$^{213}$ts$^{h}$i$^{33}$tseŋ$^{31}$tseŋ$^{31}$

乱乱糟糟 len$^{55}$len$^{55}$tsou$^{33}$tsou$^{33}$

□□碎碎琐碎 ɬɐp$^{5}$ɬɐp$^{5}$ɬɔi$^{55}$ɬɔi$^{55}$

马马虎虎 ma$^{33}$ma$^{33}$fu$^{33}$fu$^{33}$

伶伶俐俐干净 leŋ$^{213}$leŋ$^{213}$li$^{55}$li$^{55}$

绿绿葱葱 lok$^{5}$lok$^{5}$ts$^{h}$oŋ$^{33}$ts$^{h}$oŋ$^{33}$

3. AXX式

黑墨墨 hɐk$^{5}$mɐk$^{5}$mɐk$^{5}$

轻泡泡 heŋ$^{33}$p$^{h}$au$^{55}$p$^{h}$au$^{55}$

孤零零 ku$^{33}$leŋ$^{33}$leŋ$^{33}$

慢摸摸 man$^{55}$mɔ$^{33}$mɔ$^{33}$

绿葱葱 lok$^{5}$ts$^{h}$oŋ$^{33}$ts$^{h}$oŋ$^{33}$

香喷喷 hiaŋ$^{33}$p$^{h}$ɐn$^{55}$p$^{h}$ɐn$^{55}$

齐整整 ts$^{h}$i$^{213}$tseŋ$^{31}$tseŋ$^{31}$

白雪雪 pɐk$^{5}$ɬet$^{213}$ɬet$^{213}$

傻戆戆 sɔ$^{31}$ŋaŋ$^{55}$ŋaŋ$^{55}$

黏紧紧 nem$^{213}$kiɐn$^{31}$kiɐn$^{31}$

圆碌碌 zen$^{213}$lok$^{5}$lok$^{5}$

红艳艳 hoŋ$^{213}$zem$^{55}$zem$^{55}$

## 四 介引与关联

### （一）凑$^{=}$[tsʰɐu$^{55}$]

1. 介词

（1）表示对象，相当于普通话的“对”“跟”“同”等。例如：

凑$^{=}$阿娘来讲。tsʰɐu$^{55}$a$^{33}$niaŋ$^{213}$lai$^{33}$kaŋ$^{31}$.

凑$^{=}$他冇办法。tsʰɐu$^{55}$tʰa$^{33}$mou$^{31}$pan$^{55}$fat$^{214}$.

凑$^{=}$我做对头与我作对。tsʰɐu$^{55}$ŋɔ$^{31}$tsu$^{55}$tɔi$^{55}$tʰɐu$^{213}$.

凑$^{=}$我讲狗屎正跟我讲旧时正话。tsʰɐu$^{55}$ŋɔ$^{31}$kaŋ$^{31}$kɐu$^{31}$si$^{31}$tseŋ$^{55}$.

凑$^{=}$她两姊妹睡觉。tsʰɐu$^{55}$tʰa$^{33}$liaŋ$^{31}$tsi$^{31}$mɐi$^{55}$sɔi$^{55}$kau$^{55}$.

（2）表示对象，相当于普通话的“替”“给”。例如：

凑$^{=}$你梳。tsʰɐu$^{55}$ni$^{31}$su$^{33}$.

凑$^{=}$我洗洗。tsʰɐu$^{55}$ŋɔ$^{31}$ɬi$^{13}$ɬi$^{31}$.

凑$^{=}$它解开。tsʰɐu$^{55}$tʰa$^{33}$kai$^{31}$hai$^{33}$.

凑$^{=}$你纠过来诶给你纠正了。tsʰɐu$^{55}$ni$^{31}$tɐu$^{31}$kɔ$^{55}$lai$^{213}$e$^{33}$.

（3）表示对象，相当于普通话的“和”“同”。例如：

凑$^{=}$你有关。tsʰɐu$^{55}$ni$^{31}$zau$^{31}$kuan$^{33}$.

凑$^{=}$你做公婆。tsʰɐu$^{55}$ni$^{31}$tsu$^{55}$koŋ$^{33}$pʰɔ$^{213}$.

凑$^{=}$阿牛相依为命。tsʰɐu$^{55}$a$^{33}$ŋɐu$^{213}$ɬiaŋ$^{33}$zi$^{33}$wɐi$^{55}$meŋ$^{55}$.

2. 连词，相当于普通话的“和”，例如：

阿老人凑$^{=}$细蚊仔。a$^{33}$lou$^{31}$zɐn$^{213}$tsʰou$^{33}$ɬɐi$^{55}$mɐn$^{33}$tsɐi$^{31}$.

个仔凑$^{=}$个妹仔。kɔ$^{55}$tsɐi$^{31}$tsʰɐu$^{55}$kɔ$^{55}$mɐi$^{55}$tsɐi$^{31}$.

牛郎凑$^{=}$织女。ŋɐu$^{213}$laŋ$^{213}$tsʰɐu$^{55}$tsek$^{5}$ni$^{31}$.

美女凑$^{=}$那后生仔。mɐi$^{31}$ni$^{31}$tsʰɐu$^{55}$na$^{55}$hɐu$^{55}$ɬɐŋ$^{33}$tsɐi$^{31}$.

白蜡凑$^{=}$黄皮。pɐk$^{5}$lap$^{214}$tsʰɐu$^{55}$waŋ$^{213}$pʰi$^{213}$.

3. 介词和连词用法可以同时出现在一个句子中，例如：

我爸凑$^{=}$我妈呢，相比凑$^{=}$我公凑$^{=}$我婆那代人，冇同我爸和我妈与我爷爷和奶奶那代人相比不一样。ŋɔ$^{31}$pa$^{33}$tsʰɐu$^{55}$ŋɔ$^{31}$ma$^{55}$ni$^{33}$, ɬiaŋ$^{33}$pi$^{31}$tsʰɐu$^{55}$ŋɔ$^{31}$koŋ$^{33}$tsʰɐu$^{55}$ŋɔ$^{31}$pʰɔ$^{213}$na$^{55}$tai$^{55}$zɐn$^{213}$, mou$^{31}$tʰoŋ$^{213}$. 前后两个“凑$^{=}$”是连词，中间那个是介词。

### （二）把[pa$^{31}$]

介词“把”表示动作的对象，相当于普通话的“给”。例如：

拎拿去卖把人己诶。neŋ$^{33}$kʰi$^{55}$mai$^{55}$pa$^{31}$zɐn$^{213}$ki$^{31}$e$^{33}$.

借把他。tse$^{55}$pa$^{31}$tʰa$^{33}$.

叫他屙屁把他闻啊。eu$^{55}$tʰa$^{33}$ɔ$^{33}$pʰi$^{55}$pa$^{31}$tʰa$^{33}$mɐn$^{213}$a$^{33}$.

有个婆她去送饭把人己。zau$^{31}$kɔ$^{55}$pʰɔ$^{213}$tʰa$^{33}$kʰi$^{55}$ɬoŋ$^{55}$fan$^{55}$pa$^{31}$zɐn$^{213}$ki$^{31}$.

把阿牛把兄弟。pa$^{31}$a$^{33}$ŋɐu$^{213}$pa$^{31}$hoŋ$^{33}$ti$^{55}$.

把阿［滴仔］绿豆把我。pa$^{31}$a$^{33}$nia$^{31}$lok$^{5}$tɐu$^{55}$pa$^{31}$ŋɔ$^{31}$.

把一大袋银子把他□提倒回啊。pa$^{31}$zɐt$^{5}$ta$^{55}$tai$^{55}$ŋɐn$^{213}$tsi$^{31}$pa$^{31}$tʰa$^{33}$kua$^{33}$tou$^{31}$wɐi$^{213}$a$^{33}$.

后三个例句中第一个“把”是动词，第二个“把”才是介词。

### （三）在[tsai$^{55}$]

1. 表示处所，相当于普通话的“在”。例如：

漏在街里。lɐu$^{55}$tsai$^{55}$kai$^{33}$nɐi$^{33}$.

凭靠到在沙发里。pɐŋ$^{55}$tou$^{31}$tsai$^{55}$sa$^{33}$fat$^{214}$nɐi$^{33}$.

阿灶打在哪里？ a$^{33}$tsou$^{55}$ta$^{31}$tsai$^{55}$na$^{213}$nɐi$^{33}$?

她是在天上织布的。tʰa$^{33}$si$^{55}$tsai$^{55}$tʰen$^{33}$siaŋ$^{55}$tsek$^{5}$pu$^{55}$ti$^{33}$.

2. 表示经由，相当于普通话的“从”。例如：

在这里直走。tsai$^{55}$tsi$^{55}$nɐi$^{33}$tsek$^{5}$tsɐu$^{31}$.

我在他里借三百文纸钱。ŋɔ$^{31}$tsai$^{55}$tʰa$^{33}$nɐi$^{33}$tse$^{55}$ɬam$^{33}$pɐk$^{5}$mɐn$^{33}$tsi$^{31}$.

3. 表示范围，后面有“之间”之类的词相呼应。例如：

在他两个人之间一划。tsai$^{55}$tʰa$^{33}$liaŋ$^{31}$kɔ$^{55}$zɐn$^{213}$tsi$^{33}$kan$^{33}$zɐt$^{5}$wɐk$^{5}$.

4. 表示到达的处所，相当于普通话的“到”。例如：

我是前年来在北京。ŋɔ$^{31}$si$^{55}$tsʰen$^{213}$nen$^{213}$lai$^{213}$tsai$^{55}$pɐk$^{5}$keŋ$^{33}$.

5. 表示时间，相当于普通话的“在”。例如：

在那时候呢冇识得。tsai$^{55}$na$^{55}$si$^{213}$hɐu$^{55}$ni$^{33}$mou$^{31}$sek$^{5}$tɐk$^{5}$.

在七月七那日就相会。tsai$^{55}$tsʰɐt$^{5}$zet$^{214}$tsʰɐt$^{5}$na$^{55}$zɐt$^{5}$tsɐu$^{55}$ɬiaŋ$^{33}$fɐi$^{55}$.

## 五　体貌系统

### （一）完成体和已然体

1. 完成体和已然体都用助词“诶[e$^{33}$]”表示。“诶”可以放动词后，也可放在句尾。谓语可以是动词或动词性短语，也可以是形容词或形容词性短语。相当于普通话的“了$_{1}$”或“啦”。例如：

冇知讲诶几多轮。mou$^{31}$ti$^{33}$kaŋ$^{31}$e$^{33}$ki$^{31}$tɔ$^{33}$lɐn$^{213}$.

他接过苹果就咬诶一口。tʰa$^{33}$tsep$^{214}$kɔ$^{55}$pʰeŋ$^{213}$kɔ$^{31}$tsɐu$^{55}$ŋau$^{31}$e$^{33}$zɐt$^{5}$hɐu$^{31}$.

攞阿皮带缚诶她去拿皮带绑着她让她去。lɔ$^{31}$a$^{33}$pʰi$^{213}$tai$^{55}$fɔk$^{214}$e$^{33}$tʰa$^{33}$kʰi$^{55}$.

他屋企一阵仔死诶三个猪。tʰa$^{33}$ok$^{5}$ki$^{31}$zɐt$^{5}$tsɐn$^{55}$tsɐi$^{31}$ɬi$^{31}$e$^{33}$ɬam$^{33}$kɔ$^{55}$tsi$^{33}$.

他爸凑⁼他妈都死诶。tʰa$^{33}$pa$^{55}$tsʰɐu$^{55}$tʰa$^{33}$ma$^{55}$tu$^{33}$ɬi$^{31}$e$^{33}$.

姐婆又来诶。tse$^{31}$pʰɔ$^{213}$zau$^{55}$lai$^{213}$e$^{33}$.

那妹仔去诶。na$^{55}$mɐi$^{55}$tsɐi$^{31}$kʰi$^{213}$e$^{33}$.

吃那大姐诶。kʰiɐt$^{5}$na$^{55}$ta$^{55}$tse$^{31}$e$^{33}$.

栽倒黄豆诶，他又煮来吃倒。tsai$^{33}$tou$^{31}$waŋ$^{213}$tɐu$^{55}$e$^{33}$, tʰa$^{33}$zau$^{55}$tsi$^{31}$lai$^{213}$kʰiɐt$^{5}$tou$^{31}$.

天好快开诶。tʰen$^{33}$hou$^{31}$fai$^{55}$hai$^{33}$e$^{33}$.

嘞诶，有梳得靓哦动了就梳得不好看啰。ȵiok$^{5}$e$^{33}$, mou$^{31}$sɔ$^{33}$tɐk$^{5}$leŋ$^{55}$ɔ$^{33}$.

吃净这碗饭诶！ kʰiɐt$^{5}$tseŋ$^{55}$tsi$^{55}$wɔn$^{31}$fan$^{55}$e$^{33}$!

迟到诶就冇好。tsʰi$^{213}$tou$^{55}$e$^{33}$tsɐu$^{55}$mou$^{31}$hou$^{31}$.

你买票诶吗？ ni$^{31}$mai$^{31}$pʰeu$^{55}$e$^{33}$ma$^{31}$?

“诶”放在动词后，表示动作完成，相当于普通话的“了$_{1}$”。“诶”放在句尾，表示事态有了变化。第十到十二句，表示动作即将完成或状态即将出现变化。最后一句是完成态的疑问句，“诶”表已然，“吗”表疑问。

2.“诶[e$^{33}$]”和“了[liau$^{31}$]”连用。表示动作完成或状态出现变化。

拎那个犁头□砸死那个狗诶了。neŋ$^{33}$na$^{55}$kɔ$^{55}$li$^{213}$tʰɐu$^{213}$tɐp$^{5}$ɬi$^{31}$na$^{55}$kɔ$^{55}$kɐu$^{31}$e$^{33}$liau$^{31}$.

又捡那个狗去壅埋诶了。zau$^{55}$kem$^{31}$na$^{55}$kɔ$^{55}$kɐu$^{31}$kʰi$^{55}$oŋ$^{33}$e$^{33}$liau$^{31}$.

又拎阿刀斩净阿竹诶了拿刀把竹子全部砍掉了。zau$^{55}$neŋ$^{33}$a$^{33}$tou$^{33}$tsam$^{31}$tseŋ$^{55}$a$^{33}$tsok$^{5}$e$^{33}$liau$^{31}$.

吓倒人熊姐婆走诶了。hɐk$^{5}$tou$^{31}$zɐn$^{213}$zoŋ$^{213}$tse$^{31}$pʰɔ$^{213}$tsɐu$^{31}$e$^{33}$liau$^{31}$.

烧成阿灰诶了。seu$^{33}$seŋ$^{213}$a$^{33}$fɐi$^{33}$e$^{33}$liau$^{31}$.

打死那个大哥诶了。ta$^{31}$ɬi$^{31}$na$^{55}$kɔ$^{55}$ta$^{55}$kɔ$^{33}$e$^{33}$liau$^{31}$.

痛死诶了。oŋ$^{55}$ɬi$^{31}$e$^{33}$liau$^{31}$.

阿头壳烂诶了。a$^{33}$tʰɐu$^{213}$kʰɔ$^{213}$lan$^{55}$e$^{33}$liau$^{31}$.

3. 动词后及句尾都有“诶”，表示动作完成和事态出现变化。

我带诶在衫袋诶。ŋɔ$^{31}$tai$^{55}$e$^{33}$tsai$^{55}$sam$^{33}$tai$^{55}$e$^{33}$.

阿头毛吊诶在木杈里诶。a$^{33}$tʰɐu$^{213}$mou$^{33}$teu$^{55}$e$^{33}$tsai$^{55}$mok$^{5}$tsʰa$^{33}$nɐi$^{33}$e$^{33}$.

那个婆又去送诶饭去诶。na$^{55}$kɔ$^{55}$pʰɔ$^{213}$zau$^{55}$kʰi$^{55}$ɬoŋ$^{55}$e$^{33}$fan$^{55}$kʰi$^{55}$e$^{33}$.

### （二）进行体和持续体

1. 用“在[tsai$^{55}$]”或者“在里[tsai$^{55}$nei$^{33}$]”放在动词前表示动作正在进行。

他在做乜的？他在吃饭。tʰa$^{33}$tsai$^{55}$tsu$^{55}$mɐt$^{5}$ti$^{33}$? tʰa$^{33}$tsai$^{55}$kʰiɐt$^{5}$fan$^{55}$.

下底外面在落水，带把伞啊。ha$^{55}$ti$^{31}$tsai$^{55}$lɔk$^{214}$sɔi$^{31}$, tai$^{55}$pa$^{31}$ɬan$^{55}$a$^{33}$.

你在里唱乜的？ ni$^{31}$tsai$^{55}$nɐi$^{33}$tsʰiaŋ$^{55}$mɐt$^{5}$ti$^{33}$?

他正在里凑$^{=}$他爸讲话。tʰa$^{33}$tseŋ$^{55}$tsai$^{55}$nɐi$^{33}$tsʰɐu$^{55}$tʰa$^{33}$pa$^{33}$kaŋ$^{31}$wa$^{55}$.

2. 用“倒[tou$^{31}$]”表示动作或事态持续。例如：

她揽抱倒细蚊仔走来走去。tʰa$^{33}$nam$^{31}$tou$^{31}$ɬɐi$^{55}$mɐn$^{33}$tsɐi$^{31}$tsɐu$^{31}$lai$^{213}$tsɐu$^{31}$kʰi$^{55}$.

阿钱我带倒诶。a$^{55}$tsʰen$^{213}$ŋɔ$^{31}$tai$^{55}$tou$^{31}$e$^{33}$.

阿镬里炖倒鸡肉。a$^{33}$wɔk$^{214}$nɐi$^{33}$tɐn$^{55}$tou$^{31}$ki$^{33}$zok$^{5}$.

台里放倒一碗水。tʰai$^{213}$nɐi$^{33}$faŋ$^{55}$tou$^{31}$zɐt$^{5}$wɔn$^{31}$sɔi$^{31}$.

### （三）经历体

用“过[kɔ$^{55}$]”表示动作发生过或状态出现过。例如：

我吃过兔仔肉，你吃过冇？ŋɔ$^{31}$kʰiɐt$^{5}$kɔ$^{55}$tʰu$^{55}$tsɐi$^{31}$zok$^{5}$, ni$^{31}$kʰiɐt$^{5}$kɔ$^{55}$mou$^{31}$?

他去过上海，我冇去过。tʰa$^{33}$kʰi$^{55}$kɔ$^{55}$siaŋ$^{55}$hai$^{31}$, ŋɔ$^{31}$mou$^{31}$kʰi$^{55}$kɔ$^{55}$.

我见过他爸奶。ŋɔ$^{31}$ken$^{55}$kɔ$^{55}$tʰa$^{33}$pa$^{33}$nai$^{31}$.

今年冷过一阵仔。kiɐm$^{33}$nen$^{213}$lɐŋ$^{31}$kɔ$^{55}$zɐt$^{5}$tsɐn$^{55}$tsɐi$^{31}$.

起头时乜人来过？hi$^{31}$tʰɐu$^{213}$si$^{31}$mɐt$^{5}$zɐn$^{213}$lai$^{213}$kɔ$^{55}$?

### （四）重行体

用副词“过[kɔ$^{55}$]”“多[tɔ$^{33}$]”“还[an$^{213}$]”等表示。“还”“过”可以同时使用。例如：

我冇听清楚，你讲多一轮。ŋɔ$^{31}$mou$^{31}$tʰeŋ$^{33}$tsʰeŋ$^{33}$tsʰɔ$^{31}$, ni$^{31}$kaŋ$^{31}$tɔ$^{33}$zɐt$^{5}$lɐn$^{213}$.

我冇听清楚，你讲过一轮。ŋɔ$^{31}$mou$^{31}$tʰeŋ$^{33}$tsʰeŋ$^{33}$tsʰɔ$^{31}$, ni$^{31}$kaŋ$^{31}$kɔ$^{55}$zɐt$^{5}$lɐn$^{213}$.

拎回去写过。neŋ$^{33}$wɐi$^{213}$kʰi$^{55}$ɬe$^{31}$kɔ$^{55}$.

还看场电影。an$^{213}$kʰan$^{55}$tsʰiaŋ$^{213}$ten$^{55}$zeŋ$^{31}$.

还看过一轮电影。an$^{213}$kʰan$^{55}$kɔ$^{55}$zɐt$^{5}$lɐn$^{213}$ten$^{55}$zeŋ$^{31}$.

### （五）反复体

用“又[zɐu$^{55}$]”“回[wɐi$^{213}$]”“还是[an$^{213}$si$^{55}$]”及动词重叠的方式表示。例如：

阿灯又着啰。a$^{55}$tɐŋ$^{33}$zɐu$^{55}$tsiak$^{214}$lɔ$^{33}$.

你坐回你座位。ni$^{31}$tsɔ$^{55}$wɐi$^{213}$ni$^{213}$tsɔ$^{55}$wɐi$^{55}$.

你还是看你阿书哇。ni$^{31}$an$^{213}$si$^{55}$kʰan$^{55}$ni$^{31}$a$^{55}$si$^{33}$wa$^{33}$.

他在电视机前看看仔睡熟诶。tʰa$^{33}$tsai$^{55}$ten$^{55}$si$^{55}$ki$^{33}$tsʰen$^{213}$kʰan$^{55}$kʰan$^{55}$tsɐi$^{31}$sɔi$^{55}$sok$^{5}$ke$^{33}$.

讲讲仔她哭起来。kaŋ$^{31}$kaŋ$^{13}$tsɐi$^{31}$tʰa$^{33}$hok$^{5}$hi$^{31}$lai$^{213}$.

叹叹空调享受享受空调。tʰan$^{55}$tʰan$^{55}$hoŋ$^{33}$tʰeu$^{213}$.

### （六）短时体

正话短时体一般用动词重叠或“阵仔[tsɐn$^{55}$tsɐi$^{31}$]”“几[ki$^{31}$]”表示。例如：

你去看看，出乜的事诶？ni$^{31}$kʰi$^{55}$kʰan$^{55}$kʰan$^{55}$, tsʰɐt$^{5}$mɐt$^{5}$ti$^{33}$ɬi$^{55}$e$^{33}$?

你问问，看还爱要几日做完？ni$^{31}$wɐn$^{55}$wɐn$^{55}$, kʰan$^{55}$an$^{213}$ai$^{55}$ki$^{31}$zɐt$^{5}$tsu$^{55}$zen$^{213}$?

我们商量商量看过。ŋɔ$^{31}$mɐn$^{213}$siaŋ$^{33}$liaŋ$^{213}$siaŋ$^{33}$liaŋ$^{213}$k$^{h}$an$^{55}$kɔ$^{55}$.

你坐阿阵仔你坐一会儿，书记就来。ni$^{31}$tsɔ$^{55}$a$^{33}$tsɐn$^{55}$tsɐi$^{31}$, si$^{33}$ki$^{55}$tsɐu$^{55}$lai$^{213}$.

那里虾跳几跳就死诶。na$^{55}$nɐi$^{33}$ha$^{33}$t$^{h}$eu$^{55}$ki$^{31}$t$^{h}$eu$^{55}$tsɐu$^{55}$ɬi$^{31}$e$^{33}$.

### （七）尝试体

用“看过[k$^{h}$an$^{55}$kɔ$^{55}$]”“看[k$^{h}$an$^{55}$]”或动词重叠表示，两者可以同时出现。例如：

你读读看过。ni$^{31}$tok$^{5}$tok$^{5}$k$^{h}$an$^{55}$kɔ$^{55}$.

你去看看中医看过。ni$^{31}$k$^{h}$i$^{55}$k$^{h}$an$^{55}$k$^{h}$an$^{55}$tsoŋ$^{33}$zi$^{33}$k$^{h}$an$^{55}$kɔ$^{55}$.

你数数看过，这［滴仔］钱够有够使？ ni$^{31}$su$^{13}$su$^{31}$k$^{h}$an$^{55}$kɔ$^{55}$, tsi$^{55}$nia$^{31}$ts$^{h}$en$^{213}$kɐu$^{55}$mou$^{31}$kɐu$^{55}$si$^{31}$?

叫他来把我看看过。eu$^{55}$t$^{h}$a$^{33}$lai$^{213}$pa$^{31}$ŋɔ$^{31}$k$^{h}$an$^{55}$k$^{h}$an$^{55}$kɔ$^{55}$.

试试看。si$^{55}$si$^{55}$k$^{h}$an$^{55}$.

### （八）近过去体

一般用“来[lai$^{213}$]”表示。例如：

我去买菜来。ŋɔ$^{31}$k$^{h}$i$^{55}$mai$^{31}$ts$^{h}$ai$^{55}$lai$^{213}$.

你起头时讲乜的来？ ni$^{31}$hi$^{31}$t$^{h}$ɐu$^{213}$si$^{213}$kaŋ$^{31}$mɐt$^{5}$ti$^{33}$lai$^{213}$?

起头时何老师来找你来？ hi$^{31}$t$^{h}$ɐu$^{213}$si$^{213}$hɔ$^{213}$lou$^{31}$si$^{33}$lai$^{213}$tsau$^{31}$ni$^{31}$lai$^{213}$?

我去看来诶，有有饭诶。ŋɔ$^{31}$k$^{h}$i$^{55}$k$^{h}$an$^{55}$lai$^{213}$e$^{33}$, mou$^{31}$zau$^{31}$fan$^{55}$e$^{33}$.

### （九）起始体

在动词前加“开始[hai$^{33}$ts$^{h}$i$^{31}$]”或在动词后加“起来[hi$^{31}$lai$^{213}$]”表示。例如：

电影开始放啰。ten$^{55}$zeŋ$^{31}$hai$^{33}$ts$^{h}$i$^{31}$faŋ$^{55}$lɔ$^{33}$.

木开始漏叶诶树开始掉叶子了。mok$^{5}$hai$^{33}$ts$^{h}$i$^{31}$lɐu$^{55}$zep$^{214}$e$^{33}$.

他笑起来真好看。t$^{h}$a$^{33}$ɬeu$^{55}$hi$^{31}$lai$^{213}$tsɐn$^{33}$hou$^{31}$k$^{h}$an$^{55}$.

两个细蚊仔啱起来两个小孩熟起来。liaŋ$^{31}$kɔ$^{55}$ɬɐi$^{55}$mɐn$^{33}$tsɐi$^{31}$ŋam$^{33}$hi$^{31}$lai$^{213}$.

讲起仔来，她阿话就多。kaŋ$^{31}$hi$^{55}$tsɐi$^{31}$lai$^{213}$, t$^{h}$a$^{33}$a$^{33}$wa$^{55}$tsɐu$^{55}$tɔ$^{33}$.

## 六 语气词

### （一）的[ti$^{33}$]

“的[ti$^{33}$]”放在句尾，主要用于表示确定语气。例如：

其实她是有尿的。k$^{h}$i$^{213}$sɐt$^{5}$t$^{h}$a$^{33}$si$^{55}$mou$^{31}$neu$^{55}$ti$^{33}$.

阿鸡母窦里满窦都是春的鸡窝里满窝鸡蛋。a$^{33}$ki$^{33}$mu$^{31}$tɐu$^{55}$nɐi$^{33}$man$^{31}$tɐu$^{55}$tu$^{33}$sɪ$^{55}$ts$^{h}$ɐn$^{33}$tɪ$^{33}$.

看到全部是鸡屎的。k$^{h}$an$^{55}$tou$^{55}$ts$^{h}$en$^{213}$pu$^{55}$si$^{55}$ki$^{33}$si$^{31}$ti$^{33}$.

爱多多木杈的哇需要好多树杈。ai$^{55}$tɔ$^{33}$tɔ$^{33}$mok$^{5}$ts$^{h}$a$^{33}$ti$^{33}$wa$^{33}$.

还有两个妹仔嫁倒老公呢，也是状元郎的。an$^{213}$zau$^{31}$liaŋ$^{31}$kɔ$^{55}$mɐi$^{55}$tsɐi$^{31}$ka$^{55}$tou$^{31}$lou$^{31}$ koŋ$^{33}$ni$^{33}$, ze$^{31}$si$^{55}$tsɔŋ$^{55}$zen$^{213}$laŋ$^{213}$ti$^{33}$.

这里是熟的，吃得。tsi$^{55}$nɐi$^{33}$si$^{55}$sok$^{5}$ti$^{33}$, k$^{h}$iɐt$^{5}$tɐk$^{55}$.

（二）哇[wa$^{33}$]

1. 疑问句中介绍了“哇”表测度语气作用，下面分析其在陈述句、祈使句中的作用。在陈述句中，有提示新情况或表明态度，希望引起对方注意的意味。例如：

她两个仔女就哭哇。t$^{h}$a$^{33}$liaŋ$^{31}$kɔ$^{55}$tsɐi$^{31}$ni$^{31}$tsɐu$^{55}$hok$^{5}$wa$^{33}$.

他去诶，坐飞机去的哇。t$^{h}$a$^{33}$k$^{h}$i$^{55}$e$^{33}$, tsɔ$^{55}$fɐi$^{33}$ki$^{33}$k$^{h}$i$^{55}$ti$^{3}$wa$^{33}$.

人己大家在等倒吃哇。zɐn$^{213}$ki$^{31}$ta$^{55}$ka$^{33}$tsai$^{55}$tɐŋ$^{31}$tou$^{31}$k$^{h}$iɐt$^{5}$wa$^{33}$.

你乜时候去啊？我马上就去哇。ni$^{31}$mɐt$^{5}$si$^{213}$hɐu$^{55}$k$^{h}$i$^{55}$a$^{33}$? ŋɔ$^{31}$ma$^{31}$siaŋ$^{55}$tsɐu$^{55}$k$^{h}$i$^{55}$wa$^{33}$.

铺贝讲狗屎正呢又差冇多背祖个哇铺贝村讲旧时正话，但也差不多不讲了。p$^{h}$u$^{55}$pɐi$^{55}$kaŋ$^{31}$kɐu$^{31}$si$^{31}$ tseŋ$^{55}$ni$^{33}$zɐu$^{55}$ts$^{h}$a$^{33}$mou$^{31}$tɔ$^{33}$pɐi$^{55}$tsu$^{31}$kɔ$^{33}$wa$^{33}$.

在宿舍里几叹几叹哇在宿舍里非常享受。tsai$^{55}$sok$^{5}$se$^{55}$nɐi$^{33}$ki$^{31}$t$^{h}$an$^{55}$ki$^{31}$t$^{h}$an$^{55}$wa$^{33}$.

黑皮肤黑过镬屎，我冇同意他哇。hɐk$^{5}$p$^{h}$i$^{213}$fu$^{33}$hɐk$^{5}$kɔ$^{55}$wɔk$^{214}$tok$^{5}$, ŋɔ$^{31}$mou$^{31}$t$^{h}$oŋ$^{213}$zi$^{55}$ t$^{h}$a$^{33}$wa$^{33}$.

冇好处我佬，冇性做的哇对我们没好处，就不想做了。mou$^{31}$hou$^{31}$ts$^{h}$i$^{55}$ŋɔ$^{31}$lou$^{31}$, mou$^{31}$ɬeŋ$^{55}$ tsu$^{55}$ti$^{33}$wa$^{33}$.

你冇丑的哇。ni$^{31}$mou$^{31}$ts$^{h}$ɐu$^{31}$ti$^{33}$wa$^{33}$.

2. 在祈使句中，有加重感谢、叮嘱、邀请等意味。例如：

多谢哇！ tɔ$^{33}$tse$^{55}$wa$^{33}$!

好辛苦哇！ hou$^{31}$ɬɐn$^{33}$fu$^{31}$wa$^{33}$!

慢慢行哇！ man$^{55}$man$^{55}$heŋ$^{213}$wa$^{33}$!

注意仔身体哇！ tsi$^{33}$zi$^{55}$tsɐi$^{31}$sɐn$^{33}$t$^{h}$i$^{31}$wa$^{33}$!

路里细心哇！ lu$^{55}$nɐi$^{33}$ɬɐi$^{55}$ɬiɐm$^{33}$wa$^{33}$!

明日到我屋企吃饭哇！ meŋ$^{213}$zɐt$^{5}$tou$^{55}$ŋɔ$^{31}$ok$^{5}$ki$^{31}$k$^{h}$iɐt$^{5}$fan$^{55}$wa$^{33}$!

拎锁匙回把我哇！ neŋ$^{33}$sɔ$^{31}$si$^{213}$wɐi$^{213}$pa$^{31}$ŋɔ$^{31}$wa$^{33}$!

3.“哇”可以和“的”“诶”连用。例如：

太坡那里还有个庙的哇。t$^{h}$ai$^{55}$p$^{h}$ɔ$^{33}$na$^{55}$nɐi$^{33}$an$^{213}$zau$^{31}$kɔ$^{55}$meu$^{55}$ti$^{33}$wa$^{33}$.

送公冇能够大家缺的哇送神回庙时大家都不缺席。ɬoŋ$^{55}$koŋ$^{33}$mou$^{31}$nɐŋ$^{213}$kɐu$^{55}$ta$^{55}$ka$^{33}$k$^{h}$et$^{214}$ti$^{33}$wa$^{33}$.

硬痛死啊！冇忍的哇。ŋɐŋ$^{55}$t$^{h}$oŋ$^{55}$ɬi$^{31}$a$^{33}$! mou$^{31}$ȵiɐn$^{31}$ti$^{33}$wa$^{33}$.

这里有讲屋企话的哇。tsi$^{55}$nɐi$^{33}$zau$^{31}$kaŋ$^{31}$ok$^{5}$ki$^{31}$wa$^{55}$ti$^{33}$wa$^{33}$.

织女走头先诶哇。tsek$^{5}$ni$^{31}$tsɐu$^{31}$t$^{h}$ɐu$^{213}$ɬen$^{33}$e$^{33}$wa$^{33}$.

## （三）呢[ni$^{33}$]

“呢”主要有两个用法，一是放在选择问句和反问句后表示探究语气或加强反问，一是放在句中表示停顿。例如：

1. 句尾

我应该来有应该来呢？ ŋɔ$^{31}$zeŋ$^{33}$kai$^{33}$lai$^{213}$mou$^{31}$zeŋ$^{33}$kai$^{33}$lai$^{213}$ni$^{33}$?

记得，怎样有记得呢？ ki$^{55}$tɐk$^{5}$, tem$^{213}$ziaŋ$^{55}$mou$^{31}$ki$^{55}$tɐk$^{5}$ni$^{33}$?

2. 句中

好久以前呢，有个后生仔。hou$^{31}$kiau$^{31}$zi$^{31}$ts$^{h}$en$^{213}$ni$^{33}$, zau$^{31}$kɔ$^{55}$hɐu$^{55}$ɬɐŋ$^{33}$tsɐi$^{31}$.

它呢，就是好好靓。t$^{h}$a$^{33}$ni$^{33}$, tsɐu$^{55}$si$^{55}$hou$^{31}$hou$^{55}$leŋ$^{55}$.

你呢年轻仔呢，有咬正阿字来读你们年轻人读得不准。ni$^{31}$ni$^{33}$nen$^{213}$heŋ$^{33}$tsɐi$^{31}$ni$^{33}$, mou$^{31}$ ŋau$^{31}$tseŋ$^{55}$a$^{33}$tsi$^{55}$lai$^{213}$tok$^{5}$.

姓柯呢，柯礼保呢，他有能够住得下去姓柯，叫柯礼保的话，他就不能继续住下去。ɬeŋ$^{55}$k$^{h}$ɔ$^{33}$ni$^{33}$, k$^{h}$ɔ$^{33}$li$^{31}$pou$^{31}$ni$^{33}$, t$^{h}$a$^{33}$mou$^{31}$nɐŋ$^{213}$kɐu$^{55}$tsi$^{55}$tɐk$^{5}$ha$^{55}$k$^{h}$i$^{55}$.

## （四）啰[lɔ$^{33}$]

“啰”是高频语气词，其主要有以下几种用法。

1. 对事实加以认定，表肯定语气。在疑问句中多表示质疑。例如：

热头下地啰。zet$^{214}$t$^{h}$ɐu$^{213}$ha$^{33}$ti$^{55}$lɔ$^{33}$.

我讲他知啰，你有用再讲。ŋɔ$^{31}$kaŋ$^{31}$t$^{h}$a$^{33}$ti$^{33}$lɔ$^{33}$, ni$^{31}$mou$^{31}$zoŋ$^{55}$tsai$^{55}$kaŋ$^{31}$.

阿灯又着啰。a$^{55}$tɐŋ$^{33}$zau$^{55}$tsiak$^{214}$lɔ$^{33}$.

结倒公婆啰。ket$^{214}$tou$^{31}$koŋ$^{33}$p$^{h}$ɔ$^{213}$lɔ$^{33}$.

过去三年啰。kɔ$^{55}$k$^{h}$i$^{55}$ɬam$^{33}$nen$^{213}$lɔ$^{33}$.

怎样得过啰！ tem$^{213}$ziaŋ$^{55}$tɐk$^{5}$kɔ$^{55}$lɔ$^{33}$!

去村又好远啰。k$^{h}$i$^{55}$ts$^{h}$uɐn$^{33}$zau$^{55}$hou$^{31}$zen$^{31}$lɔ$^{33}$.

有［这样］奇怪事啰？ zau$^{31}$tseŋ$^{55}$k$^{h}$i$^{213}$kuai$^{55}$ɬi$^{55}$lɔ$^{33}$?

2. 用于祈使句中，淡化命令语气。例如：

好好照顾自己啰！ hou$^{31}$hou$^{31}$tseu$^{55}$ku$^{55}$sek$^{5}$ki$^{31}$lɔ$^{33}$!

喝多［滴仔］滚水啰！ hap$^{214}$tɔ$^{33}$nia$^{31}$kun$^{31}$sɔi$^{31}$lɔ$^{33}$!

3. 表示勉强语气。例如：

算啰，有买诶。ɬen$^{55}$lɔ$^{33}$, mou$^{31}$mai$^{31}$e$^{33}$.

有人去，我就去啰。mou$^{31}$zɐn$^{213}$k$^{h}$i$^{55}$, ŋɔ$^{31}$tsɐu$^{55}$k$^{h}$i$^{55}$lɔ$^{33}$.

去啰去啰！大家都去。k$^{h}$i$^{55}$lɔ$^{33}$k$^{h}$i$^{55}$lɔ$^{33}$! ta$^{55}$ka$^{33}$tu$^{33}$k$^{h}$i$^{55}$.

4. 放在单个词后，表示停顿。例如：

牛郎啰，见个［这样］靓妹仔，也会好兴啰。ŋɐu$^{213}$laŋ$^{213}$lɔ$^{33}$, ken$^{55}$kɔ$^{55}$tseŋ$^{55}$leŋ$^{55}$mɐi$^{55}$tsɐi$^{31}$, ze$^{31}$wɐi$^{55}$hou$^{31}$heŋ$^{55}$lɔ$^{33}$.

你姐公啰，出去外地喝酒剩黄豆回来，他把我啰。ni$^{31}$tse$^{31}$koŋ$^{33}$lɔ$^{33}$, ts$^{h}$ɐt$^{5}$k$^{h}$i$^{55}$wai$^{55}$ti$^{55}$hap$^{2}$tsɐu$^{31}$seŋ$^{55}$waŋ$^{213}$tɐu$^{55}$wɐi$^{213}$lai$^{213}$, t$^{h}$a$^{33}$pa$^{31}$ŋɔ$^{31}$lɔ$^{33}$.

5. 在感叹句中表示顺意的情感。例如：

哦！到动物园去嫽啰！ ɔ$^{31}$! tau$^{55}$toŋ$^{55}$mɐt$^{5}$zen$^{213}$k$^{h}$i$^{55}$leu$^{55}$lɔ$^{33}$!

哈哈！我赢啰！ ha$^{55}$ha$^{55}$! ŋɔ$^{31}$zeŋ$^{213}$lɔ$^{33}$!

6. 与“诶[e$^{33}$]”连用，“诶”表示状态已经实现，“啰”表肯定语气。“诶啰”语气更强，含有“确定无疑”的意味。可用于过去发生事态的肯定，也可用于将来事态的肯定，例如：

如今老诶啰，有记性诶。zi$^{55}$kiɐm$^{33}$lou$^{31}$e$^{33}$lɔ$^{33}$, mou$^{31}$ki$^{55}$ɬeŋ$^{55}$e$^{33}$.

这轮，她恐诶啰。tsi$^{55}$lɐn$^{213}$, t$^{h}$a$^{33}$k$^{h}$ɔŋ$^{213}$e$^{33}$lɔ$^{33}$.

天冷诶啰。t$^{h}$en$^{33}$lɐŋ$^{31}$e$^{33}$lɔ$^{33}$.

都几点诶啰，还未吃完？ tu$^{33}$ki$^{31}$tem$^{31}$e$^{33}$lɔ$^{33}$, an$^{213}$mi$^{55}$k$^{h}$iɐt$^{5}$zen$^{213}$?

走回屋诶啰。tsɐu$^{31}$wɐi$^{213}$ok$^{5}$e$^{33}$lɔ$^{33}$.

吊两日针就好诶啰。teu$^{55}$liaŋ$^{31}$zɐt$^{5}$tsɐm$^{33}$tsɐu$^{55}$hou$^{31}$e$^{33}$lɔ$^{33}$.

# 第二节

# 句 法

## 一 处置句和被动句

（一）被动句与处置句都用介词“把[pa$^{31}$]”表示。单用时，句式没有区别。例如：

碗把他打烂诶。wɔn$^{31}$pa$^{31}$t$^{h}$a$^{33}$ta$^{31}$lan$^{55}$e$^{33}$.

你鸡母把人己偷诶。ni$^{31}$ki$^{33}$mu$^{31}$pa$^{31}$zɐn$^{213}$ki$^{31}$t$^{h}$ɐu$^{33}$e$^{33}$.

把那个县官知道诶。pa$^{31}$na$^{55}$kɔ$^{55}$zen$^{55}$kɔn$^{33}$ti$^{33}$tou$^{55}$e$^{33}$.

把那个人熊姐婆见倒诶。pa$^{31}$na$^{55}$kɔ$^{55}$zɐn$^{213}$zoŋ$^{213}$tse$^{31}$p$^{h}$ɔ$^{213}$ken$^{55}$tou$^{31}$e$^{33}$.

以上为被动句。

你把牛牵去啰！ ni$^{31}$pa$^{31}$ŋɐu$^{213}$hen$^{33}$hi$^{55}$lɔ$^{33}$!

我[未有]把衫裤攞回来。ŋɔ$^{31}$miau$^{31}$pa$^{31}$sam$^{33}$fu$^{55}$lɔ$^{31}$wɐi$^{213}$lai$^{213}$.

把地扫扫！ pa$^{31}$ti$^{55}$ɬou$^{55}$ɬou$^{55}$!

以上为处置句。

（二）施事和受事可以转换的句子，结构上不能把被动句和处置句区别开来。例如：

我把他打身死。ŋɔ$^{31}$pa$^{31}$t$^{h}$a$^{33}$ta$^{55}$sɐn$^{33}$ɬi$^{31}$. “我”为施事。

我把他打身死。ŋɔ$^{31}$pa$^{31}$t$^{h}$a$^{33}$ta$^{55}$sɐn$^{33}$ɬi$^{31}$. “我”为受事。

（三）为了区别，正话常把被动句的受事放在动词后，仍用“把”表被动。例如：

把他打我身死。pa$^{31}$t$^{h}$a$^{33}$ta$^{31}$ŋɔ$^{31}$sɐn$^{33}$ɬi$^{31}$.

把他吓倒我一愣。pa$^{31}$t$^{h}$a$^{33}$hɐk$^{5}$tou$^{31}$ŋɔ$^{31}$zɐt$^{5}$nɐŋ$^{31}$.

上两例中的“我”是受事，按常规要放在动词前做主语，这里放在动词后。这种情况下，这两句就是被动句，而不是处置句。

（四）正话往往把被动句说成主动句。例如：

粥我吃净诶。tsok$^{5}$ŋɔ$^{31}$k$^{h}$iɐk$^{5}$tseŋ$^{55}$e$^{33}$.

他骂我好久。t$^{h}$a$^{33}$ma$^{55}$ŋɔ$^{31}$hou$^{31}$kiau$^{31}$.

（五）正话的处置句多说成一般的动宾句。“把地扫扫”“你把牛牵走”分别说成：

扫扫地！ ɬou$^{55}$ɬou$^{55}$ti$^{55}$!

你牵牛去啰！ ni$^{31}$hen$^{33}$ŋɐu$^{213}$hi$^{55}$lɔ$^{33}$!

## 二　双宾句

正话的双宾语句有三种形式，三种形式可以相互转换。

（一）直接宾语在前，间接宾语在后。例如：

把三本书他。pa$^{31}$ɬam$^{33}$pɐn$^{31}$si$^{33}$t$^{h}$a$^{33}$.

（二）间接宾语在前，直接宾语在后，上一例句可以转换为：

把他三本书。pa$^{31}$t$^{h}$a$^{33}$ɬam$^{33}$pɐn$^{31}$si$^{33}$.

（三）直接宾语在前，间接宾语在后，间接宾语前用介词“把”。这种形式最为常见。上一例句可以转换为：

把三本书把他。pa$^{31}$ɬam$^{33}$pɐn$^{31}$si$^{33}$pa$^{31}$t$^{h}$a$^{33}$.

其他例句如下：

上个月我借三百文纸三百块钱把他诶。siaŋ$^{55}$kɔ$^{55}$zet$^{214}$ŋɔ$^{31}$tse$^{55}$ɬam$^{33}$pɐk$^{5}$mɐn$^{33}$tsi$^{31}$pa$^{31}$t$^{h}$a$^{33}$e$^{33}$.

把你三日时间，做得倒冇？ pa$^{31}$ni$^{31}$ɬam$^{33}$zɐt$^{5}$si$^{213}$kan$^{33}$, tsu$^{55}$tɐk$^{5}$tou$^{31}$mou$^{31}$?

擁那个东西把我。oŋ$^{31}$na$^{55}$kɔ$^{55}$toŋ$^{33}$ɬi$^{33}$pa$^{31}$ŋɔ$^{31}$.

快去还书把他。fai$^{55}$k$^{h}$i$^{55}$wan$^{213}$si$^{33}$pa$^{31}$t$^{h}$a$^{33}$.

送［滴仔］本地东西把你带去！ ɬoŋ$^{55}$nia$^{31}$pɐn$^{31}$ti$^{55}$toŋ$^{33}$ɬi$^{33}$pa$^{31}$ni$^{31}$tai$^{55}$k$^{h}$i$^{55}$!

把八十文纸把少姬。pa$^{31}$pat$^{2}$sɐp$^{5}$mɐn$^{33}$tsi$^{31}$pa$^{31}$seu$^{55}$ki$^{33}$.

把阿把铰剪把我。pa$^{31}$a$^{33}$pa$^{31}$kau$^{55}$tsen$^{31}$pa$^{31}$ŋɔ$^{31}$.

他把个桃仔把我。t$^{h}$a$^{33}$pa$^{31}$kɔ$^{55}$t$^{h}$ou$^{213}$tsɐi$^{31}$pa$^{31}$ŋɔ$^{31}$.

阿舅送台电视机把我。a$^{33}$kiau$^{55}$ɬoŋ$^{55}$t$^{h}$ai$^{213}$ten$^{55}$si$^{55}$ki$^{33}$pa$^{31}$ŋɔ$^{31}$.

你爱贴找回我三块纸。ni$^{31}$ai$^{55}$t$^{h}$ep$^{214}$ŋɔ$^{31}$ɬam$^{33}$mɐn$^{33}$tsi$^{31}$.

问你句话。wɐn$^{55}$ni$^{31}$ki$^{55}$wa$^{55}$.

你欠我五百文纸。ni$^{31}$hen$^{55}$ŋɔ$^{31}$wu$^{31}$pɐk$^{5}$mɐn$^{33}$tsi$^{31}$.

## 三　比较句

（一）差比句

1. 正话差比句在自然的口语状态下用“A＋形容词＋过＋B”的结构表达。有时，“过”

可省略。例如：

这个好过那个。tsi$^{55}$kɔ$^{55}$hou$^{31}$kɔ$^{55}$na$^{55}$kɔ$^{55}$.

你高过我，他还高过你。ni$^{31}$kou$^{33}$kɔ$^{55}$ŋɔ$^{31}$, tʰa$^{33}$an$^{213}$kou$^{33}$kɔ$^{55}$ni$^{31}$.

龙眼贵过荔枝。loŋ$^{213}$ŋan$^{31}$kuɐi$^{55}$kɔ$^{55}$li$^{55}$tsi$^{33}$.

坐倒吃好过站倒吃。tsɔ$^{55}$tou$^{31}$kʰiɐt$^{5}$hou$^{31}$kɔ$^{55}$tsan$^{55}$tou$^{31}$kʰiɐt$^{5}$.

小王高小李滴滴仔。ɬeu$^{31}$waŋ$^{213}$kou$^{33}$ɬeu$^{31}$li$^{31}$nit$^{5}$nit$^{5}$tsɐi$^{31}$.

2. 也可用“A＋比＋B＋形容词”的结构表达，即与普通话的结构一致。例如，上面头两句也可说成：

这个比那个好。tsi$^{55}$kɔ$^{55}$pi$^{31}$na$^{55}$kɔ$^{55}$hou$^{31}$.

你比我高。ni$^{31}$pi$^{31}$ŋɔ$^{31}$kou$^{33}$.

3. 否定差比句在形容词前加“冇”表示，例如：

这个冇好过那个。tsi$^{55}$kɔ$^{55}$mou$^{31}$hou$^{31}$kɔ$^{55}$na$^{55}$kɔ$^{55}$.

你冇高过我。ni$^{31}$mou$^{31}$kou$^{33}$kɔ$^{55}$ŋɔ$^{31}$.

那个冇靓过这个。na$^{55}$kɔ$^{55}$mou$^{31}$leŋ$^{55}$kɔ$^{55}$tsi$^{55}$kɔ$^{55}$.

我冇他［这样］好赌。ŋɔ$^{31}$mou$^{31}$tʰa$^{33}$tseŋ$^{55}$hou$^{55}$tu$^{31}$.

4. 也用“冇得”“冇够”构成“A＋冇得（冇够）＋B＋形容词”结构来表示否定差比。例如：

这个猪冇得那个猪大。tsi$^{55}$kɔ$^{55}$tsi$^{33}$mou$^{31}$tɐk$^{5}$na$^{55}$kɔ$^{55}$tsi$^{33}$ta$^{55}$.

这座山冇得那座山高。tsi$^{55}$tsɔ$^{55}$san$^{33}$mou$^{31}$tɐk$^{5}$na$^{55}$tsɔ$^{55}$san$^{33}$kou$^{33}$.

那个冇够这个靓。na$^{55}$kɔ$^{55}$mou$^{31}$kɐu$^{55}$tsi$^{55}$kɔ$^{55}$leŋ$^{55}$.

5. 形容词前加“够”也含有比较的意味。例如：

这个大，那个小，哪个够好滴仔呢？ tsi$^{55}$kɔ$^{55}$ta$^{55}$, na$^{55}$kɔ$^{55}$ɬɐi$^{55}$, na$^{213}$kɔ$^{55}$kɐu$^{55}$hou$^{31}$nit$^{5}$tsɐi$^{31}$ ni$^{33}$?

冇一样，一种色够淡，一种色够浓。mou$^{31}$zɐt$^{5}$ziaŋ$^{55}$, zɐt$^{5}$tsoŋ$^{31}$sek$^{5}$kɐu$^{55}$tam$^{55}$, zɐt$^{5}$tsoŋ$^{31}$ sek$^{5}$kɐu$^{55}$noŋ$^{213}$.

吃药够慢，打针够快。kʰiɐt$^{5}$ziak$^{214}$kɐu$^{55}$man$^{55}$, ta$^{31}$tsɐm$^{33}$kɐu$^{55}$fai$^{55}$.

（二）同比句

同比句一般用“凑$^{=}$[tsʰɐu$^{55}$]”连接比较的两项，在形容词前加“一样”“正样”等表示。有时“正样”后可没有形容词。例如：

老王凑$^{=}$老张一样高。lou$^{31}$waŋ$^{213}$tsʰɐu$^{55}$lou$^{31}$tsiaŋ$^{33}$zɐt$^{5}$ziaŋ$^{55}$kou$^{33}$.

大路凑$^{=}$小路差冇多［这样］远。ta$^{55}$lu$^{55}$tsʰɐu$^{55}$ɬeu$^{31}$lu$^{55}$tsʰa$^{33}$mou$^{31}$tɔ$^{33}$tseŋ$^{55}$zen$^{31}$.

我也有一对凑$^{=}$你正$^{=}$样的鞋。ŋɔ$^{31}$ze$^{31}$zau$^{31}$zɐt$^{5}$tɔi$^{55}$tsʰɐu$^{55}$ni$^{31}$tseŋ$^{55}$ziaŋ$^{55}$ti$^{33}$hai$^{213}$.

## 四　疑问句（包括是非问、选择问、反复问）

（一）是非问

1. 在句尾用语气词“吗[ma$^{33}$]”表示。例如：

你明日得闲吗？ ni$^{31}$meŋ$^{213}$zɐt$^{5}$tɐk$^{5}$han$^{213}$ma$^{33}$?

你吃得吗？ ni$^{31}$k$^{h}$iɐt$^{5}$tɐk$^{5}$ma$^{33}$?

这趟仔近来都好吗？ tsi$^{55}$t$^{h}$aŋ$^{55}$tsɐi$^{31}$tu$^{33}$hou$^{31}$ma$^{33}$?

吃饭诶将去好吗？ k$^{h}$iɐt$^{5}$fan$^{55}$e$^{33}$ts$^{h}$iaŋ$^{33}$k$^{h}$i$^{55}$hou$^{31}$ma$^{33}$?

这种病有得医吗？ tsi$^{55}$tsoŋ$^{31}$peŋ$^{55}$zau$^{31}$tɐk$^{5}$zi$^{33}$ma$^{33}$?

你讲他知这件事诶吗？ ni$^{31}$kaŋ$^{31}$t$^{h}$a$^{33}$ti$^{33}$tsi$^{55}$ken$^{55}$ɬi$^{55}$e$^{33}$ma$^{33}$?

台仔□擦净诶吗？ t$^{h}$ai$^{213}$tsɐi$^{31}$tsɐt$^{5}$tseŋ$^{55}$e$^{33}$ma$^{33}$?

你平时欶熟烟抽烟吗？ ni$^{31}$p$^{h}$eŋ$^{213}$si$^{213}$ɬok$^{214}$sok$^{5}$zen$^{33}$ma$^{33}$?

你有荔枝吗？ ni$^{31}$zau$^{31}$li$^{55}$tsi$^{33}$ma$^{33}$?

2. 有些独词疑问句用“呢[ni$^{33}$]”，“呢”表示疑问。例如：

阿来呢？他正在里凑$^{=}$他爸讲话。a$^{33}$lai$^{213}$ni$^{33}$? t$^{h}$a$^{33}$tseŋ$^{55}$tsai$^{55}$nɐi$^{33}$ts$^{h}$ɐu$^{55}$t$^{h}$a$^{33}$pa$^{33}$kaŋ$^{31}$ wa$^{33}$.

老张呢？老张还在屋企家里。lou$^{31}$tsiaŋ$^{33}$ni$^{33}$? lou$^{31}$tsiaŋ$^{33}$an$^{213}$tsai$^{55}$ok$^{5}$ki$^{31}$.

这不是是非问句，而是特指问句的省略，根据上下文，可以补全整个句子，“阿来呢？”是“阿来在干什么？”的省略，“老张呢？”是“老张在哪里？”的省略。

（二）选择问

选择问用“还是[an$^{213}$si$^{55}$]”放在选项之间表示选择，句尾可用“啊[a$^{31}$]”表示疑问。也可不用疑问语气词。例如：

你欶熟烟还是喝茶啊？ ni$^{31}$ɬɔk$^{214}$sok$^{5}$zen$^{33}$an$^{213}$si$^{55}$hap$^{214}$ts$^{h}$a$^{213}$a$^{31}$?

你吃饭还是吃粥啊？ ni$^{31}$k$^{h}$iɐt$^{5}$fan$^{55}$an$^{213}$si$^{55}$k$^{h}$iɐt$^{5}$tsok$^{5}$a$^{31}$?

你爱一个还是爱两个啊？ ni$^{31}$ai$^{55}$zɐt$^{5}$kɔ$^{55}$an$^{213}$si$^{55}$ai$^{55}$liaŋ$^{31}$kɔ$^{55}$a$^{31}$?

这个月大阿是细啊这个月是月大还是月小？ tsi$^{55}$kɔ$^{55}$zet$^{214}$ta$^{55}$a$^{33}$si$^{55}$ɬɐi$^{55}$a$^{31}$?

坐倒吃好，还是站倒吃好？ tsɔ$^{55}$tou$^{31}$k$^{h}$iɐt$^{5}$hou$^{31}$, an$^{213}$si$^{55}$tsan$^{55}$tou$^{31}$k$^{h}$iɐt$^{5}$hou$^{31}$?

肥好还是瘦好？ fɐi$^{213}$hou$^{31}$an$^{213}$si$^{55}$sɐu$^{55}$hou$^{31}$?

（三）反复问

1. 正项与反项之间用“冇[mou$^{31}$]”连接，句尾可加“啊”表示疑问，也可不加。例如：

你去冇去啊？ ni$^{31}$k$^{h}$i$^{55}$mou$^{31}$k$^{h}$i$^{55}$a$^{31}$?

你有冇有钱啊？ ni$^{31}$zau$^{31}$mou$^{31}$zau$^{31}$ts$^{h}$en$^{213}$a$^{31}$?

镬里还有饭冇饭？ wɔk$^{214}$nɐi$^{33}$an$^{213}$zau$^{31}$fan$^{55}$mou$^{31}$fan$^{55}$？

这件事得讲冇得讲？ tsi$^{55}$ken$^{55}$ɬi$^{55}$tɐk$^{5}$kaŋ$^{31}$mou$^{31}$tɐk$^{5}$kaŋ$^{31}$？

他讲得快冇快？ t$^{h}$a$^{33}$kaŋ$^{31}$tɐk$^{5}$fai$^{55}$mou$^{31}$fai$^{55}$？

2. 如果句子较长，还可在正项和反项之间加“还是”。这时，与选择问的结构一致。反复问若从要选择回答的角度看，也是选择问，只不过是在肯定与否定之间选择，而选择问的选项是平行的，没有正反关系。例如：

我应该来（还是）冇应该来呢？ ŋɔ$^{31}$zeŋ$^{33}$kai$^{33}$lai$^{213}$ (an$^{213}$si$^{55}$) mou$^{31}$zeŋ$^{33}$kai$^{33}$lai$^{213}$ni$^{33}$？

3. 比较复杂的正反项可以省略部分成分。上句还可以有以下两种说法：

我该来还是冇该来？ ŋɔ$^{31}$kai$^{33}$lai$^{213}$an$^{213}$si$^{55}$mou$^{31}$kai$^{33}$lai$^{213}$？

我该冇该来？ ŋɔ$^{31}$kai$^{33}$mou$^{31}$kai$^{33}$lai$^{213}$？

4. 还可以将“冇”放在句尾构成反复问，例如：

吃得冇？ k$^{h}$iɐt$^{5}$tɐk$^{5}$mou$^{31}$？

你们来阿倒冇？ ni$^{31}$mɐn$^{213}$lai$^{213}$a$^{33}$tou$^{31}$mou$^{31}$？

[这样]多钱够使冇？ tseŋ$^{55}$tɔ$^{33}$ts$^{h}$en$^{213}$kɐu$^{55}$si$^{31}$mou$^{31}$？

（四）测度问

1. 用“哇[wa$^{33}$]”表示，例如：

三十滴仔岁哇？ ɬam$^{33}$sɐp$^{5}$nit$^{5}$tsɐi$^{31}$ɬɔi$^{55}$wa$^{33}$？

都分家诶哇？ tu$^{33}$fɐn$^{33}$ka$^{33}$e$^{33}$wa$^{33}$？

冇是传销的哇？ mou$^{31}$si$^{55}$ts$^{h}$en$^{213}$ɬeu$^{33}$ti$^{33}$wa$^{33}$？

喂，结婚哇（我们）结婚吧？ wɐi$^{31}$, ket$^{2}$fɐn$^{33}$wa$^{33}$？

[这样]样做冇得哇？ tseŋ$^{55}$ziaŋ$^{55}$tsu$^{55}$mou$^{31}$tɐk$^{5}$wa$^{33}$？

老师把阿本好厚书把你哇？ lou$^{31}$si$^{33}$pa$^{31}$a$^{33}$pɐn$^{31}$hou$^{31}$hɐu$^{55}$si$^{33}$pa$^{31}$ni$^{31}$wa$^{33}$？

2. 还可用“吧[p$^{h}$a$^{55}$]”表示。例如：

老师把本厚厚书把你吧？ lou$^{31}$si$^{33}$pa$^{31}$pɐn$^{31}$hɐu$^{55}$hɐu$^{55}$si$^{33}$pa$^{31}$ni$^{31}$p$^{h}$a$^{55}$？

我冇腪骗你吧？ ŋɔ$^{31}$mou$^{31}$t$^{h}$ɐm$^{55}$ni$^{31}$p$^{h}$a$^{55}$？

## 五 否定句

（一）冇[mou$^{31}$]

1. 这是正话否定句用得最多的否定副词，用于对意愿、性状、行为、判断等的否定，可用在谓词性词语前面，也可用在介词前。例如：

不理乜人来劝，我都冇听。mou$^{31}$li$^{31}$mɐt$^{5}$zɐn$^{213}$lai$^{213}$hen$^{55}$, ŋɔ$^{31}$tu$^{33}$mou$^{31}$t$^{h}$eŋ$^{33}$.

冇早啊，快去哇！ mou$^{31}$tsou$^{31}$a$^{33}$, k$^{h}$uai$^{55}$k$^{h}$i$^{55}$wa$^{33}$!

他冇是安徽人。tʰa$^{33}$mou$^{31}$si$^{55}$an$^{33}$fɐi$^{33}$zɐn$^{213}$.

不等你，我冇会迟到。mou$^{31}$tɐŋ$^{31}$ni$^{31}$, ŋɔ$^{31}$mou$^{31}$wɐi$^{55}$tsʰi$^{213}$tou$^{55}$.

这畲木冇有叶诶。tsi$^{55}$hɐm$^{31}$mok$^{5}$mou$^{31}$zau$^{31}$zep$^{214}$e$^{33}$.

2. 也可表示禁止性否定，相当于普通话的“不要”“别”，例如：

他冇讲清楚，冇把他走。tʰa$^{33}$mou$^{31}$kaŋ$^{31}$tsʰeŋ$^{33}$tsʰɔ$^{31}$, mou$^{31}$pa$^{31}$tʰa$^{33}$tsɐu$^{31}$.

快爱落水诶啰，你们冇出去诶。fai$^{55}$ai$^{55}$lɔk$^{214}$sɔi$^{213}$e$^{33}$lɔ$^{33}$, ni$^{31}$mɐn$^{213}$mou$^{31}$tsʰɐt$^{5}$kʰi$^{55}$e$^{31}$.

（二）未 [mi$^{55}$]

正话也用“未”“未有”表示否定。“未”与“冇”的主要不同是：“冇”主要指对未然行为的否定，“未”只表示对已然行为的否定。“未有”快读则为合音“［未有］[miau$^{31}$]”。例如：

你去冇去啊？ ni$^{31}$kʰi$^{55}$mou$^{31}$kʰi$^{55}$a$^{31}$?

你去未去啊？ ni$^{31}$kʰi$^{55}$mi$^{55}$kʰi$^{55}$a$^{31}$?

第一句，“去”这个动作还没发生，第二句的“去”已经发生了。

“未”和“未有”基本没有区别，用“未”的地方都可用“未有”。例如：

都几点诶啰，还未吃完？ tu$^{33}$ki$^{31}$tem$^{31}$e$^{33}$lɔ$^{33}$, an$^{213}$mi$^{55}$kʰiɐt$^{5}$zen$^{213}$?

我未听清楚，你重复讲一轮。ŋɔ$^{31}$mi$^{55}$tʰeŋ$^{33}$tsʰeŋ$^{33}$tsʰɔ$^{31}$, ni$^{31}$tsʰoŋ$^{213}$fok$^{5}$kaŋ$^{31}$zɐt$^{5}$lɐn$^{213}$.

这阵仔还未开门。tsi$^{55}$tsɐn$^{55}$tsɐi$^{31}$an$^{213}$mi$^{55}$hai$^{33}$mɐn$^{213}$.

白鹤未飞先射屎。pɐk$^{5}$hɔk$^{214}$mi$^{55}$fɐi$^{33}$ɬen$^{33}$se$^{55}$si$^{31}$.

他还［未有］来，可能未到。tʰa$^{33}$an$^{213}$miau$^{31}$lai$^{213}$, hɔ$^{31}$nɐŋ$^{213}$mi$^{55}$tou$^{55}$.

“你还［未有］吃得净么？”“未啊！”“ni$^{31}$an$^{22}$miau$^{31}$kʰiɐt$^{5}$tɐk$^{5}$tseŋ$^{55}$me$^{33}$?”“mi$^{55}$a$^{33}$!”

起上高半个月啊，还未寻倒工？ hi$^{31}$siaŋ$^{55}$kou$^{33}$pɔn$^{55}$kɔ$^{55}$zet$^{214}$a$^{33}$, an$^{213}$mi$^{213}$tsʰɐm$^{213}$tou$^{31}$koŋ$^{33}$?

我晚晚饭都未有吃。ŋɔ$^{31}$wan$^{55}$tu$^{33}$mi$^{55}$zau$^{31}$kʰiɐt$^{5}$.

有时已然也用“冇”否定，例如，第二句也可说成：

我冇听清楚，你讲多一轮。ŋɔ$^{31}$mou$^{31}$tʰeŋ$^{33}$tsʰeŋ$^{33}$tsʰɔ$^{31}$, ni$^{31}$kaŋ$^{31}$tɔ$^{33}$zɐt$^{5}$lɐn$^{213}$.

（三）冇用 [mou$^{31}$zoŋ$^{55}$] 表示禁止性否定，快读则合音为“甭 [moŋ$^{55}$]”。例如：

这种病医得好，冇用担心。tsi$^{55}$tsoŋ$^{31}$peŋ$^{55}$zi$^{33}$tɐk$^{5}$hou$^{31}$, mou$^{31}$zoŋ$^{55}$tam$^{33}$ɬiɐm$^{33}$.

甭恐怕！大胆讲啊！ moŋ$^{55}$kʰɔŋ$^{213}$! ta$^{55}$tam$^{31}$kaŋ$^{31}$a$^{33}$!

甭急！慢慢做！ moŋ$^{55}$kiɐp$^{5}$! man$^{55}$man$^{55}$tsu$^{55}$!

冇关系，你甭挂心别放在心上！ mou$^{31}$kuan$^{33}$ɬi$^{55}$, ni$^{31}$moŋ$^{55}$kʰua$^{55}$ɬiɐm$^{33}$!

牛郎啊，你甭忧心！ ŋɐu$^{213}$laŋ$^{213}$a$^{33}$, ni$^{31}$moŋ$^{55}$zau$^{33}$ɬiɐm$^{33}$!

冇做三十一的过不了三十岁的。moŋ$^{55}$tsu$^{55}$ɬam$^{33}$sɐp$^{5}$zɐt$^{5}$ti$^{33}$.

## 六　可能句

（一）可能句是表示“可能”意的句子，表示对将来的预测或估算，不是必然性。正话可能句可以用“可能 [hɔ$^{31}$nɐŋ$^{213}$]”“可以 [hɔ$^{31}$zi$^{31}$]”表示。例如：

可能会升到两千二啊。hɔ$^{31}$nɐŋ$^{22}$wɐi$^{55}$seŋ$^{33}$tou$^{55}$liaŋ$^{31}$ts$^{h}$en$^{33}$ɨ$^{55}$a$^{33}$.

人已冇可能改变过来。zɐn$^{213}$ki$^{33}$mou$^{31}$hɔ$^{31}$nɐŋ$^{213}$kai$^{31}$pen$^{55}$kɔ$^{55}$lai$^{213}$.

刮倒脸呢，可能也够白滴滴仔。kuat$^{214}$tou$^{31}$len$^{31}$ni$^{33}$, hɔ$^{31}$nɐŋ$^{213}$ze$^{31}$kɐu$^{55}$pɐk$^{5}$nit$^{5}$nit$^{5}$tsɐi$^{31}$.

可以改。hɔ$^{31}$zi$^{31}$kai$^{31}$.

（二）更多的是在动词后加“倒 [tou$^{31}$]”表示。例如：

你们来冇来阿倒你们能不能来？ ni$^{31}$mɐn$^{213}$lai$^{213}$mou$^{31}$lai$^{213}$a$^{33}$tou$^{31}$?

他讲倒快冇快？只有个字久。t$^{h}$a$^{33}$kaŋ$^{31}$tou$^{31}$fai$^{55}$mou$^{31}$fai$^{55}$? tsi$^{31}$zau$^{31}$kɔ$^{55}$tsi$^{55}$kiau$^{31}$.

（三）可能句的否定可在动词前加“冇 [mou$^{31}$]”，也可在补语前加“冇 [mou$^{31}$]”表示。例如：

沙发冇搬倒入屋。sa$^{33}$fat$^{214}$mou$^{31}$pɔn$^{33}$tou$^{31}$zɐp$^{5}$ok$^{5}$.

沙发搬冇入屋。sa$^{33}$fat$^{214}$pɔn$^{33}$mou$^{31}$zɐp$^{5}$ok$^{5}$.

你呃骗我冇倒。ni$^{31}$ŋɐk$^{5}$ŋɔ$^{31}$mou$^{31}$tou$^{31}$.

你冇呃骗倒我。ni$^{31}$mou$^{31}$ŋɐk$^{5}$tou$^{31}$ŋɔ$^{31}$.

（四）也可在动词后加“得 [tɐk$^{5}$]”表示，例如：

这里果子吃得冇吃得？ tsi$^{55}$nɐi$^{33}$kɔ$^{31}$tsi$^{31}$k$^{h}$iɐt$^{5}$tɐk$^{5}$mou$^{31}$k$^{h}$iɐt$^{5}$tɐk$^{5}$?

这件事得讲冇得讲？ tsi$^{55}$ken$^{55}$ɬi$^{55}$tɐk$^{5}$kaŋ$^{31}$mou$^{31}$tɐk$^{5}$kaŋ$^{31}$?

这个东西好重，拎阿嘟动阿冇拎得嘟动？ tsi$^{55}$kɔ$^{55}$toŋ$^{33}$ɬi$^{33}$hou$^{31}$tsoŋ$^{55}$, leŋ$^{33}$e$^{33}$ȵiok$^{5}$a$^{33}$mou$^{31}$leŋ$^{33}$tɐk$^{5}$ȵiok$^{5}$?

冇得，冇来得及。mou$^{31}$tɐk$^{5}$, mou$^{31}$lai$^{213}$tɐk$^{5}$k$^{h}$iɐp$^{5}$.

有时，“倒”和“得”同时使用，例如：

你做得倒，我冇做得倒。ni$^{31}$tsu$^{55}$tɐk$^{5}$tou$^{31}$, ŋɔ$^{31}$mou$^{55}$tsu$^{55}$tɐk$^{5}$tou$^{31}$.

## 七　动补句

动补句是以动补短语做谓语的句子。上述“可能句”也是动补句，下面讨论其他意义类型的动补句。

（一）程度或情态补语这类动补句主要用“倒”表示。例如：

他忙倒连吃饭冇吃饭都冇记得诶。t$^{h}$a$^{33}$maŋ$^{213}$tou$^{31}$len$^{213}$k$^{h}$iɐt$^{5}$fan$^{55}$mou$^{31}$k$^{h}$iɐt$^{5}$fan$^{55}$tu$^{33}$

mou$^{31}$ki$^{55}$tɐk$^{5}$e$^{33}$.

他急倒阿脸都红诶。t$^{h}$a$^{33}$kiɐp$^{5}$tou$^{31}$a$^{33}$len$^{31}$tu$^{33}$hoŋ$^{213}$e$^{33}$.

把人己打倒懵懂懂。pa$^{31}$zɐn$^{213}$ki$^{31}$ta$^{31}$tou$^{31}$moŋ$^{31}$toŋ$^{31}$toŋ$^{31}$.

把阿水淋倒全身湿净。pa$^{31}$a$^{33}$sɔi$^{31}$lɐm$^{213}$tou$^{31}$ts$^{h}$en$^{213}$sɐn$^{33}$sɐp$^{5}$tseŋ$^{55}$.

他鼻公高高，生倒似番鬼佬。t$^{h}$a$^{33}$pi$^{55}$koŋ$^{33}$kou$^{33}$kou$^{33}$, ɬɐŋ$^{33}$tou$^{31}$ts$^{h}$i$^{31}$fan$^{55}$kuɐi$^{31}$lou$^{31}$.

雷州阿雷响倒吓死人。lɔi$^{213}$tsɐu$^{33}$a$^{33}$lɔi$^{213}$hiaŋ$^{33}$tou$^{31}$hɐk$^{5}$ɬi$^{31}$zɐn$^{213}$.

你切倒好快。ni$^{31}$ts$^{h}$et$^{214}$tou$^{31}$hou$^{31}$fai$^{55}$.

他把阿铅笔劆倒尖尖。t$^{h}$a$^{33}$pa$^{31}$a$^{33}$zen$^{213}$piɐt$^{5}$mi$^{33}$tou$^{31}$tsem$^{33}$tsem$^{33}$.

这个公仔死倒好冇着时这个老人去世得很不是时候。tsi$^{55}$kɔ$^{55}$koŋ$^{33}$tsɐi$^{31}$ɬi$^{31}$tou$^{31}$hou$^{31}$mou$^{31}$ts$^{h}$iak$^{214}$ si$^{213}$.

他激倒阿脸白白。t$^{h}$a$^{33}$kek$^{5}$tou$^{31}$a$^{33}$len$^{31}$pɐk$^{5}$pɐk$^{5}$.

□啃倒“咯咯”[这样]响。ȵiai$^{55}$tou$^{31}$ “kɐk$^{5}$kɐk$^{5}$” tseŋ$^{55}$hiaŋ$^{31}$.

（二）数量补语，这类动补句补语紧接着谓词，例如：

又嫽半个月仔。zau$^{55}$leu$^{55}$pɔn$^{55}$kɔ$^{55}$zet$^{214}$tsɐi$^{31}$.

在富士康住诶三四年诶啰。tsai$^{55}$fu$^{55}$si$^{55}$haŋ$^{33}$tsi$^{55}$e$^{33}$ɬam$^{33}$ɬi$^{44}$nen$^{213}$e$^{33}$lɔ$^{33}$.

眨眨眼呢，就过去三年。ȵiɐp$^{214}$ȵiɐp$^{214}$ŋan$^{31}$ni$^{33}$, tsɐu$^{55}$kɔ$^{55}$k$^{h}$i$^{55}$ɬam$^{33}$nen$^{213}$.

早起三朝顶一工。tsou$^{31}$hi$^{31}$ɬam$^{33}$tsɐu$^{33}$teŋ$^{31}$zɐt$^{5}$koŋ$^{33}$.

（三）趋向补语，一般在谓词后加趋向动词“来[lai$^{213}$]”“起[hi$^{31}$]”“回去[wɐi$^{213}$k$^{h}$i$^{55}$]”“入[zɐp$^{5}$]”等表示。例如：

拎酒来。neŋ$^{33}$tsɐu$^{31}$lai$^{213}$.

细心！跌下去爬冇起。ɬɐi$^{55}$ɬiɐm$^{33}$! tɐp$^{5}$ha$^{55}$k$^{h}$i$^{55}$p$^{h}$a$^{213}$mou$^{31}$hi$^{31}$.

前面有个肥肥仔走近里来。ts$^{h}$en$^{213}$men$^{213}$zau$^{31}$kɔ$^{55}$fɐi$^{213}$fɐi$^{213}$tsɐi$^{31}$tsɐu$^{31}$kiɐn$^{55}$nɐi$^{33}$lai$^{213}$.

把阿盖容盖回去。pa$^{213}$a$^{33}$kai$^{55}$k$^{h}$ɐp$^{5}$wɐi$^{213}$k$^{h}$i$^{5}$.

沙发冇搬倒入屋。sa$^{33}$fat$^{214}$mou$^{31}$pɔn$^{33}$tou$^{31}$zɐp$^{5}$ok$^{5}$.

（四）补语和宾语同时出现的句子，宾语可以放在补语的前面，也可以放在补语的后面。例如：

打得赢他。ta$^{31}$tɐk$^{5}$zeŋ$^{213}$t$^{h}$a$^{33}$.

打得他赢。ta$^{31}$tɐk$^{5}$t$^{h}$a$^{33}$zeŋ$^{213}$.

我寻几轮他诶。ŋɔ$^{31}$ts$^{h}$ɐm$^{213}$ki$^{31}$lɐn$^{213}$t$^{h}$a$^{33}$e$^{33}$.

我寻他几轮诶。ŋɔ$^{31}$ts$^{h}$ɐm$^{213}$t$^{h}$a$^{3}$ki$^{31}$lɐn$^{213}$e$^{33}$.

买来两个牛。mai$^{31}$lai$^{213}$liaŋ$^{31}$kɔ$^{55}$ŋɐu$^{213}$.

买两个牛回来。mai$^{31}$liaŋ$^{31}$kɔ$^{55}$ŋɐu$^{213}$wɐi$^{213}$lai$^{213}$.

# 第七章 语法例句

# 第一节

# 《中国语言资源调查手册·汉语方言》

本节50个例句，取自教育部语言文字信息管理司、中国语言资源保护研究中心合编的《中国语言资源调查手册·汉语方言》（商务印书馆，2016）第171—178页。各个例句的调查要点，请参看手册第162—170页“各例句调查要点”。

01 **小张昨天钓了一条大鱼，我没有钓到鱼。**

ɬeu$^{31}$tsiaŋ$^{33}$tsɔk$^{214}$zɐt$^{5}$teu$^{55}$tou$^{31}$tʰeu$^{213}$ta$^{55}$zi$^{213}$, ŋɔ$^{31}$mou$^{31}$teu$^{55}$tou$^{31}$.

小 张 昨 日 钓 倒 条 大 鱼，我 冇 钓 倒。

02 **a. 你平时抽烟吗？ b. 不，我不抽烟。**

a. ni$^{31}$han$^{213}$si$^{213}$ɬɔk$^{214}$sok$^{5}$zen$^{33}$ma$^{33}$? b. mou$^{31}$, ŋɔ$^{31}$mou$^{31}$ɬɔk$^{214}$sok$^{5}$zen$^{33}$.

a. 你 闲 时 欶 熟 烟 吗？ b. 冇， 我 冇 欶 熟 烟。

03 **a. 你告诉他这件事了吗？ b. 是，我告诉他了。**

a. tsi$^{55}$ken$^{55}$ɬi$^{55}$tsʰeŋ$^{213}$ni$^{31}$kaŋ$^{31}$tʰa$^{33}$ti$^{33}$e$^{33}$wa$^{33}$? b. kaŋ$^{31}$e$^{33}$, ŋɔ$^{31}$kaŋ$^{31}$tʰa$^{33}$ti$^{33}$e$^{33}$.

a. 这 件 事 情 你 讲 他 知诶 哇？ b. 讲 诶，我 讲 他 知诶。

ni$^{31}$kaŋ$^{31}$tsi$^{55}$ken$^{55}$ɬi$^{55}$tʰa$^{33}$tʰeŋ$^{33}$e$^{33}$ma$^{31}$?

你 讲 这 件 事 他 听 诶 吗？

04 **你吃米饭还是吃馒头？**

ni$^{31}$kʰiɐt$^{5}$fan$^{55}$an$^{213}$si$^{55}$kʰiɐt$^{5}$man$^{55}$tʰɐu$^{213}$?

你 吃 饭 还 是 吃 馒 头？

05 **你到底答应不答应他？**

ni$^{31}$tou$^{55}$ti$^{31}$tap$^{214}$zeŋ$^{55}$mou$^{31}$tap$^{214}$zeŋ$^{55}$tʰa$^{33}$?

你 到 底 答 应 冇 答 应 他？

06 **a. 叫小强一起去电影院看《刘三姐》。b. 这部电影他看过了／他这部电影看过了／他看过这部电影了。**

a. ham$^{31}$ɬeu$^{31}$kʰiaŋ$^{213}$zɐt$^{5}$tsʰi$^{213}$kʰi$^{55}$ten$^{55}$zeŋ$^{31}$zen$^{55}$kʰan$^{55}$《lɐu$^{213}$ɬam$^{33}$tse$^{31}$》.

a. 喊 小 强 一齐 去 电 影 院 看 《刘 三 姐》。

b. tsi$^{55}$pɐn$^{31}$ten$^{55}$zeŋ$^{31}$tʰa$^{33}$kʰan$^{55}$kɔ$^{55}$e$^{33}$.

b. 这 本 电 影 他 看 过 诶。

tʰa$^{33}$kʰan$^{55}$kɔ$^{55}$tsi$^{55}$pɐn$^{31}$ten$^{55}$zeŋ$^{31}$e$^{33}$.

他 看 过 这 本 电 影 诶。

07 **你把碗洗一下。**

ni$^{31}$ɬi$^{31}$tseŋ$^{55}$a$^{33}$wɔn$^{31}$.

你 洗 净 阿 碗。

ni$^{31}$neŋ$^{33}$a$^{33}$wɔn$^{31}$kʰi$^{55}$ɬi$^{31}$tseŋ$^{55}$.

你 拎 阿碗 去 洗 净。

08 **他把橘子剥了皮，但是没吃。**

tʰa$^{33}$mek$^{5}$tseŋ$^{55}$kiɐt$^{5}$tsɐi$^{31}$pʰi$^{213}$e$^{33}$, zau$^{55}$mou$^{31}$kʰiɐt$^{5}$.

他 擘 净 橘 仔 皮 诶，又 冇 吃。

tʰa$^{33}$neŋ$^{33}$kiɐt$^{5}$tsɐi$^{31}$mek$^{5}$tseŋ$^{55}$a$^{33}$pʰi$^{213}$e$^{33}$, zau$^{55}$mou$^{31}$kʰiɐt$^{5}$.

他 拎 橘 仔 擘 净 阿皮 诶，又 冇 吃。

09 **他们把教室都装上了空调。**

tʰa$^{33}$mɐn$^{213}$tu$^{33}$pa$^{31}$kiau$^{55}$sɐt$^{5}$tsɔŋ$^{33}$hi$^{31}$hoŋ$^{33}$tʰeu$^{213}$e$^{33}$.

他 们 都 把 教 室 装 起 空 调 诶。

10 **帽子被风吹走了。**

mou$^{55}$tsɐi$^{31}$pa$^{31}$a$^{33}$foŋ$^{33}$tsʰɔi$^{33}$kʰi$^{55}$e$^{33}$.

帽 仔 把 阿 风 吹 去 诶。

11 **张明被坏人抢走了一个包，人也差点被打伤。**

tsiaŋ$^{33}$meŋ$^{213}$kʰua$^{55}$pau$^{33}$pa$^{31}$zɐn$^{213}$ki$^{31}$tsʰiaŋ$^{31}$kʰi$^{55}$e$^{33}$, tsʰa$^{33}$nit$^{5}$tsɐi$^{31}$pa$^{31}$zɐn$^{213}$ki$^{31}$ta$^{31}$siaŋ$^{33}$tʰa$^{33}$.

张 明 挎 包 把 人 己 抢 去 诶，差 滴 仔 把 人 己 打 伤 他。

12 **快要下雨了，你们别出去了。**

a$^{33}$tʰen$^{33}$fai$^{55}$ai$^{55}$lɔk$^{5}$sɔi$^{31}$e$^{33}$, ni$^{31}$mɐn$^{213}$mou$^{31}$tsʰɐt$^{5}$kʰi$^{55}$e$^{33}$.

阿天 快 爱 落 水 诶，你 们 冇 出 去 诶。

13 **这毛巾很脏了，扔了它吧。**

tsi$^{55}$tʰeu$^{213}$sɐu$^{31}$kiɐn$^{33}$wɔk$^{214}$tsʰɔk$^{214}$e$^{33}$, kʰuai$^{31}$tʰa$^{33}$e$^{33}$.

这 条 手 巾 龌 龊 诶，□ 它 诶。□kʰuai$^{31}$：扔。

a$^{33}$tʰeu$^{213}$sɐu$^{31}$kiɐn$^{33}$wɔk$^{214}$tsʰɔk$^{214}$e$^{33}$, neŋ$^{33}$kʰi$^{55}$kʰuai$^{31}$tʰa$^{33}$e$^{33}$.

阿条 手 巾 龌 龊 诶，拎 去 □ 它 诶。□kʰuai$^{31}$：扔。

14 **我们是在车站买的车票。**

ŋɔ$^{31}$mɐn$^{213}$tsʰe$^{33}$pʰeu$^{55}$si$^{55}$tsai$^{55}$tsʰe$^{33}$tsan$^{55}$nɐi$^{33}$mai$^{31}$ti$^{33}$.

我 们 车 票 是 在 车 站 里 买 的。

ŋɔ$^{31}$mɐn$^{213}$si$^{55}$tsai$^{55}$tsʰe$^{33}$tsan$^{55}$nɐi$^{33}$mai$^{31}$ti$^{33}$tsʰe$^{33}$pʰeu$^{55}$.

我 们 是 在 车 站 里 买 的 车 票。

15 **墙上贴着一张地图。**

a$^{55}$tsʰiaŋ$^{213}$nɐi$^{33}$tʰep$^{214}$tou$^{31}$tsiaŋ$^{33}$ti$^{55}$tʰu$^{213}$.

阿 墙 里 贴 倒 张 地 图。

16 **床上躺着一个老人。**

a$^{55}$tsʰɔŋ$^{213}$nɐi$^{33}$sɔi$^{55}$tou$^{31}$kɔ$^{55}$lou$^{31}$ta$^{55}$zɐn$^{213}$.

阿 床 里 睡 倒 个 老 大 人。

17 **河里游着好多小鱼。**

a$^{55}$hɔ$^{213}$nɐi$^{33}$hou$^{31}$tɔ$^{33}$zi$^{213}$tsɐi$^{31}$tsai$^{55}$nɐi$^{33}$zau$^{213}$.

阿 河 里 好 多 鱼 仔 在 里 游。

18 **前面走来了一个胖胖的小男孩。**

tsʰen$^{213}$tʰɐu$^{213}$tsɐu$^{31}$lai$^{213}$kɔ$^{55}$fɐi$^{213}$fɐi$^{213}$tsɐi$^{31}$.

前 头 走 来 个 肥 肥 仔。

tsʰen$^{213}$men$^{213}$zau$^{31}$kɔ$^{55}$fɐi$^{213}$fɐi$^{213}$tsɐi$^{31}$tsɐu$^{31}$kiɐn$^{55}$nɐi$^{33}$lai$^{213}$.

前 面 有 个 肥 肥 仔 走 近 里 来。

19 **他家一下子死了三头猪。**

tʰa$^{33}$ok$^{5}$ki$^{31}$zɐt$^{5}$tsɐn$^{55}$tsɐi$^{31}$ɬi$^{31}$e$^{33}$ɬam$^{33}$kɔ$^{55}$tsi$^{33}$.

他 屋企 一 阵 仔 死 诶 三 个 猪。

20 **这辆汽车要开到广州去。／这辆汽车要开去广州。**

tsi$^{55}$ka$^{55}$tsʰe$^{33}$ai$^{55}$hai$^{33}$kʰi$^{55}$kuaŋ$^{31}$tsɐu$^{33}$.

这 架 车 爱 开 去 广 州。

21 **学生们坐汽车坐了两整天了。**

hɔk$^{214}$ɬɐŋ$^{33}$tsɔ$^{55}$hi$^{55}$tsʰe$^{33}$tsɔ$^{55}$e$^{33}$liaŋ$^{31}$zɐt$^{5}$e$^{33}$.

学 生 坐 汽 车 坐 诶 两 日 诶。

22 **你尝尝他做的点心再走吧。**

ni$^{31}$siaŋ$^{213}$siaŋ$^{213}$tʰa$^{33}$tsu$^{55}$ti$^{33}$tsʰa$^{213}$ɬiɐm$^{33}$tsiaŋ$^{33}$kʰi$^{55}$.

你 尝 尝 他 做 的 茶 心 将 去。

23 **a. 你在唱什么？ b. 我没在唱，我放着录音呢。**

a. ni$^{31}$tsai$^{55}$ts$^{h}$iaŋ$^{55}$mɐt$^{5}$ti$^{33}$? b. ŋɔ$^{31}$mou$^{31}$ts$^{h}$iaŋ$^{55}$mɐt$^{5}$ti$^{33}$, ŋɔ$^{31}$tsai$^{55}$nɐi$^{33}$faŋ$^{55}$lok$^{5}$zɐm$^{33}$.

a.你 在 唱 乜 的? b.我 冇 唱 乜 的,我 在 里 放 录 音。

24 **a. 我吃过兔子肉，你吃过没有？ b. 没有，我没吃过。**

a. ŋɔ$^{31}$k$^{h}$iɐt$^{5}$kɔ$^{55}$t$^{h}$u$^{55}$tsɐi$^{31}$zok$^{5}$, ni$^{31}$k$^{h}$iɐt$^{5}$kɔ$^{55}$ma$^{31}$? b. mou$^{31}$, mou$^{31}$k$^{h}$iɐt$^{5}$kɔ$^{55}$.

a.我 吃 过 兔 仔 肉, 你 吃 过 吗? b. 冇, 冇 吃 过。

25 **我洗过澡了，今天不打篮球了。**

ŋɔ$^{31}$ɬi$^{31}$sɐn$^{33}$e$^{33}$, kiɐm$^{33}$zɐt$^{5}$mou$^{31}$ta$^{31}$lam$^{213}$k$^{h}$iau$^{213}$e$^{33}$.

我 洗 身 诶, 今 日 冇 打 篮 球 诶。

26 **我算得太快算错了，让我重新算一遍。**

ŋɔ$^{31}$ɬen$^{55}$e$^{33}$t$^{h}$ai$^{55}$fai$^{55}$e$^{33}$, ɬen$^{55}$ts$^{h}$ɔ$^{55}$e$^{33}$, lɐu$^{213}$ŋɔ$^{31}$an$^{213}$su$^{31}$ɐt$^{5}$lɐn$^{213}$.

我 算 诶 太 快 诶, 算 错 诶, 留 我 还 数 一 轮。

27 **他一高兴就唱起歌来了。**

t$^{h}$a$^{33}$zɐt$^{5}$heŋ$^{55}$e$^{33}$, zau$^{55}$ts$^{h}$iaŋ$^{55}$hi$^{31}$kɔ$^{33}$.

他 一 兴 诶, 又 唱 起 歌。

28 **谁刚才议论我老师来着？**

t$^{h}$ɐu$^{213}$ɬen$^{33}$mɐt$^{5}$zɐn$^{213}$tsai$^{55}$nɐi$^{33}$kaŋ$^{31}$ŋɔ$^{31}$lou$^{31}$si$^{33}$?

头 先 乜 人 在 里 讲 我 老 师?

29 **只写了一半，还得写下去。**

na$^{55}$ɬe$^{31}$zɐt$^{5}$pɔn$^{55}$, an$^{213}$ai$^{55}$ɬe$^{31}$ha$^{55}$k$^{h}$i$^{55}$.

那= 写 一 半, 还 爱 写 下 去。

30 **你才吃了一碗米饭，再吃一碗吧。**

ni$^{31}$tsiaŋ$^{33}$k$^{h}$iɐt$^{5}$wɔn$^{31}$fan$^{55}$, ni$^{31}$an$^{213}$k$^{h}$iɐt$^{5}$wɔn$^{31}$e$^{33}$.

你 刚 吃 碗 饭, 你 还 吃 碗 诶。

31 **让孩子们先走，你再把展览仔仔细细地看一遍。**

ni$^{31}$lɐu$^{213}$ɬɐi$^{55}$mɐn$^{33}$tsɐi$^{31}$ɬen$^{33}$tsɐu$^{31}$e$^{33}$, ni$^{31}$tsiaŋ$^{33}$ɬɐi$^{55}$ɬiɐm$^{33}$pa$^{31}$a$^{33}$tsen$^{31}$lan$^{31}$k$^{h}$an$^{55}$zɐt$^{5}$lɐn$^{213}$.

你 留 细 蚊 仔 先 走 诶, 你 将 细 心 把 阿 展 览 看 一 轮。

32 **他在电视机前看着看着睡着了。**

t$^{h}$a$^{33}$tsai$^{55}$ten$^{55}$si$^{55}$ki$^{33}$ts$^{h}$en$^{213}$k$^{h}$an$^{55}$k$^{h}$an$^{55}$tsɐi$^{31}$sɔi$^{55}$sok$^{5}$e$^{33}$.

他 在 电 视 机 前 看 看 仔 睡 熟 诶。

33 **你算算看，这点钱够不够花？**

ni$^{31}$nɐm$^{13}$nɐm$^{31}$k$^{h}$an$^{55}$kɔ$^{55}$, tseŋ$^{55}$tɔ$^{33}$ts$^{h}$en$^{213}$kɐu$^{55}$si$^{31}$mou$^{31}$?

你 恁 恁 看 过, [这样]多 钱 够 使 冇?

34 **老师给了你一本很厚的书吧？**

lou$^{31}$si$^{33}$pa$^{31}$pɐn$^{31}$hɐu$^{55}$hɐu$^{55}$si$^{33}$pa$^{31}$ni$^{31}$pʰa$^{55}$?

老 师 把 本 厚 厚 书 把 你 吧？

35 **那个卖药的骗了他一千块钱呢。**

na$^{55}$kɔ$^{55}$mai$^{55}$ziak$^{214}$lou$^{31}$pʰen$^{55}$tʰa$^{33}$tsʰen$^{33}$mɐn$^{33}$tsi$^{31}$e$^{33}$.

那 个 卖 药 佬 骗 他 千 文 纸 诶。

36 **a. 我上个月借了他三百块钱（借入）。b. 我上个月借了他三百块钱（借出）。**

a. siaŋ$^{55}$kɔ$^{55}$zet$^{214}$ŋɔ$^{31}$tsai$^{55}$tʰa$^{33}$nɐi$^{33}$tse$^{55}$ɬam$^{33}$pɐk$^{5}$mɐn$^{33}$tsi$^{31}$e$^{33}$.

a. 上 个 月 我 在 他 里 借 三 百 文 纸 诶。

b. siaŋ$^{55}$kɔ$^{55}$zet$^{214}$ŋɔ$^{31}$tse$^{55}$ɬam$^{33}$pɐk$^{5}$mɐn$^{33}$tsi$^{31}$pa$^{31}$tʰa$^{33}$e$^{33}$.

b. 上 个 月 我 借 三 百 文 纸 把 他 诶。

37 **a. 王先生的刀开得很好（王先生是医生）。b. 王先生的刀开得很好（王先生是病人）。**

a. waŋ$^{213}$ɬen$^{33}$ɬɐŋ$^{33}$hai$^{33}$tou$^{33}$hou$^{31}$hou$^{31}$. b. waŋ$^{213}$ɬen$^{33}$ɬɐŋ$^{33}$a$^{33}$tou$^{33}$hai$^{33}$tɐk$^{5}$hou$^{31}$.

a. 王 先 生 开 刀 好 好。 b. 王 先 生 阿刀 开 得 好。

38 **我不能怪人家，只能怪自己。**

ŋɔ$^{31}$mou$^{31}$nɐŋ$^{213}$kuai$^{55}$zɐn$^{213}$ki$^{31}$, tsi$^{31}$nɐŋ$^{213}$kuai$^{55}$sek$^{5}$ki$^{31}$.

我 冇 能 怪 人 己，只 能 怪 自 己。

39 **a. 明天王经理会来公司吗？ b. 我看他不会来。**

a. waŋ$^{213}$keŋ$^{33}$li$^{31}$meŋ$^{213}$zɐt$^{5}$wɐi$^{55}$lai$^{213}$koŋ$^{33}$ɬi$^{33}$ma$^{33}$? b. ŋɔ$^{31}$kʰan$^{55}$tʰa$^{33}$mou$^{31}$wɐi$^{55}$lai$^{213}$.

a. 王 经 理 明 日 会 来 公 司 吗？ b. 我 看 他 冇 会 来。

40 **我们用什么车从南京往这里运家具呢？**

ŋɔ$^{31}$mɐn$^{213}$lɔ$^{31}$mɐt$^{5}$ti$^{33}$tsʰe$^{33}$tsʰoŋ$^{213}$nam$^{213}$keŋ$^{33}$wɐn$^{55}$ka$^{33}$ɬi$^{33}$tou$^{55}$tsi$^{55}$nɐi$^{33}$ni$^{33}$?

我 们 攞 乜 的 车 从 南 京 运 家 俬 到 这 里 呢？

41 **他像个病人似的靠在沙发上。**

tʰa$^{33}$tʰoŋ$^{213}$kɔ$^{55}$peŋ$^{55}$zɐn$^{213}$ziaŋ$^{55}$sek$^{5}$pɐŋ$^{55}$tou$^{31}$tsai$^{55}$sa$^{33}$fat$^{214}$nɐi$^{33}$.

他 同 个 病 人 样 式 傍 倒 在 沙 发 里。

42 **这么干活连小伙子都会累坏的。**

tseŋ$^{55}$ziaŋ$^{55}$tsu$^{55}$koŋ$^{33}$tsɐu$^{55}$si$^{55}$hɐu$^{55}$ɬɐŋ$^{33}$tsɐi$^{31}$tu$^{33}$hɐn$^{55}$ɬi$^{31}$a$^{33}$.

[这样]样 做 工 就 是 后 生 仔 都 恨$^{=}$ 死 啊。

43 **他跳上末班车走了。我迟到一步，只能自己慢慢走回学校了。**

tʰa$^{33}$tʰeu$^{213}$hi$^{31}$wɐi$^{31}$pan$^{33}$tsʰe$^{33}$tsɐu$^{31}$e$^{33}$. ŋɔ$^{31}$lai$^{213}$tsʰi$^{213}$nit$^{5}$tsɐi$^{31}$e$^{33}$, tsi$^{31}$zau$^{31}$man$^{55}$man$^{55}$heŋ$^{213}$

他 跳 起 尾 班 车 走 诶。我 来 迟 滴 仔 诶，只 有 慢 慢 行

wɐi$^{213}$hɔk$^{214}$hiau$^{55}$.

回 学 校。

44 **这是谁写的诗？谁猜出来我就奖励谁十块钱。**

tsi$^{55}$nɐi$^{33}$si$^{33}$mɐt$^{5}$zɐn$^{213}$ɬe$^{31}$ti$^{33}$? mɐt$^{5}$zɐn$^{213}$ku$^{31}$tsoŋ$^{55}$ŋɔ$^{31}$tsiaŋ$^{31}$sɐp$^{5}$mɐn$^{33}$tsi$^{31}$pa$^{31}$t$^{h}$a$^{33}$.

这 里 诗 乜 人 写 的? 乜 人 估 中 我 奖 十 文 纸 把 他。

45 **我给你的书是我教中学的舅舅写的。**

ŋɔ$^{31}$pa$^{31}$ni$^{31}$na$^{55}$pɐn$^{31}$si$^{33}$si$^{55}$ŋɔ$^{31}$kiau$^{55}$tsoŋ$^{33}$hɔk$^{214}$a$^{33}$kiau$^{55}$ɬe$^{31}$ti$^{33}$.

我 把 你 那 本 书 是 我 教 中 学 阿 舅 写 的。

46 **你比我高，他比你还要高。**

ni$^{31}$kou$^{33}$kɔ$^{55}$ŋɔ$^{31}$, t$^{h}$a$^{33}$kou$^{33}$kɔ$^{55}$ni$^{31}$.

你 高 过 我， 他 高 过 你。

ni$^{31}$pi$^{31}$ŋɔ$^{31}$kou$^{33}$, t$^{h}$a$^{33}$pi$^{31}$ni$^{31}$an$^{213}$kou$^{33}$.

你 比 我 高， 他 比 你 还 高。

47 **老王跟老张一样高。**

lou$^{31}$waŋ$^{213}$ts$^{h}$ɐu$^{55}$lou$^{31}$tsiaŋ$^{33}$t$^{h}$oŋ$^{213}$ziaŋ$^{55}$kou$^{33}$.

老 王 凑= 老 张 同 样 高。

48 **我走了，你们俩再多坐一会儿。**

ŋɔ$^{31}$tsɐu$^{31}$e$^{33}$, ni$^{31}$liaŋ$^{31}$kɔ$^{55}$zɐn$^{213}$tsɔ$^{55}$kiau$^{31}$zɐt$^{5}$tsɐi$^{31}$.

我 走 诶, 你 两 个 人 坐 久 一 仔。

49 **我说不过他，谁都说不过这个家伙。**

ŋɔ$^{31}$kaŋ$^{31}$mou$^{31}$kɔ$^{55}$t$^{h}$a$^{33}$, mɐt$^{5}$zɐn$^{213}$tu$^{33}$kaŋ$^{31}$mou$^{31}$kɔ$^{55}$tsi$^{55}$kɔ$^{55}$toŋ$^{33}$ɬi$^{33}$.

我 讲 冇 过 他， 乜 人 都 讲 冇 过 这 个 东 西。

ŋɔ$^{31}$kaŋ$^{31}$t$^{h}$a$^{33}$mou$^{31}$kɔ$^{55}$, mɐt$^{5}$zɐn$^{213}$tu$^{33}$kaŋ$^{31}$tsi$^{55}$kɔ$^{55}$toŋ$^{33}$ɬi$^{33}$mou$^{31}$kɔ$^{55}$.

我 讲 他 不 过， 乜 人 都 讲 这 个 东 西 冇 过。

50 **上次只买了一本书，今天要多买几本。**

siaŋ$^{55}$lɐn$^{213}$tsi$^{31}$mai$^{31}$zɐt$^{5}$pɐn$^{31}$si$^{33}$, tsi$^{55}$lɐn$^{213}$ai$^{55}$mai$^{31}$tɔ$^{33}$ki$^{31}$pɐn$^{31}$si$^{33}$.

上 轮 只 买 一 本 书, 这 轮 爱 买 多 几 本 书。

# 第二节

# 《汉语方言语法调查例句》

本节语法例句共248句，总称为《汉语方言语法调查例句》，可以作为《中国语言资源调查手册·汉语方言》50个语法例句的补充和扩展。这些例句有以下几个来源：（1）中国社会科学院语言研究所方言组《方言调查词汇表》第叁拾壹部分“语法”，参看《方言》1981：201—203；（2）丁声树《方言调查词汇手册》第18部分，参看《方言》1989：91—97；（3）中国社会科学院语言研究所“汉语方言重点调查”（1988—1992）课题组编印的“语法调查例句”（油印本）；（4）中国社会科学院A类重大研究课题“中国濒危语言方言调查研究与新编《中国语言地图集》”（2002—2007）编印的“词汇语法调查条目”（油印本）；（5）根据通行语法著作适当选取的其他一些语法例句。

001　**这句话用旧时正怎么说？**

tsi$^{55}$ki$^{55}$wa$^{55}$zoŋ$^{55}$kiau$^{55}$si$^{213}$tseŋ$^{55}$tem$^{213}$ziaŋ$^{55}$kaŋ$^{31}$?

这 句 话 用 旧 时 正 怎 样 讲？

002　**你还会说别的地方的话吗？**

ni$^{31}$an$^{213}$wɐi$^{55}$kaŋ$^{31}$ki$^{31}$tɔ$^{33}$kɔ$^{55}$ti$^{55}$faŋ$^{55}$wa$^{55}$?

你 还 会 讲 几 多 个 地 方 话？

003　**不会了，我从小就没出过门，只会旧时正话。**

mou$^{31}$sek$^{5}$, ŋɔ$^{31}$ts$^{h}$oŋ$^{213}$ɬɐi$^{55}$mou$^{31}$k$^{h}$i$^{55}$kɔ$^{55}$k$^{h}$i$^{213}$t$^{h}$a$^{33}$ti$^{55}$faŋ$^{33}$, tsi$^{31}$sek$^{5}$tɐk$^{5}$kaŋ$^{31}$kɐu$^{31}$si$^{31}$tseŋ$^{55}$.

冇 识，我 从 细 冇 去 过 其 他 地 方，只 识 得 讲 狗 屎 正。

004　**会，还会说白话，黎话，不过说得不怎么好。**

sek$^{5}$, an$^{213}$sek$^{5}$kaŋ$^{31}$pɐk$^{5}$, kaŋ$^{31}$li$^{213}$, pɐt$^{5}$kɔ$^{55}$ni$^{33}$kaŋ$^{31}$tou$^{31}$mou$^{31}$ki$^{31}$hou$^{31}$.

识，还 识 讲 白，讲 黎，不 过 呢 讲 倒 冇 几 好。

005 **会说普通话吗?**

sek$^{5}$kaŋ$^{31}$pʰu$^{31}$tʰoŋ$^{33}$wa$^{55}$ma$^{33}$?

识 讲 普 通 话 吗?

006 **不会说，没有学过。**

mou$^{31}$sek$^{5}$kaŋ$^{31}$, mou$^{31}$hɔk$^{214}$kɔ$^{55}$.

冇 识 讲，冇 学 过。

007 **会说一点，不标准就是了。**

wɐi$^{55}$kaŋ$^{31}$nit$^{5}$tsɐi$^{31}$, mou$^{31}$kaŋ$^{31}$tɐk$^{5}$ki$^{31}$tseŋ$^{55}$.

会 讲 滴 仔，冇 讲 得 几 正。

008 **在什么地方学的普通话?**

ni$^{31}$tsai$^{55}$na$^{213}$nɐi$^{33}$hɔk$^{214}$pʰu$^{31}$tʰoŋ$^{33}$wa$^{55}$?

你 在 哪 里 学 普 通 话?

009 **上小学中学都学普通话。**

ɬeu$^{31}$hɔk$^{214}$tsoŋ$^{33}$hɔk$^{214}$tu$^{33}$hɔk$^{214}$pʰu$^{31}$tʰoŋ$^{33}$wa$^{55}$.

小 学 中 学 都 学 普 通 话。

010 **谁呀? 我是老王。**

mɐn$^{31}$na$^{31}$? ŋɔ$^{31}$si$^{55}$lou$^{31}$waŋ$^{213}$.

[乜人]啊? 我 是 老 王。

011 **你贵姓? 我姓王，您呢?**

ni$^{31}$ɬeŋ$^{55}$mɐt$^{5}$ti$^{33}$a$^{33}$? ŋɔ$^{31}$ɬeŋ$^{55}$waŋ$^{55}$, ni$^{31}$ni$^{33}$?

你 姓 乜 的 啊? 我 姓 王，你 呢?

012 **我也姓王，咱俩都姓王。**

ŋɔ$^{31}$ze$^{31}$ɬeŋ$^{55}$waŋ$^{213}$, wɔ$^{31}$mɐn$^{213}$liaŋ$^{31}$kɔ$^{55}$tu$^{33}$ɬeŋ$^{55}$waŋ$^{213}$.

我 也 姓 王，我 们 两 个 都 姓 王。

013 **巧了，他也姓王，本来是一家嘛。**

tseŋ$^{55}$ŋam$^{33}$, tʰa$^{33}$ze$^{31}$ɬeŋ$^{55}$waŋ$^{213}$, pɐn$^{31}$lai$^{213}$si$^{55}$zɐt$^{5}$ŋan$^{31}$ok$^{5}$zɐn$^{213}$.

[这样]啱，他 也 姓 王，本 来 是 一 眼 屋 人。

014 **老张来了吗? 说好他也来的。**

lou$^{31}$tsiaŋ$^{33}$lai$^{213}$e$^{33}$ma$^{33}$? tʰa$^{33}$kaŋ$^{31}$ze$^{31}$lai$^{213}$.

老 张 来 诶 吗? 他 讲 也 来。

015 **他没来，还没到吧?**

tʰa$^{33}$an$^{213}$miau$^{31}$lai$^{213}$, hɔ$^{31}$nɐŋ$^{213}$mi$^{55}$tou$^{55}$.

他 还 [未有]来，可 能 未 到。

016 **他上哪儿了？还在家里呢。**

t$^{h}$a$^{33}$k$^{h}$i$^{55}$na$^{213}$nɐi$^{33}$a$^{33}$? an$^{213}$tsai$^{55}$ok$^{5}$ki$^{31}$, ŋɔ$^{31}$k$^{h}$an$^{55}$.

他 去 哪 里 啊？还 在 屋企，我 看。

017 **在家干什么？在家吃饭呢。**

t$^{h}$a$^{33}$tsai$^{55}$ok$^{5}$ki$^{31}$tsu$^{55}$mɐt$^{5}$ti$^{33}$? tsai$^{55}$ok$^{5}$ki$^{31}$k$^{h}$iɐt$^{5}$fan$^{55}$.

他 在 屋企 做 乜 的？在 屋企 吃 饭。

018 **都几点了？怎么还没吃完？**

tu$^{33}$ki$^{31}$tem$^{31}$e$^{33}$lɔ$^{33}$? an$^{213}$mi$^{55}$k$^{h}$iɐt$^{5}$zen$^{213}$?

都 几 点 诶啰？还 未 吃 完？

019 **还没有呢，再有一会儿就吃完了。**

an$^{213}$miau$^{31}$, tsai$^{55}$tɐŋ$^{31}$tsɐn$^{55}$tsɐi$^{31}$k$^{h}$iɐt$^{5}$zen$^{213}$.

还[未有]，再 等 阵 仔 吃 完。

020 **他在哪儿吃的饭？**

t$^{h}$a$^{33}$tsai$^{55}$na$^{213}$nɐi$^{33}$k$^{h}$iɐt$^{5}$fan$^{55}$a$^{33}$?

他 在 哪 里 吃 饭 啊？

021 **他是在我家吃的饭。**

t$^{h}$a$^{33}$si$^{55}$tsai$^{55}$ŋɔ$^{31}$ok$^{5}$ki$^{31}$k$^{h}$iɐt$^{5}$fan$^{55}$.

他 是 在 我 屋 企 吃 饭。

022 **真的吗？真的，他是在我家吃的饭。**

tsɐn$^{55}$si$^{55}$ma$^{33}$? tsɐn$^{55}$si$^{55}$ti$^{33}$, t$^{h}$a$^{33}$si$^{55}$tsai$^{55}$ŋɔ$^{31}$ok$^{5}$ki$^{31}$k$^{h}$iɐt$^{5}$fan$^{55}$.

真 是 吗？真 是 的，他 是 在 我 屋 企 吃 饭。

023 **先喝一杯茶再说吧。**

hap$^{214}$pɐi$^{33}$ts$^{h}$a$^{213}$na$^{55}$kaŋ$^{31}$.

喝 杯 茶 那$^{=}$讲。

024 **说好了就走的，怎么半天了还不走？**

kaŋ$^{31}$hou$^{31}$tsɐu$^{55}$tsɐu$^{31}$, tem$^{213}$ziaŋ$^{55}$tseŋ$^{55}$kiau$^{31}$an$^{213}$mi$^{55}$tsɐu$^{31}$?

讲 好 就 走， 怎 样 [这样]久 还 未 走？

025 **他磨磨蹭蹭的，做什么呢？**

t$^{h}$a$^{33}$man$^{55}$man$^{55}$mɔ$^{33}$mɔ$^{33}$, tsu$^{55}$mɐt$^{5}$ti$^{33}$ni$^{33}$?

他 慢 慢 摸 摸，做 乜 的呢？

026 **他正在那儿跟一个朋友说话呢。**

t$^{h}$a$^{33}$tsai$^{55}$nɐi$^{33}$ts$^{h}$ɐu$^{55}$p$^{h}$ɐŋ$^{213}$zau$^{31}$kaŋ$^{31}$wa$^{33}$.

他 在 里 凑$^{=}$ 朋 友 讲 话。

027 **还没说完啊？催他快点。**

an$^{213}$mi$^{55}$kaŋ$^{31}$zen$^{213}$ma$^{33}$? tsɔi$^{33}$t$^{h}$a$^{33}$fa$^{55}$nit$^{5}$tsɐi$^{31}$.

还 未 讲 完 吗？追 他 快 滴 仔。

028 **好，好，他就来了。**

tɐk$^{5}$, tɐk$^{5}$, t$^{h}$a$^{33}$tsɐu$^{55}$lai$^{213}$e$^{33}$.

得，得，他 就 来 诶。

029 **你上哪儿去了？我上街去。**

ni$^{31}$k$^{h}$i$^{55}$na$^{213}$nɐi$^{33}$? ŋɔ$^{31}$k$^{h}$i$^{55}$hi$^{33}$.

你 去 哪 里？我 去 墟。

030 **你多会儿去？我马上就去。**

ni$^{31}$mɐt$^{5}$si$^{213}$hɐu$^{55}$k$^{h}$i$^{55}$a$^{33}$? ŋɔ$^{31}$ma$^{31}$siaŋ$^{55}$tsɐu$^{55}$k$^{h}$i$^{55}$wa$^{33}$.

你 乜 时 候 去 啊？我 马 上 就 去 哇。

031 **做什么去啊？家里来客人了，买点菜去。**

k$^{h}$i$^{55}$tsu$^{55}$mɐt$^{5}$ti$^{33}$a$^{33}$? ok$^{5}$ki$^{31}$zau$^{31}$ts$^{h}$ɐn$^{33}$ts$^{h}$ɐt$^{5}$lai$^{213}$, k$^{h}$i$^{55}$mai$^{31}$nit$^{5}$tsɐi$^{31}$ts$^{h}$ai$^{55}$.

去 做 乜 的啊？屋 企 有 亲 戚 来，去 买 滴 仔 菜。

032 **你先去吧，我们一会儿再去。**

ni$^{31}$k$^{h}$i$^{55}$t$^{h}$ɐu$^{213}$ɬen$^{33}$, ŋɔ$^{31}$tei$^{33}$tɐŋ$^{31}$tsɐn$^{55}$tsɐi$^{31}$tsiaŋ$^{33}$k$^{h}$i$^{55}$.

你 去 头 先，我 哋 等 阵 仔 将 去。

ni$^{31}$ɬen$^{33}$k$^{h}$i$^{55}$, ŋɔ$^{31}$tsɐu$^{55}$lai$^{213}$.

你 先 去，我 就 来。

033 **好好儿走！别跑！小心摔跤了！**

man$^{55}$man$^{55}$heŋ$^{213}$! mou$^{31}$tsɐu$^{31}$! ɬɐi$^{55}$ɬiɐm$^{33}$mou$^{31}$tɐp$^{5}$tou$^{31}$!

慢 慢 行！ 有 走！ 细 心 有 跌 倒！

034 **小心点儿！不然的话摔下去爬都爬不起来。**

ɬɐi$^{55}$ɬiɐm$^{33}$nit$^{5}$tsɐi$^{31}$! mou$^{31}$si$^{55}$tɐp$^{5}$ha$^{55}$koŋ$^{55}$mou$^{31}$hi$^{31}$.

细 心 滴 仔！ 有 是 跌 下 拱 有 起。

035 **不早了，快去吧！**

mou$^{31}$tsou$^{31}$a$^{33}$, k$^{h}$uai$^{55}$k$^{h}$i$^{55}$wa$^{33}$!

有 早 啊，快 去 哇！

036 **这会儿还早呢，过一会儿再去吧。**

zi$^{213}$kiɐm$^{33}$an$^{213}$tsou$^{31}$, an$^{213}$kɔ$^{55}$nia$^{31}$tsiaŋ$^{33}$k$^{h}$i$^{55}$.

如 今 还 早，还 过[滴仔]将 去。

037 **吃了饭再去好不好？**

kʰiɐt$^{5}$fan$^{55}$tsiaŋ$^{33}$kʰi$^{55}$hou$^{31}$ma$^{33}$?

吃 饭 将 去 好 吗？

038 **不行，那可就来不及了。**

mou$^{31}$tɐk$^{5}$, mou$^{31}$lai$^{213}$tɐk$^{5}$kʰiɐp$^{5}$.

冇 得，冇 来 得 及。

039 **不管你去不去，反正我是要去的。**

mou$^{31}$li$^{31}$ni$^{31}$kʰi$^{55}$mou$^{31}$kʰi$^{55}$, ŋɔ$^{31}$tu$^{33}$ai$^{55}$kʰi$^{55}$.

不 理 你 去 冇 去，我 都 爱 去。

040 **你爱去不去。你爱去就去，不爱去就不去。**

ŋɔ$^{31}$mou$^{31}$li$^{31}$ni$^{31}$kʰi$^{55}$mou$^{31}$kʰi$^{55}$. ni$^{31}$ai$^{55}$kʰi$^{55}$tsɐu$^{55}$kʰi$^{55}$, mou$^{31}$kʰi$^{55}$tsɐu$^{55}$mou$^{31}$kʰi$^{55}$.

我 冇 理 你 去 冇 去。你 爱 去 就 去，冇 去 就 冇 去。

041 **那我非去不可。**

ŋɔ$^{31}$mou$^{31}$kʰi$^{55}$mou$^{31}$tɐk$^{5}$.

我 冇 去 冇 得。

ŋɔ$^{31}$zɐt$^{5}$teŋ$^{55}$ai$^{55}$kʰi$^{55}$tsiaŋ$^{33}$tɐk$^{5}$.

我 一 定 爱 去 将 得。

042 **那个东西不在那儿，也不在这儿。**

na$^{55}$kɔ$^{55}$toŋ$^{33}$ɬi$^{33}$mou$^{31}$tsai$^{55}$na$^{55}$nɐi$^{33}$, ze$^{31}$mou$^{31}$tsai$^{55}$tsi$^{55}$nɐi$^{33}$.

那 个 东 西 冇 在 那 里，也 冇 在 这 里。

043 **到底在哪儿？**

tou$^{55}$ti$^{31}$tsai$^{55}$na$^{213}$nɐi$^{33}$a$^{33}$?

到 底 在 哪 里 啊？

044 **我也说不清楚，你问他去。**

ŋɔ$^{31}$ze$^{31}$mou$^{31}$kaŋ$^{31}$a$^{33}$tsʰeŋ$^{33}$tsʰɔ$^{31}$, ni$^{31}$kʰi$^{55}$wɐn$^{55}$tʰa$^{33}$.

我 也 冇 讲 阿 清 楚，你 去 问 他。

045 **怎么办呢？不是那么办，要这么办才对。**

tem$^{213}$ziaŋ$^{55}$tsu$^{55}$hou$^{31}$a$^{33}$? mou$^{31}$si$^{55}$na$^{55}$ziaŋ$^{55}$tsu$^{55}$, si$^{55}$tseŋ$^{55}$ziaŋ$^{55}$tsu$^{55}$na$^{55}$ŋam$^{33}$.

怎 样 做 好 啊？冇 是 那 样 做，是[这样]样 做 那⁼啱。

046 **要多少才够呢？**

ai$^{55}$ki$^{31}$tɔ$^{33}$na$^{55}$kɐu$^{55}$a$^{33}$?

爱 几 多 那⁼够 啊？

047 **太多了，要不了那么多，只要这么多就够了。**

t$^{h}$ai$^{55}$tɔ$^{33}$e$^{33}$, mou$^{31}$zoŋ$^{55}$neŋ$^{55}$tɔ$^{33}$, tseŋ$^{55}$tɔ$^{33}$tsɐu$^{55}$kɐu$^{55}$la$^{33}$.

太 多 诶，冇 用 [那样]多，[这样]多 就 够 啦。

048 **不管怎么忙，也得好好儿学习。**

mou$^{31}$lɐn$^{55}$tem$^{213}$ziaŋ$^{55}$maŋ$^{213}$, ze$^{31}$ai$^{55}$hou$^{31}$hou$^{31}$hɔk$^{214}$ts$^{h}$iɐp$^{5}$.

冇 论 怎 样 忙， 也 爱 好 好 学 习。

049 **你闻闻这朵花香不香？**

ni$^{31}$mɐn$^{213}$mɐn$^{213}$tsi$^{55}$k$^{h}$oŋ$^{33}$fa$^{33}$k$^{h}$an$^{55}$hiaŋ$^{33}$mou$^{31}$hiaŋ$^{33}$?

你 闻 闻 这 □ 花 看 香 冇 香？□k$^{h}$oŋ$^{33}$：朵。

050 **好香呀，是不是？**

hou$^{31}$hiaŋ$^{33}$a$^{33}$, si$^{55}$ma$^{33}$?

好 香 啊，是 吗？

051 **你是抽烟呢，还是喝茶？**

ni$^{31}$ɬɔk$^{214}$sok$^{5}$zen$^{33}$an$^{213}$si$^{55}$hap$^{214}$ts$^{h}$a$^{213}$a$^{31}$?

你 欶 熟 烟 还 是 喝 茶 啊？

052 **烟也好，茶也好，我都不会。**

a$^{55}$zen$^{33}$ze$^{31}$hou$^{31}$, a$^{33}$ts$^{h}$a$^{213}$ze$^{31}$hou$^{31}$, ŋɔ$^{31}$tu$^{33}$mou$^{31}$hou$^{55}$.

阿烟 也 好， 阿茶 也 好， 我 都 冇 好。

053 **医生叫你多睡一睡，抽烟喝茶都不行。**

a$^{33}$zi$^{33}$ɬɐŋ$^{33}$eu$^{55}$ni$^{31}$tɔ$^{33}$sɔi$^{55}$a$^{33}$tsɐn$^{55}$tsɐi$^{31}$, ɬɔk$^{214}$sok$^{5}$zen$^{33}$hap$^{214}$ts$^{h}$a$^{213}$tu$^{33}$mou$^{31}$tɐk$^{5}$.

阿医 生 叫 你 多 睡 阿阵 仔， 欶 熟 烟 喝 茶 都 冇 得。

054 **咱们一边走一边说。**

ŋɔ$^{31}$tei$^{33}$zɐt$^{5}$t$^{h}$ɐu$^{213}$heŋ$^{213}$zɐt$^{5}$t$^{h}$ɐu$^{213}$kaŋ$^{31}$.

我 哋 一 头 行 一 头 讲。

055 **这个东西好是好，就是太贵了。**

tsi$^{55}$kɔ$^{55}$toŋ$^{33}$ɬi$^{33}$hou$^{31}$tsɐu$^{55}$si$^{55}$hou$^{31}$, tsɐu$^{55}$si$^{55}$t$^{h}$ai$^{55}$kuɐi$^{55}$e$^{33}$.

这 个 东 西 好 就 是 好， 就 是 太 贵 诶。

056 **这个东西虽说贵了点儿，不过挺结实的。**

tsi$^{55}$kɔ$^{55}$toŋ$^{33}$ɬi$^{33}$kuɐi$^{55}$tsɐu$^{55}$si$^{55}$kuɐi$^{55}$nit$^{5}$tsɐi$^{31}$, tan$^{55}$si$^{55}$hou$^{31}$leŋ$^{55}$.

这 个 东 西 贵 就 是 贵 滴 仔， 但 是 好 靓。

057 **他今年多大了？**

t$^{h}$a$^{33}$kiɐm$^{33}$nen$^{213}$ki$^{31}$tɔ$^{33}$ɬɔi$^{55}$a$^{31}$?

他 今 年 几 多 岁 啊？

058 **也就是三十来岁吧？**

ɬam$^{33}$sɐp$^{5}$nit$^{5}$tsɐi$^{31}$ɬɔi$^{55}$wa$^{33}$?

三 十 滴 仔 岁 哇?

059 **看上去不过三十多岁的样子。**

kʰan$^{55}$ziaŋ$^{55}$tsi$^{31}$ɬam$^{33}$sɐp$^{5}$nia$^{31}$ɬɔi$^{55}$e$^{33}$.

看 样 子 三 十[滴仔]岁 诶。

060 **这个东西有多重呢？**

tsi$^{55}$kɔ$^{55}$toŋ$^{33}$ɬi$^{33}$zau$^{31}$ki$^{31}$tsoŋ$^{55}$a$^{33}$?

这 个 东 西 有 几 重 啊?

061 **怕有五十多斤吧。**

hɔ$^{31}$nɐŋ$^{213}$wu$^{31}$sɐp$^{5}$nit$^{5}$tsɐi$^{31}$kiɐn$^{33}$ɔ$^{33}$.

可 能 五 十 滴 仔 斤 哦。

062 **我五点半就起来了，你怎么七点了还不起来？**

ŋɔ$^{31}$wu$^{31}$tem$^{31}$pɔn$^{55}$zau$^{55}$hi$^{31}$e$^{33}$lɔ$^{33}$, ni$^{31}$tem$^{213}$ziaŋ$^{55}$tsʰɐt$^{5}$tem$^{31}$an$^{213}$mi$^{55}$hi$^{31}$?

我 五 点 半 又 起 诶啰, 你 怎 样 七 点 还 未 起?

063 **三四个人盖一床被。一床被盖三四个人。**

ɬam$^{33}$ɬi$^{55}$kɔ$^{55}$zɐn$^{213}$kʰɐp$^{5}$fan$^{33}$pi$^{55}$. zɐt$^{5}$fan$^{33}$pi$^{55}$kʰɐp$^{5}$ɬam$^{33}$ɬi$^{55}$kɔ$^{55}$zɐn$^{213}$.

三 四个 人 容 番 被。一 番 被 容 三 四 个 人。

ɬam$^{33}$ɬi$^{55}$kɔ$^{55}$zɐn$^{213}$kʰɐp$^{5}$fan$^{33}$pi$^{55}$. zɐt$^{5}$fan$^{33}$pi$^{55}$ɬam$^{33}$ɬi$^{55}$kɔ$^{55}$zɐn$^{213}$kʰɐp$^{5}$.

三 四个 人 容 番 被。一 番 被 三 四个 人 容。

064 **一个大饼夹一根油条。一根油条外加一个大饼。**

zɐt$^{5}$kɔ$^{55}$ta$^{55}$peŋ$^{31}$kep$^{214}$tʰeu$^{213}$zau$^{213}$tʰeu$^{213}$. zɐt$^{5}$tʰeu$^{213}$zau$^{213}$tʰeu$^{213}$ka$^{33}$kɔ$^{55}$ta$^{55}$peŋ$^{31}$.

一 个 大 饼 夹 条 油 条。 一 条 油 条 加 个 大 饼。

065 **两个人坐一张凳子，一张凳子坐了两个人。**

liaŋ$^{213}$kɔ$^{55}$zɐn$^{213}$tsɔ$^{55}$tsiaŋ$^{33}$tɐŋ$^{55}$. zɐt$^{5}$tsiaŋ$^{33}$tɐŋ$^{55}$tsɔ$^{55}$liaŋ$^{31}$kɔ$^{55}$zɐn$^{213}$.

两 个 人 坐 张 凳。一 张 凳 坐 两 个 人。

liaŋ$^{213}$kɔ$^{55}$zɐn$^{213}$tsɔ$^{55}$tsiaŋ$^{33}$tɐŋ$^{55}$. zɐt$^{5}$tsiaŋ$^{33}$tɐŋ$^{55}$liaŋ$^{31}$kɔ$^{55}$zɐn$^{213}$tsɔ$^{55}$.

两 个 人 坐 张 凳。一 张 凳 两 个 人 坐。

066 **一辆车装三千斤麦子。三千斤麦子刚好够装一辆车。**

zɐt$^{5}$tsʰe$^{33}$tsoŋ$^{33}$ɬam$^{33}$tsʰeŋ$^{33}$kiɐn$^{33}$mɐk$^{5}$. ɬam$^{33}$tsʰeŋ$^{33}$kiɐn$^{33}$mɐk$^{5}$ŋam$^{33}$hou$^{31}$tsoŋ$^{33}$zɐt$^{5}$tsʰe$^{33}$.

一 车 装 三 千 斤 麦。三 千 斤 麦 啱 好 装 一 车。

067 **十个人吃一锅饭。一锅饭够十个人吃。**

sɐp$^{5}$kɔ$^{55}$zɐn$^{213}$k$^{h}$iɐt$^{5}$zɐt$^{5}$wɔk$^{214}$fan$^{55}$. zɐt$^{5}$wɔk$^{214}$fan$^{55}$kɐu$^{55}$sɐp$^{5}$kɔ$^{55}$zɐn$^{213}$k$^{h}$iɐt$^{5}$.

十 个 人 吃 一 镬 饭。一 镬 饭 够 十 个 人 吃。

068 **十个人吃不了这锅饭。这锅饭吃不了十个人。**

sɐp$^{5}$kɔ$^{55}$zɐn$^{213}$k$^{h}$iɐt$^{5}$mou$^{31}$tseŋ$^{55}$tsi$^{55}$wɔk$^{214}$fan$^{55}$. tsi$^{55}$wɔk$^{214}$fan$^{55}$mou$^{31}$kɐu$^{55}$sɐp$^{5}$kɔ$^{55}$zɐn$^{213}$k$^{h}$iɐt$^{5}$.

十 个 人 吃 冇 净 这 镬 饭。这 镬 饭 冇 够 十 个 人 吃。

069 **这个屋子住不下十个人。**

tsi$^{55}$ŋan$^{31}$faŋ$^{213}$mou$^{31}$sɔi$^{55}$tɐk$^{5}$ha$^{55}$sɐp$^{5}$kɔ$^{55}$zɐn$^{213}$.

这 眼 房 冇 睡 得 下 十 个 人。

tsi$^{55}$kan$^{33}$faŋ$^{213}$sɔi$^{55}$mou$^{31}$ha$^{55}$sɐp$^{5}$kɔ$^{55}$zɐn$^{213}$.

这 间 房 睡 冇 下 十 个 人。

070 **小屋子堆东西，大屋住人。**

ok$^{5}$tsɐi$^{31}$faŋ$^{55}$toŋ$^{33}$ɬi$^{33}$, ta$^{55}$ok$^{5}$tsi$^{55}$zɐn$^{213}$.

屋 仔 放 东 西，大 屋 住 人。

071 **他们几个人正在说着话呢。**

t$^{h}$a$^{33}$ki$^{31}$kɔ$^{55}$zɐn$^{213}$tsai$^{55}$nɐi$^{33}$kaŋ$^{31}$wa$^{55}$.

他 几 个 人 在 里 讲 话。

072 **桌上放着一碗水，小心别碰倒了。**

a$^{33}$t$^{h}$ai$^{213}$nɐi$^{33}$faŋ$^{55}$tou$^{31}$a$^{33}$wɔn$^{31}$sɔi$^{31}$, ɬɐi$^{55}$ɬiɐm$^{33}$mou$^{31}$p$^{h}$oŋ$^{55}$t$^{h}$iau$^{31}$.

阿台 里 放 倒 阿碗 水，细 心 冇 碰 □。□t$^{h}$iau$^{31}$：倒。

073 **门口站着一帮人，在说着什么。**

mɐn$^{213}$hɐu$^{31}$tsan$^{55}$tou$^{31}$pan$^{33}$zɐn$^{213}$, tsai$^{55}$nɐi$^{33}$kaŋ$^{31}$mɐt$^{5}$ti$^{33}$.

门 口 站 倒 班 人，在 里 讲 乜 的。

074 **坐着吃好，还是站着吃好？**

tsɔ$^{55}$tou$^{31}$k$^{h}$iɐt$^{5}$hou$^{31}$, an$^{213}$si$^{55}$tsan$^{55}$tou$^{31}$k$^{h}$iɐt$^{5}$hou$^{31}$?

坐 倒 吃 好，还 是 站 倒 吃 好？

075 **想着说，不要抢着说。**

ni$^{31}$nɐm$^{31}$tsiak$^{214}$tsiak$^{214}$tsiaŋ$^{33}$kaŋ$^{31}$, mou$^{31}$len$^{55}$len$^{55}$kaŋ$^{31}$.

你 恁 着 着 将 讲，冇 乱 乱 讲。

ɬiaŋ$^{31}$hou$^{31}$na$^{55}$kaŋ$^{31}$, mou$^{31}$ts$^{h}$iaŋ$^{31}$lai$^{213}$kaŋ$^{31}$.

想 好 那$^{=}$讲，冇 抢 来 讲。

076 **说着说着就笑起来了。**

kaŋ$^{31}$kaŋ$^{31}$tsɐi$^{31}$tsɐu$^{55}$ɬeu$^{55}$hi$^{31}$lai$^{213}$.

讲 讲 仔 就 笑 起 来。

077 **别怕，你大着胆子说吧。**

moŋ$^{55}$k$^{h}$ɔŋ$^{213}$! ta$^{55}$tam$^{31}$kaŋ$^{31}$a$^{33}$.

甭 恐！ 大 胆 讲 啊。

078 **这个东西重着呢，足有一百来斤。**

tsi$^{55}$kɔ$^{55}$toŋ$^{33}$ɬi$^{33}$hou$^{31}$tsoŋ$^{55}$, tsok$^{5}$tsok$^{5}$zau$^{31}$pɐk$^{5}$nit$^{5}$tsɐi$^{31}$kiɐn$^{33}$.

这 个 东 西 好 重， 足 足 有 百 滴 仔 斤。

079 **他对人可好着呢。**

t$^{h}$a$^{33}$tɔi$^{55}$zɐn$^{213}$hou$^{31}$hou$^{31}$.

他 对 人 好 好。

080 **这小伙子可有劲着呢！**

tsi$^{55}$kɔ$^{55}$tsɐi$^{31}$hou$^{31}$zau$^{31}$lek$^{5}$!

这 个 仔 好 有 力！

081 **别跑！你给我站着！**

mou$^{31}$tsɐu$^{31}$! ni$^{31}$tsan$^{55}$tou$^{31}$!

冇 走！ 你 站 倒！

082 **下雨了，路上小心着！**

lɔk$^{213}$sɔi$^{31}$e$^{33}$, lu$^{55}$nɐi$^{33}$ɬɐi$^{55}$ɬiɐm$^{33}$nit$^{5}$tsɐi$^{31}$!

落 水 诶，路 里 细 心 滴 仔！

083 **点着火了。着凉了。**

tem$^{31}$tou$^{31}$fɔ$^{31}$e$^{33}$. lɐŋ$^{31}$tou$^{31}$e$^{33}$.

点 倒 火 诶。冷 倒 诶。

084 **甭着急！慢慢儿来！**

moŋ$^{55}$kiɐp$^{5}$! man$^{55}$man$^{55}$tsu$^{55}$!

甭 急！ 慢 慢 做！

085 **我正在这儿找着你，还没找着。**

ŋɔ$^{31}$tsai$^{55}$tsi$^{55}$nɐi$^{33}$ts$^{h}$ɐm$^{213}$ni$^{31}$, an$^{213}$miau$^{31}$ts$^{h}$ɐm$^{213}$tou$^{31}$.

我 在 这 里 寻 你，还 [未有] 寻 倒。

086 **她呀，可厉害着呢！**

t$^{h}$a$^{33}$a$^{33}$, hou$^{31}$heu$^{33}$ɔ$^{33}$!

她 呀，好 嚣 哦！

087 **这本书可好看着呢。**

tsi$^{55}$pɐn$^{31}$si$^{33}$hou$^{31}$hou$^{31}$k$^{h}$an$^{55}$.

这 本 书 好 好 看。

088 **饭好了，快来吃吧！**

fan$^{55}$sok$^{5}$e$^{33}$, fai$^{55}$fai$^{55}$lai$^{213}$k$^{h}$iɐt$^{5}$!

饭 熟 诶，快 快 来 吃！

089 **锅里还有饭没有？你去看一看。**

wɔk$^{214}$nɐi$^{33}$an$^{213}$zau$^{31}$fan$^{55}$mou$^{31}$fan$^{55}$? ni$^{31}$k$^{h}$i$^{55}$k$^{h}$an$^{55}$k$^{h}$an$^{55}$.

镬 里 还 有 饭 冇 饭？你 去 看 看。

wɔk$^{214}$nɐi$^{33}$an$^{213}$zau$^{31}$mou$^{31}$zau$^{31}$fan$^{55}$? ni$^{31}$k$^{h}$i$^{55}$k$^{h}$an$^{55}$k$^{h}$an$^{55}$.

镬 里 还 有 冇 有 饭？你 去 看 看。

wɔk$^{214}$nɐi$^{33}$an$^{213}$zau$^{31}$fan$^{55}$mou$^{31}$? ni$^{31}$k$^{h}$i$^{55}$k$^{h}$an$^{55}$k$^{h}$an$^{55}$.

镬 里 还 有 饭 冇？ 你 去 看 看。

090 **我去看了，没有饭了。**

ŋɔ$^{31}$k$^{h}$i$^{55}$k$^{h}$an$^{55}$lai$^{213}$e$^{33}$, mou$^{31}$zau$^{31}$fan$^{55}$e$^{33}$.

我 去 看 来 诶，冇 有 饭 诶。

091 **就剩一点儿了，吃了得了。**

tsɐu$^{55}$seŋ$^{55}$nit$^{5}$tsɐi$^{31}$, k$^{h}$iɐt$^{5}$tseŋ$^{55}$t$^{h}$a$^{33}$zau$^{55}$ɬen$^{55}$e$^{33}$.

就 剩 滴 仔， 吃 净 它 又 算 诶。

092 **吃了饭要慢慢儿地走，别跑，小心肚子疼。**

k$^{h}$iɐt$^{5}$zen$^{213}$fan$^{55}$man$^{55}$man$^{55}$heŋ$^{213}$, mou$^{31}$tsɐu$^{31}$, ɬɐi$^{55}$ɬiɐm$^{33}$tu$^{5}$wɐi$^{55}$t$^{h}$oŋ$^{55}$.

吃 完 饭 慢 慢 行， 冇 走， 细 心 肚 会 痛。

093 **他吃了饭了，你吃了饭没有呢？**

t$^{h}$a$^{33}$k$^{h}$iɐt$^{5}$fan$^{55}$e$^{33}$wa$^{33}$, ni$^{31}$k$^{h}$iɐt$^{5}$e$^{33}$mou$^{31}$?

他 吃 饭 诶 哇，你 吃 诶 冇？

094 **我喝了茶还是渴。**

ŋɔ$^{31}$hap$^{214}$tou$^{31}$ts$^{h}$a$^{213}$an$^{213}$si$^{55}$hɔt$^{214}$.

我 喝 倒 茶 还 是 渴。

095 **我吃了晚饭，出去溜达了一会儿，回来就睡下了，还做了个梦。**

ŋɔ$^{31}$k$^{h}$iɐt$^{5}$zen$^{213}$fan$^{55}$, k$^{h}$i$^{55}$leu$^{55}$tsɐn$^{55}$tsɐi$^{31}$, wɐi$^{213}$lai$^{213}$tsɐu$^{55}$sɔi$^{55}$, an$^{213}$sɔi$^{55}$kɔ$^{55}$ moŋ$^{55}$.

我 吃 完 饭， 去 嫽 阵 仔， 回 来 就 睡，还 睡 个 梦。

096 **吃了这碗饭再说。**

k$^{h}$iɐt$^{5}$tseŋ$^{55}$tsi$^{55}$wɔn$^{31}$fan$^{55}$na$^{55}$kaŋ$^{31}$.

吃 净 这 碗 饭 那$^{=}$讲。

097 **我昨天照了相了。**

ŋɔ$^{31}$tsɔk$^{214}$zɐt$^{5}$zeŋ$^{31}$tou$^{31}$ɬiaŋ$^{55}$e$^{33}$.

我 昨 日 影 倒 相 诶。

098 **有了人，什么事都好办。**

zau$^{31}$zɐn$^{213}$, mɐt$^{5}$ti$^{33}$ɬi$^{55}$tu$^{33}$hou$^{31}$tsu$^{55}$.

有 人， 乜 的 事 都 好 做。

099 **不要把茶杯打碎了。**

mou$^{31}$ta$^{31}$lan$^{55}$ts$^{h}$a$^{213}$pɐi$^{33}$.

冇 打 烂 茶 杯。

mou$^{55}$pa$^{31}$a$^{33}$ts$^{h}$a$^{213}$pɐi$^{33}$ta$^{31}$lan$^{55}$e$^{33}$.

冇 把 阿 茶 杯 打 烂 诶。

100 **你快把这碗饭吃了，饭都凉了。**

ni$^{31}$fai$^{55}$fai$^{55}$pa$^{31}$tsi$^{55}$wɔn$^{31}$fan$^{55}$k$^{h}$iɐt$^{5}$tseŋ$^{55}$, a$^{33}$fan$^{55}$tu$^{33}$lɐŋ$^{31}$e$^{33}$.

你 快 快 把 这 碗 饭 吃 净， 阿 饭 都 冷 诶。

101 **下雨了。雨不下了，天晴开了。**

lɔk$^{214}$sɔi$^{31}$e$^{33}$. a$^{33}$sɔi$^{31}$mou$^{31}$lɔk$^{214}$e$^{33}$, a$^{33}$t$^{h}$en$^{33}$tu$^{33}$ts$^{h}$eŋ$^{33}$e$^{33}$.

落 水 诶。阿 水 冇 落 诶，阿 天 都 青 诶。

102 **打了一下。去了一趟。**

ta$^{31}$ɐt$^{5}$lɐn$^{213}$, k$^{h}$i$^{55}$ɐt$^{5}$t$^{h}$aŋ$^{55}$.

打 一轮， 去 一趟。

103 **晚了就不好了，咱们快点儿走吧。**

ts$^{h}$i$^{213}$e$^{33}$mou$^{31}$hou$^{31}$, wɔ$^{31}$mɐn$^{213}$fai$^{55}$nit$^{5}$tsɐi$^{31}$tsɐu$^{31}$.

迟 诶 冇 好， 我 们 快 滴 仔 走。

104 **给你三天时间做得了做不了？**

pa$^{31}$ɬam$^{33}$zɐt$^{5}$si$^{213}$kan$^{33}$pa$^{31}$ni$^{31}$, tsu$^{55}$tɐk$^{5}$tou$^{31}$mou$^{31}$?

把 三 日 时 间 把 你， 做 得 倒 冇？

105 **你做得了，我做不了。**

ni$^{31}$tsu$^{55}$tɐk$^{5}$tou$^{31}$, ŋɔ$^{31}$mou$^{31}$tsu$^{55}$tɐk$^{5}$tou$^{31}$.

你 做 得 倒， 我 冇 做 得 倒。

106 **你骗不了我。**

ni$^{31}$mou$^{31}$p$^{h}$en$^{55}$tɐk$^{5}$tou$^{31}$ŋɔ$^{31}$tou$^{31}$.

你 冇 骗 得 倒 我 倒。

ni$^{31}$ŋɐk$^{5}$ŋɔ$^{31}$mou$^{31}$tou$^{31}$.

你 呃 我 冇 倒。

ni$^{31}$mou$^{31}$ŋɐk$^{5}$tou$^{31}$ŋɔ$^{31}$.

你 冇 呃 倒 我。

107 **了了这桩事情再说。**

leu$^{31}$ket$^{214}$tsi$^{55}$ken$^{55}$ɬi$^{55}$tsiaŋ$^{33}$kaŋ$^{31}$.

了 结 这 件 事 将 讲。

108 **这间房没住过人。**

tsi$^{55}$ŋan$^{31}$ok$^{5}$mou$^{31}$zɐn$^{213}$tsi$^{55}$kɔ$^{55}$.

这 眼 屋 冇 人 住 过。

tsi$^{55}$ŋan$^{31}$ok$^{5}$mou$^{31}$tsi$^{55}$kɔ$^{55}$zɐn$^{213}$.

这 眼 屋 冇 住 过 人。

109 **这牛拉过车，没骑过人。**

tsi$^{55}$kɔ$^{55}$ŋɐu$^{213}$lai$^{33}$kɔ$^{55}$ts$^{h}$e$^{33}$, mou$^{31}$zɐn$^{213}$k$^{h}$i$^{213}$kɔ$^{55}$.

这 个 牛 拉 过 车， 冇 人 骑 过。

110 **这小马没骑过人，你小心点儿。**

tsi$^{55}$kɔ$^{55}$ma$^{31}$tsɐi$^{31}$mou$^{31}$zɐn$^{213}$k$^{h}$i$^{213}$kɔ$^{55}$, ni$^{31}$ai$^{55}$ɬɐi$^{55}$ɬiɐm$^{33}$nia$^{31}$.

这 个 马 仔 冇 人 骑 过，你 爱 细 心 [滴仔]。

111 **以前我坐过船，可从来没骑过马。**

zi$^{31}$ts$^{h}$en$^{213}$ŋɔ$^{31}$tsɔ$^{55}$kɔ$^{55}$sen$^{213}$, ts$^{h}$oŋ$^{213}$lai$^{213}$mi$^{55}$k$^{h}$i$^{213}$kɔ$^{55}$ma$^{31}$.

以前 我 坐 过 船， 从 来 未 骑 过 马。

112 **丢在街上了。搁在桌上了。**

lɐu$^{55}$tsai$^{55}$kai$^{33}$nɐi$^{33}$. k$^{h}$uai$^{31}$tsai$^{55}$t$^{h}$ai$^{213}$men$^{55}$nɐi$^{33}$.

漏 在 街 里， □ 在 台 面 里。□k$^{h}$uai$^{31}$：丢。

113 **掉到地上了，怎么都没找着。**

lɐu$^{55}$tsai$^{55}$ti$^{55}$nɐi$^{33}$, tem$^{213}$ziaŋ$^{55}$tu$^{33}$ts$^{h}$ɐm$^{213}$mou$^{31}$tou$^{31}$.

漏 在 地 里， 怎 样 都 寻 冇 倒。

114 **今晚别走了，就在我家住下吧。**

kiɐm$^{33}$hɐk$^{5}$mou$^{31}$tsɐu$^{31}$, tsɐu$^{55}$tsai$^{55}$ŋɔ$^{31}$ok$^{5}$ki$^{31}$tsi$^{55}$.

今 黑 冇 走， 就 在 我 屋 企 住。

115 这些果子吃得吃不得?

tsi$^{55}$nɐi$^{33}$kɔ$^{31}$tsi$^{31}$k$^{h}$iɐt$^{5}$tɐk$^{5}$mou$^{31}$k$^{h}$iɐt$^{5}$tɐk$^{5}$?

这 里 果 子 吃 得 冇 吃 得?

116 这是熟的，吃得；那是生的，吃不得。

tsi$^{55}$nɐi$^{33}$si$^{55}$sok$^{5}$ti$^{33}$, k$^{h}$iɐt$^{5}$tɐk$^{5}$; na$^{55}$nɐi$^{33}$si$^{55}$ɬɐŋ$^{33}$ti$^{33}$, mou$^{31}$k$^{h}$iɐt$^{5}$tɐk$^{5}$.

这 里 是 熟 的，吃 得；那 里 是 生 的，冇 吃 得。

117 你们来得了来不了?

ni$^{31}$mɐn$^{213}$lai$^{213}$a$^{33}$tou$^{31}$a$^{33}$mou$^{31}$lai$^{213}$a$^{33}$tou$^{31}$?

你 们 来 阿 倒 阿 冇 来 阿 倒?

ni$^{31}$mɐn$^{213}$lai$^{213}$mou$^{31}$lai$^{213}$a$^{33}$tou$^{31}$?

你 们 来 冇 来 阿 倒?

ni$^{31}$mɐn$^{213}$lai$^{213}$a$^{33}$tou$^{31}$mou$^{31}$?

你 们 来 阿 倒 冇?

118 我没事，来得了；她太忙，来不了。

ŋɔ$^{31}$tɐk$^{5}$han$^{213}$, lai$^{213}$a$^{33}$tou$^{31}$; t$^{h}$a$^{33}$hou$^{31}$mou$^{31}$tɐk$^{5}$han$^{213}$, mou$^{31}$lai$^{213}$tɐk$^{5}$tou$^{31}$.

我 得 闲， 来 阿 倒； 他 好 冇 得 闲， 冇 来 得 倒。

119 这个东西很重，拿得动拿不动?

tsi$^{55}$kɔ$^{55}$toŋ$^{33}$ɬi$^{33}$hou$^{31}$tsoŋ$^{55}$, neŋ$^{33}$a$^{33}$ȵiok$^{5}$a$^{33}$mou$^{31}$leŋ$^{33}$tɐk$^{5}$ȵiok$^{5}$?

这 个 东 西 好 重， 拎 阿 嘟 阿冇 拎 得 嘟?

120 我拿得动，他拿不动。

ŋɔ$^{31}$neŋ$^{33}$a$^{33}$ȵiok$^{5}$, t$^{h}$a$^{33}$neŋ$^{33}$mou$^{31}$ȵiok$^{5}$.

我 拎 阿 嘟， 他 拎 冇 嘟。

121 真不轻，重得连我都拿不动。

tsɐn$^{33}$si$^{55}$mou$^{31}$heŋ$^{33}$, tsoŋ$^{55}$tou$^{31}$len$^{213}$ŋɔ$^{31}$tu$^{33}$neŋ$^{33}$mou$^{31}$ȵiok$^{5}$.

真 是 冇 轻， 重 倒 连 我 都 拎 冇 嘟。

tsɐn$^{33}$si$^{55}$mou$^{31}$heŋ$^{33}$, tsoŋ$^{55}$tou$^{31}$len$^{213}$ŋɔ$^{31}$tu$^{33}$mou$^{31}$neŋ$^{33}$tɐk$^{5}$ȵiok$^{5}$.

真 是 冇 轻， 重 倒 连 我 都 冇 拎 得 嘟。

tsɐn$^{33}$si$^{55}$mou$^{31}$heŋ$^{33}$, tsoŋ$^{55}$tou$^{31}$len$^{213}$ŋɔ$^{31}$tu$^{33}$neŋ$^{33}$mou$^{31}$tɐk$^{5}$ȵiok$^{5}$.

真 是 冇 轻， 重 倒 连 我 都 拎 冇 得 嘟。

122 他手巧，画得很好看。

t$^{h}$a$^{33}$sɐu$^{31}$si$^{55}$hou$^{31}$, wɐk$^{5}$tɐk$^{5}$hou$^{31}$hou$^{31}$k$^{h}$an$^{55}$.

他 手 势 好， 画 得 好 好 看。

123 **他忙得很，忙得连吃过饭没有都忘了。**

tʰa$^{33}$hou$^{31}$maŋ$^{213}$, maŋ$^{213}$tou$^{31}$len$^{213}$kʰiɐt$^{5}$fan$^{55}$mou$^{31}$kʰiɐt$^{5}$fan$^{55}$tu$^{33}$mou$^{31}$ki$^{55}$tɐk$^{5}$e$^{33}$.

他 好 忙， 忙 倒 连 吃 饭 冇 吃 饭 都 冇 记 得 诶。

124 **你看他急得，急得脸都红了。**

ni$^{31}$kʰan$^{55}$tʰa$^{33}$kiɐp$^{5}$tou$^{31}$, kiɐp$^{5}$tou$^{31}$a$^{33}$len$^{31}$tu$^{33}$hoŋ$^{213}$e$^{33}$.

你 看 他 急 倒，急 倒 阿 脸 都 红 诶。

125 **你说得很好，还会说些什么呢？**

ni$^{31}$kaŋ$^{31}$tɐk$^{5}$hou$^{31}$hou$^{31}$, an$^{213}$wɐi$^{55}$kaŋ$^{31}$nia$^{31}$mɐt$^{5}$ti$^{33}$?

你 讲 得 好 好， 还 会 讲 [滴仔] 乜 的？

126 **说得到，做得了，真棒！**

kaŋ$^{31}$a$^{33}$tou$^{55}$, tsu$^{55}$a$^{33}$tou$^{55}$, tsɐn$^{33}$kʰɐŋ$^{55}$!

讲 阿 到， 做 阿 到， 真 □！ □kʰɐŋ$^{55}$：厉害。

127 **这个事情说得说不得呀？**

tsi$^{55}$ken$^{55}$ɬi$^{55}$kaŋ$^{31}$tɐk$^{5}$mou$^{31}$kaŋ$^{31}$tɐk$^{5}$?

这 件 事 讲 得 冇 讲 得？

tsi$^{55}$ken$^{55}$ɬi$^{55}$tɐk$^{5}$kaŋ$^{31}$mou$^{31}$tɐk$^{5}$kaŋ$^{31}$?

这 件 事 得 讲 冇 得 讲？

128 **他说得快不快？听清楚了吗？**

tʰa$^{33}$kaŋ$^{31}$tɐk$^{5}$fai$^{55}$mou$^{31}$fai$^{55}$? ni$^{31}$tʰeŋ$^{33}$tou$^{31}$mou$^{31}$?

他 讲 得 快 冇 快？ 你 听 倒 冇？

129 **他说得快不快？只有五分钟时间了。**

tʰa$^{33}$kaŋ$^{31}$tou$^{31}$fai$^{55}$mou$^{31}$fai$^{55}$? tsi$^{31}$zau$^{31}$kɔ$^{55}$tsi$^{55}$kiau$^{31}$.

他 讲 倒 快 冇 快？ 只 有 个 字 久。

130 **这是他的书。**

tsi$^{55}$pɐn$^{31}$si$^{33}$si$^{55}$tʰa$^{33}$ti$^{33}$.

这 本 书 是 他 的。

tsi$^{55}$pɐn$^{31}$si$^{55}$tʰa$^{33}$si$^{33}$.

这 本 是 他 书。

131 **那本书是他哥哥的。**

na$^{55}$pɐn$^{31}$si$^{33}$si$^{55}$tʰa$^{33}$ta$^{55}$kɔ$^{33}$ti$^{33}$.

那 本 书 是 他 大 哥 的。

132 **桌子上的书是谁的？是老王的。**

t$^{h}$ai$^{213}$tsɐi$^{31}$a$^{33}$si$^{33}$si$^{55}$mɐt$^{5}$zɐn$^{213}$ti$^{33}$? si$^{55}$lou$^{31}$waŋ$^{213}$ti$^{33}$.

台 仔 阿书 是 乜 人 的？是 老 王 的。

133 **屋里坐着好多人，看书的看书，看报的看报，写字的写字。**

ok$^{5}$nɐi$^{33}$tsɔ$^{55}$hou$^{31}$tɔ$^{33}$zɐn$^{213}$, k$^{h}$an$^{55}$si$^{33}$ti$^{33}$k$^{h}$an$^{55}$si$^{33}$, k$^{h}$an$^{55}$pou$^{55}$ti$^{33}$k$^{h}$an$^{55}$pou$^{55}$, ɬe$^{31}$tsi$^{55}$ti$^{33}$ ɬe$^{31}$tsi$^{55}$.

屋里 坐 好 多 人， 看 书 的 看 书，看 报 的 看 报， 写 字 的 写 字。

134 **要说他的好话，不要说他的坏话。**

ai$^{55}$kaŋ$^{31}$t$^{h}$a$^{33}$hou$^{31}$teŋ$^{55}$, mou$^{31}$kaŋ$^{31}$t$^{h}$a$^{33}$wai$^{55}$teŋ$^{55}$.

爱 讲 他 好 定$^{=}$，有 讲 他 坏 定$^{=}$。定$^{=}$teŋ$^{55}$：地方。

135 **上次是谁请的客？是我请的。**

siaŋ$^{55}$lɐn$^{213}$si$^{55}$mɐt$^{5}$zɐn$^{213}$ts$^{h}$eŋ$^{31}$hɐk$^{5}$? si$^{55}$ŋɔ$^{31}$ts$^{h}$eŋ$^{31}$ti$^{33}$.

上 轮 是 乜 人 请 客？ 是 我 请 的。

136 **你是哪年来的？**

ni$^{31}$si$^{55}$na$^{213}$nen$^{213}$lai$^{213}$ti$^{33}$?

你 是 哪 年 来 的？

137 **我是前年到的北京。**

ŋɔ$^{31}$si$^{55}$ts$^{h}$en$^{213}$nen$^{213}$lai$^{213}$tsai$^{55}$pɐk$^{5}$keŋ$^{33}$.

我 是 前 年 来 在 北 京。

138 **你说的是谁？**

ni$^{31}$kaŋ$^{31}$ti$^{33}$si$^{55}$mɐt$^{5}$zɐn$^{213}$?

你 讲 的 是 乜 人？

139 **我反正不是说的你。**

ŋɔ$^{31}$fan$^{31}$tseŋ$^{55}$mou$^{31}$si$^{55}$kaŋ$^{31}$ni$^{31}$.

我 反 正 有 是 讲 你。

140 **他那天是见的老张，不是见的老王。**

t$^{h}$a$^{33}$na$^{55}$zɐt$^{5}$si$^{55}$ken$^{55}$tou$^{31}$lou$^{31}$tsiaŋ$^{33}$, mou$^{31}$si$^{55}$ken$^{55}$tou$^{31}$lou$^{31}$waŋ$^{213}$.

他 那 日 是 见 倒 老 张， 有 是 见 倒 老 王。

141 **只要他肯来，我就没的说了。**

tsi$^{31}$zeu$^{55}$t$^{h}$a$^{33}$hɐŋ$^{31}$lai$^{213}$, ŋɔ$^{31}$tsɐu$^{55}$mou$^{31}$wa$^{55}$hou$^{31}$kaŋ$^{31}$.

只 要 他 肯 来， 我 就 有 话 好 讲。

142 **以前是有的做，没的吃。**

zi$^{31}$ts$^{h}$en$^{213}$si$^{55}$zau$^{31}$tɐk$^{5}$tsu$^{55}$, mou$^{31}$tɐk$^{5}$k$^{h}$iɐt$^{5}$.

以 前 是 有 得 做， 有 得 吃。

zi$^{31}$tsou$^{31}$, zau$^{31}$tsu$^{55}$, mou$^{31}$kʰiɐt$^{5}$.

以 早， 有 做， 有 吃。

143 **现在是有的做，也有的吃。**

zi$^{213}$kiɐm$^{33}$zau$^{31}$tɐk$^{5}$tsu$^{55}$, ze$^{31}$zau$^{31}$tɐk$^{5}$kʰiɐt$^{5}$.

如 今 有 得 做， 也 有 得 吃。

zi$^{213}$kiɐm$^{33}$zau$^{31}$tsu$^{55}$zau$^{31}$kʰiɐt$^{5}$.

如 今 有 做 有 吃。

144 **上街买个葱啊蒜的，也方便。**

kʰi$^{55}$hi$^{33}$mai$^{31}$tsʰoŋ$^{33}$mai$^{31}$ɬen$^{55}$ze$^{31}$faŋ$^{33}$pen$^{55}$.

去 墟 买 葱 买 蒜 也 方 便。

145 **柴米油盐什么的，都有的是。**

tsʰai$^{213}$mi$^{31}$zau$^{213}$zem$^{213}$, mɐt$^{5}$ti$^{33}$tu$^{33}$zau$^{31}$.

柴 米 油 盐， 乜 的 都 有。

146 **写字算账什么的，他都能行。**

ɬe$^{31}$tsi$^{55}$ɬen$^{55}$tsiaŋ$^{55}$, tʰa$^{33}$mɐt$^{5}$ti$^{33}$tu$^{33}$tɐk$^{5}$.

写 字 算 账， 他 乜 的 都 得。

147 **把那个东西递给我。**

oŋ$^{31}$na$^{55}$kɔ$^{55}$toŋ$^{33}$ɬi$^{33}$pa$^{31}$ŋɔ$^{31}$.

擁 那 个 东 西 把 我。

pa$^{31}$na$^{55}$kɔ$^{55}$toŋ$^{33}$ɬi$^{33}$oŋ$^{33}$pa$^{31}$ŋɔ$^{31}$.

把 那 个 东 西 擁 把 我。

148 **是他把那个杯子打碎了。**

si$^{55}$tʰa$^{33}$ta$^{31}$lan$^{55}$pɐi$^{33}$tsɐi$^{31}$e$^{33}$.

是 他 打 烂 杯 仔 诶。

si$^{55}$tʰa$^{33}$pa$^{31}$na$^{55}$kɔ$^{55}$pɐi$^{33}$tsɐi$^{31}$ta$^{31}$lan$^{55}$e$^{33}$.

是 他 把 那 个 杯 仔 打 烂 诶。

149 **把人家脑袋都打出血了，你还笑！**

ta$^{31}$lɐu$^{55}$het$^{214}$zɐn$^{213}$ki$^{31}$tʰɐu$^{213}$hɔk$^{214}$e$^{33}$, ni$^{31}$an$^{213}$ɬeu$^{55}$!

打 漏 血 人 己 头 壳 诶，你 还 笑！

pa$^{31}$zɐn$^{213}$ki$^{31}$tʰɐu$^{213}$hɔk$^{214}$ta$^{31}$lɐu$^{55}$het$^{214}$e$^{33}$, ni$^{31}$an$^{213}$ɬeu$^{55}$!

把 人 己 头 壳 打 漏 血 诶，你 还 笑！

150 **快去把书还给他。**

fai$^{55}$k$^{h}$i$^{55}$wan$^{213}$si$^{33}$pa$^{31}$t$^{h}$a$^{33}$.

快 去 还 书 把 他。

fai$^{55}$k$^{h}$i$^{55}$pa$^{31}$si$^{33}$wan$^{213}$pa$^{31}$t$^{h}$a$^{33}$.

快 去 把 书 还 把 他。

151 **我真后悔当时没有把他留住。**

ŋɔ$^{31}$tsɐn$^{33}$hɐu$^{55}$fɐi$^{31}$taŋ$^{33}$si$^{213}$mou$^{31}$pa$^{31}$t$^{h}$a$^{33}$lɐu$^{213}$tsai$^{55}$nɐi$^{33}$.

我 真 后 悔 当 时 冇 把 他 留 在 里。

ŋɔ$^{31}$tsɐn$^{33}$hɐu$^{55}$fɐi$^{31}$taŋ$^{33}$si$^{213}$mou$^{31}$lɐu$^{213}$t$^{h}$a$^{33}$tsai$^{55}$nɐi$^{33}$.

我 真 后 悔 当 时 冇 留 他 在 里。

152 **你怎么能不把人当人呢？**

ni$^{31}$tsu$^{55}$mɐt$^{5}$ti$^{33}$mou$^{31}$pa$^{31}$a$^{33}$zɐn$^{213}$taŋ$^{33}$a$^{33}$zɐn$^{213}$?

你 做 乜 的 冇 把 阿 人 当 阿 人？

153 **有的地方管太阳叫日头。**

zau$^{31}$nit$^{5}$ti$^{55}$faŋ$^{33}$ham$^{31}$t$^{h}$ai$^{55}$ziaŋ$^{213}$tsu$^{55}$zɐt$^{5}$t$^{h}$ɐu$^{213}$.

有 滴 地 方 喊 太 阳 做 日 头。

zau$^{31}$nit$^{5}$ti$^{55}$faŋ$^{33}$pa$^{31}$t$^{h}$ai$^{55}$ziaŋ$^{213}$ham$^{31}$tsu$^{55}$zɐt$^{5}$t$^{h}$ɐu$^{213}$.

有 滴 地 方 把 太 阳 喊 做 日 头。

154 **什么？你管他叫爸爸！**

mɐt$^{5}$ti$^{33}$a$^{33}$? ni$^{31}$ham$^{31}$t$^{h}$a$^{33}$tsu$^{55}$a$^{33}$pa$^{33}$!

乜 的 啊？你 喊 他 做 阿 爸！

155 **你拿什么都当真的，我看没必要。**

ni$^{31}$mɐt$^{5}$ti$^{33}$tu$^{33}$taŋ$^{55}$tsɐn$^{33}$, ŋɔ$^{31}$k$^{h}$an$^{55}$mou$^{31}$pet$^{214}$zeu$^{55}$.

你 乜 的 都 当 真，我 看 冇 必 要。

156 **真拿他没办法，烦死我了。**

tsɐn$^{33}$si$^{55}$ts$^{h}$ɐu$^{55}$t$^{h}$a$^{33}$mou$^{31}$pan$^{55}$fat$^{214}$, tsɐn$^{33}$si$^{55}$hai$^{55}$ɬi$^{55}$ŋɔ$^{31}$e$^{33}$.

真 是 凑$^{=}$ 他 冇 办 法，真 是 害 死 我 诶。

157 **看你现在拿什么还人家。**

ŋɔ$^{31}$k$^{h}$an$^{55}$ni$^{31}$zi$^{213}$kiɐm$^{33}$lɔ$^{31}$mɐt$^{5}$ti$^{33}$wan$^{213}$pa$^{31}$zɐn$^{213}$ki$^{31}$.

我 看 你 如 今 攞 乜 的 还 把 人 己。

158 **他被妈妈说哭了。**

t$^{h}$a$^{33}$pa$^{31}$t$^{h}$a$^{33}$nai$^{31}$kaŋ$^{31}$hok$^{5}$e$^{33}$.

他 把 他 奶 讲 哭 诶。

159 **所有的书信都被火烧了，一点儿剩的都没有。**

ɬɔ$^{31}$zau$^{31}$a$^{33}$ɬɐn$^{55}$tu$^{33}$pa$^{31}$fɔ$^{31}$seu$^{33}$e$^{33}$, nit$^{5}$tsɐi$^{31}$tu$^{33}$mou$^{31}$seŋ$^{55}$tou$^{31}$e$^{33}$.

所有 阿信 都 把 火 烧 诶，滴仔 都 冇 剩 倒 诶。

160 **他被缠了一个下午，什么都没做成。**

pa$^{31}$tʰa$^{33}$lɔi$^{55}$ŋɔ$^{31}$ha$^{55}$an$^{55}$, mɐt$^{5}$ti$^{33}$tu$^{33}$tsu$^{55}$mou$^{31}$tou$^{31}$.

把 他 累 我 下 晏，乜 的 都 做 冇 倒。

tʰa$^{33}$lɔi$^{55}$ŋɔ$^{31}$zɐt$^{5}$an$^{55}$, mɐt$^{5}$ti$^{33}$tu$^{33}$tsu$^{55}$mou$^{31}$tou$^{31}$.

他 累 我 一晏，乜 的 都 做 冇 倒。

161 **让人给打懵了，一下子没明白过来。**

pa$^{31}$zɐn$^{213}$ki$^{31}$ta$^{31}$tou$^{31}$moŋ$^{31}$toŋ$^{31}$toŋ$^{31}$, zɐt$^{5}$ha$^{55}$mɐt$^{5}$ti$^{33}$tu$^{33}$mou$^{31}$ti$^{33}$tou$^{55}$.

把 人 己 打 倒 懵 懂 懂，一 下 乜 的 都 冇 知 道。

162 **给雨淋了个浑身湿透。**

pa$^{31}$a$^{33}$sɔi$^{31}$lɐm$^{213}$tou$^{31}$tsʰen$^{213}$sɐn$^{33}$sɐp$^{5}$tseŋ$^{55}$.

把 阿 水 淋 倒 全 身 湿 净。

163 **给我一本书。给他三本书。**

pa$^{31}$a$^{33}$pɐn$^{31}$si$^{33}$ŋɔ$^{31}$. pa$^{31}$ɬam$^{33}$pɐn$^{31}$si$^{33}$tʰa$^{33}$.

把 阿 本 书 我。把 三 本 书 他。

pa$^{31}$a$^{33}$pɐn$^{31}$si$^{33}$pa$^{31}$ŋɔ$^{31}$. pa$^{31}$ɬam$^{33}$pɐn$^{31}$si$^{33}$pa$^{31}$tʰa$^{33}$.

把 阿 本 书 把 我。把 三 本 书 把 他。

pa$^{31}$ŋɔ$^{13}$a$^{33}$pɐn$^{31}$si$^{33}$, pa$^{31}$tʰa$^{33}$ɬam$^{33}$pɐn$^{31}$si$^{33}$.

把 我 阿本 书，把 他 三 本 书。

164 **这里没有书，书在那里。**

tsi$^{55}$nɐi$^{33}$mou$^{31}$si$^{33}$e$^{33}$, a$^{33}$si$^{33}$tsai$^{55}$na$^{55}$nɐi$^{33}$.

这 里 冇 书诶，阿书 在 那 里。

165 **叫他快来找我。**

eu$^{55}$tʰa$^{33}$fai$^{55}$lai$^{213}$tsʰɐm$^{213}$ŋɔ$^{31}$.

叫 他 快 来 寻 我。

166 **赶快把他请来！**

fai$^{55}$fai$^{55}$tsʰeŋ$^{31}$tʰa$^{33}$lai$^{213}$!

快 快 请 他 来！

167 **我写了条子请病假。**

ŋɔ$^{31}$ɬe$^{31}$e$^{33}$peŋ$^{55}$ka$^{31}$tsʰeŋ$^{31}$tʰeu$^{213}$.

我 写 诶 病 假 请 条。

168 **我上街买了份报纸看。**

ŋɔ$^{31}$k$^{h}$i$^{55}$hi$^{33}$mai$^{31}$fɐn$^{55}$pou$^{55}$tsi$^{31}$k$^{h}$an$^{55}$.

我 去 墟 买 份 报 纸 看。

169 **我笑着躲开了他。**

ŋɔ$^{31}$ɬeu$^{55}$tou$^{31}$sem$^{31}$hai$^{33}$t$^{h}$a$^{33}$.

我 笑 倒 闪 开 他。

170 **我抬起头笑了一下。**

ŋɔ$^{31}$tam$^{33}$hi$^{31}$t$^{h}$ɐu$^{213}$lai$^{213}$ɬeu$^{55}$ɬeu$^{55}$.

我 頕 起 头 来 笑 笑。

171 **我就是坐着不动，看你能把我怎么着。**

ŋɔ$^{31}$tsɔ$^{55}$tou$^{31}$mou$^{31}$ȵiok$^{5}$, k$^{h}$an$^{55}$ni$^{31}$tem$^{213}$ziaŋ$^{55}$tsu$^{55}$ŋɔ$^{31}$.

我 坐 倒 冇 嘟，看 你 怎 样 做 我。

172 **她照顾病人很细心。**

t$^{h}$a$^{33}$tseu$^{55}$ku$^{55}$peŋ$^{55}$zɐn$^{213}$hou$^{31}$ɬɐi$^{55}$ɬiɐm$^{33}$.

她 照 顾 病 人 好 细 心。

173 **他接过苹果就咬了一口。**

t$^{h}$a$^{33}$tsep$^{214}$kɔ$^{55}$p$^{h}$eŋ$^{213}$kɔ$^{31}$tsɐu$^{55}$ŋau$^{31}$e$^{33}$zɐt$^{5}$hɐu$^{31}$.

他 接 过 苹 果 就 咬 诶 一 口。

174 **他的一番话使在场的所有人都流了眼泪。**

t$^{h}$a$^{33}$zɐt$^{5}$fan$^{33}$set$^{214}$wa$^{55}$si$^{31}$ts$^{h}$en$^{213}$ts$^{h}$iaŋ$^{213}$zɐn$^{213}$tu$^{33}$lɐu$^{213}$lɔi$^{55}$.

他 一 番 说 话 使 全 场 人 都 流 泪。

175 **我们请他唱了一首歌。**

ŋɔ$^{31}$mɐn$^{213}$ts$^{h}$eŋ$^{31}$t$^{h}$a$^{33}$ts$^{h}$iaŋ$^{55}$zɐt$^{5}$t$^{h}$eu$^{213}$kɔ$^{33}$.

我 们 请 他 唱 一 条 歌。

176 **我有几个亲戚在外地做工。**

ŋɔ$^{31}$zau$^{31}$ki$^{31}$kɔ$^{55}$ts$^{h}$ɐn$^{33}$ts$^{h}$ek$^{5}$tsai$^{55}$ŋuai$^{55}$ti$^{55}$tsu$^{55}$koŋ$^{33}$.

我 有 几 个 亲 戚 在 外 地 做 工。

177 **他整天都陪着我说话。**

t$^{h}$a$^{33}$t$^{h}$oŋ$^{33}$zɐt$^{5}$tu$^{33}$p$^{h}$ɐi$^{213}$tou$^{31}$ŋɔ$^{31}$kaŋ$^{31}$wa$^{55}$.

他 通 日 都 陪 倒 我 讲 话。

178 **我骂他是个大笨蛋，他居然不恼火。**

ŋɔ$^{31}$ma$^{55}$t$^{h}$a$^{33}$ta$^{55}$fan$^{33}$si$^{213}$, ta$^{33}$tu$^{33}$mou$^{31}$siaŋ$^{33}$hi$^{55}$.

我 骂 他 大 番 薯，他 都 冇 伤 气。

179 **他把钱一扔，二话不说，转身就走。**

t$^{h}$a$^{33}$pa$^{31}$a$^{33}$ts$^{h}$en$^{213}$k$^{h}$uai$^{31}$e$^{33}$, mɐt$^{5}$ti$^{33}$wa$^{55}$mou$^{31}$kaŋ$^{31}$, tsen$^{31}$sɐn$^{33}$tsɐu$^{55}$tsɐu$^{31}$.

他 把 阿钱 □ 诶，乜 的 话 冇 讲， 转 身 就 走。□k$^{h}$uai$^{31}$：扔。

180 **我该不该来呢？**

ŋɔ$^{31}$zeŋ$^{33}$kai$^{33}$lai$^{213}$mou$^{31}$zeŋ$^{33}$kai$^{33}$lai$^{213}$ni$^{33}$?

我 应 该 来 冇 应 该 来 呢？

ŋɔ$^{31}$kai$^{33}$lai$^{213}$an$^{213}$si$^{55}$mou$^{31}$kai$^{33}$lai$^{213}$?

我 该 来 还 是 冇 该 来？

ŋɔ$^{31}$kai$^{33}$mou$^{31}$kai$^{33}$lai$^{213}$?

我 该 冇 该 来？

181 **你来也行，不来也行。**

ni$^{31}$lai$^{213}$ze$^{31}$tɐk$^{5}$, mou$^{31}$lai$^{213}$ze$^{31}$tɐk$^{5}$.

你 来 也 得，冇 来 也 得。

182 **要我说，你就不应该来。**

tseu$^{55}$ŋɔ$^{31}$kaŋ$^{31}$, ni$^{31}$tsɐu$^{55}$mou$^{31}$zeŋ$^{33}$kai$^{33}$lai$^{213}$.

照 我 讲，你 就 冇 应 该 来。

183 **你能不能来？**

ni$^{31}$lai$^{213}$a$^{33}$tou$^{31}$mou$^{31}$lai$^{213}$a$^{33}$tou$^{31}$?

你 来 阿 倒 冇 来 阿 倒？

ni$^{31}$lai$^{213}$mou$^{213}$lai$^{213}$tɐk$^{5}$tou$^{31}$?

你 来 冇 来 得 倒？

184 **看看吧，现在说不准。**

k$^{h}$an$^{55}$kɔ$^{55}$na$^{55}$kaŋ$^{31}$, zi$^{213}$kiɐm$^{33}$mou$^{31}$kaŋ$^{31}$tɐk$^{5}$tou$^{31}$.

看 过 那⁼讲，如 今 冇 讲 得 倒。

185 **能来就来，不能来就不来。**

lai$^{213}$a$^{33}$tou$^{31}$tsɐu$^{55}$lai$^{213}$, mou$^{31}$lai$^{213}$a$^{33}$tou$^{31}$tsɐu$^{55}$mou$^{31}$lai$^{213}$.

来 阿倒 就 来，冇 来 阿倒 就 冇 来。

186 **你打算不打算去？**

ni$^{31}$tsɐn$^{31}$pi$^{55}$k$^{h}$i$^{55}$mou$^{31}$tsɐn$^{31}$pi$^{55}$k$^{h}$i$^{55}$?

你 准 备 去 冇 准 备 去？

187 **去呀！谁说我不打算去？**

k$^{h}$i$^{55}$a$^{33}$! mɐt$^{5}$zɐn$^{213}$kaŋ$^{31}$ŋɔ$^{31}$mou$^{31}$ɬiaŋ$^{31}$k$^{h}$i$^{55}$?

去 啊！乜 人 讲 我 冇 想 去？

188 **他一个人敢去吗？**

t$^{h}$a$^{33}$zɐt$^{5}$kɔ$^{55}$zɐn$^{213}$kam$^{31}$k$^{h}$i$^{55}$ma$^{33}$?

他 一 个 人 敢 去 吗？

189 **敢！那有什么不敢的？**

kam$^{31}$! mɐt$^{5}$ti$^{33}$mou$^{31}$kam$^{31}$?

敢！ 乜 的 冇 敢？

190 **他到底愿不愿意说？**

t$^{h}$a$^{33}$tou$^{55}$ti$^{31}$ȵien$^{55}$mou$^{31}$ȵien$^{55}$kaŋ$^{31}$?

他 到 底 愿 冇 愿 讲？

191 **谁知道他愿不愿意说？**

mɐt$^{5}$zɐn$^{213}$ti$^{33}$tou$^{55}$t$^{h}$a$^{33}$ȵien$^{55}$mou$^{31}$ȵien$^{55}$kaŋ$^{31}$?

乜 人 知 道 他 愿 冇 愿 讲？

192 **愿意说得说，不愿意说也得说。**

ȵien$^{55}$kaŋ$^{31}$ze$^{31}$ai$^{55}$kaŋ$^{31}$, mou$^{31}$ȵien$^{55}$kaŋ$^{31}$ze$^{31}$ai$^{55}$kaŋ$^{31}$.

愿 讲 也 爱 讲，冇 愿 讲 也 爱 讲。

193 **反正我得让他说，不说不行。**

fan$^{31}$tseŋ$^{55}$ŋɔ$^{31}$tu$^{33}$ai$^{55}$t$^{h}$a$^{33}$kaŋ$^{31}$, mou$^{31}$kaŋ$^{31}$mou$^{31}$tɐk$^{5}$.

反 正 我 都 爱 他 讲，冇 讲 冇 得。

194 **还有没有饭吃？**

an$^{213}$zau$^{31}$fan$^{55}$k$^{h}$iɐt$^{5}$mou$^{31}$?

还 有 饭 吃 冇？

195 **有，刚吃呢。**

zau$^{31}$, tsiaŋ$^{33}$k$^{h}$iɐt$^{5}$zen$^{213}$.

有，刚 吃 完。

196 **没有了，谁叫你不早来！**

mou$^{31}$zau$^{31}$e$^{33}$, mɐt$^{5}$zɐn$^{213}$eu$^{55}$ni$^{31}$mou$^{31}$tsou$^{31}$lai$^{213}$!

冇 有 诶，乜 人 叫 你 冇 早 来！

mou$^{31}$e$^{33}$, mɐt$^{5}$zɐn$^{213}$ham$^{31}$ni$^{31}$mou$^{31}$tsou$^{31}$lai$^{213}$!

冇 诶，乜 人 喊 你 冇 早 来！

197 **你去过北京吗？我没去过。**

ni$^{31}$k$^{h}$i$^{55}$kɔ$^{55}$pɐk$^{5}$keŋ$^{33}$ma$^{33}$? ŋɔ$^{31}$mou$^{31}$k$^{h}$i$^{55}$kɔ$^{55}$.

你 去 过 北 京 吗？我 冇 去 过。

198 **我十几年前去过，可没怎么玩，都没印象了。**

ŋɔ$^{31}$sɐp$^{5}$ki$^{31}$nen$^{213}$tsʰen$^{213}$kʰi$^{55}$kɔ$^{55}$, mou$^{31}$tem$^{213}$ziaŋ$^{55}$leu$^{55}$, mou$^{31}$mɐt$^{5}$ti$^{33}$zɐn$^{55}$tsiaŋ$^{55}$.

我十几年前去过，冇怎样嫽，冇乜的印象。

199 **这件事他知道不知道？**

tsi$^{55}$ken$^{55}$ɬi$^{55}$tʰa$^{33}$ti$^{33}$tou$^{55}$mou$^{31}$ti$^{33}$tou$^{55}$?

这件事他知道冇知道？

200 **这件事他肯定知道。**

tsi$^{55}$ken$^{55}$ɬi$^{55}$tʰa$^{33}$hɐŋ$^{31}$teŋ$^{55}$ti$^{33}$tou$^{55}$.

这件事他肯定知道。

201 **据我了解，他好像不知道。**

tseu$^{55}$ŋɔ$^{31}$kʰan$^{55}$lai$^{213}$, tʰa$^{33}$hou$^{31}$tsʰi$^{31}$mou$^{31}$ti$^{33}$tou$^{55}$.

照我看来，他好似冇知道。

202 **这些字你认得不认得？**

tsi$^{55}$nɐi$^{33}$tsi$^{55}$ni$^{31}$sek$^{5}$tɐk$^{5}$mou$^{31}$sek$^{5}$tɐk$^{5}$?

这里字你识得冇识得？

203 **我一个大字也不认得。**

ŋɔ$^{31}$zɐt$^{5}$kɔ$^{55}$tsi$^{55}$ze$^{31}$mou$^{31}$sek$^{5}$tɐk$^{5}$.

我一个字也冇识得。

ŋɔ$^{31}$mɐt$^{5}$ti$^{33}$tsi$^{55}$tu$^{33}$mou$^{31}$sek$^{5}$tɐk$^{5}$.

我乜的字也冇识得。

204 **只有这个字我不认得，其他字都认得。**

tsɐu$^{55}$zau$^{31}$tsi$^{55}$kɔ$^{55}$tsi$^{55}$ŋɔ$^{31}$mou$^{31}$sek$^{5}$tɐk$^{5}$, kʰi$^{213}$tʰa$^{33}$tsi$^{55}$ŋɔ$^{31}$tu$^{33}$sek$^{5}$tɐk$^{5}$.

就有这个字我冇识得，其他字我都识得。

205 **你还记得不记得我了？**

ni$^{31}$an$^{213}$ki$^{55}$tɐk$^{5}$mou$^{31}$ki$^{55}$tɐk$^{5}$ŋɔ$^{31}$?

你还记得冇记得我？

206 **记得，怎么能不记得？**

ki$^{55}$tɐk$^{5}$, tem$^{213}$ziaŋ$^{55}$mou$^{31}$ki$^{55}$tɐk$^{5}$ni$^{33}$?

记得，怎样冇记得呢？

207 **我忘了，一点都不记得了。**

ŋɔ$^{31}$mou$^{31}$ki$^{55}$tɐk$^{5}$e$^{33}$, zɐt$^{5}$nit$^{5}$tsɐi$^{31}$tu$^{33}$mou$^{31}$ki$^{55}$tɐk$^{5}$.

我冇记得诶，一滴仔都冇记得。

208 **你在前边走，我在后边走。**

ni$^{31}$heŋ$^{213}$ts$^{h}$en$^{213}$t$^{h}$ɐu$^{213}$, ŋɔ$^{31}$heŋ$^{213}$hɐu$^{55}$t$^{h}$ɐu$^{213}$.

你 行 前 头， 我 行 后 头。

209 **我告诉他了，你不用再说了。**

ŋɔ$^{31}$kaŋ$^{31}$t$^{h}$a$^{33}$ti$^{33}$lɔ$^{33}$, ni$^{31}$mou$^{31}$zoŋ$^{55}$tsai$^{55}$kaŋ$^{31}$.

我 讲 他 知 啰，你 冇 用 再 讲。

210 **这个大，那个小，你看哪个好？**

tsi$^{55}$kɔ$^{55}$ta$^{55}$, na$^{55}$kɔ$^{55}$ɬɐi$^{55}$, ni$^{31}$k$^{h}$an$^{55}$na$^{213}$kɔ$^{55}$kɐu$^{55}$hou$^{31}$nit$^{5}$tsɐi$^{31}$ni$^{33}$?

这 个 大，那 个 细，你 看 哪 个 够 好 滴 仔 呢？

211 **这个比那个好。**

tsi$^{55}$kɔ$^{55}$leŋ$^{55}$kɔ$^{55}$na$^{55}$kɔ$^{55}$.

这 个 靓 过 那 个。

tsi$^{55}$kɔ$^{55}$pi$^{31}$na$^{55}$kɔ$^{55}$leŋ$^{55}$.

这 个 比 那 个 靓。

212 **那个没有这个好，差多了。**

na$^{55}$kɔ$^{55}$mou$^{31}$tɐk$^{5}$tsi$^{55}$kɔ$^{55}$leŋ$^{55}$, ts$^{h}$a$^{33}$tɐk$^{5}$hou$^{31}$zen$^{31}$.

那 个 冇 得 这 个 靓， 差 得 好 远。

na$^{55}$kɔ$^{55}$mou$^{31}$kɐu$^{55}$tsi$^{55}$kɔ$^{55}$leŋ$^{55}$, ts$^{h}$a$^{33}$hou$^{31}$zen$^{31}$.

那 个 冇 够 这 个 靓， 差 好 远。

na$^{55}$kɔ$^{55}$mou$^{31}$leŋ$^{55}$kɔ$^{55}$tsi$^{55}$kɔ$^{55}$, ts$^{h}$a$^{33}$hou$^{31}$tɔ$^{33}$.

那 个 冇 靓 过 这 个， 差 好 多。

213 **要我说这两个都好。**

tseu$^{55}$ŋɔ$^{31}$kaŋ$^{31}$, tsi$^{55}$liaŋ$^{31}$kɔ$^{55}$tu$^{33}$leŋ$^{55}$.

照 我 讲， 这 两 个 都 靓。

214 **其实这个比那个好多了。**

k$^{h}$i$^{213}$sɐt$^{5}$, tsi$^{55}$kɔ$^{55}$pi$^{31}$na$^{55}$kɔ$^{55}$leŋ$^{55}$hou$^{31}$tɔ$^{33}$.

其 实， 这 个 比 那 个 靓 好 多。

k$^{h}$i$^{213}$sɐt$^{5}$, tsi$^{55}$kɔ$^{55}$leŋ$^{55}$kɔ$^{55}$na$^{55}$kɔ$^{55}$hou$^{31}$tɔ$^{33}$.

其 实，这 个 靓 过 那 个 好 多。

215 **今天的天气没有昨天好。**

kiɐm$^{33}$zɐt$^{5}$t$^{h}$en$^{33}$hi$^{55}$mou$^{31}$tɐk$^{5}$tsɔk$^{214}$zɐt$^{5}$hou$^{31}$.

今 日 天 气 冇 得 昨 日 好。

kiɐm$^{33}$zɐt$^{5}$t$^{h}$en$^{33}$hi$^{55}$mou$^{31}$hou$^{31}$kɔ$^{55}$tsɔk$^{214}$zɐt$^{5}$.

今 日天 气有 好 过昨 日。

216 **昨天的天气比今天好多了。**

tsɔk$^{214}$zɐt$^{5}$t$^{h}$en$^{33}$hi$^{55}$pi$^{31}$kiɐm$^{33}$zɐt$^{5}$hou$^{31}$tɐk$^{5}$tɔ$^{33}$.

昨 日天 气比今 日好 得多。

217 **明天的天气肯定比今天好。**

meŋ$^{213}$zɐt$^{5}$t$^{h}$en$^{33}$hi$^{55}$hɐŋ$^{31}$teŋ$^{55}$pi$^{31}$kiɐm$^{33}$zɐt$^{5}$hou$^{31}$.

明 日天 气肯 定比今 日好。

218 **那个房子没有这个房子好。**

na$^{55}$kɔ$^{55}$faŋ$^{213}$mou$^{31}$zau$^{31}$tsi$^{55}$kɔ$^{55}$faŋ$^{213}$tseŋ$^{55}$leŋ$^{55}$.

那个房 冇 有 这 个 房 [这样]靓。

219 **这些房子不如那些房子好。**

tsi$^{55}$nɐi$^{33}$ok$^{5}$mou$^{31}$tɐk$^{5}$na$^{55}$nɐi$^{33}$ok$^{5}$leŋ$^{55}$.

这里 屋冇 得那 里 屋靓。

220 **这个有那个大没有?**

tsi$^{55}$kɔ$^{55}$zau$^{31}$mou$^{31}$na$^{55}$kɔ$^{55}$tseŋ$^{55}$ta$^{55}$?

这 个 有 冇 那 个[这样]大?

221 **这个跟那个一般大。**

tsi$^{55}$kɔ$^{55}$ts$^{h}$ɐu$^{55}$na$^{55}$kɔ$^{55}$t$^{h}$oŋ$^{213}$ziaŋ$^{55}$ta$^{55}$.

这 个 凑$^{=}$ 那 个 同 样 大。

222 **这个比那个小了一点点儿，不怎么看得出来。**

tsi$^{55}$kɔ$^{55}$pi$^{31}$na$^{55}$kɔ$^{55}$ɬɐi$^{55}$nit$^{5}$nit$^{5}$tsɐi$^{31}$, mou$^{31}$tem$^{213}$ziaŋ$^{55}$k$^{h}$an$^{55}$tɐk$^{5}$ts$^{h}$ɐt$^{5}$lai$^{213}$.

这个比那个细滴滴仔，冇 怎 样 看 得出 来。

tsi$^{55}$kɔ$^{55}$ɬɐi$^{55}$nit$^{5}$nit$^{5}$tsɐi$^{31}$kɔ$^{55}$na$^{55}$kɔ$^{55}$, hou$^{31}$nan$^{213}$fɐn$^{33}$tɐk$^{5}$ts$^{h}$ɐt$^{5}$.

这 个 细 滴 滴 仔 过 那 个，好 难 分 得 出。

223 **这个大，那个小，两个不一般大。**

tsi$^{55}$kɔ$^{55}$ta$^{55}$, na$^{55}$kɔ$^{55}$ɬɐi$^{55}$, liaŋ$^{31}$kɔ$^{55}$mou$^{31}$t$^{h}$oŋ$^{213}$ziaŋ$^{55}$ta$^{55}$.

这 个 大，那 个 细，两 个 冇 同 样 大。

224 **这个跟那个大小一样，分不出来。**

tsi$^{55}$kɔ$^{55}$ts$^{h}$ɐu$^{55}$na$^{55}$kɔ$^{55}$t$^{h}$oŋ$^{213}$ziaŋ$^{55}$ta$^{55}$, mou$^{31}$fɐn$^{33}$tɐk$^{5}$ts$^{h}$ɐt$^{5}$.

这 个 凑$^{=}$ 那 个 同 样 大，冇 分 得 出。

225 **这个人比那个人高。**

tsi$^{55}$kɔ$^{55}$zɐn$^{213}$pi$^{31}$na$^{55}$kɔ$^{55}$zɐn$^{213}$kou$^{33}$.

这 个 人 比 那 个 人 高。

226 **是高一点儿，可是没有那个人胖。**

si$^{55}$kou$^{33}$nit$^{5}$tsɐi$^{31}$, hɔ$^{31}$si$^{55}$mou$^{31}$na$^{55}$kɔ$^{55}$zɐn$^{213}$tseŋ$^{55}$fɐi$^{213}$.

是 高 滴 仔， 可 是 冇 那 个 人 [这样]肥。

227 **他们一般高，我看不出谁高谁矮。**

t$^{h}$a$^{33}$liaŋ$^{31}$kɔ$^{55}$zɐn$^{213}$zɐt$^{5}$ziaŋ$^{55}$kou$^{33}$, ŋɔ$^{31}$k$^{h}$an$^{55}$mou$^{31}$ts$^{h}$ɐt$^{5}$mɐt$^{5}$zɐn$^{213}$kou$^{33}$ai$^{31}$.

他 两 个 人 一 样 高， 我 看 冇 出 乜 人 高 矮。

228 **胖的好还是瘦的好？**

fɐi$^{213}$hou$^{31}$an$^{213}$si$^{55}$sɐu$^{55}$hou$^{31}$?

肥 好 还 是 瘦 好？

229 **瘦的比胖的好。**

sɐu$^{55}$hou$^{31}$kɔ$^{55}$fɐi$^{213}$.

瘦 好 过 肥。

sɐu$^{55}$pi$^{31}$fɐi$^{213}$hou$^{31}$.

瘦 比 肥 好。

230 **瘦的胖的都不好，不胖不瘦最好。**

sɐu$^{55}$fɐi$^{213}$tu$^{33}$mou$^{31}$hou$^{31}$, mou$^{31}$fɐi$^{213}$mou$^{31}$sɐu$^{55}$hou$^{31}$.

瘦 肥 都 冇 好， 冇 肥 冇 瘦 好。

231 **这个东西没有那个东西好用。**

tseŋ$^{55}$ziaŋ$^{55}$toŋ$^{33}$ɬi$^{33}$mou$^{31}$na$^{55}$ziaŋ$^{55}$toŋ$^{33}$ɬi$^{33}$tseŋ$^{55}$hou$^{31}$si$^{31}$.

[这样]样 东 西 冇 那 样 东 西[这样]好 使。

232 **这两种颜色一样吗？**

tsi$^{55}$liaŋ$^{31}$tsoŋ$^{31}$ŋan$^{213}$sek$^{5}$t$^{h}$oŋ$^{213}$ziaŋ$^{55}$ma$^{33}$?

这 两 种 颜 色 同 样 吗？

233 **不一样，一种色淡，一种色浓。**

mou$^{31}$zɐt$^{5}$ziaŋ$^{55}$, zɐt$^{5}$tsoŋ$^{31}$sek$^{5}$kɐu$^{55}$tam$^{55}$, zɐt$^{5}$tsoŋ$^{31}$sek$^{5}$kɐu$^{55}$noŋ$^{213}$.

冇 一 样， 一 种 色 够 淡， 一 种 色 够 浓。

234 **这种颜色比那种颜色淡多了，你都看不出来？**

tsi$^{55}$tsoŋ$^{31}$ŋan$^{213}$sek$^{5}$pi$^{31}$na$^{55}$tsoŋ$^{31}$ŋan$^{213}$sek$^{5}$tam$^{55}$hou$^{31}$tɔ$^{33}$, ni$^{31}$tu$^{33}$k$^{h}$an$^{55}$mou$^{31}$ts$^{h}$ɐt$^{5}$?

这 种 颜 色 比 那 种 颜 色 淡 好 多，你 都 看 冇 出？

235 **你看看现在，现在的日子比过去强多了。**

ni$^{31}$kʰan$^{55}$kʰan$^{55}$zi$^{213}$kiɐm$^{33}$, zi$^{213}$kiɐm$^{33}$zɐt$^{5}$tsi$^{31}$pi$^{31}$kɔ$^{55}$kʰi$^{55}$hou$^{31}$hou$^{31}$tɔ$^{55}$.

你 看 看 如 今， 如 今 日 子 比 过 去 好 好 多。

236 **以后的日子比现在更好。**

zi$^{31}$hou$^{55}$a$^{33}$zɐt$^{5}$tsi$^{31}$pi$^{31}$zi$^{213}$kiɐm$^{33}$an$^{213}$hou$^{31}$.

以 后 阿 日 子 比 如 今 还 好。

237 **好好干吧，这日子一天比一天好。**

hou$^{31}$hou$^{31}$tsu$^{55}$a$^{33}$, tsi$^{55}$kɔ$^{55}$zɐt$^{5}$tsi$^{31}$zɐt$^{5}$pi$^{31}$zɐt$^{5}$hou$^{31}$.

好 好 做 啊，这 个 日 子 日 比 日 好。

238 **这些年的生活一年比一年好，越来越好。**

tsi$^{55}$ki$^{31}$nen$^{213}$ɬɐŋ$^{33}$wɔt$^{214}$zɐt$^{5}$nen$^{213}$pi$^{31}$zɐt$^{5}$nen$^{213}$hou$^{31}$, zet$^{214}$lai$^{213}$zet$^{214}$hou$^{31}$.

这 几 年 生 活 一 年 比 一 年 好， 越 来 越 好。

239 **咱兄弟俩比一比谁跑得快。**

ŋɔ$^{31}$mɐn$^{213}$liaŋ$^{31}$kɔ$^{33}$ti$^{55}$pi$^{31}$zɐt$^{5}$pi$^{31}$, kʰan$^{55}$mɐt$^{5}$zɐn$^{213}$tsɐu$^{31}$tɐk$^{5}$fai$^{33}$.

我 们 两 哥 弟 比 一 比， 看 乜 人 走 得 快。

240 **我比不上你，你跑得比我快。**

ŋɔ$^{31}$mou$^{31}$pi$^{31}$tɐk$^{5}$hi$^{31}$ni$^{31}$, ni$^{31}$tsɐu$^{31}$tɐk$^{5}$fai$^{55}$kɔ$^{55}$ŋɔ$^{31}$.

我 有 比 得 起 你，你 走 得 快 过 我。

241 **他跑得比我还快，一个比一个跑得快。**

tʰa$^{33}$tsɐu$^{31}$tɐk$^{5}$fai$^{55}$kɔ$^{55}$ŋɔ$^{31}$, zɐt$^{5}$kɔ$^{55}$fai$^{55}$kɔ$^{55}$zɐt$^{5}$kɔ$^{55}$.

他 走 得 快 过 我， 一 个 快 过 一 个。

tʰa$^{33}$pi$^{31}$ŋɔ$^{31}$tsɐu$^{31}$tɐk$^{5}$fai$^{55}$, zɐt$^{5}$kɔ$^{55}$pi$^{31}$zɐt$^{5}$kɔ$^{55}$an$^{213}$fai$^{55}$.

他 比 我 走 得 快， 一 个 比 一 个 还 快。

242 **他比我吃得多，干得也多。**

tʰa$^{33}$kʰiɐt$^{5}$tɔ$^{33}$kɔ$^{55}$ŋɔ$^{31}$, tsu$^{55}$ze$^{31}$tɔ$^{33}$kɔ$^{55}$ŋɔ$^{31}$.

他 吃 多 过 我， 做 也 多 过 我。

tʰa$^{33}$pi$^{31}$ŋɔ$^{31}$kʰiɐt$^{5}$tɐk$^{5}$tɔ$^{33}$, tsu$^{55}$ze$^{31}$tsu$^{55}$tɐk$^{5}$tɔ$^{33}$.

他 比 我 吃 得 多， 做 也 做 得 多。

243 **他干起活来，比谁都快。**

tʰa$^{33}$tsu$^{55}$koŋ$^{33}$pi$^{31}$mɐt$^{5}$zɐn$^{213}$tu$^{33}$fai$^{55}$.

他 做 工 比 乜 人 都 快。

244 **说了一遍，又说一遍，不知说了多少遍。**

kaŋ$^{31}$lɐn$^{213}$zau$^{55}$kaŋ$^{31}$lɐn$^{213}$, mou$^{31}$ti$^{33}$kaŋ$^{31}$e$^{33}$ki$^{31}$tɔ$^{33}$lɐn$^{213}$.

讲 轮 又 讲 轮， 冇 知 讲 诶 几 多 轮。

245 **我嘴笨，可是怎么也说不过他。**

ŋɔ$^{31}$hɐu$^{31}$tɔn$^{55}$, tem$^{213}$ziaŋ$^{55}$tu$^{33}$mou$^{31}$kaŋ$^{31}$tɐk$^{5}$kɔ$^{55}$t$^{h}$a$^{33}$.

我 口 钝， 怎 样 都 冇 讲 得 过 他。

246 **他走得越来越快，我都跟不上了。**

t$^{h}$a$^{33}$heŋ$^{213}$tɐk$^{5}$zet$^{214}$lai$^{213}$zet$^{214}$fai$^{55}$, ŋɔ$^{31}$tu$^{33}$kiɐn$^{33}$mou$^{31}$siaŋ$^{55}$.

他 行 得 越 来 越 快， 我 都 跟 冇 上。

247 **越走越快，越说越快。**

zet$^{214}$heŋ$^{213}$zet$^{214}$fai$^{55}$, zet$^{214}$kaŋ$^{31}$zet$^{214}$tɔ$^{33}$.

越 行 越 快， 越 讲 越 多。

248 **慢慢说，一句一句地说。**

man$^{55}$man$^{55}$kaŋ$^{31}$, zɐt$^{5}$ki$^{55}$zɐt$^{5}$ki$^{55}$kaŋ$^{31}$.

慢 慢 讲， 一 句 一 句 讲。

# 第八章　话语材料

# 第一节

# 俗语谚语

## （一）谚语

（1） li$^{213}$t$^{h}$en$^{213}$kɔ$^{55}$toŋ$^{33}$，hou$^{31}$kɔ$^{55}$tam$^{33}$fɐn$^{55}$oŋ$^{33}$.

犁 田 过 冬，好 过 担 粪 壅。

（2） ts$^{h}$eŋ$^{33}$meŋ$^{213}$kok$^{5}$zi$^{31}$，lɐŋ$^{31}$ɬi$^{31}$lou$^{31}$si$^{31}$.

清 明 谷 雨，冷 死 老 鼠。

（3） san$^{33}$siaŋ$^{55}$zau$^{31}$kɔ$^{31}$，toŋ$^{55}$siaŋ$^{55}$zau$^{31}$wɔ$^{213}$.

山 上 有 果，垌 上 有 禾。

（4） hou$^{31}$ziaŋ$^{33}$zɐt$^{5}$pɔn$^{55}$wɔ$^{213}$.

好 秧 一 半 禾。

（5） pɐk$^{5}$hɔk$^{214}$mi$^{55}$fɐi$^{33}$ɬen$^{33}$se$^{55}$si$^{31}$.

白 鹤 未 飞 先 射 屎。

（6） lɔi$^{213}$ta$^{31}$ts$^{h}$iau$^{33}$，kou$^{33}$ti$^{33}$tu$^{33}$zau$^{31}$sɐu$^{33}$.

雷 打 秋，高 低 都 有 收。

（7） zen$^{31}$t$^{h}$en$^{213}$pɐt$^{5}$zi$^{213}$kiɐn$^{55}$p$^{h}$ɔ$^{33}$.

远 田 不 如 近 坡。

（8） ta$^{55}$han$^{213}$mou$^{31}$toŋ$^{55}$，lɐŋ$^{31}$tou$^{55}$maŋ$^{213}$tsoŋ$^{31}$，maŋ$^{213}$tsoŋ$^{31}$mou$^{31}$tsi$^{31}$，lɐŋ$^{31}$tou$^{55}$ta$^{55}$ɬeu$^{31}$si$^{31}$.

大 寒 冇 冻，冷 到 芒 种，芒 种 冇 止，冷 到 大 小 暑。

（9） maŋ$^{213}$tsoŋ$^{55}$pɐt$^{5}$ha$^{55}$tsoŋ$^{31}$，ha$^{55}$tsi$^{55}$pet$^{214}$zɐu$^{31}$sɔi$^{31}$lɐu$^{213}$ziaŋ$^{33}$.

芒 种 不 下 种，夏 至 必 有 水 流 秧。

(10) wɔ$^{213}$p$^{h}$a$^{55}$han$^{213}$lu$^{55}$foŋ$^{33}$，zɐn$^{213}$p$^{h}$a$^{55}$lou$^{31}$lai$^{213}$k$^{h}$oŋ$^{213}$.

禾 怕 寒 露风， 人 怕 老 来 穷。

(11) zɐn$^{213}$p$^{h}$a$^{55}$lɐŋ$^{31}$ȵi$^{31}$，t$^{h}$et$^{214}$p$^{h}$a$^{55}$lɐŋ$^{31}$ts$^{h}$ɔi$^{213}$.

人 怕 冷 语， 铁 怕 冷 锤。

(12) mou$^{31}$seŋ$^{33}$kɐu$^{31}$ŋau$^{31}$ɬi$^{31}$zɐn$^{213}$.

有 声 狗 咬 死 人。

(13) tsu$^{55}$ni$^{31}$mou$^{31}$tsu$^{55}$ta$^{55}$，tsu$^{55}$tsɐi$^{31}$mou$^{31}$tsu$^{55}$lai$^{33}$.

做 女 有 做 大， 做 仔 有 做 穢。

(14) hou$^{31}$k$^{h}$iɐt$^{5}$k$^{h}$ɐm$^{213}$si$^{213}$mou$^{31}$tsai$^{55}$lu$^{55}$nɐi$^{33}$t$^{h}$eu$^{213}$.

好 吃 蟾 蜍 有 在 路 里 跳。

(15) t$^{h}$oŋ$^{213}$kɔ$^{55}$pi$^{55}$loŋ$^{33}$ts$^{h}$ɐt$^{5}$hi$^{55}$.

同 个 鼻 窿 出 气。（本条缺音频。）

(16) ki$^{31}$hou$^{31}$ts$^{h}$ou$^{31}$ti$^{55}$tu$^{33}$zau$^{31}$sɐu$^{55}$ŋɐu$^{213}$.

几 好 草 地 都 有 瘦 牛。

(17) ts$^{h}$ɐn$^{33}$ɬɐŋ$^{33}$tsɐi$^{31}$pɐt$^{5}$zi$^{213}$hɔ$^{213}$pau$^{33}$ts$^{h}$en$^{213}$.

亲 生 仔 不 如 荷 包 钱。

(18) ti$^{55}$ha$^{55}$toŋ$^{33}$ɬi$^{33}$mou$^{31}$hɐŋ$^{31}$pa$^{31}$tse$^{31}$p$^{h}$ɔ$^{213}$.

地 下 东 西 有 肯 把 姐 婆。

(19) koŋ$^{33}$fu$^{33}$p$^{h}$a$^{55}$mɐn$^{213}$lek$^{5}$.

功 夫 怕 蛮 力。

(20) tu$^{55}$li$^{31}$mou$^{31}$ts$^{h}$ai$^{213}$，fu$^{55}$mu$^{31}$pek$^{5}$ŋɔ$^{31}$lai$^{213}$.

肚 里 有 才， 父 母 逼 我 来。

(21) ziaŋ$^{31}$tsɐi$^{31}$p$^{h}$a$^{55}$p$^{h}$eu$^{213}$tu$^{31}$ȵiɐm$^{31}$ts$^{h}$ɔi$^{33}$.

养 仔 怕 嫖 赌 饮 吹。

(22) zau$^{31}$ts$^{h}$en$^{213}$nɐŋ$^{213}$si$^{31}$kuɐi$^{31}$t$^{h}$ɔi$^{33}$mɔ$^{55}$.

有 钱 能 使 鬼 推 磨。

(23) tsai$^{55}$ok$^{5}$k$^{h}$au$^{55}$fu$^{55}$mu$^{31}$，ts$^{h}$ɐt$^{5}$mɐn$^{213}$k$^{h}$au$^{55}$p$^{h}$ɐŋ$^{213}$zau$^{31}$.

在 屋 靠 父 母， 出 门 靠 朋 友。

(24) loŋ$^{213}$ts$^{h}$ɔŋ$^{213}$pɐt$^{5}$zi$^{213}$kɐu$^{31}$tɐu$^{55}$.

龙 床 不 如 狗 窦。

(25) ni$^{213}$ok$^{5}$ki$^{31}$zau$^{31}$ts$^{h}$en$^{33}$kiɐm$^{33}$，ŋɔ$^{213}$ok$^{5}$ki$^{31}$zau$^{31}$li$^{213}$tɐŋ$^{31}$.

你 屋 企 有 千 金， 我 屋 企 有 厘 戥。

（26） hou$^{31}$tsɐi$^{31}$mou$^{31}$taŋ$^{33}$peŋ$^{33}$，hou$^{31}$tʰet$^{214}$mou$^{31}$ta$^{31}$teŋ$^{33}$.

好仔冇当兵，好铁冇打钉。

（27） tʰu$^{55}$tsɐi$^{31}$mou$^{31}$kʰiɐt$^{5}$tɐu$^{55}$pen$^{33}$tsʰou$^{31}$.

兔仔冇吃窦边草。

（28） hou$^{31}$ɬi$^{55}$pɐt$^{5}$tsʰɐt$^{5}$mɐn$^{213}$，tsʰɐu$^{31}$ɬi$^{55}$tsʰen$^{213}$tsʰen$^{33}$li$^{31}$.

好事不出门，丑事传千里。

（29） zɐn$^{213}$tsek$^{5}$zɐn$^{213}$kʰoŋ$^{213}$，mok$^{5}$tsek$^{5}$mok$^{5}$loŋ$^{33}$.

人直人穷，木直木窿。

（30） ɬi$^{55}$sɐp$^{5}$ɬi$^{55}$，ŋan$^{31}$ɬɐŋ$^{33}$tsʰi$^{55}$.

四十四，眼生刺。

（31） toŋ$^{33}$hai$^{31}$mou$^{31}$zi$^{213}$tsʰɐn$^{55}$ɬi$^{33}$hai$^{31}$.

东海冇鱼趁西海。

（32） tʰen$^{33}$kiak$^{214}$tsʰen$^{33}$，hou$^{31}$ta$^{31}$tsen$^{33}$.

天脚穿，好打砖。

（33） mi$^{55}$zau$^{31}$kɔ$^{55}$lok$^{5}$sɐp$^{5}$lok$^{5}$，mou$^{31}$ɬeu$^{55}$zɐn$^{213}$ɬɐŋ$^{33}$tsʰɔŋ$^{33}$me$^{33}$pok$^{5}$.

未有过六十六，冇笑人生疮㹊卜⁼。

（34） hou$^{31}$ɬiɐm$^{33}$mou$^{31}$hou$^{31}$pou$^{55}$，hou$^{31}$tsʰai$^{213}$seu$^{33}$lan$^{55}$tsou$^{55}$.

好心冇好报，好柴烧烂灶。

（35） na$^{213}$nɐi$^{33}$tʰen$^{213}$le$^{213}$kʰiɐt$^{5}$na$^{213}$nɐi$^{33}$ni$^{213}$.

哪里田螺吃哪里泥。

（36） tʰɐn$^{55}$fu$^{55}$ɔ$^{33}$pʰi$^{55}$lɔ$^{31}$ɬi$^{55}$tsu$^{55}$.

褪裤屙屁攞事做。

（37） ta$^{31}$tsoŋ$^{31}$len$^{31}$tsʰoŋ$^{33}$fɐi$^{213}$tsɐi$^{31}$.

打肿脸充肥仔。

（38） ta$^{31}$ɬi$^{31}$kɐu$^{31}$tseŋ$^{55}$kaŋ$^{31}$ka$^{55}$.

打死狗正讲价。

（39） mai$^{55}$ham$^{213}$zi$^{213}$，se$^{33}$pa$^{33}$tsiaŋ$^{31}$.

卖咸鱼，舐巴掌。

（40） tʰen$^{33}$pɐŋ$^{33}$taŋ$^{33}$pɔk$^{5}$ki$^{33}$lɐu$^{55}$.

天崩当簸箕漏。

（41） ta$^{55}$lu$^{55}$pɐt$^{5}$pʰeŋ$^{213}$tsoŋ$^{55}$zɐn$^{213}$tsʰan$^{31}$.

大路不平众人铲。

（42） ȵia$^{33}$tou$^{31}$ki$^{33}$kiak$^{214}$lai$^{213}$pai$^{55}$koŋ$^{33}$.

掠 倒 鸡 脚 来 拜 公。

（43） kʰɐp$^{5}$tou$^{31}$sɐu$^{55}$ki$^{33}$tɐŋ$^{31}$fɐi$^{213}$ki$^{33}$.

容 倒 瘦 鸡 等 肥 鸡。

（44） keŋ$^{55}$tsɐu$^{31}$mou$^{31}$kʰiɐt$^{5}$kʰiɐt$^{5}$fat$^{214}$tsɐu$^{31}$.

敬 酒 冇 吃 吃 罚 酒。

（45） ɬɐi$^{55}$mɐn$^{33}$tsɐi$^{31}$leu$^{55}$ni$^{213}$sa$^{33}$.

细 蚊 仔 嫽 泥 沙。

（46） ɬi$^{31}$ki$^{33}$tsʰɐŋ$^{55}$ŋaŋ$^{55}$kiak$^{214}$.

死 鸡 撑 硬 脚。

（47） hɐk$^{5}$kɐu$^{31}$tʰɐu$^{33}$kʰiat$^{5}$，pɐk$^{5}$kɐu$^{31}$tam$^{33}$taŋ$^{33}$.

黑 狗 偷 吃， 白 狗 担 当。

（48） wat$^{214}$loŋ$^{33}$lɔ$^{31}$se$^{213}$ta$^{31}$.

挖 窿 攞 蛇 打。

（49） ɔ$^{33}$si$^{31}$mou$^{31}$tsʰɐt$^{5}$zen$^{55}$ti$^{55}$ŋaŋ$^{55}$.

屙屎 冇 出 怨 地 硬。

（50） zau$^{31}$wɐi$^{31}$kɐu$^{31}$ze$^{31}$tʰeu$^{213}$，mou$^{31}$wɐi$^{31}$kɐu$^{31}$ze$^{31}$tʰeu$^{213}$.

有 尾 狗 也 跳， 冇 尾 狗 也 跳。

（51） zɐt$^{5}$fɐn$^{33}$tsʰen$^{213}$ta$^{55}$kɔ$^{55}$pɔk$^{5}$ki$^{33}$.

一 分 钱 大 过 簸 箕。

（52） zɐt$^{5}$tʰeu$^{213}$tsʰiaŋ$^{213}$tʰɐu$^{55}$tou$^{31}$si$^{31}$fɐt$^{5}$.

一 条 肠 透 倒 屎 窟。

（53） waŋ$^{213}$kiɐm$^{33}$pɐt$^{5}$pi$^{31}$wu$^{33}$kiɐm$^{33}$kuɐi$^{55}$，wu$^{33}$kiɐm$^{33}$pɐt$^{5}$pi$^{31}$waŋ$^{213}$kiɐm$^{33}$si$^{31}$.

黄 金 不 比 乌 金 贵， 乌 金 不 比 黄 金 使。

（54） kʰoŋ$^{213}$zɐn$^{213}$pɐt$^{5}$tok$^{5}$si$^{33}$tʰai$^{55}$tʰai$^{55}$kʰoŋ$^{213}$，fu$^{55}$zɐn$^{213}$pɐt$^{5}$tok$^{5}$si$^{33}$fu$^{55}$pɐt$^{5}$kiau$^{31}$.

穷 人 不 读 书 代 代 穷， 富 人 不 读 书 富 不 久。

（55） ɬɐi$^{55}$si$^{213}$tʰɐu$^{33}$tsɐm$^{33}$，ta$^{55}$si$^{213}$tʰɐu$^{33}$kiɐm$^{33}$.

细 时 偷 针， 大 时 偷 金。

（56） ti$^{55}$men$^{55}$hou$^{31}$kʰiau$^{213}$，zɐn$^{213}$men$^{55}$ɔk$^{214}$kʰiau$^{213}$.

地 面 好 求， 人 面 恶 求。

（57） tsou$^{31}$hi$^{31}$ɬam$^{33}$tseu$^{33}$teŋ$^{31}$zɐt$^{5}$koŋ$^{33}$.

早 起 三 朝 顶 一 工。

（58） sau$^{33}$koŋ$^{33}$tɔ$^{33}$，ta$^{31}$lan$^{55}$sen$^{213}$.

艄 公 多，打 烂 船。

（59） mou$^{31}$kɔ$^{55}$li$^{213}$p$^{h}$a$^{213}$ts$^{h}$en$^{213}$mou$^{31}$hou$^{31}$si$^{31}$.

冇 过 犁 耙 钱 冇 好 使。

（60） t$^{h}$eŋ$^{33}$ka$^{55}$mou$^{31}$t$^{h}$eŋ$^{33}$tɐu$^{31}$，kɐk$^{5}$san$^{33}$mai$^{31}$lou$^{31}$ŋɐu$^{213}$.

听 价 冇 听 斗， 隔 山 买 老 牛。

（61） zɐn$^{213}$pɐt$^{5}$hɔ$^{31}$mau$^{55}$ɬiaŋ$^{55}$，hai$^{31}$sɔi$^{31}$pɐt$^{5}$hɔ$^{31}$tɐu$^{31}$liaŋ$^{213}$.

人 不 可 貌 相， 海 水 不 可 斗 量。

（62） keŋ$^{33}$tsek$^{5}$lɔk$^{214}$sɔi$^{31}$，paŋ$^{55}$oŋ$^{55}$pau$^{55}$let$^{214}$.

惊 蛰 落 水， 滗 瓮 爆 裂。

（63） ɬi$^{55}$zet$^{214}$toŋ$^{33}$pɐk$^{5}$，mou$^{31}$sɔi$^{31}$mɔ$^{213}$mɐk$^{5}$.

四月 东 北， 冇 水 磨 墨。

（64） sɐu$^{55}$ki$^{33}$ɔ$^{33}$tɔk$^{214}$ŋɐŋ$^{55}$si$^{31}$.

瘦 鸡 屙 涿 硬 屎。

（65） zau$^{31}$ziaŋ$^{55}$hɔk$^{214}$ziaŋ$^{55}$，mou$^{31}$ziaŋ$^{55}$k$^{h}$an$^{55}$si$^{55}$siaŋ$^{55}$.

有 样 学 样， 冇 样 看 世 上。

（66） kiɐn$^{33}$si$^{33}$tɔ$^{33}$，ta$^{31}$lan$^{55}$lɔ$^{213}$.

军 师 多，打 烂 锣。

（67） mɐt$^{5}$ti$^{33}$tsoŋ$^{31}$ts$^{h}$ɐt$^{5}$mɐt$^{5}$ti$^{33}$tsou$^{31}$.

乜 的 种 出 乜 的 草。

（68） ȵia$^{33}$tsi$^{55}$kɐu$^{33}$tsɐi$^{31}$ɔ$^{33}$neu$^{55}$.

掠 住 鸠 仔 屙 尿。

（69） zɐn$^{213}$p$^{h}$a$^{55}$ŋɐi$^{33}$，mi$^{31}$p$^{h}$a$^{55}$sɐi$^{33}$.

人 怕 哀， 米 怕 筛。

（70） ts$^{h}$en$^{33}$kan$^{31}$wan$^{55}$kan$^{31}$，kan$^{31}$tou$^{31}$zɐt$^{5}$kɔ$^{55}$lan$^{55}$tɐŋ$^{33}$tsan$^{31}$.

千 拣 万 拣， 拣 倒 一 个 烂 灯 盏。

（71） koŋ$^{33}$pɐt$^{5}$li$^{213}$p$^{h}$ɔ$^{213}$，ts$^{h}$eŋ$^{55}$pɐt$^{5}$li$^{213}$t$^{h}$ɔ$^{213}$.

公 不 离 婆， 秤 不 离 砣。

（72） se$^{213}$zau$^{31}$se$^{213}$lu$^{55}$，kɐp$^{5}$zau$^{31}$kɐp$^{5}$lu$^{55}$.

蛇 有 蛇 路，蛤 有 蛤 路。

（73） kʰan$^{55}$tou$^{31}$kiak$^{214}$tsi$^{31}$koŋ$^{33}$tʰɐu$^{213}$heŋ$^{213}$lu$^{55}$.

看 倒 脚 趾 公 头 行 路。

（74） zɐt$^{5}$tsok$^{5}$kou$^{33}$ta$^{31}$zɐt$^{5}$sen$^{213}$zɐn$^{213}$.

一 竹 篙 打 一 船 人。

（75） fan$^{33}$si$^{213}$wɐi$^{33}$tɐk$^{5}$kiau$^{31}$tu$^{33}$sok$^{5}$.

番 薯 煨 得 久 都 熟。

（76） fan$^{33}$si$^{213}$ɐu$^{55}$tɐk$^{5}$kiau$^{31}$tu$^{33}$ta$^{55}$tʰeu$^{213}$.

番 薯 沤 得 久 都 大 条。

（77） tʰɐu$^{33}$kʰiɐt$^{5}$mou$^{31}$sek$^{5}$tɐk$^{5}$tsɐt$^{5}$hɐu$^{31}$.

偷 吃 冇 识 得 □ 口。□tsɐt$^{5}$：擦。

（78） ɬam$^{33}$kɔ$^{55}$fu$^{33}$niaŋ$^{33}$pʰɔ$^{213}$seŋ$^{213}$tʰeu$^{213}$hi$^{33}$.

三 个 夫 娘 婆 成 条 墟。

（79） ɬam$^{33}$kɔ$^{55}$fɐi$^{213}$pʰɔ$^{213}$mou$^{31}$ti$^{31}$kɔ$^{55}$lai$^{33}$si$^{31}$sok$^{5}$.

三 个 肥 婆 冇 抵 个 拉 屎 叔。

（80） lan$^{31}$lou$^{31}$zau$^{31}$lan$^{31}$lou$^{31}$meŋ$^{55}$.

懒 佬 有 懒 佬 命。

（81） kʰiɐt$^{5}$zem$^{213}$tɔ$^{33}$kɔ$^{55}$ni$^{31}$kʰiɐt$^{5}$mi$^{31}$.

吃 盐 多 过 你 吃 米。

（82） tsem$^{55}$kʰiɐt$^{5}$mou$^{31}$tɐk$^{5}$kɔ$^{55}$kʰiau$^{213}$.

占 吃 冇 得 过 桥。

（83） neu$^{55}$lɐu$^{55}$ha$^{55}$fu$^{55}$naŋ$^{55}$tsiaŋ$^{33}$tʰɐn$^{55}$fu$^{55}$.

尿 漏 下 裤 裆 将 褪 裤。

（84） sen$^{213}$tou$^{55}$sɔi$^{31}$lu$^{55}$tʰoŋ$^{33}$.

船 到 水 路 通。

（85） pou$^{33}$tsok$^{5}$pou$^{33}$seŋ$^{213}$fan$^{55}$.

煲 粥 煲 成 饭。

（86） kʰiɐt$^{5}$tou$^{31}$pʰi$^{33}$ɬaŋ$^{33}$lai$^{213}$ɔ$^{33}$si$^{31}$tou$^{55}$kɐu$^{31}$.

吃 倒 砒 霜 来 屙 屎 毒 狗。

（87） zɐn$^{213}$tsʰeŋ$^{213}$kiɐn$^{31}$kɔ$^{55}$tsai$^{55}$.

人 情 紧 过 债。

（88） ka$^{55}$fu$^{33}$niaŋ$^{33}$ni$^{31}$lɔ$^{31}$ok$^{5}$hoŋ$^{33}$.

嫁 夫 娘 女 攞 屋 空。

## （二）谜语

（89）**也**

zau$^{31}$t$^{h}$u$^{31}$nɐŋ$^{213}$tsoŋ$^{55}$tsɔŋ$^{33}$ka$^{33}$,

有 土 能 种 庄 稼，

zau$^{31}$sɔi$^{31}$nɐŋ$^{213}$ziaŋ$^{31}$zi$^{213}$ha$^{33}$,

有 水 能 养 鱼 虾，

mou$^{31}$t$^{h}$u$^{31}$mou$^{31}$sɔi$^{31}$ze$^{31}$si$^{55}$t$^{h}$a$^{33}$.

有 土 有 水 也 是 他。

（90）**虾**

t$^{h}$ɔ$^{213}$pɐi$^{55}$lou$^{31}$koŋ$^{33}$koŋ$^{33}$,

驼 背 老 公 公，

t$^{h}$ɐu$^{213}$fat$^{214}$len$^{55}$p$^{h}$oŋ$^{213}$p$^{h}$oŋ$^{213}$,

头 发 乱 蓬 蓬，

sɐŋ$^{33}$si$^{213}$pɐk$^{5}$pɐk$^{5}$,

生 时 白 白，

ɬi$^{31}$si$^{213}$ts$^{h}$en$^{213}$sɐn$^{33}$hoŋ$^{213}$.

死 时 全 身 红。

（91）**荔枝**

ma$^{213}$pu$^{55}$pau$^{33}$tsi$^{33}$zau$^{213}$,

麻 布 包 猪 油，

tsi$^{33}$zau$^{213}$pau$^{33}$tsi$^{33}$ɬiɐm$^{33}$,

猪 油 包 猪 心，

k$^{h}$iɐt$^{5}$tsi$^{33}$zau$^{213}$,

吃 猪 油，

k$^{h}$uai$^{31}$tsi$^{33}$ɬiɐm$^{33}$.

□ 猪 心。□k$^{h}$uai$^{31}$：扔。

（92）**摩托车**

zɐt$^{5}$kɔ$^{55}$kɐu$^{31}$mu$^{31}$sɔi$^{55}$tsai$^{55}$ok$^{5}$ȵiem$^{213}$pen$^{33}$,

一 个 狗 母 睡 在 屋 檐 边，

ȵiai$^{31}$tou$^{31}$t$^{h}$a$^{33}$wɐi$^{31}$ham$^{31}$pɐŋ$^{33}$t$^{h}$en$^{33}$.

踩 倒 它 尾 喊 崩 天。

## （三）歇后语

(93) tam$^{33}$zem$^{213}$tu$^{33}$fat$^{214}$ts$^{h}$oŋ$^{213}$——sɔi$^{33}$wɐn$^{55}$.

担 盐 都发 虫—— 衰 运。

(94) ɔ$^{33}$si$^{31}$kem$^{33}$t$^{h}$ɐu$^{33}$ts$^{h}$oŋ$^{33}$——zɐt$^{5}$hi$^{31}$liaŋ$^{31}$tɐk$^{5}$.

屙屎兼 偷 葱—— 一起 两 得。

(95) tan$^{55}$ka$^{33}$lou$^{31}$kem$^{31}$tou$^{55}$li$^{213}$——mou$^{31}$sek$^{5}$si$^{31}$.

疍 家 佬 捡 倒 犁—— 冇 识 使。

(96) tan$^{55}$ka$^{33}$ki$^{33}$ken$^{55}$sɔi$^{31}$——mou$^{31}$tɐk$^{5}$k$^{h}$iɐt$^{5}$.

疍 家 鸡 见 水—— 冇 得 吃。

(97) seu$^{33}$sɔi$^{31}$t$^{h}$aŋ$^{33}$ŋɐu$^{213}$——lɔ$^{31}$koŋ$^{33}$tsu$^{55}$.

烧 水 劏 牛—— 攞 工 做。

(98) k$^{h}$iɐt$^{5}$tsi$^{33}$het$^{214}$ɔ$^{33}$hɐk$^{5}$si$^{31}$——lɐp$^{5}$tsek$^{5}$ken$^{55}$koŋ$^{33}$.

吃 猪 血 屙 黑 屎—— 立 即 见 工。

(99) kem$^{31}$tou$^{31}$waŋ$^{213}$kiɐm$^{33}$taŋ$^{55}$ɬi$^{31}$t$^{h}$et$^{214}$——mou$^{31}$sek$^{5}$fɔ$^{55}$.

捡 倒 黄 金 当 死 铁—— 冇 识 货。

（本节讲述人：陈将文，2015.8）

# 第二节

# 歌谣

## （一）哭丧歌

niaŋ$^{213}$a$^{33}$!

娘啊！

ni$^{31}$a$^{33}$ni$^{31}$k$^{h}$ai$^{33}$k$^{h}$ɐu$^{31}$, niaŋ$^{213}$a$^{33}$!

你啊你开口，娘啊！

ni$^{31}$a$^{33}$ni$^{31}$fu$^{31}$hɐu$^{31}$, niaŋ$^{213}$a$^{33}$!

你啊你苦口，娘啊！

niaŋ$^{213}$a$^{33}$!

娘啊！

ni$^{31}$a$^{33}$ni$^{31}$k$^{h}$ai$^{33}$a$^{33}$seŋ$^{33}$, niaŋ$^{213}$a$^{33}$!

你啊你开阿声，娘啊！

ni$^{31}$a$^{33}$ni$^{31}$hou$^{31}$meŋ$^{55}$, niaŋ$^{213}$a$^{33}$!

你啊你好命，娘啊，

ŋɔ$^{31}$niaŋ$^{213}$tsu$^{55}$a$^{33}$zɐn$^{213}$, niaŋ$^{213}$a$^{33}$!

我娘做阿人，娘啊！

tsu$^{55}$a$^{33}$zɐn$^{213}$a$^{33}$hou$^{31}$ɬiɐm$^{33}$, niaŋ$^{213}$a$^{33}$!

做阿人啊好心，娘啊！

ŋɔ$^{31}$niaŋ$^{213}$kiɐm$^{33}$zɐt$^{5}$, niaŋ$^{213}$a$^{33}$!

我娘今日，娘啊！

niaŋ$^{213}$tsai$^{55}$nɐi$^{33}$zɐm$^{33}$kan$^{33}$, niaŋ$^{213}$a$^{33}$!

娘在里阴间，娘啊！

niaŋ$^{213}$ai$^{55}$a$^{33}$pou$^{31}$fu$^{55}$, niaŋ$^{213}$a$^{33}$!

娘爱阿保护，娘啊！

pou$^{31}$fu$^{55}$ni$^{31}$a$^{33}$ni$^{13}$, niaŋ$^{213}$a$^{33}$!

保护你啊你，娘啊！

tai$^{55}$nam$^{213}$tai$^{55}$a$^{33}$ni$^{31}$, niaŋ$^{213}$a$^{33}$!

带男带阿女，娘啊！

t$^{h}$em$^{33}$a$^{33}$teŋ$^{33}$ni$^{31}$fat$^{214}$ta$^{33}$ts$^{h}$ai$^{213}$, niaŋ$^{213}$a$^{33}$!

添阿丁你发大财，娘啊！

ni$^{31}$ai$^{55}$a$^{33}$pou$^{31}$fu$^{55}$, niaŋ$^{213}$a$^{33}$!

你爱啊保护，娘啊！

pou$^{31}$fu$^{55}$ŋuai$^{55}$a$^{33}$ɬɐŋ$^{33}$, niaŋ$^{213}$a$^{33}$!

保护外阿甥，娘啊！

k$^{h}$ɐŋ$^{31}$kou$^{33}$k$^{h}$ɐŋ$^{31}$ta$^{55}$, niaŋ$^{213}$a$^{33}$!

肯高肯大，娘啊！

pou$^{31}$fu$^{55}$ŋuai$^{55}$a$^{33}$nam$^{213}$, niaŋ$^{213}$a$^{33}$!

保护外阿男，娘啊！

koŋ$^{33}$tsɔk$^{214}$suɐn$^{55}$a$^{33}$li$^{55}$, niaŋ$^{213}$a$^{33}$!
工作顺阿利，娘啊！
pou$^{31}$fu$^{55}$ni$^{31}$sɐn$^{33}$tʰi$^{31}$, niaŋ$^{213}$a$^{33}$!
保护你身体，娘啊！
ken$^{55}$a$^{33}$haŋ$^{33}$fat$^{214}$ta$^{55}$tsʰai$^{213}$, niaŋ$^{213}$a$^{33}$!
健阿康发大财，娘啊！
ŋɔ$^{31}$niaŋ$^{213}$tsu$^{55}$a$^{33}$zɐn$^{213}$, niaŋ$^{213}$a$^{33}$!
我娘做阿人，娘啊！
tsu$^{55}$zɐn$^{213}$ni$^{33}$hou$^{31}$ɬiɐm$^{33}$, niaŋ$^{213}$a$^{33}$!
做人呢好心，娘啊！
niaŋ$^{213}$tsai$^{55}$nɐi$^{33}$zɐm$^{33}$kan$^{33}$, niaŋ$^{213}$a$^{33}$!
娘在里阴间，娘啊！
zɐm$^{33}$kan$^{33}$tsu$^{55}$a$^{33}$fɐt$^{5}$a$^{33}$, niaŋ$^{213}$a$^{33}$!
阴间做阿佛啊，娘啊！
zɐm$^{33}$a$^{33}$kan$^{33}$tsu$^{55}$a$^{33}$sɐn$^{213}$, niaŋ$^{213}$a$^{33}$!
阴阿间做阿神，娘啊！
ŋɔ$^{31}$niaŋ$^{33}$tsu$^{55}$a$^{33}$zɐn$^{213}$, niaŋ$^{213}$a$^{33}$!
我娘做阿人，娘啊！
tsu$^{55}$a$^{33}$zɐn$^{213}$a$^{33}$sen$^{55}$liaŋ$^{213}$, niaŋ$^{213}$a$^{33}$!
做阿人啊善良，娘啊！
tsu$^{55}$a$^{33}$zɐn$^{213}$a$^{33}$hou$^{31}$ɬiɐm$^{33}$, niaŋ$^{213}$a$^{33}$!
做阿人阿好心，娘啊！
tsu$^{55}$kʰi$^{31}$ta$^{55}$put$^{2}$, niaŋ$^{213}$a$^{33}$!
做起大佛①，娘啊！
niaŋ$^{213}$tsai$^{55}$nɐi$^{33}$zɐm$^{33}$kan$^{33}$, niaŋ$^{213}$a$^{33}$!
娘在里阴间，娘啊！
ŋɔ$^{31}$niaŋ$^{33}$tsu$^{55}$a$^{33}$zɐn$^{213}$, niaŋ$^{213}$a$^{33}$!
我娘做阿人，娘啊！
ni$^{31}$ai$^{55}$a$^{33}$pou$^{31}$fu$^{55}$, niaŋ$^{213}$a$^{33}$!
你爱啊保护，娘啊！
pou$^{31}$fu$^{55}$ni$^{31}$a$^{33}$ni$^{31}$, niaŋ$^{213}$a$^{33}$!
保护你啊你，娘啊！
ni$^{31}$a$^{33}$ni$^{31}$fat$^{214}$ta$^{55}$tsʰai$^{213}$, niaŋ$^{213}$a$^{33}$!
你啊你发大财，娘啊！
ŋɔ$^{31}$niaŋ$^{33}$tsu$^{55}$a$^{33}$zɐn$^{213}$, niaŋ$^{213}$a$^{33}$!
我娘做阿人，娘啊！
ni$^{31}$ai$^{55}$a$^{33}$pou$^{31}$fu$^{55}$, niaŋ$^{213}$a$^{33}$!
你爱啊保护，娘啊！
pou$^{31}$fu$^{55}$tsʰuɐn$^{33}$a$^{33}$tsoŋ$^{33}$zɐn$^{213}$, niaŋ$^{213}$a$^{33}$!
保护村阿中人，娘啊！
tsʰuɐn$^{33}$a$^{33}$tsoŋ$^{33}$a$^{33}$lou$^{31}$zɐn$^{213}$, niaŋ$^{213}$a$^{33}$!
村阿中阿老人，娘啊！
tʰem$^{33}$fok$^{5}$a$^{33}$tʰem$^{33}$sɐu$^{55}$, niaŋ$^{213}$a$^{33}$!
添福啊添寿，娘啊！
pou$^{31}$fu$^{55}$tsʰeŋ$^{33}$a$^{33}$nen$^{213}$, niaŋ$^{213}$a$^{33}$!
保护青阿年，娘啊！
tsai$^{55}$ŋuai$^{55}$tsʰuɐt$^{5}$tɐk$^{5}$mɐn$^{213}$, niaŋ$^{213}$a$^{33}$!
在外出得门，娘啊！
koŋ$^{33}$a$^{33}$tsɔk$^{214}$a$^{33}$suɐn$^{55}$a$^{33}$li$^{55}$, niaŋ$^{213}$a$^{33}$!
工阿作啊顺阿利，娘啊！
pou$^{31}$fu$^{55}$ɬeu$^{31}$a$^{33}$zɐn$^{213}$, niaŋ$^{213}$a$^{33}$!
保护小阿人，娘啊！
ɬeu$^{31}$tsɐi$^{31}$kʰɐŋ$^{31}$a$^{33}$kou$^{33}$, niaŋ$^{213}$a$^{33}$!
小仔肯阿高，娘啊！
ŋɔ$^{31}$niaŋ$^{33}$tsu$^{55}$a$^{33}$zɐn$^{213}$, niaŋ$^{213}$a$^{33}$!
我娘做阿人，娘啊！
tsu$^{55}$a$^{33}$zɐn$^{213}$ni$^{33}$hou$^{31}$ɬiɐm$^{33}$, niaŋ$^{213}$a$^{33}$!
做阿人呢好心，娘啊！
ni$^{31}$ai$^{55}$a$^{33}$pou$^{31}$fu$^{55}$, niaŋ$^{213}$a$^{33}$!
你爱啊保护，娘啊！
pou$^{31}$fu$^{55}$ɬeu$^{31}$a$^{33}$ti$^{55}$, niaŋ$^{213}$a$^{33}$!
保护小啊弟，娘啊！
kʰɐŋ$^{31}$kou$^{33}$kʰɐŋ$^{31}$a$^{33}$ta$^{55}$, niaŋ$^{213}$a$^{33}$!
肯高肯阿大，娘啊！

① 佛，吟唱者读了两个音，均无误。[fɐt$^{5}$]是正话音，[put$^{2}$]可能来自当地闽语。

tok$^{5}$a$^{33}$si$^{33}$ts$^{h}$oŋ$^{33}$a$^{33}$meŋ$^{213}$, niaŋ$^{213}$a$^{33}$!
读阿书聪 阿明， 娘 啊！
ts$^{h}$oŋ$^{33}$meŋ$^{213}$leŋ$^{213}$a$^{33}$li$^{55}$, niaŋ$^{213}$a$^{33}$!
聪 明 灵 阿利，娘 啊！
k$^{h}$iɐp$^{5}$k$^{h}$iɐp$^{5}$ni$^{33}$kou$^{33}$seŋ$^{33}$, niaŋ$^{213}$a$^{33}$!
级 级 呢高 升， 娘 啊！
hau$^{31}$si$^{55}$mɔn$^{31}$a$^{33}$fɐn$^{213}$, niaŋ$^{213}$a$^{33}$!
考 试满 阿分， 娘 啊！
tok$^{5}$liau$^{31}$a$^{33}$ɬeu$^{31}$huak$^{214}$①, niaŋ$^{213}$a$^{33}$!
读 了 啊小 学， 娘 啊！
seŋ$^{33}$tou$^{55}$ni$^{33}$ts$^{h}$ɔ$^{33}$tsoŋ$^{33}$, niaŋ$^{213}$a$^{33}$!
升 到 呢 初 中， 娘 啊！
ts$^{h}$ɔ$^{33}$tsoŋ$^{33}$zau$^{55}$seŋ$^{33}$, niaŋ$^{213}$a$^{33}$!
初 中 又 升， 娘 啊！
tok$^{5}$tou$^{55}$ni$^{33}$kou$^{33}$tsoŋ$^{33}$, niaŋ$^{213}$a$^{33}$!
读 到 呢 高 中， 娘 啊！
kou$^{33}$tsoŋ$^{33}$lai$^{213}$a$^{33}$seŋ$^{33}$, niaŋ$^{213}$a$^{33}$!
高 中 来 阿 升， 娘 啊！
seŋ$^{33}$k$^{h}$i$^{55}$ta$^{55}$huak$^{214}$a$^{33}$, niaŋ$^{213}$a$^{33}$!
升 去 大 学 啊，娘 啊！
ta$^{55}$huak$^{214}$a$^{33}$lai$^{213}$seŋ$^{33}$, niaŋ$^{213}$a$^{33}$!
大 学 啊 来 升， 娘 啊！
k$^{h}$i$^{55}$tou$^{55}$ni$^{33}$lɐu$^{213}$huak$^{214}$, niaŋ$^{213}$a$^{33}$!
去 到 呢 留 学， 娘 啊！
ŋɔ$^{31}$niaŋ$^{33}$tsu$^{55}$a$^{33}$zɐn$^{213}$, niaŋ$^{213}$a$^{33}$!
我 娘 做 阿 人， 娘 啊！
tsu$^{55}$zɐn$^{213}$ni$^{33}$hou$^{31}$ɬiɐm$^{33}$, niaŋ$^{213}$a$^{33}$!
做 人 呢 好 心， 娘 啊！

zau$^{31}$niaŋ$^{33}$tsai$^{55}$si$^{55}$, niaŋ$^{213}$a$^{33}$!
有 娘 在 世，娘 啊！
ɬɐŋ$^{33}$a$^{33}$si$^{55}$zi$^{31}$ts$^{h}$en$^{213}$, niaŋ$^{213}$a$^{33}$!
生 阿似以 前， 娘 啊！
ts$^{h}$ɐu$^{55}$a$^{33}$niaŋ$^{213}$lai$^{33}$kaŋ$^{31}$, niaŋ$^{213}$a$^{33}$!
凑$^{=}$ 阿娘 来 讲， 娘 啊！
zau$^{31}$kaŋ$^{31}$zau$^{55}$ɬeu$^{55}$, niaŋ$^{213}$a$^{33}$!
有 讲 又 笑， 娘 啊！
zau$^{31}$hua$^{55}$zau$^{31}$a$^{33}$tsiaŋ$^{31}$, niaŋ$^{213}$a$^{33}$!
有 话 有 阿 讲，② 娘 啊！
tsu$^{55}$tɐk$^{5}$ni$^{33}$kiɐm$^{33}$zɐt$^{5}$, niaŋ$^{213}$a$^{33}$!
做 得 呢 今 日，娘 啊！
ŋɔ$^{31}$niaŋ$^{213}$lai$^{213}$a$^{33}$kaŋ$^{31}$, niaŋ$^{213}$a$^{33}$!
我 娘 来 啊 讲， 娘 啊！
ŋɔ$^{31}$niaŋ$^{33}$tsu$^{55}$a$^{33}$zɐn$^{213}$, niaŋ$^{213}$a$^{33}$!
我 娘 做 阿 人， 娘 啊！
ni$^{31}$ni$^{31}$lai$^{213}$k$^{h}$ua$^{55}$niaŋ$^{213}$a$^{33}$!
女 女 来 挂 娘 啊！
k$^{h}$ua$^{55}$niaŋ$^{213}$ni$^{31}$zau$^{31}$si$^{213}$, niaŋ$^{213}$a$^{33}$!
挂 娘 你 有 时， 娘 啊！
ŋɔ$^{31}$niaŋ$^{213}$k$^{h}$uai$^{31}$nam$^{213}$, niaŋ$^{213}$a$^{33}$!
我 娘 □ 男， 娘 啊！□k$^{h}$uai$^{31}$：丢。
k$^{h}$uai$^{31}$nam$^{213}$pan$^{55}$ a$^{33}$ ni$^{13}$, niaŋ$^{213}$a$^{33}$!
□ 男 □ 啊 女，娘 啊！□pan$^{55}$：和。
kiɐm$^{33}$zɐt$^{5}$…
今 日……

（讲述人：黎秀华，2015.8）

---

① 这是山塘村正话“学”的读音，下同。老年女性娘家是华楼附近的山塘村，嫁到华楼后讲华楼口音，但是仍保留部分娘家口音。

② 话读hua$^{55}$，讲读tsiaŋ$^{31}$，老女读音，可能受普通话影响。

## （二）梳头歌

zɐt$^{5}$sɔ$^{33}$sɔ$^{33}$lai$^{213}$, zɐt$^{5}$p$^{h}$iɐn$^{31}$fu$^{33}$zɐn$^{213}$.
一梳梳来，一品夫人。
ɨ$^{55}$sɔ$^{33}$sɔ$^{33}$lai$^{213}$, sɔŋ$^{33}$loŋ$^{213}$ts$^{h}$ɐt$^{5}$hai$^{31}$.
二梳梳来，双龙出海。
ɬam$^{33}$sɔ$^{33}$sɔ$^{33}$lai$^{213}$, ɬam$^{33}$zen$^{213}$k$^{h}$iɐp$^{5}$ti$^{55}$.
三梳梳来，三元及第。
ɬi$^{55}$sɔ$^{33}$sɔ$^{33}$lai$^{213}$, ɬi$^{55}$kuɐi$^{55}$heŋ$^{33}$loŋ$^{213}$.
四梳梳来，四季兴隆。
wu$^{31}$sɔ$^{33}$sɔ$^{33}$lai$^{213}$, wu$^{31}$kok$^{5}$foŋ$^{33}$tɐŋ$^{33}$.
五梳梳来，五谷丰登。
lok$^{5}$sɔ$^{33}$sɔ$^{33}$lai$^{213}$, lok$^{5}$kuɔk$^{214}$foŋ$^{33}$ɬiaŋ$^{55}$.
六梳梳来，六国封相。
ts$^{h}$ɐt$^{5}$sɔ$^{33}$sɔ$^{33}$lai$^{213}$, ts$^{h}$ɐt$^{5}$ɬeŋ$^{33}$koŋ$^{33}$ni$^{31}$.
七梳梳来，七星宫女。
pat$^{214}$sɔ$^{33}$sɔ$^{33}$lai$^{213}$, pat$^{214}$ɬen$^{33}$hɔ$^{55}$sɐu$^{55}$.
八梳梳来，八仙贺寿。
kiau$^{31}$sɔ$^{33}$sɔ$^{33}$lai$^{213}$, kiau$^{31}$kiau$^{31}$ts$^{h}$iaŋ$^{213}$ts$^{h}$iaŋ$^{213}$.
九梳梳来，久久长长。
sɐp$^{5}$sɔ$^{33}$sɔ$^{33}$lai$^{213}$, sɐp$^{5}$sɐp$^{5}$tsok$^{5}$tsok$^{5}$.
十梳梳来，十十足足。

（讲述人：陈将文，2018.8）

## （三）山歌

mou$^{31}$sek$^{5}$kɔ$^{33}$, mou$^{31}$sek$^{5}$kɔ$^{33}$,
有识歌，有识歌，
kɔ$^{33}$t$^{h}$ɐu$^{213}$kɔ$^{33}$wɐi$^{31}$zau$^{31}$ki$^{31}$lɔ$^{213}$.
歌头歌尾有几箩。
ta$^{31}$hai$^{33}$zɐt$^{5}$lɔ$^{213}$pa$^{31}$ni$^{31}$ts$^{h}$iaŋ$^{55}$,
打开一箩把你唱，
ts$^{h}$iaŋ$^{55}$tou$^{55}$meŋ$^{213}$nen$^{213}$kɔt$^{214}$tsou$^{31}$wɔ$^{213}$.
唱到明年割早禾。

（讲述人：陈将文，2018.8）

## 第三节

# 故事、讲述

## （一）牛郎织女

zi$^{213}$kiɐm$^{33}$, ŋɔ$^{31}$tsai$^{55}$tsi$^{55}$nɐi$^{33}$hiaŋ$^{55}$tsoŋ$^{55}$ka$^{33}$kaŋ$^{31}$kɔ$^{55}$sɐn$^{213}$wa$^{55}$ɬeu$^{31}$set$^{214}$. tsɐu$^{55}$si$^{55}$kaŋ$^{31}$ni$^{33}$,

如今，我在这里向众家讲个神话小说。就是讲呢，

hou$^{31}$kiau$^{31}$zi$^{31}$ts$^{h}$en$^{213}$ni$^{33}$, zau$^{31}$kɔ$^{55}$hɐu$^{55}$ɬɐŋ$^{33}$tsɐi$^{31}$, t$^{h}$a$^{33}$pa$^{33}$nai$^{31}$tu$^{33}$ɬi$^{31}$e$^{33}$. ok$^{5}$ki$^{31}$tu$^{33}$mou$^{31}$zau$^{31}$

好久以前呢，有个后生仔，他爸奶都死诶。屋企都冇有

mɐt$^{5}$zɐn$^{213}$, tsi$^{31}$si$^{55}$seŋ$^{55}$tou$^{31}$zɐt$^{5}$t$^{h}$ɐu$^{213}$lou$^{31}$lou$^{31}$ŋɐu$^{213}$. na$^{55}$t$^{h}$ɐu$^{213}$ŋɐu$^{213}$ni$^{33}$, tsɐu$^{55}$si$^{55}$kiɐn$^{33}$t$^{h}$a$^{33}$wɐi$^{213}$

乜人，只是剩倒一头老老牛。那头牛呢，就是跟他为

ɬɐŋ$^{33}$wɔt$^{214}$, ɬɔ$^{31}$zi$^{31}$ni$^{33}$, zɐn$^{213}$tsɐu$^{55}$ham$^{31}$t$^{h}$a$^{33}$tsu$^{55}$ŋɐu$^{213}$laŋ$^{213}$. ŋɐu$^{213}$laŋ$^{213}$ni$^{33}$, tsɐu$^{55}$ts$^{h}$ɐu$^{55}$a$^{33}$ŋɐu$^{213}$ni$^{33}$,

生活，所以呢，人就喊他做牛郎。牛郎呢，就凑⁼阿牛呢，

ɬiaŋ$^{33}$zi$^{33}$ wɐi$^{55}$ meŋ$^{55}$, hou$^{31}$k$^{h}$iɐn$^{213}$lek$^{5}$tsu$^{55}$koŋ$^{33}$, tsek$^{5}$si$^{55}$mou$^{31}$zau$^{31}$k$^{h}$i$^{213}$t$^{h}$a$^{33}$toŋ$^{33}$ɬi$^{33}$hou$^{31}$tsu$^{55}$,

相依为命，好勤力做工，即是冇有其它东西好做，

tu$^{55}$si$^{55}$k$^{h}$au$^{55}$a$^{55}$ŋɐu$^{213}$lɔ$^{31}$k$^{h}$iɐt$^{5}$. ɬɔ$^{31}$zi$^{31}$, tsi$^{55}$kɔ$^{55}$ŋɐu$^{213}$ni$^{33}$, tsɐu$^{55}$si$^{55}$t$^{h}$en$^{33}$siaŋ$^{55}$kiɐm$^{33}$ŋɐu$^{213}$ɬeŋ$^{33}$

都是靠阿牛攞吃。所以，这个牛呢，就是天上金牛星

ɬɔ$^{31}$pen$^{55}$. kiɐm$^{33}$ŋɐu$^{213}$ɬeŋ$^{33}$ɬɔ$^{31}$pen$^{55}$ni$^{33}$, t$^{h}$a$^{33}$ti$^{33}$tou$^{55}$t$^{h}$en$^{33}$siaŋ$^{55}$ti$^{33}$toŋ$^{33}$ɬi$^{33}$. t$^{h}$a$^{33}$ti$^{33}$tou$^{55}$ni$^{33}$,

所变。金牛星所变呢，他知道天上的东西。他知道呢，

mɐu$^{31}$si$^{213}$mɐu$^{31}$zɐt$^{5}$ni$^{33}$, zau$^{31}$ki$^{31}$wɐi$^{55}$ɬen$^{33}$ni$^{31}$tou$^{55}$toŋ$^{33}$pen$^{33}$tsi$^{55}$kɔ$^{55}$fu$^{213}$nɐi$^{33}$a$^{33}$, k$^{h}$i$^{55}$ɬi$^{31}$sɐn$^{33}$.

某时某日呢，有几位仙女到东边这个湖里啊，去洗身。

ɬɔ$^{31}$zi$^{31}$ni$^{33}$, t$^{h}$a$^{33}$tsɐu$^{55}$t$^{h}$ɔk$^{214}$moŋ$^{55}$pa$^{31}$ŋɐu$^{213}$laŋ$^{213}$, eu$^{55}$ŋɐu$^{213}$laŋ$^{213}$ni$^{33}$, mɐu$^{31}$si$^{213}$mɐu$^{31}$zɐt$^{5}$ni$^{33}$,

所以呢，他就托梦把牛郎，叫牛郎呢，某时某日呢，

ni$^{31}$tsɐu$^{55}$tou$^{55}$na$^{55}$kɔ$^{55}$fu$^{213}$na$^{55}$nɐi$^{33}$kʰi$^{55}$. tʰa$^{33}$wɐi$^{55}$zau$^{31}$ki$^{31}$kɔ$^{55}$ɬen$^{33}$ni$^{31}$tsai$^{55}$nɐi$^{33}$ɬi$^{31}$sɐn$^{33}$. tʰa$^{33}$sam$^{33}$
你就 到 那 个 湖 那 里 去。他 会 有 几 个 仙 女 在 里 洗 身。她 衫

fu$^{55}$ni$^{33}$, tsɐu$^{55}$wɐi$^{55}$tʰɐn$^{55}$tou$^{31}$tsai$^{55}$faŋ$^{33}$mok$^{5}$nɐi$^{33}$faŋ$^{55}$tou$^{31}$. ni$^{31}$ni$^{33}$, tsɐu$^{55}$zɐp$^{5}$zɐp$^{5}$ pɐt$^{5}$tʰa$^{33}$ken$^{55}$
裤 呢，就 会 褪 倒 在 方 木 里 放 倒。你 呢，就 入⁼入⁼ 不⁼她 件

sam$^{33}$fu$^{55}$tsɐu$^{31}$wɐi$^{213}$ok$^{5}$ki$^{31}$ni$^{33}$, tou$^{55}$si$^{213}$hou$^{55}$ni$^{33}$, tsɐu$^{55}$zau$^{31}$kɔ$^{55}$mɐi$^{55}$tsɐi$^{31}$wɐi$^{55}$kiɐn$^{33}$ni$^{31}$, tsʰɐu$^{55}$
衫 裤 走 回 屋企 呢，到 时 候 呢，就 有 个 妹 仔 会 跟 你，凑⁼

ni$^{31}$tsu$^{55}$koŋ$^{33}$pʰɔ$^{213}$. mou$^{31}$ti$^{33}$tou$^{55}$, tou$^{55}$na$^{55}$zɐt$^{5}$ni$^{33}$, ŋɐu$^{213}$laŋ$^{213}$ni$^{33}$, tsek$^{5}$kaŋ$^{31}$, pɔn$^{55}$ɬen$^{55}$pɔn$^{55}$n̩i$^{213}$:
你做 公 婆。冇 知道，到 那 日 呢，牛 郎 呢，即 讲，半 信 半 疑：

zau$^{31}$tseŋ$^{55}$kʰi$^{213}$kuai$^{55}$ɬi$^{55}$lɔ$^{33}$? ai$^{55}$, tsek$^{5}$kɔn$^{31}$kʰi$^{55}$kʰi$^{55}$kʰan$^{55}$kɔ$^{55}$lɔ$^{33}$, kʰi$^{55}$kʰi$^{55}$kʰan$^{55}$, tem$^{213}$ziaŋ$^{55}$
有[这样]奇 怪 事啰？唉，即 管 去 去 看 过 啰，去 去 看， 怎 样

tem$^{213}$ziaŋ$^{55}$. ŋɐu$^{213}$laŋ$^{213}$tsɐu$^{55}$kʰi$^{55}$kʰan$^{55}$tou$^{31}$, kʰi$^{55}$kʰan$^{55}$tou$^{31}$ni$^{33}$, tsɐu$^{55}$si$^{55}$ kɔ$^{31}$zɐn$^{213}$zau$^{31}$ki$^{31}$
怎 样。牛 郎 就 去 看 倒，去 看 倒 呢，就 是 果 然 有 几

kɔ$^{55}$mɐi$^{55}$tsɐi$^{31}$, zau$^{55}$leŋ$^{55}$, tsai$^{55}$nɐi$^{33}$ɬi$^{31}$sɐn$^{33}$. ɬɔ$^{31}$zi$^{31}$ni$^{33}$, ŋɐu$^{213}$laŋ$^{213}$tsɐu$^{55}$tsiaŋ$^{33}$a$^{33}$, tsʰɐu$^{55}$tʰa$^{33}$
个 妹 仔，又 靓，在 里 洗 身。所 以 呢，牛 郎 就 将 阿，凑⁼ 他

kaŋ$^{31}$ti$^{33}$wa$^{55}$, tʰɔk$^{214}$moŋ$^{55}$pa$^{31}$tʰa$^{33}$ ti$^{33}$, tsɐu$^{55}$tsiaŋ$^{33}$na$^{55}$ken$^{55}$teu$^{55}$faŋ$^{55}$a$^{33}$mok$^{5}$nɐi$^{33}$na$^{55}$ken$^{55}$fɐn$^{31}$
讲 的 话，托 梦 把 他 的，就 将 那 件 吊 放 阿 木 里 那 件 粉

hoŋ$^{213}$sam$^{33}$fu$^{55}$ni$^{33}$, tsɐu$^{55}$pɐt$^{5}$tou$^{31}$tsɐu$^{31}$wɐi$^{213}$ok$^{5}$e$^{33}$.
红 衫 裤 呢，就 不⁼倒 走 回 屋诶。

tsɐu$^{31}$wɐi$^{213}$ok$^{5}$e$^{33}$lɔ$^{33}$. pɐt$^{5}$kʰi$^{55}$tsi$^{55}$ken$^{55}$sam$^{33}$fu$^{55}$ni$^{33}$, tsɐu$^{55}$si$^{55}$tsek$^{5}$ni$^{31}$ti$^{33}$. tsek$^{5}$ni$^{31}$ni$^{33}$,
走 回 屋诶啰。不⁼去 这 件 衫 裤 呢，就 是 织 女 的。织 女 呢，

tʰa$^{33}$si$^{55}$tsai$^{55}$tʰen$^{33}$siaŋ$^{55}$tsek$^{5}$pu$^{55}$ti$^{33}$, mou$^{31}$sam$^{33}$fu$^{55}$ni$^{33}$, tʰa$^{33}$tsɐu$^{55}$mou$^{31}$wɐi$^{213}$tou$^{55}$tʰen$^{33}$tʰeŋ$^{213}$e$^{33}$.
她 是 在 天 上 织 布 的，冇 衫 裤 呢，她 就 冇 回 到 天 庭 诶。

mou$^{31}$wɐi$^{213}$tou$^{55}$tʰen$^{33}$tʰeŋ$^{213}$ni$^{33}$, na$^{55}$ma$^{31}$hɐk$^{5}$ni$^{33}$, tsɐu$^{55}$tou$^{55}$ŋɐu$^{213}$laŋ$^{213}$ok$^{5}$ki$^{31}$lɔ$^{33}$, tsɐu$^{55}$zɐp$^{5}$zɐp$^{5}$
冇 回 到 天 庭 呢，那 马⁼ 黑 呢，就 到 牛 郎 屋企啰，就 入⁼入⁼

hau$^{33}$hai$^{33}$tʰa$^{33}$mɐn$^{213}$. hau$^{33}$hai$^{33}$tʰa$^{33}$mɐn$^{213}$ni$^{33}$, zɐt$^{5}$ha$^{55}$ken$^{55}$tou$^{31}$: ai$^{33}$za$^{33}$, tsi$^{55}$hɐu$^{55}$ɬɐŋ$^{33}$tsɐi$^{31}$ze$^{31}$mou$^{31}$
敲 开 他 门。敲 开 他 门 呢，一 下 见 倒：哎 呀，这 后 生 仔 也 冇

tsʰɔ$^{55}$na$^{33}$! ŋɐu$^{213}$laŋ$^{213}$lɔ$^{33}$, ni$^{31}$tsu$^{55}$kɔ$^{55}$tsiaŋ$^{31}$ŋɐu$^{213}$lou$^{31}$, ken$^{55}$kɔ$^{55}$tseŋ$^{55}$leŋ$^{55}$mɐi$^{55}$tsɐi$^{31}$, ze$^{31}$
错 呐！牛 郎 啰，你 做 个 掌 牛 佬，见 个[这样]靓 妹 仔，也

wɐi$^{55}$hou$^{31}$heŋ$^{55}$lɔ$^{33}$, ɬɔ$^{31}$zi$^{31}$liaŋ$^{31}$kɔ$^{55}$zɐn$^{213}$ni$^{33}$, tsɐu$^{55}$ket$^{214}$wɐi$^{213}$koŋ$^{33}$pʰɔ$^{213}$.
会 好 兴 啰，所 以 两 个 人 呢，就 结 为 公 婆。

ket$^{214}$tou$^{31}$koŋ$^{33}$pʰɔ$^{213}$lɔ$^{33}$, ŋɐu$^{213}$laŋ$^{213}$ni$^{33}$, tsɐu$^{55}$kɐŋ$^{33}$tʰen$^{213}$, mɐŋ$^{31}$kʰiɐn$^{213}$lek$^{5}$kɐŋ$^{33}$tʰen$^{213}$lɔ$^{33}$;
结 倒 公 婆 啰，牛 郎 呢，就 耕 田， 猛 勤 力 耕 田 啰；

tsek$^{5}$ni$^{31}$lɔ$^{33}$, tsɐu$^{55}$tsek$^{5}$pu$^{55}$. tsek$^{5}$pu$^{55}$ni$^{33}$, ȵiɐp$^{214}$ȵiɐp$^{214}$ŋan$^{31}$ni$^{33}$, tsɐu$^{55}$kɔ$^{55}$k$^{h}$i$^{55}$ɬam$^{33}$nen$^{213}$.
织女啰，就织布。织布呢，眨眨眼呢，就过去三年。
kɔ$^{55}$k$^{h}$i$^{55}$ɬam$^{33}$nen$^{213}$lɔ$^{33}$, tsɐu$^{55}$ziaŋ$^{31}$tou$^{31}$kɔ$^{55}$tsɐi$^{31}$ts$^{h}$ɐu$^{55}$kɔ$^{55}$mɐi$^{55}$tsɐi$^{31}$. na$^{55}$si$^{213}$hɐu$^{55}$, tsek$^{5}$ni$^{31}$
过去三年啰，就养倒个仔凑$^{=}$个妹仔。那时候，织女
si$^{55}$t$^{h}$ɐu$^{33}$tsɐu$^{31}$ha$^{55}$fan$^{213}$kan$^{33}$ti$^{33}$. t$^{h}$ɐu$^{33}$tsɐu$^{31}$ha$^{55}$fan$^{213}$kan$^{33}$, tsɐu$^{55}$pa$^{31}$a$^{33}$t$^{h}$en$^{33}$siaŋ$^{55}$zok$^{5}$waŋ$^{213}$
是偷走下凡间的。偷走下凡间，就把阿天上玉皇
ta$^{55}$ti$^{55}$tsɐu$^{55}$ti$^{33}$tou$^{55}$lɔ$^{33}$. zok$^{5}$waŋ$^{213}$ta$^{55}$ti$^{55}$ni$^{33}$, tsɐu$^{55}$p$^{h}$ai$^{55}$na$^{55}$t$^{h}$en$^{33}$peŋ$^{33}$t$^{h}$en$^{33}$tsiaŋ$^{55}$ha$^{55}$lai$^{213}$e$^{33}$,
大帝就知道啰。玉皇大帝呢，就派那天兵天将下来诶，
pa$^{31}$t$^{h}$a$^{33}$tsɔk$^{214}$wɐi$^{213}$t$^{h}$en$^{33}$t$^{h}$eŋ$^{213}$e$^{33}$. zau$^{31}$zɐt$^{5}$ni$^{33}$, ɔ$^{31}$! a$^{33}$ɬaŋ$^{33}$zau$^{55}$ta$^{55}$, sɔi$^{31}$zau$^{55}$ta$^{55}$, a$^{33}$lɔ$^{213}$
把她捉回天庭诶。有日呢，哦！阿霜又大，水又大，阿锣
zau$^{55}$hiaŋ$^{31}$, p$^{h}$ek$^{5}$p$^{h}$ɔk$^{5}$. zɐt$^{5}$ha$^{55}$, tsek$^{5}$ni$^{31}$tsɐu$^{55}$mou$^{31}$ken$^{55}$e$^{33}$. mou$^{31}$ken$^{55}$ni$^{33}$, t$^{h}$a$^{33}$liaŋ$^{31}$kɔ$^{55}$tsɐi$^{31}$
又响，劈泼。一下，织女就有见诶。有见呢，她两个仔
ni$^{31}$tsɐu$^{55}$hok$^{5}$wa$^{33}$, ts$^{h}$ɐm$^{213}$a$^{33}$ma$^{55}$, tsi$^{55}$teŋ$^{55}$ts$^{h}$ɐm$^{213}$ma$^{55}$. a$^{33}$ŋɐu$^{213}$laŋ$^{213}$ni$^{33}$, tsai$^{55}$na$^{55}$si$^{213}$hɐu$^{55}$ni$^{33}$,
女就哭哇，寻阿妈，这定$^{=}$寻妈。阿牛郎呢，在那时候呢，
ze$^{31}$mou$^{31}$sek$^{5}$tɐk$^{5}$tem$^{213}$ziaŋ$^{55}$tsu$^{55}$e$^{33}$, mou$^{31}$ti$^{33}$tem$^{213}$ziaŋ$^{55}$tsi$^{31}$tsu$^{55}$hou$^{31}$. tɐt$^{5}$zɐn$^{213}$kan$^{33}$ni$^{33}$,
也有识得怎样做诶，有知怎样子做好。突然间呢，
na$^{55}$lou$^{31}$ŋɐu$^{213}$tsɐu$^{55}$hai$^{33}$seŋ$^{33}$kaŋ$^{31}$: "ŋɐu$^{213}$laŋ$^{213}$a$^{33}$, ni$^{31}$moŋ$^{55}$zau$^{33}$ɬiɐm$^{33}$! ni$^{31}$ni$^{33}$, tsɐu$^{55}$pa$^{31}$
那老牛就开声讲："牛郎啊，你甭忧心！你呢，就把
ŋɔ$^{31}$kɔk$^{214}$neŋ$^{33}$ha$^{55}$lai$^{213}$. neŋ$^{33}$ha$^{55}$lai$^{213}$ni$^{33}$, tsɐu$^{55}$pen$^{55}$seŋ$^{213}$liaŋ$^{31}$kɔ$^{55}$lɔ$^{213}$. ni$^{31}$ni$^{33}$, tsɐu$^{55}$pa$^{31}$liaŋ$^{31}$
我角拧下来。拧下来呢，就变成两个箩。你呢，就把两
kɔ$^{55}$tsɐi$^{31}$ni$^{31}$faŋ$^{55}$tsai$^{55}$lɔ$^{213}$nɐi$^{33}$, kɔ$^{55}$lɔ$^{213}$kɔ$^{55}$. ni$^{31}$tsɐu$^{55}$tam$^{33}$tou$^{31}$ni$^{33}$, k$^{h}$i$^{55}$t$^{h}$en$^{33}$t$^{h}$eŋ$^{213}$, hɔ$^{31}$zi$^{31}$
个仔女放在箩里，个箩个。你就担倒呢，去天庭，可以
siaŋ$^{55}$t$^{h}$en$^{33}$t$^{h}$eŋ$^{213}$a$^{33}$."
上天庭啊。"

mou$^{31}$ti$^{33}$, tsiaŋ$^{33}$kaŋ$^{31}$zen$^{213}$, tɐt$^{5}$zɐn$^{213}$kan$^{33}$, ɔ$^{55}$! liaŋ$^{31}$kɔ$^{55}$ŋɐu$^{213}$kɔk$^{214}$tsɐn$^{33}$si$^{55}$lɐu$^{55}$
有知，刚讲完，突然间，哦！两个牛角真是漏
ha$^{55}$lai$^{213}$e$^{33}$. lɐu$^{55}$ha$^{55}$lai$^{213}$pen$^{55}$seŋ$^{213}$liaŋ$^{31}$kɔ$^{55}$lɔ$^{213}$. ŋɐu$^{213}$laŋ$^{213}$ni$^{33}$, kɔ$^{55}$tsɐi$^{31}$faŋ$^{55}$kɔ$^{55}$lɔ$^{213}$,
下来诶。漏下来变成两个箩。牛郎呢，个仔放个箩，
tsɐu$^{55}$lɔ$^{31}$tam$^{33}$sɐp$^{5}$ni$^{33}$, tam$^{33}$tou$^{31}$t$^{h}$a$^{33}$. tam$^{33}$tou$^{31}$t$^{h}$a$^{33}$ni$^{33}$, zɐt$^{5}$tam$^{33}$hi$^{31}$, zɐt$^{5}$tsɐn$^{55}$foŋ$^{33}$, ɔ$^{55}$!
就攞担湿呢，担倒它。担倒它呢，一担起，一阵风，哦！
hou$^{31}$ts$^{h}$i$^{31}$ɬɐŋ$^{33}$tou$^{31}$zek$^{5}$ kɐm$^{31}$sek$^{5}$, zɐt$^{5}$ha$^{55}$tsɐu$^{55}$fɐi$^{33}$hi$^{31}$t$^{h}$ɐŋ$^{213}$wɐn$^{213}$ka$^{55}$wu$^{55}$e$^{33}$. tsɐu$^{55}$tsɔi$^{33}$hiaŋ$^{55}$
好似生倒翼咁式，一下就飞起腾云驾雾诶。就追向
tsek$^{5}$ni$^{31}$na$^{55}$k$^{h}$i$^{55}$lɔ$^{33}$. tsɔi$^{33}$hiaŋ$^{55}$tsek$^{5}$ni$^{31}$ni$^{33}$, tsek$^{5}$ni$^{31}$tsɐu$^{31}$t$^{h}$ɐu$^{213}$ɬen$^{33}$e$^{33}$wa$^{33}$, ŋɐu$^{213}$laŋ$^{213}$kiɐn$^{33}$
织女那去啰。追向织女呢，织女走头先诶哇，牛郎跟

tou$^{31}$wɐi$^{31}$tsɔi$^{33}$, si$^{55}$mɔ$^{33}$lɔ$^{33}$? kʰan$^{55}$ken$^{55}$hou$^{31}$fai$^{55}$tsɐu$^{55}$tsɔi$^{33}$siaŋ$^{55}$wɐi$^{31}$e$^{33}$, tsɐu$^{55}$pa$^{31}$tsi$^{55}$kɔ$^{55}$tʰen$^{33}$
倒尾追，是么啰？看见好快就追上尾诶，就把这个天
siaŋ$^{55}$tsi$^{55}$kɔ$^{55}$waŋ$^{213}$mu$^{31}$niaŋ$^{213}$niaŋ$^{213}$kʰan$^{55}$ken$^{55}$lɔ$^{33}$. kʰan$^{55}$ ken$^{55}$ni$^{33}$, tsɐu$^{55}$tsai$^{55}$tʰa$^{33}$na$^{55}$tʰɐu$^{213}$
上这个王母娘娘看见啰。看见呢，就在她那头
siaŋ$^{55}$ni$^{33}$, neŋ$^{33}$tsi$^{55}$kɔ$^{55}$kiɐm$^{33}$tsʰa$^{33}$zɐt$^{5}$wɐk$^{5}$, tsai$^{55}$tʰa$^{33}$liaŋ$^{31}$kɔ$^{55}$zɐn$^{213}$tsi$^{33}$kan$^{33}$zɐt$^{5}$wɐk$^{5}$, tsɐu$^{55}$pen$^{55}$
上呢，拎住个金钗一划，在他两个人之间一划，就变
seŋ$^{213}$zɐt$^{5}$tʰeu$^{213}$zau$^{55}$fɔt$^{214}$zau$^{55}$ta$^{55}$ti$^{33}$tʰen$^{33}$hɔ$^{213}$, tsɐu$^{55}$pa$^{31}$tʰa$^{33}$liaŋ$^{31}$kɔ$^{55}$zɐn$^{213}$kɐk$^{5}$hai$^{33}$lai$^{213}$.
成一条又阔又大的天河，就把他两个人隔开来。

liaŋ$^{31}$kɔ$^{55}$zɐn$^{213}$kɐk$^{5}$hai$^{33}$lai$^{213}$, a$^{33}$laŋ$^{55}$zau$^{55}$ta$^{55}$, zau$^{55}$sɐm$^{33}$zau$^{55}$fɔt$^{214}$, tem$^{213}$ziaŋ$^{55}$tɐk$^{5}$kɔ$^{55}$lɔ$^{33}$!
两个人隔开来，阿浪又大，又深又阔，怎样得过啰！
ɬɔ$^{31}$zi$^{31}$ni$^{33}$, tʰen$^{33}$siaŋ$^{55}$waŋ$^{213}$mu$^{31}$niaŋ$^{213}$niaŋ$^{213}$ni$^{33}$, ze$^{31}$zau$^{31}$nia$^{31}$tʰoŋ$^{213}$tsʰeŋ$^{213}$ɬiɐm$^{33}$, tʰoŋ$^{213}$tsʰeŋ$^{213}$
所以呢，天上王母娘娘呢，也有[滴仔]同情心，同情
ŋɐu$^{213}$laŋ$^{213}$tsʰɐu$^{55}$tsek$^{5}$ni$^{31}$, si$^{31}$tsoŋ$^{33}$tʰa$^{33}$liaŋ$^{31}$kɔ$^{55}$zɐn$^{213}$tu$^{33}$ziaŋ$^{31}$tou$^{31}$tsɐi$^{31}$e$^{33}$lɔ$^{33}$. zau$^{31}$nia$^{31}$
牛郎凑$^{=}$织女，始终他两个人都养倒仔诶啰。有[滴仔]
tʰoŋ$^{213}$tsʰeŋ$^{213}$ɬiɐm$^{33}$, tsɐu$^{55}$si$^{55}$kaŋ$^{31}$ni$^{33}$, lɐu$^{213}$tʰa$^{33}$ni$^{33}$tsʰɐt$^{5}$zɐt$^{5}$ni$^{33}$, zau$^{55}$ɬiaŋ$^{33}$ken$^{55}$zɐt$^{5}$lɐn$^{213}$.
同情心，就是讲呢，留他呢七日呢，又相见一轮。
mou$^{31}$ti$^{33}$ni$^{33}$, kɐk$^{5}$tou$^{31}$hɔ$^{213}$ni$^{33}$, mou$^{31}$kaŋ$^{31}$a$^{33}$tou$^{31}$wa$^{55}$, tsɐu$^{55}$eu$^{55}$hi$^{31}$ɬiak$^{5}$kʰi$^{55}$pou$^{55}$wa$^{55}$. hi$^{31}$ɬiak$^{5}$ni$^{33}$,
冇知呢，隔倒河呢，冇讲阿倒话，就叫喜鹊去报话。喜鹊呢，
tʰa$^{33}$si$^{55}$ “tsʰiet$^{5}$tsʰiet$^{5}$ ” tseŋ$^{55}$ham$^{31}$, ɬɔ$^{31}$zi$^{31}$kaŋ$^{31}$tou$^{31}$tsʰɐt$^{5}$zet$^{214}$tsʰɐt$^{5}$, tsʰɐt$^{5}$zet$^{214}$tsʰɐt$^{5}$ni$^{33}$, ni$^{31}$tsi$^{55}$hi$^{31}$ɬiak$^{5}$
它是“七七”[这样]喊，所以讲倒七月七，七月七呢，你这喜鹊
ni$^{33}$kaŋ$^{31}$tsʰɔ$^{55}$wa$^{55}$ni$^{33}$, ni$^{31}$tsɐu$^{55}$ai$^{55}$wɐi$^{55}$tʰa$^{33}$liaŋ$^{31}$kɔ$^{55}$zɐn$^{213}$tsu$^{55}$hou$^{31}$ɬi$^{55}$wa$^{33}$! ɬɔ$^{31}$zi$^{31}$ni$^{33}$, tsɐu$^{55}$si$^{55}$,
呢讲错话呢，你就爱为他两个人做好事哇！所以呢，就是，
tou$^{55}$tsʰɐt$^{5}$zet$^{214}$tsʰɐt$^{5}$ni$^{33}$, ŋɐu$^{213}$laŋ$^{213}$tsek$^{5}$ni$^{31}$ɬiaŋ$^{33}$fɐi$^{55}$zɐt$^{5}$ni$^{33}$, tem$^{213}$tsi$^{31}$ɬiaŋ$^{33}$fɐi$^{55}$ni$^{33}$? tsek$^{5}$hi$^{31}$ɬiak$^{5}$
到七月七呢，牛郎织女相会日呢，怎子相会呢？即喜鹊
ni$^{33}$, tsɔ$^{31}$zau$^{55}$ɬi$^{55}$teŋ$^{55}$a$^{3}$hi$^{31}$ɬiak$^{5}$ni$^{33}$, tsɐu$^{55}$tsɐp$^{5}$tsoŋ$^{33}$lai$^{213}$tsi$^{55}$kʰeu$^{213}$nɐi$^{33}$, seŋ$^{213}$tsʰen$^{33}$siaŋ$^{55}$wan$^{55}$,
呢，左右四定$^{=}$阿喜鹊呢，就集中来这桥里，成千上万，
tsɐu$^{55}$ni$^{31}$ŋɐu$^{31}$ŋɔ$^{31}$wɐi$^{31}$, ŋɔ$^{31}$ŋau$^{31}$ni$^{31}$wɐi$^{31}$, tsu$^{55}$seŋ$^{213}$zɐt$^{5}$tʰeu$^{213}$hi$^{31}$ɬiak$^{5}$kʰeu$^{213}$, tsɐu$^{55}$ȵiaŋ$^{55}$tsi$^{55}$
就你咬我尾，我咬你尾，做成一条喜鹊桥，就让这
ŋɐu$^{213}$laŋ$^{213}$tsʰɐu$^{55}$tsek$^{5}$ni$^{31}$, liaŋ$^{31}$kɔ$^{55}$zɐn$^{213}$ni$^{33}$, tsai$^{55}$tsʰɐt$^{5}$zet$^{214}$tsʰɐt$^{5}$ni$^{33}$na$^{55}$zɐt$^{5}$tsɐu$^{55}$ɬiaŋ$^{33}$fɐi$^{55}$.
牛郎凑$^{=}$织女，两个人呢，在七月七呢那日就相会。

（讲述人：陈将文，2015.8）

## （二）年例

ŋɔ$^{31}$kaŋ$^{13}$kaŋ$^{31}$wa$^{213}$lɐu$^{213}$ta$^{55}$tsʰuɐn$^{33}$a$^{55}$nen$^{213}$li$^{55}$. si$^{55}$a$^{33}$tsu$^{31}$koŋ$^{33}$tsʰɔ$^{33}$lai$^{213}$tou$^{55}$wa$^{213}$lɐu$^{213}$,
我讲讲华楼大村阿年例。是阿祖公初来到华楼，
tsɐu$^{55}$seŋ$^{213}$liɐp$^{5}$tsi$^{55}$kɔ$^{55}$nen$^{213}$li$^{55}$. zi$^{31}$tsʰen$^{213}$ni$^{33}$, a$^{33}$nen$^{213}$li$^{55}$ni$^{33}$, ŋɔ$^{31}$ti$^{33}$nen$^{213}$heŋ$^{33}$zɐn$^{213}$ze$^{31}$
就成立这个年例。以前呢，阿年例呢，我的年轻人也
mi$^{55}$zau$^{31}$sek$^{5}$tɐk$^{5}$, tsɐu$^{55}$tʰeŋ$^{33}$a$^{33}$lou$^{31}$zɐn$^{213}$kaŋ$^{31}$ni$^{33}$, a$^{33}$tsu$^{31}$koŋ$^{33}$zɐt$^{5}$lai$^{213}$tou$^{55}$ni$^{33}$, tsɐu$^{55}$seŋ$^{213}$
未有识得，就听阿老人讲呢，阿祖公一来到呢，就成
liɐp$^{5}$tsi$^{55}$kɔ$^{55}$nen$^{213}$li$^{55}$. tsi$^{55}$kɔ$^{55}$nen$^{213}$li$^{55}$ti$^{33}$kɔ$^{55}$tsʰeŋ$^{213}$ni$^{33}$, tsɐu$^{55}$tɐŋ$^{31}$zi$^{213}$zɐt$^{5}$kɔ$^{55}$tset$^{214}$zɐt$^{5}$.
立这个年例。这个年例的过程呢，就等于一个节日。
ta$^{55}$ka$^{33}$ni$^{33}$tsʰɐn$^{33}$tsʰɐt$^{5}$、pʰɐŋ$^{213}$zau$^{31}$、tsi$^{31}$mɐi$^{55}$, tsoŋ$^{55}$ka$^{33}$ni$^{33}$, tsɐu$^{55}$tsɔ$^{55}$kiɐn$^{55}$lai$^{213}$kʰeŋ$^{33}$
大家呢亲戚、朋友、姊妹，众家呢，就坐近来倾
tʰam$^{213}$、kaŋ$^{31}$wa$^{55}$、kou$^{33}$heŋ$^{55}$、tʰen$^{213}$tsɔi$^{55}$, ta$^{55}$ka$^{33}$zɐt$^{5}$hi$^{31}$. tsɐu$^{55}$si$^{55}$tʰaŋ$^{33}$ɐt$^{5}$kɔ$^{55}$ki$^{33}$tsɐi$^{31}$ni$^{33}$,
谈、讲话、高兴、团聚，大家一起。就是劏一个鸡仔呢，
pai$^{55}$pai$^{55}$koŋ$^{33}$. zi$^{31}$tsʰen$^{213}$a$^{33}$zɐn$^{213}$ni$^{33}$ɬɐŋ$^{33}$wɔt$^{214}$kʰuɐn$^{55}$nan$^{213}$, tsu$^{55}$nen$^{213}$li$^{55}$ti$^{33}$si$^{213}$hɐu$^{55}$ni$^{33}$,
拜拜公。以前阿人呢生活困难，做年例的时候呢，
hou$^{31}$pʰok$^{214}$ɬu$^{55}$ti$^{33}$, hou$^{31}$kʰuɐn$^{55}$nan$^{213}$ti$^{33}$, tsɐu$^{55}$si$^{55}$tʰaŋ$^{33}$zɐt$^{5}$kɔ$^{55}$ki$^{33}$, lai$^{213}$kʰi$^{55}$pai$^{55}$koŋ$^{33}$. pai$^{55}$
好朴素的，好困难的，就是劏一个鸡，来去拜公。拜
koŋ$^{33}$ni$^{33}$, zi$^{31}$tsʰen$^{213}$ni$^{33}$tsɐu$^{55}$kau$^{31}$tsi$^{55}$kɔ$^{55}$tɐŋ$^{31}$koŋ$^{33}$. zi$^{31}$tsʰen$^{213}$ti$^{33}$ni$^{33}$, ŋɔ$^{31}$ti$^{33}$nen$^{213}$heŋ$^{33}$mou$^{31}$
公呢，以前呢就搞这个等公。以前的呢，我的年轻冇
sek$^{5}$tɐk$^{5}$, ŋɔ$^{31}$ti$^{33}$sek$^{5}$tɐk$^{5}$ti$^{33}$si$^{213}$hɐu$^{55}$ni$^{33}$, na$^{55}$si$^{213}$tɐŋ$^{31}$koŋ$^{33}$ni$^{33}$, tsɐu$^{55}$si$^{55}$kuaŋ$^{31}$tʰoŋ$^{213}$、kuaŋ$^{31}$
识得，我的识得的时候呢，那时等公呢，就是广同、广
hɔk$^{214}$、kʰiɐm$^{33}$wɐn$^{213}$, na$^{55}$pan$^{33}$lou$^{31}$zɐn$^{213}$, ŋɔ$^{31}$ti$^{33}$tu$^{33}$si$^{55}$eu$^{55}$tsu$^{55}$koŋ$^{33}$koŋ$^{33}$wɐn$^{213}$ti$^{33}$, kuaŋ$^{31}$kuaŋ$^{31}$
学、钦文，那班老人，我的都是叫做公公文的，广广
kʰi$^{55}$ti$^{33}$, tu$^{33}$si$^{55}$eu$^{55}$tsu$^{55}$koŋ$^{33}$koŋ$^{33}$wɐn$^{213}$ti$^{33}$. tʰa$^{33}$nɐi$^{33}$nɐn$^{55}$tsɐi$^{31}$tɐŋ$^{31}$koŋ$^{33}$ni$^{33}$, tsɐu$^{55}$si$^{55}$kuaŋ$^{31}$
去的，都是叫做公公文的。他里[那阵]仔等公呢，就是广
kaŋ$^{33}$tɐŋ$^{31}$koŋ$^{33}$nɐn$^{55}$tsɐi$^{31}$ni$^{33}$，tsɐu$^{55}$si$^{55}$poŋ$^{31}$koŋ$^{33}$. poŋ$^{31}$koŋ$^{33}$, tsɐu$^{55}$si$^{55}$tsai$^{55}$mɐt$^{5}$si$^{213}$hɐu$^{55}$hai$^{33}$tsʰi$^{31}$,
江等公[那阵]仔呢，就是捧公。捧公，就是在乜时候开始，
tsai$^{55}$nen$^{213}$tsʰɔ$^{33}$ɨ$^{55}$ti$^{33}$si$^{213}$hɐu$^{55}$ni$^{33}$，ai$^{55}$kʰi$^{55}$a$^{33}$koŋ$^{33}$men$^{55}$tsʰen$^{213}$na$^{55}$nɐi$^{33}$tet$^{214}$pɐi$^{33}$kau$^{55}$, tet$^{214}$
在年初二的时候呢，爱去阿公面前那里跌杯珓，跌
kɔ$^{55}$a$^{33}$pɐi$^{33}$kau$^{55}$ni$^{33}$, ai$^{55}$pɐi$^{33}$kau$^{55}$tsen$^{31}$, tsiaŋ$^{33}$tɐk$^{5}$kʰi$^{55}$tɐŋ$^{31}$koŋ$^{33}$, a$^{33}$pɐi$^{33}$kau$^{55}$mou$^{31}$tsen$^{31}$ti$^{33}$
过阿杯珓呢，爱杯珓转，将得去等公，阿杯珓冇转的

si213hɐu55ni33, mou31tɐk5kʰi55tɐŋ31koŋ33. tet214zen213e33a33pɐi33kau55e33ni33, a33pɐi33kau55tsen31e33ni33,
时候呢，有得去等公。跌完诶阿杯珓诶呢，阿杯珓转诶呢，
a33koŋ33tʰoŋ213zi55e33lɔ33, tsɐu55kʰi55tɐŋ31koŋ33. tɐŋ31koŋ33tsai55tsʰɔ33ɬam33ma31hɐk5ni33, tsai55tsʰoŋ33
阿公同意诶啰，就去等公。等公在初三马=黑呢，再冲
tseŋ55a33liaŋ213, kau31hou31wɐi55ɬɐŋ33, lɔ31lai213tʰɔ33tsɐi31mok5zep214a33, kiɐm33pok5mok5zep214a33,
净阿凉，搞好卫生，攞来拖仔木叶啊，金卜木叶啊，
mat214tsʰɔŋ213, pau33a33sɔi31, tsʰoŋ33kɔ55liaŋ213, tsiaŋ33lai213kʰi55poŋ31a33koŋ33. poŋ31koŋ33si213hɐu55
抹床，煲阿水，冲过凉，将来去捧阿公。捧公时候
ni33, zi31tsʰen213ni33, tsɐu55si55kɔ55hiaŋ33lu213, na55kɔ55hiaŋ33lu213ni33tsɐu55tai55tʰi55a33koŋ33. tsai55
呢，以前呢，就施个香炉，那个香炉呢就代替阿公。在
poŋ31koŋ33si213hɐu55ni33tu33hou31zet214nau55. tsi33hɐu55ni33, tsʰen33tou31a33tsʰiaŋ213sam33, foŋ55kɔn33,
捧公时候呢都好热闹。之后呢，穿倒阿长衫，凤冠，
tai55tou31ni33kɔn33mau55. nɐn55tsɐi31kʰi55poŋ31koŋ33, poŋ31koŋ33tsɐu55si55heŋ213. nɐn55tsɐi31, tsai55hou31
戴倒呢官帽。[那阵]仔去捧公，捧公就是行。[那阵]仔，在好
zen31lɔ33, tsai55tsʰuɐn33wɐi31na55ha55ti31na55meu55nɐi33ni33. poŋ31koŋ33ni33tsɐu55heŋ213na55koŋ33
远啰，在村尾那下底那庙里呢。捧公呢就行那公
lu55nɐi33hi31, hi31tou55a33hi33tsɐi31, tsai55nɐi33hi55tʰai213, tsai55nɐi33kʰan55hi55. tsai55pai55koŋ33si213hɐu55,
路里起，起到阿墟仔，在里戏台，在里看戏。在捧公时候，
tsai55lu55siaŋ55ni33, a33zɐn213tsɐu55seu33pʰau55. zi31tsʰen213ni33, a33zɐn213kʰoŋ213, seu33a33pʰau55ni33
在路上呢，阿人就烧炮。以前呢，阿人穷，烧阿炮呢
tsɐu55hou31ten31, mi55zau31zi213kiɐm33tseŋ55zet214nau55ti33wa33. zi31tsʰen213tsɐu55si55kan31kan31
就好短，未有如今[这样]热闹的哇。以前就是简简
tan33tan33. tɐŋ31a33koŋ33hi31lai213kʰan55hi55lɔ33. ŋɔ31ti33nen213li55si55mɐt5ti33si213hɐu55hai33tsʰi31
单单。等阿公起来看戏啰。我的年例是乜的时候开始
tsu55hi55ti33ni33? zi31tsʰen213ni33tsɐu55si55tsai55nen213tsʰɔ33ɬi55sɐp5ɨ55tem31tsoŋ33, tsɐu55si55tsai55sɐp5
做戏的呢？以前呢就是在年初四十二点钟，就是在十
zɐt5tem31tsoŋ33ni33tɐŋ31a33koŋ33hi31lai213, a33koŋ33zɐt5tou55wɐi55zi31hɐu55, a33hi55pan33lou31na55
一点钟呢等阿公起来，阿公一到位以后，阿戏班佬那=
tɐk5tsu55hi55ti33. zi31tsʰen213tsu55hi55ni33si55tsu55zet214kek5, tsu55zet214kek5si55tsai55nen213tsʰɔ33
得做戏的。以前做戏呢是做粤剧，做粤剧是在年初
ɬi55, sɐp5ɨ55tem31tsoŋ33tsiaŋ33tsu55hi55ti33, tsu55pa31koŋ33kʰan55. meŋ213seŋ33si55pa31koŋ33kʰan55ti33,
四，十二点钟将做戏的，做把公看。名声是把公看的，

tsoŋ$^{55}$ka$^{33}$k$^{h}$an$^{55}$ti$^{33}$lɔ$^{33}$. hou$^{31}$zet$^{214}$nau$^{55}$ti$^{33}$. zi$^{31}$ts$^{h}$en$^{213}$, mi$^{55}$zau$^{31}$ts$^{h}$en$^{213}$, a$^{33}$zɐn$^{31}$k$^{h}$oŋ$^{213}$,
众家看的啰。好热闹的。以前，未有钱，阿人穷，
tsu$^{55}$na$^{213}$nɐi$^{33}$hi$^{55}$ni$^{33}$? si$^{55}$tsu$^{55}$nɐi$^{33}$ŋ$^{31}$tsɐu$^{33}$hi$^{55}$a$^{33}$, na$^{55}$nɐi$^{33}$p$^{h}$eŋ$^{213}$p$^{h}$eŋ$^{213}$ts$^{h}$iaŋ$^{213}$ts$^{h}$iaŋ$^{213}$
做哪里戏呢？是做里梧州戏啊，那里平平常常
ti$^{33}$a$^{33}$. na$^{55}$nɐi$^{33}$zet$^{214}$kek$^{5}$si$^{55}$ts$^{h}$en$^{33}$ki$^{31}$mɐn$^{33}$ts$^{h}$en$^{213}$zɐt$^{5}$pɐn$^{31}$ti$^{33}$, tsɐu$^{55}$mou$^{31}$si$^{55}$hou$^{31}$
的啊。那里粤剧是千几文钱一本的，就冇是好
leŋ$^{55}$ti$^{33}$zet$^{214}$kek$^{5}$. tsu$^{55}$tou$^{31}$mɐt$^{5}$si$^{213}$hɐu$^{55}$ni$^{33}$? tsu$^{55}$tou$^{55}$nen$^{213}$ts$^{h}$ɔ$^{33}$ɬi$^{55}$、nen$^{213}$ts$^{h}$ɔ$^{33}$wu$^{31}$、
靓的粤剧。做到乜时候呢？做到年初四、年初五、
nen$^{213}$ts$^{h}$ɔ$^{33}$lok$^{5}$, tsɐu$^{55}$zɐt$^{5}$koŋ$^{55}$tsu$^{55}$ɬi$^{55}$pɐn$^{31}$zet$^{214}$kek$^{5}$, tsɐu$^{55}$tsu$^{55}$tou$^{55}$nen$^{213}$ts$^{h}$ɔ$^{33}$ts$^{h}$ɐt$^{5}$.
年初六，就一共做四本粤剧，就做到年初七。
nen$^{213}$ts$^{h}$ɔ$^{33}$ts$^{h}$ɐt$^{5}$ni$^{33}$, tsɐu$^{55}$si$^{55}$k$^{h}$iɐt$^{5}$zen$^{213}$a$^{33}$tseu$^{33}$, pai$^{55}$zen$^{213}$a$^{33}$koŋ$^{33}$. pai$^{55}$zen$^{213}$a$^{33}$koŋ$^{33}$ham$^{31}$
年初七呢，就是吃完阿朝，拜完阿公。拜完阿公喊
tsu$^{55}$ɬoŋ$^{55}$koŋ$^{55}$. ta$^{55}$ka$^{33}$pai$^{55}$zen$^{213}$a$^{33}$koŋ$^{33}$e$^{33}$lɔ$^{33}$, tsɐu$^{55}$ɬoŋ$^{55}$koŋ$^{55}$, zau$^{55}$tsiaŋ$^{33}$wɐi$^{213}$ta$^{55}$meu$^{55}$
作送公。大家拜完阿公诶啰，就送公，又将回大庙
ti$^{33}$. tsi$^{55}$kɔ$^{55}$nen$^{213}$li$^{55}$a$^{33}$kɔ$^{55}$ts$^{h}$eŋ$^{213}$tsɐu$^{55}$si$^{55}$tseŋ$^{55}$ziaŋ$^{55}$tsi$^{31}$ti$^{33}$.
的。这个年例阿过程就是[这样]样子的。

zi$^{213}$kiɐm$^{33}$a$^{33}$nen$^{213}$li$^{55}$ni$^{33}$, hɐu$^{55}$ɬɐŋ$^{33}$zɐn$^{213}$ni$^{33}$, zi$^{213}$kiɐm$^{33}$ni$^{33}$tsu$^{55}$tou$^{31}$ɬɐŋ$^{33}$wɔt$^{214}$hou$^{31}$e$^{33}$.
如今阿年例呢，后生人呢，如今呢做倒生活好诶。
fɐn$^{33}$hai$^{33}$t$^{h}$en$^{213}$zi$^{31}$hɐu$^{55}$, tsoŋ$^{55}$ka$^{33}$ni$^{33}$, hɐu$^{55}$ɬɐŋ$^{33}$tsɐi$^{31}$ni$^{33}$, kɔk$^{214}$nɐm$^{31}$kɔk$^{214}$zɐn$^{213}$ti$^{33}$ɬiaŋ$^{31}$fat$^{214}$,
分开田以后，众家呢，后生仔呢，各恁各人的想法，
tsu$^{55}$ɬɐŋ$^{33}$zi$^{55}$ti$^{33}$zau$^{31}$, ta$^{31}$koŋ$^{33}$ti$^{33}$zau$^{31}$, tsu$^{55}$tou$^{31}$ɬɐŋ$^{33}$wɔt$^{214}$zi$^{213}$kiɐm$^{33}$hou$^{31}$e$^{33}$. zi$^{213}$kiɐm$^{33}$tsu$^{55}$
做生意的有，打工的有，做倒生活如今好诶。如今做
nen$^{213}$li$^{55}$hou$^{31}$zet$^{214}$nau$^{55}$ti$^{33}$e$^{33}$. tsɐu$^{55}$tsai$^{55}$sɐp$^{5}$ɨ$^{55}$zet$^{214}$ɨ$^{55}$sɐp$^{5}$wu$^{31}$tsɐu$^{55}$hai$^{33}$ts$^{h}$i$^{31}$tsu$^{55}$hi$^{55}$. tsɐu$^{55}$
年例好热闹的诶。就在十二月二十五就开始做戏。就
ts$^{h}$en$^{213}$pu$^{55}$si$^{55}$na$^{55}$hɐu$^{55}$ɬɐŋ$^{33}$pan$^{33}$a$^{33}$, ken$^{33}$fɔn$^{31}$ken$^{33}$ts$^{h}$en$^{213}$. ken$^{33}$fɔn$^{31}$ken$^{33}$ts$^{h}$en$^{213}$lai$^{213}$tsu$^{55}$ni$^{33}$,
全部是那后生班啊，捐款捐钱。捐款捐钱来做呢，
a$^{33}$p$^{h}$eŋ$^{213}$zi$^{213}$ti$^{33}$tu$^{33}$ai$^{55}$liaŋ$^{31}$ts$^{h}$en$^{33}$ki$^{31}$mɐn$^{33}$ts$^{h}$en$^{213}$ɐt$^{5}$pɐn$^{31}$; a$^{33}$kuɐi$^{55}$ti$^{33}$ni$^{33}$, nen$^{213}$ɬa$^{213}$wan$^{31}$
阿平宜的都爱两千几文钱一本；阿贵的呢，年卅晚
na$^{55}$ma$^{31}$hɐk$^{5}$tsu$^{55}$ti$^{33}$hi$^{55}$ni$^{33}$, zɐt$^{5}$pɔn$^{33}$tu$^{33}$ai$^{55}$ɬi$^{55}$wu$^{31}$ts$^{h}$en$^{33}$mɐn$^{33}$ts$^{h}$en$^{213}$zɐt$^{5}$pɐn$^{31}$.
那马⁼黑做的戏呢，一般都爱四五千文钱一本。

tsɐu$^{55}$zi$^{213}$kiɐm$^{33}$ni$^{33}$, tsɐu$^{55}$si$^{55}$ts$^{h}$iaŋ$^{33}$liɐp$^{5}$a$^{33}$, sɐp$^{5}$ki$^{31}$nen$^{213}$zi$^{31}$lai$^{213}$, tsɐu$^{55}$si$^{55}$ts$^{h}$iaŋ$^{33}$liɐp$^{5}$
就如今呢，就是昌立啊，十几年以来，就是昌立

tsu$^{55}$tsok$^{5}$tsiaŋ$^{31}$. t$^{h}$a$^{33}$a$^{33}$nen$^{213}$ki$^{31}$kɐu$^{55}$heŋ$^{33}$, t$^{h}$a$^{33}$tsɐu$^{55}$kɐu$^{55}$zau$^{31}$kan$^{55}$keŋ$^{55}$, t$^{h}$a$^{33}$tsu$^{55}$tou$^{31}$ni$^{33}$
做族长。他阿年纪够轻，他就够有干劲，他做倒呢

na$^{55}$hɐu$^{55}$ɬɐŋ$^{33}$pan$^{33}$ni$^{33}$, tsɐu$^{55}$hou$^{33}$tsi$^{33}$ts$^{h}$i$^{213}$t$^{h}$a$^{33}$, tsɐu$^{55}$hou$^{31}$ni$^{33}$fɐi$^{33}$ts$^{h}$iaŋ$^{213}$zet$^{214}$nau$^{55}$. mɐi$^{31}$ka$^{33}$
那后生班呢，就好支持他，做倒呢非常热闹。每家

mɐi$^{31}$fu$^{55}$ni$^{33}$, zi$^{213}$kiɐm$^{33}$ni$^{33}$, a$^{33}$tɔ$^{33}$ti$^{33}$ni$^{33}$, zau$^{31}$ɨ$^{55}$sɐp$^{5}$ki$^{31}$t$^{h}$ai$^{213}$; a$^{33}$seu$^{31}$ti$^{33}$ni$^{33}$, tsɔi$^{55}$seu$^{31}$
每户呢，如今呢，阿多的呢，有二十几台；阿少的呢，最少

ti$^{33}$ni$^{33}$tu$^{33}$zau$^{31}$wu$^{31}$lok$^{5}$t$^{h}$ai$^{213}$. tsi$^{55}$kɔ$^{55}$keŋ$^{33}$tsi$^{55}$hai$^{33}$tsi$^{33}$a$^{33}$, ze$^{31}$ai$^{55}$hou$^{31}$ta$^{55}$ti$^{33}$. tsu$^{55}$a$^{33}$kɔ$^{55}$
的呢都有五六台。这个经济开支啊，也爱好大的。做阿个

nen$^{213}$li$^{55}$ni$^{33}$, k$^{h}$u$^{33}$ki$^{55}$ni$^{33}$, wa$^{213}$lɐu$^{213}$ni$^{33}$, ŋɔ$^{31}$k$^{h}$an$^{55}$ni$^{33}$, a$^{33}$tɔ$^{33}$ts$^{h}$en$^{213}$ti$^{33}$ni$^{33}$, tu$^{33}$ai$^{55}$si$^{31}$kɔ$^{55}$
年例呢，估计呢，华楼呢，我看呢，阿多钱的呢，都爱使过

wan$^{55}$ta$^{55}$ki$^{31}$liaŋ$^{31}$wan$^{55}$mɐn$^{33}$tsi$^{31}$, zɐt$^{5}$kɔ$^{55}$nen$^{213}$li$^{55}$. a$^{33}$tsɔi$^{55}$mou$^{31}$ts$^{h}$en$^{213}$ti$^{33}$ni$^{33}$, tu$^{55}$ai$^{55}$ɬam$^{33}$
万大几两万文纸，一个年例。阿最有钱的呢，都爱三

ki$^{31}$ts$^{h}$en$^{33}$a$^{33}$. tseŋ$^{55}$kaŋ$^{31}$, a$^{33}$tsɔi$^{55}$kan$^{31}$tan$^{33}$ti$^{33}$la$^{33}$. tsu$^{55}$nen$^{213}$li$^{55}$, si$^{55}$tsai$^{55}$wa$^{213}$lɐu$^{213}$hi$^{33}$tsɐi$^{31}$.
几千啊。[这样]讲，阿最简单的啦。做年例，是在华楼墟仔。

tsi$^{55}$kɔ$^{55}$zet$^{214}$nau$^{55}$a$^{33}$, tsi$^{55}$kɔ$^{55}$sɐu$^{33}$zɐp$^{5}$a$^{33}$, ze$^{31}$sɐu$^{33}$zɐp$^{5}$hou$^{31}$ta$^{55}$. zɐn$^{213}$lai$^{213}$zɐn$^{213}$waŋ$^{31}$,
这个热闹啊，这个收入啊，也收入好大。人来人往，

hou$^{31}$tɔ$^{33}$zɐn$^{213}$, hou$^{31}$ȵioŋ$^{213}$. tsai$^{55}$tsi$^{55}$zi$^{213}$kiɐm$^{33}$tsu$^{55}$nen$^{213}$li$^{55}$, kɔ$^{55}$si$^{55}$ts$^{h}$iaŋ$^{213}$a$^{33}$, mai$^{55}$ts$^{h}$ai$^{55}$a$^{33}$,
好多人，好浓。在这如今做年例，个市场啊，卖菜啊，

tsai$^{55}$nen$^{213}$ts$^{h}$ɔ$^{33}$ɬam$^{33}$na$^{55}$ma$^{31}$ze$^{55}$a$^{33}$, tsɐu$^{55}$mai$^{55}$t$^{h}$oŋ$^{33}$ɬeu$^{33}$ti$^{33}$. ts$^{h}$oŋ$^{33}$ts$^{h}$ai$^{55}$, zi$^{213}$a$^{33}$, ha$^{55}$a$^{33}$,
在年初三那马$^{=}$夜啊，就卖通宵的。葱菜，鱼啊，虾啊，

ɬɔ$^{31}$zau$^{31}$tsu$^{55}$nen$^{213}$li$^{55}$ti$^{33}$ts$^{h}$ai$^{55}$a$^{33}$, mɐk$^{5}$zi$^{213}$, mɐt$^{5}$tu$^{33}$ts$^{h}$i$^{213}$tsai$^{55}$na$^{55}$nɐi$^{33}$tou$^{31}$.
所有做年例的菜啊，墨鱼，乜都齐在那里倒。

tsɐu$^{55}$si$^{55}$, tsi$^{55}$kɔ$^{55}$nen$^{213}$li$^{55}$ni$^{33}$, tsɐu$^{55}$si$^{55}$ts$^{h}$iaŋ$^{33}$liɐp$^{5}$ni$^{33}$, tsu$^{55}$tsok$^{5}$tsiaŋ$^{31}$ni$^{33}$, kau$^{31}$hi$^{31}$lai$^{213}$ni$^{33}$,
就是，这个年例呢，就是昌立呢，做族长呢，搞起来呢，

tsɐu$^{55}$pi$^{31}$kau$^{55}$ȵioŋ$^{213}$t$^{h}$ai$^{213}$, kɐu$^{55}$zau$^{31}$kan$^{55}$keŋ$^{55}$. tsai$^{55}$tsu$^{55}$nen$^{213}$li$^{55}$na$^{55}$t$^{h}$en$^{33}$, tsɐu$^{55}$si$^{55}$nen$^{213}$
就比较浓台，够有干劲。在做年例那天，就是年

ts$^{h}$ɔ$^{33}$ɬi$^{55}$na$^{55}$zɐt$^{5}$a$^{33}$, tsi$^{55}$kɔ$^{55}$tsi$^{55}$an$^{33}$ni$^{33}$, kau$^{31}$tou$^{31}$ni$^{33}$fɐi$^{33}$ts$^{h}$iaŋ$^{213}$hou$^{31}$. ȵien$^{213}$lai$^{213}$ni$^{33}$,
初四那日啊，这个治安呢，搞倒呢非常好。原来呢，

tsɐu$^{55}$si$^{55}$wa$^{213}$lɐu$^{213}$ni$^{33}$, a$^{33}$ts$^{h}$uɐn$^{33}$wɐi$^{31}$fɐi$^{55}$na$^{55}$nɐi$^{33}$tsi$^{55}$an$^{33}$. tsi$^{55}$an$^{33}$ni$^{33}$, zi$^{31}$hɐu$^{55}$ni$^{33}$zau$^{55}$
就是华楼呢，阿村委会那里治安。治安呢，以后呢又

kai$^{31}$ɬan$^{55}$e$^{33}$lɔ$^{33}$, tsi$^{55}$kɔ$^{55}$wa$^{213}$lɐu$^{213}$tsɐu$^{55}$mou$^{31}$zau$^{31}$tsi$^{55}$an$^{33}$tɔi$^{55}$e$^{33}$, siaŋ$^{55}$t$^{h}$ɐu$^{213}$mou$^{31}$zau$^{31}$keŋ$^{33}$
解散诶啰，这个华楼就冇有治安队诶，上头冇有经

fɐi$^{55}$pʰɔt$^{214}$, a$^{33}$tsʰuɐn$^{33}$wɐi$^{31}$fɐi$^{55}$tsɐu$^{55}$mou$^{31}$nɐŋ$^{213}$kɐu$^{55}$hai$^{33}$tsi$^{33}$tsi$^{55}$pan$^{33}$tsi$^{55}$an$^{33}$tɔi$^{55}$. tsi$^{55}$kɔ$^{55}$
费拨，阿村委会就冇能够开支这班治安队。这个

tsi$^{55}$an$^{33}$tɔi$^{55}$ɬan$^{55}$e$^{33}$, tsɐu$^{55}$mou$^{31}$zau$^{31}$tsi$^{55}$an$^{33}$tɔi$^{55}$kɔn$^{31}$e$^{33}$, tsɐu$^{55}$tsai$^{55}$tsʰuɐn$^{33}$tsoŋ$^{33}$na$^{55}$nɐi$^{33}$,
治安队散诶，就冇有治安队管诶，就在村中那里，

wɐn$^{31}$na$^{55}$nɐi$^{33}$taŋ$^{33}$peŋ$^{33}$tsɐi$^{31}$, tʰɔi$^{55}$wu$^{31}$wɐi$^{213}$lai$^{213}$na$^{55}$nɐi$^{33}$ti$^{33}$, tsʰen$^{213}$pu$^{55}$wɐn$^{31}$na$^{55}$pan$^{33}$.
揾那里当兵仔，退伍回来那里的，全部揾那班。

tsɐu$^{55}$tsʰen$^{33}$hi$^{31}$na$^{55}$fok$^{5}$tsɔŋ$^{33}$, kiɐn$^{33}$tsɔŋ$^{33}$, zau$^{31}$tɔi$^{55}$kaŋ$^{31}$ki$^{33}$, mɐt$^{5}$ti$^{33}$tu$^{33}$tsʰi$^{213}$. tɔi$^{55}$kaŋ$^{31}$ki$^{33}$ni$^{33}$,
就穿起那服装，军装，有对讲机，乜的都齐。对讲机呢，

kɔn$^{31}$li$^{31}$tsi$^{55}$kɔ$^{55}$kiau$^{33}$tʰoŋ$^{33}$. kiau$^{33}$tʰoŋ$^{33}$tsai$^{55}$na$^{213}$nɐi$^{33}$kɔn$^{31}$lai$^{213}$ni$^{33}$? tsɐu$^{55}$zɐt$^{5}$tsɐk$^{5}$ni$^{33}$
管理这个交通。交通在哪里管来呢？就一直呢

tsai$^{55}$kɐŋ$^{55}$tsɐi$^{31}$kʰeu$^{213}$pu$^{55}$tsi$^{55}$tou$^{55}$ni$^{33}$ŋɔ$^{31}$ti$^{33}$wa$^{213}$lɐu$^{213}$lu$^{55}$nɐi$^{33}$, kʰi$^{55}$tou$^{55}$pɔk$^{214}$tsɐi$^{31}$ha$^{55}$
在迳仔桥布置到呢我的华楼路里，去到博仔霞

na$^{55}$ɬi$^{55}$kɔ$^{55}$lu$^{55}$hɐu$^{31}$. na$^{55}$ɬi$^{55}$kɔ$^{55}$lu$^{55}$hɐu$^{31}$ni$^{33}$si$^{55}$tek$^{5}$sɔi$^{31}$、kʰi$^{55}$sɔi$^{31}$toŋ$^{33}$kiau$^{33}$tsʰa$^{33}$lu$^{55}$hɐu$^{31}$,
那四个路口。那四个路口呢是滴水、去水东交叉路口，

zɐt$^{5}$kɔ$^{55}$kʰi$^{55}$tan$^{55}$tsʰiaŋ$^{213}$lu$^{55}$hɐu$^{31}$, zɐt$^{5}$kɔ$^{55}$zɐp$^{5}$wa$^{213}$lɐu$^{213}$lu$^{55}$hɐu$^{31}$, zɐt$^{5}$kɔ$^{55}$kʰi$^{55}$pɔk$^{214}$tsɐi$^{31}$
一个去旦场路口，一个入华楼路口，一个去博仔

ha$^{55}$lu$^{55}$hɐu$^{31}$. na$^{55}$ɬi$^{55}$wu$^{31}$kɔ$^{55}$lu$^{55}$hɐu$^{31}$ni$^{33}$zi$^{31}$keŋ$^{33}$kap$^{214}$kiɐn$^{55}$tsoŋ$^{33}$ɬiɐm$^{33}$tem$^{31}$ni$^{33}$, na$^{55}$tsi$^{55}$an$^{33}$ni$^{33}$,
霞路口。那四五个路口呢已经佮近中心点呢，那治安呢，

kɔn$^{31}$li$^{31}$tou$^{31}$fɐi$^{33}$tsʰiaŋ$^{213}$hou$^{31}$. na$^{55}$pok$^{5}$teŋ$^{55}$a$^{33}$zɐn$^{213}$ni$^{33}$tʰai$^{55}$tɔ$^{33}$, zau$^{31}$si$^{213}$hɐu$^{55}$ɬɐt$^{5}$tsʰe$^{33}$,
管理倒非常好。那卜$^{=}$定$^{=}$阿人呢太多，有时候塞车，

zɐt$^{5}$mou$^{31}$kɔn$^{31}$li$^{31}$hou$^{31}$, zɐt$^{5}$ɬɐt$^{5}$ni$^{33}$tsɐu$^{55}$ɬɐt$^{5}$ɬam$^{33}$ki$^{31}$kɔ$^{55}$tsoŋ$^{33}$tʰɐu$^{213}$, zɐt$^{5}$pɔn$^{33}$tu$^{33}$ɬam$^{33}$kɔ$^{55}$
一冇管理好，一塞呢就塞三几个钟头，一般都三个

tsoŋ$^{33}$tʰɐu$^{213}$lɔ$^{33}$. tsɐu$^{55}$tsai$^{55}$na$^{55}$nɐi$^{33}$, tsi$^{55}$an$^{33}$tɔi$^{55}$ni$^{33}$, ki$^{31}$si$^{213}$tu$^{33}$pʰai$^{55}$ɬi$^{55}$wu$^{31}$kɔ$^{55}$kʰi$^{55}$na$^{55}$nɐi$^{33}$,
钟头啰。就在那里，治安队呢，几时都派四五个去那里，

zɐt$^{5}$tsek$^{5}$tsɐu$^{55}$kɔn$^{31}$tou$^{55}$wa$^{213}$lɐu$^{213}$hi$^{33}$, mɐi$^{31}$zɐt$^{5}$kɔ$^{55}$lu$^{55}$hɐu$^{31}$tu$^{33}$zɐt$^{5}$kɔ$^{55}$zɐn$^{213}$. ki$^{31}$si$^{213}$tu$^{33}$
一直就管到华楼墟，每一个路口都一个人。几时都

zau$^{31}$ɨ$^{55}$sɐp$^{5}$ki$^{31}$kɔ$^{55}$tsi$^{55}$an$^{33}$tɔi$^{55}$. tsʰen$^{213}$pu$^{55}$si$^{55}$nɐi$^{33}$taŋ$^{33}$peŋ$^{33}$tʰui$^{55}$wu$^{31}$fok$^{5}$zek$^{5}$wɐi$^{213}$na$^{55}$nɐi$^{33}$
有二十几个治安队。全部是里当兵退伍服役回那里

hɐu$^{55}$ɬɐŋ$^{33}$pan$^{33}$. zau$^{31}$tɔi$^{55}$kaŋ$^{31}$ki$^{33}$, zau$^{31}$fok$^{5}$tsɔŋ$^{33}$, kɔn$^{31}$li$^{31}$ni$^{33}$fɐi$^{33}$tsʰiaŋ$^{213}$hou$^{31}$. zi$^{213}$kiɐm$^{33}$ni$^{33}$,
后生班。有对讲机，有服装，管理呢非常好。如今呢，

tsɐu$^{55}$si$^{55}$ni$^{33}$, a$^{33}$tsʰɐn$^{213}$tsʰiaŋ$^{33}$liɐp$^{5}$ni$^{33}$, tsu$^{55}$tsi$^{55}$kɔ$^{55}$tsok$^{5}$tsiaŋ$^{31}$, tɔi$^{55}$tsi$^{55}$kɔ$^{55}$nen$^{213}$li$^{55}$ni$^{33}$si$^{55}$
就是呢，阿陈昌立呢，做这个族长，对这个年例呢是

fɐi$^{33}$ts$^{h}$iaŋ$^{213}$tsoŋ$^{55}$si$^{55}$. tsai$^{55}$tɐŋ$^{31}$koŋ$^{33}$ti$^{33}$si$^{213}$hɐu$^{55}$ni$^{33}$, tsɐu$^{55}$tsai$^{55}$nen$^{213}$ts$^{h}$ɔ$^{33}$ɨ$^{55}$tsɐu$^{55}$tsu$^{55}$hou$^{31}$
非常重视。在等公的时候呢，就在年初二就做好
tsɐn$^{31}$pi$^{55}$e$^{33}$, k$^{h}$i$^{55}$tsu$^{33}$na$^{55}$ti$^{33}$k$^{h}$uɐn$^{213}$a$^{33}$, fɐi$^{33}$ts$^{h}$iaŋ$^{213}$leŋ$^{55}$na$^{55}$ti$^{33}$k$^{h}$uɐn$^{213}$a$^{33}$, ham$^{31}$tsu$^{55}$ foŋ$^{55}$
准备诶，去租那的裙啊，非常靓那的裙啊，喊做凤
kɔn$^{33}$k$^{h}$uɐn$^{213}$, pa$^{31}$na$^{55}$leŋ$^{55}$mɐi$^{55}$a$^{33}$, hɐu$^{55}$ɬɐŋ$^{33}$mɐi$^{55}$a$^{33}$, zɐt$^{5}$pɔn$^{33}$si$^{55}$sɐp$^{5}$ts$^{h}$ɐt$^{5}$pat$^{214}$ɬɔi$^{55}$na$^{55}$ti$^{33}$
冠裙，把那靓妹啊，后生妹啊，一般是十七八岁那的
mɐi$^{55}$tsɐi$^{31}$, ts$^{h}$en$^{213}$pu$^{55}$si$^{55}$na$^{55}$mɐi$^{31}$ni$^{31}$ts$^{h}$ɐu$^{55}$na$^{55}$hɐu$^{55}$ɬɐŋ$^{33}$tsɐi$^{31}$, ts$^{h}$en$^{33}$zɐt$^{5}$tsi$^{55}$, zɐt$^{5}$ziaŋ$^{55}$kɔ$^{55}$
妹仔，全部是那美女凑⁼那后生仔，穿一致，一样个
ti$^{33}$k$^{h}$uɐn$^{213}$, hou$^{31}$leŋ$^{55}$, ts$^{h}$en$^{33}$tou$^{31}$. a$^{33}$koŋ$^{33}$ni$^{33}$, tsɐu$^{55}$si$^{55}$tsɔ$^{55}$keu$^{55}$kaŋ$^{33}$hi$^{31}$lai$^{213}$ti$^{33}$. zi$^{31}$ts$^{h}$en$^{213}$
的裙，好靓，穿倒。阿公呢，就是坐轿扛起来的。以前
tsɐu$^{55}$si$^{55}$hiaŋ$^{33}$lu$^{213}$ti$^{33}$, zi$^{213}$kiɐm$^{33}$ni$^{33}$, ta$^{55}$ka$^{33}$tsu$^{55}$tou$^{31}$zau$^{31}$ts$^{h}$en$^{213}$e$^{33}$lɔ$^{33}$, ta$^{55}$ka$^{33}$ken$^{33}$
就是香炉的，如今呢，大家做倒有钱诶啰，大家捐
fɔn$^{31}$tsu$^{55}$hi$^{31}$tsi$^{55}$kɔ$^{55}$meu$^{55}$. tsi$^{55}$kɔ$^{55}$meu$^{55}$ni$^{33}$, tsɐu$^{55}$si$^{55}$wu$^{31}$fok$^{5}$keŋ$^{55}$tsi$^{31}$ti$^{33}$meu$^{55}$, tsɐu$^{55}$si$^{55}$tsu$^{55}$
款做起这个庙。这个庙呢，就是五福境主的庙，就是做
hi$^{31}$a$^{33}$koŋ$^{33}$tsai$^{55}$nɐi$^{33}$tsɔ$^{55}$tou$^{31}$e$^{33}$. tsɐu$^{55}$zi$^{213}$kiɐm$^{33}$ni$^{33}$zau$^{55}$tsu$^{55}$tou$^{31}$a$^{33}$keu$^{55}$tsai$^{55}$nɐi$^{33}$. tsu$^{55}$
起阿公在里坐倒诶。就如今呢又做到阿轿在里。做
nen$^{213}$li$^{55}$ni$^{33}$, k$^{h}$i$^{55}$tɐŋ$^{31}$koŋ$^{33}$ti$^{33}$si$^{213}$hɐu$^{55}$ni$^{33}$, a$^{33}$koŋ$^{33}$tsɐu$^{55}$si$^{55}$tsɔ$^{55}$keu$^{55}$hi$^{31}$ti$^{33}$. tsɐu$^{55}$zau$^{31}$
年例呢，去等公的时候呢，阿公就是坐轿起的。就有
hoŋ$^{213}$k$^{h}$i$^{213}$lɔ$^{33}$, ta$^{31}$lɔ$^{213}$ta$^{31}$ku$^{31}$lɔ$^{33}$. a$^{33}$lu$^{55}$pen$^{33}$nɐi$^{33}$ni$^{33}$, tsɐu$^{55}$ts$^{h}$ap$^{214}$hou$^{31}$tɔ$^{33}$k$^{h}$i$^{213}$tsɐi$^{31}$, fɐi$^{33}$
红旗啰，打锣打鼓啰。阿路边里呢，就插好多旗仔，非
ts$^{h}$iaŋ$^{213}$zet$^{214}$nau$^{55}$. ze$^{31}$k$^{h}$ua$^{55}$hou$^{31}$tɔ$^{33}$wɐŋ$^{213}$ŋɐk$^{5}$, ɬi$^{5}$lok$^{5}$lu$^{55}$tu$^{33}$k$^{h}$ua$^{55}$tou$^{31}$hou$^{31}$tɔ$^{33}$wɐŋ$^{213}$ŋɐk$^{5}$.
常热闹。也挂好多横额，四六路都挂倒好多横额。
kɔ$^{31}$tsi$^{31}$, p$^{h}$u$^{55}$toŋ$^{33}$ɬi$^{33}$ni$^{33}$tsɐu$^{55}$mou$^{31}$tɐk$^{5}$tsai$^{55}$lu$^{55}$siaŋ$^{55}$pai$^{31}$, tsɐu$^{55}$tsi$^{31}$nɐŋ$^{213}$zɐp$^{5}$tou$^{55}$ts$^{h}$ai$^{55}$
果子，铺东西呢就冇得在路上摆，就只能入到菜
si$^{55}$li$^{31}$t$^{h}$ɐu$^{213}$pai$^{31}$. tsi$^{55}$kɔ$^{55}$tsi$^{55}$an$^{33}$ni$^{33}$, kɔn$^{31}$tou$^{31}$fɐi$^{33}$ts$^{h}$iaŋ$^{213}$hou$^{31}$. tsai$^{55}$tɐŋ$^{31}$koŋ$^{33}$ti$^{33}$si$^{213}$
市里头摆。这个治安呢，管倒非常好。在等公的时
hɐu$^{55}$ni$^{33}$, a$^{33}$koŋ$^{33}$ni$^{33}$tsɐu$^{55}$ai$^{55}$keŋ$^{33}$nɐi$^{33}$ta$^{55}$lu$^{55}$nɐi$^{33}$hi$^{31}$, tsai$^{55}$zɐn$^{213}$ki$^{31}$mɐn$^{213}$hɐu$^{31}$kɔ$^{55}$. mɐi$^{31}$
候呢，阿公呢就爱经里大路里起，在人己门口过。每
zɐt$^{55}$kɔ$^{55}$zɐn$^{213}$ti$^{33}$mɐn$^{213}$hɐu$^{31}$ni$^{33}$, tu$^{33}$zau$^{31}$zɐt$^{5}$t$^{h}$eu$^{213}$p$^{h}$au$^{55}$tsai$^{55}$nɐi$^{33}$teu$^{55}$tou$^{31}$. tsɐu$^{55}$zɐt$^{5}$fu$^{55}$
一个人的门口呢，都有一条炮在里吊倒。就一副
ɬam$^{33}$ɬɐŋ$^{33}$. a$^{33}$ɬam$^{33}$ɬɐŋ$^{33}$ni$^{33}$, a$^{33}$ki$^{33}$a$^{33}$hɐu$^{31}$a$^{33}$, tsɐu$^{55}$foŋ$^{33}$kɔ$^{55}$foŋ$^{33}$pau$^{33}$k$^{h}$i$^{55}$na$^{55}$hɐu$^{31}$na$^{55}$nɐi$^{33}$,
三牲。阿三牲呢，阿鸡阿口啊，就封个封包去那口那里，

a33hɐu31kap214na55nɐi33ɬep214tou31, tsɐu55mɐi31zau31kɔ55foŋ33pau33. a33koŋ33tou55mɐi31zɐt5kɔ55
阿口 夹 那里 □[①] 倒，就 每 有 个 封 包。阿公 到 每 一个
zɐn213a33mɐn213hɐu31na55nɐi33ni33, tsɐu55ta55ka33ham31tsu55tɐŋ31koŋ33、tsep214koŋ33, ta55ka33tsɐu55
人 阿门 口 那里 呢，就 大家 喊 做 等公、接 公，大家就
hou31kou33heŋ55, tsai55nɐi55pai55koŋ33. ni33pʰau55ni33tsɐu55zɐt5tsek5pʰai213tou31si55tsʰiaŋ213na55
好 高 兴，在 里 拜 公。呢炮 呢就 一直 排 倒 市场 那
nɐi33. ŋɔ31ti33ni33, ŋɔ31ti33a33zɐn213tsɐu55li213si55tsʰiaŋ213pi31kau55zen31. ŋɔ31a33pʰau55ni33, ki31si213
里。我 的呢，我 的阿人 就 离 市场 比较 远。我阿炮 呢，几时
tɐŋ31koŋ33na55tʰeu213pʰau55ni33, ŋɔ31tu33mai31hou31tsʰiaŋ213. zɐt5pɔn33ni33, tu33mai31ɬi55tʰeu213tsʰiaŋ213
等公那条 炮 呢，我都买 好 长。一般 呢，都买 四条 长
pʰau55lɔ33, ŋɔ31ok5li31tʰɐu213ni33, nen23tsʰɔ33zɐt5seu33tʰeu213, nen213tsʰɔ33ɨ55seu33tʰeu213, nen23tsʰɔ33
炮 啰，我 屋里头 呢，年 初 一烧 条，年 初 二烧 条，年 初
ɬi55tseu33tsau31tsai55ok5ki33seu33tʰeu213, tsɐu55kʰi55tɐŋ31koŋ33na55nɐi33seu33tʰeu213. tɐŋ31koŋ33na55
四朝 早 在 屋企烧 条，就 去 等 公 那里 烧 条。等 公 那
tʰeu213pʰau55ni33tsɐu55si55tɐk5pet214tsʰiaŋ213ti33. zɐn213ki31zau31tsʰen213lou31ni33, foŋ33na55kɔ55
条 炮 呢就 是特别 长 的。人 己有 钱 佬 呢，封 那 个
foŋ33pau33kʰi55nɐi55tɐŋ31koŋ33ti33ni33, zau31pɐk5sɐp5mɐn33tsi31. a33pʰeŋ213tsʰiaŋ213ti33ni33, tsɐu55
封 包 去 里 等 公 的呢，有 百 十 文 纸。阿平 常 的呢，就
si55ɨ55sɐp5mɐn33tsi31, sɐp5ki31mɐn33tsi31, kʰi55tɐŋ31koŋ33. tɐŋ31koŋ33tsɐu55tɐŋ31tou31ni33a33koŋ33
是二十 文 纸，十几文 纸，去 等 公。等 公 就 等 倒 呢阿公
tsɐu55tsɔ55keu55wɐi213tou55a33hi33kai33tʰeŋ213na55nɐi33. seu33pʰau55ni33, na55nɐi33pʰau55ni33, seu33
就 坐 轿 回 到 阿墟街停 那里。烧 炮 呢，那里 炮 呢，烧
ni33, tu33zau31ɬam33ki31kɔ55tsoŋ33tʰɐu213. len213tsok5pɐt5hi31a33tsʰai55si55teŋ31tʰɐu213na55nɐi33,
呢，都有 三 几个 钟 头。连 续 □[②]起阿菜 市顶 头 那里，
a33tsʰai55si55teŋ31tʰɐu213nɐi33ni33, tʰɔk214tou31tsʰiaŋ213tʰi33a33pʰa213hi31tsʰai55si55teŋ3na55nɐi33,
阿菜 市顶 头 里 呢，托 倒 墙 梯啊爬 起菜 市顶那里，
ki31kɔ55hɐu55ɬɐŋ33tsɐi31, zɐt5pɔn33zau31wu31lok5kɔ55hɐu55ɬɐŋ33tsɐi31a33, tsen33mɐn213tsai55nɐi33zeu213
几个后 生 仔，一般 有 五 六个后 生 仔 啊，专 门 在 里 绕
pʰau55ha55lai213seu33ti33, len213tsok5seu33, fɐi33tsʰiaŋ213fɐi33tsʰiaŋ213zet214nau55.
炮 下来 烧 的，连 续 烧，非常 非常 热 闹。

① □ɬep214：夹。

② □pɐt5：拿。

tsi55na55nɐi33ni33, zɐt5seu33zen213pʰau55ni33, tsi55a33koŋ33tou55wɐi55e33lɔ33, tsiaŋ33tɐk5tsu55zet214kek5pa31
这 那 里 呢，一 烧 完 炮 呢，这 阿 公 到 位 诶 啰，将 得 做 粤 剧 把
koŋ33kʰan55ti33. tan55si55, ŋɔ31ti33wa213lɐu213a33hi55ni33, tsu55zet214kek5ni33, tsɐu55si5tsep214tou31
公 看 的。但 是，我 的 华 楼 阿 戏 呢，做 粤 剧 呢，就 是 接 倒
zɐm33ŋɔk214lai213tsu55ti33. a33zɐm33ŋɔk214tsu55ti33si213hɐu55, tsɐu55si55tsai55sɐp5ɨ55zet214, zɐt5pɔn33
音 乐 来 做 的。阿 音 乐 做 的 时 候，就 是 在 十 二 月，一 般
ni33ɨ55sɐp5wu31tsɐu55hai33tsʰi31tsu55. tsu55zɐm33ŋɔk214ti33ni33, tsɐu55si55hɐu55ɬɐŋ33pan33ken33fɔn31
呢 二 十 五 就 开 始 做。做 音 乐 的 呢，就 是 后 生 班 捐 款
tsu55ti33. tsu55zet214kek5ti33ni33tsɐu55si55a33kʰiɐn213tsoŋ55kap214tsʰen213, kap214zɐn213hɐu31tsʰen213.
做 的。做 粤 剧 的 呢 就 是 阿 群 众 佮 钱，佮 人 口 钱。
zɐt5pɔn33ni33, tsɐu55si55kap214sɐp5wu31mɐn33tsi31zɐt5kɔ55zɐn213hɐu31, lai213tsu55zet214kek5ti33.
一 般 呢，就 是 佮 十 五 文 纸 一 个 人 口，来 做 粤 剧 的。
tsɐu55si55tsu55kɔ33mu31ti33ni33, tsoŋ55ka33hɐu55ɬɐŋ33tsɐi31ken33fɔn31lai213tsu55, tsɐu55sɐp5ɨ55zet214
就 是 做 歌 舞 的 呢，众 家 后 生 仔 捐 款 来 做，就 十 二 月
ɨ55sɐp5wu31tsu55, tsɐu55tsu55tou55nen213tsʰɔ33ɬam33ma31hɐk5. tsɐu55tsai55nen213tsʰɔ33ɬi55tseu33
二 十 五 做，就 做 到 年 初 三 马= 黑。就 在 年 初 四 朝
tsou31pat214tem31tsoŋ33tsɐu55kʰi55tsep214koŋ33, pat214tem31tsoŋ33tsu55hou31tsɐn31pi55kʰi55tsep214koŋ33.
早 八 点 钟 就 去 接 公，八 点 钟 做 好 准 备 去 接 公。
tsep214koŋ33tɐŋ31koŋ33tsɐu55tsai55sɐp5zɐt5tem31tsoŋ33ne31, zɐt5pɔn33mou31tsʰeu33kɔ55sɐp5zɐt5tem31
接 公 等 公 就 在 十 一 点 钟 呢，一 般 有 超 过 十 一 点
pɔn55tsoŋ33, tɐŋ31a33koŋ33wɐi213tou55tʰa33na55kɔ55tsɔ55wɐi55na55nɐi33lai213kʰan55hi55. tɐŋ31a33koŋ33
半 钟，等 阿 公 回 到 他 那 个 座 位 那 里 来 看 戏。等 阿 公
zɐt5tsɔ55ha55ni33, seu33zen213pʰau55ni33, tsɐu55tsek5tsep214tsu55zet214kek5.
一 坐 下 呢，烧 完 炮 呢，就 直 接 做 粤 剧。

tsi55kɔ55wa213lɐu213a33nen213li55ni33, ŋɔ31ti33tsɐu55mou31sek5tɐk55, tʰeŋ33tou31lou31zɐn213kaŋ31ni33,
这 个 华 楼 阿 年 例 呢，我 的 就 冇 识 得，听 倒 老 人 讲 呢，
tsɐu55ham31tsu55ɬam33ɬi55zɐt5nen213li55, tsɐu55nen213tsʰɔ33ɬi55、nen213tsʰɔ33wu31、nen213tsʰɔ33lok5
就 喊 做 三 四 日 年 例，就 年 初 四、年 初 五、年 初 六
ɬam33zɐt5, tsɐu55tou55nen213tsʰɔ33tsʰɐt5ni33, ɬoŋ55koŋ33. ɬoŋ55koŋ33ti33si213hɐu55ni33, tsoŋ55ka33
三 日，就 到 年 初 七 呢，送 公。送 公 的 时 候 呢，众 家
ni33zɐt5ziaŋ55an213ai55kʰi55pai55koŋ33ti33wa33, zɐt5ziaŋ55ai55mai31pʰau55kʰi55na55nɐi33pai55koŋ33
呢 一 样 还 爱 去 拜 公 的 哇，一 样 爱 买 炮 去 那 里 拜 公

ɬoŋ$^{55}$koŋ$^{33}$. ɬoŋ$^{55}$koŋ$^{33}$ni$^{33}$, si$^{55}$na$^{55}$pan$^{33}$zɐn$^{213}$tɐŋ$^{31}$koŋ$^{33}$lai$^{213}$, tsɐu$^{55}$ai$^{55}$si$^{55}$na$^{55}$pan$^{33}$zɐn$^{213}$ɬoŋ$^{55}$
送公。送公呢，是那班人等公来，就爱是那班人送
koŋ$^{33}$wɐi$^{213}$. ŋɔ$^{31}$mɐn$^{213}$nen$^{213}$li$^{55}$ni$^{33}$, si$^{55}$tʰai$^{55}$tsu$^{31}$tsʰɐn$^{213}$ha$^{55}$lai$^{213}$ti$^{33}$. tsek$^{5}$kaŋ$^{31}$ni$^{33}$, wa$^{213}$lɐu$^{213}$ni$^{33}$,
公回。我们年例呢，是太祖存下来的。即讲呢，华楼呢，
zi$^{31}$tsʰen$^{213}$ni$^{33}$tsɐu$^{55}$ham$^{31}$tsu$^{55}$ɬam$^{33}$tsɐi$^{31}$kɐŋ$^{55}$, tsɐu$^{55}$ham$^{31}$tsu$^{55}$ma$^{31}$lɐu$^{213}$kɐŋ$^{55}$. ham$^{31}$tsu$^{55}$
以前呢就喊做三仔迳，就喊做马骝迳。喊做
ma$^{31}$lɐu$^{213}$ni$^{33}$, tsɐu$^{55}$tsʰɐu$^{55}$na$^{55}$kɔ$^{55}$ɬi$^{33}$tsi$^{31}$a$^{33}$mou$^{31}$ŋam$^{33}$tʰɐu$^{213}$. tsai$^{55}$wa$^{213}$lɐu$^{213}$ni$^{33}$, tsu$^{55}$
马骝呢，就凑$^{=}$那个狮子啊冇啱头。在华楼呢，做
nen$^{213}$li$^{55}$ti$^{33}$si$^{213}$hɐu$^{55}$ni$^{33}$, a$^{33}$ɬi$^{33}$tsi$^{31}$tsɐu$^{55}$mou$^{31}$nɐŋ$^{213}$kɐu$^{55}$zɐp$^{5}$wa$^{213}$lɐu$^{213}$mu$^{31}$ɬi$^{33}$tsi$^{31}$. wa$^{213}$
年例的时候呢，阿狮子就冇能够入华楼舞狮子。华
lɐu$^{213}$si$^{55}$tseŋ$^{55}$ta$^{55}$tsʰuɐn$^{33}$tsʰiaŋ$^{213}$, tʰa$^{33}$na$^{55}$ɬi$^{33}$tsi$^{31}$zɐn$^{213}$ni$^{33}$, si$^{55}$tset$^{214}$tɔi$^{55}$mou$^{31}$tɐk$^{5}$lai$^{213}$tou$^{55}$
楼是[这样]大村场，他那狮子人呢，是绝对冇得来到
wa$^{213}$lɐu$^{213}$mu$^{31}$ɬi$^{33}$tsi$^{31}$. ȵien$^{213}$lai$^{213}$mou$^{31}$sek$^{5}$tɐk$^{5}$ni$^{33}$, zau$^{31}$kɔ$^{55}$zɐn$^{213}$lai$^{213}$kɔ$^{55}$tsi$^{55}$nɐi$^{33}$. tsi$^{55}$wa$^{213}$
华楼舞狮子。原来冇识得呢，有个人来过这里。这华
lɐu$^{213}$ni$^{33}$, ni$^{33}$lou$^{31}$ta$^{55}$zɐn$^{213}$a$^{3}$, lou$^{31}$tsu$^{31}$tsoŋ$^{33}$a$^{33}$, kaŋ$^{31}$tsi$^{55}$kɔ$^{55}$ku$^{55}$ɬi$^{55}$. ŋɔ$^{31}$ti$^{33}$wa$^{213}$lɐu$^{213}$ni$^{33}$
楼呢，呢老大人啊，老祖宗啊，讲这个故事。我的华楼呢
sok$^{5}$zi$^{31}$ɬam$^{33}$tsɐi$^{31}$keŋ$^{55}$ni$^{33}$, tsɐu$^{55}$sok$^{5}$zi$^{31}$ma$^{31}$lɐu$^{213}$, ham$^{31}$tsu$^{55}$ma$^{31}$lɐu$^{213}$ni$^{33}$, tsɐu$^{55}$mou$^{31}$tsʰɐu$^{55}$
属于三仔迳呢，就属于马骝，喊做马骝呢，就冇凑$^{=}$
a$^{33}$ɬi$^{33}$tsi$^{31}$ŋam$^{33}$, a$^{33}$ɬi$^{33}$tsi$^{31}$tsɐu$^{55}$mou$^{31}$nɐŋ$^{213}$kɐu$^{55}$zɐp$^{5}$ŋɔ$^{31}$ti$^{33}$wa$^{213}$lɐu$^{213}$ta$^{55}$tsʰuɐn$^{33}$lai$^{213}$mu$^{31}$
阿狮子啱，阿狮子就冇能够入我的华楼大村来舞
ɬi$^{33}$tsi$^{31}$. tsɐu$^{55}$tsi$^{31}$si$^{55}$heŋ$^{33}$mɐt$^{5}$ti$^{33}$ni$^{33}$? heŋ$^{33}$zɐm$^{33}$ŋɔk$^{214}$a$^{33}$、tʰeu$^{55}$mu$^{31}$a$^{33}$、tsʰiaŋ$^{55}$kɔ$^{33}$a$^{33}$、
狮子。就只是兴乜的呢？兴音乐啊、跳舞啊、唱歌啊、
zet$^{214}$kek$^{5}$a$^{33}$, tsɐu$^{55}$si$^{55}$tseŋ$^{55}$ziaŋ$^{55}$zi$^{31}$lɔk$^{214}$ɬeŋ$^{55}$. wa$^{213}$lɐu$^{213}$a$^{33}$nen$^{213}$li$^{55}$ni$^{33}$, tsu$^{55}$tou$^{31}$ni$^{33}$, si$^{55}$
粤剧啊，就是[这样]样娱乐性。华楼阿年例呢，做倒呢，是
fɐi$^{33}$tsʰiaŋ$^{213}$fɐi$^{33}$tsʰiaŋ$^{213}$zet$^{214}$nau$^{55}$. a$^{33}$zet$^{214}$nau$^{55}$tsi$^{33}$tsoŋ$^{33}$ni$^{33}$, tʰa$^{33}$a$^{33}$sɐu$^{33}$zɐp$^{5}$zɛ$^{31}$hou$^{31}$ta$^{55}$,
非常非常热闹。阿热闹之中呢，它阿收入也好大，
a$^{33}$pʰu$^{55}$tsɐi$^{31}$a$^{33}$, nen$^{213}$li$^{55}$lɔ$^{33}$zɐn$^{213}$lai$^{213}$zɐn$^{213}$waŋ$^{31}$lɔ$^{33}$, mai$^{31}$ni$^{33}$sɔi$^{31}$kɔ$^{31}$lɔ$^{33}$、peŋ$^{31}$lɔ$^{33}$, sɐu$^{33}$
阿铺仔啊，年例啰人来人往啰，买呢水果啰、饼啰，收
zɐp$^{5}$ze$^{31}$fɐi$^{33}$tsʰiaŋ$^{213}$ta$^{55}$.
入也非常大。

tan$^{55}$si$^{55}$zi$^{213}$kiɐm$^{33}$kɔ$^{55}$nen$^{213}$li$^{55}$ni$^{33}$, ȵioŋ$^{213}$tou$^{31}$mɐt$^{5}$ti$^{33}$ziaŋ$^{55}$ni$^{33}$? ȵioŋ$^{213}$tou$^{31}$ni$^{33}$ɬeu$^{31}$
但是如今个年例呢，浓倒乜的样呢？浓倒呢小

tsʰe$^{33}$a$^{33}$, tsek$^{5}$kaŋ$^{31}$, an$^{33}$pʰai$^{213}$tsi$^{55}$kɔ$^{55}$tsʰe$^{33}$tsʰiaŋ$^{213}$tu$^{33}$mou$^{31}$an$^{33}$pʰai$^{213}$tɐk$^{5}$ha$^{55}$, tsi$^{55}$mɐi$^{31}$zɐt$^{5}$
车啊，即讲，安排这个车场都有安排得下，这每一
tʰiau$^{213}$tsʰuɐn$^{33}$ni$^{33}$, zi$^{213}$kiɐm$^{33}$tu$^{33}$zi$^{55}$pi$^{55}$zɐt$^{5}$kɔ$^{55}$tʰeŋ$^{213}$tsʰe$^{33}$tsʰiaŋ$^{213}$, tɐk$^{5}$pet$^{214}$si$^{55}$ŋɔ$^{31}$ɬɐn$^{33}$
条村呢，如今都预备一个停车场，特别是我新
ok$^{5}$tsʰuɐn$^{33}$lɔ$^{33}$, ȵien$^{213}$lai$^{213}$lɔ$^{33}$tsu$^{55}$kɔ$^{55}$kʰiau$^{213}$tsʰiaŋ$^{213}$, tsi$^{55}$kɔ$^{55}$kʰiau$^{213}$tsʰiaŋ$^{213}$tsu$^{55}$kɔ$^{55}$tsʰe$^{33}$
屋村啰，原来啰做个球场，这个球场做个车
tsʰiaŋ$^{213}$ni$^{33}$tu$^{33}$mou$^{31}$faŋ$^{55}$tɐk$^{5}$ha$^{55}$. mɐi$^{31}$zɐt$^{5}$ka$^{33}$mɐi$^{31}$zɐt$^{5}$fu$^{55}$sɐp$^{5}$ki$^{31}$tʰai$^{213}$ɬeu$^{31}$tsʰe$^{33}$, tsʰɐn$^{33}$
场呢都有放得下。每一家每一户十几台小车，亲
tsʰek$^{5}$tɔ$^{33}$ti$^{33}$ɨ$^{55}$sɐp$^{5}$ki$^{31}$tʰai$^{213}$, zau$^{55}$len$^{213}$tai$^{55}$tou$^{31}$hɔk$^{214}$hiau$^{55}$, zau$^{55}$len$^{213}$tai$^{55}$tou$^{55}$si$^{213}$tʰaŋ$^{213}$
戚多的二十几台，又连带到学校，又连带到祠堂
kɔk$^{214}$a$^{33}$kʰiau$^{213}$tsʰiaŋ$^{213}$, zau$^{55}$len$^{213}$lɔk$^{214}$tou$^{55}$a$^{33}$koŋ$^{33}$meu$^{55}$mɐn$^{213}$na$^{55}$tai$^{55}$tsu$^{55}$na$^{55}$kɔ$^{55}$zi$^{213}$
角阿球场，又联络到阿公庙门那带做那个娱
lɔk$^{214}$tsʰiaŋ$^{213}$, a$^{33}$zi$^{21}$lɔk$^{214}$tsʰiaŋ$^{213}$na$^{55}$nɐi$^{33}$ni$^{33}$, a$^{33}$ɬeu$^{31}$tsʰe$^{33}$tu$^{33}$faŋ$^{55}$tou$^{31}$mɔn$^{31}$, tu$^{33}$mou$^{31}$
乐场，阿娱乐场那里呢，阿小车都放倒满，都有
faŋ$^{55}$tɐk$^{5}$ha$^{55}$. ta$^{55}$ka$^{33}$a$^{33}$ɬɐŋ$^{33}$wɔt$^{214}$hou$^{31}$e$^{33}$lɔ$^{33}$. na$^{55}$nen$^{213}$heŋ$^{33}$tsɐi$^{31}$tsʰɐt$^{5}$kʰi$^{55}$ta$^{31}$koŋ$^{33}$, mɐi$^{31}$
放得下。大家阿生活好诶啰。那年轻仔出去打工，每
zɐt$^{5}$kɔ$^{55}$zɐn$^{213}$tu$^{33}$fɐi$^{33}$tsʰiaŋ$^{213}$tsoŋ$^{55}$si$^{55}$tsi$^{55}$kɔ$^{55}$nen$^{213}$li$^{55}$. tsai$^{55}$nen$^{213}$li$^{55}$ti$^{33}$si$^{213}$hɐu$^{55}$ni$^{33}$,
一个人都非常重视这个年例。在年例的时候呢，
tsʰɐn$^{33}$tsʰɐt$^{5}$、pʰɐŋ$^{213}$zau$^{31}$, a$^{33}$pʰɐŋ$^{213}$zau$^{31}$zau$^{55}$len$^{55}$pʰɐŋ$^{213}$zau$^{31}$, tsi$^{55}$lai$^{213}$kʰiɐt$^{5}$nen$^{213}$li$^{55}$ti$^{33}$ni$^{33}$,
亲戚、朋友，阿朋友又链朋友，这来吃年例的呢，
tsoŋ$^{31}$mou$^{31}$sek$^{5}$tɐk$^{5}$ki$^{31}$lai$^{213}$, tu$^{33}$mou$^{31}$zau$^{31}$ka$^{31}$teu$^{33}$ti$^{33}$, ni$^{31}$tai$^{55}$ŋɔ$^{31}$, ŋɔ$^{31}$tai$^{55}$ni$^{31}$, tsi$^{55}$si$^{55}$
总有识得几来，都有有假丢的，你带我，我带你，只是
lai$^{213}$ni$^{33}$, mɐt$^{5}$zɐn$^{213}$lai$^{213}$ni$^{33}$tu$^{33}$hou$^{31}$fɔn$^{33}$zeŋ$^{213}$, hou$^{31}$kou$^{33}$heŋ$^{55}$lai$^{213}$tsep$^{214}$tai$^{55}$tʰa$^{33}$. tsi$^{55}$kɔ$^{55}$
来呢，乜人来呢都好欢迎，好高兴来接待他。这个
tsʰɐn$^{33}$tsʰɐt$^{5}$、pʰɐŋ$^{213}$zau$^{31}$zet$^{214}$tɔ$^{33}$tsɐu$^{55}$zet$^{214}$hou$^{31}$, ta$^{55}$ka$^{33}$ɬɐŋ$^{33}$wɔt$^{214}$zet$^{214}$tsu$^{55}$zet$^{214}$fɐi$^{33}$tsʰiaŋ$^{213}$
亲戚、朋友越多就越好，大家生活越做越非常
hou$^{31}$. a$^{33}$ɬɐŋ$^{33}$wɔt$^{214}$siaŋ$^{55}$ni$^{33}$zi$^{213}$kiɐm$^{33}$kɔ$^{55}$tou$^{31}$ni$^{33}$fɐi$^{33}$tsʰiaŋ$^{213}$hou$^{31}$。
好。阿生活上呢如今过倒呢非常好。

tsai$^{55}$tsʰiaŋ$^{33}$liɐp$^{5}$tsu$^{55}$tsi$^{55}$kɔ$^{55}$tsok$^{5}$tsiaŋ$^{31}$ti$^{33}$si$^{213}$hɐu$^{55}$ni$^{33}$, tɔi$^{55}$ŋɔ$^{31}$ti$^{33}$wa$^{213}$lɐu$^{213}$a$^{33}$ze$^{31}$zau$^{31}$hou$^{31}$
在昌立做这个族长的时候呢，对我的华楼啊也有好
ta$^{55}$ti$^{33}$kan$^{55}$keŋ$^{55}$, ta$^{55}$ka$^{33}$ni$^{33}$tsɐu$^{55}$ken$^{33}$fɔn$^{31}$kap$^{214}$tsʰen$^{213}$, pa$^{31}$tsi$^{55}$kɔ$^{55}$meu$^{55}$tsu$^{55}$hi$^{31}$lai$^{213}$. tsu$^{55}$tou$^{31}$ni$^{33}$,
大的干劲，大家呢就捐款佮钱，把这个庙做起来。做倒呢，

fɐi33tsʰiaŋ213zoŋ213wa213. tsai55tsu55meu55ti33si213hɐu55ni33, tsɐu55si55ni33ŋɔ31mɐn213ni33tsu55nen213tsʰu33
非常荣华。在做庙的时候呢，就是呢我们呢做年初
ɬi55a31, tɐŋ31koŋ33, tɐŋ31koŋ33, tsi55tsi55tsi55kɔ55a33koŋ55ham31tsu55wu31fok5keŋ31tsi31koŋ33。
四啊，等公，等公，住住这个阿公喊做五福境主公。
wu31fok5keŋ31tsi31koŋ33ni33, zi213kiɐm33ni33, mou31tan33tsi31tsu55nen213li55ȵioŋ213kɔ55wa33,
五福境主公呢，如今呢，冇单是做年例浓个哇，
mɐi31zɐt5kɔ55a33, ɨ55zet214tsʰɔ33ɨ55a33, tu33hou31ȵioŋ213ti33wa33. ɨ55zet214tsʰɔ33ɨ55ham31tsu55mɐi31
每一个啊，二月初二啊，都好浓的哇。二月初二喊做每
zɐt5kɔ55sɔŋ33zet214tsʰɔ33ɨ55a33, tu55si55tʰa33fok5tʰɐu213. tsɐu55si55a33tsʰɐn213tsʰiaŋ33liɐp5ni33hi31tou31
一个双月初二啊，都是他福头。就是阿陈昌立呢起倒
tsai55nɐi33tou31ni33, tʰaŋ33tsi33ki31si213tʰaŋ33liaŋ31kɔ55tsi33lai213keŋ55tsi55kɔ55keŋ31tsi31koŋ33ti33.
在里倒呢，劏猪几时劏两个猪来敬这个境主公的。
tsi55kɔ55keŋ31tsi31koŋ33ni33hou31zau31fok5hi55ti33, tʰa33fok5tou31tʰa33ti33tsɐi31ɬuɐn33. tʰa33ti33tsɐi31
这个境主公呢好有福气的，他福倒他的仔孙。他的仔
ɬuɐn33tsɐi31ni31a33, kɔ55kɔ55tu33tsu55tou31hou31zau31tsʰen213a33. ta55ka33tu33hou31tsen33tsoŋ55
孙仔女啊，个个都做倒好有钱啊。大家都好尊重
tsi55kɔ55keŋ31tsi31koŋ33. ŋɔ31mɐn213tsi55kɔ55keŋ31tsi31koŋ33ni33, tsi55kɔ55nen213li55ni33, si55fɐi33
这个境主公。我们这个境主公呢，这个年例呢，是非
tsʰiaŋ213tsu5tou31zet214nau55ti33. a33tsʰiaŋ33liɐp5tsu55tsi55kɔ55tsok5tʰɐu213ni33, tɔi55ŋɔ31ti33wa213
常做倒热闹的。阿昌立做这个族头呢，对我的华
lɐu213a33nen213li55a33, hi31tou31hou31ta55ti33kan55keŋ55, tʰa33tsi55pan33hɐu55ɬɐŋ33pan33ni33, ki31
楼阿年例啊，起倒好大的干劲，他这班后生班呢，几
si213tsai55sɐp5ɨ55zet214ɨ55sɐp5pat214kiau31ni33, tsʰiaŋ33liɐp5ni33tsɐu55tsʰen213pu55tʰoŋ33ti33tsi55nɐi33
时在十二月二十八九呢，昌立呢就全部通知这里
hɐu55ɬɐŋ33pan33ni33, lai213tsu31tsek5tsu55tsi55kɔ55nen213li55, ta55ka33hou31kou33heŋ55ti33. tsu55
后生班呢，来组织做这个年例，大家好高兴的。做
nen213li55ti33si213hɐu55ni33, a33tsʰiaŋ33liɐp5mɐi31zɐt5kɔ55ma31hɐk5tʰɐu213a33, tsu55hi55a33h ta33
年例的时候呢，阿昌立每一个马＝黑头啊，做戏啊他
tu33hi31a33hi55tʰai213na55nɐi33, nem55tsʰuɐt5na213kɔ55lau31pan31ken33fɔn31zau31ki31tɔ33, na213kɔ55
都起阿戏台那里，念出哪个老板捐款有几多，哪个
ta55lou31pan31ken33ki31tɔ33tsʰen213, tsu55ki31tɔ33hi55, pou31tsʰi213ham31ta55ka33hɐu55ɬɐŋ33tsɐi31,
大老板捐几多钱，做几多戏，保持喊大家后生仔，

ta$^{55}$ka$^{33}$ai$^{55}$tʰen$^{213}$ket$^{214}$, ai$^{55}$pa$^{31}$wa$^{213}$lɐu$^{213}$ni$^{33}$, kau$^{31}$tou$^{31}$fɐi$^{33}$tsʰiaŋ$^{213}$hou$^{31}$, kau$^{31}$tou$^{31}$
大家爱团结，爱把华楼呢，搞倒非常好，搞倒

fɐi$^{33}$tsʰiaŋ$^{213}$zet$^{214}$nau$^{55}$, kau$^{31}$tou$^{31}$ni$^{33}$, a$^{33}$zau$^{31}$ku$^{31}$kan$^{55}$keŋ$^{55}$. ŋɔ$^{31}$mɐn$^{213}$nen$^{213}$li$^{55}$ni$^{33}$zɐt$^{5}$si$^{55}$
非常热闹，搞倒呢，阿有股干劲。我们年例呢一是

tsu$^{55}$zen$^{213}$ti$^{33}$si$^{213}$hɐu$^{55}$ni$^{33}$, tsɐu$^{55}$si$^{55}$tsu$^{55}$tou$^{55}$nen$^{213}$tsʰu$^{33}$tsʰɐt$^{5}$. nen$^{213}$tsʰu$^{33}$tsʰɐt$^{5}$ni$^{33}$, sɐp$^{5}$zɐt$^{5}$
做完的时候呢，就是做到年初七。年初七呢，十一

tem$^{31}$tsoŋ$^{33}$ni$^{33}$tsɐu$^{55}$ai$^{55}$ɬoŋ$^{55}$koŋ$^{33}$wɐi$^{213}$ti$^{33}$. ŋɔ$^{31}$mɐm$^{213}$ti$^{33}$ɬoŋ$^{55}$koŋ$^{33}$wɐi$^{213}$ti$^{33}$si$^{213}$hɐu$^{55}$ni$^{33}$,
点钟呢就爱送公回的。我们的送公回的时候呢，

tsʰiaŋ$^{33}$liɐp$^{5}$ni$^{33}$zɐt$^{5}$ziaŋ$^{55}$ni$^{33}$, ai$^{55}$tsu$^{31}$tsek$^{5}$tʰa$^{33}$na$^{55}$pan$^{33}$ni$^{33}$zɐn$^{213}$, zɐt$^{5}$ziaŋ$^{55}$ai$^{55}$ɬoŋ$^{55}$koŋ$^{33}$.
昌立呢一样呢，爱组织他那班呢人，一样爱送公。

ɬoŋ$^{55}$koŋ$^{33}$mou$^{31}$nɐŋ$^{213}$kɐu$^{55}$ta$^{55}$ka$^{33}$kʰet$^{214}$ti$^{33}$wa$^{33}$, ta$^{55}$ka$^{33}$ai$^{55}$tsʰi$^{213}$tsʰi$^{213}$, ta$^{55}$ka$^{33}$tu$^{33}$hou$^{31}$
送公有能够大家缺的哇，大家爱齐齐，大家都好

zau$^{31}$kan$^{55}$keŋ$^{55}$lai$^{213}$ɬoŋ$^{55}$koŋ$^{33}$wɐi$^{213}$, wɐi$^{213}$a$^{33}$meu$^{55}$na$^{55}$nɐi$^{33}$.
有干劲来送公回，回阿庙那里。

（讲述人：黎秀华，2015.8）

## （三）电白水果

ŋɔ$^{31}$tsai$^{55}$tsi$^{55}$nɐi$^{33}$ni$^{33}$hiaŋ$^{55}$ta$^{55}$ka$^{33}$kaŋ$^{13}$kaŋ$^{31}$ten$^{55}$pɐk$^{5}$a$^{33}$sɔi$^{31}$kɔ$^{31}$. ŋɔ$^{31}$sɐu$^{31}$ɬen$^{33}$kan$^{31}$tan$^{33}$kaŋ$^{31}$kaŋ$^{31}$
我在这里呢向大家讲讲电白阿水果。我首先简单讲讲

tsi$^{55}$kɔ$^{55}$li$^{55}$tsi$^{33}$. li$^{55}$tsi$^{33}$ni$^{33}$, si$^{55}$zɐt$^{5}$tsoŋ$^{31}$kan$^{33}$han$^{31}$、ɬi$^{55}$kuɐi$^{55}$tsʰiaŋ$^{213}$tsʰeŋ$^{33}$na$^{55}$kʰeu$^{213}$mok$^{5}$
这个荔枝。荔枝呢，是一种干旱、四季常青那乔木

lai$^{213}$ti$^{33}$. tʰa$^{33}$ni$^{33}$, si$^{55}$hi$^{31}$fɔn$^{33}$tsai$^{55}$kan$^{33}$han$^{31}$ti$^{55}$faŋ$^{33}$, tsɐu$^{55}$si$^{55}$hou$^{55}$tsai$^{55}$leŋ$^{31}$tʰɐu$^{213}$a$^{33}$,
来的。它呢，是喜欢在干旱地方，就是好在岭头啊，

faŋ$^{33}$ti$^{55}$a$^{33}$lai$^{213}$tsai$^{33}$. ɬɔ$^{31}$zi$^{31}$ni$^{33}$, ŋɔ$^{31}$tsai$^{55}$kai$^{31}$faŋ$^{55}$hɐu$^{55}$ni$^{33}$, tu$^{33}$hou$^{31}$seu$^{31}$li$^{55}$tsi$^{33}$e$^{33}$lɔ$^{31}$.
荒地啊来栽。所以呢，我在解放后呢，都好少荔枝诶啰。

na$^{55}$kɔ$^{55}$si$^{213}$hɐu$^{55}$ni$^{33}$, na$^{55}$kɔ$^{55}$seŋ$^{213}$pau$^{33}$fu$^{55}$ni$^{33}$, tsɐu$^{55}$pa$^{31}$a$^{33}$leŋ$^{31}$tʰɐu$^{213}$seŋ$^{213}$pau$^{33}$hi$^{31}$lai$^{213}$.
那个时候呢，那个承包户呢，就把阿岭头承包起来。

na$^{55}$siaŋ$^{55}$kʰiɐp$^{5}$a$^{33}$, na$^{55}$si$^{213}$hɐu$^{55}$zau$^{31}$kɔ$^{55}$tseŋ$^{55}$hou$^{55}$tseu$^{55}$, ai$^{55}$kʰou$^{55}$san$^{33}$ni$^{33}$tsɐu$^{55}$kʰiɐt$^{5}$san$^{33}$,
那上级啊，那时候有个[这样]号召，爱靠山呢就吃山，

kʰou$^{55}$leŋ$^{31}$ni$^{33}$tsɐu$^{55}$kʰiɐt$^{5}$leŋ$^{31}$, kʰou$^{55}$hai$^{31}$ni$^{33}$tsɐu$^{55}$kʰiɐt$^{5}$hai$^{31}$. ɬɔ$^{31}$zi$^{31}$ni$^{33}$, tsoŋ$^{55}$ka$^{33}$ni$^{33}$, tsɐu$^{55}$
靠岭呢就吃岭，靠海呢就吃海。所以呢，众家呢，就

zoŋ$^{31}$zɔk$^{214}$pa$^{31}$tsi$^{55}$kɔ$^{55}$li$^{55}$tsi$^{33}$tsai$^{33}$hi$^{31}$lai$^{213}$, pa$^{31}$tsi$^{55}$kɔ$^{55}$keŋ$^{33}$tsi$^{55}$ni$^{33}$kiɐn$^{33}$siaŋ$^{55}$k$^{h}$i$^{55}$, tsɐu$^{55}$
踊跃把这个荔枝栽起来，把这个经济呢跟上去，就
tɔ$^{33}$tsoŋ$^{55}$tsi$^{55}$tsoŋ$^{31}$keŋ$^{33}$tsi$^{55}$tsɔk$^{214}$mɐt$^{5}$. ɬɔ$^{31}$zi$^{31}$ni$^{33}$, na$^{55}$si$^{213}$hɐu$^{55}$ni$^{33}$, tsoŋ$^{55}$ka$^{33}$tsai$^{33}$e$^{33}$lɔ$^{31}$,
多种这种经济作物。所以呢，那时候呢，众家栽诶啰，
ŋɔ$^{31}$ze$^{31}$tsai$^{33}$tou$^{31}$. ŋɔ$^{31}$tsai$^{33}$tou$^{31}$ni$^{33}$, na$^{55}$si$^{213}$hɐu$^{55}$ni$^{33}$, ŋɔ$^{31}$tu$^{33}$an$^{213}$mi$^{55}$zau$^{31}$sek$^{5}$tɐk$^{5}$fɐn$^{33}$
我也栽倒。我栽倒呢，那时候呢，我都还未有识得分
pet$^{214}$tsi$^{55}$kɔ$^{55}$li$^{55}$tsi$^{33}$a$^{33}$p$^{h}$iɐn$^{31}$tsoŋ$^{31}$, mɐt$^{5}$ti$^{33}$si$^{55}$mɐt$^{5}$ti$^{33}$p$^{h}$iɐn$^{31}$tsoŋ$^{31}$. ŋɔ$^{31}$tsai$^{33}$tou$^{31}$ki$^{31}$hɐm$^{31}$
别这个荔枝阿品种，乜的是乜的品种。我栽倒几龕①
kuɐi$^{55}$mi$^{55}$. na$^{55}$si$^{213}$hɐu$^{55}$ni$^{33}$, ze$^{31}$mou$^{31}$ki$^{55}$ɬɐt$^{5}$, ze$^{31}$mou$^{31}$sek$^{5}$tɐk$^{5}$si$^{55}$mɐt$^{5}$ti$^{33}$p$^{h}$iɐn$^{31}$tsoŋ$^{31}$.
桂味。那时候呢，也冇技术，也冇识得是乜的品种。
kɐk$^{5}$li$^{213}$zɐn$^{213}$ni$^{33}$tsɐu$^{55}$kaŋ$^{31}$: "a$^{55}$! ni$^{31}$ki$^{31}$hɐm$^{31}$tseŋ$^{55}$tsap$^{214}$sɔi$^{31}$, lɔ$^{31}$lai$^{213}$ɬɐŋ$^{33}$fai$^{55}$na$^{33}$
隔离人呢就讲："啊！你几龕[这样]杂水，攞来生坏那
ti$^{55}$ɔ$^{33}$, fai$^{55}$faŋ$^{55}$t$^{h}$a$^{33}$ne$^{31}$!" ŋɔ$^{31}$tsɐu$^{55}$faŋ$^{55}$e$^{33}$. faŋ$^{55}$tsi$^{33}$hɐu$^{55}$ni$^{33}$, sek$^{5}$tɐk$^{5}$p$^{h}$iɐn$^{31}$tsoŋ$^{31}$
地哦，快放它呢！"我就放诶。放之后呢，识得品种
ti$^{33}$zɐn$^{213}$ni$^{33}$, t$^{h}$a$^{33}$zau$^{55}$kaŋ$^{31}$: "a$^{31}$! ni$^{31}$tsu$^{55}$mi$^{55}$pa$^{31}$ki$^{31}$hɐm$^{31}$tseŋ$^{55}$leŋ$^{55}$p$^{h}$iɐn$^{31}$tsoŋ$^{31}$faŋ$^{55}$
的人呢，他又讲："啊！你做乜把几龕[这样]靓品种放
e$^{33}$ni$^{33}$?" ŋɔ$^{31}$tu$^{33}$mou$^{31}$sek$^{5}$tɐk$^{5}$si$^{55}$mɐt$^{5}$ti$^{33}$p$^{h}$iɐn$^{31}$tsoŋ$^{31}$, zau$^{55}$mou$^{31}$sek$^{5}$tɐk$^{5}$tem$^{213}$ziaŋ$^{55}$
诶呢？"我都冇识得是乜的品种，又冇识得怎样
tsi$^{31}$tsu$^{55}$tou$^{31}$t$^{h}$a$^{33}$lai$^{213}$ta$^{31}$kɔ$^{31}$. zɐn$^{213}$ki$^{31}$eu$^{55}$ŋɔ$^{31}$faŋ$^{55}$, ŋɔ$^{31}$tsɐu$^{55}$faŋ$^{55}$e$^{33}$. tsɐu$^{55}$si$^{55}$kaŋ$^{31}$ni$^{33}$,
子做倒它来打果。人已叫我放，我就放诶。就是讲呢，
na$^{55}$si$^{213}$hɐu$^{55}$ni$^{33}$, tsɐu$^{55}$kem$^{31}$tou$^{31}$waŋ$^{213}$kiɐm$^{33}$taŋ$^{55}$ɬi$^{31}$t$^{h}$e$^{214}$.
那时候呢，就捡倒黄金当死铁。

tsai$^{55}$kaŋ$^{31}$ni$^{33}$, tsi$^{55}$kɔ$^{55}$li$^{55}$tsi$^{33}$ni$^{33}$, zau$^{31}$hou$^{31}$tɔ$^{33}$p$^{h}$iɐn$^{31}$tsoŋ$^{31}$. ŋɔ$^{31}$ni$^{33}$tsai$^{55}$tsi$^{55}$nɐi$^{33}$ni$^{33}$,
再讲呢，这个荔枝呢，有好多品种。我呢在这里呢，
tsɐu$^{55}$kaŋ$^{31}$tan$^{33}$kai$^{55}$seu$^{55}$ki$^{31}$tsoŋ$^{31}$: hɐk$^{5}$zep$^{214}$、waŋ$^{213}$p$^{h}$i$^{213}$、pɐk$^{5}$lap$^{214}$、fɐi$^{33}$tsi$^{31}$ɬeu$^{55}$、
就简单介绍几种：黑叶、黄皮、白蜡、妃子笑、
kuɐi$^{55}$mi$^{55}$、pɐk$^{5}$t$^{h}$aŋ$^{213}$ɐŋ$^{33}$、tɐp$^{5}$ɬi$^{31}$kɐu$^{31}$、nɔ$^{55}$mi$^{31}$tsi$^{213}$、ɬam$^{33}$zet$^{214}$hoŋ$^{213}$, hou$^{31}$tɔ$^{33}$tsoŋ$^{31}$,
桂味、白糖罂、跌死狗、糯米糍、三月红，好多种，
kan$^{31}$tan$^{33}$ni$^{33}$tsɐu$^{55}$kaŋ$^{31}$a$^{33}$kaŋ$^{31}$. tan$^{55}$si$^{55}$ni$^{33}$, tsi$^{55}$kɔ$^{55}$li$^{55}$tsi$^{33}$ni$^{33}$, ni$^{31}$tem$^{213}$ziaŋ$^{55}$fɐn$^{33}$pen$^{55}$
简单呢就讲阿讲。但是呢，这个荔枝呢，你怎样分辨
t$^{h}$a$^{33}$si$^{55}$mɐt$^{5}$ti$^{33}$p$^{h}$iɐn$^{31}$tsoŋ$^{31}$ni$^{33}$? zau$^{31}$liaŋ$^{31}$kɔ$^{55}$faŋ$^{33}$men$^{55}$. zɐt$^{5}$kɔ$^{55}$faŋ$^{33}$men$^{55}$ni$^{33}$, tsɐu$^{55}$tsai$^{55}$
它是乜的品种呢？有两个方面。一个方面呢，就在

① 龕hɐm$^{31}$：棵。

tʰa33zep214nɐi33fɐn33. tʰa33zep214ni33, hɐk5zep214ni33, tʰa33a33zep214ni33tsɐu55si55mi213tsoŋ33hɐk5,
它 叶 里 分。它 叶 呢，黑 叶 呢，它 阿叶 呢 就 是 微 中 黑，
pɐk5lap214tsʰɐu55waŋ213pʰi213ni33, tʰa33zep214mi213tsoŋ33tsʰiaŋ213, zau31nit5tam55sek5nit5tsɐi31.
白 蜡 凑⁼ 黄 皮 呢，它 叶 微 中 长， 有 滴 淡 色 滴 仔。
tsi55liaŋ31ziaŋ55tsɐu55si55tseŋ55sek5fɐn33. an213zau31tsi55kɔ55pɐk5tʰaŋ213ɐŋ33tsʰɐu55tsi55kɔ55kuɐi55
这 两 样 就 是[这样]式 分。还 有 这 个 白 糖 罂 凑⁼ 这 个 桂
mi55ni33, tʰa33a33zep214ni33ze31mi213ɬɐi55, tʰa33a33kuɐt5ni33, ze31kɐu55ɬɐi55ɬeu31. tsai55kɔ55ni33,
味 呢，它 阿叶 呢 也 微 细，它 阿骨 呢，也 够 细 小。再 个 呢，
tsi55kɔ55fɐi33tsi31ɬeu55ni33, tsʰɐu55tɐp5ɬi31kɐu31ni33, tsɐu55hou31zɐn55lɔ33, fɐi33 tsi31ɬeu55tsʰɐu55tɐp5
这 个 妃 子 笑 呢，凑⁼ 跌 死 狗 呢，就 好 认 啰，妃 子 笑 凑⁼ 跌
ɬi31kɐu31ni33, tʰa33zep214hou31fɐi213ta55. tan55si55ni33, tsi55kɔ55tɐp5ɬi31kɐu31ni33, ɬen33, tu33mou31
死 狗 呢，它 叶 好 肥 大。但 是 呢，这 个 跌 死 狗 呢，酸，都 有
mɐt5zɐn213tsai33zi213kiɐm33, tsi31si55zi31tsʰen213zau31tsu55na55kɔ55ti33. tsi55kɔ55nɔ55mi31tsʰi213ni33,
乜 人 栽 如 今， 只 是 以 前 有 做 那 个 的。这 个 糯 米 糍 呢，
tsɐu55si55tsʰi213pʰiɐn31tsoŋ31. tsi55kɔ55fɐi33tsi31ɬeu55ni33, tʰa33tsi55kɔ55lai213lek5ni33, tsɐu55si55kaŋ31,
就 是 迟 品 种。这 个 妃 子 笑 呢，它 这 个 来 历 呢，就 是 讲，
zi31tsʰen213a33, tsɐn55koŋ55kʰi55pa31a33kuɐi55fɐi33, kuɐi55fɐi33kʰiɐt5tou31tsi55tsoŋ31mi55tou55ni33,
以 前 啊，进 贡 去 把 阿 贵 妃，贵 妃 吃 倒 这 种 味 道 呢，
zau31nit5ɬen33, ŋam33tʰa33hɐu31mi55, tʰa33tsɐu55ɬeu55, ɬɔ31zi31ni33, tsɐu55ham31tsu55fɐi33tsi31ɬeu55,
有 滴 酸，啱 她 口 味，她 就 笑，所 以 呢，就 喊 做 妃 子 笑，
tsi55kɔ55fɐi33tsi31ɬeu55kɔ33lai213meŋ213. tsi55kɔ55ɬam33zet214hoŋ213ni33, tʰa33tsai55ɬam33zet214, zi31
这 个 妃 子 笑 个 来 名。这 个 三 月 红 呢，它 在 三 月，已
keŋ33tsɐu55si55seŋ213sok5kɔ33lɔ33, tʰa33si55fai55pʰiɐn31tsoŋ31. tsɐu55si55tseŋ55sek5fɐn33ɬek5. ni31tem213
经 就 是 成 熟 个 啰，它 是 快 品 种。就 是[这样]式 分 析。你 怎
ziaŋ55fɐn33tsi55kɔ31tsi31ni33si55mɐt5ti33ni33? tsai55kɔ31tsi31nɐi33fɐn33, tsi55kɔ55hɐk5zep214ni33,
样 分 这 果 子 呢 是 乜 的 呢？在 果 子 里 分，这 个 黑 叶 呢，
tʰa33teŋ33si55pʰeŋ213ti33, mou31ɬɐt5. tsi55kɔ55hoŋ213pʰi213ni33, tsʰɐu55waŋ213pʰi213, tsʰɐu55pɐk5
它 丁 是 平 的，冇 实。这 个 红 皮 呢，凑⁼ 黄 皮，凑⁼ 白
lap214ki31ziaŋ55ni33, tʰa33a33tsʰi31pi31kau55li55. tsi55kɔ55hoŋ213pʰi213ni33, tʰa33mi213tsoŋ33tsʰiaŋ213
蜡 几 样 呢，它 阿齿 比 较 利。这 个 红 皮 呢，它 微 中 长
nit5tsɐi31. tsi55kɔ55pɐk5tʰaŋ213ɐŋ33ni33, tʰa33ze31fɐi213ta55, tʰa33a33tsʰi31ni33, ze31si55pʰeŋ213ti33,
滴 仔。这 个 白 糖 罂 呢，它 也 肥 大，它 阿齿 呢，也 是 平 的，

tʰa$^{33}$mou$^{31}$tok$^{5}$zɐn$^{213}$. tsɔi$^{55}$hou$^{31}$fɐn$^{33}$si$^{55}$mɐt$^{5}$ti$^{33}$ni$^{33}$? tsɐu$^{55}$si$^{55}$kuɐi$^{55}$mi$^{55}$. kuɐi$^{55}$mi$^{55}$ni$^{33}$,
它冇擉人。最好分是乜的呢？就是桂味。桂味呢，

tʰa$^{33}$kɔ$^{31}$tsi$^{31}$ɬɐi$^{55}$kɔ$^{55}$, tʰa$^{33}$ɐt$^{5}$tʰeu$^{213}$tʰɐŋ$^{213}$tsɐi$^{31}$ɬɐŋ$^{33}$tsʰɐt$^{5}$lai$^{213}$, tʰa$^{33}$ɬɐi$^{55}$kɔ$^{55}$pɐt$^{5}$ɬen$^{55}$su$^{55}$,
它果子细个，它一条藤仔生出来，它细个不算数，

tʰa$^{33}$na$^{55}$tʰeu$^{213}$teŋ$^{33}$a$^{33}$, tok$^{5}$sɐu$^{31}$ti$^{33}$. tsai$^{55}$kɔ$^{55}$ni$^{33}$, tsi$^{55}$kɔ$^{55}$fɐi$^{33}$tsi$^{31}$ɬeu$^{55}$a$^{33}$, tʰa$^{33}$ze$^{31}$pi$^{31}$kau$^{55}$
它那条丁啊，擉手的。再个呢，这个妃子笑啊，它也比较

fɐi$^{213}$ta$^{55}$, tʰa$^{33}$kɐu$^{55}$ta$^{55}$kɔ$^{55}$. kan$^{31}$tan$^{33}$ni$^{33}$tsɐu$^{55}$kaŋ$^{13}$kaŋ$^{31}$tsi$^{55}$kɔ$^{55}$fɐn$^{33}$pet$^{214}$ti$^{33}$kɔ$^{31}$tsi$^{31}$.
肥大，它够大个。简单呢就讲讲这个分别的果子。

tsai$^{33}$kɔ$^{31}$tsi$^{31}$lɔ$^{33}$, tsɐu$^{55}$pet$^{214}$zen$^{213}$ni$^{33}$ai$^{55}$zau$^{31}$kɔ$^{31}$meu$^{213}$. tsi$^{55}$kɔ$^{55}$kɔ$^{31}$meu$^{213}$ni$^{33}$tou$^{55}$na$^{213}$
栽果子啰，就必然呢爱有果苗。这个果苗呢到哪

nɐi$^{33}$kʰi$^{55}$lɔ$^{31}$ni$^{33}$? ni$^{31}$tsɐu$^{55}$tsai$^{55}$sɐp$^{5}$zet$^{214}$fɐn$^{55}$zi$^{31}$hou$^{55}$e$^{33}$lɔ$^{33}$. tsɐu$^{55}$kʰi$^{55}$na$^{55}$nɐi$^{33}$ta$^{55}$hɐm$^{31}$
里去攞呢？你就在十月份以后诶啰，就去那里大禽

mok$^{5}$nɐi$^{33}$, na$^{55}$zɐm$^{33}$e$^{33}$nɐi$^{33}$, lɔ$^{31}$a$^{33}$ŋa$^{213}$kʰem$^{213}$kʰi$^{55}$ni$^{33}$, tsiaŋ$^{33}$tʰa$^{33}$na$^{55}$peu$^{31}$pʰi$^{213}$ŋan$^{213}$kʰi$^{55}$,
木里，那阴桠里，攞阿牙钳去呢，将它那表皮□①去，

a$^{33}$ŋan$^{213}$tou$^{31}$zok$^{5}$, zen$^{213}$hɐu$^{55}$, zɐt$^{5}$kɔ$^{55}$ɬeŋ$^{33}$kʰi$^{213}$zi$^{31}$hɐu$^{55}$e$^{33}$ni$^{33}$, ni$^{31}$tsiaŋ$^{33}$tʰeu$^{213}$ŋam$^{33}$a$^{33}$paŋ$^{55}$,
阿□倒肉，然后，一个星期以后诶呢，你将调啱阿湴，

pa$^{31}$tʰa$^{33}$nep$^{214}$hou$^{31}$, zoŋ$^{55}$noŋ$^{213}$mɔk$^{214}$pau$^{33}$hou$^{31}$, lɔ$^{31}$toŋ$^{33}$ɬi$^{33}$fɔk$^{214}$kiɐn$^{31}$liaŋ$^{31}$tʰɐu$^{213}$kʰɐk$^{5}$.
把它捏好，用农膜包好，攞东西缚紧两头□②。

tsi$^{55}$ziaŋ$^{55}$ni$^{33}$, tou$^{55}$meŋ$^{213}$nen$^{213}$hai$^{33}$tsʰuɐn$^{33}$e$^{33}$ni$^{33}$, tʰa$^{33}$tsɐu$^{55}$wɐi$^{55}$ɬɐŋ$^{33}$tsʰɐt$^{5}$lai$^{213}$nɔn$^{55}$kiɐn$^{33}$.
这样呢，到明年开春诶呢，它就会生出来嫩茎。

ɬɐŋ$^{33}$tsʰɐt$^{5}$lai$^{213}$nɔn$^{55}$kiɐn$^{33}$ni$^{33}$, ni$^{31}$tsɐu$^{55}$hɔ$^{31}$zi$^{31}$kɔt$^{214}$tʰa$^{33}$wɐi$^{213}$lai$^{213}$tsai$^{33}$. tsai$^{33}$ti$^{33}$si$^{213}$hɐu$^{55}$ni$^{33}$,
生出来嫩茎呢，你就可以割它回来栽。栽的时候呢，

ni$^{31}$tsɐu$^{55}$ai$^{55}$ɬen$^{31}$tsɐk$^{5}$hou$^{31}$a$^{33}$ti$^{55}$, tʰai$^{55}$kɔ$^{55}$nɐm$^{55}$sɔi$^{31}$ti$^{55}$faŋ$^{33}$ni$^{31}$tsɐu$^{55}$mou$^{31}$tsai$^{33}$, tsai$^{33}$ha$^{55}$
你就爱选择好阿地，太过□③水地方你就冇栽，栽下

mou$^{31}$tɐk$^{5}$ɬɐŋ$^{33}$, ɬɐŋ$^{33}$hi$^{31}$lai$^{213}$ni$^{33}$, tʰa$^{33}$tu$^{33}$sek$^{5}$ki$^{31}$tsau$^{33}$. ɬen$^{31}$tsɐk$^{5}$hou$^{31}$ti$^{55}$ni$^{33}$, kuɐt$^{5}$hou$^{31}$fɐt$^{5}$,
冇得生，生起来呢，它都自己㷮。选择好地呢，掘好窟，

lɔ$^{31}$hou$^{31}$kan$^{55}$kɐk$^{5}$, ha$^{55}$tou$^{31}$tʰu$^{31}$tsat$^{214}$fɐi$^{213}$, ni$^{31}$tsɐu$^{55}$neŋ$^{33}$tsi$^{55}$mok$^{5}$meu$^{213}$kʰi$^{55}$tsai$^{33}$. mok$^{5}$
攞好间隔，下倒土杂肥，你就扲住木苗去栽。木

meu$^{213}$tsai$^{33}$ni$^{33}$, ni$^{31}$ai$^{55}$ɬɐi$^{55}$ɬiɐm$^{33}$, pa$^{31}$na$^{55}$kɔ$^{55}$noŋ$^{213}$mɔk$^{214}$kai$^{31}$hai$^{33}$e$^{33}$, ni$^{31}$tsiaŋ$^{33}$mou$^{55}$tsu$^{55}$ten$^{55}$
苗栽呢，你爱细心，把那个农膜解开诶，你将冇做断

① □ŋan$^{213}$：咬。

② □kʰɐk$^{5}$：结。

③ □nɐm$^{55}$：积。

tʰa$^{33}$kiɐn$^{33}$. tsai$^{33}$ha$^{55}$kʰi$^{55}$ni$^{33}$, ni$^{31}$tsɐu$^{55}$ai$^{55}$kʰi$^{55}$kɔn$^{31}$li$^{31}$. sɐu$^{31}$ɬen$^{33}$, zɐt$^{5}$tsai$^{33}$ha$^{55}$tsɐu$^{55}$lɐm$^{213}$sɔi$^{31}$、
它根。栽下去呢，你就爱去管理。首先，一栽下就淋水、
lɐm$^{213}$fɐi$^{213}$、tsʰi$^{213}$tsʰou$^{31}$、pʰɐn$^{55}$ziak$^{214}$. mou$^{31}$si$^{55}$na$^{55}$kɔ$^{55}$nɔn$^{55}$zep$^{214}$zɐt$^{5}$ɬɐŋ$^{33}$tsʰɐt$^{5}$lai$^{213}$ni$^{33}$,
淋肥、除草、喷药。有是那个嫩叶一生出来呢，
a$^{33}$tsʰoŋ$^{213}$tsɔi$^{55}$hou$^{55}$kʰiɐt$^{5}$ti$^{33}$. kʰiɐt$^{5}$tou$^{31}$zep$^{214}$kʰi$^{55}$ni$^{33}$, ni$^{31}$tsi$^{55}$li$^{55}$tsi$^{33}$mou$^{31}$zau$^{31}$tɐk$^{5}$ɬɐŋ$^{33}$.
阿虫最好吃的。吃倒叶去呢，你这荔枝有有得生。

tɐŋ$^{31}$li$^{55}$tsi$^{33}$ɬɐŋ$^{33}$hi$^{33}$e$^{33}$lɔ$^{33}$, ni$^{31}$tsai$^{55}$mɐt$^{5}$ti$^{33}$si$^{213}$hɐu$^{55}$lɐu$^{213}$tʰa$^{33}$hai$^{33}$fa$^{33}$ket$^{214}$kɔ$^{31}$ni$^{33}$?
等荔枝生起诶啰，你在乜的时候留它开花结果呢？
tʰa$^{33}$tsi$^{55}$mok$^{5}$si$^{55}$kan$^{55}$tsep$^{214}$ha$^{55}$kʰi$^{55}$ti$^{33}$, tʰa$^{33}$hou$^{31}$fai$^{55}$tsai$^{55}$ɬam$^{33}$ki$^{31}$nen$^{213}$tʰa$^{33}$tu$^{33}$zau$^{31}$fa$^{33}$lai$^{213}$.
它这木是间接下去的，它好快在三几年它都有花来。
zau$^{31}$fa$^{33}$lai$^{213}$, ni$^{31}$zi$^{213}$kɔ$^{31}$pa$^{31}$tʰa$^{33}$ket$^{214}$kɔ$^{31}$ni$^{33}$, tsɐu$^{55}$zeŋ$^{31}$hiaŋ$^{31}$a$^{33}$mok$^{5}$. ɬɔ$^{31}$zi$^{31}$ni$^{33}$, ni$^{31}$ai$^{55}$
有花来，你如果把它结果呢，就影响阿木。所以呢，你爱
tsai$^{55}$zɐt$^{5}$mɐi$^{33}$ki$^{31}$zi$^{31}$siaŋ$^{55}$, pa$^{31}$tʰa$^{33}$kou$^{33}$ta$^{55}$tsɐi$^{31}$e$^{33}$lɔ$^{33}$, tsiaŋ$^{33}$lai$^{213}$pa$^{31}$tʰa$^{33}$ket$^{214}$kɔ$^{31}$. tʰa$^{33}$
在一米几以上，把它高大仔诶啰，将来把它结果。它
ket$^{214}$kɔ$^{31}$ai$^{55}$tsi$^{55}$zi$^{55}$mɐt$^{5}$ti$^{33}$toŋ$^{33}$ɬi$^{33}$? ni$^{31}$ai$^{55}$tsai$^{55}$a$^{33}$li$^{55}$tsi$^{33}$hai$^{33}$fa$^{33}$tsʰen$^{213}$zɐt$^{5}$ten$^{55}$si$^{213}$kan$^{33}$
结果爱注意乜的东西？你爱在阿荔枝开花前一段时间
ni$^{33}$, sɐu$^{31}$ɬen$^{33}$, ni$^{31}$tsɐu$^{55}$ai$^{55}$hoŋ$^{55}$hou$^{31}$a$^{33}$ɬeu$^{33}$, mou$^{31}$nɐŋ$^{213}$kɐu$^{55}$pa$^{31}$tʰa$^{33}$na$^{55}$kɔ$^{55}$nɔn$^{55}$zep$^{214}$
呢，首先，你就爱控好阿梢，有能够把它那个嫩叶
ɬɐŋ$^{33}$tsʰɐt$^{5}$lai$^{213}$. nɔn$^{55}$zep$^{214}$ɬɐŋ$^{33}$tsʰɐt$^{5}$lai$^{213}$ni$^{33}$, tʰa$^{33}$mou$^{31}$zau$^{31}$fa$^{33}$hai$^{33}$ti$^{33}$. tsi$^{55}$nɔn$^{55}$zep$^{214}$
生出来。嫩叶生出来呢，它有有花开的。这嫩叶
tsʰiaŋ$^{31}$a$^{33}$sɔi$^{31}$fɐn$^{55}$kʰi$^{55}$, hai$^{33}$fa$^{33}$ze$^{31}$mou$^{31}$tɐk$^{5}$ket$^{214}$kɔ$^{31}$. ɬɔ$^{31}$zi$^{31}$ni$^{33}$, tsɐu$^{55}$ai$^{55}$hoŋ$^{55}$hou$^{31}$ɬeu$^{33}$.
抢阿水分去，开花也有得结果。所以呢，就爱控好梢。
an$^{213}$zau$^{31}$kɔ$^{55}$ni$^{33}$, ai$^{55}$faŋ$^{55}$sɔi$^{31}$, tsɐu$^{55}$si$^{55}$tsai$^{55}$kuɔk$^{214}$kʰeŋ$^{55}$tset$^{214}$hɐu$^{55}$, ni$^{31}$tsɐu$^{55}$ai$^{55}$kʰi$^{55}$kau$^{31}$
还有个呢，爱放水，就是在国庆节后，你就爱去搞
kɔ$^{55}$wan$^{213}$kɔt$^{214}$. wan$^{213}$kɔt$^{214}$hi$^{31}$mɐt$^{5}$ti$^{33}$tsɔk$^{214}$zoŋ$^{55}$ni$^{33}$? tsɐu$^{55}$si$^{55}$si$^{31}$tʰa$^{33}$sɔi$^{31}$fɐn$^{55}$mou$^{31}$tsʰen$^{213}$
个环割。环割起乜的作用呢？就是使它水分有全
pu$^{55}$koŋ$^{33}$hi$^{31}$a$^{33}$zep$^{214}$pu$^{55}$, tʰa$^{33}$wan$^{213}$kɔt$^{214}$tsɐu$^{55}$si$^{55}$lɐu$^{213}$a$^{33}$sɔi$^{31}$fɐn$^{55}$ni$^{33}$wan$^{55}$wan$^{55}$si$^{33}$hi$^{31}$
部供起阿叶部，它环割就是留阿水分呢缓缓输起
kʰi$^{55}$. kau$^{31}$tsi$^{55}$kɔ$^{55}$wan$^{213}$kɔt$^{214}$zi$^{31}$hɐu$^{55}$lɔ$^{33}$, tsi$^{55}$kɔ$^{55}$li$^{55}$tsi$^{33}$ni$^{33}$, tsai$^{55}$mɐt$^{5}$si$^{213}$hɐu$^{55}$hai$^{33}$fa$^{33}$
去。搞这个环割以后啰，这个荔枝呢，在乜时候开花
ni$^{33}$? tsɐu$^{55}$liɐp$^{5}$tsʰuɐn$^{33}$zi$^{31}$hɐu$^{55}$tsiaŋ$^{33}$hai$^{33}$fa$^{33}$. li$^{55}$tsi$^{33}$hai$^{33}$fa$^{33}$e$^{33}$lɔ$^{33}$, ni$^{31}$zau$^{55}$ai$^{55}$tsu$^{55}$nia$^{31}$
呢？就立春以后将开花。荔枝开花诶啰，你又爱做[滴仔]

mɐt5ti33koŋ33ni33? ni31tsɐu55ai55hoŋ55hou31a33fa33. a33fa33ni33, ɬɐŋ33tou31tʰai55tsʰiaŋ213ni33,
乜的工呢？你就爱控好阿花。阿花呢，生倒太长呢，
tɔi55kɔ31mou31hou31. hai33fa33si213hɐu55tʰa33mou31tɐk5ɬɔn213fa33ti33wa33, zau31fa33tai55zep214.
对果冇好。开花时候它冇得纯花的哇，有花带叶。
fa33tai55zep214tem213tsi31hoŋ55ɬeu33ni33? tsɐu55si55mai31na55kɔ55 “zep214hi33li55” a33、
花带叶怎子控梢呢？就是买那个“叶希利”啊、
“foŋ33tsʰan31su55” a33, ni31tsɐu55kʰi55hai33ŋam33, pʰɐn55kʰi55, si31tʰa33na55tsoŋ31nɔn55zep214tsau33
“丰产素”啊，你就去开啱，喷去，使它那种嫩叶[illegible]
e33lɔ33, ɬɔ31zi31ni33, tʰa33tsɐu55zau31fa33lai213. hai33fa33ni33, na55si213hɐu55tʰa33si55hai33tou31fa33
诶啰，所以呢，它就有花来。开花呢，那时候它是开倒花
lɔi213, fa33lɔi213si213hɐu55ni33, ni31tsɐu55ai55kʰi55pʰɐn55tsʰi55ziak214pa31tʰa33, mou31si55ni33na55
蕾，花蕾时候呢，你就爱去喷次药把它，冇是呢那
nɐi55tsʰoŋ213ni33zau55wɐi55ŋau31na55fa33lɔi213lai213kʰuai31. ŋau31e33fa33lɔi213kuai31e33lɔ33, ni31
里虫呢又会咬那花蕾来□①。咬诶花蕾□诶啰，你
tsɐu55mou31zau31hi31tsʰan31e33wa33, ɬɔ31zi31ni33, pʰɐn55zɐt5tsʰi55tsʰoŋ213. tou55hai33fa33e33lɔ33,
就冇有起产诶哇，所以呢，喷一次虫。到开花诶啰，
ni31tsɐu55ȵiem213kiɐm55pʰɐn55tsʰoŋ213, tsɐu55mou31tɐk5pʰɐn55ziak214. hai33fa33tsi33hɐu55ni33,
你就严禁喷虫，就冇得喷药。开花之后呢，
tʰa33tsɐu55seŋ213kɔ31. zɐt5pɔn33tsai55tsʰeŋ33meŋ213pen33tʰɐu213, tsɐu55seŋ213tou31kɔ31tsi31. seŋ213
它就成果。一般在清明边头，就成倒果子。成
tou31kɔ31ni33, tʰa33zau31ɬam33tsʰi55fɐn33sɔi31. fɐn33sɔi31ni33, ni31ai55kʰi55hoŋ55hou31a33kɔ31. hoŋ55fa33
倒果呢，它有三次分水。分水呢，你爱去控好阿果。控花
si213hɐu55a33, tɐt5pet214si55fɐi33tsɐi31ɬeu55. fɐi33tsɐi31ɬeu55ni33, zau31ɬam33kʰi213fa33hai33. ti55zɐt5
时候啊，特别是妃仔笑。妃仔笑呢，有三期花开。第一
kʰi213ni33, ni31mou55hoŋ55tɐk5hou31, tsɐu55mou31zau31kɔ31ta31ti33. tsi55nɐi55li55tsi33ni33, ze31tʰoŋ213
期呢，你冇控得好，就冇有果打的。这里荔枝呢，也同
ziaŋ55zau31liaŋ31kʰi213fa33hai33, ti55zɐt5lɐn213hai33fa33lɔ33, tʰa33ket214tou31kɔ31ti33tsɐu55ket214lɔ33,
样有两期花开，第一轮开花啰，它结倒果的就结啰，
mou31ket214ti33, an213zau31nɐi33tʰa33an213lai213ti55i55lɐn213fa33. ɬɔ31zi31ni33, ta31tou31kɔ31e33lɔ33,
冇结的，还有些它还来第二轮花。所以呢，打倒果诶啰，
ni31ai55si33hou31、kɔn31hou31、pʰɐn55hou55a33ziak214. zɐt5pɔn33ni33, liaŋ31kɔ55ɬeŋ33kʰi213
你爱施好、管好、喷好阿药。一般呢，两个星期

① □kʰuai31：丢掉。

tsɔ31zau55ni33, tsɐu55ai55pʰɐn55zɐt5tsʰi55ziak214pa31tʰa33. fɐn33sɔi31tsi33hɐu55a33, tsʰem55ɬiɐm33
左右呢，就爱喷一次药把它。分水之后啊，串心

tsʰoŋ213tsɔi55tsi31zeu55, ai55pʰɐn55hou31ziak214. pʰɐn55hou31ziak214e33lɔ33, li55tsi33ni33, ni31fɐn33
虫最主要，爱喷好药。喷好药诶啰，荔枝呢，你分

tou31sɔi31e33lɔ33, pet214zen213ha55tou31fɐi213. ha55fɐi213ai55ha55ki31tɔ33tsʰi55ni33? ai55ha55ɬam33
倒水诶啰，必然下倒肥。下肥爱下几多次呢？爱下三

tsʰi55fɐi213pa31tʰa33. ai55tsai55lɔk214sɔi31, a33fɐi213tɐk5zoŋ213si213hɐu55, si33na55kɔ55fa55fɐi213pa31tʰa33.
次肥把它。爱在落水，阿肥得溶时候，施那个化肥把它。

si33fɐi213pa31tʰa33ni33, tʰa33tsɐu55nɐŋ213kɐu55tsɔŋ55kɔ31, a33kɔ31tsi31tsɐu55ta55kɔ55, tsɐu55tsɐŋ33
施肥把它呢，它就能够壮果，阿果子就大个，就增

tsʰan31. ɬɔ31zi31ni33, ni31si33hou31a33fɐi213e33lɔ33, tsi55kɔ55li55tsi33tsɐu55man55man55ta55kɔ55e33. tʰa33
产。所以呢，你施好阿肥诶啰，这个荔枝就慢慢大个诶。它

tou55mɐt5si213hɐu55seŋ213sok5ni33? seŋ213sok5si213kʰi213ni33, tsɐu55ɬi55tsai55ha55tsi55pen33tʰɐu213.
到乜时候成熟呢？成熟时期呢，就是在夏至边头。

tsʰiaŋ213si213tsɐu55zau31zen31kaŋ31, e33! ha55tsi55pen33tʰɐu213ni33, ɬɐŋ33tsiaŋ31tou55maŋ213tsoŋ55.
长时就有人讲，诶！夏至边头呢，生长到芒种。

tan55si55ni33, zi213kiɐm33ni33, na55kɔ55noŋ213ziak214ki55ɬɐt5ni33, noŋ213ziak214hou31e33, pʰɐn55tou31
但是呢，如今呢，那个农药技术呢，农药好诶，喷倒

ziak214ni33, tsʰɐu55kɔk214faŋ33men55ni33, ze31nɐŋ213kɐu55si31na55kɔ31ni33zen213tsʰiaŋ213kʰua55
药呢，凑=各方面呢，也能够使那果呢延长挂

kɔ31lɐt5.
果率。

tsi55kɔ55li55tsi33a33, tsai55ŋɔ31te33ten55pɐk5ni33, tsai55kuɔk214tsi55siaŋ55tu33si55zau31meŋ213, na55
这个荔枝啊，在我哋电白呢，在国际上都是有名，那

si213hɐu55ni33tu33si55tsʰeŋ33wɐi213“nam213kuɔk214kai33kɔ31”. ten55pɐk5a33li55tsi33ni33, tsɐu55
时候呢都是称为“南国佳果”。电白阿荔枝呢，就

si55ham31tsɔk214“li55tsi33tsi33hiaŋ33”. ɬɔ31zi31ni33, hou31tɔ33ŋuai55hiaŋ33ni33, tou55si213hɐu55ni33,
是喊作“荔枝之乡”。所以呢，好多外乡呢，到时候呢，

kɔ31tsi31seŋ213sok5kɔ31lɔ33, tʰa33wɐi55tou55ŋɔ31ti33ten55pɐk5tsi55nɐi33tsʰai31kʰɐu55, wɐi213tʰa33kɔk214
果子成熟个啰，他会到我的电白这里采购，回他各

ti55ɬeu33sɐu55. tsi55kɔ55li55tsi33tsʰai31kʰɐu55e33lɔ33, pet214zen213ai55ta31hi31e33pau33tsɔŋ33, tsʰai213
地销售。这个荔枝采购诶啰，必然爱打起诶包装，才

nɐŋ213wɐn55si33wɐi213kɔk214ti55. li55tsi33ni33, kɔk214haŋ213kɔk214ȵiep214tʰa33tu33nɐŋ213kɐu55tai55
能运输回各地。荔枝呢，各行各业它都能够带

toŋ$^{55}$. li$^{55}$tsi$^{33}$tsɔi$^{55}$kan$^{31}$tan$^{33}$ni$^{33}$tu$^{33}$zau$^{31}$ɬam$^{33}$kɔ$^{55}$ta$^{31}$pau$^{33}$tsɔŋ$^{33}$. ti$^{55}$zɐt$^{5}$kɔ$^{55}$ni$^{33}$, tsɔi$^{55}$kan$^{31}$

动。荔枝最简单呢都有三个打包装。第一个呢，最简

tan$^{33}$ni$^{33}$tsɐu$^{55}$zoŋ$^{55}$tsi$^{31}$hɔk$^{214}$ɬiaŋ$^{33}$. tsai$^{55}$kɔ$^{55}$ni$^{33}$, ti$^{55}$ɨ$^{55}$kɔ$^{55}$ni$^{33}$, tsɐu$^{55}$si$^{55}$zoŋ$^{55}$tsi$^{55}$kɔ$^{55}$lɔ$^{213}$kuɐŋ$^{33}$.

单呢就用纸壳箱。再过呢，第二个呢，就是用这个箩筐。

lɔ$^{213}$kuɐŋ$^{33}$ni$^{33}$, ni$^{31}$tsɐu$^{55}$ai$^{55}$lɔ$^{31}$lɔ$^{213}$tsok$^{5}$tsek$^{5}$, a$^{33}$lɔ$^{213}$ni$^{33}$tsɐu$^{55}$tai$^{55}$toŋ$^{55}$tsi$^{55}$kɔ$^{55}$tsok$^{5}$met$^{214}$.

箩筐呢，你就爱攞箩竹织，阿箩呢就带动这个竹篾。

li$^{31}$tʰɐu$^{213}$ni$^{33}$, an$^{213}$zau$^{31}$tsi$^{31}$, tsɐu$^{55}$tai$^{55}$toŋ$^{55}$tsi$^{55}$kɔ$^{55}$tsi$^{31}$ȵiep$^{214}$. tsai$^{55}$men$^{55}$siaŋ$^{55}$ni$^{33}$tsɐu$^{55}$

里头呢，还有纸，就带动这个纸业。在面上呢就

kai$^{55}$, ai$^{55}$zau$^{31}$kai$^{55}$kʰɐp$^{5}$tou$^{31}$. tsi$^{55}$kɔ$^{55}$kai$^{55}$ni$^{33}$, zau$^{31}$tsok$^{5}$kai$^{55}$, zau$^{31}$mok$^{5}$kai$^{55}$. mok$^{5}$kai$^{55}$ni$^{33}$,

盖，爱有盖容倒。这个盖呢，有竹盖，有木盖。木盖呢，

tsɐu$^{55}$si$^{55}$lɔ$^{31}$mok$^{5}$tsu$^{55}$ti$^{33}$, ai$^{55}$keŋ$^{33}$kɔ$^{55}$ka$^{33}$koŋ$^{33}$, tsu$^{55}$seŋ$^{213}$tsi$^{55}$kɔ$^{55}$mok$^{5}$kai$^{55}$. ɬɔ$^{31}$zi$^{31}$ni$^{33}$,

就是攞木做的，爱经过加工，做成这个木盖。所以呢，

tsi$^{55}$kɔ$^{55}$kai$^{55}$a$^{33}$, mok$^{5}$ti$^{33}$ni$^{33}$, tsɐu$^{55}$hen$^{33}$toŋ$^{55}$tsi$^{55}$kɔ$^{55}$mok$^{5}$ȵiep$^{214}$. tsai$^{55}$kɔ$^{55}$ni$^{33}$, ni$^{31}$men$^{55}$

这个盖啊，木的呢，就牵动这个木业。再个呢，你面

siaŋ$^{55}$tsɐu$^{55}$ai$^{55}$fɔk$^{214}$hou$^{31}$, fɔk$^{214}$hou$^{31}$pet$^{214}$zen$^{213}$tsɐu$^{55}$ai$^{55}$tʰet$^{214}$ɬen$^{55}$. tsi$^{55}$kɔ$^{55}$tʰet$^{214}$ɬen$^{55}$ni$^{33}$,

上就爱缚好，缚好必然就爱铁线。这个铁线呢，

zau$^{55}$tai$^{55}$toŋ$^{55}$tsi$^{55}$kɔ$^{55}$tʰet$^{214}$ȵiep$^{214}$. ti$^{55}$ɨ$^{55}$tsoŋ$^{31}$pau$^{33}$tsɔŋ$^{33}$, tsɐu$^{55}$kau$^{31}$zen$^{213}$e$^{33}$lɔ$^{33}$. zeu$^{55}$wɐn$^{55}$

又带动这个铁业。第二种包装，就搞完诶啰。要运

tou$^{55}$zen$^{31}$ti$^{55}$faŋ$^{33}$, zɐt$^{5}$ten$^{55}$ai$^{55}$zau$^{31}$pʰau$^{55}$mɔt$^{214}$ɬiaŋ$^{33}$, tsɐu$^{55}$ai$^{55}$zau$^{31}$peŋ$^{33}$, zau$^{31}$peŋ$^{33}$tai$^{55}$,

到远地方，一定爱有泡沫箱，就爱有冰，有冰袋，

zau$^{31}$foŋ$^{33}$hɐu$^{31}$kau$^{33}$. tsi$^{55}$kɔ$^{55}$pʰau$^{55}$mɔt$^{214}$tsʰɐu$^{55}$tsi$^{55}$kɔ$^{55}$ɬiaŋ$^{33}$toŋ$^{33}$ɬi$^{33}$ni$^{33}$, tsɐu$^{55}$tai$^{55}$toŋ$^{55}$tsi$^{55}$

有封口胶。这个泡沫凑$^{=}$这个箱东西呢，就带动这

kɔ$^{55}$zet$^{214}$hi$^{33}$. tʰa$^{33}$li$^{31}$tʰɐu$^{213}$a$^{33}$, ai$^{55}$ha$^{55}$peŋ$^{33}$, a$^{33}$peŋ$^{33}$ni$^{33}$, ni$^{31}$zau$^{55}$tai$^{55}$toŋ$^{55}$a$^{33}$peŋ$^{33}$tsʰɔŋ$^{31}$.

个乙烯。它里头啊，爱下冰，阿冰呢，你又带动阿冰厂。

tsai$^{55}$kɔ$^{55}$ni$^{33}$, ni$^{31}$ai$^{55}$hou$^{31}$tɔ$^{33}$koŋ$^{33}$zɐn$^{213}$lai$^{213}$pau$^{33}$tsɔŋ$^{33}$, tsɐu$^{55}$si$^{55}$tai$^{55}$toŋ$^{55}$hou$^{31}$tɔ$^{33}$lou$^{213}$

再个呢，你爱好多工人来包装，就是带动好多劳

toŋ$^{55}$lek$^{5}$. pau$^{33}$tsɔŋ$^{33}$hou$^{31}$e$^{33}$lɔ$^{33}$, ni$^{31}$ai$^{55}$tsɔŋ$^{33}$hi$^{31}$a$^{33}$tsʰe$^{33}$, tsɐu$^{55}$ai$^{55}$koŋ$^{33}$zɐn$^{213}$tsɔŋ$^{33}$ɬe$^{55}$.

动力。包装好诶啰，你爱装起阿车，就爱工人装卸。

wɐn$^{55}$tou$^{55}$kɔk$^{214}$ti$^{55}$ni$^{33}$, ni$^{31}$ai$^{55}$zoŋ$^{55}$tsi$^{55}$kɔ$^{55}$zau$^{213}$, tsɐu$^{55}$hen$^{33}$toŋ$^{55}$tou$^{31}$tsi$^{55}$kɔ$^{55}$sek$^{5}$

运到各地呢，你爱用这个油，就牵动倒这个石

zau$^{213}$. ɬɔ$^{31}$zi$^{31}$kaŋ$^{31}$ni$^{33}$, tsi$^{55}$kɔ$^{55}$li$^{55}$tsi$^{33}$tsɐu$^{55}$nɐŋ$^{213}$tai$^{55}$toŋ$^{55}$kɔk$^{214}$haŋ$^{213}$kɔk$^{214}$ȵiep$^{214}$tu$^{33}$zau$^{31}$.

油。所以讲呢，这个荔枝就能带动各行各业都有。

tsi55kɔ55li55tsi33au55zen213tsi33hɐu55ni33, an213ai55tsu55mɐt5ti33koŋ33tsɔk214ni33? an213ai55tsu55
这个荔枝拗完 之后 呢，还爱做乜的工 作 呢？还 爱做
hou31ha55nen213ti33koŋ33tsɔk214. ai55kʰi55pa31na55nɐi33zɐm33tsi33、tsʰan213tsi33tsʰeŋ33tsʰi213tsɐn55,
好 下年 的工 作。 爱去把那里阴 枝、残 枝清 除 尽，
tsʰi213tsɐn55a33tsʰou31, ha55tsok5a33fɐi213, zɐp5hou31fɐi213, ha55nen213tsiaŋ33pa31tʰa33ɬɐŋ33tsiaŋ31hou31.
除 尽 阿草， 下足 阿肥， 入好 肥， 下 年 将 把它 生 长 好。
a33mok5mou31hou31, tsɐu55mou31zau31kɔ31ket214. tsai55kɔ55lai213kaŋ213ni33, tsi55kɔ55li55tsi33a33,
阿木 冇 好， 就 冇 有 果 结。 再 过 来 讲 呢，这 个 荔枝 啊，
tʰa33ɬɐŋ33tsiaŋ31tou31si55fɐi33tsʰiaŋ213leŋ55ti33. ni31tsɐu31hi31kou33teŋ55kʰan55ha55kʰi55a33, ten55pɐk5
它 生 长 倒 是非 常 靓 的。你走 起高 定⁼看 下去 啊，电 白
li55tsi33kʰan55mou31tsɐn55tʰɐu213ti33, tʰa33lok5lok5tsʰoŋ33tsʰoŋ33, hou31tsiaŋ55zɐt5kɔ55lok5sek5ti33
荔枝看 冇 尽 头 的，它 绿 绿 葱 葱， 好 像 一 个 绿 色 的
tʰen33hoŋ33tseŋ55ziaŋ55tsi31tsau55tsai55ta55ti55nɐi33tou31. li55tsi33ni33, ni31tsai55hai33fa33kʰi213ni33,
天 空 [这样]样 子 罩 在 大 地 里 倒。 荔 枝 呢，你 在 开 花 期 呢，
ni31tsɐu31hiaŋ55kou33teŋ55kʰan55ha55kʰi55a33, na55fa33ɬet214pɐk5ti33, tsɐu55hou31tsʰi31pʰu33tou31
你走 向 高 定⁼看 下去 啊，那花 雪 白 的，就 好 似 铺 倒
pɐk5ŋɐn213na55sek5. zi213kiɐm33zau31hou31tɔ33ŋuai55ti55nɐi33ziaŋ31mɐt5foŋ33zɐn213ni33, tʰa33lɔ31
白银 那 式。如 今 有 好 多 外 地 里 养 蜜 蜂 人 呢，他 攞
tsʰe33wɐn55mɐt5foŋ33lai213tsi55nɐi33, tsʰi31tsu55mɐt5tʰaŋ213, tɔi55mɐt5foŋ33zau55si55tsʰan31tʰaŋ213
车 运 蜜 蜂 来 这 里， 取 做 蜜 糖， 对 蜜 蜂 又 是 产 糖
tsɔi55hou31ti33ki33fɐi55. tsai55kɔ55ni33, ni31tsɐu31hiaŋ55kou33teŋ55a33kʰan55ha55kʰi55, a33kɔ31tsi31
最 好 的机 会。 再 个 呢，你走 向 高 定⁼啊看 下 去， 阿果 子
seŋ213sok5kɔ55lɔ33, kʰan55tou31, tou55tsʰi55tu33zɐt5pʰen55kiɐm33hoŋ213sek5, kʰan55tou31ni33, tsɐu55
成 熟 个 啰，看 倒， 到 处 都 一 片 金 红 色，看 倒 呢，就
hou31tsiaŋ55a33tsʰen55tsʰen55kɔ31tsi31tsɐu55hiaŋ55tou31ŋɔ31te33tsi55nɐi33tsoŋ55kɔ31ti33zɐn213fɔn33ɬeu55
好 像 阿串 串 果 子就 向 倒 我 哋这 里 种 果 的人 欢 笑
na55sek5. tsi55kɔ55li55tsi33tsɐu55kan31tan33kaŋ31tou31tsi55nɐi3.
那式。这 个 荔枝 就 简 单 讲 倒 这 里。

ŋɔ31tsai55tsep214tou31kan31tan33kaŋ13kaŋ31tsi55kɔ55loŋ213ŋan31. loŋ213ŋan31ni33, tʰa33tsʰɐu55
我 再 接 倒 简 单 讲 讲 这 个 龙 眼。 龙 眼 呢， 它 凑⁼
tsi55kɔ55li55tsi33ni33, tʰa33ɬeŋ55tsɐt5ni33tsɐu55mou31ɬiaŋ33tʰoŋ213. loŋ213ŋan31ni33, tsɐu55si55hou55
这 个 荔枝 呢， 它 性 质 呢就 冇 相 同。 龙 眼 呢， 就 是 好

tsʰeu213sɐp5tsen31zɐm55tsi55ti55faŋ33, li55tsi33ni33, tʰa33hou55kan33han31tsi55ti55faŋ33, tʰa33kou33tsi55
潮湿转润这地方，荔枝呢，它好干旱这地方，它高这
ti55faŋ33. zɐt5pɔn33loŋ213ŋan31a33tsai55kou33san33leŋ31tʰɐu213mou31tsai33e33tou31、ta31e33tou31kɔ31ti33.
地方。一般龙眼啊在高山岭头冇栽诶倒、打诶倒果的。
tsai55ti33n̥iɐn55tsi55ti55faŋ33tsai33e33tou31. loŋ213ŋan31ni33, ze31zau31ki31kɔ55pʰiɐn31tsoŋ31, zau31ku31san33
在低润这地方栽诶倒。龙眼呢，也有几个品种，有古山
zɐt5hou55、ɨ55hou55、sek5ket214、tsʰi213liaŋ213. tan55si55ni33, tʰa33ze31zau31fɐn33pet214, kʰan55ni31
一号、二号、石碣、储良。但是呢，它也有分别，看你
tem213ziaŋ55tsi31fɐn33pet214tʰa33. sek5ket214ni33, tʰa33zep214ni33mi213ɬɐi55nit5tsɐi31. tsʰi213liaŋ213ni33,
怎样子分别它。石碣呢，它叶呢微细滴仔。储良呢，
a33zep214pi31kau55ta55fai55. a33kɔ31sɐt5ni33, ze31mou31tʰoŋ213. a33sek5ket214ni33, mi213tsoŋ33ɬɐi55
阿叶比较大块。阿果实呢，也冇同。阿石碣呢，微中细
kɔ55nit5tsɐi31, tʰa33ni33, a33wɐt5ni33, mek5hai33lai213, si55hoŋ213ti33; a33tsʰi213liaŋ213ni33, a33wɐt5ni33,
个滴仔，它呢，阿核呢，擘开来，是红的；阿储良呢，阿核呢，
hɐk5sek5ti33, ɬɔ31zi31ni33, tʰa33zau55mou31ki31ɬiaŋ33tʰoŋ213. tsai55kɔ55ni33, wɐn55si33siaŋ55lai213
黑色的，所以呢，它又冇几相同。再个呢，运输上来
kaŋ31ni33, tsi55kɔ55loŋ213ŋan31a33, mou31pi31tɐk5siaŋ55a33li55tsi33wɐn55tou31tseŋ55zen31. zɐt5pɔn33ni33,
讲呢，这个龙眼啊，冇比得上阿荔枝运倒[这样]远。一般呢，
tu33si55tsai55pɐn31ɬaŋ31. pɐn31ɬaŋ31wɐn55ni33, tʰa33ze31nɐŋ213kɐu55tai55toŋ55, tsʰɐu55tsi55kɔ55li55
都是在本省。本省运呢，它也能够带动，凑=这个荔
tsi33tu33tsʰa33mou31tɔ33. ɬɔ31zi31ni33, li55tsi33ni33tsai33zen213e33lɔ33, tsen31zep214e33lɔ33, tsi55kɔ55
枝都差冇多。所以呢，荔枝呢栽完诶啰，剪叶诶啰，这个
loŋ213ŋan31ni33, zi213kiɐm33a33, fɔ33hɔk214fat214tsen31a33, pa31tʰa33fan31kuɐi55. tset214ɬɔk214fan31kɔ55
龙眼呢，如今啊，科学发展啊，把它反季。节朔反过
lai213ni33, tʰa33zau55nɐŋ213kɐu55tʰi213tsou31sɐu33wɐk5, a33ka55kak5zau55pi31kau55hou31nit5tsɐi31.
来呢，它又能够提早收获，阿价格又比较好滴仔。
a33loŋ213ŋan31ni33ŋɔ31ze31kan31tan33kai55seu55tou55tsi55nɐi33.
阿龙眼呢我也简单介绍到这里。

（讲述人：陈将文，2015.8）

# 参考文献


白宛如 1998 《广州方言词典》，李荣主编，南京：江苏教育出版社。

曹志耘 2001 关于濒危汉语方言问题，《语言教学与研究》第 1 期。

曹志耘 2008a 《汉语方言地图集 · 词汇卷》，北京：商务印书馆。

曹志耘 2008b 《汉语方言地图集 · 语法卷》，北京：商务印书馆。

曹志耘 2008c 《汉语方言地图集 · 语音卷》，北京：商务印书馆。

陈鸿迈 1996 《海口方言词典》，李荣主编，南京：江苏教育出版社。

陈孔文 1994 《华楼村陈氏式珖公部分族谱》，手稿本。

陈彭年等 2002 《宋本广韵 · 永禄本韵镜》，南京：江苏教育出版社。

陈云龙 2003 广东电白旧时正话，《方言》第 3 期。

陈云龙 2005a 从“旧时正话”看明代官话，《语文研究》第 1 期。

陈云龙 2005b 广东电白观珠客家话止摄精组字的读音，《语言研究》第 3 期。

陈云龙 2006a 《旧时正话研究》，北京：中国社会科学出版社。

陈云龙 2006b 旧时正话的语法特点，《湛江师范学院学报》第 4 期。

陈云龙 2014 有声数据库原生态存储岭南濒危方言，《中国社会科学报 · 人文岭南》第 43 期第 2 版 9 月 26 日。

陈云龙 2016 粤西濒危方言概述，《濒危汉语方言研究》，庄初升、邹晓玲主编，广州：中山大学出版社。

戴由武、戴汉辉 1994 《电白方言志》，广州：中山大学出版社。

方小燕 2003 《广州方言句末语气助词》，广州：暨南大学出版社。

葛剑雄 1997 《中国移民史》，福州：福建人民出版社。

耿振生 1992 《明清等韵学通论》，北京：语文出版社。

广东省电白县地方志编撰委员会编 2000 《电白县志》，北京：中华书局。

河北省昌黎县县志编纂委员会、中国社会科学院语言研究所 1984《昌黎方言志》，上海：上海教育出版社。

黄伯荣 1996 《汉语方言语法类编》，青岛：青岛出版社。

黄伯荣 2001 《汉语方言语法词汇调查手册》，广州：广东人民出版社。

黄晓东 2007 汉语军话概述，《语言教学与研究》第 3 期。

黄雪贞 1995 《梅县方言词典》，李荣主编，南京：江苏教育出版社。

教育部语言文字信息管理司、中国语言资源保护研究中心 2015 《中国语言资源调查手册 · 汉语方言》，北京：商务印书馆。

李　荣、熊正辉、张振兴 2002 《汉语方言大词典》，南京：江苏教育出版社。

李如龙 2001 《汉语方言学》，北京：高等教育出版社。

李如龙 2002 《汉语方言特征词研究》，厦门：厦门大学出版社。

李如龙等 1999 《粤西客家话调查报告》，广州：暨南大学出版社。

李如龙、张双庆 1992 《客赣方言调查报告》，厦门：厦门大学出版社。

李新魁 1994 《广东的方言》，广州：广东人民出版社。

李新魁、黄家教、施其生等 1995 《广州方言研究》，广州：广东人民出版社。

鲁国尧 1994 明代官话及其基础方言，《鲁国尧自选集》，郑州：大象出版社。

罗美珍、林立芳、饶长溶 2004 《客家话通用词典》，广州：中山大学出版社。

罗竹风主编 1990 《汉语大词典》，上海：汉语大词典出版社。

麦　耘、谭步云 1997 《实用广州话分类词典》，广州：广东人民出版社。

宁忌浮 2003 《洪武正韵研究》，上海：上海辞书出版社。

潘家懿 1981 军话与广东平海“军声”，《方言》第 1 期。

丘学强 2005 《军话研究》，北京：中国社会科学出版社。

山塘村委会 1994 《山塘村电白南门黎氏族谱 · 大衙房》，油印本。

[民国] 邵桐孙等 1946 《电白县新志稿》，民国三十五年，油印本。

[清] 孙　铸 1887 《重修电白县志》，影印本。

王福堂 1999 《汉语方言语音的演变和层次》，北京：语文出版社。

王福堂 2003 方言本字考证说略，《方言》第4期。

王 力 1956《汉语音韵学》，北京：中华书局。

王 力 1985《汉语语音史》，北京：中国社会科学出版社。

邢向东 2002《神木方言研究》，北京：中华书局。

徐闻县地方志编纂委员会 2000《徐闻县志》，广州：广东人民出版社。

杨耐思 1981《中原音韵音系》，北京：中国社会科学出版社。

杨文信 2000 试论雍正、乾隆年间广东的“正音运动”及其影响，《第七届国际粤方言讨论会论文集》，单周尧、陆镜光主编，北京：商务印书馆。

姚邦藻、殷寄明 2002《徽州历代语言学家》，北京：华文出版社。

叶宝奎 2001《明清官话音系》，厦门：厦门大学出版社。

[清]佚名 1903《电白县乡土志》，清抄本。电白地方志办公室藏书000223。

游汝杰 2000《汉语方言学导论》，上海：教育出版社。

曾宪通 2005 明本潮州戏文《金花女》之语言考察，《方言》第1期。

詹伯慧 2001《汉语方言及方言调查》，武汉：湖北教育出版社。

詹伯慧 2002《广东粤方言概要》，广州：暨南大学出版社。

张 斌 2010《现代汉语描写语法》，北京：商务印书馆。

张惠英 2014 从《旧时正话研究》说起，《南方语言学》第6辑。

[清]张廷玉等 1997《明史》，北京：中华书局。

张卫东 1998 试论近代南方官话的形成及其历史地位，《深圳大学学报》第4期。

张玉来 2000 近代汉语共同语的构成特点及其发展，《古汉语研究》第2期。

张振兴 1986 广东省雷州半岛的方言分布，《方言》第3期。

张振兴 1987 广东省海康方言记略，《方言》第4期。

张振兴 1989 漳平（永福）的文白异读，《方言》第3、4期。

张振兴 1990 漳平（永福）的文白异读，《方言》第1期。

张振兴 1992 广东省吴川方言记略，《方言》第3期。

张振兴 1992《漳平方言研究》，北京：中国社会科学出版社。

张振兴、蔡叶青 1998《雷州方言词典》，李荣主编，南京：江苏教育出版社。

张振兴 2000 闽语及其周边方言，《方言》第1期。

[清]章鸿等 1824《电白县志》，影印本。

中国社会科学院语言研究所 2006 《方言调查字表》，北京：商务印书馆。

中国社会科学院语言研究所、中国社会科学院民族学与人类学研究所、香港城市大学语言资讯科学研究中心 2012 《中国语言地图集 · 汉语方言卷》（第2版），北京：商务印书馆。

中国社会科学院语言研究所词典编辑室 1996 《现代汉语词典》（修订本），北京：商务印书馆。

周长楫 1998 《厦门方言词典》，李荣主编，南京：江苏教育出版社。

庄初升 1999 联系客方言考证闽南方言本字举隅，《语文研究》第1期。

# 调查手记

## 又来了

对华楼正话的调查始于2000年春节后。最早，发音人是陈广义老人，时年80岁左右，调查地点在村头的“武圣宫”。后来换成了陈孔文老人，时年70多岁，调查在他家院中的凉亭进行。两位长者都非常宽厚、朴实、耐心。2015年暑假，我们又来到了华楼，开始了“中国语言资源保护工程”（以下简称“语保工程”）项目的调查。据悉，这两位发音人都辞世了。庙还在，凉亭依旧，他们的音容笑貌再也见不到了，再也听不到他们说正话了！现在的发音人陈将文先生也已经75岁了。他们都属老派发音

华楼迳公园　华楼 /2017.4/ 陈云龙 摄

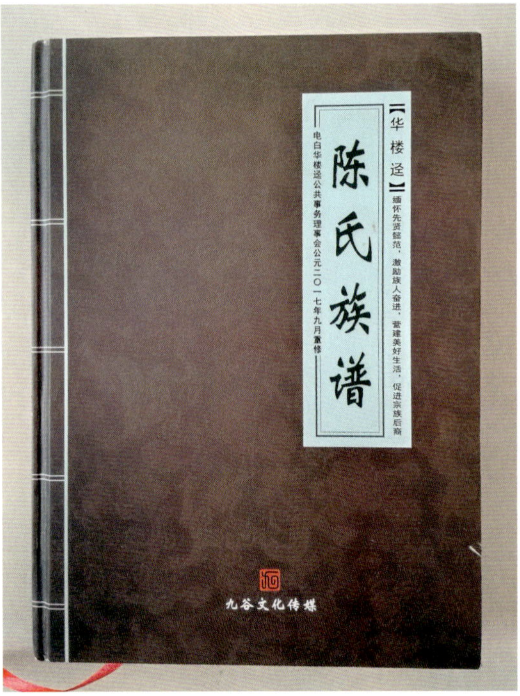


华楼族谱　华楼 /2018.11/ 陈云龙　摄

人，但是语音有差别。在书中，我们把陈广义、陈孔文的读音标识为“孔读”。主要差别是两位老人所说正话更接近官话。当时虽有记录，但是没有录音，他们的逝去意味着正话部分原始的读音再也听不到了，也没法补录了，深感惋惜！今天我们怀念两位老人，感谢他们为方言保存做出的贡献。可以告慰他们的是国家重视濒危语言的保存，正话已列入了“语保”工程首批保存的方言。我们将更全面、更原生态地记录、保存他们的方言。这次来村里，见到多位以前认识的村民，他们几乎都以同样的问候语跟我打招呼：又来了！我也笃定地回答：又来了！

**发现《哭丧歌》**

第一轮调查时调查长篇语料遇到了困难，要求发音人讲故事，他们都说不会。问他们会不会童谣？会不会唱山歌？也不会。村里经常举行祭祀节庆活动，请戏班演戏，但不是用正话唱的。因此，我曾感叹，作为濒危方言，其文化承载功能会逐渐丢失。这次，因为要调查老年女性，也要调查方言文化，我们找到了黎秀华女士。她是村里的干部，深明“语保”大义，很热情，也很善言谈。当问及能不能用正话唱山歌、戏剧时，她说不能。再问还有什么活动必须使用正话的，她想了想说：哭丧是用正话唱的，不能用粤语唱。我惊喜万分，终于发现了正话的文化承载功能，而且哭丧也是宝贵的方言文化资源。这是第二轮调查的重大发现，不仅找到有价值的长篇语料，还可以证明正话原来是具有文化承载功能的，只不过，随着方言的濒危，文化承载功能逐渐丢失了。《哭丧歌》的摄录在宾馆进行，在没有实景的情况下，开始黎秀华女士情感比较平静，逐渐表情悲伤，声带哭腔，最后抽泣痛哭，不能自已。我慌忙中断摄录，对触发了她的伤感深感歉疚。将所录摄的《哭丧歌》进行转写时，发现有几处没有听懂，就去问陈将文，请他听录音，看录像。谁知将文叔也眼睛泛红，嘴唇颤抖，我赶紧表示歉意。将文叔说没关系，并告知我黎秀华母亲不久前去世。听到这里，我既哀伤歉疚又肃然起敬，黎秀华女士没有因母亲去世而拒绝调查，也没有因为自己悲伤而停止录摄，让我们获得了一份宝贵的方言及文化资料。这份资料凝聚了正话使用者的深厚情谊。

## “语保”模式

传统方言调查，从内容看，不外乎概况、字音、词汇、语法例句、长篇语料等。调查方法不外乎纸笔记录、用录音器材录音、用计算机“田野调查”软件摄录几种。“语保”项目的调查面目一新，其调查内容和调查方法均对传统有所突破和创新。从调查内容看，地方普通话似乎很少成为调查内容。方言文化，虽然词汇条目和长篇语料会一定程度地涉及，但不够全面深入。“语保”调查却非常强调这方面内容，条目也很细致。地方普通话要区分不同的等级。“口头文化”包括民间故事、童谣、歌谣、摇篮曲、口彩、禁忌语、隐语、顺口溜、谚语、歇后语、谜语、曲艺、戏剧、吟诵、祭祀语等。从与传统相同的调查内容看，长篇语料分个人讲述和多人会话，时长均要求达到20分钟，共有5个讲述和会话，时长共达100分钟以上，这是以往方言调查很少见到的。从调查方式看，全部内容都要求摄像，这是全新的要求。摄像技术用于方言调查，之前主要是调查概况时使用，用于场景和文化活动的拍摄，一般没有用于方言本体之字、词、句、篇的调查。从调查对象来看，传统调查往往重视老派发音人，不重视新派，也不重视性别差异；“语保”则要求调查老男、

荔枝　华楼 /2017.4/ 陈云龙 摄

老女，青男、青女四人，口头文化发音人还可另选他人。这样的调查可以立体地记录一种方言，反映方言的不同层次。调查方式的选用取决于时代，调查方式的优劣决定调查研究效果。“语保”的调查无疑是最具时代性的，最高效的，最原生态的，最能真实、全面、深入记载、存储和研究方言的。例如，在确定音值时，录像提供了唇形证据；在归纳语法规律时，讲述对话、故事及口头文化部分提供丰富的例证。当然，最重要的是，当这种方言消失之后，人们会得到真实的记忆，可以让该方言生动再现。相信“语保”模式会成为方言调查新常态。



## 作者感言

本课题组三名主要成员在对正话的调查研究过程中，对濒危方言有一定的感悟，记录如下。

陈云龙：濒危方言指濒临消亡的某一具体方言，它可以是闽、粤、客、官话等大类方言属下一种变异的方言，也可以是某几种方言或汉语方言与民族语言混合的方言，还可能是隶属未明的方言。濒危方言是汉语迁延发展中产生的具体生态“物种”，是汉语生物链上不可或缺的环节，是活生生的语言个案，是不可再生的文化资源。濒危方言调查研究刻不

游神　华楼 /2017.4/ 陈云龙 摄

容缓。

廖小曼：濒危方言凝聚着使用者的智慧，承载着族群文化和历史记忆，也不同程度地承袭了古代汉语的“基因密码”。它们都是语言生态的重要组成部分。我们应该像重视保护自然生态一样重视语言生态的保护。

吴东桓：因为技术的需要，应陈云龙老师邀请，我加入了“语保”项目。回首调查研究过程，我从一个方言的门外汉，开始对一种濒危方言进行具体而深入地接触。对濒危方言了解越多，就越会产生紧迫感和使命感。如果不能及时挖掘、整理，未来该方言的材料就会越来越少；也深感国家启动“语保工程”意义深远。

# 后记

2015年4月，我在广东廉江车板镇调查，接到一个手机来电，号码显示属地为陕西。我脑海中快速闪过我的陕西朋友，都不是这个号码，便挂了机。紧接着，手机再次响起，还是同一个号码。经验告诉我，这是一个值得信赖的电话。接通后，电话那边传来邢向东老师的声音。邢老师告诉我，电白旧时正话已经列入“中国语言资源保护工程”的濒危方言项目。幸福往往在没有预期的时刻来到，我喜出望外！“语保工程”是当前国家最大的语言工程，有机会参与是莫大的荣幸。本丛书方言系列的主编是张振兴先生和邢向东先生。张先生是我的业师。邢老师与我交往不多，但我一直熟知邢老师的大名，钦佩邢老师的学问，能有机会在他们的指导下做项目是难得的机会。旧时正话是我之前研究过的一种方言，一直想找机会再做深入研究，机会来了！我向邢老师表示感谢，也表达了歉意：不该简单地挂断电话。我没有解释原因，邢老师也没计较。时下诈骗电话、推销电话、骚扰电话泛滥，让人不愉快，甚至让人受害。人们不堪其扰，对不熟悉的号码不敢轻易接听，但是，又难免矫枉过正，错过了真实、重要的电话。唉！这个社会总是让人左右为难！不过也好，以不快的心理暗示接听令人惊喜的消息，情感从谷底陡升至谷峰，喜悦来得更强烈、更难忘！

喜悦是一方面，完成项目及著作却不易。无论是数据库内容的调查还是著作撰述都有不同以往的要求。调查方面要求利用现代声像及网络技术进行摄录，因此，调查现场就成了电影拍摄棚，灯光、音像、背景一应俱全，发音人成了“演员”，项目负责人俨然是“导演”，还聘请了专业“摄影师”。方言调查不再是“打起背包就走”那样的简单和潇洒，而是长枪短炮、车载肩扛、浩浩荡荡。这无疑是学术现代化的要求，是方言学高效和科学的时代要求，是方言调查研究方式演进的必然，是方言学者技能应有的升级刷新。但是，适应是艰难的，为一块蓝色背景布跑遍了市场，为解决摄录噪音动用了各种关系，为找到合适的场地不惜重金，反复重录让发音人“受尽折磨”……。最后，验收都通过了，这意味着我们对方言学新范式的适应以及对前沿技术和方法的了解和掌握。

著作的形式和内容都有很高的要求。形式上有精细的体例格式安排，其中涉及电脑排版及软件的应用。我赶上了电子时代，勉强可以简单地使用电脑和网络，但是没有接受过系统训练，略微复杂的问题都会让我陷于困境。同音字汇的两栏排版，目录与正文分开插入页码，页面行距和字数的控制等都折腾了很久，最终还是请专业人士现场解决。在内容上最主要的就是强调对词语的词典性解释及词汇特点归纳。词典性解释意味着不能简单罗列词语条目，不能简单注释，甚至出现“一种动物”“当地鸟名”这样的注语，也不能满足词条数量之多，而是要用类似方言词典的标准补充注释，要分出义项，形成词义系统。词汇特点方面，特色词语的确定要做大量比较，民俗文化词汇要调查研究词语背后的民俗文化，古汉语词语也要求论证，提供古代的用例。无疑，这体现了“语保”标准，超越了传统方言研究，研究成果也更有深度和价值，但是需要更多的时间和精力投入。我调查了近7000条词语，词条数量不可谓不多，但是在本项目的要求面前，这显得非常单薄，因此，又多次返回方言点或进行网络视频调查，核实词条，细化义项，丰富释义，补充例句，充实文化内容，这样，在词典性解释及特色词语研究方面有一定程度的改善，我也觉得这样做更有意义。

2017年4月到现在，是项目组书稿撰写和修改完善出版期，可以分两个阶段。2017年4—6月是基本成稿及申报“国家出版基金”期，之后为书稿完成、修改和交付出版期，其中2018年的3—6月工作最为紧张。濒危方言组非常重视这一具有历史意义的项目，项目负责人及方言志主编张振兴先生和邢向东先生从编写大纲的制定到组织申报“国家出版基金”，从指导作者撰写到审读修改书稿，从长沙组稿会到北京商务印书馆审稿会，亲力亲为，呕心沥血，工作节奏之密集、工作强度之大非常人能承受。尤其是近八十高龄的张振兴先生也在承受同等的压力和强度！为了保证质量，书稿要经过层层把关，执行编委庄初升先生审读了第一稿，主编张振兴先生审读了第二、三稿（张先生还审读了申报稿），最后由总主编曹志耘先生和商务印书馆审读，曹志耘先生还审读了第四稿。邢向东先生在数据库项目阶段审读了纸笔调查部分，在长沙组稿会时也通读了草稿。黄晓东先生做了大量细致周到的联系工作，并对书稿的形式和体例进行修改调整。每一位先生在每一次审读后都提出了细致、具体的修改意见，大到章节安排，小到字句音标；既有体例形式的提示，也有专业的指导教正。在此过程中，我得到了一次规范训练，一次前沿培养，一次深度提升，一次成果收获。很庆幸参与这一学术盛事，诚挚感谢以上先生的指导和栽培！

本项目共有四位发音人，他们是陈将文、黎秀华、陈水晶、陈海花，分别代表了老年男性、老年女性、青年男性、青年女性，陈将文、黎秀华、陈海花同时兼任文化发音人和地方普通话发音人。陈将文先生的任务最重，对他的调查前后有一个月之久，还有多次微信视频调查。黎秀华女士最为关键，她提供了之前没有发现的用旧时正话做载体的《哭丧歌》，在多人对话中也发挥了组织作用。陈水晶和陈海花当时都在外打工，为了参加摄录，水晶延期外出，海花专程从外地赶回来。海花还将原本用黎话（属闽语）传诵的故事改用正话讲述，讲得绘声绘色，丰富了文化调查。还有陈昌其先生，他虽没有做发音人，但是两位老年发音人都是他物色推荐的。他还动员他的儿子陈敬显和女儿陈海花做青年发音人，反复强调调查的重要性，要其子女好好配合。敬显虽最终没有成为发音人，但是他尽全力配合，在摄像机出现噪音问题时，还通过他的关系想办法帮助解决。他们深明"语保"大义，对母语心怀朴素、真挚的情感，对调查给予了热心和不厌其烦的配合，在此深表谢意！

除发音人外，还得到很多热心人士的帮助。吴东桓同学精通电脑及摄录技术，应邀成为课题组成员，负责摄录及网络数据处理，弥补了我拙于技术的缺憾。廖小曼同学当时在准备考研，也参加了部分调查。岭南师院党委宣传部谢应明部长和关天冲副部长非常关心项目进展，随同前往调查点并帮助解决实际问题。校友谢胜总经理调用了电白电视台的专业技术人员和专用设备帮我们处理噪音难题。岭南师院网络与信息技术中心梁卫权主任提供高质量话筒，解决了摄像机噪音问题。岭南师院化学化工学院林三清老师在我陷于排版困境时亲自操作，使书稿得以及时提交。我妻子王海蝶女士承担了全部家务，使我能专心致志于课题研究和书稿写作。商务印书馆魏晓明编辑指出了很多粗疏错漏之处，提出了很好的修改建议，使本著增色不少。在此一并致谢！

陈云龙

2018年12月